사념처 명상의 세계

위|빠|사|나|수|행|강|좌

사념처 명상의 세계

묘원

행복한숲

머리말

나는 어디서 왔는지 모르고, 어디로 가는지 모릅니다. 또 어떻게 사는 것이 괴로움 없이 바르게 사는지 잘 모릅니다. 그러나 이제 나는 어디서 왔으며, 어디로 가는지, 또 어떻게 사는 것이 괴로움 없이 바르게 사는 방법인지 알게 될 기회가 왔습니다. 지금부터 사념처 위빠사나 수행이 그 길을 제시해 줄 것입니다. 이 길은 2500년 전에 붓다께서 제시한 행복으로 가는 가장 완벽한 길입니다. 이 길은 현재 우리가 경험하고 있는 길이며 누구나 경험할 수 있는 길이라는 사실을 주목해야 합니다. 그러므로 어떤 특정인만 경험할 수 있는 길이 아닙니다. 인류 역사를 통틀어 누구도 이처럼 완벽하고 구체적인 수행 방법으로 괴로움에서 벗어나는 길을 안내한 적은 없습니다. 이제 여러분의 선택만 남았습니다. 그러니 직접 경험해 보시기 바랍니다.

이 길은 누구나 갈 수 있도록 열려 있습니다. 자신이 원한다면 어떤 종교적, 사회적, 인종적, 노소나 성별에 구애받지 않고 갈 수 있는 길입니다. 스승께서는 먼저 이 길을 가보신 뒤 확신에 찬 믿음을 가지고 우리에게 이 길로 오라고 말씀하셨습니다. 이 길은 특별한 복을 얻는 길이 아니며 오직 괴로움에서 벗어나 행복을 얻는 것이 전부입니다. 이러한 행복은 혼자만의 행복에 그치지 않고 누구나 함께 나누어 가질 수 있어서 더욱 참다운 가치가 있습니다.

스승께서는 사념처 수행에 대해 이렇게 말씀하셨습니다.
"이것이 유일한 길이다. 중생을 정화하고, 슬픔과 비탄을 극복하고, 육체적 고통과 정신적 고통을 사라지게 하고, 올바른 길에 도달하게 하고, 열반을 실현하기 위한 길이다. 이것이 바로 네 가지 알아차림의 확립[四念處]이다."

이제 여러분과 함께 행복을 얻는 사념처 위빠사나 수행의 길을 가고자 합니다.

대학교 강의를 하기 위해 이 글을 준비하는 동안 내내 기쁨에 차 있었습니다. 위대한 가르침을 만난 것에 감사하고, 조금씩 가르침의 깊이를 더 느낄 수 있어 감사하고, 이 소중한 가르침을 다른 분들과 함께 나눌 수 있어 감사했습니다. 스승의 가르침을 만나 스스로 체득하고 이것을 남과 함께 나누는 것보다 더 큰 행복은 없을 것입니다.

여러분들과의 이 만남은 우연히 이루어진 것이 아닙니다. 오랫동안 선한 일을 한 결과로 얻은 만남입니다. 그러므로 이 만남을 그냥 흘려보내지 마시기 바랍니다. 괴로움을 여읠 수 있는 소중한 만남을 그냥 버린다면 언제 다시 만날지 알 수 없습니다. 누구나 이 만남과 헤어져 있는 동안에는 방황하기 마련입니다. 헤아릴 수 없는 오랜 세월 동안 방황했는데 다시 방황하는 길로 돌아간다면 참으로 안타까운 일이 아닐 수 없습니다. 그러니 기회가 왔을 때 반드시 잡으셔야 합니다.

아쉽지만 이 길을 끝까지 가는 사람은 많지 않습니다. 혼자서 가기 어렵기 때문입니다. 그리고 자신의 축적된 성향이 이 길을 가지 못하도록 막습니다. 그래서 이 길을 가려면 부단한 노력을 해야 합니다. 그리고 책과 도우와 스승을 벗 삼아 가야 무난히 갈 수 있습니다. 혼자의 힘이 부족할 때는 반드시 이러한 힘을 빌려서 가야 합니다. 그러니 주저하지 말고 모든 조건을 다 동원해서 이 길을 가도록 노력해야 합니다. 누구나 과거에 지은 선업의 과보로 진리에 대한 호기심을 가질 수 있습니다. 그러나 이 호기심이 한때의 호기심에 그치지 않도록 하기 위해서는 끊임없는 노력을 기울여야 합니다.

태어나기 어려운 인간으로 태어나서 만나기 어려운 법을 만난 것은 다시 얻기 어려운 기회입니다. 거듭 말씀드리지만 이런 기회가 어느 생에 다시 올지 알 수 없습니다. 또 이러한 노력은 생명이 살아 있는 세계에서 오직 인간만 할 수 있는 일입니다. 인간이 아닌 어떤 생명도 자신에게 주어진 생을 극복할 수 없습니다. 그러니 지금이라도 인간으로 태어난 사명을 다해야 하겠습니다. 선택은 오직 자신의 몫입니다. 인간은 모든 생명 중에서 가장 강력한 마음을 가지고 있습니다. 이 강력한 마음을 선한 것에 쓰면 모든 번뇌를 여읠 수 있습니다. 하지만 선하지 못한 것에 쓰면 현재도 괴로움 속에서 살고 세세생생 괴로움에서 벗어나지 못합니다.

이 책은 처음에 가르침을 펴신 스승으로부터 앞서가신 수많은 스승들의 가르침을 집대성한 내용입니다. 혹여 저의 어리석음으로 인해 스승들의 가르침을 왜곡한 부분이 있으면 삼가 용서를 구하는 바입니다. 특히 사념처 수행에 대한 저의 견해와 새로운 수행 방법을 밝힐 때는 잘못된 내용이 되지 않을까 나름대로 주의했습니다. 이렇게 우려가 될 때는 명상을 통해서 진실에 접근해 보고 결론을 내리기도 했습니다. 그래도 잘못된 부분이 있다면 제가 안고 가야 할 과보로 삼겠습니다. 본문 내용을 인용한 자료의 출처는 밝히지 않았습니다. 모든 내용이 전부 앞서가신 스승들의 훌륭하신 가르침입니다. 아직 미천한 경험을 하고도 사념처 수행에 대한 방대한 내용을 밝힌 것은 무모하기 짝이 없는 일입니다. 하지만 훌륭한 가르침을 더 배우고자 하는 열정이 있었기 때문에 용기를 냈습니다.

처음 한국에서 위빠사나 수행을 지도해 주신 스승님과 미얀마 마하시명상원의 네 분 스승님들께 감사드립니다. 특별하게 마음과 느낌을 알아차리는 수행을 가르쳐주신 쉐우민 명상원의 두 분 스승님께도 감사드립니다. 그리고 가장 난해하다는 12연기를 가르쳐주신 쉐민모 명상원의 우 소바나 사야도께도 감사의 예를 올리는 바입니다. 여러 스님의 훌륭하신 가르침으로 12연기법을 이해하여 의심에서 해방될 수 있었으며 사념처 수행을 바르게 할 수 있었습니다. 그리고 스승님들의 힘으로 이 책까지 펴내게 되었습니다. 스승님들의 은혜가 없었다면 결코 이와 같은 고귀한 자리가 마련되지 않았을 것입니다.

본문의 내용은 중복된 부분이 많습니다. 이는 책의 내용을 주제별로 다루었기 때문입니다. 또 전편에 걸쳐 같은 내용이 반복된 것은 중요함을 강조하는 뜻도 있습니다. 정신세계에 관한 것은 한 번 듣는 것으로 이해하기 어렵기 때문에 불가피 반복했으니 이해해 주시기 바랍니다. 앞서 밝힌 내용을 설명하기 위해 다시 한 번 경전의 내용을 인용한 것은 하나하나의 문장을 설명할 때 직접 연결하여 이해를 돕기 위한 것입니다. 그래서 본문의 내용이 매우 방대해졌습니다. 여러 차례 본문 내용을 줄이려고 했으나 혹시 도움 되는 내용이 빠지는 것 아닐까 하여 망설이다 결국 일부만 간추리고 펴내게 되었습니다. 그래도 아쉬움이 많았지만 자제를 하고 끝냈습니다. 수행에 대한 더 구체적인 내용은 추후에 다른 지면을 통해 말씀드리고자 합니다.

이 책이 나오기까지 많은 분들께서 정성을 모아주셨습니다. 여러분들의 소중한 정성이 결코 헛되지 않을 것입니다. 이 책을 통해 많은 분들이 행복해지신다면 이 공덕이 고스란히 여러분에게 돌아갈 것입니다. 이 공덕의 힘으로 여러분들께서 더욱 정진하시고 행복해지시기를 빕니다. 이 세상에 괴로움에서 벗어나는 사념처 수행을 할 수 있도록 한 법보시보다 더 훌륭한 보시는 없을 것입니다.

생을 마무리하고 고단한 삶을 마칠 때까지 이 가르침을 음식으로 삼아 먹고, 옷으로 삼아 입고, 집으로 삼아 머무시기 바랍니다. 이 가르침 안에 있을 때 가장 행복하고, 이 가르침을 완성하면 더 큰 행복을 얻을 것입니다. 이렇게 실천할 때만이 인간으로 태어나서 사는 것처럼 산 위대한 생애가 될 것입니다.

모든 분들께 삼가 위대한 스승의 가르침을 바칩니다. 그리하여 모든 괴로움에서 벗어나 완전한 자유를 얻으시기 바랍니다.

감사합니다.

묘원 합장

차례

제1장

●

행복을 찾아서

1. 불완전한 행복과 완전한 행복

누구나 행복을 원하지 불행을 원하지 않습니다. 그러나 우리는 행복을 원하면서도 행복하지 않습니다. 무엇 때문일까요? 이 세상에는 세상의 질서가 있어 내 마음대로 되지 않습니다. 만일 내가 원하는 대로 행복을 얻을 수 있다면 오히려 그 순간부터 행복에 취해 파멸을 맞이할 것입니다. 우리는 힘이 있는 자들이 힘을 남용해서 파멸하는 경우를 자주 보았습니다. 그래서 때로는 행복이 더욱 어려운 상황을 만들기도 합니다. 경우에 따라 나의 행복은 남의 불행을 가져올 수 있습니다. 나 혼자만 누리는 행복을 꿈꾸기도 하고 남의 불행을 나의 행복으로 여기기도 합니다. 이처럼 인간이 추구하는 행복은 종잡을 수 없이 다양합니다.

인간이 불행하게 사는 것은 어리석기 때문입니다. 어리석어서 불행해질 만한 일을 스스로 선택하여 행했기 때문에 불행해진 것입니다. 하지만 우리는 어리석음에서 벗어나는 길을 모릅니다. 안다고 해도 살아온 습성이 불행을 해결할 수 있는 지혜를 얻도록 허락하지 않습니다. 그래서 계속해서 욕심을 부리고, 계속해서 미워하고, 계속해서 다투기 때문에 괴로움에서 벗어나지 못합니다. 사실 이렇게 살아온 것이 어제 오늘의 일이 아닙니다. 이러한 삶의 방정식은 예나 지금이나 한결같습니다.

이보다 더 본질적인 문제가 있습니다. 우리는 행복을 원하면서도 행복이 무엇인지를 모릅니다. 그러므로 진정한 행복을 얻기가 어렵습니다. 지혜가 있으면 옳은 것을 옳다고 알고, 그른 것을 그르다고 압니다. 하지만 어리석으면 옳은 것을 그르게 알고, 그른 것을 옳다고 압니다. 어리석으면 하는 일마다 거꾸로 합니다. 그래서 불행하고, 불행 때문에 행복을 갈망하지만 정작 행복을 찾는 바른 길을 모릅니다.

우리가 원하는 행복은 부귀영화, 무병장수, 이성간의 사랑 등이겠지요. 그러나 이것이 완전한 행복일 수 있을까요? 네, 행복은 분명 행복이지만 불완전한 행복입니다. 가져도 만족할 수 없는 행복, 가지지 못해서 불행한 행복, 가지면 사라질까봐 두려운 행복을 우리는 불완전한 행복이라고 부릅니다.

이런 행복은 이기적인 욕망에 속하기 때문에 얻을수록 갈증을 느낍니다. 이 갈증이 고통이 됩니다. 또 얻었다고 하더라도 사라질까봐 두렵습니다. 바로 이 두려움이 고통입니다. 그리고 가진 만큼 변화를 두려워합니다. 그러나 이 세상에는 변하지 않는 것이 아무것도 없습니다. 변하지 않기를 바라는 것은 자연의 섭리를 거스르는 일입니다. 섭리를 거스르는 행복은 이미 행복이 아닙니다. 얻어도 더 얻기 위해 괴롭고, 얻어도 사라질까봐 괴롭다면 이것은 행복이라고 말할 수 없습니다. 하지만 이것이 세상의 행복이기 때문에 이러한 행복을 세간의 행복이라고 합니다.

세간의 행복은 불완전한 행복입니다. 그러나 세간의 행복을 뛰어넘는 출세간의 완전한 행복이 있습니다. 세간의 행복은 가져도 만족할 수 없어 괴롭지만, 출세간의 행복은 가진 것을 집착하지 않아 괴로움이 없습니다. 세간의 행복은 자신만 소유하려는 이기적인 마음이지만, 출세간의 행복은 남의 행복도 배려합니다. 함께 나눌 수 있는 행복은 숭고한 정신입니다.

세간의 행복에는 항상 불안한 요소가 있지만 출세간의 행복은 언제나 변함없이 유지될 수 있습니다. 우리가 추구해야 할 진정한 행복은 세간의 행복을 뛰어넘는 출세간의 행복입니다. 이것이 인간으로 태어나서 해야 할 가장 필요한 일이며 가장 보람 있는 일입니다.

인간은 모든 생명 중에 가장 강력한 마음을 가지고 있습니다. 가장 잔인한 마음에서부터 가장 자애로운 마음까지 가질 수 있습니다. 인간은 최상의 정신적 지혜를 얻어 깨달음에 이를 수도 있습니다. 인간에게는 행복과 불행을 스스로 선택할 수 있는 권리가 있습니다. 이것은 인간이 가진 최상의 권리입니다. 이러한 권리를 슬기롭게 사용하면 행복을 얻을 수 있지만, 어리석게 사용하면 스스로 불행해지게 합니다. 결국 행복과 불행은 자신의 선택에 달려 있습니다.

현재 내가 행복하다면 행복해지는 일을 해서 받은 결과입니다. 현재 내가 불행하다면 불행해지는 일을 해서 받은 결과입니다. 행복과 불행은 원인이 있어서 생긴 결과이기 때문입니다. 그렇기 때문에 우리가 선택한 행복과 불행에 대하여 조금도 억울해할 필요가 없습니다.

과거에 만들어진 원인으로 인해서 현재를 경험하지만, 현재 새로운 원인을 만들면 그것이 지금이나 미래를 지배합니다. 그래서 우리의 행복과 불행은 언제나 바뀔 수 있습니다. 행복과 불행은 언제나 양면성을 가지고 나타날 준비가 되어 있습니다. 그리고 이것은 우리 스스로가 선택해서 갖는다는 사실을 자각해야 합니다.

진정한 행복은 밖에서 찾을 수 없습니다. 밖에 있는 것을 받아들이는 내 마음이 변하면 밖에 있는 것이 아무리 좋아도 얼마 가지 못합니다. 이제 세간의 행복을 뛰어넘는 출세간의 행복을 찾아야 하겠습니다. 우리는 아직 출세간의 행복이 무엇인지 모릅니다. 왜냐하면 출세간을 경험하지 못했기 때문입니다.

저는 오늘부터 여러분과 함께 출세간의 행복을 찾아서 떠나려 합니다. 저와 함께 가시면 완전한 행복을 찾으실 수 있습니다. 출세간의 행복을 지향한다고 해서 세간의 행복을 무시하는 것은 결코 아닙니다. 세간의 행복이 갖는 한계를 극복하기 위해 세간의 행복의 바탕위에서 출세간의 행복을 추구해야 합니다. 아직 우리는 출세간의 정신적 상태가 무엇인지 모릅니다. 세간이 없는 출세간은 없습니다. 출세간이란 세간을 있는 그대로 수용하면서 추구하는 또 하나의 새로운 출구입니다.

이제부터 말씀드리는 이 출세간의 행복은 제가 드리는 것이 아닙니다. 여러분이 스스로 찾아야 합니다. 저는 단지 출세간의 행복을 찾는 방법을 알려드릴 뿐입니다. 그러나 여러분이 받아들이지 않으면 공허한 말에 지나지 않습니다. 여러분 스스로의 믿음과 의지로 노력을 해야 이 길을 갈 수 있습니다. 거듭 말씀드리지만 행복과 불행은 오직 자신이 선택해서 갖는 것이라는 사실을 잊지 마시기 바랍니다.

제가 이렇게 상세하게 행복과 불행에 대해서 말씀드리는 것은 여러분이 의심에서 벗어나 확신에 찬 믿음을 갖도록 하기 위해서입니다. 의심을 하면 믿음이 생기지 않고, 믿음이 없으면 노력을 하지 않습니다. 노력을 하지 않으면 아무것도 얻을 수 없습니다. 그러나 처음부터 믿음을 가질 수 없기 때문에 일단 여러분들이 법을 탐구해 볼 것을 권합니다.

여기서 법에 대한 탐구란 명상 주제를 알아차리는 것을 말합니다. 그런 뒤에 확신이 서면 믿음을 가지고 수행을 하는 것이 정신세계의 바른 길입니다. 처음부터 무조건 믿어버리면 맹목적 신앙이 되어 지혜가 계발되지 않습니다. 이제부터 편안하게 명상을 경험해 보시기 바랍니다.

2. 행복을 찾는 길은 명상이다

명상을 다른 말로는 수행이라고 합니다. 명상이란 마음을 계발하는 행위입니다. 모든 것은 앞에서 마음이 이끌기 때문에 마음을 고양시키는 것만이 괴로움으로부터 벗어나 행복을 찾는 지름길입니다. 인간은 몸과 마음을 가지고 사는데 이 두 가지는 서로의 영역에서 각각의 역할을 하면서 서로가 영향을 주고받습니다. 하지만 앞서서 이끄는 것은 마음입니다. 물론 몸이 마음에 영향을 주지만, 이것을 인식하는 것은 마음이기 때문에 마음의 상태에 따라서 행복과 불행이 결정됩니다. 행복과 불행은 자신의 마음이 결정하는데 선한 마음은 행복을 가져오고 선하지 못한 마음은 불행을 가져옵니다. 선한 마음은 크게 세 가지로 나누는데 관용, 자애, 지혜입니다. 이 세 가지 마음이 모여서 선한 마음의 기본을 형성합니다.

선하지 못한 마음은 크게 세 가지로 나누는데 탐욕, 성냄, 어리석음입니다. 이 세 가지 마음이 모여서 선하지 못한 마음의 기본을 형성합니다. 우리가 명상을 하는 이유는 선한 마음을 가져 행복을 얻기 위해서입니다.

명상을 해서 마음이 고양되면 관용, 자애, 지혜가 증진되어 탐욕, 성냄, 어리석음이라는 번뇌가 줄어듭니다. 마음이 더욱 고양되어 차츰 지혜가 계발되면 탐욕, 성냄, 어리석음이 점진적으로 소멸합니다. 이것이 명상의 이익입니다. 어떤 것이 마음을 차지하고 있을 때는 다른 것이 들어올 수 없지만, 그것이 없어지면 다른 것이 그 자리를 차지합니다.

우리의 마음은 매순간 조건에 의해 빠르게 일어나고 사라집니다. 한 순간의 마음은 영화 필름의 한 컷과 같습니다. 영화는 한 컷의 필름이 연속적으로 돌아가서 상영됩니다. 우리의 마음도 한 순간의 마음이 연속되면서 진행됩니다. 이때 필름 한 컷은 한 순간에 오직 하나밖에 없습니다. 한 순간의 필름 한 컷이 다른 것과 함께 있을 수 없고 오직 한 컷만 있습니다. 이렇듯이 한 순간의 마음은 다른 어떤 마음과 함께 있지 않고 오직 그 순간의 마음만 있습니다. 그래서 한 순간에는 하나의 마음밖에 없으므로 한 순간에는 다른 마음이 있을 수 없습니다. 이처럼 마음은 한 순간에 하나밖에 없기 때문에 선한 하나의 마음이 있으면 선하지 못한 마음은 사라집니다. 그래서 명상을 하면 선한 마음이 되어 탐욕이 있을 수 있는 자리에 관용이 들어섭니다. 명상에는 두 가지의 이익이 있는데, 하나는 대상을 알아차리는 순간 관용이 있기 때문에 이익이고 또 다른 하나는 그 순간 탐욕이 없어서 이익입니다.

세간의 마음에서 탐욕이 있을 때는 탐욕이 있는 세간의 행복을 얻습니다. 출세간에서 탐욕이 없는 마음을 가질 때는 관용이 있는 출세간의 행복을 얻습니다. 탐욕이 있는 행복과 관용이 있는 행복은 질적인 차이가 있습니다. 탐욕이 있는 행복으로는 완전한 행복을 얻을 수 없고, 관용이 있는 행복일 때만 완전한 행복을 얻습니다. 탐욕으로 얻는 행복은 만족이 없고, 관용으로 얻은 행복은 그것만으로도 만족할 수 있습니다. 명상을 하면 성냄이 있어야 할 자리에 자애가 들어섭니다. 그리고 명상을 하면 어리석음이 있어야 할 자리에 지혜가 들어섭니다. 이런 관용, 자애, 지혜의 선한 마음이 완전한 행복을 가져옵니다.

3. 행복은 관용, 자애, 지혜에서 온다

세 가지 마음이 행복을 가져옵니다. 이것이 바로 관용, 자애, 지혜입니다. 관용은 탐욕의 반대가 되는 말로 너그럽게 받아들이고 베푸는 것입니다. 어떤 것이나 받아들이면 긍정적인 사고방식을 갖습니다. 받아들이면 자신에 대해서 관대해지고 남에 대해서도 관대해집니다. 관대해질 때 주고 싶은 마음이 생기고 베풀게 됩니다. 그러면 생각으로 그치는 선행이 되지 않고 직접 실천하는 선한 행위가 됩니다. 이렇게 선한 공덕을 많이 쌓으면 자연히 선한 결과를 받아 행복하기 마련입니다.

관용으로 상대나 자신을 받아들이면 먼저 자신의 마음이 편안해지는 이익이 있습니다. 그리고 이런 자신의 편안함이 상대를 편안하게 합니다. 그래서 나의 이익이 있으면 자연스럽게 상대에게도 이익이 돌아갑니다. 이처럼 자신의 평화는 가정의 평화와 사회의 평화와 인류의 평화를 가져옵니다. 그러므로 모든 것은 먼저 대상을 받아들이는 것으로부터 출발해야 합니다. 만약 받아들이지 않고 부정적인 생각을 하면 부정적인 결과만 있을 것입니다. 사람들이 불행한 것은 주어진 현실을 받아들이지 못하기 때문입니다. 세상은 항상 변하기 마련이고 세상을 보는 내 몸과 마음도 항상 변하기 마련입니다. 이런 변화를 수용하지 못하면 언제나 불행합니다.

상대의 선하지 못한 행위에 대해서도 관용으로 받아들일 때 자신에게 이익이 있습니다. 잘못한 상대에게 비난을 한다면 비난 받을 상대나 비난하는 자신이나 같은 수준의 의식을 가졌습니다. 잘못은 상대가 한 것이지 내가 한 것이 아닙니다. 이때 상대가 잘못한 것인데, 그런 상대로 인해 내가 괴로울 필요는 없습니다. 그러나 잘못한 상대를 관용으로 받아들여서 이해한다면 내게도 이익이 있고, 그런 마음으로 인해 상대에게도 이익을 줄 수 있습니다. 이것이 관용의 효능입니다. 눈에는 눈으로 이에는 이로 앙갚음을 하면 영원히 평화가 없는 불행한 세상입니다. 흙탕물을 씻을 때 흙탕물을 끼얹으면 계속해서 흙탕물만 남습니다. 흙탕물은 맑은 물로 씻어야지 비로소 깨끗해집니다. 탐욕은 흙탕물이고 관용은 맑은 물입니다.

자애는 성냄의 반대가 되는 말로 사랑입니다. 사랑이 없는 세상은 메마르고 척박합니다. 척박한 땅에는 어떤 것도 살 수 없습니다. 사랑이 있어서 모든 것들이 성숙하고 훌륭한 결과를 얻습니다. 사랑은 추위를 녹이고 온갖 번뇌를 녹입니다. 사랑이 없으면 증오와 미움과 성냄밖에 없습니다.

지혜는 어리석음의 반대로 사물의 이치를 알아 바른 판단을 하는 것입니다. 지혜는 어둠을 밝혀서 존재의 속성인 무상, 고, 무아를 있는 그대로 보게 합니다. 모든 것이 변한다는 무상의 진리를 알면 세상의 변화에 순응합니다. 존재하는 것이 불만족이라는 괴로움의 진리를 알면 즐거움으로 인해 오는 피해를 비켜갈 수 있습니다. 또 괴로움이 자기를 찌르는 뾰족한 가시라고 알아 경계하게 됩니다. 자아가 없다는 무아의 진리를 알면 아만심이 사라지고 집착이 끊어집니다. 내가 없는데 나를 강화하기 위해 온갖 위험을 무릅쓸 이유가 없습니다. 이처럼 무상, 고, 무아의 지혜는 존재하는 것의 속성을 환하게 밝혀 어리석음에서 벗어나게 할 수 있습니다.

이러한 관용, 자애, 지혜의 세 가지 마음을 선한 마음[善心]이라고 합니다. 선하다는 것은 적당히 마음이 좋은 것을 말하지 않고, 이런 조건이 갖추어진 마음을 말합니다. 마음에 선심이 있을 때는 불선심이 없고 불선심이 있을 때는 선심이 없습니다. 명상을 하는 이유는 선심을 가져 차츰 지혜를 계발하기 위한 것입니다. 불선심에서 가장 강력한 힘을 가지고 다른 마음을 조정하는 것이 바로 어리석음입니다. 어리석음은 몰라서 욕심을 부리고 화를 냅니다. 선심에서 가장 강력한 힘을 가지고 다른 마음을 조정하는 것이 바로 지혜입니다. 지혜는 알기 때문에 관용을 베풀고 사랑을 합니다.

누구나 어리석어서 모르면 움켜쥐고 놓지 않습니다. 그러나 지혜가 나서 알면 괴로움이라고 알아 끊어버립니다. 이것이 선심과 불선심의 특징입니다. 모르는 것은 어리석음입니다. 이런 어리석음은 움켜쥔다는 특성이 있습니다. 안다는 것은 지혜입니다. 이런 지혜는 끊는다는 특성이 있습니다. 어리석어서 괴로운 것은 불행을 움켜쥐기 때문입니다. 지혜가 있어서 즐거운 것은 불행을 끊어버리기 때문입니다. 이것이 바로 세간의 행복과 출세간의 행복을 결정하는 중요한 요소입니다.

명상을 하는 정신세계에서는 모르는 것을 탓하지 않습니다. 몰라서 그런 것을 어떻게 하겠습니까? 이것이 관용입니다. 이런 관용이 생기면 더불어 자애가 생기고 계율을 지키게 됩니다. 몰라서 한 불선한 행위일지라도 그런지 알면 됩니다. 바로 이런 행위가 명상이고 수행입니다. 수행자는 이미 지나간 과거의 일에 의미를 두지 않습니다. 지금 여기서 새로 알아차린다는 것이 중요합니다. 바로 이런 과정을 통하여 모든 번뇌로부터 벗어날 수 있는 정신적 토대가 마련됩니다.

4. 보시, 지계, 수행은 행복을 얻는 길

지금까지 선심과 불선심의 기본요소를 살펴보았습니다. 그러면 선심의 기본 요소인 관용, 자애, 지혜를 가지려면 어떻게 해야 할까요? 이 세 가지 선심은 저절로 오지 않습니다. 선심을 일으키기 위해서는 다음 세 가지 조건이 충족되어야 합니다. 그것은 보시, 지계, 수행을 실천하는 것입니다.

선한 마음을 실천하는 첫째가 보시(普施)입니다. 보시는 널리 베푼다는 뜻입니다. 앞서 밝힌 관용은 너그럽게 받아들이고 베푸는 마음이라고 했습니다. 이 것이 베푸는 것으로 보시의 마음입니다. 받아들이는 마음에는 반드시 베푸는 보시의 마음이 따릅니다. 관용과 보시는 같은 마음입니다. 미운 사람에게 떡을 하나 주는 것도 그를 받아들였기 때문입니다. 계속 미워하면 결코 떡을 주지 않습니다. 아직 밉지만 떡을 하나 주고나면 미움이 사라집니다. 내 마음에 관용이 생겼기 때문입니다. 이때의 관용과 보시는 명상에서 행복을 찾는 데 매우 중요한 의미를 갖습니다. 받아들이지 않고, 베풀지 않고서는 결코 대상을 있는 그대로 볼 수 없습니다. 그래서 관용과 보시는 수행을 시작하는 마음입니다.

선한 마음을 실천하는 둘째가 지계(持戒)입니다. 지계는 계율을 지키는 도덕적 행위입니다. 계율이 없으면 어떤 행복도 보장될 수 없습니다. 계율은 자신과 타인을 번뇌로부터 막아서 보호하는 중요한 덕목입니다. 계율은 절제하는 행위로 나타납니다. 만일 인간에게 계율이 없다면 동물이나 다를 것이 없고, 결코 의식을 청정하게 고양시킬 수 없습니다.

이렇게 계율을 지킬 때 바른 사랑이 생겨 성품이 고양됩니다. 계율이 전제되지 않으면 고요함이 생기지 않아 평안과 행복을 얻을 수 없습니다. 그러나 계율은 수행의 목표가 아니고 수단입니다. 명상에서 계율을 지키는 행위는 대상을 있는 그대로 알아차려서 마음을 청정하게 하는 행위입니다. 계율을 말할 때 특별하게 5계와 8계를 말하지만 수행자에게는 대상을 알아차리는 것으로 계율을 지키는 행위를 대신합니다.

선한 마음을 실천하는 셋째가 수행(修行)입니다. 명상은 마음을 계발하는 행위입니다. 마음이 계발되면 정신이 고양되어 선정의 고요함을 얻는 과정이 있고, 대상을 통찰하여 지혜를 얻는 과정이 있습니다. 수행은 크게 두 가지로 나누는데 하나는 사마타 수행입니다. 그리고 다른 하나는 위빠사나 수행입니다. 이상 두 가지의 실천적 수행이 없으면 모든 것이 생각에 그치고 맙니다. 그러면 출세간의 행복이 완성될 수 없습니다. 왜냐하면 지혜는 수행을 통해서만 계발되기 때문입니다. 지혜는 번뇌를 끊는 강력한 힘이 있습니다. 지식은 사유에 속하기 때문에 번뇌를 끊는 힘이 없습니다. 수행은 지혜를 완성합니다.

이렇게 보시와 지계와 수행이 갖추어질 때 선심이 완성됩니다. 관용과 베풂이 없으면 선하다고 할 수 없으며, 계율을 지켜 청정하지 않으면 선하다고 할 수 없으며, 수행을 해서 지혜가 나지 않으면 선하다고 할 수 없습니다. 이 세 가지는 선심을 계발하는 실천적 행위입니다.

반대로 선하지 못한 것은 보시 없음, 지계 없음, 수행 없음입니다. 용서하지 못하고 받아들이지 못하고 베풀지 못하는 것입니다. 계율을 어겨 청정하지 못한 것입니다. 또 수행을 하지 않아 번뇌에서 벗어나지 못하는 것입니다. 그러므로 보시, 지계, 수행은 출세간의 행복 즉 완전한 행복을 얻는 길입니다.

5. 몸과 마음을 통찰하는 명상

수행은 크게 두 가지로 분류하면 사마타(samatha) 수행과 위빠사나(vipassanā) 수행으로 나눕니다.

첫째, 사마타 수행입니다. 사마타(samatha)의 뜻은 고요, 평온, 멈춤 등의 뜻이 있는데 고요함에 머무는 선정수행을 말합니다. 사마타 수행은 대상과 하나가 되어서 수행을 하면 나타나는 장애를 억제하는 효과가 있습니다. 다섯 가지 장애는 감각적 욕망, 악한 의도, 혼침과 게으름, 들뜸과 후회, 회의적 의심을 말합니다. 사마타는 바로 이런 장애를 극복하기 위해서 하나의 대상에 강력하게 마음을 머물게 하여 고요함을 얻는 수행입니다. 사마타 수행은 근접집중과 근본집중으로 수행을 해서 대상과 하나가 되도록 강력하게 집중합니다. 이 수행의 궁극의 목표는 고요함이며 이런 수행을 하면 특별한 능력이 계발될 수 있습니다. 우리가 지금까지 수행이라고 알고 있는 모든 수행은 모두 사마타 수행의 범주에 속합니다.

둘째, 위빠사나 수행입니다. 위빠사나(vipassanā)는 위(vi)와 빠사나(passanā)의 합성어입니다. 위(vi)는 분리하다, 다르다는 뜻이고 빠사나(passanā)는 주시, 통찰의 뜻이 있습니다. 그래서 분리해서 알아차린다는 의미가 있는데 이때의 분리는 무상, 고, 무아의 지혜를 안다는 뜻이 있습니다. 위빠사나 수행은 찰나집중으로 지혜를 얻어 깨달음에 이르는 수행입니다.

이상 두 가지 수행을 할 때 사마타 수행과 위빠사나 수행을 병행하는 방법이 있고, 또 사마타 수행을 하지 않고 처음부터 위빠사나 수행으로 시작하는 방법이 있습니다. 이때 위빠사나 수행만 하는 방법을 순수 위빠사나라고 합니다.

위빠사나 수행은 약 2500년 전에 아직 붓다가 되기 전의 고따마 싯달타에 의해 발견된 수행 방법입니다. 당시 구도자인 고따마 싯달타는 12연기를 발견하고 여기서 원인과 결과라는 위대한 진리를 발견했습니다. 그리고 12연기의 구조 안에서 대상과 하나가 되지 않고 대상을 분리해서 알아차리는 위빠사나 수행을 발견했습니다. 고따마 싯달타는 6년 만에 고행을 버리고 위빠사나 수행을 통하여 깨달음을 얻어 붓다가 되었습니다. 붓다는 깨달은 자라는 뜻입니다. 이러한 붓다는 스스로 깨달음을 얻고, 위없는 깨달음을 얻습니다. 그래서 인류에게 모든 괴로움으로부터 벗어나 출세간의 행복을 얻는 길을 열어 보이셨습니다.

진정한 행복을 얻기 위해서는 지혜를 얻어야 합니다. 지혜는 어떤 위험에도 흔들리지 않는 견고한 초석이고 어떤 장애에도 걸리지 않는 바람과 같습니다. 그리고 어떤 감각적 욕망에도 빠지지 않는 물 위에 뜬 공과 같습니다. 수행자들이 가는 위빠사나 수행의 길은 붓다가 가신 길이며 앞서간 모든 위대하신 성자들이 가신 길입니다. 이 길을 종교를 초월하여 인간이 내면을 통찰하는 명상을 하는 길입니다. 이 길은 오직 자신의 괴로움을 해결하고 스스로 평화와 자유를 얻기 위한 것입니다.

붓다께서는 위빠사나 수행을 괴로움을 여의는 유일한 길이라고 하셨습니다. 그래서 이 길은 인간을 정화하고, 슬픔과 비탄을 극복하게 하고, 육체적인 괴로움과 정신적인 괴로움을 사라지게 하고, 올바른 길에 도달하게 하고, 마지막에는 깨달음의 완성인 열반을 성취하는 길이라고 선언하셨습니다.

위빠사나는 몸과 마음을 대상으로 알아차리는 수행입니다. 우리가 몸과 마음을 가지고 살면서 생긴 문제는 몸과 마음이 무엇인지를 아는 것으로부터 출발해야 합니다. 그리고 오직 몸과 마음에서 일어나는 것들을 통해서만 자신의 문제를 해결할 수 있습니다. 다시 말하면 우리의 문제는 누구도 해결해 줄 수 없고, 오직 자신의 힘으로 해결해야 하며, 그 방법이 자신의 몸과 마음을 통찰하는 것뿐입니다.

이러한 몸과 마음에 대한 통찰을 동굴 탐험에 비유합니다. 우리의 몸과 마음은 아직 가보지 않은 동굴처럼 알 수 없는 곳입니다. 우리는 자신의 몸과 마음에 대해서 안다고 하지만 실제는 알지 못합니다. 그래서 그간 몰랐던 자신의 몸과 마음이란 동굴을 함께 탐험하도록 하겠습니다. 이렇게 몸과 마음을 지혜로 알게 될 때만이 출세간의 행복을 얻을 수 있습니다.

우리의 목표는 하나입니다. 우리 자신의 머리에 붙은 불과 가슴에 박힌 화살을 뽑는 일입니다. 우리의 머리는 온갖 잘못된 견해와 괴로움으로 항상 불타고 있습니다. 그리고 가슴에는 온갖 괴로움의 화살을 맞고 항상 피를 흘리고 있습니다. 우리가 할 일은 바로 지금 당장 머리에 붙은 불을 끄고, 가슴에 박힌 화살을 빨리 뽑는 것입니다 이것이 명상입니다.

우리가 몸과 마음을 알아차리는 순간만은 감상적인 추억과 후회와 아쉬움뿐인 과거로 가지 않습니다. 그리고 불안과 두려움뿐인 아직 오지 않은 미래로 가지 않습니다. 오직 지금 이 자리에 있는 몸과 마음을 있는 그대로 알아차릴 때만이 궁극의 행복을 얻습니다. 답은 언제나 지금 여기에 있는 현재의 몸과 마음에 있습니다.

과거나 미래는 관념입니다. 지혜는 실재하는 것에서만 납니다. 현재를 떠난 진실은 없습니다. 수행자들은 지나간 과거나 아직 오지 않은 미래에 매달리지 않고 오직 여기에 있는 몸과 마음을 알아차려서 행복을 얻습니다. 이것이 출세간의 행복을 얻는 방법입니다.

우리가 하려는 위빠사나 수행은 즐거울 때 '즐거워하네'라고 알아차려서 즐거움으로 인해서 오는 욕망에서 벗어나는 것입니다. 괴로울 때 '괴로워하네'라고 알아차려서 괴로움으로 인해서 오는 저항과 분노와 슬픔과 좌절에서 벗어나는 것입니다. 그리고 덤덤할 때 '덤덤하네'라고 알아차려서 어리석음과 무지에서 벗어나는 것입니다. 이처럼 모든 것을 알아차릴 대상으로 삼아 '그렇네'라고 그냥 지켜보는 것이 위빠사나 수행입니다.

이것을 대상에 개입하지 않고 있는 그대로 알아차리는 것이라고 합니다. 대상에 개입하면 욕망과 성냄과 어리석음이 생겨 답을 얻을 수 없습니다. 대상에 개입하지 않고 있는 그대로 알아차릴 때만이 대상이 가지고 있는 무상, 고, 무아의 성품을 보기 때문에 모든 번뇌로부터 자유로워질 수 있습니다.

우리들의 목표는 한 가지입니다. 오직 괴롭지 않은 것입니다. 괴롭지 않은 것이 출세간의 행복입니다. 이 행복을 얻기 위해 쉬지 않고 노력하시기 바랍니다.

제2장

●

12연기(十二緣起)

1. 사성제와 연기

붓다께서 깨달음을 완성한 성스러운 진리를 사성제(四聖諦)라고 합니다. 사성제는 고집멸도(苦集滅道)라는 네 가지의 성스러운 진리인데 괴로움이 있다는 진리와, 괴로움의 원인은 집착이라는 진리와, 괴로움은 열반에 의해 소멸된다는 진리와, 괴로움의 소멸에 이르는 길은 팔정도라는 진리입니다. 팔정도(八正道)는 여덟 가지 바른 길이라는 뜻으로 중도(中道)라고 하며 다른 말로는 위빠사나 수행이라고 말합니다.

여기서 진리(眞理)라는 말은 사물의 참된 이치를 말합니다. 진리는 보편타당해야 합니다. 이러한 진리의 발견은 뛰어난 혜안을 가진 자에 의해서 밝혀집니다. 원래 괴로움이 있다는 것과 괴로움의 원인이 집착이라는 것은 붓다에 의해 처음으로 밝혀진 세간의 진리입니다. 다시 괴로움은 소멸될 수 있다는 열반과 괴로움의 소멸에 이르는 길이 팔정도라는 것도 붓다에 의해서 처음으로 밝혀진 출세간의 진리입니다. 그러므로 사성제는 괴로움이 있다는 세간의 진리와 괴로움에서 벗어나는 출세간의 진리를 아우르는 완성된 진리입니다.

괴로움이 있다는 진리에서 괴로움은 불만족을 뜻합니다. 우리는 갖지 못해서 불만족이고, 아무리 가져도 만족할 수 없어 불만족입니다. 그러므로 이래저래 사는 것이 모두 불만족입니다. 이것을 괴로움이라고 합니다. 이러한 괴로움이 있는 것을 진리라고 하는 것은 이것이 누구에게나 있을 수밖에 없는 불가피한 현상이기 때문입니다. 그래서 괴로움의 진리라고 말합니다.

괴로움이 있다는 것이 진리라고 하는 또 하나의 뜻이 있는데 이것은 괴로움이 있는 것을 엄연한 현실로 받아들이라는 뜻입니다. 괴로움 때문에 고통을 겪을 때 이것을 받아들이지 못하면 더 고통스럽습니다. 그러나 괴로움의 진리를 있는 그대로 받아들이면 괴로움이 경감되거나 아예 소멸됩니다. 그리고 괴로움의 원인이 무엇인지를 아는 지혜가 계발됩니다. 그러므로 괴로움으로부터 벗어나려면 먼저 괴로움이 있는 것을 수용해야 합니다. 이것이 괴로움의 진리에서 우리가 이해해야 할 중요한 내용입니다.

만약 괴로움을 있는 그대로 받아들이지 않고 억울하다거나 괴로움을 없애려고 새로운 욕망을 일으켜 괴로움에 저항한다면 더 깊은 수렁에 빠집니다. 이럴 때는 괴로움의 원인이 집착이라는 진실을 발견하지 못합니다. 괴로움의 원인을 발견하는 것은 지혜입니다. 이런 지혜가 없으면 결코 괴로움으로부터 벗어날 수 없습니다. 이처럼 여러 가지 의미로 괴로움이 있다는 것에 대한 진리를 알아야 합니다.

사성제는 성스러운 진리라는 뜻과 함께 깨달음에 이른 성자가 되어야 알 수 있는 진리라는 뜻입니다. 그래서 사성제는 일반적인 지식으로는 이해하기 어렵습니다. 반드시 수행을 해서 일정 수준의 지혜에 이를 때만이 사성제의 진리를 알 수 있습니다. 그렇지만 우리가 모른다고 해서 이런 진리를 그냥 방치할 수도 없습니다. 왜냐하면 이러한 진리가 무엇인지 이해하고 출발하는 것과, 전혀 이해하지 못하고 출발하는 것은 결과를 얻는 데 많은 차이가 있기 때문입니다. 진리가 무엇인지를 알고 출발하면 다른 길로 벗어나지 않고 바른 길을 갈 수 있습니다. 그러므로 우리가 아직은 진리가 무엇인지 잘 모르지만 이런 가르침을 등불로 삼아서 고난의 어둠을 헤쳐 나가야 하겠습니다.

깨달음은 어느 날 우연히 찾아오는 것이 아닙니다. 세상의 모든 일은 일어날 만한 조건이 성숙되어서 일어납니다. 그리고 일어난 것은 반드시 사라질 만한 조건이 성숙되어서 사라집니다. 마찬가지로 붓다께서 네 가지 성스러운 진리를 깨달았을 때 그것을 이끌어준 조건이 있었습니다. 다시 말하면 사성제의 진리가 완성되도록 앞에서 이끄는 다른 하나의 중요한 진리가 있습니다. 이것이 바로 연기법(緣起法)입니다. 연기법은 사성제와 함께 인류사에 가장 위대한 진리 중의 하나입니다. 혹자는 사성제에 대하여 반론을 제기하는 경우도 있습니다. 하지만 어느 누구도 연기에 대해서는 반론을 제기하지 못합니다. 이처럼 연기법은 완벽한 진리입니다. 그래서 연기법을 모든 것의 바탕이 되는 도라고 해서 기본도라고 합니다. 연기법의 기본도가 구축이 되지 않으면 해탈로 가는 건축물을 구축

할 수 없습니다. 그러므로 누구나 완전한 깨달음에 이르기 위해서는 반드시 원인과 결과라는 연기의 진리를 알아야 합니다. 그런 뒤에라야 다음 단계의 지혜가 성숙됩니다. 그러므로 연기는 깨달음으로 가기 위해서 반드시 필요한 관문입니다.

인류가 시작된 이래 출현한 모든 붓다는 똑같이 12연기를 먼저 발견하고 마지막에 위빠사나 수행을 해서 깨달음을 얻은 공통점이 있습니다. 경전을 보면 인류가 언제부터 생겼는지 알 수 없는 까마득한 세월부터 현재에 이르기까지 출현하신 붓다는 모두 스물다섯 분입니다. 그분들이 모두 하나같이 처음에 연기를 발견하시고 연기 안에서 새로 발견된 위빠사나 수행을 하여 깨달음을 얻었습니다. 이러한 사실을 고따마 붓다께서는 경전에서 자세하게 밝히셨습니다. 고따마 붓다께서는 오신통(五神通)과 함께 여섯 번째의 누진통까지 얻어 일체를 아는 최상의 지혜를 얻었습니다. 그렇기 때문에 이러한 사실들이 낱낱이 밝혀진 것입니다.

우리는 붓다께서 위대한 진리를 발견하기까지 얼마나 많은 산고를 겪으면서 깨달음을 이루었는가를 살펴볼 필요가 있습니다. 그래야 새로 발견된 소중한 진리의 가치를 더욱 분명하게 알아서 자신의 것으로 할 수 있습니다. 붓다가 되기 전의 고따마 싯달타는 6년 동안 극단적인 고행을 했습니다. 그리고 그 끝에서 죽어가는 자신을 보았습니다. 이처럼 처절한 투쟁 끝에 얻은 것이 고작 죽음밖에 없었습니다. 이때 고따마 싯달타는 죽음에 대해 심각하게 숙고해 보기 시작했습니다. 그리고 죽음의 원인을 발견했습니다. 이것이 바로 연기법입니다. 이런 연기법으로 한 인간이 태어나고 죽는 과정을 소상히 알게 되었습니다. 그렇다고 이것으로 깨달음을 얻은 것은 아닙니다. 연기법에서 발견된 원인과 결과를 알았지만 아직 모든 괴로움을 소멸시키는 새로운 원인을 알지는 못했습니다. 연기법은 모든 것이 단지 원인과 결과라는 진실을 알게 해준 것에 불과합니다. 하지만 이러한 연기법을 알지 못했다면 결코 다음 단계의 지혜가 날 수 없다는 사실이 중요합니다.

깨달음이란 지금까지 지녀온 과거의 원인을 제거하고 현재 새로운 원인을 만드는 것을 말합니다. 그럼으로써 현재도 괴로움에서 벗어나고 지금 이후도 괴로움에서 벗어나는 것이 깨달음입니다. 이 말은 과거의 무명과 집착으로부터 벗어나는 새로운 원인을 만들어서 이 원인으로 미래에 다시 태어나지 않는 것이 깨달음의 완성이라는 뜻입니다. 여기서 우리는 하나의 중요한 사실을 간과해서는 안 됩니다. 고따마 싯달타의 고행은 잘못된 것이었습니다. 그 결과로 죽음에 이르는 것밖에 얻은 것이 없었습니다. 하지만 이런 잘못된 고행을 통하여 죽음을 통찰하게 되어 인류사에 가장 위대한 연기법이 발견되었습니다. 우리는 인생을 살면서 많은 실수를 합니다. 그것은 처음부터 완성된 사람이 아니기 때문입니다. 하지만 어떤 경우에도 잘못으로 그치지 말고 잘못을 경험삼아 새로운 지혜를 얻는 것이 참다운 길입니다. 그래서 불행 속에서 행복을 얻고 고난 속에서 희망을 찾아야 합니다. 선한 마음을 가진 사람은 잘못으로 인해 바른 길을 찾지만 선하지 못한 사람은 잘못으로 인해 더욱 고통스러운 나락에 빠집니다. 이것이 수행을 하는 자와 하지 않는 자의 차이입니다. 수행자는 어떤 상황에서도 더 나은 길을 향해서 갑니다. 그래서 수행은 선한 마음을 가진 자만이 할 수 있으며, 인간만이 가질 수 있는 특권입니다.

2. 고행과 사마타 수행

고따마 싯달타인 구도자께서 고행을 하는 과정과 고행 끝에 연기를 발견하는 과정에 대해서 살펴보겠습니다. 우리는 이런 과정을 살펴봄으로써 연기와 위빠사나 수행에 대한 확신에 찬 믿음을 가질 수 있습니다. 그리고 이 길이 괴로움을 해결하는 단 하나의 출구라는 사실도 확인해야 하겠습니다. 이것이 고행의 과정을 살펴보는 이유입니다.

왕자로 태어난 고따마 싯달타는 계절마다 세 개의 별장을 바꾸어가면서 세상의 온갖 향락을 즐겼습니다. 물론 무사계급인 왕족이기 때문에 무예도 익혔습니다. 그리고 인도의 전통적인 학문인 『우파니샤드』와 『베다』도 배웠습니다. 이처럼 아무것도 부러울 것이 없는 왕자는 차츰 성장하면서부터 이런 향락의 무가치함을 알고 고민하기 시작했습니다. 그러던 차에 아들이 출생을 하자 바로 왕궁을 떠나서 고행을 시작했습니다. 이때의 나이가 29세였습니다. 왕궁을 떠난 구도자는 처음에는 일정한 거처도 없이 나무 밑이나 동굴에서 지내며 탁발로 끼니를 해결하며 지냈습니다. 그러던 중에 무색계 3선정을 이룬 스승을 만나 이내 3선정의 세계에 도달했습니다. 그리고 다른 스승을 만나 무색계 4선정에 이르렀습니다. 무색계 4선정은 윤회하는 인간이 오를 수 있는 최고의 정신세계를 말합니다. 이 세계를 비상비비상처라고 하는데 이 말은 있는 것도 아니고 없는 것도 아닌 정신세계를 터득한 것입니다. 하지만 이것은 최고의 깨달음이 아니라서 아직 윤회하는 괴로움을 겪어야 하는 세계입니다.

고따마 싯달타는 최고의 선정에 이르렀지만 자신이 가진 인생에 대한 본질적인 의문을 풀지 못했습니다. 선정의 세계란 사마타 수행을 해서 이르는 정신세계를 말합니다. 고따마 싯달타가 경험한 이 세계는 오직 고요함만 있을 뿐 삶과 죽음을 통찰하는 지혜가 있는 정신세계는 아니었습니다. 그는 자신의 마음을 완전하게 통제할 수 있었지만 궁극의 행복을 얻는 것이 무엇인지는 알 수 없었습니다. 그래서 다시 길을 떠나 6년 동안의 고행을 시작했습니다. 지금부터 말씀드리는 내용은 6년 동안 일어난 고행의 과정입니다.

고행을 시작한 처음에 이렇게 결심했습니다. 내가 이를 악물고 있으면서 혀를 입천장에 대고 도덕적인 생각을 하고 있으면 나의 비도덕적인 생각은 결국 가라앉고 말 것이다. 그리고 끝내는 제거되고 말 것이라고 생각했습니다. 그리고 결연하게 이렇게 실천했습니다. 하지만 이렇게 한 결과 몸은 지치고 피곤했으며 이런 고행으로 마음은 평온하지 못했습니다. 그리고 이것이 어떤 지혜도 가져다주지 않았습니다.

그래서 다시 수행 방법을 바꾸었습니다. 이번에는 입과 콧구멍으로 들어오고 나가는 호흡을 억제하기 시작했습니다. 그러자 귀로부터 나오는 공기가 마치 대장장이가 풀무질을 할 때 내는 소리처럼 큰 소리를 내기 시작했습니다. 그럼에도 불구하고 이런 현상에 굴하지 않고 계속 정진했습니다. 하지만 이렇게 한 결과 몸은 지치고 피곤했으며 이런 고행으로 마음은 평온하지 못했습니다. 그리고 이것이 어떤 지혜도 가져다주지 않았습니다.

그래서 다시 수행 방법을 바꾸었습니다. 이번에는 입과 콧구멍을 억제할 뿐만 아니라 이번에는 귀에서 들어오고 나가는 호흡을 억제했습니다. 그러자 내부에 있던 공기가 피부를 격렬하게 찌르기 시작했습니다. 마치 힘센 사람이 예리한 송곳으로 피부를 찌르듯이 공기가 격렬하게 피부를 찌르기 시작했습니다. 그럼에도 불구하고 이런 현상에 굴하지 않고 계속 정진했습니다. 하지만 이렇게한 결과 몸은 지치고 피곤했으며 이런 고행으로 마음은 평온하지 못했습니다. 그리고 이것이 어떤 지혜도 가져다주지 않았습니다.

그래서 다시 수행 방법을 바꾸었습니다. 이번에는 입과 콧구멍과 귀로 들어오고 나가는 호흡을 일시적으로 정지시켰습니다. 그러자 마치 힘이 센 사람이 딱딱한 가죽 끈으로 머리를 단단하게 조이는 것과 같은 지독한 고통이 머리에서 일어났습니다. 그럼에도 불구하고 이런 현상에 굴하지 않고 계속 정진을 했습니다. 하지만 이렇게 한 결과 몸은 지치고 피곤했으며 이런 고행으로 마음은 평온하지 못했습니다. 그리고 이것이 어떤 지혜도 가져다주지 않았습니다.

그래서 다시 수행 방법을 바꾸었습니다. 이번에는 입과 콧구멍과 귀로 들어오고 나가는 공기를 아예 멈추었습니다. 그러자 마치 정육점 주인이 고기를 자르는 날카로운 칼로 배를 자르는 것처럼 공기가 복부를 강타했습니다. 그럼에도 불구하고 이런 현상에 굴하지 않고 계속 정진했습니다. 하지만 이렇게 한 결과 몸은 지치고 피곤했으며 이런 고행으로 마음은 평온하지 못했습니다. 그리고 이것이 어떤 지혜도 가져다주지 않았습니다.

그래서 다시 호흡을 억제하는 수행 방법으로 바꾸었습니다. 이번에는 입과 콧구멍과 귀로 들어오고 나가는 호흡을 멈추지 않고 일시적으로 억제했습니다. 그러나 엄청난 불길이 몸 전체로 퍼졌습니다. 마치 힘센 두 사람이 팔을 잡고 불이 타오르는 숯가마에 넣고 태우는 것처럼 온몸이 불타기 시작했습니다. 그럼에도 불구하고 이런 현상에 굴하지 않고 계속 정진했습니다. 하지만 이렇게 한 결과 몸은 지치고 피곤했으며 이런 고행으로 마음은 평온하지 못했습니다. 그리고 이것이 어떤 지혜도 가져다주지 않았습니다.

그래서 다시 수행 방법을 바꾸었습니다. 지금까지 인위적으로 호흡을 조절해서 얻은 결과가 아무것도 없었기 때문에 이번에는 음식을 절제하기 시작했습니다. 그래서 몸은 더욱 피폐해지기 시작했습니다. 그러자 천인들이 하늘의 정기를 쏟아 넣어 몸이 유지될 수 있도록 하겠다고 제의합니다. 그러나 구도자는 그것이 자신을 기만하는 행위라고 거절을 했습니다.

그래서 다시 수행 방법을 바꾸었습니다. 이번에는 조금씩 음식물을 섭취하기 시작했습니다. 그리고 푸른 콩과 완주 콩 등의 즙을 조금씩 마셨습니다. 이렇게 음식물을 섭취하자 극도로 피폐해진 육체가 조금씩 회복되었습니다. 그러나 이미 몸은 영양 부족으로 인해 풀을 엮어놓은 다발처럼 되었습니다. 엉덩이는 낙타의 발굽처럼 되었고, 등뼈는 염주 알을 엮어놓은 것처럼 구부러져서 몸을 지탱했습니다. 갈비뼈는 황폐한 집의 서까래처럼 앙상해졌습니다. 눈은 우물이 파인 것처럼 움푹 들어갔습니다. 머리는 호박이 햇빛에 말라비틀어진 것처럼 되었습니다. 뱃가죽을 만지면 대신 등뼈가 손에 잡혔습니다. 대변을 보려고 하면 음식물을 섭취하기 못했기 때문에 힘을 주어도 대변이 나오지 않았습니다. 그래서 자리에서 비틀거리다 그대로 쓰러지곤 했습니다. 몸의 혈액순환을 시키려고 손발을 두드리면 피부에서 썩은 부위가 떨어져 나가곤 했습니다.

구도자는 이미 죽은 사람이나 다름없었습니다. 그럼에도 불구하고 여전히 네란자라 강둑에 머물면서 최고의 지혜를 얻기 위해 명상을 계속했습니다. 하지만 죽음에 이르자 더 이상 고행의 무의미함을 깨닫기 시작했습니다. 그리고 생각을 했습니다. 과거의 많은 고행자들도 이처럼 뼈를 깎고 살을 도려내는 것 같은 고통을 경험했을 것이다. 틀림없이 이 이상의 고통을 경험하지는 못했겠지만 이 정도는 경험했을 것이다. 왜냐하면 더 이상의 고행은 죽음이기 때문입니다. 그러나 마음은 아직도 괴로웠고 이런 고행으로는 인간이 가진 번뇌를 해결할 수 없다는 확신이 섰습니다. 그래서 이런 고행이 아닌 다른 길이 있을 것이라는 확신이 생겼습니다.

구도자는 고행을 멈추고 유미죽을 먹기 시작했습니다. 그리고 강에서 목욕을 하기도 했습니다. 이때 함께 수행하던 다섯 동료들은 고따마 싯달타가 고행을 버리고 감각적 쾌락을 추구했다고 실망하여 모두 떠나버렸습니다. 당시 인도의 풍습은 깨달음을 얻기 위해 고행을 하는 시대였습니다.

이때 고따마 싯달타는 동료 수행자들이 떠나서 오히려 조용히 수행을 할 수 있게 되었습니다. 그리고 과거에 어린 시절에 경험했던 선정수행을 기억하고 색계선정수행을 시작했습니다. 이렇게 선정수행을 한 힘으로 죽음 직전까지 갔던 현실을 떠올리고 죽음에 대해서 살펴보았습니다. 죽음의 원인을 살펴본 구도자는 모든 생명이 업의 인과로 태어나고 죽으면서 윤회를 한다는 사실을 알았습니다. 이것이 연기법입니다.

이러한 고행으로 감각적 쾌락과 극단적 고행이 아닌 중도의 사상을 발견했습니다. 고행은 지성을 나약하게 하고 정신적 퇴보를 가져오게 한다는 것을 알고 깨달음으로 가는 유일한 길인 팔정도 위빠사나 수행을 발견한 것입니다. 또 호흡을 인위적으로 만들어서 하는 것의 폐해와 음식물을 섭취하지 않는 것에 대한 폐해도 발견했습니다.

3. 연기의 발견

　죽음 직전까지 이르렀던 구도자는 죽음에 대해서 살펴보았습니다. 인간은 왜 늙어서 죽는 노사(老死)가 있는지를 살펴보았습니다. 그랬더니 태어나는 생(生) 때문이라고 알았습니다. 다시 왜 생이 있는가를 살펴보았습니다. 그랬더니 업의 생성(業의 生成) 때문이라고 알았습니다. 이때의 업의 생성은 행위를 일으킨 것을 말합니다. 그러므로 행위를 일으킨 결과로 불가피 태어난 것입니다. 다시 왜 업을 생성했는가를 살펴보았습니다. 그랬더니 집착(執着)을 했기 때문이라고 알았습니다. 다시 왜 집착을 했는가를 살펴보았습니다. 그랬더니 갈애(渴愛)를 일으켰기 때문이라고 알았습니다. 이때의 갈애가 바로 욕망입니다. 다시 왜 갈애가 일어났는가를 살펴보았습니다. 그랬더니 느낌[受] 때문이라고 알았습니다. 다시 왜 느낌이 일어나는가를 살펴보았습니다. 그랬더니 접촉(接觸) 때문이라고 알았습니다. 다시 왜 접촉이 일어나는 가를 살펴보았습니다. 그랬더니 육입(六入)이 있기 때문이라고 알았습니다. 이때의 육입은 여섯 가지 감각기관을 말합니다. 다시 왜 육입이 일어나는 가를 살펴보았습니다. 그랬더니 정신과 물질[名色]이 있기 때문이라고 알았습니다. 다시 왜 정신과 물질이 일어나는가를 살펴보았습니다. 그랬더니 식(識)이 있기 때문이라고 알았습니다. 이때의 식은 마음이라고도 하고 새로 태어나는 마음인 재생연결식(再生連結識)을 의미하기도 합니다. 다시 왜 식이 일어났는가를 살펴보았습니다. 그랬더니 행(行)이 일어났기 때문이라고 알았습니다. 이때의 행은 마음의 형성력 또는 의도가 있는 행위로 업(業)을 말합니다. 다시 왜 행이 일어났는가를 살펴보았습니다. 그랬더니 무명(無明)이 있기 때문이라고 알았습니다. 이때의 무명은 무지, 또는 모르는 것이나 어리석음입니다. 또 고집멸도 사성제를 모르는 것을 말합니다. 다시 왜 무명이 일어났는가를 살펴보았습니다. 그랬더니 무명 이전에는 아무것도 없고 오직 무명이 모든 생명의 시작이라는 것을 알았습니다.

이것이 연기를 뒤에서부터 살펴본 것입니다. 이렇게 본 연기법을 역관(逆觀)이라고 합니다. 이처럼 구도자는 처음에 역관으로 생명의 시작과 죽음을 숙고해 보았습니다. 이렇게 본 뒤에 다시 순서대로 생명의 진행과정을 살펴보기 시작했습니다. 이것이 순관(順觀)입니다. 구도자는 다시 순관으로 연기를 살펴보았습니다. 그래서 무명을 원인으로 행이 일어난다는 결과를 알았습니다. 그리고 행을 원인으로 식이 일어난다는 결과를 알았습니다. 이렇게 계속 살펴본 뒤에 마지막으로 생을 원인으로 노사가 일어난다는 결과를 알았습니다. 여기서 원인과 결과라는 현상계의 질서를 발견한 것입니다. 이러한 연기는 누구에 의해 조정되는 것이 아니고 자체의 힘으로 굴러가며 이 세상의 모든 생명들이 공통으로 겪는 질서였습니다. 구도자는 이런 과정을 거듭 되풀이해서 살펴보고 연기법을 완전하게 파악했습니다.

지금까지 말씀드린 역관과 순관은 매우 표피적인 고찰에 불과합니다. 이것들 하나하나의 원인과 결과가 단순하게 일어나고 사라지는 것이 아니고 매우 복잡하게 얽혀서 일어나고 사라집니다. 현상계의 얽힘은 너무 복잡해서 이러한 연기의 구조는 오직 붓다에 의해서만 완전하게 풀이될 수 있습니다. 연기법은 오직 붓다만 아는 법입니다.

이렇게 복잡한 연기법은 오랫동안 서고에서 먼지 속에 파묻혀 있기 마련입니다. 그러나 이렇게 복잡한 연기법을 미얀마의 모곡 사야도와 마하시 사야도께서 자세하게 풀어서 설명하셨기 때문에 어려운 연기를 비교적 쉽게 이해할 수 있게 되었습니다. 저는 위로는 붓다로부터이지만 이 두 분의 스승에게서 가르침을 받았습니다. 특히 모곡 사야도께서는 복잡한 12연기를 알기 쉬운 도표를 만들어서 수행자들의 근기를 일깨워 주셨습니다.

한때 붓다의 시자였던 아난다 존자가 붓다께 이렇게 말씀드렸습니다.
"세존이시여, 연기법은 매우 깊이가 있고 심오합니다."
그러자 붓다께서는 이렇게 말씀하셨습니다.
"아난다여 그렇게 말하지 마라. 아난다여 그렇게 말하지 마라. 아난다여 그렇게 말하지 마라. 연기법은 매우 심오하며 나타난바 그대로 깊은 뜻이 있으니 그렇게 여겨서는 안 된다."

여기서 아난다 존자가 붓다께 연기법이 심오하다고 했는데도 그렇게 말하지 말라고 한 것은 연기법이 심오하지 않다는 뜻이 아닙니다. 사실은 아난다가 생각하는 그런 수준의 연기법이 아닌 매우 복잡하게 구성된 연기법이라는 것을 말하는 것입니다. 그래서 연기법은 『논장(論藏)』 중에서 가장 어려운 내용에 속합니다. 그러므로 붓다께서 자세하게 설하셨지만 이것을 이해하고 받아들이기조차도 어려운 내용입니다. 그러므로 여기서는 연기법이 주는 몇 가지 의미만 살펴보도록 하겠습니다.

4. 연기법을 통해 발견된 위빠사나 수행

구도자께서는 무명으로부터 시작된 연기가 마지막 죽음에 이르는 과정까지를 거듭 면밀하게 통찰해 보셨습니다. 그리고 열두 가지 요소가 모두 한 인간의 정신과 물질에 관한 것이라고 알았습니다. 그래서 몸과 마음을 통해서 생긴 문제의 해답은 오직 몸과 마음을 통해서만 얻을 수 있다는 사실을 알았습니다.

여기서 불교의 세계관이 탄생됩니다. 불교는 오직 인간의 정신과 물질을 대상으로 합니다. 붓다께서 내가 전부를 알았다거나 또는 일체를 알았다거나 또는 모든 것을 알았다고 할 때의 전부나 일체나 모든 것은 한 인간의 정신과 물질을 말합니다. 정신과 물질의 무더기를 오온(五蘊)이라고 하는데 이 오온을 벗어난 것은 불교의 대상이 아닙니다. 그러므로 불교는 우주적인 현상을 다루는 것과는 전혀 무관합니다. 전부나, 일체나, 모든 것은 오온이며 12처(十二處)고 18계(十八界)입니다.

오온은 정신과 물질의 무더기의 결합을 의미합니다. 12처는 여섯 가지 감각기관과 여섯 가지 감각대상을 말합니다. 그리고 18계는 12처에다 다시 여섯 가지 아는 마음이 포함되어서 18계가 됩니다. 바로 이 18계가 불교의 세계관이며 전부입니다. 이것을 벗어난 것은 관념이고 추론이며 증명할 수 없기 때문에 논외로 칩니다. 불교의 세계관은 지금 여기 있는 몸과 마음이며 이것들은 언제나 증명될 수 있는 것입니다. 그렇지 않고 가령 어떻다고 가정을 하는 것은 불교가 아닙니다. 그런 가정으로는 결코 깨달음에 이르지 못합니다. 바로 이러한 불교의 세계관이 연기의 구조로부터 시작되었습니다.

이렇게 발견된 몸과 마음을 대상으로 알아차려보니 몸과 마음을 인식할 수 있는 것이 느낌이었습니다. 느낌은 연기에서나 수행에서 매우 중요한 의미를 차지합니다. 구도자께서 느낌을 대상으로 알아차리니 느낌은 매순간 변하기 때문에 대상과 하나가 될 수 없었습니다. 지금까지 모든 수행은 대상과 하나가 되는 사마타 수행밖에 없었습니다. 사마타 수행은 대상과 하나가 되기 위해서 근접집중을 얻은 뒤에 근본집중에 이르는 수행입니다. 그래서 다섯 가지 장애를 극복하는 고요함을 얻습니다.

다섯 가지 장애는 수행을 시작하면 누구에게나 나타나는 정신적 요소입니다. 사마타 수행은 이 다섯 가지 장애를 극복하기 위해 대상과 하나가 되는 밀착수행을 합니다. 다섯 가지 장애는 감각적 욕망, 악한 의도, 혼침과 게으름, 들뜸, 회의적 의심입니다. 수행이 어렵다는 것은 우리들의 의식 속에 내제해 있는 이러한 요소들이 방해하기 때문입니다. 그런데 몸과 마음을 느낌으로 알아차리니 느낌이 매순간 변하기 때문에 느낌과 하나가 될 수 없었습니다. 그래서 몸과 마음을 분리해서 볼 수밖에 없었습니다. 분리라는 것은 하나가 되지 않고 객관화해서 알아차리는 것을 말합니다. 이렇게 알아차리는 것을 있는 그대로 본다고 합니다. 이렇게 분리해서 알아차리는 집중이 찰나삼매입니다. 이 찰나삼매가 바로 위빠사나 수행입니다. 이와 같이 찰나삼매로 대상을 분리해서 알아차린 위빠사나 수행이 지혜수행입니다.

위빠사나라는 말은 대상을 분리해서 본다는 뜻 외에 무상, 고, 무아를 아는 수행이라고도 합니다. 대상과 하나가 되면 대상의 성품을 보지 못하고 대신 고요함을 얻습니다. 그러나 대상을 분리해서 보면 대상이 가지고 있는 보편적 특성인 무상, 고, 무아의 법을 발견합니다.

이 세 가지 법을 본 지혜로 욕망이 끊어지면 다시 태어나는 원인이 사라집니다. 이것이 깨달음입니다. 그러므로 어떤 수행자를 막론하고 연기와 위빠사나 수행이 아니면 깨달음에 이를 수 없습니다. 역대의 모든 붓다와 아라한이 모두 똑같습니다. 또 무아는 깨달음을 완성하는 마지막 지혜입니다. 그래서 자아가 있는 한 영원히 깨달음에 이를 수 없습니다. 왜냐하면 자아가 있는 한 집착을 끊을 수 없기 때문입니다. 그래서 완두콩알 만한 유신견이 있어도 결코 열반에 이를 수 없습니다. 이 말은 자아가 조금이라도 남아 있으면 결코 깨달음에 이를 수 없다는 말입니다.

자아는 연기의 열두 가지 요소 중 어디에서도 발견되지 않습니다. 연기에는 단지 그 순간의 정신과 물질이 원인과 결과로 진행되는 흐름만 있지 이것을 지배하는 초월적 존재나 자아는 결코 없습니다. 자아를 아트만(artman)이라고 하는데 이는 영혼, 불변하는 실체를 말하는 힌두교의 교리입니다.

5. 의심에서 해방되는 연기

　누구도 자신의 인생을 정확하게 알 수 없습니다. 내가 어디서 왔는지 모르며 죽어서 어디로 가는지도 모릅니다. 그래서 누구나 막연한 불안과 두려움을 가지고 살지 않을 수 없습니다. 더욱 고통스러운 것은 내가 가진 모든 것을 버리고 이 세상을 떠나야 한다는 것입니다. 그러니 죽음은 생각하기도 싫습니다. 그래서 죽음을 형벌과 같이 여깁니다. 죽음이 바로 눈앞에 있는데 이 죽음의 본질을 모른다니 이것은 어리석음이 아닐 수 없습니다. 그래서 할 수 있는 일이란 아예 죽음을 외면하는 것입니다. 어차피 죽는 것인데 미리 죽음을 생각해서 괴로워할 이유가 없다고 여깁니다. 그렇기 때문에 죽음을 마왕에 비유합니다. 사실 마왕은 있지도 않고 어디서 죽음을 관장하지도 않습니다. 사실 우리가 말하는 마왕은 자신이 만들어낸 공포의 표상입니다.

　12연기의 원인과 결과를 아는 지혜가 나면 모든 의문에서 벗어납니다. 연기를 알면 이 세상은 오직 원인과 결과로 흘러간다는 것을 압니다. 여기에 어떤 실체가 있어서 무엇을 창조하거나 지배하는 것도 아니라는 것을 압니다. 이 세상은 항상 변하는데 모두 원인과 결과로 변합니다. 이 원인과 결과를 벗어난 것은 아무것도 없습니다. 그러므로 이 원인과 결과의 법칙은 이 세상의 질서입니다. 이것을 알면 세상을 보는 눈에 쓴 안개가 걷힙니다. 연기의 지혜가 어리석음을 물러나게 했기 때문입니다.

　연기는 이것을 원인으로 저것이 일어난다는 뜻입니다. 다시 이것이 없으면 저것이 일어나지 않습니다. 원인이 있어서 결과가 생겼다면 원인이 없으면 결과도 없습니다. 이것이 연기의 오묘한 법칙이고 바로 연기의 출구입니다. 이것을 깨달은 자가 아니면 연기의 출구를 찾아서 괴로움뿐인 윤회를 끝내지 못합니다.

원인이 없으면 결과가 없다는 사실을 통하여 알 수 있는 것은 욕망이 사라지면 미래의 태어남이 사라진다는 것입니다. 그러니 무엇을 두려워할 것이 있겠습니까? 단지 현재 새로운 선한 원인을 만들지 못하는 것이 두려울 뿐입니다. 이러한 원인은 모두 내가 만든 것입니다. 그러니 누구를 탓하겠습니까? 모두 순간의 마음이 순간의 행위를 해서 그 과보(果報)로 진행되는 것이 인생입니다. 여기서 과보라는 것은 인과응보(因果應報)를 줄인 말입니다. 이 인과응보가 바로 원인과 결과입니다. 수행자가 처음에는 모든 것이 원인과 결과라고 알고, 다음에 이러한 원인과 결과는 모두 내가 일으킨 것이라고 압니다. 그런 뒤에 무아의 지혜가 나면 이러한 나도 없고 순간의 마음만 있다는 사실을 알아 해탈의 자유를 얻습니다. 이런 해탈은 세상을 원인과 결과로 봄으로써 모든 의심에서 벗어났기 때문에 얻을 수 있는 것입니다.

역대의 모든 성자들은 원인과 결과를 알아 비로소 모든 의심에서 벗어나 마음을 온전하게 집중하여 지혜를 얻는 쪽에 사용할 수 있었습니다. 그렇지 않으면 의심을 하다가 아무것도 이루지 못합니다. 의심에서 벗어날 수 있을 때 비로소 바른 정진을 해서 궁극의 깨달음을 얻을 수 있습니다.

연기법으로 보면 나는 과거의 생에서 현재의 생으로 온 것이 아닙니다. 연기에 자아가 없기 때문입니다. 그러므로 과거의 원인으로부터 현재의 결과가 있을 뿐입니다. 그리고 내가 미래에 다시 태어나는 것이 아닙니다. 현재의 원인으로 미래의 결과가 있을 뿐입니다. 이렇게 내가 없다고 알 때 나고 죽는 것에 대한 두려움이 사라집니다. 올 만해서 왔고 갈 만해서 간 것이지 여기에 내가 없다고 알면 무엇도 집착할 것이 없습니다. 그래서 죽음에 대한 두려움도 사라집니다.

경전에서는 연기법을 알아 의심에서 해방되면 지옥, 축생, 아귀, 아수라의 세계인 사악도에 떨어지지 않는다고 말합니다. 열반을 성취한 수다원이 되면 완전하게 사악도에 떨어지지 않지만 그래도 12연기법을 알면 사악도에 떨어질 위험이 현저하게 줄어듭니다. 그렇다면 염라대왕이 지옥의 문에서 기다리고 있다가 "아이고, 당신은 12연기를 공부했으니 이곳에 올 사람이 아니오"라고 말할까요? 아닙니다. 인간의 생명을 그렇게 좌지우지할 존재는 없습니다. 모든 것이 원인과 결과로 흘러갈 뿐입니다. 그래서 연기법을 알면 당연히 자신이 과보를 받는다는 것을 아는 지혜가 나기 때문에 사악도에 떨어질 나쁜 짓을 하지 않아 그곳에 태어나지 않습니다.

　우리가 연기를 통하여 의심에서 벗어난다는 것은 더 높은 단계의 지혜를 얻는 동력이 될 수도 있고, 또 나쁜 원인을 만들지 않아 지금이나 미래에 괴로움을 겪지 않는다는 이익이 있습니다. 이제 연기대로 살아서 어디서 태어날지 모르는 불안 속에서 살아가시겠습니까? 아니면 인과를 알고 좋은 원인을 만들어 더 좋은 세상에 태어나시겠습니까? 아니면 완전한 지혜로 연기에서 벗어나 영원히 윤회를 끝내는 해탈의 자유를 얻으시겠습니까? 선택은 온전하게 여러분의 의지에 달렸습니다. 그러나 여러분들은 아직 윤회가 끝나는 것을 원하지 않습니다. 왜냐하면 아직 감각적 욕망이 남아 있어서 더 훌륭한 생명으로 태어나기를 바랄 것입니다. 처음부터 이 수행이 다시 태어나지 않는 것이라고 하면 누구도 수행을 하지 않습니다. 이것은 아직 깨닫지 못한 입장에서 당연한 것입니다. 그러나 이 연기를 공부하고 위빠사나 수행을 하면 사는 것이 괴로움뿐이라는 진실을 발견하게 됩니다. 그러면 그때 태어남을 가져오는 새로운 원인을 만들지 않아서 다시 태어나는 결과를 만들지 않으면 됩니다. 그때의 당신은 위대한 성자입니다. 부디 빠른 시간 안에 성자가 되시기를 기원합니다. 가까운 시간 안에 성자가 될수록 좋습니다. 그렇지 않으면 그 사이에 무슨 일이 벌어질지 모릅니다. 우리는 함께 노력해서 반드시 사악도에서는 만나지 말아야 하겠습니다.

제3장

●

연기(緣起)의 열두 가지 요소

12연기 도표

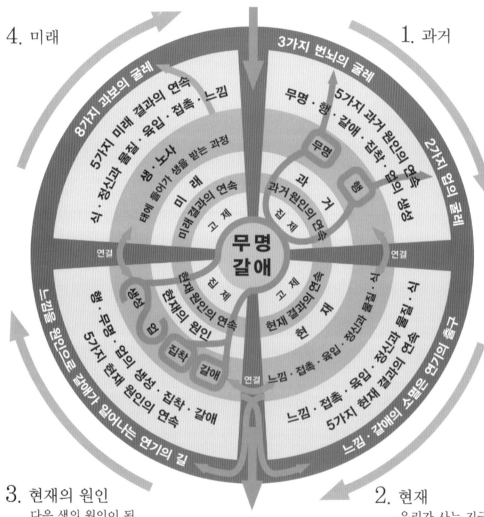

무명인 상태로 죽으면
다시 무명인 채로 태어남

4. 미래

1. 과거

3가지 번뇌의 굴레

8가지 과보의 굴레

5가지 미래 결과의 연속
식·정신과 물질·육입·접촉·느낌

생·노사
태어 들어가 생을 받는 과정

무명

무명·행·5가지 과거 원인의 연속
갈애·집착·업의 생성

2가지 업의 굴레

과
거

집
제

과거 원인의 연속

미래결과의 연속

고
제

무명
갈애

현재원인의 연속

현재 결과의 연속

연결

연결

행·무명·업의 생성·집착·갈애
5가지 현재 원인의 연속

현재의 원인

집제

생성

업

집착

갈애

연결

고제

현
재

느낌·접촉·육입

느낌·접촉·육입·정신과 물질·식
5가지 현재 결과의 연속

느낌·갈애의 소멸인 열반의 출구

느낌을 원인으로 갈애가 일어나는 연기의 길

3. 현재의 원인
다음 생의 원인이 됨

2. 현재
우리가 사는 지금

윤회에서 벗어나는 길
사성제

사단법인 상좌불교 한국 명상원

1. 연기란 무엇인가

　　연기란 원인과 결과입니다. 이 세상에 원인과 결과가 아닌 것이 없습니다. 모르면 모르는 연기로 살고, 알면 아는 연기로 삽니다. 완전하게 알면 연기로 살지 않고 연기가 끊어집니다. 어리석으면 어리석은 것을 원인으로 그만큼의 결과를 받습니다. 지혜가 있으면 지혜가 있는 것을 원인으로 그만큼의 결과를 받습니다. 최상의 지혜가 있으면 최상의 지혜를 원인으로 그만큼의 결과를 받습니다.

　　무명으로 시작된 연기는 어리석은 행위를 해서 그만큼의 과보를 받아서 불행하게 삽니다. 지혜로 시작된 연기는 지혜로운 행위를 해서 그만큼의 과보를 받아서 행복하게 삽니다. 궁극의 깨달음을 얻어서 시작된 연기는 모든 욕망이 끊어져 다시 태어나는 행위를 하지 않아 윤회가 끝납니다.

　　인간의 삶은 이상의 세 가지 중에서 하나에 속합니다. 그래서 어리석음으로 인해 괴롭게 살 것인가, 지혜로 인해 즐겁게 살 것인가, 최상의 깨달음을 얻어 다시 태어나지 않고 모든 괴로움을 끊을 것인가, 하는 세 가지 삶의 선택이 있습니다. 이것은 전적으로 자신의 선택이며 여기에 누구도 개입할 수 없습니다. 자신의 문제는 오직 자신의 선택으로 인해 그 결과를 받습니다. 이것이 연기법입니다. 그렇다면 괴로움도 자신의 선택이고, 즐거움도 자신의 선택이고, 괴로움이나 즐거움에서 벗어나는 것도 자신의 선택이므로 여기서 수행을 해야 할 당위성이 생깁니다. 수행의 실천 여부에 따라 세간의 괴로움과 출세간의 해탈이 결정됩니다.

　　사실 위빠사나 수행의 지혜의 단계는 정신과 물질을 구별하는 지혜로부터 시작합니다. 그리고 다음 단계의 지혜는 원인과 결과를 아는 지혜입니다. 이 두 번째 지혜의 단계가 연기법을 아는 지혜입니다. 그런 뒤에 현상을 바르게 아는 지혜가 계발됩니다. 이때의 현상을 바르게 아는 지혜가 무상, 고, 무아입니다. 그러므로 연기의 원인과 결과를 아는 지혜가 없으면 다음 단계인 현상을 바르게 아는 지혜가 계발되지 않습니다. 그래서 역대의 모든 붓다는 연기를 발견한 뒤에 위빠사나 수행을 해서 해탈의 자유를 얻었습니다.

연기는 세상을 살아가는 사람이 스스로 일으킨 원인에 따라 결과를 받는 것입니다. 여기서 우리가 연기를 알아야 하는 이유는 연기대로 사는 것이 아니고 연기에서 벗어나기 위한 것입니다. 붓다는 연기를 발견한 것이지 연기를 새로 만든 것이 아닙니다. 붓다가 연기를 발견하기 전에도 이미 이러한 연기의 흐름은 계속되고 있었습니다. 붓다는 이러한 연기의 흐름을 알아 과감히 그 흐름을 제거하는 새로운 원인을 만들어서 연기로부터 탈출했습니다. 우리가 연기를 알아야 하는 이유는 괴로움뿐인 삶에서 어떻게 하면 괴로움에서 벗어날 수 있는가를 배우기 위한 것입니다. 이것이 해탈의 자유를 얻는 길입니다.

모르면 번뇌에 당하고, 알면 번뇌에 당하지 않습니다. 지식은 생각으로 알기 때문에 번뇌에 당하지만 지혜는 실재를 알아서 번뇌를 소멸시키기 때문에 번뇌에 당하지 않습니다. 우리가 명상을 하는 이유는 모르는 마음에서 아는 마음을 계발하여 지혜로 연기의 고리를 끊기 위한 것입니다. 그래야 비로소 질긴 윤회의 사슬에서 벗어날 수 있습니다. 모르는 마음은 어리석음이고 아는 마음은 지혜입니다. 물이 맑으면 물속이 훤히 보이듯이 마음이 맑으면 사물의 이치가 훤히 보여 괴로움에서 벗어날 수 있습니다. 연기의 원인과 결과를 생각이 아닌 지혜로 알기 위해서는 반드시 몸과 마음을 청정하게 하는 명상을 해야 합니다.

빨리(pāli)어는 붓다가 사용하신 인도의 민중언어입니다. 연기(緣起)를 빨리어로 빠띠짜사무빠다(paṭiccasamuppada)라고 합니다. 이 말은 연기 또는 조건에 의해 발생함이란 뜻입니다. 우리가 흔히 말하는 원인과 결과, 인연, 인과응보, 과보, 조건, 윤회라는 말은 모두 연기를 뜻합니다. 연기를 영어로는 의존적 발생의 법칙(Law of Dependent Origination)이라고 합니다. 이것은 원인에 의존하여 결과가 일어난다는 뜻입니다. 특히 윤회를 빨리어로 삼사라(saṃsāra)라고 하는데 이는 원인과 결과에 의한 순환, 생사, 상속, 흐름, 지속이라는 뜻으로 연기와 같은 의미를 지니고 있습니다.

주석서에서는 "네 가지 이해하기 어렵고 가르치기도 어려운 법이 있는데 이것이 진리(眞理), 중생(衆生), 재생연결식(再生連結識), 조건(條件)이다"라고 했습니다. 진리는 최고의 지혜를 가진 성인이 아니면 완전하게 알기가 어렵습니다. 중생은 마음이 있는 모든 생명을 말하는데 이것을 유정(有情)이라고 합니다. 재생연결식은 한 생을 시작하는 최초의 마음입니다. 조건은 연기를 말합니다. 그러므로 여기에 포함된 연기법도 이해하기 어려운 것입니다. 우리는 붓다의 가르침에 의해 연기를 알 뿐입니다. 이러한 가르침에 대해 자의적 견해가 개입되면 그만큼 오류를 범할 가능성이 많습니다.

지금부터 말씀드리는 내용은 오직 경전의 가르침에 근거한 것입니다. 경전에 대한 해석의 차이로 분열이 생기면 진리가 훼손됩니다. 그러면 바른 가르침을 들을 수 없기 때문에 이런 설명에 대해서는 특별한 주의가 요구됩니다. 우리가 바른 견해를 갖기 위해서는 경전과 주석서와 스승의 가르침과 자신의 수행이 반드시 뒤따라야 합니다. 자신의 수행이 없으면 바른 가르침을 이해하지 못합니다. 이상의 조건이 모두 다 중요하지만 반드시 수행도 필요하다는 것을 이해해야 합니다. 아무리 좋은 것이 있어도 받아들이는 것은 결국 자신의 마음이기 때문입니다.

2. 연기의 열두 가지 요소

12연기를 바르게 이해하기 위해서는 먼저 열두 가지의 요소들을 살펴보아야 합니다. 그래야 의심에서 해방되어 괴로움에서 벗어나는 연기의 출구를 찾을 수 있습니다. 열두 가지의 요소 하나하나가 방대한 내용을 가지고 있습니다. 그러나 이것들을 모두 알기는 어렵습니다. 그래서 하나씩 간단한 개요를 파악함으로써 연기의 고리를 끊는 데 도움이 되도록 살펴보겠습니다.

1) 무명(無明)

무명이란 알지 못하는 것으로 어리석음이라는 뜻인데 이는 사물의 본성을 모르는 것을 말합니다. 그러므로 진리를 모르는 것이 무명입니다. 우리의 태어남은 모두 무명으로부터 시작되었습니다. 그래서 12연기의 시작은 무명입니다. 연기에서 시원(始原)은 없습니다. 인류가 언제부터 시작되었는가, 내가 언제부터 태어나서 윤회를 시작했는가, 하는 것은 알 수 없으며 이것이 연기를 끊는 데 전혀 도움이 되지 않기 때문에 수행자들은 이런 문제를 논외로 삼습니다. 이것이 바로 붓다의 가르침입니다.

우리는 무명이 눈을 가려 시원을 알 수 없을 뿐만 아니라 언제부터 시작되었는지 아는 것이 괴로움을 해결하는 데 아무런 도움이 되지 않습니다. 설사 안다고 해도 아무런 도움이 되지 않습니다. 그러므로 이런 것 하나가 주는 의미를 주목해야 합니다. 우리의 힘을 오직 필요한 것을 해결하는 데 모아야 합니다. 모든 괴로움이 모르는 것으로부터 시작되었다면 알면 그만입니다. 모른다는 것은 어리석음이고, 아는 것은 지혜입니다. 모르면 욕망으로 움켜쥐고, 알면 욕망을 끊어서 움켜쥐지 않습니다. 수행을 해서 지혜가 나면 그 순간에 무명이 사라집니다. 그러면 무명을 원인으로 행이 일어나지 않습니다. 그래서 연기의 순환 고리가 그 순간에 끊어집니다.

무명은 여덟 가지를 모르는 것입니다. 처음 네 가지는 고집멸도(苦集滅道) 사성제를 모르는 것입니다. 괴로움이 있는 것을 모르는 것, 괴로움의 원인을 모르는 것, 괴로움의 소멸을 모르는 것, 괴로움의 소멸에 이르는 길을 모르는 것입니다. 다섯 번째로 출생 이전의 과거 생을 모르는 것입니다. 여섯 번째로 죽음 이후의 미래 생을 모르는 것입니다. 일곱 번째로 과거 생과 미래 생을 모르는 것입니다. 여덟 번째로 연기의 바른 성품인 원인과 결과를 모르는 것입니다.

여기서 과거 생과 미래 생을 모르는 것이란 과거 생이 있고 미래 생이 있다고 믿는 것을 말합니다. 인간은 과거 생으로부터 온 것이 아니고 과거의 원인으로부터 현재로 왔습니다. 그리고 현재 생으로부터 미래 생으로 가는 것이 아닙니다. 현재의 원인으로 미래의 결과로 갑니다. 이것이 출생과 죽음의 진실입니다.

내가 있어서 과거로부터 오고, 미래로 가는 것이 아니고 단지 원인과 결과에 의해 일어나고 사라지는 현상만 있습니다. 과거의 생 또는 미래의 생이라고 하는 것은 단지 원인과 결과가 상속되는 것을 말합니다. 과거 생과 미래 생이 단지 원인과 결과로 바뀔 때 비로소 바른 견해가 생깁니다. 이것이 연기에서 얻는 깨달음입니다. 이때 과거 생이 있고 미래 생이 있다고 한다면 거기에 자아가 상속되는 것으로 잘못 알 위험이 있습니다. 그러나 단지 원인과 결과만 있다고 알면 자아가 개입될 여지가 없습니다. 이렇게 연기를 알면 자아가 없고 단지 정신과 물질이 조건에 의해서 일어나고 사라지는 현상만 있다는 바른 견해가 생깁니다. 처음에 일어난 무명은 일어난 순간에 행을 일으키고 사라집니다. 이것이 무상입니다.

무명이 존재하면 행이 존재하고, 무명이 일어나면 행이 일어납니다. 그러나 무명이 없으면 행이 없고, 무명이 소멸하면 행이 소멸합니다. 이때 무명이 없으면 새로 태어나는 행이 소멸하여 다시 태어남이 없어 윤회가 끝납니다. 윤회는 연기의 열두 가지 요소 중 어떤 요소에서도 끊을 수 있습니다. 그러므로 조건에 의해 일어난 것은 조건에 의해 소멸합니다. 이러한 조건의 소멸이 깨달음이며 연기의 출구입니다.

2) 행(行)

무명을 원인으로 행이 일어납니다. 행은 무명을 원인으로 일어나는 결과입니다. 무명과 행 사이를 잇는 연결고리가 있습니다. 이것이 바로 원인입니다. 행은 저절로 일어나는 것이 아니고 무명을 원인으로 일어납니다. 그래서 무명과 행 사이에는 원인이라는 분명한 조건이 자리를 잡고 있습니다. 바로 이 원인이 연기의 연결고리입니다. 모든 것은 원인이라는 연결고리에 의해 결과가 생깁니다. 12연기의 열두 가지 요소마다 중간에 모두 원인이라는 촉매가 있어서 다음 요소로 연결됩니다.

처음에 시작된 무명은 원인이라서 연기(緣起)입니다. 그리고 원인에 의해서 생긴 행은 결과라서 연생(緣生)입니다. 그래서 무명은 조건 지어진 법이라서 연기라고 하며, 행은 조건에 따라서 생긴 법이라서 연생이라고 합니다. 12연기의 순환은 조건 지어진 법으로 연기와 연생이 흐르는 과정입니다. 즉, 원인이 결과가 되고 결과가 다시 원인이 되어서 흐릅니다.

인간의 삶이 되풀이되고 역사가 되풀이 되는 것이 모두 이러한 연기의 흐름입니다. 우리는 태어나서 죽지만 죽는 것으로 그치지 않고 살면서 한 행위의 과보로 새로 태어나서 살게 됩니다. 이때 태어나는 것은 내가 아니고 단지 원인이 결과를 받는 것입니다. 그러므로 같은 생명이 태어나는 것이 아니고 전혀 새로운 생명으로 태어납니다. 여기에는 단지 원인과 결과가 있을 뿐입니다.

행(行)은 마음의 형성력, 의도, 현상 등을 말합니다. 그러므로 행은 마음에 의해 조건 지어진 행위를 뜻합니다. 행은 행위이지만 마음에 의해서 일어난 것이라서 마음의 작용에 속합니다. 이때의 행은 생각과 말과 행위라는 세 가지로 구분합니다. 이 세 가지를 신구의(身口意)라고 하는데 이것을 업(業)이라고 부릅니다. 불교에서 말하는 업(業)이란 의도가 있는 행위를 말합니다. 그러므로 의도가 없는 행위는 업이 되지 않습니다. 업은 지은대로 받는 특성이 있는데 의도가 없는 행위에 대해서는 업의 결과가 없습니다. 그래서 업이 아니면 과보를 받지 않습니다. 무명을 원인으로 일어난 행은 이미 과거에 형성된 것이라서 업의 형성이라고 합니다.

행이 존재하면 식(識)이 존재하고 행이 일어나면 식이 일어납니다. 행이 없으면 식이 없고 행이 소멸하면 식이 소멸합니다. 이때 행이 없으면 새로 태어나는 식이 소멸하여 다시 태어남이 없어 윤회가 끝납니다. 윤회는 연기의 열두 가지 요소 중 어떤 요소에서도 끊을 수 있습니다. 그러므로 조건에 의해 일어난 것은 조건에 의해 소멸합니다. 이러한 조건의 소멸이 깨달음이며 연기의 출구입니다.

이상의 무명과 행은 연기의 구조에서 과거에 속합니다. 과거의 무명과 행은 불가피한 것이라서 우리가 과거에 매달리는 것은 아무런 의미가 없습니다. 과거는 단지 현재의 반면교사로서의 의미 이상은 없습니다. 그래서 과거를 거울삼아 현재의 삶을 충실히 할 필요가 있습니다.

3) 식(識)

행을 원인으로 식이 일어납니다. 식은 행을 원인으로 일어나는 결과입니다. 식은 아는 마음입니다. 그러나 태어나는 최초의 마음일 때는 재생연결식이라고 합니다. 과거의 원인으로 현재에 새로 태어날 때의 마음을 재생연결식이라고 합니다. 재생연결식으로 인해 몸과 마음이 생기고 그 다음에는 잠재의식으로 바뀝니다. 그래서 연기에서 식은 아는 마음과 함께 재생연결식이라는 두 가지 뜻으로 사용됩니다. 이때의 재생연결식은 환생이 아니고 재생입니다. 환생은 자아가 현생으로 옮겨온 것입니다. 그러나 재생은 자아가 없이 단지 과보를 원인으로 새로 태어나는 생명을 뜻합니다. 환생은 힌두교의 교리고 재생은 불교의 교리입니다.

죽을 때의 마음이 일어나고 사라진 뒤에 즉시 재생연결식이 일어나서 다음 생이 생깁니다. 죽을 때 마지막 마음은 일어나서 사라지고 없지만 그 마음에 담

긴 과보가 다음 마음을 일으켜 재생연결식이 일어납니다. 죽을 때 마음의 상태
가 선하면 다음 생에 선한 마음을 가진 세계에서 선한 마음을 가진 사람으로 태
어납니다. 죽을 때의 마음이나 재생연결식은 인식할 수 없는 마음이라서 자신의
의지대로 되지 않습니다. 그래서 평소에 먹던 마음대로 마지막 마음을 먹고 그
마음대로 다시 태어납니다. 이처럼 죽을 때의 마음은 다음 생을 결정하기 때문
에 매우 중요합니다.

식이 존재하면 정신과 물질이 존재하고, 식이 일어나면 정신과 물질이 일어
납니다. 식이 없으면 정신과 물질이 없고, 식이 소멸하면 정신과 물질이 소멸합
니다. 이때 식이 없으면 새로 태어나는 정신과 물질이 소멸하여 다시 태어남이
없어 윤회가 끝납니다. 윤회는 연기의 열두 가지 요소 중 어떤 요소에서도 끊을
수 있습니다. 그러므로 조건에 의해 일어난 것은 조건에 의해 소멸합니다. 이러
한 조건의 소멸이 깨달음이며 연기의 출구입니다.

4) 정신과 물질[名色]

식을 원인으로 정신과 물질이 일어납니다. 정신과 물질은 식을 원인으로 일
어나는 결과입니다. 정신과 물질은 몸과 마음을 말합니다. 이때의 정신과 물질
은 오온에서 색온과 수온과 상온과 행온입니다. 오온에서 식온은 앞서서 이끄는
마음인 식이기 때문에 여기서는 식온이 빠졌습니다. 그래서 12연기에서는 식과
정신과 물질을 합쳐서 오온이라고 합니다.

앞서서 이끄는 식에 의해 정신과 물질이 생깁니다. 나쁜 식일 때는 나쁜 세
계에 나쁜 식을 가진 몸과 마음으로 태어납니다. 죽을 때의 마음이 잔인한 지옥
의 마음이면 지옥에서 태어나는 식이 생기고 즉시 지옥에서 사는 몸과 마음이
생깁니다. 그러므로 생명의 탄생은 우연히 생긴 것이 아니고 평소의 마음이 죽
을 때의 마음이 되고 죽을 때의 마음이 재생연결식을 만들고 재생연결식에 따라
태어나는 세계와 그곳의 몸과 마음이 생깁니다. 이것이 연기의 구조입니다. 여
기에는 어떤 우연도 없고 오직 조건에 의해서 일어나고 사라지는 연기의 법칙만

있습니다.

정신과 물질이 존재하면 육입이 존재하고, 정신과 물질이 일어나면 육입이 일어납니다. 정신과 물질이 없으면 육입이 없고, 정신과 물질이 소멸하면 육입이 소멸합니다. 이때 정신과 물질이 없으면 육입이 소멸하여 다시 태어남이 없어 윤회가 끝납니다. 윤회는 연기의 열두 가지 요소 중 어떤 요소에서도 끊을 수 있습니다. 그러므로 조건에 의해 일어난 것은 조건에 의해 소멸합니다. 이러한 조건의 소멸이 깨달음이며 연기의 출구입니다.

5) 육입(六入)

정신과 물질을 원인으로 육입이 일어납니다. 육입은 정신과 물질을 원인으로 일어나는 결과입니다. 육입은 안, 이, 비, 설, 신, 의라는 여섯 가지 감각기관입니다. 정신과 물질이 있으면 반드시 정보를 받아들이는 여섯 가지 감각기관이 있습니다. 인간이 사는 것은 이 정보로 사는 것입니다. 육입은 여섯 가지 감각장소를 말하며 문의 역할을 하기 때문에 육입이라고 합니다.

육입이 존재하면 접촉이 존재하고, 육입이 일어나면 접촉이 일어납니다. 육입이 없으면 접촉이 없고, 육입이 소멸하면 접촉이 소멸합니다. 이때 육입이 없으면 접촉이 소멸하여 다시 태어남이 없어 윤회가 끝납니다. 윤회는 연기의 열두 가지 요소 중 어떤 요소에서도 끊을 수 있습니다. 그러므로 조건에 의해 일어난 것은 조건에 의해 소멸합니다. 이러한 조건의 소멸이 깨달음이며 연기의 출구입니다.

6) 접촉(接觸)

육입을 원인으로 접촉이 일어납니다. 접촉은 육입을 원인으로 일어나는 결과입니다. 접촉은 여섯 가지 감각기관이 여섯 가지 감각대상에 부딪치는 것을 말합니다. 안, 이, 비, 설, 신, 의가 있으면 반드시 색, 성, 향, 미, 촉, 법과 접촉합니다.

이것을 12처(十二處)라고 합니다. 다시 이것들이 여섯 가지 아는 마음과 접촉해서 18계(十八界)가 생깁니다. 여섯 가지 아는 마음은 안식, 이식, 비식, 설식, 신식, 의식입니다. 우리가 살고 있는 것은 이러한 18계의 작용으로 삽니다.

그러므로 접촉은 여섯 가지 감각기관과 여섯 가지 감각대상과 여섯 가지 아는 마음이 부딪친 것입니다. 이상의 18계가 불교의 세계관입니다. 불교의 깨달음의 세계는 정신과 물질을 벗어난 것을 대상으로 삼지 않습니다. 왜냐하면 오직 몸과 마음에 의해서 생긴 문제에 대한 해답은 몸과 마음에 있기 때문입니다.

접촉이 존재하면 느낌이 존재하고, 접촉이 일어나면 느낌이 일어납니다. 접촉이 없으면 느낌이 없고, 접촉이 소멸하면 느낌이 소멸합니다. 이때 접촉이 없으면 느낌이 소멸하여 다시 태어남이 없어 윤회가 끝납니다. 윤회는 연기의 열두 가지 요소 중 어떤 요소에서도 끊을 수 있습니다. 그러므로 조건에 의해 일어난 것은 조건에 의해 소멸합니다. 이러한 조건의 소멸이 깨달음이며 연기의 출구입니다.

7) 느낌[受]

접촉을 원인으로 느낌이 일어납니다. 느낌은 접촉을 원인으로 일어난 결과입니다. 느낌은 감각기관에서 느껴지는 감각입니다. 접촉을 통해서 아는 마음이 일어날 때는 반드시 느낌이 함께 일어납니다. 아는 마음은 항상 느낌과 함께 있습니다. 그러므로 우리가 안다는 것은 느끼는 것입니다. 느낌이 없는 마음은 없습니다.

느낌의 종류는 매우 많습니다. 그중에 세 가지로 구분하면 맨 느낌, 육체적 느낌, 정신적 느낌이 있습니다. 맨 느낌은 감각기관이 감각대상과 접촉했을 때 처음 일어난 느낌입니다. 맨 느낌은 아직 좋다거나 싫다는 느낌으로 반응하지 않은 느낌입니다. 다음으로 육체적 느낌은 맨 느낌에서 반응한 느낌입니다. 육체적 느낌은 세 가지가 있습니다. 즐거운 느낌, 괴로운 느낌, 즐겁지도 괴롭지도 않은 느낌입니다. 이때의 즐거운 느낌은 행복이고, 괴로운 느낌은 불행이고, 즐겁지도 괴롭지도 않은 느낌은 덤덤한 느낌으로 무지에 속합니다.

다시 육체적 느낌에서 반응한 느낌이 정신적 느낌입니다. 정신적 느낌은 정신적으로 즐거운 느낌, 정신적으로 괴로운 느낌, 정신적으로 즐겁지도 괴롭지도 않은 덤덤한 느낌입니다. 느낌은 이렇게 조건에 의해 변하면서 끊임없이 갈애를 일으키는 원인을 제공합니다. 이외에도 세간의 느낌과 출세간의 느낌이 있습니다. 세간의 느낌은 범부의 느낌이고 출세간의 느낌은 성자의 느낌입니다.

느낌에서 갈애로 넘어가면 즉시 집착을 해서 윤회를 하는 원인을 만듭니다. 그러나 느낌에서 갈애로 넘어가지 않으면 집착을 하지 않아 윤회를 하는 원인을 만들지 않습니다. 팔정도 위빠사나 수행은 바로 느낌에서 갈애로 넘어가지 않는 수행입니다. 이것이 깨달음이고 윤회를 끝내고 열반에 이르는 길입니다. 깨달음은 느낌과 갈애 사이에서 일어납니다. 이러한 느낌을 알아차리는 것이 찰나삼매로 위빠사나 수행입니다.

우리들의 행복과 불행은 느낌입니다. 이러한 느낌은 감각기관이 느끼는 것이지 내가 느끼는 것이 아닙니다. 그리고 이러한 느낌은 일어난 순간 사라집니다. 그래서 영원하지 않습니다. 그런데도 우리는 과거의 느낌을 현재로 가지고 와서 즐거워하거나 괴로워합니다. 이것은 실재하지 않는 관념적인 허상을 붙잡고 있는 것입니다. 이때 나의 느낌이 아니고 단지 감각기관이 느끼는 것이라고 알면 괴롭지 않습니다. 느낌이 영원한 것이 아니고 일어난 순간 사라지는 것이라고 알면 괴롭지 않습니다. 이것이 느낌을 있는 그대로 보는 것입니다.

느낌이 존재하면 갈애가 존재하고, 느낌이 일어나면 갈애가 일어납니다. 느낌이 없으면 갈애가 없고, 느낌이 소멸하면 갈애가 소멸합니다. 이때 느낌이 없으면 갈애가 소멸하여 다시 태어남이 없어 윤회가 끝납니다. 윤회는 연기의 열두 가지 요소 중 어떤 요소에서도 끊을 수 있습니다. 그러므로 조건에 의해 일어난 것은 조건에 의해 소멸합니다. 이러한 조건의 소멸이 깨달음이며 연기의 출구입니다.

이상의 식, 정신과 물질, 육입, 접촉, 느낌은 연기의 구조에서 현재에 속합니다. 이상의 다섯 가지는 모두 오온이지만 여기서는 12연기의 원인과 결과를 설명하는 과정이므로 색, 수, 상, 행, 식의 오온이 아니고 12연기의 오온입니다. 수행자가 연기의 사슬을 끊으려면 이상 다섯 가지의 오온을 알아차려서 미래의 원인을 만들지 않아야 합니다.

8) 갈애(渴愛)

느낌을 원인으로 갈애가 일어납니다. 갈애는 느낌을 원인으로 일어난 결과입니다. 갈애는 범부가 목마르게 갈구하는 것입니다. 그래서 욕망을 갈애라고 합니다.

갈애는 세 가지가 있습니다. 첫째, 감각적 욕망에 대한 갈애입니다. 감각기관이 감각대상과 부딪쳐서 느낌이 일어날 때 감각적 욕망에 대한 갈애가 생깁니다. 둘째, 존재에 대한 갈애입니다. 존재에 대한 갈애는 영원히 살고 싶다는 상견과 결합된 갈애입니다. 셋째, 비존재에 대한 갈애입니다. 비존재에 대한 갈애는 죽으면 끝이라고 하는 단견과 결합된 갈애입니다. 사람이 자살을 하는 것도 비존재에 대한 갈애로 인해 생긴 현상입니다.

갈애는 고통의 원인이 되는 특징이 있습니다. 갈애는 좋아하는 역할을 합니다. 그리고 만족하지 못하는 것으로 나타납니다. 욕망은 끝이 없어서 아무리 얻어도 만족할 수 없고, 또 얻지 못해도 만족할 수 없어서 모든 괴로움의 원인이 됩니다. 느낌에서 갈애로 넘어오면 일단 미래의 원인을 만드는 단계에 진입한 것입니다. 그래서 자연스럽게 다음 단계의 연기로 넘어가 집착을 합니다.

갈애가 존재하면 집착이 존재하고, 갈애가 일어나면 집착이 일어납니다. 갈애가 없으면 집착이 없고, 갈애가 소멸하면 집착이 소멸합니다. 이때의 갈애가 없으면 집착이 소멸하여 다시 태어남이 없어 윤회가 끝납니다. 윤회는 연기의 열두 가지 요소 중 어떤 요소에서도 끊을 수 있습니다. 그러므로 조건에 의해 일어난 것은 조건에 의해 소멸합니다. 이러한 조건의 소멸이 깨달음이며 연기의 출구입니다.

9) 집착(執着)

갈애를 원인으로 집착이 일어납니다. 집착은 갈애를 원인으로 일어난 결과입니다. 집착은 강하게 움켜쥐는 것입니다. 필요한 만큼의 정도를 넘어서 강력하게 얻으려 하는 것이 집착입니다.

집착은 네 가지가 있습니다. 이것들은 모두 갈애에 의해 일어납니다. 첫째, 감각적 쾌락에 대한 집착입니다. 여섯 가지 감각기관에서 일어난 갈애를 집착합니다. 둘째, 잘못된 견해에 대한 집착입니다. 사물의 이치를 모르면 어리석기 때문에 여러 가지 잘못된 견해를 집착합니다. 셋째, 도덕적 의무와 금지된 행위에 대한 집착입니다. 개, 소 등의 동물을 흉내 내면 고통이 종식되어 깨달음에 이를 수 있다고 집착하는 것입니다. 넷째, 자아에 대한 집착입니다. 자아나 영혼이 있다고 집착하는 잘못된 견해입니다.

집착은 꽉 움켜쥐는 특징이 있습니다. 또 심하게 집착하는 특성이 있어 잡으면 놓지 않는 역할을 합니다. 마치 고기를 구울 때 고기가 석쇠에 달라붙는 것처럼 떨어지지 않습니다. 그래서 벗어나지 못합니다. 집착은 강력한 갈애와 잘못된 견해로 인해 나타납니다. 일단 갈애가 생기면 집착을 하고 집착을 하면 업을 생성하는 연기로 회전하여 미래의 원인을 만듭니다.

집착이 존재하면 업의 생성이 존재하고, 집착이 일어나면 업의 생성이 일어납니다. 집착이 없으면 업의 생성이 없고, 집착이 소멸하면 업의 생성이 소멸합니다. 이때 집착이 없으면 업의 생성이 소멸하여 다시 태어남이 없어 윤회가 끝납니다. 윤회는 연기의 열두 가지 요소 중에서 어떤 요소에서도 끊을 수 있습니다. 그러므로 조건에 의해 일어난 것은 조건에 의해 소멸합니다. 이러한 조건의 소멸이 깨달음이며 연기의 출구입니다.

10) 업의 생성(業의 生成)

집착을 원인으로 업의 생성이 일어납니다. 업의 생성은 집착을 원인으로 일어난 결과입니다. 업의 생성은 생각과 말과 몸으로 행위를 일으켜 미래의 태어남을 가져오는 힘입니다.

업의 생성은 두 가지가 있습니다. 첫째, 업으로서의 존재입니다. 감각적 욕망에 대한 집착을 원인으로 존재가 생기게 하는 업을 행하면 이것이 업의 생성이 됩니다. 둘째, 재탄생의 존재인 태에 들어가는 순간의 존재를 말합니다.

12연기에서 업은 두 가지가 있는데 무명을 원인으로 일어나는 행의 업이 있습니다. 이때의 업은 과거의 업입니다. 그래서 행을 이미 형성된 업이라고 합니다. 그리고 집착을 원인으로 일어나는 업의 생성이 있습니다. 이때의 업은 현재의 업입니다. 현재에서 미래의 새로운 원인을 만드는 업이기 때문에 업의 생성이라고 합니다. 그래서 두 가지는 과거의 업과 현재의 업이라는 시간상의 차이가 있습니다. 과거의 업은 이미 형성된 것이라서 불가피하지만 현재 새로 행하는 업은 자신의 의지가 반영될 수 있습니다. 그래서 같은 업이라도 형성과 생성의 차이가 있습니다. 선한 사람은 좋은 업을 생성하여 좋은 과보를 받으려고 할 것입니다. 그러나 깨달은 자는 아예 미래의 원인이 될 업을 생성하지 않습니다.

업의 생성이 존재하면 생이 존재하고, 업의 생성이 일어나면 생이 일어납니다. 업의 생성이 없으면 생이 없고, 업의 생성이 소멸하면 생이 소멸합니다. 이때 업의 생성이 없으면 생이 소멸하여 다시 태어남이 없어 윤회가 끝납니다. 윤회는 연기의 열두 가지 요소 중 어떤 요소에서도 끊을 수 있습니다. 그러므로 조건에 의해 일어난 것은 조건에 의해 소멸합니다. 이러한 조건의 소멸이 깨달음이며 연기의 출구입니다.

11) 생(生)

업의 생성을 원인으로 생이 일어납니다. 생은 업의 생성을 원인으로 일어난 결과입니다. 생은 태어남입니다. 업의 생성을 원인으로 미래의 태어남이란 결과가 있는데 이때의 태어남으로 인해 새로운 정신과 물질이 생깁니다. 이것을 발생(發生) 또는 생기(生起)라고 합니다.

12연기에서 태어남은 두 가지가 있는데 하나는 행을 원인으로 식이 일어날 때의 태어남입니다. 이때의 식은 현재의 태어남입니다. 그리고 업의 생성을 원인으로 생이 일어날 때의 태어남입니다. 이때의 생은 미래의 태어남입니다.

다시 생에는 두 가지 조건이 있습니다. 업의 생성을 원인으로 태에 들어가서 생을 받는 태어남입니다. 이때는 어머니의 몸에 하나의 생명이 착상되는 과정입니다. 그리고 일정한 기간을 거쳐 이 세상에 태어나는 존재가 됩니다. 이때가 어머니로부터 태어나는 과정입니다.

생이 존재하면 노사가 존재하고, 생이 일어나면 노사가 일어납니다. 생이 없으면 노사가 없고, 생이 소멸하면 노사가 소멸합니다. 이때 생이 없으면 노사가 소멸하여 다시 태어남이 없어 윤회가 끝납니다. 윤회는 연기의 열두 가지 요소 중 어떤 요소에서도 끊을 수 있습니다. 그러므로 조건에 의해 일어난 것은 조건에 의해 소멸합니다. 이러한 조건의 소멸이 깨달음이며 연기의 출구입니다.

12) 노사(老死)

생을 원인으로 노사가 일어납니다. 노사는 생으로 인해 일어난 결과입니다. 노사는 늙어서 죽는 것입니다. 모든 생명은 태어났으면 언젠가는 반드시 죽어야 합니다. 생으로 인해 성장하게 되고 늙어서 죽는 법들이 일어납니다. 이로 인해서 슬픔, 비탄, 고통, 근심, 고난이 일어납니다.

노사가 존재하면 다음 생의 식이 존재하고, 노사가 일어나면 다음 생의 식이 일어납니다. 노사가 없으면 다음 생의 식이 없고, 노사가 소멸하면 다음 생의 식이 소멸합니다. 노사는 아직 욕망이 있어서 미래의 태어남의 원인이 되는 죽음입니다. 그러나 노사가 존재하지 않는 것은 모든 욕망이 불타버려서 미래의 태어남이 없는 죽음입니다. 이것이 다시 태어나지 않는 반열반입니다. 이때의 노사가 없으면 다음 생의 식이 소멸하여 다시 태어남이 없어 윤회가 끝납니다. 윤회는 연기의 열두 가지 요소 중 어떤 요소에서도 끊을 수 있습니다. 그러므로 조건에 의해 일어난 것은 조건에 의해 소멸합니다. 이러한 조건의 소멸이 깨달음이며 연기의 출구입니다.

이상 12연기는 무명으로부터 시작해서 원인과 결과로 진행됩니다. 결과가 다시 원인이 되는 과정을 거쳐 마지막에 노사에 이르게 됩니다. 이것이 연기의 순환이자 윤회의 법칙입니다.

연기의 열두 가지 요소는 모두 한 인간의 정신과 물질에 관한 것입니다. 그러므로 불교의 세계관도 정신과 물질에 국한되어 있습니다. 정신과 물질은 오온으로 나누기도 하고, 12처로 나누기도 하고, 18계로 나누기도 하지만 이것들은 모두 정신과 물질을 세분화한 것입니다. 붓다께서 깨달음을 얻은 위빠사나 수행이 정신과 물질을 대상으로 알아차리는 이유가 여기에 있습니다.

3. 죽음 이후

죽을 때 마지막 호흡이 일어났다가 사라지면 몸의 기능도 정지되고 마음의 기능도 정지됩니다. 이렇게 해서 한 생명이 지속해 온 일생의 연기가 끝납니다. 그러나 마지막 마음에 담긴 종자가 다음 마음을 만드는 원인이 되어 다시 식을 일으킵니다. 이때 마음의 종자가 과보심(果報心)입니다. 과보심은 평소에 살면서 한 행위에 대한 결과의 마음입니다.

죽을 때의 마지막 마음은 일어나서 사라지고 다시 일어나지 않기 때문에 끝이 납니다. 그러나 그 마음에 담긴 과보심이 공기를 타고 강력한 힘을 가지고 다음 생의 식이라는 결과를 만듭니다. 이때 죽을 때의 마음의 상태에 따라서 즉시 다음 생의 식으로 연결됩니다. 이것이 재생연결식입니다. 다만 이 재생연결식은 과거의 행위에 대한 과보의 마음이므로 과거와 관계가 있지만 그렇다고 과거의 마음은 아닙니다. 마음은 매순간 일어나고 사라지기 때문입니다. 여기에도 단지 원인과 결과만 있습니다. 죽음의 마음이 재생연결식으로 연결되는 시간은 순간적입니다. 시간이 멈추지 않는 것처럼 과보심도 즉시 다음 생의 식을 만듭니다.

죽을 때 누구나 세 가지 표상 중에 하나의 표상이 뜨는데 이 표상에 따라 다음 생이 그대로 연결됩니다. 세 가지 표상은 업과 업의 표상과 태어날 곳의 표상입니다.

첫째, 업은 평소에 자신이 한 행위가 죽음의 마음에 표상으로 나타납니다. 가령 자신이 살아서 살생을 한 행위가 보이면 지옥에서 태어납니다. 선한 일을 한 행위가 보이면 선한 세계에 태어납니다. 둘째, 업의 표상은 자신이 살아서 한 행위와 연결된 도구가 표상으로 나타납니다. 가령 자기가 일생 동안 사냥을 했을 경우에는 총의 표상이 보일 수 있습니다. 그러면 그렇게 한 행위의 과보를 받아 그 세계로 태어납니다. 셋째, 태어날 곳의 표상은 죽은 뒤에 갈 곳이 표상으로 나타납니다. 그러면 그 세계에서 태어납니다.

이처럼 다음 생의 태어남은 이미 죽을 때의 마음에 의해 결정됩니다. 여기서도 연기가 그대로 적용됩니다. 죽을 때의 마음은 이렇게 중요합니다. 그래서 수행을 죽는 연습이라고 말하기도 합니다. 죽을 때의 마음의 상태에 따라 다음 생이 결정되지만 이때의 마음을 인위적으로 조절하기 어렵습니다. 왜냐하면 죽을 때의 마음은 자신이 인식할 수 없기 때문입니다. 그래서 평소의 마음이 죽음의 마음을 결정하기 때문에 평소에 수행을 해서 선한 마음의 힘을 키워놓아야 합니다. 그러면 죽을 때 좋은 표상이 일어나 좋은 곳에 재생하거나 윤회를 끊을 수 있습니다.

죽은 뒤에 다시 태어나는 세계는 사악도인 지옥, 축생, 아귀, 아수라의 세계가 있고 인간계가 있습니다. 또 욕계천상과 색계와 무색계 천상이 있습니다. 그러므로 죽을 때의 마음 상태에 따라 이 세계 중의 하나에 태어납니다. 그러나 모든 생명은 거의 사악도에 태어납니다. 그리고 인간으로 태어나는 것은 매우 희귀한 경우입니다.

이렇게 태어나기 어려운 인간으로 태어나서 인간의 사명을 다하는 것이 인간의 의무이자 권리입니다. 모든 생명 중에서 스스로 새로운 업을 만들 수 있는 생명은 오직 인간밖에 없습니다. 사람이 동물이 되거나 지옥에 떨어질 수 있고, 천인이 인간이 되거나 축생이나 지옥에 떨어질 수 있습니다. 어떤 생명도 죽음 이후에 다음 생의 과보는 어떤 것이 적용될지 알 수 없습니다. 하지만 인간은 현재 마음의 상태에 따라 다음에 갈 곳과 정신적 수준이 정해지므로 현재 자신의 마음가짐을 살펴보면 미래를 보는 것입니다.

그러나 모든 생명이 다시 태어나는 것은 아닙니다. 연기의 원인과 결과가 소멸하면 다시 태어나지 않습니다. 느낌에서 갈애로 넘어가지 않고 오직 있는 그대로의 느낌만 알아차리면 미래를 만드는 원인이 사라집니다. 이는 더 이상 바라는 것이 없어 태어날 원인이 사라진 것입니다. 그래서 갈애가 끊어지면 새로운 태어남이 없습니다. 역대의 붓다나 아라한의 죽음이 바로 이것입니다. 이것을 깨달음이라고 하고 해탈의 자유라고 합니다.

위빠사나 수행을 해서 수다원의 도과를 성취하면 일곱 생 이내에 아라한이 되어 윤회가 끝납니다. 사다함의 도과를 성취하면 한 번 더 인간으로 태어나서 아라한이 되어 윤회가 끝납니다. 아나함의 도과를 성취하면 색계 4선정의 정거천에 태어나 그곳에서 아라한이 되어 윤회가 끝납니다. 이 엄숙한 연기의 법칙 앞에서 지금 우리가 무엇을 해야 할지 다시 한 번 숙고해 봐야 하겠습니다.

4. 12연기 도표로 본 분류표

1) 근본원인 : 2가지

  ① 무명(無明. avijjā)
  ② 갈애(渴愛. taṇhā)

2) 성제(聖諦. sacca) : 2가지

  ① 집제(集諦. samudaya sacca)
  ② 고제(苦諦. dukkha sacca)

3) 부분 : 4가지

  ① 과거 원인의 연속
  ② 현재 결과의 연속
  ③ 현재 원인의 연속
  ④ 미래 결과의 연속

4) 12가지 요소 : 12가지 연결고리

  부분 1
  ① 무명(無明. avijjā)
  ② 행(行. 業의 形成. saṅkhāra)

부분 2

③ 식(識. 意識. viññāṇa)

④ 정신과 물질(名色. nāma rūpa)

⑤ 육입(六入. 六內處. saḷāyatana)

⑥ 접촉(接觸. phassa)

⑦ 느낌(受. vedanā)

부분 3

⑧ 갈애(渴愛. 愛. taṇhā)

⑨ 집착(執着. upādāna)

⑩ 업의 생성(業의 生成. kammabhāva)

부분 4

⑪ 생(生. 태어남. jāti)

⑫ 노사(老死. jarāmaraṇa)

5) 연결(link) : 3가지

① 행(行. 業의 形成. saṅkhāra) ↔ 식(識. viññāṇa)

② 느낌(受. 느낌. vedanā) ↔ 갈애(渴愛. taṇhā)

③ 업의 생성(業의 生成. kamma bhāva) ↔ 생(生. jāti)

6) 굴레(vaṭṭa) : 3가지

① 번뇌의 굴레(kilesa vaṭṭa)

② 업의 굴레(kamma vaṭṭa)

③ 과보의 굴레(vipāka vaṭṭa)

7) 시간(period) : 3가지

① 과거(past)
② 현재(present)
③ 미래(future)

8) 전체 요소 : 20가지

① 과거의 원인 5가지 : 무명·행·갈애·집착·업의 생성
② 현재의 결과 5가지 : 식·정신과 물질·육입·접촉·느낌
③ 현재의 원인 5가지 : 갈애·집착·업의 생성·무명·행
④ 미래의 결과 5가지 : 식·정신과 물질·육입·접촉·느낌

9) 동류의 연결 : 3가지

① 번뇌의 굴레 ← 무명(無明. avijjā) ↔ 갈애(渴愛. taṇhā) / 집착(執着. upādāna)
② 업의 굴레 ← 행(行. 業의 形成. saṅkhāra) ↔ 업의 생성(業의 生成. kamma bhāva)
③ 과보의 굴레 ↔ 생(生. jāti) / 노사(老死. jarāmaraṇa) / 태에 들어가 생을 받는 과정 / 식(識. viññāṇa) / 정신과 물질[名色. nāma rūpa] / 육입(六入. saḷāyatana) / 접촉(接觸. phassa) / 느낌[受. vedanā]

10) 죽음과 태어남 : 2가지

① 무명인 상태로 죽음
② 무명인 상태로 태어남

11) 연기의 회전이 멈추는 자리 : 3가지

① 시작 : 무명
② 중간 : 느낌
③ 끝 : 노사

5. 12연기 도표로 본 분류표 설명

1) 근본원인

연기의 근본원인은 무명(無明)과 갈애(渴愛) 두 가지입니다. 살아 있는 모든 생명의 연기를 회전시키는 근본축이 바로 무명과 갈애입니다. 그러므로 생명을 태어나게 하고 지속시키는 것은 이 두 가지의 힘으로 됩니다. 12연기 도표 중앙에 있는 무명과 갈애가 바로 생명의 근본원인입니다.

12연기에서 벗어나 윤회가 끝나는 깨달음을 얻으려면 무명과 갈애가 소멸되어야 합니다. 무명은 고집멸도 사성제를 모르는 것으로 어리석음을 말합니다. 갈애는 욕망으로 대상을 집착을 하는 것입니다. 무명과 갈애는 표현이 다르지만 어리석어서 욕망을 가지고 집착을 한다는 뜻에서는 같습니다. 무명과 갈애를 소멸시키는 길이 팔정도 위빠사나 수행입니다. 결국 인간이 겪는 모든 괴로움의 원인은 어리석음과 욕망 때문입니다. 살아 있는 생명에게 이것 이상 다른 원인은 없습니다.

2) 성제(聖諦)

12연기의 성스러운 진리[聖諦]는 두 가지로 집제(集諦)와 고제(苦諦)입니다. 연기의 회전은 집제(集諦)와 고제(苦諦) 두 가지가 연속되는 것입니다. 이러한 연기의 회전이 윤회입니다. 집제는 괴로움의 원인의 진리며 고제는 괴로움의 진리입니다. 12연기는 1번 칸 집제가 2번 칸 고제가 되고 다시 3번 칸 집제가 4번 칸 고제가 되는 것의 연속입니다. 그래서 12연기는 집제, 고제, 집제, 고제의 순서로 회전합니다.

12연기에서 과거의 집제에 해당되는 부분은 1번 칸 무명, 행입니다. 현재의 집제에 해당되는 부분은 3번 칸 갈애, 집착, 업의 생성입니다. 현재의 고제에 해당되는 부분은 2번 칸 식, 정신과 물질, 육입, 접촉, 느낌입니다. 미래의 고제에 해당되는 부분은 4번 칸 식, 정신과 물질, 육입, 접촉, 느낌입니다. 고제는 현재의 몸과 마음이며 미래에도 똑같이 몸과 마음입니다. 몸과 마음을 가지고 있으면 현재도 괴로움이고 미래도 괴로움입니다.

이처럼 12연기의 회전은 1번 칸 과거원인의 연속으로 2번 칸 현재결과의 연속이 있습니다. 다시 3번 칸 현재원인의 연속으로 4번 칸 미래결과의 연속이 있습니다. 연기가 회전할 때는 이와 같은 반복이 끊임없이 지속됩니다. 그래서 과거원인이 현재결과로 오는 것이라고 하지 않고 과거원인의 연속이 현재결과의 연속이라고 말합니다. 연속은 바로 연기의 회전을 말합니다.

12연기 도표에 나와 있지 않은 멸제(滅諦)와 도제(道諦)는 사념처 위빠사나 수행을 해서 성취할 수 있습니다. 12연기의 집제와 고제는 세간의 진리고, 멸제와 도제는 출세간의 진리입니다. 도표 2번 칸 느낌에서 3번 칸 갈애로 넘어가지 않는 길이 도제로 팔정도입니다. 이러한 팔정도를 실천함으로써 얻을 수 있는 성스러운 진리가 멸제인 열반입니다. 2번 칸에서 3번 칸으로 회전하지 않으면 느낌과 갈애가 소멸하여 연기에서 벗어나는 출구로 나가 윤회가 끝납니다. 2번 칸에서 3번 칸으로 회전하면 느낌을 원인으로 갈애가 일어나 끝없는 윤회를 합니다. 그러므로 깨달음은 2번 칸 고제인 느낌과 3번 칸 집제인 갈애 사이에서 일어납니다.

집제와 고제는 연기를 회전시키는 세간의 진리고, 멸제와 도제는 연기의 회전을 끊는 출세간 진리입니다. 이처럼 세간의 진리를 바탕으로 출세간의 진리를 계발하여 사성제가 완성됩니다. 깨달음을 얻어 연기의 회전에서 벗어나는 길은 연기의 길을 따라가는 집제와 고제가 아니고 오직 연기에서 벗어나는 멸제와 도제를 실현하는 것입니다.

3) 부분

12연기는 네 개의 부분으로 나눕니다. 도표 1번 칸, 2번 칸, 3번 칸, 4번 칸 네 개의 부분이 회전하는 것이 연기입니다. 도표의 1번 칸은 과거며 2번 칸은 현재입니다. 3번 칸은 현재의 원인이며 4번 칸은 미래입니다. 네 개의 부분을 좀 더 자세하게 보면 1번 칸은 과거원인의 연속이며 2번 칸은 현재결과의 연속입니다. 3번 칸은 현재원인의 연속이며 4번 칸은 미래결과의 연속입니다. 여기서 2번 칸이나 3번 칸이 모두 현재지만 2번 칸은 현재결과의 연속이고 3번 칸은 현재원인의 연속입니다. 2번 칸은 1번 칸의 원인으로 인해 생긴 현재의 결과입니다. 그러나 3번 칸은 똑같은 현재이지만 4번 칸의 원인되는 현재입니다. 이렇게 과거가 현재가 되고 다시 현재가 미래가 연속되는 것이 연기의 회전이고 윤회입니다.

12연기는 12가지 요소들이 회전하지만 크게 보면 몇 가지의 요소들이 네 개의 부분으로 모여서 회전합니다. 인간이 살고 있는 것은 과거 1번 칸을 원인으로 현재 2번 칸의 결과로 삽니다. 이렇게 살면서 다시 현재 3번 칸의 원인을 만들어서 미래 4번 칸의 결과를 만듭니다. 이것이 태어남과 죽음을 반복하면서 살아가는 윤회입니다.

12연기 도표에는 생명의 태어남이 두 가지가 있습니다. 2번 칸 현생의 태어남이 식(識)입니다. 4번 칸 미래생의 태어남이 생(生)입니다. 또 의도가 있는 행위인 업(業)도 2가지가 있습니다. 1번 칸에 있는 과거 업이 행(行)입니다. 3번 칸에 있는 현재 업이 업의 생성(業의 生成)입니다. 과거의 업은 이미 형성된 것이고 현재의 업은 새로 생성하는 업입니다. 과거의 업은 이미 받고 있어 거스르기가 어렵습니다. 그러나 현재 생성하는 업은 현재와 미래에 영향을 줍니다. 그러므로 수행자에게는 이미 지난 과거의 업은 중요하지 않고 지금 새로 생성하는 현재의 업이 중요합니다. 과거는 경험을 통해 지혜를 얻는 것밖에 다른 의미가 없습니다. 그래서 수행자는 항상 현재에 머물러 새로운 선한 업을 생성해야 합니다.

12연기에서 이와 같이 동일한 요소들이 중복되는 것은 과거, 현재, 미래라는 시제가 있고, 또 원인과 결과라는 인과가 있기 때문입니다. 연기란 똑같은 요소들이 되풀이된다는 것에 관점이 맞추어질 때 연기를 벗어나는 지혜가 계발됩니다.

4) 열두 가지 요소

연기를 구성하고 있는 요소는 열두 가지입니다. 도표 부분 1에 해당되는 과거는 무명, 갈애입니다. 부분 2에 해당되는 현재는 식, 정신과 물질, 육입, 접촉, 느낌입니다. 부분 3에 해당되는 현재원인의 요소는 갈애, 집착, 업의 생성입니다. 부분 4에 해당되는 미래는 생, 노사입니다. 연기는 이상 열두 가지 요소가 저마다 원인과 결과로 상속되는 것을 말합니다.

열두 가지 요소는 모두 원인과 결과로 진행됩니다. 원인이 있어 결과가 생기면 다시 결과가 원인이 되어 상속됩니다. 이때 원인은 연기(緣起)며 결과는 연생(緣生)입니다. 그래서 12연기는 연기가 연생이 되고 연생이 다시 연기가 되어 연생을 일으킵니다. 이것들의 반복이 연기의 회전입니다.

연기의 열두 가지 요소는 처음에 무명으로 시작됩니다. 연기의 시원(始原)은 알 수 없고 단지 무명으로 시작된다는 것이 중요합니다. 무명을 원인으로 행이 일어납니다. 행을 원인으로 식이 일어납니다. 식을 원인으로 정신과 물질이 일어납니다. 정신과 물질을 원인으로 육입이 일어납니다. 육입을 원인으로 접촉이 일어납니다. 접촉을 원인으로 느낌이 일어납니다. 느낌을 원인으로 갈애가 일어납니다. 갈애를 원인으로 집착이 일어납니다. 집착을 원인으로 업의 생성이 일어납니다. 업의 생성을 원인으로 생이 일어납니다. 생을 원인으로 노사가 일어납니다.

열두 가지 요소 중에서 2번 칸의 식, 정신과 물질, 육입, 접촉, 느낌의 다섯 가지는 오온을 의미합니다. 오온은 정신과 물질을 구성하고 있는 색, 수, 상, 행, 식의 무더기입니다. 2번 칸 5가지가 색, 수, 상, 행, 식이 아닌데 오온이라고 하는 것은 여기서는 정신과 물질이 원인과 결과로 진행되는 연기의 구조를 밝히고 있기 때문입니다. 그래서 2번 칸은 12연기의 원인과 결과로 본 오온입니다.

이와 같은 열두 가지 요소는 모두 조건에 의해 일어나고 사라지는 정신과 물질에 관한 것입니다. 이상 열두 가지 요소 중 어느 것에도 자아는 없습니다. 그러므로 모든 생명의 윤회는 정신과 물질이 원인과 결과로 상속되는 것뿐입니다. 이때 자아가 있어서 이것들을 회전시키는 것이 아니고 단지 이것들이 가지고 있는 조건의 힘에 의해 회전합니다.

1번 칸의 행을 원인으로 2번 칸의 이번 생의 태어남인 재생연결식이 일어날 때 1번 칸의 행에 자아는 없고 그러므로 1번 칸을 원인으로 생긴 2번 칸의 재생연결식도 자아가 없습니다. 단지 원인과 결과만 있습니다. 또 3번 칸의 업의 생성을 원인으로 4번 칸의 생이 일어날 때 업의 생성은 자아가 없습니다. 그러므로 4번 칸의 미래의 태어남인 생에 자아를 전해 주지 않습니다. 단지 이 순간의 행위의 힘이 다음에 태어남을 일으키도록 합니다. 그래서 업의 생성입니다. 그러므로 행이 자아가 있어서 현생의 재생연결식을 만드는 것이 아니고, 업의 생성이 자아가 있어서 미래의 태어남을 만드는 것이 아닙니다. 단지 원인과 결과라는 조건만 있습니다.

이처럼 인간이 가진 모든 문제는 정신과 물질이 원인과 결과로 인해서 일어난 것들입니다. 그러므로 정신과 물질을 가지고 생긴 문제는 오직 정신과 물질을 통해 해결할 수밖에 없습니다. 자신의 문제를 다른 곳에서 해결하려고 해서는 결코 해결할 수 없습니다. 사념처 위빠사나 수행이 몸과 마음을 대상으로 알아차리는 이유도 여기 있습니다. 몸과 마음을 가지고 생긴 문제는 몸과 마음이 아닌 다른 것에서 해답을 얻을 수 없기 때문입니다.

5) 연결

12연기의 연결은 세 가지가 있습니다. 첫째, 도표 1번 칸과 2번 칸이 양방향으로 연결되었습니다. 둘째, 2번 칸과 3번 칸이 양방향으로 연결되었습니다. 셋째, 3번 칸과 4번 칸이 양방향으로 연결되었습니다. 12연기는 네 부분이 세 번 연결되어 연기가 회전합니다. 도표에 있는 3가지 연결고리는 모두 양방향으로 연결되었다는 것이 특징입니다. 12연기는 열두 가지 요소 하나하나가 원인과 결과로 연결되지만 크게 보면 네 부분이 세 번 양방향으로 연결되면서 영향을 주고받으며 회전합니다.

첫째, 1번 칸과 2번 칸은 양방향으로 연결됩니다. 1번 칸은 과거의 원인이고 2번 칸은 현재의 결과입니다. 그래서 1번 칸을 원인으로 2번 칸이 생겼으므로 하나의 연결이 있습니다. 다시 2번 칸의 오온을 가지고 살면서 과거를 생각할 때 이 순간 1번 칸으로 가게 되므로 또 하나의 연결이 있습니다. 과거로부터 현재가 생기고 또 현재를 살면서 과거를 생각하여 1번 칸과 2번 칸을 왕복하므로 양방향으로 연결된 것입니다. 1번 칸에서 2번 칸으로 연결된 것은 과거에서 현재로 온 연결이고, 2번 칸에서 1번 칸으로 가는 것은 현재에서 과거로 가는 연결입니다. 2번 칸의 현재를 살면서 1번 칸의 과거를 생각하면 몸은 현재에 있지만 마음은 과거에 있기 때문에 번뇌가 생깁니다. 이렇게 마음이 과거로 간 상태에서는 수행을 할 수 없습니다.

둘째, 2번 칸과 3번 칸은 양방향으로 연결됩니다. 2번 칸은 현재고 3번 칸은 현재의 원인입니다. 하지만 2번 칸은 정신과 물질을 가지고 있는 현재고 3번 칸은 갈애를 일으킨 현재의 원인입니다. 2번 칸에서 정신과 물질을 가지고 느낌이 일어나는 순간 갈애가 일어나면 3번 칸으로 회전하는 하나의 연결이 있습니다. 또 갈애를 일으킨 3번 칸에서 수행을 해서 갈애가 사라지면 다시 2번 칸으로 돌아오는 또 하나의 연결이 있습니다. 수행을 하지 않아 연기가 회전하면 2번 칸에서 3번 칸으로 넘어가지만 일단 넘어간 것을 알아차려서 갈애가 사라지면 다시 2번 칸으로 돌아와 2번 칸과 3번 칸을 왕복하므로 양방향 연결이 됩니다. 감각적 욕망을 알아차리지 못하면 2번 칸에서 3번 칸으로 넘어갑니다. 그러나 일어난 감각적 욕망을 알아차려서 소멸시키면 다시 2번 칸으로 돌아옵니다. 이렇게 마음이 2번 칸의 현재에 있을 때만 수행을 할 수 있습니다.

셋째, 3번 칸과 4번 칸은 양방향으로 연결됩니다. 3번 칸은 현재의 원인이고 4번 칸은 미래의 결과입니다. 3번 칸을 원인으로 4번 칸의 결과가 생겼으므로 하나의 연결이 있습니다. 다시 4번 칸에서 미래의 일을 생각하다 3번 칸의 현재로 돌아오면 또 하나의 연결이 있습니다. 그러므로 3번 칸과 4번 칸의 연결은 양방향 연결입니다. 현재를 살면서 미래를 생각하면 몸은 현재에 있지만 마음은 미래에 있기 때문에 번뇌가 생깁니다. 이렇게 마음이 미래로 간 상태에서는 수행을 할 수 없습니다.

12연기의 연결은 세 가지 부분의 연결 외에 다른 연결이 없습니다. 연기가 계속 회전하여 다음 생으로 윤회를 해도 4번 칸과 1번 칸은 서로 연결되지 않습니다. 도표에 4번 칸과 1번 칸에 연결고리가 없는 것은 매우 중요한 의미를 갖습니다. 4번 칸의 요소는 생과 노사입니다. 누구나 태어나서 죽습니다. 어떤 생명이나 죽은 뒤에 다시 태어날 때 같은 몸과 마음이 아닙니다. 연기가 회전하여 다시 태어날 때는 과보가 상속되어 새로운 몸과 마음이 생깁니다. 그러므로 환생이 아니고 재생입니다. 만약 같은 마음이 몸만 바꾼다고 하면 항상 하는 자아가 있어 환생하는 것이므로 무아를 밝히는 12연기의 진리에 어긋나는 교리입니다.

만약 4번 칸과 1번 칸이 다른 칸처럼 똑같이 양방향으로 연결된다면 죽은 뒤에 같은 몸과 마음이 상속되는 것입니다. 그렇다면 항상 하는 자아가 있다는 잘못된 상견(常見)에 빠집니다. 그러나 4번 칸과 1번 칸이 전혀 무관한 것도 아닙니다. 과거와 현재가 전혀 상관이 없다면 모든 것이 단절된다는 잘못된 단견(斷見)에 빠집니다. 그러므로 이때 4번 칸에서 다음 칸으로 정신과 물질이 상속되는 것이 아니고 과보심이 상속되어 윤회를 합니다.

또 시제 상으로 4번 칸 미래가 1번 칸 과거로 갈 수 없습니다. 이때 4번 칸에서 죽음으로 끝나지만 과보심이 공기를 타고 강력한 빛을 발하며 2번 칸으로 가서 재생을 합니다. 공기를 타고 간다는 것은 몸과 마음을 원인으로 가지 않는 것을 말합니다. 그래서 4번 칸에서 1번 칸으로 직접 연결되지 않아도 과보심이 다음 마음으로 전해져서 2번 칸의 재생연결식이 생깁니다. 그러면 시제 상으로 4번 칸의 미래가 2번 칸의 현재가 되므로 합리적인 결과가 됩니다. 이것이 재생이며 윤회의 실상입니다.

6) 굴레

12연기의 회전은 세 가지가 있습니다. 첫째, 번뇌의 굴레입니다. 둘째, 업의 굴레입니다. 셋째, 과보의 굴레입니다. 번뇌의 굴레는 세 가지로 무명, 갈애, 집착입니다. 업의 굴레는 2가지로 행, 업의 생성입니다. 과보의 굴레는 여덟 가지로 생, 노사, 태에 들어가 생을 받는 과정, 식, 정신과 물질, 육입, 접촉, 느낌입니다. 이상 세 가지 굴레는 도표의 1번 칸과 4번 칸의 테두리에 표시되어 있습니다.

12연기의 회전은 이상의 세 가지 굴레가 돌아가기 때문에 일어납니다.

번뇌의 굴레인 무명, 갈애, 집착이 일어나면 이것을 원인으로 다음에 업의 굴레인 행, 업의 형성이 일어나는 결과가 생깁니다. 다시 이러한 업의 굴레를 원인으로 과보의 굴레라는 결과가 생깁니다. 과보의 굴레는 생, 노사, 태에 들어가 생을 받는 과정, 식, 정신과 물질, 육입, 접촉, 느낌입니다. 연기의 회전은 이렇게 세 가지 굴레가 순서대로 회전하면서 일어납니다.

한 생명이 거듭 윤회를 하는 과정도 이상 세 가지 굴레가 회전하면서 지속됩니다. 윤회는 순간의 윤회가 있고 일생의 윤회가 있는데 모두 과보의 굴레가 회전하여 윤회를 합니다. 현재 우리가 살고 있는 것은 자아가 있어서 사는 것이 아니고 업으로 인해서 생긴 과보의 굴레가 회전하여 사는 것입니다. 만약 모든 과보가 소멸하여 갈애가 일어나지 않으면 연기가 회전하지 않아 윤회가 끝납니다. 이것이 깨달음의 결과입니다.

번뇌의 굴레는 세 가지입니다. 1번 칸에 있는 무명과 3번 칸에 있는 갈애, 집착입니다. 이들 세 가지는 중앙에 선으로 연결되어 하나의 같은 흐름임을 나타냅니다. 업의 굴레는 두 가지입니다. 1번 칸에 있는 행과 3번 칸에 있는 업의 생성입니다. 이들 두 가지는 중앙에 선으로 연결되어 하나의 같은 흐름임을 나타냅니다. 과보의 굴레는 여덟 가지입니다. 4번 칸에 있는 생, 노사, 태에 들어가 생을 받는 과정, 식, 정신과 물질, 육입, 접촉, 느낌입니다. 이들 여덟 가지는 4번 칸에서 선으로 연결되어 하나의 흐름임을 나타냅니다.

특히 과보의 굴레 중에서 태에 들어가 생을 받는 과정은 어머니의 자궁에 입태를 하는 생명입니다. 어머니의 몸에 착상을 한 생명이 일정한 과정을 거쳐 세상에 태어난 뒤 늙어서 죽는 세 가지가 과보의 굴레입니다.

12연기 마지막 요소인 4번 칸은 생, 노사입니다. 태어나서 늙어서 죽은 뒤 몸과 마음은 소멸합니다. 하지만 마음에 저장된 과보는 남아서 다음 생을 이어줍니다. 이것이 과보의 굴레입니다. 모든 생명은 죽은 뒤 살아 있는 동안 만든 과보의 영향을 받아 다음 생으로 갑니다. 이처럼 생명이 새로 태어나는 것은 자아가 있어서 태어나는 것이 아니고 과보의 굴레로 인한 것입니다. 우리가 알아차리는 수행을 해서 스스로의 삶을 이끌어가지 않는다면 과보가 연기를 회전시켜서 살고 있는 것입니다. 그러므로 내가 사는 것이 아니고 과보의 힘으로 살고 있습니다. 이 과보가 원인과 결과며 과보가 연기를 회전시킵니다. 최고의 깨달음을 얻은 성인은 과보심으로 살지 않고 단지 작용만 하는 마음으로 살아 모든 번뇌의 영향에서 벗어납니다.

7) 시간

12연기에서 시간은 세 가지입니다. 도표 1번 칸은 과거입니다. 과거는 두 가지 요소인데 무명, 행입니다. 도표 2번 칸은 현재입니다. 현재는 다섯 가지 요소인데 식, 정신과 물질, 육입, 접촉, 느낌입니다. 도표 3번 칸은 현재의 원인입니다. 3번 칸은 현재이지만 단지 현재가 아니고 미래의 결과를 만드는 현재의 원인입니다. 그래서 2번 칸의 현재의 오온을 가지고 3번 칸의 현재의 원인을 일으켜 4번 칸의 미래의 결과를 만듭니다. 현재의 원인은 세 가지 요소인데 갈애, 집착, 업의 생성입니다. 도표 4번 칸은 미래입니다. 미래는 두 가지 요소인데 생, 노사입니다. 이처럼 윤회는 열두 가지 요소가 과거, 현재, 미래라는 시간과 함께 원인과 결과라는 조건에 의해 회전하는 것입니다.

12연기에서 시간이 갖는 의미는 매우 중요합니다. 1번 칸은 과거입니다. 하지만 과거에 대해서는 과거의 원인으로 현재가 된 것 이상의 의미를 부여해서는 안 됩니다. 그렇지 않고 2번 칸의 현재에 살면서 1번 칸의 과거를 자꾸 생각한다면 실재를 사는 것이 아니고 관념으로 사는 것입니다. 연기의 회전을 멈추게 하고 연기에서 탈출하는 출구는 오직 현재에 있습니다. 2번 칸 오온을 가지고 사는 현재에서 3번 칸 현재의 원인을 만들면 연기가 회전하여 4번 칸 미래의 결과로 갑니다. 그러면 연기의 회전을 멈출 수 없어 윤회에서 벗어날 수 없습니다.

도표 4번 칸은 미래입니다. 현재 몸을 가지고 살면서 마음은 4번 칸의 미래로 가있으면 실재하는 현재를 사는 것이 아니고 관념의 미래를 사는 것입니다. 관념으로는 수행을 할 수 없어 연기의 회전을 멈추게 할 수 없습니다. 수행은 오직 2번 칸에서 현재에 머물러 지혜를 얻는 것입니다. 1번 칸 과거나 4번 칸 미래나 3번 칸 현재의 원인으로 가지 않고 단지 2번 칸에서 몸과 마음을 알아차

릴 때만이 느낌에서 갈애로 넘어가지 않아 깨달음을 얻습니다.

모르고 사는 백 년보다 알고 사는 하루가 더 낫습니다. 이는 지나간 과거의 일에 매달려 어리석게 사는 것에 대한 경종입니다. 또 오지 않은 미래에 매달려 어리석게 사는 것에 대한 경종입니다. 그러므로 현재 깨어서 알아차리는 수행보다 더 중요한 것은 없습니다. 실재는 항상 현재에 있고 지혜의 불은 현재라는 시제에서만 일어납니다.

성자는 과거나 미래에 살지 않고 항상 현재에 머물러 삽니다. 그래서 지혜의 불을 일으킵니다. 하지만 범부는 항상 과거나 미래에 머물러서 살기 때문에 현재에 머물지 않습니다. 그래서 관념으로 살기 때문에 과거의 회한과 미래의 두려움으로 인해 지혜의 불을 일으킬 수 없습니다.

과거, 현재, 미래는 빠르게 진행됩니다. 과거는 현재가 되는 순간 빠르게 사라집니다. 현재도 일어난 즉시 미래에 자리를 물려주고 과거가 됩니다. 미래가 현재가 되어도 한 순간에 불과하고 즉시 자리를 내주어야 합니다. 이처럼 빠르게 흐르는 시간 속에서 항상 지금 여기에 있는 몸과 마음을 알아차리면 언제나 현재에 머물 수 있습니다. 진실한 행복은 과거나 미래가 아닌 현재에서만 찾을 수 있습니다. 이것은 현재의 몸과 마음을 알아차리는 수행을 통해 가능합니다.

8) 전체 요소

12연기의 전체 요소는 20가지입니다. 원래 연기는 열두 가지이지만 과거, 현재, 미래에서 무리지어 일어나기 때문에 전체 요소는 20가지로 분류합니다. 첫째, 과거의 원인 다섯 가지는 무명, 행, 갈애, 집착, 업의 생성입니다. 이것이 집제입니다. 둘째, 현재의 결과 다섯 가지는 식, 정신과 물질, 육입, 접촉, 느낌입니다. 이것이 고제입니다. 셋째, 현재의 원인 다섯 가지는 갈애, 집착, 업의 생성, 무명, 행입니다. 이것이 집제입니다. 넷째, 미래의 결과 다섯 가지는 식, 정신과 물질, 육입, 접촉, 느낌입니다. 이것이 고제입니다.

이처럼 12연기의 회전은 과거의 원인 다섯 가지가 현재의 결과 다섯 가지를 만들고, 다시 현재의 원인 다섯 가지가 미래의 결과 다섯 가지를 만듭니다. 이런 동일한 조건이 끝없이 반복되는 것이 윤회입니다.

연기는 특별한 것이 회전하지 않습니다. 집제 다섯 가지가 고제 다섯 가지가 되고 다시 고제 다섯 가지가 집제가 되는 것의 연속입니다. 이러한 전체 요소 20가지를 요약하면 오온과 갈애 두 가지입니다. 그래서 몸과 마음을 가지고 갈애를 일으키느냐 갈애를 일으키지 않느냐 하는 것이 연기의 회전을 멈추게 하거나 진행시키는 것입니다. 그러므로 자신의 몸과 마음을 알아차려서 갈애가 일어나지 않도록 하는 것이 깨달음의 길로 가는 것입니다.

9) 동류의 연결

12연기 도표 안에서 동일한 성질을 가지고 있는 것끼리 연결한 것은 세 가지 종류가 있습니다. 첫째, 연기의 열두 가지 요소가 회전하는 것 중에 1번 칸의 무명은 위로는 번뇌의 굴레와 연결되어 있고, 아래로는 3번 칸의 갈애와 집착과 연결되었습니다. 이들은 모두 같은 요소입니다. 둘째, 연기의 열두 가지 요소가 회전하는 것 중에 1번 칸의 행은 위로는 업의 굴레와 연결되어 있고, 아래로는 3번 칸의 업의 생성과 연결되었습니다. 이들은 모두 같은 요소입니다. 다만 1번 칸의 행은 과거에 있었던 마음의 형성을 의미하고 3번 칸의 업의 생성은 현재 새로운 업을 일으키는 업의 생성을 의미합니다. 여기서 중요한 것은 과거의 업은 불가피한 것으로 받아야 하지만 현재 새로 짓는 업은 노력 여하에 따라 바꿀 수 있는 것입니다. 셋째, 연기의 열두 가지 요소가 회전하는 것 중에 4번 칸의 생, 노사, 태에 들어가 생을 받는 과정, 식, 정신과 물질, 육입, 접촉, 느낌은 위로 과보의 굴레와 연결되었습니다. 이들은 모두 같은 요소입니다.

이와 같이 세 가지 굴레는 같은 성질을 가진 요소들끼리 묶여 있습니다. 그러므로 연기의 회전을 멈추기 위해서는 어느 것 하나만으로 전부를 소멸시키기 어렵습니다. 이것들은 모두 조건에 의해 결속되어 있기 때문에 깊은 뿌리를 가진 것처럼 견고합니다. 하지만 하나로 연결되어 있어서 한 가지 요소를 충실히 알아차리면 다른 것까지 소멸시킬 수도 있어 오히려 뿌리를 뽑을 수 있습니다. 여기에는 물러나지 않는 인내와 최선을 다하는 노력이 필요합니다.

10) 죽음과 태어남

12연기 도표 상단 중앙에 있는 내용은 '무명인 상태로 죽으면 다시 무명인 상태로 태어남'입니다. 붓다나 아라한이 아닌 모든 생명의 죽음은 무명을 가지고 죽기 때문에 다시 무명인 상태로 태어납니다. 또 무명이 있지만 지혜를 가진 정도에 따라 다시 태어날 때 그대로 무명과 지혜를 함께 가지고 태어납니다. 죽을 때의 마음은 일어나서 사라지고 없지만 마음에 저장된 과보가 다음 마음을 일으켜 태어남이 있습니다. 죽을 때의 마음이 사악도의 마음이면 사악도에 태어납니다. 인간으로 태어날 마음이면 인간으로 태어나고 욕계, 색계, 무색계의 마음이면 욕계, 색계, 무색계에 태어납니다. 이와 반대인 경우는 '무명이 사라진 상태로 죽으면 다시 태어나지 않음'입니다. 붓다나 아라한은 무명과 갈애가 완전하게 소멸하여 다시 태어날 원인이 사라져 다시 태어남이 없습니다.

11) 연기의 회전이 멈추는 자리

12연기는 열두 가지의 요소들이 각각 원인과 결과로 진행됩니다. 그러므로 연기가 회전하지 않도록 하려면 열두 가지 요소들 하나하나를 알아차려서 어느 곳에서나 연결고리를 끊고 회전을 멈추게 할 수 있습니다. 연기는 어느 요소에서나 원인이 제거되면 결과가 없어 회전하지 않습니다. 그러나 연기는 네 무리를 이루어 회전하므로 수행자가 연기의 회전을 멈추게 할 수 있는 곳은 12연기 도표 안에서 세 군데로 시작, 중간, 끝입니다. 연기가 시작부터 멈추게 할 수 있는 자리는 무명입니다. 연기가 중간에서 멈추게 할 수 있는 자리는 느낌입니다. 연기가 끝에서 멈추게 할 수 있는 자리는 노사입니다.

첫째, 시작부터 연기를 회전시키지 않게 할 수 있습니다. 12연기의 시작은 도표 1번 칸 무명입니다. 무명이 지혜로 바뀌면 연기가 처음부터 회전을 시작하지 않습니다. 그러므로 무명은 시작부터 연기의 회전을 멈추게 할 수 있는 자리입니다.

둘째, 중간에서 연기를 회전하지 않게 할 수 있습니다. 도표 2번 칸에서 몸과 마음을 가지고 살면서 느낌이 일어났을 때 도표 3번 칸 갈애가 일어나지 않도록 하면 연기가 중간에서 회전하지 않습니다. 그러므로 느낌은 중간에서 연기의 회전을 멈추게 할 수 있는 자리입니다.

셋째, 끝에서 연기를 회전하지 않게 할 수 있습니다. 도표 4번 칸 노사에서 마지막에 죽을 때 집착이 끊어지면 연기가 끝에서 회전하지 않습니다. 이때 지혜가 갈애가 일어나지 않으면 연기가 끝에서 끊어집니다. 그러므로 죽을 때가 끝에서 연기의 회전을 멈추게 할 수 있는 자리입니다.

하지만 가장 확실하게 연기의 회전을 멈추게 할 수 있는 곳은 중간입니다. 2번 칸에서 느낌이 일어났을 때 알아차림을 확립하여 갈애가 일어나지 않게 하는 것입니다. 그래서 느낌과 갈애 사이를 깨달음의 황금의자라고 하며 도성제라고 합니다. 바로 이 자리에서 멸성제인 열반에 이룰 수 있습니다. 또 수행은 실재하는 현상을 알아차리는 것으로써 오직 현재에서만 할 수 있기 때문에 현재의 2번 칸인 중간에서 멈추는 것이 큰 의미가 있습니다. 2번 칸 느낌에서 갈애가 일어나지 않으면 갈애가 사라지고 대신 지혜가 생깁니다. 이렇게 중간에서 연기가 끊어지면 1번 칸 무명이 지혜로 바뀌어 연기가 시작부터 회전하지 않습니다. 왜냐하면 무명과 갈애와 집착은 번뇌의 굴레로 하나로 연결되어 있기 때문입니다. 그래서 갈애가 사라진 자리에 지혜가 들어서면 자연스럽게 무명이 지혜로 바뀝니다. 또 연기가 중간에서 끊어지면 자연스럽게 끝에서도 멈추게 됩니다.

연기가 끝에서 회전하지 않도록 하는 것은 죽을 때 알아차려서 연기가 끊어지도록 하는 것만은 아닙니다. 일상을 살면서 시작은 물론 느낌이 일어나는 중간에서도 알아차리지 못했지만 어느 때는 그 일이 지나고 나서 알아차리게 됩니다. 이것이 끝에서 알아차리는 것입니다. 많은 수행자들이 처음부터 지혜가 나기 어렵기 때문에 시작부터 연기의 회전을 멈추게 할 수 없습니다. 또 살아온 습관 때문에 현재의 몸과 마음을 알아차려서 느낌에서 갈애로 넘어가지 않도록 하기도 어렵습니다. 가장 쉬운 것은 알아차리지 못한 것을 지나고 나서 알아차리는 것입니다. 이때 알아차리지 못했다가 지나고 나서 즉시 알아차림을 시작한다면 연기가 끝에서 회전을 멈춥니다.

끝에서 알아차리는 것이 가장 늦은 것 같지만 가장 빠른 것입니다. 왜냐하면 누구나 지나고서도 알아차리기 어렵기 때문입니다. 그러므로 늦었다고 생각할 때가 가장 빠릅니다. 수행에서는 알아차리는 것이 중요하지 늦거나 빠른 것은 중요하지 않습니다. 일반적으로 보면 누구나 지나고 나서 알아차려서 끝에서 연기의 회전을 멈추게 하는 것으로부터 수행을 시작하기 마련입니다. 그러다 차츰 수행을 하다보면 중간에서 알아차려 연기의 회전을 멈추게 합니다. 이런 과정을 거쳐 지혜가 나면 나중에는 처음부터 알아차려서 연기가 회전하지 않도록 합니다. 이때 지혜가 앞에서 수행을 이끈다고 말하며 또 법이 앞에서 이끈다고도 합니다.

만약 지나고 나서 알아차리지 못해 끝에서 연기가 회전을 멈추지 않으면 무명인 상태로 죽습니다. 무명인 상태로 죽으면 다시 무명인 상태로 태어나서 연기가 회전합니다. 하지만 무명인 상태로 죽지 않고 죽을 때 알아차려서 지혜를 얻으면 연기가 회전하지 않아 괴로움뿐인 윤회에서 벗어납니다. 그러므로 시작, 중간, 끝 어느 곳에서나 연기의 회전을 멈추도록 하는 것이 중요합니다.

이상이 12연기 도표로 본 연기의 다양한 구조입니다. 이러한 분류는 도표를 통해서 본 것입니다. 이외에 다양한 연기의 조건들을 이곳에서 모두 열거할 수는 없습니다. 연기는 여러 가지 복합적인 요인에 의해 끊임없이 회전합니다. 하지만 연기가 회전하는 몇 가지 구조라도 알면 연기의 출구를 찾아 열반에 이르는 길로 갈 수 있을 것입니다. 연기의 발견은 위대한 진리의 발견입니다. 연기의 진리로 모든 것이 원인과 결과에 의해 일어나고 사라진다는 사실을 알면 의심에서 해방됩니다. 이러한 연기의 진리는 그대로 따르기 위해 알아야 하는 것이 아닙니다. 연기에서 탈출하여 괴로움뿐인 윤회에서 벗어나기 위해 알아야 합니다.

제4장

●

알아차림과 분명한 앎

1. 명상의 세 가지 조건

명상을 하기 위해서는 기본적으로 세 가지 조건이 필요합니다. 첫째, 대상이 있어야 합니다. 둘째, 대상을 아는 마음이 있어야 합니다. 셋째, 알아차림이 있어야 합니다. 이상의 세 가지 조건이 함께 조화를 이루어야 명상을 할 수 있습니다. 마음이 무엇을 어떻게 알아차릴 것인가에서 마음은 아는 마음이고, 무엇은 대상이고, 어떻게는 알아차림입니다. 이상의 세 가지의 요소가 갖추어져야 명상을 할 수 있습니다. 만약 이 세 가지 조건이 충족되지 않으면 명상이라고 할 수 없습니다.

1) 대상

대상이란 무엇을 알아차릴 것인가에 대한 목표를 설정하는 것입니다. 명상을 하기 위해서는 먼저 알아차릴 대상이 있어야 합니다. 만약 대상이 없다면 구체적 목표가 없어서 마음이 방황을 합니다. 마음은 반드시 대상이 있어야 일어납니다. 마음뿐만 아니고 여섯 가지 감각기관도 여섯 가지 감각대상이 없으면 작용을 하지 못합니다. 그런 의미에서 명상의 출발은 알아차릴 대상이 있는 것으로부터 시작합니다.

사마타 수행에서는 여러 가지 관념을 대상으로 삼습니다. 위빠사나 수행에서는 몸과 마음의 실재를 대상으로 삼습니다. 이때의 대상을 법(法)이라고 합니다. 법(法)을 담마(dhamma)라고 하는데 크게 두 가지로 나눕니다. 첫 번째로 법은 마음의 대상이라는 뜻입니다. 이때의 법이란 알아차릴 대상입니다. 두 번째로 법은 진리라는 뜻입니다. 진리는 사성제와 함께 존재하는 것의 특성인 무상, 고, 무아의 법을 말합니다. 수행자는 처음에 대상의 법을 알아차리다가 지혜가 나면 진리의 법을 발견합니다.

2) 아는 마음

마음의 기능은 대상을 아는 것입니다. 대상이 있을 때 마음이 없으면 대상을 의식할 수 없습니다. 아는 마음은 정신과 물질 중에서 정신에 해당됩니다. 또 아는 마음은 오온(五蘊)의 색온, 수온, 상온, 행온, 식온 중에서 식온에 해당합니다. 명상을 할 때는 마음이 몸을 알아차리고 다시 마음이 마음을 알아차릴 수 있습니다. 또 마음이 외부에서 부딪쳐오는 감각대상을 알아차릴 수도 있고, 내부에서 일어나는 대상을 알아차릴 수도 있습니다.

마음은 오직 한 순간에 하나의 대상을 알아차립니다. 마음이 있어서 대상을 아는데 마음은 비물질이라서 보이지 않기 때문에 처음에는 있는지 알기가 어렵습니다. 사실 마음이 있어서 모든 것을 이끌지만 정작 모든 것을 이끄는 마음은 감추어져 있습니다. 우리가 본다고 할 때 단지 보이는 대상만 표현하지 이것을 보는 마음은 표현이 생략되기 마련입니다. 그래서 '대상을 본다'라는 말을 정확히 표현하면 '대상을 보고 안다'입니다. 이때의 '안다'는 아는 마음이 있어서 대상을 보고 아는 것을 의미합니다.

소리를 들을 때도 일반적으로 듣는다는 것만 말합니다. 그러나 '듣는다'는 말을 정확히 표현하면 '듣고 안다'입니다. 이때의 안다가 아는 마음이 있어서 소리를 듣고 아는 것을 의미합니다. 이처럼 냄새나 맛이나 몸의 접촉도 모두 대상을 아는 마음이 있어서 아는 것입니다.

명상의 두 번째 조건인 '아는 마음'이 무엇인지 분명하게 이해해야 합니다. 이때 아는 것은 내가 아는 것이 아니고 대상과 아는 마음이라는 조건에 의해 아는 것입니다. 대상이 없으면 아는 마음이 일어나지 않기 때문에 조건이 알게 하는 것이지 내가 아는 것이 아닙니다.

또 아는 마음을 분명하게 알아야 하는 이유가 있습니다. 일반적으로는 보는 것으로 그치고, 듣는 것으로 그치고, 냄새 맡는 것으로 그칩니다. 그러나 만약 보는 마음이 있고, 아는 마음이 있다는 것을 분명하게 할 때는 평소의 아는 마음과 다릅니다. 왜냐하면 알고 있는 그 마음이 알아차릴 대상이 되기 때문입니다. 명상의 대상은 밖에 있는 것만이 아니고 자신의 마음이 될 수도 있기 때문입니다. 그러므로 대상을 아는 마음의 역할에 대해서 주목할 필요가 있습니다.

3) 알아차림

알아차림은 깨어서 대상을 지켜보는 행위입니다. 알아차림이 있어야 명상의 조건이 성립됩니다. 알아차릴 때는 대상을 있는 그대로 봅니다. 대상을 있는 그대로 보아야 탐욕과 성냄과 어리석음으로 보지 않습니다. 그래야 대상에 대해 시비와 분별이 생기지 않습니다. 알아차리면 대상이 가지고 있는 성품인 무상, 고, 무아의 지혜를 얻어 궁극의 행복을 얻습니다.

이러한 알아차림은 모든 법을 앞에서 이끄는 지휘자와 같습니다. 그래서 모든 법의 으뜸가는 요소입니다. 만약 알아차림이 없고 대상과 아는 마음만 있다면 자기가 하고 있는 일을 주의 깊게 파악하지 못합니다. 알아차림이 없다면 자기가 하는 일을 알고는 있지만 아는 듯 모르는 듯 무심히 알아서 확실하게 아는 것이라고 말하기 어렵습니다. 이때는 자신의 의지로 살기보다 살아 온 날들 동안 생긴 축적된 성향으로 삽니다. 만약 이렇게만 산다면 괴로움뿐인 윤회에서 벗어나는 길을 찾을 수 없습니다.

우리가 사는 것은 대상과 아는 마음이 있기 때문입니다. 그러나 이 두 가지만으로는 자신이 하고 있는 일을 깨어서 자각하기 어렵습니다. 마음은 매우 빠르게 일어나고 사라지면서 습관적으로 살기 때문에 대상을 무심히 지나칩니다. 그래서 자신이 하고 있는 일을 주의 깊게 알지 못합니다. 마치 기차를 타고 스쳐 지나가는 창밖의 풍경을 보듯이 모든 일이 한 순간에 스쳐 지나치기 마련입니다. 그러므로 자신의 의지대로 살기보다는 습관대로 살기 마련이라서 대상의 옳고 그름을 알기 어렵습니다. 이렇게 관념으로 살기 때문에 대상이 가지고 있는 진실을 알 수 없습니다. 이때 알아차림이란 각성된 행위가 있으면 자신이 하는 일을 하나하나 분명하게 알면서 할 수 있습니다. 그러면 실수가 없고 그 결과로 지고의 행복을 얻습니다.

　대상과 아는 마음 사이에 알아차림이란 행위가 있으면 집중이 되어서 탐욕, 성냄, 어리석음이라는 번뇌가 침투하지 못해 마음이 고요해집니다. 그리고 이런 마음으로 인해 대상의 성품을 아는 지혜가 계발됩니다. 지혜가 계발될 때만이 괴로움에서 완전하게 벗어날 수 있습니다. 이것이 알아차림이 필요한 이유입니다. 그러므로 앞선 두 가지만으로는 명상이라고 할 수 없고 세 번째의 알아차림이 있어야 비로소 명상의 조건이 성립됩니다. 앞선 두 가지 조건은 무심히 사는 것이라서 괴로움이 있는 범부의 삶입니다. 마지막 알아차림이 있는 세 가지 조건일 때 깨어서 아는 것이라서 괴로움이 없는 성자의 삶입니다.

　일반적으로 명상을 '대상을 알아차리는 것'이라고 할 때도 아는 마음은 생략되고 있습니다. 이때의 정확한 표현은 '대상을 알아차려서 안다' 입니다. 그러나 일반적으로 아는 마음은 생략되고 '대상을 알아차린다'고 말합니다. 여기서 주의해야 할 것이 있습니다. 알아차린다고 할 때의 알아차림이란 아는 마음이 아닙니다. 알아차림은 오온의 행(行)에 속합니다. 알아차림이란 마음이 새로운 의도를 일으켜 깨어서 아는 행위이기 때문에 마음이 아니고 행위입니다.

　앞서 밝힌 것처럼 마음은 대상을 아는 기능밖에 하지 않기 때문에 알아차림이란 행위와 아는 마음은 구별되어야 합니다. 아는 마음은 항상 있지만 알아차림이라는 행위는 있을 수도 있고 없을 수도 있습니다. 알아차림이라는 행위를 실천하기가 어렵기 때문에 명상이 어렵습니다. 명상은 앞선 두 가지 조건에 알아차림이란 행위를 실천하는 것을 의미합니다.

2. 다섯 가지 정신적 기능[五根]

1) 오근의 기능

명상의 기본을 형성하는 세 가지 조건이 대상과 아는 마음과 알아차림입니다. 이러한 세 가지 조건을 확실하게 하기 위해서는 정신적 기능을 향상시키는 다섯 가지 요소가 충족되어야 합니다. 다섯 가지 정신적 기능을 오근(五根)이라고 하는데 믿음, 노력, 알아차림, 집중, 지혜입니다. 명상은 오근이 바르게 기능을 하고 정상적으로 조화를 이루지 못하면 결코 발전할 수 없습니다.

(1) 믿음

믿음이라는 정신적 기능은 바른 이해를 통해서 얻습니다. 믿음은 신뢰하는 것입니다. 믿음을 갖기 위해서는 먼저 연기의 원인과 결과를 알아서 의심에서 해방되어야 합니다. 이렇게 확립된 이해를 통하여 자신의 몸과 마음을 통찰해야 합니다. 수행자가 대상에 대한 탐구를 해야 비로소 확신에 찬 믿음을 가질 수 있습니다. 만약 맹목적 믿음을 가지고 있으면 지혜가 계발되지 않습니다. 맹목적인 믿음은 정신을 우매하게 하여 사물의 이치를 파악할 수 없게 합니다.

믿음이 있어야 노력을 하게 됩니다. 확신에 찬 믿음이 없으면 노력을 하지 않습니다. 그래서 명상은 의심에서 해방된 마음가짐으로 굳건한 믿음을 가지고 출발해야 합니다. 만약 의심이 있으면 마음이 안정되지 않아 노력을 할 수 없으며 알아차리지 못해 집중의 고요함을 얻을 수 없습니다. 그러면 지혜가 계발되지 않습니다. 의심을 하면 불필요한 일에 마음을 빼앗겨 노력하는 데 힘을 집중할 수 없어 아무것도 얻지 못합니다.

　수행자가 처음부터 완전한 믿음을 갖기는 어렵습니다. 그래서 처음에는 반드시 스승의 가르침에 의지해야 합니다. 그렇지 않으면 새로운 정신세계로 진입하기 어렵습니다. 이렇게 해서 조금씩 바른 이해를 하게 될 때 믿음이 생기기 시작합니다. 이런 믿음이어야 흔들림 없이 굳건합니다. 그러므로 믿음은 수행을 해서 생긴 지혜가 함께 있을 때 더욱 확고해집니다. 수행은 몸과 마음이라는 미지의 세계를 탐구하는 동굴탐험입니다. 전혀 가보지 않은 위험한 동굴을 탐험하기 위해서는 믿음과 지혜라는 등불이 앞에서 길을 밝혀주어야 안전하게 갈 수 있습니다.

(2) 노력

　노력은 여러 가지 형태의 힘을 기울이는 정신적 기능입니다. 노력이 없으면 아무것도 이룰 수 없습니다. 그래서 명상은 노력하는 것입니다. 이렇게 노력하기 위해서는 앞에서 확신에 찬 믿음이 이끌어야 합니다. 그리고 게으름이나 해이해진 마음이 없어야 합니다. 수행자가 대상에 마음을 기울이는 것이나 기울임을 지속하는 것도 노력이고, 괴로움을 참는 것도 노력입니다. 이런 노력이 있어야 비로소 대상을 알아차릴 수 있습니다. 노력이 없으면 마음이 대상에 머물지 않아 명상이 성립되지 않습니다. 그래서 노력은 명상의 시작이자 끝입니다.

　노력에는 바른 노력과 바르지 않은 노력이 있습니다. 바른 믿음을 가지고 바른 알아차림을 해야 바른 노력을 할 수 있습니다. 오근은 하나씩 독립되어 있지 않고 서로가 연기적 구조로 연결되어 있습니다. 앞선 원인이 뒤를 이끌고 다시 뒤가 앞선 원인이 되어 하나의 완성된 구조를 형성합니다. 오근은 이런 유기적인 관계가 있어야 합니다. 여기에 더 보태어 서로간의 균형이 필요합니다.

　노력은 네 가지의 바른 노력이 있습니다. 첫째는 아직 일어나지 않은 선하지 못한 것들이 일어나지 않도록 노력하는 것입니다. 둘째는 이미 일어난 선하지 못한 것들이 사라지도록 노력하는 것입니다. 셋째는 아직 일어나지 않은 선한 것들이 일어나도록 노력하는 것입니다. 넷째는 이미 일어난 선한 것들이 더욱 커지도록 노력하는 것입니다.

(3) 알아차림

알아차림은 깨어서 대상을 겨냥하는 정신적 기능입니다. 알아차림은 대상을 있는 그대로 보는 행위입니다. 그래서 대상을 선입관 없이 지켜보는 행위입니다. 수행자가 처음에 믿음이 있어야 노력을 하고, 노력을 해야 알아차릴 수 있습니다. 알아차림은 오근에서 중심적인 역할을 합니다. 알아차림이 있을 때 비로소 수행이 성립되므로 정신적 기능에서 알아차림은 가장 중요한 역할을 합니다.

(4) 집중

집중은 고요한 마음이 지속되는 정신적 기능입니다. 마음이 대상에 오래 머물면 고요함이 생겨 집중이 됩니다. 이런 집중의 힘에 의해 지혜가 계발됩니다. 집중이 되지 않은 들뜬 상태에서는 어떤 안정도 얻을 수 없고 지혜도 계발되지 않습니다. 그래서 집중은 지혜를 얻는 전단계의 중요한 과정입니다. 수행자가 처음에 하는 행위는 알아차림이고 다음 행위는 알아차림을 지속시켜 집중하는 것입니다. 이것이 수행의 일차적 목표입니다. 모든 수행은 집중을 위해서 다양한 형태의 방편을 사용합니다.

집중은 수행에 따라 세 가지로 나뉩니다. 사마타 수행에서는 대상과 하나가 되는 근접집중과 근본집중을 합니다. 이때의 목표는 오직 고요함입니다. 위빠사나 수행에서는 대상을 분리해서 알아차리는 찰나집중을 합니다. 이때의 목표는 지혜입니다. 그러므로 같은 알아차림을 가지고 어떻게 집중하느냐에 따라 사마타 수행과 위빠사나 수행으로 구별합니다.

(5) 지혜

지혜는 사물이 가지고 있는 본질적인 성품을 꿰뚫어보는 정신적 기능입니다.

어리석음은 모르는 마음이고 지혜는 아는 마음입니다. 어리석으면 모르기 때문에 집착을 하여 움켜쥐고 지혜가 나면 알기 때문에 집착을 끊어버립니다. 그러므로 지혜는 모든 번뇌를 끊는 특성이 있습니다. 지혜는 모든 수행의 궁극의 목표입니다. 지혜가 해탈에 이르게 하여 괴로움에서 벗어난 지고의 행복을 가져다줍니다.

지혜는 진리를 아는 마음인데 사성제의 진리와 무상, 고, 무아를 알아 모든 번뇌에서 벗어나게 합니다. 수행자가 믿음을 가지고 노력해서 알아차리고 알아차림을 지속해서 집중이 되면 자연스럽게 지혜가 납니다. 이렇게 생긴 지혜로 모든 욕망을 끊게 될 때 열반을 성취합니다.

앞에서 믿음이 노력과 알아차림과 집중을 하게 하면 마지막으로 지혜가 생깁니다. 지혜는 이런 결과로 인해 오는 것이지 처음부터 얻으려고 한다고 해서 얻어지는 것이 아닙니다. 지혜는 앞선 조건에 의해 오는 결과일 뿐입니다. 그러므로 수행자가 먼저 수행의 조건을 충족시키면 자연스럽게 지혜라는 결과를 얻습니다.

이렇게 해서 생긴 지혜는 다시 믿음을 갖게 하여 더욱 오근을 계발합니다. 그래서 수행은 지혜가 앞에서 이끄는 것이라고 말하기도 합니다. 오근이 바르게 기능을 할 때 지혜가 생기고 이렇게 생긴 지혜는 다시 앞에서 믿음과 힘을 합쳐 수행을 이끄는 것입니다. 이것을 법이 이끈다고 말합니다.

이상이 오근의 유기적 관계입니다. 다음에는 오근의 균형에 대해서 살펴보겠습니다.

2) 오근의 균형

다섯 가지의 정신적 기능은 원인과 결과로 상속되어 수행을 돕습니다. 믿음이 있어야 노력을 합니다. 노력을 해야 알아차립니다. 알아차림을 지속해야 집중이 됩니다. 집중이 되어야 지혜가 생깁니다. 지혜가 생겨야 믿음과 결합하여 수행을 이끌어 나갑니다. 이것이 오근의 원인과 결과입니다.

이러한 기능이 더욱 효과적으로 작용하도록 하기 위해서는 오근이 서로 균형을 이루는 것이 필요합니다. 오근의 정신적 기능이 서로 균형을 이루어 알맞게 작용할 때만이 비로소 좋은 결과를 얻을 수 있습니다. 그렇지 않고 오근이 균형을 이루지 못하면 오히려 장애가 됩니다. 아무리 좋은 것이 많아도 좋은 결과를 얻을 수 있다는 보장은 없습니다. 좋은 것이 각각의 역할을 균형 있게 할 때만이 좋은 결과를 얻습니다.

믿음도 적절해야 합니다. 믿음이 많으면 맹목적이고 부족하면 불신을 하게 됩니다. 믿음이 많아 맹신에 빠지면 대상을 바르게 알아차리지 못합니다. 믿음이 부족하면 모든 것을 의심하여 부정적으로 보기 때문에 어떤 결과도 얻지 못합니다.

노력도 적절해야 합니다. 노력이 많으면 들뜨고 부족하면 나태해집니다. 노력이 많아도 대상을 잡을 수 없고 부족해도 대상을 잡을 수 없습니다. 노력이 많으면 욕망으로 하기 때문에 이익이 없고 부족하면 게으르기 때문에 아무것도 이룰 수 없습니다.

알아차림은 아무리 많아도 부족합니다. 알아차림은 전에 해보지 않은 정신적 기능입니다. 알아차림이 모든 것을 이끌기 때문에 아무리 노력해도 부족합니다. 그래서 오근 중에서 유일하게 많을수록 좋습니다. 알아차림이 다섯 가지 기능을 적절하게 균형을 이루도록 합니다.

집중도 적절해야 합니다. 집중이 많으면 졸음에 빠지거나 무기력해지고 부족하면 산만해집니다. 수행에서 집중은 양날의 칼과 같습니다. 한쪽은 집중이고 한쪽은 졸음입니다. 이것을 바르게 잡아주는 것이 노력과 알아차림입니다.

지혜도 적절해야 합니다. 지혜가 많으면 간교해지고 부족하면 믿음이 없고 어리석어서 사물을 바르게 보지 못합니다. 삿된 견해가 아닌 바른 지혜일 때만이 믿음을 갖게 하여 앞에서 수행을 이끕니다. 지혜가 없고 어리석으면 무상을 항상 하다고 알고, 괴로움을 즐거움으로 알고, 자아가 없는데 자아가 있다고 알고, 더러움을 깨끗하다고 압니다. 이런 어리석음으로 인해 괴롭게 살아야 합니다.

이상의 다섯 가지 정신적 기능이 각각의 역할을 하면서 서로가 상대적인 조화를 이루도록 하는 기능이 있습니다. 믿음과 지혜가 짝이 되어 상호보완적인 기능을 해야 합니다. 믿음이 많으면 맹신을 하게 되고 지혜가 많으면 간교해집니다. 그래서 믿음이 많거나 적으면 지혜가 바르게 이끌어주어야 합니다. 지혜가 많거나 적으면 믿음이 바르게 이끌어주어야 합니다. 수행은 믿음과 지혜가 서로 균형을 이루도록 이끌 때 더 단단해집니다.

다시 노력과 집중이 짝이 되어 상호보완적인 기능을 해야 합니다. 노력이 많으면 마음이 들뜨고, 집중이 많으면 졸음에 빠집니다. 그래서 노력이 많거나 적으면 집중이 바르게 이끌어 주어야 합니다. 집중이 많거나 적으면 노력이 바르게 이끌어주어야 합니다. 수행은 노력과 집중이 서로 균형을 이루도록 이끌 때 더 단단해집니다.

이러한 두 가지 그룹의 네 가지 기능이 서로 조화를 이루도록 중간에서 돕는 역할을 하는 것이 알아차림입니다. 알아차림은 항상 지휘자의 역할을 하므로 믿음과 지혜가 서로 균형을 이루도록 돕고 노력과 집중이 서로 균형을 이루도록 돕습니다. 그래서 명상에서 알아차림을 가장 우선순위에 둡니다.

오근은 다섯 가지가 함께 작용하는 요소이지만 실제 수행을 할 때는 노력, 알아차림, 집중이란 세 가지가 항상 수행의 현장에 있어야 합니다. 이 세 가지 기능의 역할이 수행에 직접 영향을 미칩니다. 그러므로 수행은 바로 이 세 가지가 하는 것입니다. 오근에서 믿음은 앞에서 이끌고 지혜는 뒤따라 생긴 결과라서 실 수행에서는 직접적인 영향보다 간접적인 영향을 미칩니다. 실제 수행이 잘 되고 안 되는 것은 노력과 알아차림과 집중이라는 이 세 가지 요소가 어떻게 서로 조화를 이루느냐에 따라 결정됩니다.

이처럼 수행은 반드시 노력과 알아차림과 집중이란 세 가지가 일정한 영역을 확보하고 서로 균형을 이루어야 합니다. 이것이 수행의 황금 분할로 이상적인 힘의 균형입니다. 노력의 영역과 알아차림의 영역과 집중의 영역이 일정한 경계를 유지해서 넘치거나 부족하게 않게 하면 바른 수행을 할 수 있습니다. 노력이 많으면 다른 영역이 줄어들어서 균형이 깨집니다. 집중의 영역이 많으면 다른 영역이 줄어들어서 균형이 깨집니다.

수행이 잘 안 되는 직접적인 원인은 바로 이 세 가지가 조화를 이루지 못하기 때문입니다. 노력이 많으면 다른 영역이 줄어들고 들뜨는 장애가 생깁니다. 노력이 적으면 다른 영역이 커지고 집중이 안 되는 장애가 생깁니다. 집중이 많으면 다른 영역이 줄어들고 졸음이란 장애가 생깁니다. 집중이 적으면 다른 영역이 커지고 들뜨는 장애가 생깁니다. 그래서 세 가지는 각각의 영역에서 저마다의 역할을 해야 합니다. 다른 영역이 커지거나 줄어들면 조화가 깨집니다.

이런 영역 분할을 균형이 있도록 해 주는 것이 바로 알아차림입니다. 알아차림이 많으면 항상 노력과 집중이 균형을 이루도록 합니다. 알아차림은 깨어 있는 선한 행위이기 때문에 아무리 많아도 만용을 부리지 않습니다. 그래서 많을수록 좋습니다.

알아차림에는 순도가 있습니다. 알아차림이 낮은 순도일 때는 알아차리기가 어렵습니다. 그래서 대상에 침투하지 못하고 그냥 스쳐 지나갑니다. 알아차림이 높은 순도일 때만이 대상에 침투하여 수행을 바르게 할 수 있습니다. 이때 알아차림의 순도를 높여주는 것이 바로 노력과 집중입니다. 알아차림이 노력과 집중이 조화를 이루도록 돕지만 노력과 집중의 조화도 알아차림의 순도를 높이는 데 도움을 줍니다. 그래서 오근은 서로 유기적인 관계로 하나의 완성을 위해서 균형의 조화를 이루어야 합니다.

수행은 의식을 고양시키는 정신세계의 문제라서 매우 미묘하고 복잡합니다. 이 길은 가보지 않은 전혀 새로운 길이라서 알맞고 충분한 조건이 성숙되어야 합니다. 그래서 수행은 어두운 동굴에서 미로를 헤매는 탐험과 같습니다. 그러므로 반드시 앞서간 스승들의 가르침이 필요할 뿐만 아니라 항상 자신의 적절한 성찰이 따라야 합니다.

이런 완성을 위해서 수행자는 항상 수행이 끝나고 지금 이 시간에 노력은 적절했는지 알아차려야 합니다. 다시 알아차림은 부족하지 않았는지 알아차려야 합니다. 그리고 집중은 적절했는지 알아차려야 합니다. 만약 수행에 문제가 있었다면 이 세 가지 중의 어느 것이 부족하거나 많아서 생긴 일입니다. 그래서 부족한 것과 지나친 것을 조절해야 합니다. 세 가지의 영역이 균형을 이루어 확고해질 때 바른 수행을 할 수 있습니다. 이런 확인을 거치는 성찰이 있어야 수행이 발전합니다. 자신의 성찰이 부족하면 반드시 스승의 가르침을 받아 스스로 조절해야 합니다.

오근의 균형을 현악기의 줄에 비유합니다. 현악기의 줄이 너무 느슨해도 소리가 나지 않고 너무 당기면 줄이 끊어져서 소리를 낼 수 없습니다. 그래서 적절한 조율이 필요합니다. 오근 중에서 알아차림이 현악기의 줄을 알맞게 조율하는 기능을 합니다. 수행은 근기에 따라 많으면 빼주고 부족하면 채워 주어야 합니다. 이것이 팔정도의 기능으로 중도의 역할입니다.

　이렇게 될 때 믿음이 굳건해지고 흔들림이 없습니다. 노력이 힘차고 강해집니다. 알아차림이 예리해지고 지속됩니다. 집중으로 마음이 고요해지고 안정됩니다. 지혜가 대상을 꿰뚫어 법을 관통합니다. 이렇게 다섯 가지 기능이 바르게 역할을 하면 오근(五根)이 오력(五力)이 됩니다. 오근이 오력이 될 때 수행을 바르게 할 수 있어 해탈의 자유를 얻습니다.

3. 알아차림

알아차림을 빨리어로 사띠(sati)라고 합니다. 이 말은 기억이라는 뜻과 알아차림이란 뜻을 함께 지니고 있습니다. 알아차림이란 명상의 용어 중에서 매우 독특하고 중요한 의미를 가지고 있습니다. 기억과 알아차림이란 두 가지 뜻을 가진 우리말이 없기 때문에 이해하기 쉽게 알아차림이라고 합니다.

사띠(sati)의 첫 번째 뜻은 기억입니다. 이때의 기억은 현전(現前)하는 기억이라는 뜻입니다. 이는 지금 현재 여기로 와서 알아차리는 것을 잊지 않는 것을 말합니다. 이 말은 수행을 실천함에 있어 매우 중요한 의미를 가지고 있습니다. 그러므로 평소에 알아차려야 하는 것을 잊지 않고 항상 알아차려야 한다는 의미와 함께 알아차리는 것을 잊지 않고 지속해서 알아차려야 하는 것을 뜻합니다. 이때의 기억은 지나간 과거를 기억하는 것과는 다르게 지금 여기에서 항상 알아차리는 것을 기억하라는 뜻입니다. 수행에서 가장 어려운 것이 알아차리는 것과 알아차림을 지속하는 것입니다.

사띠(sati)의 두 번째 뜻은 알아차림입니다. 알아차림과 함께 주시, 지켜본다는 뜻으로 사용할 수 있습니다. 이 말을 한문으로는 생각한다는 뜻으로 염(念)이라고 합니다. 영어로는 마인드풀니스(mindfulness)라고 하거나 노팅(noting)이라고 합니다.

붓다께서 설하신 법문을 모두 합쳐 팔만사천법문이라고 합니다. 팔만사천법문을 줄이면 37조도품입니다. 37조도품은 수행을 실천하는 방법들입니다. 다시 37조도품을 줄이면 팔정도입니다. 팔정도는 인간이 살아가는 여덟 가지 바른 길입니다. 다시 팔정도를 줄이면 계정혜입니다. 계정혜는 계율과 고요함과 지혜를 의미하는 덕목으로 이것을 삼학(三學)이라고 합니다. 다시 계정혜를 줄이면 알아차림 하나입니다. 그러므로 알아차림은 팔만사천법문을 한마디로 줄인 가장 상징적인 용어입니다.

알아차림은 선한 행위에 속합니다. 선업의 행에서 알아차림은 믿음, 양심, 수치심, 탐욕 없음, 성냄 없음, 중립 등과 함께 깨끗한 마음의 작용을 이루는 행위입니다. 알아차림은 여섯 가지 감각기관에서 여섯 가지 감각대상과 부딪칠 때 행동, 말, 좋음, 싫음, 기호, 판단, 생각 등에 얽매이지 않고 대상을 있는 그대로 알게 하는 기능을 합니다. 그래서 마음이 대상을 맞이할 때 항상 깨어 있는 상태로 받아들이게 합니다. 여섯 가지 감각기관이 여섯 가지 감각대상과 부딪쳤을 때 있는 그대로 보는 것을 청정하다고 하는데 이것이 모두 알아차림에 의해서 가능한 것입니다.

알아차림은 여섯 가지 감각기관의 문을 지키는 문지기와 같습니다. 알아차림이라는 문지기가 있으면 번뇌라는 도둑이 들어오지 못합니다. 만약 알아차리지 못하면 여섯 가지 감각기관으로 번뇌라는 도둑이 들어와 주인 행세를 합니다. 그러면 우리의 몸과 마음을 온통 도둑에게 맡기게 되어 도둑의 노예로 살아야 합니다. 이처럼 알아차림은 몸과 마음에 번뇌라는 바이러스를 감염시키지 않도록 하여 청정하게 합니다.

알아차림은 물 위에 떠 있는 공과 같습니다. 알아차림은 항상 대상과 함께 있습니다. 이는 물 위에 떠 있는 공처럼 항상 대상과 함께 있는 것을 말합니다. 물 위에 떠 있는 공은 가라앉지도 않고 그렇다고 물 위로 튀어 오르지도 않습니다. 언제나 물과 함께 있으면서 물이 하고 있는 모든 일을 지켜봅니다. 만약 물 위에 떠 있는 공이 물 위로 튀어 오르면 들떠서 알아차림을 놓친 것입니다. 만약 물 위에 떠 있는 공이 물속으로 가라앉으면 게으름으로 알아차림을 놓친 것입니다.

이 세상에서 가장 좋은 맛은 수행을 해서 얻는 법의 맛입니다. 바로 알아차림에 의해 이 법의 맛을 볼 수 있습니다. 법은 항상 그 뜻이 잘 나타나 있으며, 지금 이곳에서 경험할 수가 있고, 시간을 지체하지 않으며, 와서 보라고 할 수 있는 것이고, 열반으로 이끌어줄 뿐만 아니라 현명한 사람에 의해 직접 체험되는 것입니다. 이와 같은 법의 맛은 대상을 있는 그대로 알아차릴 때만이 자유롭게 맛볼 수 있습니다.

위빠사나 수행은 있는 그대로 알아차려야 합니다. 여섯 가지 감각기관에 여섯 가지 대상이 부딪쳤을 때 있는 그대로 알아차리는 것은 대상에 개입을 해서 바라거나 없애려고 하지 않고 그냥 알아차리는 것을 말합니다. 있는 그대로 알아차린다는 것은 탐욕과 성냄과 어리석음 없이 아는 마음만 가지고 주시하는 것입니다. 있는 그대로 알아차리면 모든 대상이 가지고 있는 일반적 성품인 무상, 고, 무아의 지혜를 얻게 됩니다. 누구나 번뇌가 사라진 깨달음을 얻으려 하지만 사실 있는 그대로 알아차리는 것이 쉽지 않습니다. 그래서 무언가를 도모하고 고통에서 벗어나기 위한 행위는 오히려 그것들로부터 자유로울 수 없도록 합니다.

있는 그대로 알아차리면 계행이 청정하여 죄가 없어 깨끗하고, 경솔한 행동을 하는 마음이 제어됩니다. 그리고 복잡한 일에 휩쓸리지 않고 평안을 얻게 되며 모든 것이 일어나고 사라지는 것밖에 없다는 지혜를 얻습니다. 이렇게 있는 그대로 알아차려야 위빠사나 수행을 하는 것이며, 이러한 알아차림에 의해서만 이 지고의 행복을 얻습니다.

알아차릴 때는 과거나 미래가 아닌 항상 현재에 있어야 합니다. 그래야 대상을 깨어서 볼 수 있습니다. 과거나 미래는 생각으로 관념에 속합니다. 그래서 실재하는 진실을 볼 수 없습니다. 알아차림은 시간을 늦춰서는 안 됩니다. 대상이 일어났을 때 일어난 즉시 알아차려야 합니다. 만약 대상의 일어남과 알아차림 사이에 틈이 생기면 번뇌가 침투합니다. 그러므로 항상 대상과 일치해야 합니다. 대상과 알아차림이 따로 작용하면 알아차림을 놓치게 됩니다. 이런 알아차림은 반드시 지속되어야 합니다. 그래야 집중력이 생기고 마지막에 지혜가 생깁니다. 그래서 알아차림은 현장성, 즉시성, 일치성, 정확성, 지속성이란 기능이 함께 작용해야 합니다.

이렇게 알아차림을 지속하는 것은 나무를 계속 비벼서 불을 내는 것과 같습니다. 나무를 계속해서 비비면 불이 나듯이 알아차림을 지속하여 조건이 성숙되면 통찰지혜가 납니다. 이때의 불이 깨달음의 지혜입니다. 지혜의 불이 나야 탐욕, 성냄, 어리석음의 번뇌가 불타 열반에 이를 수 있습니다. 지혜의 불이 어둠을 밝혀야 사물의 이치를 알아 어리석은 행동을 하지 않습니다. 지혜의 불은 번뇌를 태우고 어둠을 밝혀 갈 길을 알게 합니다. 이것이 깨달음입니다.

알아차릴 때는 대상에 대하여 어떤 욕망도 일으켜서는 안 되며 대상의 흐름을 정지시키지 않고 계속해서 흐름을 주시해야 합니다. 알아차릴 때는 대상을 없애려고 하지 말고, 분석하려고 하지 말고, 따라가려고 하지 말고, 일치시켜서 간단하고 명료하게 알아차려야 합니다. 알아차릴 때는 대상에 정확하게 겨냥하고, 강함과 부드러움이 함께해야 하고, 철저함과 가벼움이 조화를 이루어야 합니다. 알아차릴 때는 활을 쏠 때 과녁을 겨냥하듯이 대상을 향해 처음부터 끝까지 마음을 떼지 말아야 합니다. 대상을 겨냥하는 것은 대상을 주시하려는 의도를 내는 것이며, 대상을 아는 마음이 일치되면 정확하게 겨냥을 하는 것입니다.

처음에 알아차릴 때는 마음을 대상에 보내서 알아차려야 하며, 차츰 아는 힘이 생기면 여섯 가지 감각기관의 문이나 마음으로 알아차릴 수 있습니다. 여섯 가지 감각기관의 문에서 대상을 알아차리기 위해서 마음을 집중할 때는 무리하지 않게 적절한 힘으로 해야 됩니다. 무리하면 노력이 지나친 것으로 마음이 대상에 붙지를 않고 자꾸 튕겨져 나옵니다. 또 알아차리기 위하여 너무 강하게 힘을 주면 두통과 상기의 위험이 따릅니다.

알아차림이란 무엇일까요? 알아차림이란 해탈로 가는 표입니다. 수행은 많은 사람들이 저마다의 근기를 가지고 합니다. 이런 근기를 하나로 묶는 것이 알아차림입니다. 알아차림이란 표가 있으면 태어남과 죽음이 없는 기차를 타고 떠나며, 알아차림이란 표가 없으면 태어남과 죽음이 반복되는 공동묘지로 갑니다.

알아차림이 있는 선한 행위는 반드시 선한 과보를 받는데, 이것이 바로 조건이며 원인과 결과입니다. 알아차림이 없는 선하지 못한 행위는 불선업입니다. 불선업은 반드시 선하지 못한 과보를 받습니다. 알아차림은 대상을 받아들여서 번뇌의 불을 끄므로, 먼저 자신이 이롭고 남에게도 이로움을 줍니다. 번뇌의 불을 끈 자는 자애가 일어나고 이 자애가 넘쳐 상대를 편안하게 하므로 자신과 남을 함께 돕게 됩니다. 더 나아가 지혜가 나 모든 괴로움에서 벗어납니다.

알아차림은 바라고 없애려 하지 않는 비작용적인 행위라서 그물에 걸리지 않는 바람과 같습니다. 알아차림은 대상을 단순화시켜 번뇌를 무력하게 하고 평등심이 생기게 하여 지혜가 나도록 합니다. 알아차림은 답을 얻으려고 하는 것이 아니고 단지 대상이 있어서 알아차리는 것일 뿐입니다. 답을 얻으려는 목적으로 대상을 알아차리는 것은 흙탕물을 없애려고 다시 흙탕물을 끼얹는 것과 같습니다. 무슨 일이나 알아차림 없이 욕망을 가지고 하면 욕망의 과보가 남습니다.

알아차리지 못하면 감각기관의 문을 열어 놓고 욕망을 추구하면서 삽니다. 욕망의 특성은 항상 만족할 수 없는 것입니다. 욕망을 가진 사람은 항상 불만족 속에서 괴롭게 살아야 합니다. 알아차리지 못하면 계율을 지키지 못해 스스로를 보호할 수 없어 고통을 겪고 남에게도 피해를 줍니다. 알아차리지 못하면 즐거울 때는 감각적 쾌락에 빠지며, 괴로울 때는 비탄, 슬픔, 좌절, 분노에 빠지고, 덤덤할 때는 게으름에 빠집니다. 즐거움은 향락적인 것을 바랍니다. 괴로움은 성냄의 불길을 일으켜 스스로를 불태웁니다. 게으름은 바른 것을 바르지 않게, 바르지 않은 것을 바르게 봅니다.

알아차리지 못하면 항상 이런 위험에 노출되어 있습니다. 그러나 알아차림이 있을 때는 즐거우나 괴로우나 덤덤하거나 단지 느낌으로 알아 오직 고요함만 있습니다. 이 고요함이 지혜로 이끌어 열반을 성취하게 합니다.

알아차리는 것도 마음이 하고 알아차리지 못하는 것도 마음이 하는데, 이 두 가지 중에 선택은 오직 자신의 마음이 합니다. 알아차림을 할 때는 현재의 마음을 알아차리고, 몸과 마음이 긴장을 푼 뒤에 대상을 정확하게 겨냥해야 합니다. 한 번이라도 대상을 정확하게 겨냥하면 두 번, 세 번을 계속할 수 있어 바른 알아차림을 지속할 수 있습니다. 대상을 정확하게 겨냥한다는 것은 대상을 억지로 붙잡는 것이 아니고 마음을 모아 오롯하게 대상에 보내는 것을 말합니다. 그래서 대상에 마음을 보낼 때는 정확하고 가볍고 부드럽게 해야 합니다.

수행자가 알아차려야 할 대상은 몸, 느낌, 마음, 법입니다. 이것들이 모두 다양한 형태로 나타나는데 예를 들면 통증, 졸림, 망상, 선심, 불선심 등 이런 모든 것들이 다 수행자가 알아차릴 대상입니다. 우리가 수행을 하면서 알아차릴 대상이 많아도 혼란을 느끼는데, 결코 혼란을 느껴서는 안 됩니다. 몸과 마음에 나타난 것들은 모두 대상입니다. 그러므로 몸과 마음에 있는 것이라면 대상이 아닌 게 없습니다. 어느 의미로 통증, 졸음, 망상, 가려움, 하기 싫음 이런 것들이 대상으로 나타났을 때는 알아차릴 대상이 많이 생겨서 수행자에게는 기쁨이라고 아셔야 됩니다.

대상이 많은 것은 결코 나쁜 것이 아닙니다. 알아차릴 대상이 많다는 것은 수행자가 해야 할 일이 많다는 것을 의미하기 때문에 무료함에서 벗어날 수가 있습니다. 알아차릴 대상이 아무리 많아도 대상이 가지고 있는 속성은 같은 것으로 모두 일어나고 사라지는 것입니다. 있는 그대로 알아차려서 일어나고 사라지는 무상의 지혜가 나면, 그 다음에 괴로움의 지혜가 나고, 마지막에 무아의 지혜가 나서 깨달음이 완성됩니다. 이때까지는 누구나 계속해서 알아차려야 합니다.

알아차림의 일곱 가지 이익은 다음과 같습니다. 첫째, 마음이 청정해집니다. 둘째, 슬픔을 극복합니다. 셋째, 비탄을 극복합니다. 넷째, 육체적인 고통이 소멸합니다. 다섯째, 정신적인 고통이 소멸합니다. 여섯째, 올바른 길인 팔정도에 도달합니다. 일곱째, 열반을 성취합니다. 열반의 성취가 지고의 행복입니다.

알아차림은 뗏목을 타고 강을 건너 피안으로 가는 행위입니다. 이런 행위는 온전하게 자기 자신의 노력으로만 할 수 있는 행위입니다. 피안으로 건너가는 뗏목은 사념처 위빠사나 수행이고 알아차림이 뗏목의 노를 젓는 일입니다. 이제 모두 알아차림으로 뗏목을 저어서 피안으로 건너가 영원한 자유와 행복을 누립시다.

4. 분명한 앎

분명한 앎을 빨리어로 삼빠잔냐(sampajañña)라고 합니다. 삼빠잔냐는 분명하게 아는 것 또는 여러 가지를 완전하게 아는 것을 말합니다. 이외에도 주의, 분별, 이해, 용의주도함이란 뜻이 있습니다. 알아차림을 한문으로는 정념(正念)이라고 하고 분명한 앎을 정지(正知)라고 합니다. 수행을 할 때 알아차림 하나만으로는 부족합니다. 알아차림과 분명한 앎이 함께 작용하면 서로 부족한 부분을 보완할 수 있습니다.

명상을 할 때 알아차림이 아무리 많아도 부족하다는 것은 그만큼 알아차리기가 어렵다는 현실을 말하는 것입니다. 그래서 수행에서는 알아차림과 함께 분명한 앎을 해야 합니다. 이 두 가지의 요소가 서로 조화를 이룰 때 비로소 수행이 균형을 이룰 수 있습니다.

알아차림과 분명한 앎은 두 개의 수레바퀴처럼 상호 보완하는 작용을 합니다. 수레가 하나의 바퀴로 가기가 어렵듯이 수행도 두 가지의 적절한 조화가 필요합니다. 이것은 마치 새가 두 개의 날개로 나는 것과 같습니다. 그래서 알아차림과 분명한 앎은 상호의존적이라서 수행의 기본적인 구성 요건입니다.

알아차림은 대상을 겨냥하는 행위고 분명한 앎은 대상을 받아들여서 이해하고 분별하는 행위입니다. 이때의 분명한 앎은 대상을 받아들여서 수용하는 지혜와 같습니다. 하나의 마음이 적극적일 때 다른 하나의 마음은 대상을 수용해서 이해할 필요가 있습니다. 처음에 알아차림으로 대상을 겨냥하고 분명한 앎으로 대상에 내려앉아서 여러 가지를 살필 때 알아차림이 지속되고 지혜가 증장합니다.

수행자가 분명한 앎을 할 대상은 다음과 같습니다. 앞으로 나아갈 때, 뒤로 돌아갈 때, 앞을 볼 때, 주위를 볼 때, 팔다리를 구부리거나 펼 때, 옷을 입을 때, 먹을 때, 마실 때, 씹을 때, 맛볼 때, 대소변을 볼 때, 가고, 서고, 앉을 때, 잠자리에 들 때, 잠에서 깨어날 때, 말하거나 침묵할 때 등 일상의 모든 행위에 분명한 앎을 해야 합니다. 이처럼 분명한 앎은 일상의 모든 행위를 대상으로 알아차립니다. 그래서 분명한 앎을 일상의 알아차림이라고 합니다.

분명한 앎은 네 가지가 있습니다. 첫째, 목적에 대한 분명한 앎입니다. 둘째, 적합성에 대한 분명한 앎입니다. 셋째, 감각대상에 대한 분명한 앎입니다. 넷째, 미혹하지 않음에 대한 분명한 앎입니다.

1) 목적에 대한 분명한 앎

수행자는 항상 자기가 하는 행위가 어떤 목적을 가지고 하는지를 알아야 합니다. 하는 일이 유용한 일인지 아니면 해로운 일인지를 살펴보아야 합니다. 그래서 이익이 있으면 하고 이익이 없으면 하지 말아야 합니다. 수행자라고 해서 이익과 손실을 따지지 말아야 하는 것은 아닙니다. 여기서 말하는 이익과 손실은 경제적인 측면을 말하지 않습니다. 도덕적인가 비도덕적인가를 살피고 지혜가 나는 일인가 아닌가를 살펴야 합니다.

수행을 하기 위해서 수행을 하는 장소에 가려는 마음과 가지 않으려는 마음을 알아차리는 것도 이익에 대한 분명한 앎입니다. 수행을 하는 사람과 만나고 싶어 하거나 수행을 하지 않는 사람을 만나고 싶어 하는 것을 알아차리는 것도 이익에 대한 분명한 앎입니다. 또 자신이 수행을 하는 것이 이익인지 이익이 아닌지를 알아차리는 것도 이익에 대한 분명한 앎입니다.

인간은 항상 이성적으로만 사고하지 않습니다. 그렇다고 항상 감상적으로만 사고하지도 않습니다. 이런 두 가지 사고를 함께 하지만 사실은 어리석음으로 인해 감각적 욕망에 빠져 바르게 판단하지 못하는 경우가 허다합니다. 그래서 무슨 일을 할 때 먼저 대상을 알아차리고 다시 이 일이 이익이 있는 일인지 아니면 괴로움을 겪을 일인지를 지혜로 통찰해야 합니다.

2) 적합성에 대한 분명한 앎

수행자는 항상 자기가 하는 행위나 시기나 상황이 적절한지 알아야 합니다. 가지 말아야 할 시간에 가지 말아야 할 장소에서 만나지 말아야 할 사람을 만나는 것은 적절한 일이 아닙니다. 모든 일에는 때와 장소와 상대가 있습니다. 이런 조건이 적절한지 살피는 것이 분명한 앎입니다.

사람들은 적절하지 못한 일을 할 때는 적절한 일을 하지 못합니다. 그리고 적절한 일을 할 때는 적절하지 못한 일을 하지 않습니다. 그러므로 적절하지 못한 일을 할 때는 적절하지 못한 일을 해서 바람직하지 않고, 적절한 일을 하지 못해서 바람직하지 않습니다. 또 적절한 일을 할 때는 적절한 일을 해서 바람직하고, 적절하지 못한 일을 하지 않아서 바람직합니다. 이렇듯 잘된 행위는 두 가지의 이익이 있고, 잘못된 행위는 두 가지의 손실이 있습니다.

이상의 목적에 대한 분명한 앎과 적합성에 대한 분명한 앎은 일상생활을 하면서 여러 가지 경우에 대입을 하면 매우 유익할 것입니다. 그러면 어느 경우에도 지속적인 알아차림을 확립할 수 있습니다. 알아차림과 분명한 앎으로 선한 행위를 하면 선한 과보를 받아 괴롭지 않은 삶을 살 수 있습니다.

3) 감각대상에 대한 분명한 앎

수행자는 항상 자기가 하는 행위가 어디를 향하고 있는지 알아야 합니다. 감각대상에 대한 분명한 앎은 영역에 대한 분명한 앎입니다. 여섯 가지의 감각기관이 여섯 가지의 감각대상과 부딪칠 때 무엇을 대상으로 하는가가 중요합니다. 수행자에게는 자신에게 맞는 일정한 영역이 있어야 합니다. 이것이 수행자에게 필요한 대상입니다.

수행자는 항상 자신의 몸과 마음이 알아차릴 대상이어야 합니다. 그렇지 않고 관념적인 것을 대상으로 알아차리면 관념에 머물러 지혜를 얻지 못합니다. 그러나 몸과 마음의 실재적인 것을 대상으로 알아차리면 지혜를 얻습니다. 그렇기 때문에 수행자가 무엇을 대상으로 알아차릴 것인가를 살펴봐야 합니다.

만약 추론적이거나 증명할 수 없는 것이라면 감각의 영역을 벗어난 것입니다. 이런 대상은 수행자의 영역이 아닙니다. 수행자가 자신의 몸과 마음을 의지처로 삼아서 알아차리면 확실한 영역 안에 있기 때문에 괴롭지 않고 위험에서 벗어날 수 있습니다. 만약 마음이 자신의 몸과 마음을 대상을 하지 않고 밖으로 나갔다면 괴로움의 원인을 일으킬 위험이 따릅니다. 마음이 밖으로 나가면 내가 있다는 생각으로 대하기 때문에 탐욕, 성냄, 어리석음으로 대하게 됩니다. 그러면 안전한 영역을 벗어난 것입니다. 정신적 영역에서는 단지 정신적 영역에 그쳐야 합니다. 그렇지 않으면 마음으로 인해 몸까지 아픕니다. 물질적 영역에서는 단지 물질적 영역에 그쳐야 합니다. 그렇지 않으면 몸으로 인해 마음까지 아픕니다.

수행자가 몸과 마음을 알아차릴 대상으로 삼는 것은 행복의 기본조건입니다. 행복은 과거나 미래가 아닌 현재에 있고, 현재에 있는 것은 오직 몸과 마음입니다. 그래서 실재하는 진실은 언제나 현재의 몸과 마음에 있습니다. 수행자가 자신의 몸과 마음을 알아차리면 가장 바람직한 영역 안에 있습니다.

4) 미혹하지 않음에 대한 분명한 앎

수행자는 항상 자기가 하는 행위가 미혹하지 않은지 알아야 합니다. 미혹하다는 것은 어리석음을 말합니다. 보고, 듣고, 냄새 맡고, 맛보고, 몸으로 부딪치는 것이 내가 하는 것이 아니고 단지 감각대상이 감각기관에 부딪치는지는 것일 뿐이라고 알아야 합니다.

앞으로 나아가고, 서고, 도는 것이나 구부리고, 펴는 것이 모두 내가 하는 것이 아니고, 단지 정신과 물질이 조건에 의해 움직이는 것이라고 알아야 합니다. 자신이 하고 있는 모든 행위를 이렇게 분명하게 알 때 자아가 없음을 알 수 있습니다. 자아가 없다는 것을 아는 것이 무아의 발견입니다. 바로 이러한 지혜가 어리석지 않은 분명한 앎입니다.

미혹하지 않음에 대한 분명한 앎은 실존에 대해서 분명하게 아는 지혜에 속합니다. 누구나 자아가 있다는 견해를 가지고 있는 한 어리석음에서 벗어나지 못합니다. 몸과 마음을 있는 그대로 알아차리고 분명한 앎으로 이해할 때 내가 있어서 몸과 마음을 소유하는 것이 아니라고 압니다. 몸과 마음은 단지 조건에 의해서 일어나고 사라지는 현상만 있다고 아는 것이 무아의 바른 견해입니다.

미혹하지 않음에 대한 분명한 앎을 하기 위해서는 앞선 세 가지의 분명한 앎이 선행되면 자연스럽게 지혜가 성숙되어 네 번째의 분명한 앎을 이루게 됩니다. 특히 세 번째의 감각대상에 대한 분명한 앎을 확실히 하면 차츰 어리석지 않은 분명한 앎을 하게 됩니다. 이제 우리 모두는 알아차림과 분명한 앎을 실천하여 지고의 행복을 얻도록 노력합시다.

제5장

●

관념(觀念)과 실재(實在)

1. 관념과 실재에 대한 이해

관념과 실재에 대한 것은 지금까지 전혀 경험해 보지 않은 새로운 정신세계의 견해입니다. 이 세상은 모두 관념의 세계이기 때문에 관념과 실재가 무엇인지 알기가 어렵습니다. 세상에서 일어나고 있는 일의 진실과 자기 자신의 실재를 안다는 것은 하나의 깨달음입니다. 설령 실재를 알았다고 해도 지혜로 알지 않으면 하나의 생각에 불과하여 실재가 가지고 있는 진실을 바르게 알지 못합니다.

관념과 실재는 철학을 뛰어넘는 진실한 내용을 담고 있습니다. 이 세상에 있는 일반적 견해는 모두 관념이라서 있는 그대로의 실재가 아닙니다. 그러나 일부의 사람들이 깨달음을 이루려는 구도의 과정에서 관념이 아닌 실재를 발견합니다. 관념은 설정된 개념이지만 실재는 통찰지혜를 얻게 하는 사실적인 것입니다. 그래서 관념을 뛰어넘는 실재에 관한 것은 지혜가 난 극히 소수의 사람들만 알 수 있습니다. 관념이 세간의 질서라면 실재는 출세간의 질서입니다. 그러므로 세간을 사는 사람이 더 높은 정신세계를 향해서 가려면 반드시 관념이 아닌 실재의 문을 통과해야 합니다. 그래야 존재하는 것의 진실을 발견할 수 있습니다.

관념은 주관적 견해로 본 생각들이 하나의 진실처럼 통용되고 있는 개념입니다. 이 세상은 저 스스로의 진실을 가지고 있지만 우리는 아직 그 진실이 무엇인지 알기 어렵습니다. 사람들은 완전한 지혜가 나지 않았기 때문에 나름대로의 견해를 가지고 굳어진 것을 하나의 통념으로 알고 그대로 따릅니다. 이것은 진실과는 다른 습관적인 것입니다.

실재는 있는 그대로의 진실입니다. 실재는 있는 것을 있는 그대로 볼 때 생깁니다. 관념으로 보면 실재가 발견되지 않습니다. 마찬가지로 실재하는 것을 볼 때는 관념이 배제됩니다. 그러므로 이 두 가지는 동전의 양면처럼 하나의 생각 안에 함께 있으면서 각자의 지혜에 따라 나타나는 견해입니다.

관념과 실재에 대한 예를 들어보겠습니다. 오래전에 제가 미얀마에서 수행을 할 때 제 방에 저와 함께 사는 곤충들이 있었습니다. 이 곤충들 중에 저에게 이로운 곤충은 도마뱀과 거미였고 해로운 곤충은 모기와 개미였습니다. 창에 붙어 있는 도마뱀은 모기를 잡아먹기 때문에 이롭게 여겨 우호적으로 여기게 되었습니다. 거미도 방안에 거미줄을 치고 모기를 잡아먹기 때문에 우호적입니다. 그러나 모기와는 힘겨운 싸움을 하면서 살아야 합니다. 미얀마에는 일 년 내내 모기가 있기 때문에 아무리 조심해도 물리는 일이 빈번합니다. 개미는 크고 작은 여러 가지 종류가 있는데 방안에 먹을 것이 있을 때는 금방 시커멓게 떼를 지어 달려듭니다. 그래서 항상 방심할 수 없습니다. 그리고 어떤 개미는 좌선을 할 때 깜짝 놀랄 정도로 몸을 물기도 합니다.

이 중에 도마뱀과 거미에게는 불편한 마음이 없지만 모기와 개미에게는 늘 불편한 마음이 있었습니다. 더욱 심기가 불편했던 것은 이 곤충들이 왜 내 방에 들어왔느냐 하는 것이었습니다. 수행자를 위해 새로 지은 건물이었는데 초청하지도 않은 모기와 개미가 들어와 주인을 괴롭히니 불청객에 대해 우호적일 수 없었습니다. 이렇게 곤충과 함께 지내면서 수행을 하다가 어느 날부터 이 방이 내 소유가 아니라는 사실을 알았습니다. 당초에 모기와 개미를 위해서 집을 짓지는 않았지만 어떤 건물이 되었건 곤충과 함께 살아갈 수밖에 없는 것이 현실이었습니다. 자연 현상계 안에는 내 집과 네 집이 없고, 단지 함께 거주하는 공간이 있을 뿐입니다.

내가 쓰는 방은 나에게 할당된 방이어서 나 혼자서 사용할 수 있는 권한이 있었습니다. 그러나 이것은 인간이 만든 권한이라서 인간의 관념입니다. 곤충의 입장에서는 인간의 권한에 상관없이 이 방이 공동의 주거장소입니다. 이것이 실재입니다. 내 시각에서 보면 내 방이지만 곤충의 시각에서는 누구나 사용할 수 있는 공간에 불과합니다. 관념으로 보면 모기나 개미가 문제지만 실재하는 현상으로 보면 이런 일은 현상계의 자연스러운 일입니다.

진리란 보편타당해야 하므로 특정인에게만 적용되어서는 안 됩니다. 사실

내 방이라는 것은 나의 관념입니다. 또 내 방뿐이 아니고 지구는 인간들만의 것이 아닙니다. 오히려 아름다운 지구를 파괴하는 주범은 인간인지도 모릅니다. 인간은 자신의 이익을 위해 무한생산을 하여 생태계를 교란시키고 지구를 파멸로 이끄는 탐욕을 멈추지 않습니다. 그러므로 내 방에 대한 시각이나 지구에 대한 시각이나 내 것이라는 관념으로 보는 인간에게 잘못이 있습니다.

이런 자각이 일어난 뒤에 해로움을 주는 모기나 개미에 대해서도 관대한 마음이 생겼습니다. 관념이 아닌 실재를 알았기 때문에 스스로 일으킨 고정관념에서 벗어나 자유로워진 것입니다. 사물을 있는 그대로 보지 못했을 때는 자아가 있었지만 사물을 있는 그대로 보니 단지 정신과 물질만 있었지 내가 없었습니다. 이것이 관념이 아닌 실재를 통해서 얻은 진실입니다. 이 결과로 이익을 본 것은 저 자신입니다. 곤충에 대해서도 자애로운 마음이 생겼기 때문입니다. 물론 그렇다고 저를 괴롭히는 곤충을 끌어들이지는 않았지만 적어도 적대적인 감정은 사라진 것입니다. 그리하여 곤충뿐만 아니라 인간이나 모든 생명에 대해서도 똑같은 자애가 일어났습니다. 그래서 모기나 개미를 사랑하지는 않았지만 하나의 생명으로 인정하게 되었습니다. 그것들도 살기 위해서 태어난 것을 안 뒤에 제가 할 수 있는 일이란 피해를 입지 않도록 조심하는 길밖에 없었습니다. 작은 모기나 개미 한 마리도 죽이지 않는 제 마음은 평화로웠습니다. 이것이 실재를 통해서 본 곤충과의 동거였습니다.

또 한 예가 있습니다. 어느 날 미얀마의 마하시명상원에서 수행을 하다가 외부와 단절된 곳으로 들어가 수행을 했습니다. 이곳을 영어로는 사일런스 빌딩(silence building)이라고 합니다. 긴 복도에 독립된 방이 하나씩 연결되어 있는 이층 목조건물입니다. 이곳은 개인이 자기 방에서 묵언수행을 하는 곳으로 외부와 차단되어 있습니다. 수행처는 항상 정적에 쌓여 있지만 수행자들이 복도에서 걷는 수행을 할 때는 바닥에서 삐거덕 거리는 소리만 났습니다.

식사도 새벽 5시와 오전 11시에 두 번 날라다 주면 먹습니다. 밥을 날라다 주는 사람이 외부와의 유일한 통로입니다. 수행자끼리 대화를 하지 않아 서로 눈을 마주치지는 않지만 동질감을 느끼는 은근한 눈빛은 교감할 수 있습니다. 어느 날 제 옆방의 수행자가 바닥에 눕지 않고 앉아서 수행을 하는 장좌불와(長坐不臥)를 하다가 탈진하여 업혀 나가는 것도 보았습니다.

이곳 묵언실은 명상원의 끝자락에 위치한 깊은 언덕 아래에 있어서 지형적으로도 외부와 완전히 단절된 독립된 공간입니다. 묵언실의 긴 건물 바로 앞에 역시 긴 울타리가 있어서 명상원의 건물과 밖에 있는 숲의 소유가 분명하게 구별되었습니다. 그런데 나무가 울창한 이 넓은 숲은 명상원 소유가 아니지만 묵언실 수행자들이 항상 내려다볼 수 있는 매우 아름다운 공간입니다. 높은 나무들과 푸른 숲은 이곳 수행자들을 위해 펼쳐진 한 폭의 그림이었습니다. 크고 작은 나무들이 한데 어우러진 숲은 언제나 마음을 싱싱하게 했습니다. 그리고 한쪽으로는 나무가 없는 빈 공간도 있어 마음을 편안하게 했습니다. 아울러 내 소유가 아닌 남의 소유의 숲을 내 소유처럼 볼 수 있다는 것도 참으로 행복이었습니다. 사실 숲은 소유자의 것이 아니고 보는 사람의 것이었습니다.

묵언실은 누구도 간섭하지 않아 자유로운 수행 공간이지만 갇혀 지내는 압박감을 느끼게 했습니다. 그런데 이런 압박감을 울창하고 푸른 숲이 해결해 주었습니다. 수행자는 오직 자신의 몸과 마음을 대상으로 알아차려야 하지만 건물 밖으로 나갈 수 없다는 압박감도 무시할 수 없는 현실이었습니다. 숲을 바라보면, 울타리 너머의 자유와 내가 있는 곳의 부자유가 극명하게 대립되었습니다. 그런데 항상 다람쥐가 숲과 경계를 이루고 있는 울타리 위를 뛰어다니다가 울타리 너머에 있는 야자수 나무를 오르곤 했습니다. 저는 울타리로 인해 밖에 있는 숲으로 갈 수 없었지만 다람쥐는 항상 자유롭게 이쪽저쪽을 오가곤 했습니다. 그리고 숲에는 아침부터 저녁이 되도록 많은 새들이 날아와 노래하다가 또 날아가곤 했습니다. 자연의 소리만 있는 고요한 침묵 속에서도 각종 새들은 줄기차게 노래를 했습니다.

저는 갇혀 있었지만 다람쥐와 새들에게는 인간이 만든 경계가 없었습니다. 저는 그곳에서 인간이 만든 소유의 관념을 보았습니다. 그리고 다람쥐와 새들을 통해서 관념이 아닌 실재를 보았습니다. 이때의 다람쥐와 새들은 제 마음이었습니다. 저도 그들처럼 이쪽저쪽을 자유롭게 오가고 또 새들처럼 노래하면서 숲 위를 자유롭게 날았습니다. 이때의 제 마음에는 울타리라는 관념이 없었고 남의 숲이라는 관념도 없었습니다. 제 마음이 그들과 함께 자유로운 것이 실재였습니다. 그리고 저는 그들을 통하여 내 땅, 네 땅이라는 인간이 만든 관념의 무서움을 보았습니다. 인간이 이런 속박 속에서 신음하고 사는 것을 보았습니다.

이쪽저쪽의 경계를 자유롭게 넘나드는 다람쥐처럼, 왔다가 떠나고 떠났다가 또 찾아오는 많은 새처럼 자유롭지 못하다는 것은 인간이 만든 관념의 전형적인 산물이었습니다. 그리하여 결국에는 자신의 내면을 통해서 모든 속박에서 벗어나는 자유를 얻는 길밖에 없었습니다. 외부의 경계로 인해 속박을 받는다면 자신의 내부에서 자유를 얻는 길이 유일한 해방이었습니다.

그런 얼마 뒤에 저는 전에 경험하지 못한 또 하나의 새로운 세계를 보았습니다. 어느 날 푸른 숲을 지켜보고 있는데 한 순간에 지금까지 보지 못했던 전혀 새로운 세계가 보였습니다. 거기에는 내가 본 지금까지의 숲이 아니고 그냥 거기에 그렇게 있는 그대로의 숲이었습니다. 숲은 누구의 소유도 아니었습니다. 그리고 숲과 경계를 이루는 울타리도 하나의 현상일 뿐이었습니다. 말하자면 보니, 거기 세상이 있었습니다.

이때는 모든 감정이 차단된 온전하게 있는 그대로의 세계가 보였습니다. 숲을 즐기거나 새들을 반기지도 않았습니다. 다람쥐를 기다리지도 않았습니다. 그리고 아! 이거였구나, 하고 느꼈습니다. 이것이 있는 그대로의 실재였습니다. 이때 저는 고요했고 마음은 깨어 있었으며 아무 흔들림 없이 평온했습니다. 이처럼 모든 관념을 벗어버린 실재는 참으로 청정하고 자유로웠습니다. 이것이 관념이 아닌 실재를 본 하나의 새로운 세계였습니다.

2. 명상을 할 때의 관념과 실재

　명상은 앉아서 좌선만 하는 것이 아닙니다. 걷고, 서고, 앉고, 눕고, 말하거나, 말하지 않는 것이나 모두 대상으로 알아차리는 것입니다. 수행자가 자신의 몸과 마음을 있는 그대로 알아차리는 것은 내 몸, 내 마음이라는 시각으로 보지 않고 그냥 몸과 마음이라는 대상을 알아차리기 위한 것입니다. 내 몸, 내 마음이라고 생각하면 집착을 하게 되어 몸과 마음이 가진 있는 그대로의 실재를 보지 못합니다. 그래서 법의 성품을 보지 못합니다. 법의 성품을 보지 못하면 집착을 끊을 수 없어 괴로움을 해결할 수 없습니다. 만약 알아차림 없이 내 몸과 마음을 보았다면 불만족과 근심걱정이 생깁니다. 알아차림 없이 보면 내 몸과 마음으로 보기 때문입니다.

　수행자가 호흡의 일어남과 꺼짐을 알아차릴 때 오직 일어남과 꺼짐에 집중하면 내 호흡이라는 관념이 사라집니다. 호흡의 실재는 일어남 꺼짐이며 부풀었다가 수축하는 바람의 요소입니다. 걸을 때 오른발, 왼발을 알아차리면 내 발이라는 관념이 사라집니다. 발의 움직임의 실재는 들 때 가벼움과 내려놓을 때 무거움입니다. 수행자가 이렇게 알아차리면 모든 발걸음을 내 발이라고 알면서 걷지 않습니다. 단지 대상과 아는 마음과 알아차림이 있을 뿐입니다. 이것은 매우 훌륭한 출발이자 기회입니다. 적어도 이 순간은 나라고 하는 자아가 없기 때문에 탐욕, 성냄, 어리석음이 없습니다.

　오직 대상과 아는 마음만 있는 이 순간을 청정하다고 합니다. 이렇게 청정해진 마음이 고요해지면 다음에 모든 것은 원인이 있어서 생긴 결과라고 알 수 있습니다. 그런 뒤에 일어나고 사라지는 무상밖에 없다는 지혜가 납니다. 이처럼 대상의 실재를 단순하게 알아차리면 단계적 과정의 지혜가 성숙됩니다. 이것을 수행이라고 합니다. 이때 관념이 아닌 실재를 알아차려야만 법을 볼 수 있습니다.

만약 이때 마음이 밖으로 나가면 이런 실재를 경험하기 어렵습니다. 마음이 밖으로 나가면 즉시 내가 본다는 견해를 가지고 봅니다. 그래서 있는 그대로의 실재를 보지 못합니다. 낙엽이 떨어지는 것을 보고 무상을 느낄 수도 있지만 이때의 무상은 상당히 감상적인 무상이라서 지혜로 본 무상이 아닙니다. 왜냐하면 내가 본다는 선입관을 가지고 보아서 있는 그대로의 실재를 보지 못합니다. 그래서 수행자는 내가 본다는 선입관 없이 보아야 하기 때문에 먼저 자신의 몸과 마음을 알아차려야 합니다. 이처럼 자신의 몸과 마음을 알아차리는 수행을 하다 보면 내 몸과 내 마음이라는 관념 없이 보게 됩니다.

왜냐하면 내가 보기 때문에 선입관을 가지고 보아서 있는 그대로의 실재를 보지 못합니다. 그래서 수행자는 내가 본다는 선입관 없이 보아야 하기 때문에 먼저 자신의 몸과 마음을 알아차려야 합니다. 이처럼 수행자가 처음에는 자신의 몸과 마음을 알아차려야 내 몸과 마음이라는 관념 없이 보게 됩니다.

위빠사나 수행의 궁극의 목표는 모든 괴로움에서 벗어나는 것입니다. 그러기 위해서는 몸과 마음이 가지고 있는 진실한 성품을 보아야 합니다. 그래서 먼저 자신의 몸과 마음을 알아차려야 합니다. 몸과 마음이 가지고 있는 성품은 무상, 고, 무아입니다. 모든 것이 변하고, 존재하는 것이 불만족이며, 여기에 자아가 없다는 것을 아는 것이 궁극의 깨달음입니다. 그래야 모든 집착에서 벗어나 오랜 윤회의 여행을 끝낼 수 있습니다.

수행자가 처음부터 이런 궁극의 깨달음을 얻고자 수행을 하지는 않습니다. 출발은 최고의 지혜를 얻으려는 사람이나 그냥 심심해서 호기심으로 수행을 해보려는 사람이나 가는 길이 똑같습니다. 그래서 이런 일에는 자신의 의도나 마음가짐과는 상관없이 똑같이 출발할 수밖에 없습니다. 기차를 타고 가는 사람의 마음은 모두 다르지만 기차를 타고 떠나는 것은 모두 똑같습니다. 이것이 법을 얻는 기차의 여정입니다. "나는 깨달음 같은 것은 생각도 안 합니다"라고 해도 자신의 의지와 상관없이 수행의 시작은 깨달음을 향해서 떠나는 것입니다.

무상, 고, 무아는 모든 존재가 가지고 있는 가장 분명한 진실입니다. 모든 생명은 이것 이상도 이하도 아닙니다. 이것이 생명이 가지고 있는 진실의 전부입니다. 그리고 이러한 진실을 발견하기 위해서는 반드시 관념이 아닌 실재를 보아야 합니다. 물론 관념의 과정을 거쳐 실재를 보는 경우도 있습니다. 그러나 결국에는 실재를 보아야 합니다. 여기서 관념을 부정하는 것이 아닙니다. 우리는 관념이 아닌 것은 모르고 살기 때문에 관념으로부터 자유로울 수 없습니다. 여기서는 다만 궁극의 목표를 이루기 위해서 관념이 아닌 실재를 말하는 것입니다. 사실 인간은 관념이 아닌 순간을 갖기가 어렵습니다. 그러므로 관념 없이 살아가기 어려운 현실을 인정해야 합니다.

수행자가 자신의 몸과 마음을 알아차릴 때 내 몸과 마음이라는 것 없이 그냥 알아차리면 다음에 남의 몸과 마음을 알아차릴 때도 똑같이 단지 대상으로 알아차리게 됩니다. 이때 나라거나 너라고 하는 분별이 생기지 않습니다. 그렇게 되면 이제 남자라거나 여자라거나, 젊다거나 늙었다는 것 없이 그냥 사람으로 보게 됩니다. 이것이 관념이 아닌 실재를 보는 것입니다. 이렇게 알아차릴 때 몸과 마음이 가지고 있는 진실에 접근할 수 있습니다. 그렇지 않고 예쁘다거나 밉다고 본다면 공연한 느낌을 만들어 탐욕을 일으키거나 성냄을 일으킵니다. 아무런 소득도 없는 일에 이런 감정을 일으키는 것이 어리석음입니다. 이런 때의 마음을 발정한 코끼리와 같다고 합니다. 이는 발정한 코끼리가 욕망을 가지고 이곳저곳 코를 휘두르며 간섭을 하는 것과 같습니다. 예쁘고 밉다는 것은 자신이 만든 관념입니다. 실재는 그냥 사람일 뿐입니다. 무엇에 비해 예쁘고 무엇에 비해 밉습니까? 사랑하는 자기 자식은 얼굴에 상관없이 모두 예쁩니다. 그리고 하는 짓이 미우면 얼굴이 아무리 예뻐도 미워 보입니다. 이것도 자신이 만든 관념입니다.

예를 들면 수행자가 자신의 가슴에 바위처럼 큰 돌덩어리가 있다고 말하는 경우가 있습니다. 이것은 지독한 관념입니다. 우리가 무심히 이렇게 말할 수는 있지만 이것의 피해는 아주 큽니다. 사실 가슴에 큰 돌덩어리가 있을 수 없습니다. 수행자가 단지 이렇게 느낀 것입니다. 이때 바위 같다거나 크다거나 돌덩어리가 같다는 것은 모두 자신이 만든 관념입니다. 우리가 흔히 말하는 무엇 같다는 것은 이미지로 자신이 만든 표상이지 사실이 아닙니다.

만약 자신이 이렇게 이미지를 만들면 스스로 만든 표상으로 인해 더욱 힘들게 됩니다. 사실 가슴의 느낌이 단지 답답하고 무거운 느낌일 뿐인데 바위처럼 큰 돌덩어리라는 관념의 표상을 만들어서 키우면 오히려 없는 병이 더 생깁니다. 이것이 관념이 일으킨 피해의 실상입니다. 모르고 말하면 말의 지배를 받아서 그대로 따르면서 삽니다. 자신이 관념으로 만든 부정적인 표상으로 인해 자신에게 부정적인 것을 투사해서 스스로 괴로움을 자초하는 것입니다. 이것이 실재가 아닌 관념이 가져오는 결과입니다.

크다는 것은 자신이 만든 기준입니다. 무엇에 비해 크고 무엇에 비해 작습니까? 크고 작은 기준은 어디서 생긴 것입니까? 이때 막연하게 자신의 괴로움을 키워서 과장한 것입니다. 이런 관념이 아닌 실재는 그냥 가슴에 무거움이 있을 뿐입니다. 이런 사실을 있는 그대로 보면 하나의 느낌에 불과하지만 관념으로 보면 없는 바위와 큰 돌덩어리가 생깁니다. 이것이 바로 관념이 만들어낸 하나의 창작입니다. 그래서 이런 관념으로 인해 스스로를 더욱 가혹하게 채찍질합니다.

제가 어느 날 스승과 인터뷰를 할 때 몸에서 나타난 현상에 대해서 말씀드렸습니다. 좌선을 하는 중에 오른쪽 팔에서 강한 전율이 일어나서 위쪽으로 사라지는 현상이 거듭되었다고 말씀드렸습니다. 그랬더니 스승께서는 "아니다, 위로 옮겨가지 않았다. 그냥 그 자리에서 일어나고 사라지는 것이 연속되었다"라고 말씀하셨습니다. 저는 다시 "아닙니다. 분명하게 아래쪽에서부터 위쪽으로 강하게 옮겨갔습니다"라고 말했습니다. 이때 이것이 제가 가진 관념이었습니다. 저는 제 몸이라서 제가 제일 잘 안다고 말씀드렸습니다. 저는 이렇게 우겼지만 그러나 스승은 실재를 말했습니다. 저는 당시에 스승의 말씀을 이해하지 못했습니다. 나중에 지혜가 조금 성숙한 뒤에 이 말의 뜻을 알았습니다.

몸에서 일어난 모든 느낌은 일어난 곳에서 1밀리미터도 벗어나지 않고 일어난 순간에 그 자리에서 사라집니다. 이런 느낌이 위로 옮겨간 것이 아니고 일어나고 사라지는 현상이 빠르게 연속되었을 뿐입니다. 몸이 그런 것처럼 마음도 똑같이 빠르게 일어난 순간에 사라집니다. 이것이 실재를 본 무상의 지혜입니다. 저는 이렇게 안 뒤에 스승의 말씀을 부정했던 때를 기억하고 항상 스승의 말씀을 더욱 경청했습니다.

이때 제가 본 시각은 단지 관념적인 현상에 불과했지만 스승은 느낌의 실재를 보고 무상을 발견하도록 말한 것입니다. 위빠사나 수행자들이 호흡을 코에서부터 배까지 내려가면서 알아차리지 않고 한 곳에서 알아차리는 것은 무상을 알기 위한 수행 방법입니다. 한 곳에서 일어나고 사라지는 것을 지속적으로 볼 때 무상의 지혜가 성숙합니다. 만약 하나의 느낌이 옮겨가는 전 과정을 계속해서 알아차린다면 집중을 위한 효과는 있을지 몰라도 지혜를 얻는 효과는 없습니다.

수행자가 경험하는 과거나 미래는 모두 관념입니다. 실재하는 현상은 항상 지금 여기에 있는 몸과 마음입니다. 과거는 지나간 것이라서 관념입니다. 미래는 아직 오지 않은 것이라서 관념입니다. 실재는 지금 이 순간의 현재에만 있습니다. 많은 사람들은 모두 과거나 미래에서 삽니다. 지금 이 순간에 여기에 있는 몸과 마음을 알아차리지 않는 한 현재에 머물지 못합니다. 과거는 지나간 것으로 후회와 아쉬움뿐입니다. 미래는 아직 오지 않은 것이라서 불안과 두려움입니다. 이렇듯 인간은 실재하지 않는 관념의 세계에 살고 있습니다. 오직 수행자만이 자신의 몸과 마음을 알아차려서 현재에 살고 있습니다. 실재하는 행복은 현재에만 있습니다.

인간은 내가 없는데도 내가 있다고 생각하여 꿈속에서 삽니다. 여기에 더하여 과거나 미래에 살면서 현재를 모르고 사는 사람도 관념으로 사는 것이라서 꿈속에서 사는 것입니다. 실재하는 않는 세상은 꿈이기 때문입니다. 이처럼 인간은 꿈속에 살면서 또 허황된 꿈을 꿉니다. 불필요한 욕망이 꿈과 같은 것이라면 그렇지 않아도 꿈속에서 사는데 또 꿈을 꾸는 것입니다. 이것은 신기루를 잡고 사는 것과 같습니다. 그래서 모르고 사는 백 년보다 알고 사는 단 하루가 더 낫다고 합니다.

꿈속에서 또 꾸는 꿈은 관념이지 실재가 아닙니다. 그래서 우리는 관념의 세계에 살고 있다고 말합니다. 어떤 사람은 자기의 예술세계가 현실이고 실재로 살고 있는 현실은 꿈처럼 느낄 수도 있습니다. 우리는 모두 이렇게 관념과 실재가 전도된 정신세계에서 살고 있습니다. 왜냐하면 실재하는 진실을 모르기 때문입니다.

일생을 살면서 단 한 순간이라도 진실한 현재에 머무는 것은 지극히 어렵습니다. 우리는 자신이 이렇게 사는 것을 모릅니다. 과연 언제 조용히 자신의 호흡을 지켜본 적이 있습니까? 만약 있다면 현재에서 진실의 실마리를 잡은 것입니다. 자신의 내면을 있는 그대로 알아차릴 때만이 과거나 미래가 아닌 현재에서 고요한 행복을 얻습니다.

진실은 지금 이 순간의 현재에만 있습니다. 오직 현재만이 실재이기 때문입니다. 현재가 아닌 과거나 미래는 실재하지 않는 관념입니다. 관념의 상태에서는 지혜의 불이 타오르지 않습니다. 과거나 미래는 생각이라서 결코 지혜가 생길 수 없습니다. 오직 현재의 실재하는 마음에서만 법을 보는 불이 타오릅니다. 위빠사나 수행자가 항상 자신의 몸과 마음을 대상으로 알아차리는 것은 행복을 만드는 기초입니다. 현재를 아는 마음이 있을 때는 깨어 있는 상태라서 어떤 번뇌도 침투하지 못합니다.

만약 마음이 과거로 갔다면 '지금 과거를 생각하고 있네' 하고 알아차려야 합니다. 만약 마음이 미래로 갔다면 '지금 미래를 생각하고 있네' 하고 알아차려야 합니다. 그러면 끝입니다. 이래야 관념이 아닌 실재로 돌아와 대상을 있는 그대로 알아차릴 수 있습니다.

현재라고 하는 순간, 현재는 과거가 됩니다. 그리고 현재라고 하는 순간에 현재는 없어지고 미래로 갑니다. 그래서 특별한 경우가 아니고서는 누구도 현재에 머물기가 어렵습니다. 하지만 수행자들은 현재의 양을 키워가면서 삽니다. 자신의 몸과 마음을 알아차리는 순간이 바로 현재에 머무는 순간입니다. 이런 순간이 많을수록 정신이 각성되어 번뇌가 들어오지 못하고 고귀한 법을 발견합니다. 근심걱정이 많고 흐린 마음으로는 결코 법을 발견하지 못합니다. 그래서 수행자는 현재에 있을 때가 행복이라고 말합니다.

관념은 보는 자의 시각에 따라서 설정된 것입니다. 한 나라의 독립투사가 적군을 죽였다면 자기 나라에서는 열사입니다. 그러나 상대편 국가에서 보면 살인자입니다. 관념으로 보면 열사가 맞습니다. 그러나 실재를 보면 살인도 맞습니다. 과연 무엇이 옳은가요? 여기에 무엇이 옳고 그름은 없습니다. 어느 쪽 시각으로 보느냐 하는 관점의 차이가 있을 뿐입니다. 그래서 실재를 추구하는 세계에서는 살생을 하지 않습니다. 수행을 하는 사람들은 궁극의 깨달음을 얻기 위해서 인간을 죽이지 않습니다. 그래서 오직 불교에서만 전쟁을 일으키지 않는 역사를 가지고 있습니다. 만약 불교도가 불교라는 이름으로 전쟁에 참여했다면 실재를 아는 수행자가 아닙니다. 실재에서는 내 나라, 네 나라가 없기 때문입니다. 만약 이런 관념이 있다면 영원히 괴로움에서 벗어날 수 없고 그래서 깨달음을 얻을 수도 없습니다.

　여기서 조국이라는 것은 관념입니다. 실재하는 것은 오직 정신과 물질이 있을 뿐입니다. 내 종교, 내 사상, 내 나라, 내 고향, 내 학교, 내 집, 내 가족, 내 몸과 마음은 모두 관념입니다. 이것들은 있지만 내 것이 아니고 그냥 있는 그대로의 것입니다. 이것들을 모두 내 것이라고 생각하는 한 영원히 속박에서 벗어나지 못합니다. 지도자들은 오히려 이런 것을 부추겨 복종과 충성을 요구할 것입니다. 자기 자신도 스스로의 우월감을 위해 자신을 과장합니다. 그러나 이런 것들로 인해 실재를 아는 지혜는 점점 더 멀어집니다. 여기서 내 것이 필요 없으니 무조건 부정하라는 것이 아닙니다. 적어도 괴로움을 여의고 깨달음을 얻으려는 사람은 이런 관념의 속박에서 벗어나야 하는 것을 말합니다. 이런 것들에 사로잡히면 비교우위를 점하려는 마음으로 인해 욕망과 성냄이 일어나 마음이 평화롭지 못합니다. 그렇기 때문에 개인의 행복이 없고 사회가 더욱 혼란해집니다. 이 세상을 모두 부정해서는 안 되지만 진실을 알아서 알맞게 대처하는 것이 지혜가 있는 자의 행동입니다. 세간의 질서를 존중하면서 출세간의 질서를 지향해야 합니다. 세간을 부정하면 그 순간부터 존립이 무너지기 때문에 세간의 바탕 위에서 출세간을 지향해야 합니다. 이것이 중도입니다.

3. 관념이란 무엇인가

　우리말로 관념이라고 할 때는 자신의 생각이나 견해를 말합니다. 또는 눈을 감고 마음을 가다듬어 생각에 잠기는 것을 말하기도 합니다. 그러나 여기서 말하는 관념은 이런 의미를 말하지 않습니다. 관념의 정확한 뜻을 알기 위해서는 빨리어의 어원을 살펴볼 필요가 있습니다. 관념을 빨리어로 빤냐띠(paññati)라고 합니다. 빤냐띠라는 뜻은 표명(表明), 서술(敍述), 가설(假說), 명칭(名稱), 개념(槪念), 가정(假定), 시설(施設) 등을 의미합니다. 표명(表明)은 드러내서 명백하게 밝힌다는 뜻입니다. 서술(敍述)은 차례를 쫓아 말한다는 뜻입니다. 가설(假說)이란 실재하지 않는 것을 설정하는 것입니다. 명칭(名稱)은 사물을 부르는 호칭이나 이름을 말합니다. 개념(槪念)은 여러 관념 속에서 공통요소를 추상하여 종합한 하나의 생각입니다. 이 말을 콘셉트(concept)라고도 합니다. 가정(假定)은 임시로 정한다는 말입니다. 가설은 실재하지 않는 것을 말하기 위해서 방편으로 설정한 것입니다. 이상의 뜻을 종합해 보면 관념이란 것은 실재가 아닌 것으로 단지 말하기 위한 것이나 혹은 부르기 위한 명칭이라는 사실을 알 수 있습니다.

　아라한은 명칭이라서 관념입니다. 아라한은 부르기 위한 명칭일 뿐입니다. 아라한의 실재는 욕망과 집착이 끊어진 마음입니다. 명칭은 부르기 위한 호칭이므로 내가 아닙니다. 그래서 아라한이 된 자는 없고 아라한의 지혜는 있다고 말합니다. 여기서 '내가 아라한이 되었다'라고 말하면 관념이고 그냥 아라한의 정신적 지혜만 있다고 말하면 실재입니다. 그래서 붓다는 제자들에게 스스로 도과를 얻은 것을 밝히지 못하게 했습니다. 이것은 관념이 아닌 실재를 말하는 것입니다.

　관념은 일상적인 관용어로 표현되는 개념입니다. 무엇을 부르기 위한 명칭이나 습관적으로 말하는 것의 일반적 개념일 뿐입니다. 관념은 사람, 나, 너, 남자, 여자, 동물, 아름다움과 추함, 크고 작음 등으로 사물을 부를 때 그것을 지칭하는 명칭입니다. 사람들은 이런 명칭을 통하여 존재를 표현할 수 있습니다. 그러므로 존재라는 것도 관념입니다. 그러나 부르기 위한 명칭으로 사용되는 용어가 오래되면 하나의 사실처럼 인식되기 시작합니다. 그 대표적인 예가 '나'라는 것이나 '너'라는 명칭입니다. '나'는 자신을 부르기 위한 명칭이지 실재하는 것은 아닙니다. '나'의 실재는 정신과 물질의 결합물입니다. 이것은 다섯 가지 무더기인 오온(五蘊)입니다. 그러나 우리는 '나'라고 하거나 '너'라고 합니다. 이때 나와 너라는 것은 실재하는 것이 아니고 오직 부르기 위한 수단으로서 사용하는 명칭일 뿐입니다.

우리는 이러한 잘못된 견해로 인해서 내가 있다고 생각합니다. 그래서 개아(個我), 자아(自我)가 있다고 확신합니다. 바로 이러한 점이 관념으로 인해서 생기는 착각의 대표적인 예입니다. 사실 우리는 이러한 진실을 알기 전에는 내가 없다는 것은 상상할 수도 없었을 것입니다. 하지만 깨달은 자에 의해서 이러한 진실이 밝혀지고 비로소 무아를 알아 모든 고통에서 벗어나는 해탈에 이르게 되었습니다.

장미꽃은 부르기 위한 명칭이라서 관념입니다. 장미꽃의 실재는 부드러운 꽃잎과 향기입니다. 만약 장미꽃을 가시꽃이라고 새로 명칭을 붙여도 가시꽃은 여전히 부드러운 꽃잎과 향기를 그대로 가지고 있을 것입니다. 그래서 명칭이 갖는 한계를 알아 실재를 파악해야 합니다. 이런 명칭이 진실로 통용되면 진실은 숨어버리고 잘못된 견해만 남습니다. 자동차는 많은 부속이 조립되어서 만들어집니다. 이때 자동차는 이런 부속들이 모여서 만들어진 것을 부르기 위한 명칭으로 관념입니다. 그러므로 핸들이 자동차가 아니고 엔진이 자동차가 아니고 바퀴가 자동차가 아닙니다. 핸들은 핸들이고 엔진은 엔진입니다. 그러므로 자동차는 부르기 위한 명칭으로 관념이라서 실재하지 않는 것입니다. 실재하는 것은 물질적인 부속물들의 조합입니다.

인간도 부르기 위한 명칭으로 관념입니다. 인간의 실재는 정신과 물질의 조합물입니다. 정신은 여러 가지 마음을 가지고 있으며, 몸은 무수한 장기들로 결합되어 있습니다. 이러한 결합이 인간이라고 부르는 존재를 만든 것입니다. 그러므로 인간도 관념이고 여기서 이것을 소유하는 자도 없으므로 나라고 하는 것도 관념입니다. 이처럼 관념에 실재가 없으면 관념이 지배하게 되어 사실을 있는 그대로 보지 못합니다. 이것은 어리석음이라서 우리의 눈을 가리어 사물을 왜곡합니다. 이것의 피해는 온전하게 자신이 당해야 합니다. 사실이 아닌 것을 사실처럼 본다면 없는 것을 있다고 알게 되어 세상을 살면서 많은 괴로움을 겪습니다.

그렇다고 모든 관념이 부정되어야 하는 것은 아닙니다. 관념은 여전히 관념으로서의 의미를 가지고 있어야 합니다. '나'를 나라고 부르지 않고 무엇이라고 하겠습니까? 우리는 여전히 관념을 사용하면서 실재하는 진실이 무엇인지를 알면 됩니다. 그래서 관념은 관념으로 알고, 실재는 실재로 아는 지혜가 필요합니다. 관념을 속제(俗諦)라고 하며 세속적 진리 또는 관념적 진리라고 말합니다. 관념이 없는 실재는 없고, 세간이 없는 출세간은 없습니다.

관념은 사마타 수행의 대상입니다. 사마타 수행은 대상의 실재하는 성품을 알기 위해서 하는 수행이 아니고 고요함을 얻기 위해서 하는 수행입니다. 그래서 하나의 관념을 붙잡고 근본집중을 해서 다섯 가지 장애를 극복합니다. 사마타 수행은 통찰지혜 수행이 아니라서 최고의 깨달음을 얻을 수 없습니다. 그래서 일정 기간 사마타 수행을 한 뒤에 위빠사나 수행을 해서 궁극의 열반에 이릅니다. 사마타 수행의 덕목은 자비입니다. 그리고 위빠사나 수행의 덕목은 지혜입니다. 자비는 정서적이고 감성적인 측면이 있어 수행자에게 필요합니다. 지혜는 지적이고 이성적인 측면이 있어 수행자에게 필요합니다. 이 두 가지가 함께 조화를 이룰 때 바른 길을 갈 수 있습니다. 정서만 강조되어서는 지적이지 못해 선한 바보가 됩니다. 지적인 것만 강조되면 정서가 없어 냉혹한 사람이 될 수 있습니다.

관념의 세계에서는 이것이 관념이라는 것을 강조할 필요가 없습니다. 사실 관념이라고 말할 때는 실재를 말하기 위해서 관념을 드러내는 것입니다. 하지만 관념은 실재를 향해서 가는 과정이기 때문에 관념에 대해서 정확하게 이해하고 있어야 합니다. 관념이라고 해서 무조건 배재해야 하는 것이 아닙니다. 관념은 관념으로서 필요한 부분이 있습니다. 다만 이것이 관념이라는 사실을 자각할 필요가 있습니다. 그렇지 않으면 관념에 의해 실재가 숨어버립니다.

수행을 할 때 처음부터 대상을 알아차리기 어려운 경우에는 관념을 대상으로 알아차리는 것도 방법입니다. 이럴 경우 처음에는 관념의 중앙에 강하게 고리를 걸어 떨어지지 않도록 붙잡아야 합니다. 이렇게 붙잡기 쉬운 관념을 대상으로 붙잡고 열심히 알아차리면 차츰 실재가 드러나기 마련입니다. 이 말은 처음에는 사마타 수행을 해서 대상을 강력하게 붙잡은 뒤에 열심히 알아차리면 나중에 차츰 위빠사나 수행의 실재가 드러나는 것을 말합니다.

관념을 대상으로 하는 사마타 수행과 실재를 대상으로 하는 위빠사나 수행을 병행할 경우에는 먼저 관념을 알아차리고 나서 차츰 드러나는 실재를 알아차리는 방법도 하나의 수행 과정입니다. 관념이 강하면 실재가 약해지고 실재가 강하면 관념이 약해집니다. 그래서 우선은 어떤 방법이 되었건 대상을 알아차리는 것이 중요합니다. 그리고 알아차리는 힘이 강해지면 지혜를 얻는 쪽으로 바꾸는 것이 바람직합니다. 사마타와 위빠사나 수행은 다양한 방법이 있으므로 반드시 스승의 지도를 받는 것이 좋습니다.

수행이 어려운 것은 법을 따르지 않고 먼저 나를 내세우기 때문입니다. 내가 한다는 선입관을 가지고 수행을 하면 결코 성공할 수 없습니다. 수행은 내가 알고 있는 정신세계가 아닌 새로운 정신세계를 계발하는 것이라서 관념적인 나를 내세우면 안 됩니다. 법을 보고자 할 때는 나의 기준이 아닌 법의 기준에 따라야 합니다. 자아를 가지고 있으면 수행을 시작하기도 어렵고 시작했다고 하더라도 계속하기가 어렵습니다. 그래서 스승들은 수행자에게 이렇게 말합니다.

"판단은 내가 한다. 너는 알아차리기만 해라."

4. 실재란 무엇인가

실재(實在)는 사실로서 존재하는 것을 말합니다. 실재는 가설이 아닌 있는 그대로의 진실입니다. 실재는 관념과 대비되는 뜻입니다. 실재를 빨리어로는 빠라마타(paramattha)라고 합니다. 빠라마타의 뜻은 최고의 의미, 최상의(最上義), 승의(勝義), 실재(實在), 성품(性品) 등의 의미를 가지고 있습니다. 그래서 실재란 실재하는 것, 자연적인 것, 자연적인 것의 성품입니다.

최고의 의미는 인간이 괴로움을 여의고 행복을 얻는 데 가장 필요한 것이라는 뜻입니다. 이것이 최고로 옳은 뜻이라는 의미로 최상의(最上義)라고 합니다. 승의(勝義)는 실재를 통해서만이 승리에 이를 수 있다는 뜻입니다. 실재(實在)는 자연이나 현실에서 사실에 입각한 것을 말합니다. 이 말을 영어로는 리얼리티(reality)라고 합니다. 성품(性品)은 대상이 가지고 있는 본질인 고유한 특성을 말합니다.

빠라마타에 법(法)을 붙이면 빠라마타 담마(paramattha dhamma)가 되는데 이 말은 근본법(根本法), 최승의법(最勝義法), 궁극적 진리라고 합니다. 이것이 궁극적 실재의 세계입니다. 궁극적 진리라는 말은 일의 이치가 마지막까지 이른 진리라는 의미입니다. 바로 이것이 최고의 진리라는 뜻으로 최승의법이라고 합니다.

빠라마타 담마라는 말이 뜻하는 용어는 실로 최상의 호칭이 모두 망라되어 있습니다. 이것 외에 최고의 진리는 더 이상 없다는 것입니다. 바로 이것이 모든 법의 근원이라는 뜻입니다. 그러나 이 최고의 법은 비밀스러운 것도 아니고 신묘한 것도 아닙니다. 이처럼 최고의 예찬이 주어졌다고 해서 근본법이 결코 특별한 법은 아닙니다. 근본법은 네 가지인데 마음, 마음의 작용, 물질, 열반입니다. 근본법은 인간의 정신과 물질을 의미하며 여기에 열반이 포함되어 있습니다. 진리에 남이 모르는 법은 없습니다. 누구나 가지고 있는 몸과 마음이 바로 진리를 아는 근본 바탕입니다.

근본법은 네 가지인데 이 중에 세 가지인 마음, 마음의 작용, 물질은 오온(五蘊)을 말합니다. 오온은 몸과 마음의 다섯 가지 무더기를 뜻합니다. 세 가지 중에서 마음은 아는 마음으로 오온의 식(識)입니다. 마음의 작용은 마음과 함께 일어나는 오온의 수(受), 상(想), 행(行)입니다. 물질은 몸을 말하는 오온의 색(色)입니다. 이상 세 가지는 일어나고 사라지는 유위법(有爲法)이란 특성이 있습니다. 그리고 마지막 네 번째가 열반입니다. 열반은 탐욕, 성냄, 어리석음의 번뇌가 불타서 이르게 되는 정신적 상태입니다. 이 열반이 수행자의 마지막 목표입니다. 열반은 일어나고 사라지는 것이 끝난 무위법(無爲法)이라는 특성이 있습니다.

인간이 지향하는 최상의 길은 오직 인간을 구성하고 있는 정신과 물질을 탐구하는 것입니다. 정신과 물질의 실재를 알아차릴 때 궁극의 열반에 이르러 윤회가 끝나는 해탈의 자유를 얻습니다. 이것이 인간에게 최고의 가치입니다. 그래서 이런 최상의 용어가 붙여졌습니다. 이제 인간이 추구해야 할 진정한 가치가 무엇이며 이 가치의 진실을 알기 위해서 어떻게 해야 할지 알았습니다. 인간이 가진 최상의 가치는 바로 정신과 물질이며, 이 정신과 물질의 실재를 알아차리는 위빠사나 수행을 해서 열반에 이르는 것이 최종 목표입니다. 이것이 행복을 원하는 모든 사람들의 한결같은 과제입니다.

이제 더 분명하게 알게 되었습니다. 인간이 추구하는 정신세계의 기본도(基本道)인 12연기가 오직 인간의 정신과 물질에 대한 것이고, 그래서 위빠사나 수행자가 알아차려야 할 대상도 정신과 물질이라는 것이 밝혀졌습니다. 정신과 물질을 가지고 사는 사람이 지혜를 얻고자 한다면 바로 정신과 물질을 통해서 얻어야 합니다. 이러한 정신과 물질의 법은 항상 와서 보라고 실재의 법을 드러내 보이고 있습니다. 이제 누구나 지금 여기에 드러나 있는 실재를 알아차려서 열반을 성취하도록 해야 하겠습니다.

이러한 실재는 인류역사가 생긴 이래 겁을 통하여 한 분씩 출현하는 역대의 붓다에 의해 똑같이 밝혀졌습니다. 그리고 세월이 흐르면서 실재의 법이 사라지고 다시 관념의 시대가 흐릅니다. 붓다는 2500년 전에 관념뿐인 세계에서 실재를 통하여 존재하는 것의 본질을 발견하셨습니다. 그리고 깨달음을 얻었습니다.

붓다의 가르침을 따르지 않는 정신세계에서는 20세기에 이르러서야 이러한 사상이 태동하기 시작했습니다. 이것이 니체, 카뮈, 사르트르 같은 분들에 의해 제기된 실존주의입니다. 그리고 이미 붓다에 의해 밝혀진 마음에 대한 분석이 프로이트에 의해 일부분이 밝혀졌습니다. 진리가 있어도 이토록 시간이 걸리고 또 만나기도 어려운 것입니다. 하지만 선한 인연이 있는 사람은 쉽게 만나서 받아들이고 이를 실천하여 행복을 얻습니다.

인간이 눈으로 볼 때는 물질의 세계가 있습니다. 귀로 들을 때는 소리의 세계가 있습니다. 코로 냄새를 맡을 때는 냄새의 세계가 있습니다. 혀로 맛볼 때는 맛의 세계가 있습니다. 피부로 접촉할 때는 접촉해서 대상을 경험하는 세계가 있습니다. 이때 대상의 모양이나 관념을 보지 않고 대상이 가지고 있는 실재를 보는 것이 근본법의 세계입니다.

여섯 가지 감각기관이 여섯 가지 감각대상과 부딪쳐서 여섯 가지 아는 마음이 있는 것은 모두 실재이지만 이 실재가 계속해서 지속되는 것은 아닙니다. 육근이 육경에 부딪쳐서 육식을 하는 것도 일어난 순간 사라집니다. 눈으로 볼 때 보이는 세계는 일어난 순간 사라지고 새로운 마음이 일어나서 보게 됩니다. 그리고 그 새로운 마음도 일어난 순간 사라집니다.

이때 보이는 대상이나 보는 마음은 계속되지 않고 순간에 일어나서 순간에 사라지는 현상만 있습니다. 이러한 조건들은 모두 무상한 것입니다. 그리고 이러한 조건들에 자아는 없습니다. 이렇게 실재를 통하여 최종적인 법을 보는 것이 근본법입니다. 이렇게 알 때가 일의 이치가 마지막에 이르러서 얻을 수 있는 실재입니다. 이것을 고귀한 진리라고 하고 궁극적 진리라고 합니다. 왜냐하면 이러한 진리를 앎으로써 모든 욕망이 사라지고 집착이 끊어져서 다시 태어나는 갈애가 소멸되기 때문입니다.

이것이 진리를 아는 것의 마지막 결과입니다. 만약 진리를 바르게 알지 못했다면 갈애가 끊어지지 않을 것입니다. 그래서 진리의 최종적 결과는 갈애가 끊어져 윤회가 끝나는 것입니다. 이것이 괴로움이 되풀이되지 않는 최상의 선택입니다.

대상의 실재를 알아 마지막의 근본법에 이른 수행자는 지혜가 난 성자입니다. 그러나 근본법을 모르면 무지한 범부입니다. 범부는 오랫동안 잘못된 견해로 인해 괴로움을 겪습니다. 바로 무상하다는 것을 모르기 때문에 괴로움을 겪고, 불만족이 있다는 것을 모르기 때문에 괴로움을 겪고, 무아를 모르기 때문에 괴로움을 겪습니다. 그러나 성자는 무상, 고, 무아의 법을 발견하여 괴로움에서 벗어납니다.

우리는 겉으로 드러난 이 세상의 이치를 보고 무상, 고, 무아의 진리를 알 수도 있습니다. 그리고 자신의 몸과 마음을 통찰해서 무상, 고, 무아의 진리를 알 수도 있습니다. 이렇게 아는 두 가지는 진리를 아는 것에서는 같으나 사물의 참된 성품을 파악하여 깨달음을 얻는 데는 분명하게 다릅니다. 이 세상에 드러난 것을 보고 무상을 알 수도 있겠지만 이때 내가 본다는 자아를 가지고 보기 때문에 대상의 참 성품을 보지 못하고 개념에 머물고 맙니다. 자신의 몸과 마음을 통찰할 때만이 내가 본다는 견해로 보지 않아서 바르게 봅니다. 이렇게 해서 내 몸이 아니고 내 마음이 아니라고 아는 지혜가 나야 비로소 괴로움을 끊을 수 있습니다. 이 수행을 위빠사나라고 합니다.

실재는 위빠사나 수행의 대상입니다. 실재는 몸과 마음으로 경험하는 느낌입니다. 사마타 수행은 고요함을 얻어 번뇌를 억누르지만 위빠사나 수행은 통찰지혜를 얻어 번뇌를 말립니다. 억누른 번뇌는 잠재해 있지만 말린 번뇌는 다시 일어날 종자가 사라져 소멸됩니다. 사마타 수행과 위빠사나 수행은 모두 알아차림을 하지만 대상에 마음을 집중하는 방법에 따라 나뉩니다. 사마타 수행은 근본집중이지만 위빠사나 수행은 찰나집중을 해서 대상을 분리해서 알아차립니다. 이렇게 위빠사나 수행으로 알아차릴 때라야 궁극의 열반에 이를 수 있습니다.

위빠사나 수행의 대상은 몸, 느낌, 마음, 법입니다. 위빠사나 수행은 대상의 모양을 알아차리지 않고 실재하는 느낌을 알아차립니다. 그래야 대상과 하나가 되지 않고 분리해서 알아차릴 수 있습니다. 느낌은 매순간 변하기 때문에 변하지 않는 관념과 달라서 대상과 하나가 될 수 없습니다. 바로 이러한 알아차림이 찰나집중을 가져옵니다. 그래서 대상이 가지고 있는 성품을 발견합니다.

호흡을 알아차릴 때도 표상으로 알아차리지 않고 코에서는 들어갈 때의 차가움과 나올 때의 따뜻함을 알아차립니다. 배나 가슴에서 일어나는 호흡은 부풀고 꺼지는 바람의 요소를 알아차립니다. 호흡의 모양을 알아차리거나 명칭을 붙이는 것은 관념입니다. 그러나 부풀고 꺼지는 느낌을 알아차리는 것은 실재입니다.

발의 움직임을 알아차릴 때도 모양을 알아차리지 않고 발을 들려는 의도를 알아차리고 발의 가벼움과 무거움을 알아차립니다. 서 있을 때는 바닥의 단단함이나 부드러움이나 차가움이나 따뜻함을 알아차립니다. 이때 발의 모양은 관념이고 이러한 느낌은 실재입니다.

통증을 알아차릴 때도 마찬가지입니다. 통증은 관념입니다. 통증의 실재가 마음에서는 싫어하고 괴로워하는 마음입니다. 통증의 실재가 몸에서는 찌르고, 당기고, 욱신거리고, 화끈거리는 느낌입니다. 이때 이런 현상을 통증이라고 알면 괴롭습니다. 그러나 통증이 가지고 있는 실재하는 성품인 찌르고, 화끈거리는 것을 알아차리면 이런 아픔은 견딜 만합니다. 이처럼 몸과 마음에 있는 실재하는 현상을 통해서만이 무상, 고, 무아의 법을 알 수 있습니다.

위빠사나 수행은 대상에 개입하여 대상을 바꾸려고 알아차리지 않습니다. 대상을 있는 그대로 알아차려서 대상이 가지고 있는 성품을 알기 위해서 하는 수행입니다. 이렇게 할 때만이 지혜가 나서 괴로움뿐인 고해의 바다를 건너 피안으로 갈 수 있습니다. 개입한다고 해서 해결할 수 있다면 얼마든지 개입해야 하겠지요. 그러나 모든 것은 원인과 결과로 진행되기 때문에 개입을 한다고 해서 결코 해결되지 않습니다. 그래서 대상이 가지고 있는 성품을 아는 지혜만이 문제의 본질을 알아 번뇌를 해결할 수 있습니다.

5. 세간의 법 팔풍(八風)

세간은 관념의 세계입니다. 세간에는 세간의 법이 있습니다. 세간은 인간이 살아가는 하나의 질서가 있는 세계입니다. 이것을 세간법이라고 합니다. 세간의 법에는 팔풍(八風)이 있습니다. 팔풍은 세간의 여덟 가지 조건들입니다. 이러한 세간의 법을 바르게 닦아야 출세간의 법으로 가는 길이 열립니다.

세간의 여덟 가지 법은 이익과 손실, 명예와 불명예, 칭찬과 비난, 행복과 불행입니다. 세간에서는 이 여덟 가지 조건들이 바람처럼 왔다 갔다 합니다. 이 조건들은 마치 시계추처럼 이쪽저쪽으로 끊임없이 왕복을 합니다. 이것이 세간을 사는 사람들의 법입니다. 세간의 여덟 가지 경계에서 흔들림 없이 알아차릴 때만이 세간의 행복을 누릴 수 있습니다.

이 세상을 긍정적으로 보는 낙천주의자에게는 세상이 아름답게 보입니다. 이 세상을 부정적으로 보는 염세주의자에게는 세상이 고통스럽게 보입니다. 하지만 이 세상을 아름답지도 괴롭지도 않게 보는 중도적인 사람에게는 이 세상이 즐겁지도 괴롭지도 않게 보입니다. 이것이 좌우로 흔들리지 않는 삶을 사는 방법입니다. 인간이 세간을 살면서 어떤 시각을 갖느냐 하는 것은 오직 자신의 선택에 달려 있습니다. 세간에서도 중도적인 견해를 가져야 불행하지 않고 행복하게 삽니다.

1) 이익과 손실

이익에는 언제나 손실이 따릅니다. 그러므로 영원한 이익은 없습니다. 이익을 얻게 되면 항상 더 많은 이익을 얻기 위한 욕망이 생깁니다. 그러면 사물을 바르게 보는 판단력이 흐려져 오히려 손실을 입게 됩니다. 또 이익을 얻으면 자기만족에 빠져 노력을 하지 않게 되어 손실을 입게 됩니다. 그래서 이익을 얻었을 때도 알아차려야 합니다.

손실은 손실만으로 그치지 않습니다. 그러므로 영원한 손실은 없습니다. 손실로 그치지 않기 위해서 더 노력해야 합니다. 그래야 손실이 이익을 위한 전단계가 될 수 있습니다. 손실을 입으면 현실을 보는 바른 시각이 생길 수 있습니다. 그래서 손실을 통해서 오히려 지혜를 얻을 수 있습니다.

이익을 얻었을 때 자만하지 말고 손실을 입었을 때 괴로워하지 말고 지혜를 얻어야 합니다. 이익과 손실은 양면의 요소를 가지고 있으므로 항상 알아차려야 합니다. 이익과 손실이 나의 것이 아니라고 알 때 세간의 법에서 출세간의 법으로 갈 수 있습니다. 이익과 손실은 그 순간의 마음이 경험한 것이지 나의 소유가 아닙니다.

2) 명예와 불명예

누구나 명예를 원합니다. 그러나 명예는 그냥 얻는 것이 아닙니다. 명예를 얻을만한 바른 노력을 했을 때 명예가 따릅니다. 하지만 명예는 언제나 불명예가 따르기 마련입니다. 그러므로 영원한 명예는 없습니다. 명예를 얻게 되면 항상 더 많은 명예를 얻기 위한 욕망이 생깁니다. 그러면 사물을 바르게 보는 판단력이 흐려져 오히려 불명예를 당합니다. 또 명예를 얻으면 자기만족에 빠져 노력을 하지 않게 되어 불명예를 당합니다. 그래서 명예를 얻었을 때도 알아차려야 합니다.

불명예는 누구도 원하지 않습니다. 그러나 불명예는 자기가 한 행위대로 따라 오기 마련입니다. 불명예는 불명예만으로 그치지 않습니다. 그러므로 영원한 불명예는 없습니다. 불명예가 불명예로 그치지 않도록 노력해야 합니다. 그래야 불명예가 명예를 위한 전단계가 될 수 있습니다. 불명예를 당하면 현실을 보는 바른 시각이 생깁니다. 그래서 불명예를 통해서 오히려 지혜를 얻습니다.

명예를 얻었을 때 자만하지 말고 불명예를 얻었을 때 괴로워하지 말고 지혜를 얻어야 합니다. 명예와 불명예는 양면의 요소를 가지고 있으므로 항상 알아차려야 합니다. 명예와 불명예가 나의 것이 아니라고 알 때 세간의 법에서 출세간의 법으로 갈 수 있습니다. 명예와 불명예는 그 순간의 마음이 경험한 것이지 나의 소유가 아닙니다.

3) 칭찬과 비난

칭찬과 비난은 인간에게 중요한 영향을 미치는 세간의 법입니다. 칭찬을 들었을 때 기분이 좋은 것은 당연한 일입니다. 그러나 칭찬에 취하면 교만해집니다. 지혜가 있는 사람은 칭찬을 들었을 때 의기양양하지 않습니다. 칭찬에는 아첨이 있기 마련이므로 이럴 때는 칭찬에 취하지 말고 알아차려야 합니다. 진실한 칭찬에서는 힘을 얻어 자신을 향상시킬 수 있지만 가식적인 칭찬에 속으면 자신을 퇴보시킵니다. 진실한 칭찬이면 알아차려서 더욱 겸허하게 받아들여야 합니다. 아첨이 섞인 칭찬이면 알아차려서 단지 소리로 들어야 합니다.

비난을 받았을 때 기분이 나쁜 것은 당연한 일입니다. 그러나 비난을 있는 그대로 수용하면 자신을 성찰하는 계기가 되어 오히려 발전할 수 있습니다. 그래서 비난을 오히려 자기를 향상시키는 계기로 삼아야 합니다. 그러므로 비난을 받았을 때 알아차려서 괴로워하지 말아야 합니다. 진실한 비난은 겸손하게 받아들여야 합니다. 상대의 무지로 인한 비난은 단지 소리로 들어야 합니다. 남이 나를 비난할 때 깨진 종처럼 반응하지 않으면 이미 성자에 가까워진 사람입니다.

칭찬을 들었을 때 자만하지 말고 비난을 들었을 때 괴로워하지 말고 지혜를 얻어야 합니다. 칭찬으로부터 자유로우면 비난으로부터도 자유롭습니다. 칭찬과 비난은 양면의 요소를 가지고 있으므로 항상 알아차려야 합니다. 칭찬과 비난이 나의 것이 아니라고 알 때 세간의 법에서 출세간의 법으로 갈 수 있습니다. 칭찬과 비난은 그 순간의 마음이 경험한 것이지 나의 소유가 아닙니다.

4) 행복과 불행

행복과 불행은 자신의 마음이 만듭니다. 행복과 불행은 자신의 감각기관을 통해서 생긴 느낌입니다. 이 느낌을 자신이 어떻게 받아들이느냐에 따라 행복과 불행이 결정됩니다. 느낌은 매순간 일어나고 사라지므로 행복과 불행도 조건에 따라 매순간 일어나고 사라집니다. 그러므로 행복과 불행은 영원한 것이 아닙니다. 행복을 알아차리지 못하면 한 순간에 불행이 될 수도 있습니다. 불행을 알아차리면 한 순간에 행복이 될 수도 있습니다.

행복은 자신이 바라던 것을 성취했을 때 오는 만족입니다. 하지만 인간은 바라는 것이 성취되었다고 해서 적당히 멈추지 않습니다. 더 많은 것을 바라는 욕망을 가지고 살기 때문입니다. 그러므로 행복이 오히려 불행을 일으키는 원인이 될 수도 있습니다.

세간에는 네 가지의 행복이 있습니다. 누구나 네 가지 행복을 갖는 것에 감사해야 합니다. 첫째는 소유의 행복입니다. 건강, 재산, 장수, 지위 등을 소유한 행복입니다. 둘째는 이렇게 얻은 것을 누리는 행복입니다. 어리석으면 얻고도 누리지 못합니다. 셋째는 빚에 쪼들리지 않는 행복입니다. 빚이 있으면 감옥에 갇혀 있는 노예와 같습니다. 넷째는 비난을 받지 않는 행복입니다. 행실을 바르게 해서 자신이나 남에게 유익한 일을 해야 비난으로부터 자유롭습니다.

불행은 누구도 원하지 않습니다. 그러나 과거로부터 상속되어 내려온 어리석음과 욕망으로 인해서 불가피하게 불행을 겪어야 합니다. 불행의 시작은 행복을 바라는 과도한 마음 때문입니다. 앞서 밝힌 네 가지 행복이 충족되지 못해서 불행한 것입니다. 그래서 행복과 불행은 항상 함께 있으면서 조건에 따라 나타날 때를 기다리고 있습니다.

행복과 불행은 한 순간에 일어나서 사라지는 느낌입니다. 이러한 행복과 불행은 나의 느낌이 아니고 감각기관이 느끼는 것일 뿐입니다. 이것을 관념으로 보면 나의 느낌이지만 실재하는 현상으로 보면 단지 순간의 마음이 경험하는 느낌일 뿐입니다. 느낌은 매순간 변하기 때문에 무상하고 괴로움입니다. 이런 행복과 불행이 자기 의지대로 되지 않기 때문에 무아입니다. 그래서 행복과 불행을 있는 그대로 보면 모두 법입니다. 감각기관을 통해서 들어오는 행복한 느낌과 불행한 느낌을 알아차리면 단지 느낌이고 알아차리지 못하면 나의 느낌이 됩니다. 나의 느낌이 아닌 것을 나의 느낌으로 알거나, 한 순간의 느낌을 계속되는 느낌으로 알면 느낌의 노예가 되어 불행에서 벗어날 수 없습니다.

행복할 때 자만하지 말고 불행할 때 괴로워하지 말고 지혜를 얻어야 합니다. 행복할 때 자유로우면 불행할 때도 자유롭습니다. 행복과 비난은 양면의 요소를 가지고 있으므로 항상 알아차려야 합니다. 행복과 불행이 나의 것이 아니라고 알 때 세간의 법에서 출세간의 법으로 갈 수 있습니다. 행복과 불행은 그 순간의 마음이 경험한 것이지 나의 소유가 아닙니다.

6. 출세간의 법 팔정도(八正道)

출세간은 실재의 세계입니다. 출세간에는 출세간의 법이 있습니다. 출세간은 인간이 윤회하는 연기의 사슬에서 벗어나는 질서가 있는 세계입니다. 이것을 출세간의 법이라고 합니다. 출세간의 법에는 팔정도가 있습니다. 팔정도는 여덟 가지 바르게 살아가는 조건들입니다. 이러한 출세간의 조건들에 의해서만이 해탈의 자유를 얻을 수 있습니다.

팔정도는 고집멸도 사성제 중에서 도성제에 해당하며 이것이 깨달음으로 가는 길입니다. 이러한 도성제에 의해 열반에 이르는 멸성제를 완성할 수 있습니다. 지고의 행복인 열반에 이르는 길은 오직 이 길 하나입니다. 팔정도는 지성을 나약하게 하거나 도덕적 품성을 퇴보시키는 양극단에서 벗어나게 하여 깨달음에 이르게 합니다. 이 길을 중도라고 하며 계정혜(戒定慧)라고도 합니다. 팔정도를 실천하는 방법이 위빠사나 수행입니다.

팔정도는 정견(正見), 정사유(正思惟), 정어(正語), 정업(正業), 정명(正命), 정정진(正精進), 정념(正念), 정정(正定)입니다. 이상의 팔정도를 계정혜라고 하는데 계율을 지키는 계에는 정어, 정업, 정명이 있습니다. 고요한 마음의 집중을 뜻하는 정에는 정정진. 정념, 정정이 있습니다. 지혜를 뜻하는 혜에는 정견, 정사유가 있습니다.

팔정도의 정(正)을 빨리어로 삼마(samma)라고 하는데 바르다는 뜻과 함께 적절하게, 정확하게, 철저하게라는 뜻이 있습니다. 하지만 더 분명하게 말하면 '위빠사나 수행의 알아차림이 있는'이라는 뜻을 가지고 있습니다. 바른 것은 알아차림이 있을 때 분명하게 확립될 수 있습니다. 이처럼 팔정도는 위빠사나 수행의 알아차림으로 시작할 뿐만 아니라 여덟 가지가 모두 위빠사나 수행의 알아차릴 대상이라서 팔정도를 위빠사나 수행이라고 합니다.

1) 정견(正見)

정견은 바른 견해입니다. 바른 견해는 지혜를 말합니다. 바른 견해는 고집멸도 사성제를 바르게 아는 것입니다, 인간이 정신과 물질을 있는 그대로 알아차리면 괴로움이 있다는 진리와, 괴로움의 원인은 집착이라는 진리와, 괴로움은 소멸될 수 있다는 진리와, 괴로움의 소멸에 이르는 길이 팔정도라는 것을 압니다. 이것이 최고의 지혜입니다. 정견은 팔정도를 이끄는 가장 수승한 덕목입니다.

2) 정사유(正思惟)

정사유는 바른 사유를 뜻하지만 빨리어의 정확한 뜻은 바른 의지 또는 결심을 말합니다. 바른 의지는 지혜로써 잘못된 관념을 제거하게 합니다. 그래서 지혜에 속합니다. 정사유의 또 다른 의미는 바른 대상에 마음을 기울이는 행위입니다.

정사유는 세 개의 범주로 구분하는데 이욕, 무진, 무해입니다. 이욕(離慾)은 세속적 즐거움을 포기하는 것으로 이기심을 버리고 이타심을 갖는 결심입니다. 무진(無瞋)은 미움과 성냄을 버리고 자애를 갖는 결심입니다. 무해(無害)는 잔인함을 버리고 동정심을 갖거나 해를 끼치지 않으려는 마음을 갖는 결심입니다. 이상의 정견, 정사유 두 가지는 팔정도의 계정혜 중에서 혜(慧)에 속합니다. 지혜는 어리석음을 끊는 역할을 합니다.

3) 정어(正語)

정어는 바른 말입니다. 정어는 앞서서 이끄는 정견과 정사유에 의해 일어나는 행위입니다. 정어는 거짓말, 비방, 거친 말, 경솔한 말을 삼가는 것입니다. 삼가는 것은 절제하는 것으로 계율을 뜻하는 말입니다.

4) 정업(正業)

정업은 바른 행위입니다. 정업은 살생을 삼가는 것과, 주지 않는 것을 갖지 않는 것과, 삿된 음행을 삼가는 것입니다. 주지 않는 것을 갖지 않는 것은 남의 물건을 훔치지 않는 행위를 말합니다. 삿된 음행을 삼가는 것은 부적절한 남녀관계를 하지 않는 것을 말합니다.

5) 정명(正命)

정명은 바른 직업입니다. 정명은 바른 생계수단을 갖는 것으로 무기, 인간, 고기, 짐승도살, 알코올 및 유독물질 거래를 삼가는 것입니다. 이상의 정어, 정업, 정명 세 가지는 팔정도의 계정혜 중에서 계(戒)에 속합니다. 계율은 절제를 의미하는 것으로 막아서 보호하는 역할을 합니다.

6) 정정진(正精進)

정정진은 바른 노력입니다. 정정진은 일어나지 않은 악한 마음이 일어나지 않도록 노력하고, 일어난 악한 마음을 사라지게 노력하는 것입니다. 그리고 일어나지 않은 선한 마음은 일어나도록 노력하고, 일어난 선한 마음은 더욱 커지도록 노력하는 것입니다.

7) 정념(正念)

정념은 바른 알아차림입니다. 바른 알아차림은 몸, 느낌, 마음, 법을 대상으로 알아차리는 것을 말합니다. 이것이 위빠사나 수행의 대상인 사념처입니다. 팔정도가 위빠사나 수행이므로 바르게 알아차릴 대상도 역시 위빠사나 수행의 네 가지 대상입니다.

8) 정정(正定)

정정은 바른 집중입니다. 바른 집중은 마음을 하나로 모아서 대상을 지속적으로 알아차리는 것을 말합니다. 집중에는 근접집중, 근본집중, 찰나집중이란 세 가지가 있습니다. 집중은 알아차림의 지속으로 이루어집니다. 집중은 고요한 마음으로 대상에 오래 머무는 것을 말합니다. 노력과 알아차림이 지속되면 집중이 되고, 집중이 되면 대상을 있는 그대로 보게 되어 지혜가 열립니다.

이상의 정정진, 정념, 정정 세 가지는 팔정도의 계정혜 중에서 정(定)에 속합니다. 정(定) 중에서 찰나집중은 지혜를 얻게 하는 중요한 덕목입니다. 이상이 깨달음으로 가는 출세간의 여덟 가지 바른 조건입니다.

제6장

●

위빠사나 수행(vipassanā bhāvanā)

1. 위빠사나 수행은 팔정도(八正道)다

인간이 이 세상에 태어나 한 일생을 사는 동안 크고 작은 많은 어려움이 있고 많은 즐거움도 있습니다. 하지만 분명한 사실은 태어난 이상 죽어야 한다는 것입니다. 누구도 이러한 죽음으로부터 자유로울 수 없습니다. 바로 이것이 괴로움이며 두려움입니다. 그나마도 인간이 사는 세상은 천상의 시간에 비해 매우 짧습니다. 인간세상의 1년이 천상의 1시간 30분에 지나지 않습니다. 이렇게 짧은 인생이 때로는 길게 느껴지는 것은 괴로움이 있기 때문입니다. 그래서 많은 현자들은 죽음에서 벗어나는 구도의 길을 찾았습니다. 그러나 이 길을 발견하기란 그렇게 쉽지 않습니다. 오직 최고의 바라밀 공덕을 쌓은 사람만이 이 길을 찾아내어 모든 괴로움으로부터 벗어납니다. 바로 이 길이 죽음이 없는 길입니다. 죽음이 없는 길이란 바로 다시 태어나지 않는 것입니다. 우리 인류의 시대에는 고따마 붓다가 위빠사나 수행으로 이 길을 찾았습니다.

위빠사나 수행은 붓다께서 깨달음을 얻은 수행입니다. 지금부터 약 2500년 전에 고따마 싯달타는 몸과 마음을 통찰하는 위빠사나 수행으로 무상, 고, 무아를 발견하여 모든 집착을 여의었습니다. 그리하여 모든 번뇌에서 자유로워진 해탈에 이르러 붓다가 되셨습니다. 그리고 45년 동안 자신이 간 이 길을 우리에게 알려주어 자신과 똑같은 깨달음에 이르도록 했습니다. 이 수행은 특정한 종교인에게만 허용된 것이 아닙니다. 괴로움을 겪고 있는 모든 사람들에게 문이 열려 있습니다. 이것이 수행의 진정한 가치입니다. 여기서 주목해야 할 것은 붓다께서 우리들의 괴로움을 직접 해결해 주신 것이 아니라는 것입니다. 어떤 인간이나 자신의 문제는 오직 자신만이 해결할 수 있습니다. 그러므로 붓다께서도 인간이 가진 문제를 직접 해결해 줄 수 없습니다. 다만 자신이 경험한 가르침을 펴서 이 방법으로 스스로 깨달음에 이르도록 한 것입니다. 그래서 이것을 기도와는 다른 수행(修行)이라고 합니다.

위빠사나 수행의 목표는 오직 자신의 괴로움을 해결하기 위한 것입니다. 그러기 위해서는 먼저 괴로움이 있다는 사실을 자각해야 합니다. 괴로움을 겪는 것과 괴로움이 있다는 사실을 자각하는 것은 다릅니다. 괴로움이 있다는 사실을 자각하면 괴로움이 하나의 알아차릴 대상이 되어 객관화됩니다. 이렇게 되었을 때 괴로움의 원인이 무엇인지를 아는 지혜가 납니다. 괴로움의 원인이 무엇인지를 알아도 생각으로 알아서는 같은 괴로움을 되풀이해서 겪습니다. 괴로움의 원인은 위빠사나 수행의 지혜가 났을 때만이 완전하게 알 수 있습니다. 괴로움의 원인을 완전하게 알 때만이 괴로움을 단절시킬 수 있습니다.

인간에게 가장 시급한 것은 머리에 붙은 불과 가슴에 박힌 화살을 뽑는 일입니다. 우리들의 머리는 어리석음과 욕망으로 인한 온갖 생각으로 항상 불이 붙어 있습니다. 가슴은 이런 생각들로 인해 입은 무수한 상처로 고통을 겪고 있습니다. 인간에게 이것을 해결하는 것보다 더 중요한 일은 없습니다. 이와 같은 번뇌의 불을 끄고 번뇌의 화살을 뽑으려면 나타난 현상을 있는 그대로 알아차려야 합니다. 만약 이러한 번뇌를 없애려고 하다 잘못하면 더욱 거센 불길에 휩싸입니다. 그래서 이런 상황을 있는 그대로 알아차려야 합니다.

있는 그대로 알아차리는 것은 어떤 선입관도 없이 대상을 그냥 지켜보는 행위입니다. 만약 나타난 번뇌를 없애기 위해서 무엇인가에 매달려서 열중하면 일시적으로 번뇌를 억누르는 효과만 있습니다. 이것이 집중에 의한 고요함의 효과입니다. 그러나 이러한 집중은 문제를 해결하는 근본적인 방법이 되지 못합니다. 이런 수행 방법을 사마타 수행이라고 합니다. 그러나 나타난 문제를 있는 그대로 알아차리면 대상이 가지고 있는 성품이 드러나기 때문에 지혜를 얻게 됩니다. 인간에게 나타난 모든 번뇌는 바로 이 지혜로 해결할 수 있습니다. 이것이 위빠사나 수행입니다. 그러므로 수행자의 근기에 따라 사마타와 위빠사나의 수행의 적절한 선택이 필요합니다.

고따마 싯달타가 6년 동안 극단적인 고행을 한 뒤에 얻은 결과는 죽음에 이른 것이었습니다. 죽음에 이르러 죽음을 숙고한 결과 모든 것이 자신이 일으킨 원인과 결과라는 사실을 알았습니다. 이것이 인류사에 가장 위대한 발견 중의 하나인 연기법입니다. 열두 가지 연기의 요소는 모두 몸과 마음입니다. 그래서 몸과 마음을 통찰하는 위빠사나 수행이 발견되었습니다. 이때 고따마 싯달타는 감각적 욕망과 극단적 고행이 아닌 중도를 발견했습니다. 이 중도(中道)가 팔정도(八正道)며 위빠사나 수행입니다.

팔정도는 정견(正見), 정사유(正思惟), 정어(正語), 정업(正業), 정명(正命), 정정진(正精進), 정념(正念), 정정(正定)입니다. 이상의 여덟 가지 요소는 괴로움이 지속되고 있는 세간에서 괴로움이 소멸하는 출세간을 향해서 가는 법입니다. 팔정도를 계정혜(戒定慧)라고 하는데 계율과 집중과 지혜가 포함된 여덟 가지 바른 길이라는 뜻입니다.

팔정도를 위빠사나 수행이라고 하는 것은 다음과 같은 이유 때문입니다. 위빠사나 수행의 도의 항목[道支]은 다섯 가지로 정견, 정사유, 정정진, 정념, 정정입니다. 이와 같은 위빠사나 다섯 가지 도의 항목은 계정혜 중에서 계(戒)를 제외한 혜(慧)와 정(定)에 속하는 것들입니다. 그러나 위빠사나 다섯 가지 도의 항목 중에는 정념이라는 바른 알아차림이 포함되어 있기 때문에 계율에 속하는 정어, 정업, 정명이 자연스럽게 팔정도 안에 포함됩니다. 그래서 정념으로 인해 계가 포함되어서 위빠사나 수행을 팔정도라고 합니다.

정념(正念)은 바른 알아차림입니다. 바르게 알아차리는 것 자체가 선한 마음으로 계율을 지키는 행위입니다. 그래서 정념은 계율을 지키는 직접적인 행위이기 때문에 계율이라는 상징적인 의미를 가지고 있습니다. 또 정념은 신, 수, 심, 법, 사념처를 대상으로 알아차림을 확립하도록 정의되어 있습니다. 그런 뜻에서 위빠사나 수행 다섯 가지 도지에 정념으로 인해 계의 항목인 정어, 정업, 정명이 포함되어 자연스럽게 팔정도를 형성합니다. 이처럼 정념은 바른 알아차림으로 계(戒)를 대표하기도 하고 또 정념이 위빠사나 수행의 사념처를 대상으로 하기 때문에 정념 자체가 위빠사나 수행이라는 의미를 가지고 있습니다. 그래서 팔만사천법문을 하나로 줄이면 알아차림이라고 하는 이유도 여기에 있습니다. 깨달음에 이르기 위해서는 반드시 팔정도, 중도, 사념처, 위빠사나 수행, 알아차림이라는 요소들이 필요한데 이것들이 모두 하나의 범주에 속하는 동의어입니다.

팔정도를 위빠사나 수행이라고 하는 이유는 여러 가지가 있습니다. 팔정도의 여덟 가지의 정(正)이 빨리어로 삼마(sammā)인데 바르다, 철저하다, 정확하다는 뜻입니다. 하지만 이 정(正, sammā)은 위빠사나 수행의 '알아차림이 있는' 이라는 의미입니다. 이때의 알아차림이 양극단의 치우침이 없는 중도(中道)의 기능을 합니다. 위빠사나 수행의 알아차림은 양극단을 배제하고 있는 그대로 보는 것이기 때문에 중도입니다. 위빠사나 수행의 알아차림은 선한 행위로서 바르지 못한 것을 기억하지 않고 바른 것을 기억하여 항상 깨어 있도록 하는 역할을 합니다.

팔정도의 혜(慧) 중에서 정견과 정사유는 위빠사나 수행이 추구하는 궁극의 목표입니다. 사마타 수행이 고요함에 머무는 선정수행이라면 위빠사나 수행은 통찰지혜를 얻는 수행이기 때문에 정견과 정사유는 위빠사나 수행의 기본 덕목입니다. 정견은 알아차림이 있는 바른 견해로 원인과 결과를 아는 연기의 지혜와 사성제(四聖諦)를 아는 위빠사나 수행의 지혜입니다. 사성제의 도성제가 바로 팔정도며 위빠사나 수행입니다. 정사유는 항상 깨어서 바른 대상에 마음을 기울이도록 하는 위빠사나 수행의 지혜입니다. 그래서 팔정도의 정견과 정사유는 위빠사나 수행의 지혜에 속합니다.

팔정도의 계(戒) 중에서 정어, 정업, 정명은 위빠사나 수행의 알아차림이 있어야 지킬 수 있는 계율입니다. 위빠사나 수행은 처음부터 수행자에게 계율을 지킬 것을 강력하게 요구하지 않습니다. 오직 대상을 있는 그대로 알아차리는 위빠사나 수행으로 계율을 지키는 행위를 하도록 합니다. 대상을 있는 그대로 알아차리면 탐욕과 성냄과 어리석음 없이 보게 되므로 이것 자체가 계율을 지키는 행위입니다. 이렇게 알아차리면 처음부터 계율을 지키는 딱딱한 행위를 하지 않게 하여 수행을 부드럽게 접근하는 효과가 있습니다. 그러므로 바른 말, 바른 행위, 바른 직업은 위빠사나 수행의 알아차림으로 이룰 수 있는 청정한 절제입니다. 그래서 팔정도의 정어, 정업, 정명은 위빠사나 수행의 계율에 속합니다.

팔정도의 정(定) 중에서 정정진, 정념, 정정은 그것 자체가 위빠사나 수행의 요소입니다. 정정진은 위빠사나 수행의 바른 노력을 의미합니다. 위빠사나 수행의 바른 노력은 대상과 하나가 되는 노력이 아닌 대상을 분리해서 알아차리는 매우 중요한 노력입니다. 그리고 정념은 위빠사나 수행의 대상인 신, 수, 신, 법을 알아차리는 행위입니다. 정념이 위빠사나 수행의 대상인 몸, 느낌, 마음, 법을 알아차리는 것이므로 이것 자체가 위빠사나 수행입니다. 그리고 정정은 위빠사나 수행의 찰나집중을 뜻합니다. 반드시 찰나집중을 통해서만이 지혜를 얻기 때문에 이것 자체가 위빠사나 수행이라고 볼 수 있습니다. 이상의 계정혜가 모두 위빠사나 수행을 뜻합니다. 그래서 정정진, 정념, 정정은 위빠사나 수행의 집중에 속합니다.

그래서 이상과 같은 출세간의 깨달음을 얻는 팔정도를 위빠사나 수행이라고 합니다. 고따마 싯달타가 위빠사나 수행을 통하여 깨달음에 이른 것은 위빠사나 수행이 팔정도며 이것이 중도이기 때문입니다. 그러므로 수행자들이 깨달음으로 가기 위해서는 대상을 분리해서 알아차리는 위빠사나 수행을 해야 하고 거기서 무상, 고, 무아의 법을 발견해야 합니다. 이런 지혜가 날 때만이 느낌에서 갈애를 일으키지 않으므로 다시 태어나는 윤회를 하지 않습니다. 붓다께서는 이것이 열반에 이르는 단 하나의 길이라고 선언하셨습니다. 그리고 모두 이 길로 오라고 일생 동안 설법하셨습니다.

우리가 가는 이 길이 이토록 분명하고 엄숙한 것임을 알아야 하겠습니다. 이 수행은 어느 특정한 종교인의 수행이 아니고 괴로움을 겪는 모든 사람들의 것입니다. 인간이 가진 괴로움을 해결하는 것이 특정한 종교인에게만 허용된다면 이는 진리가 아니며 결코 바른 법이라고 할 수 없습니다. 괴로움은 인류가 시작된 이래 지금까지 우리를 짓누르는 가장 심각한 일로 어제 오늘의 일이 아닙니다. 그러므로 괴로움은 인간의 영원한 과제입니다.

2. 위빠사나 수행은 사념처(思念處)다

　　팔정도를 실천하는 방법이 위빠사나 수행입니다. 특히 위빠사나 수행은 찰나삼매를 통하여 지혜를 얻는 수행입니다. 오직 지혜만이 모든 괴로움을 근본적으로 끊을 수 있습니다. 위빠사나 수행은 대상을 분리해서 알아차리는 수행입니다. 그리고 알아차릴 대상은 네 가지로 몸, 느낌, 마음, 법입니다. 이 네 가지 대상을 알아차리는 방법을 사념처(四念處)라고 합니다. 결국 사념처란 몸과 마음을 의미합니다. 그런데 이 몸과 마음을 알아차릴 때 느낌으로 알아차려야 하며 이 것을 대상으로 삼아야 한다는 뜻으로 네 가지로 나누었습니다. 우리가 몸과 마음을 가지고 살면서 생긴 문제는 역시 몸과 마음에서 답을 얻을 수밖에 없다는 사실이 분명해졌습니다. 그래서 몸과 마음의 실재를 아는 것이 궁극의 진리를 아는 것입니다. 이러한 몸과 마음을 알아차리는 방법이 위빠사나 수행입니다. 위빠사나 수행을 크게 나누면 좌선과 경행과 일상의 알아차림입니다. 위빠사나 수행은 특정한 시간에만 하는 수행이 아니고 아침부터 잠자리에 들 때까지의 모든 행위와 마음을 알아차리는 수행입니다. 이렇게 지속해서 알아차려야 집중이 되어 통찰지혜가 납니다.

　　수행은 수행자의 근기에 따라 어떤 수행은 잘되고 어떤 수행은 잘되지 않을 수 있습니다. 만약 좌선이 잘된다고 해서 좌선만 하면 바람직하지 않습니다. 또 경행이 잘된다고 해서 경행만 해서도 안 됩니다. 잘되건 되지 않건 균형 있게 할 때만이 수행이 발전합니다. 수행자가 자기에게 맞는 수행만을 골라서 한다면 결코 수행이 발전하지 못합니다. 수행자는 좋고 싫은 것을 구별하여 좋은 것만 선택해서는 안 됩니다. 모든 것이 와서 보라고 나타난 대상이므로 그냥 알아차리는 것이 수행자의 의무입니다.

수행은 잘하기 위해서 하는 것이 아닙니다. 단지 필요해서 해야 합니다. 수행을 잘하려고 하면 욕망으로 수행을 하는 것입니다. 수행이 잘 안 된다고 화를 내면 성냄으로 하는 것입니다. 이렇게 욕망과 성냄으로 하는 것이 어리석음으로 수행을 하는 것입니다. 그러므로 아무것도 바라지 않고, 아무것도 없애려고 하지 않고, 있는 그대로 알아차릴 때만이 대상이 가지고 있는 성품을 보는 지혜가 계발됩니다. 오직 이런 지혜에 의해서 번뇌를 끊을 수 있습니다.

위빠사나 수행은 대상을 분리해서 알아차립니다. 몸과 마음이라는 대상과 하나가 되지 않고 대상을 객관화해서 알아차립니다. 가령 호흡을 알아차릴 때 호흡이라는 대상과 그것을 아는 마음이란 두 가지 조건으로 아는 것을 말합니다. 이렇게 대상과 하나가 되지 않고 분리해서 알아차리는 방법은 정신세계의 새로운 장을 여는 출발입니다. 이것이 바로 통찰지혜를 얻는 방법입니다. 이러한 방법이 붓다에 의해 처음으로 시도되어서 사물의 이치를 완전하게 깨달은 것입니다.

우리가 시작하는 이 수행도 전에 해보지 않은 새로운 길이므로 단단한 각오로 임해야만 이 길을 갈 수 있습니다. 그러므로 자신이 가지고 있는 기존의 시각으로 보아서는 안 됩니다. 법을 얻기 위해서는 법의 시각으로 보아야 법이 보입니다. 만약 자기 견해를 바꾸려 하지 않는다면 아무리 노력해도 궁극의 길에 이를 수 없습니다. 그래서 깨달음의 세계에서는 완두콩알 만한 유신견이 있어도 결코 열반에 이를 수가 없다고 말합니다. 이 유신견이 바로 내가 있다는 견해입니다.

우리가 몸과 마음을 가지고 살면서 몸의 영역과 마음의 영역을 분명하게 분리해서 살아본 적은 많지 않습니다. 이렇게 대상과 아는 마음을 분리해서 볼 때만이 지혜가 납니다. 위빠사나 수행은 지혜를 얻기 위한 수행이므로 대상과 하나가 되는 선정의 고요함을 목표로 하지 않습니다. 물론 위빠사나 수행의 찰나 집중에서도 고요함이 있습니다. 그러나 이때의 고요함은 더 높은 단계의 지혜를 얻기 위한 하나의 과정이지 이것이 수행의 목표는 아닙니다.

대상을 분리해서 알아차리면 대상을 있는 그대로 봅니다. 대상을 있는 그대로 보려면 대상에 휩쓸리지 않아야 합니다. 대상에 휩쓸리지 않으려면 내가 본다는 선입관 없이 보아야 하기 때문에 먼저 자신의 몸과 마음을 알아차려야 합니다. 마음이 자신의 내면이 아닌 밖으로 나가면 내가 본다는 선입관을 가지고 보기 때문에 있는 그대로의 실재를 보지 못합니다. 그래서 위빠사나 수행은 먼저 자신의 몸과 마음을 대상으로 알아차립니다. 그러나 항상 자신의 몸과 마음을 알아차려야만 하는 것은 아닙니다.

알아차림에는 순서가 있습니다. 먼저 자신의 몸과 마음을 알아차린 뒤에 밖에 있는 대상도 알아차립니다. 수행자가 자신의 몸과 마음을 알아차려서 생긴 통찰력으로 밖에 있는 대상을 알아차릴 때 대상에 덜 휩쓸립니다. 그렇지 않고 처음부터 밖에 있는 대상을 알아차리면 대상을 있는 그대로 알아차리지 않고 즉각 좋다거나 싫다고 반응하기 마련입니다. 이렇게 반응하면 이미 대상과 하나가 된 것입니다. 그러면 법을 보지 못합니다.

수행은 잘 안 되는 것입니다. 만약 수행이 잘 된다면 오히려 이상한 것입니다. 전혀 가보지 않은 정신세계를 가는 길은 결코 순탄할 수 없습니다. 잘 아는 길도 가기가 쉽지가 않은데 하물며 가보지 않은 길이 순탄할 수만은 없습니다. 그러므로 수행이 잘 안 되는 것이 정상이라고 알아야 합니다. 만약 수행이 잘 된다면 오히려 내가 최고라는 잘못된 아상(我相)이 생겨 수행이 퇴보합니다. 수행이 잘 안 되는 것을 받아들일 때 인내하는 마음이 생겨 질긴 아상이 조금씩 약화됩니다. 하지만 수행이 항상 잘 되지 않는 것은 아닙니다. 노력과 알아차림과 집중의 조건이 성숙되면 수행이 조금 잘 됩니다. 이때 더 높은 정신세계를 잠시 경험한 것입니다. 하지만 이 단계의 정신세계를 분명하게 다지는 동안 계속 수행이 안 되기 마련입니다. 이때 수행이 잘 안 되지만 의식은 차츰 고양되고 있으므로 조급하게 결과를 기대해서는 안 됩니다. 결과는 조건이 성숙되었을 때 자연스럽게 나타나는 것이지 내가 원한다고 해서 오는 것이 아닙니다.

위빠사나 수행의 첫 번째 지혜의 단계인 정신과 물질을 구별해서 보는 지혜는 지금까지 해보지 않은 새로운 정신적 시도입니다. 지금까지는 몸과 마음이 각각의 역할을 하는 것을 알지 못해서 하나로 묶여 있는 것처럼 생각했습니다. 그러나 이제 새로운 시각으로 몸과 마음을 분리해서 알아차려야 합니다. 이렇게 알아차리면 단계적 지혜가 성숙되어 다음 단계인 원인과 결과를 아는 연기의 지혜가 납니다. 그래서 모든 의문에서 벗어나 더 높은 지혜를 향해서 매진할 수 있습니다.

위빠사나 수행에서 정신적 영역과 물질적 영역을 따로 분리해서 알아차리는 것이 매우 중요한 의미를 갖습니다. 이렇게 알아차릴 때 대상의 좋고 싫음에서 벗어나 있는 그대로의 실재를 봅니다. 그러므로 수행의 대상은 좋은 것이나 싫은 것이 없이 모두 알아차릴 대상이어야 합니다. 이렇게 알아차릴 때만이 모든 사실에 대해서 객관성을 유지하고 지켜볼 수 있습니다.

위빠사나 수행을 하면서 나타나는 모든 현상은 알아차릴 대상입니다. 만약 나타난 현상을 대상으로 보지 못하면 알아차리지 못합니다. 알아차리지 못하면 수행이 아닙니다. 그러므로 항상 모든 것을 대상으로 알아차려야 합니다. 만약 몸에 특별한 통증이나 특이한 현상이 나타났을 때도 단지 대상으로 알아차려야 합니다. 이것이 무슨 병이 아닌가 하고 생각하면 알아차림을 놓친 것입니다. 그러면 엉뚱한 근심걱정이 생깁니다. 그러므로 수행을 하다 죽지 않는다는 확신을 가지고 출발해야 합니다. 몸이 아프면 병원에 가야 하겠지만 사소한 느낌도 병으로 오해하면 수행을 하지 못합니다. 몸과 마음에서 나타나는 모든 현상은 전에 경험하지 못한 하나의 느낌일 뿐입니다. 수행을 해서 집중력이 생기면 전에 경험하지 못한 많은 것을 경험하게 됩니다. 이미 있었던 것들이지만 그간에는 보는 힘이 없어서 놓친 것들입니다. 그래서 이것들이 모두 하나의 과정이라고 알아야 합니다. 그렇지 않으면 나타나는 대상마다 의심을 하게 되어 수행이 발전하기 어렵습니다. 그래서 수행하다 죽지 않는다는 믿음이 필요합니다.

선한 수행을 하려면 선하지 못한 마음이 자꾸 장애를 일으킵니다. 그간에 주인 행세를 하던 선하지 못한 마음이 고이 물러날 리가 없습니다. 그러므로 수행을 하려면 확신에 찬 믿음과 불굴의 노력이 필요합니다. 여기에 수행을 해서 생긴 지혜가 있으면 법이 앞에서 이끌게 되어 앞으로 나아갈 수 있습니다. 그러므로 법을 이끄는 지혜를 얻을 때까지 수행을 멈추지 말아야 합니다.

3. 위빠사나 수행의 세 가지 방법

1) 좌선

좌선은 앉아서 하는 수행입니다. 좌선은 집중력을 키우는 데 효과가 있습니다. 수행의 일차적 목표는 알아차림이고 다음에 알아차림을 지속시켜 집중력을 키우는 것입니다. 집중이 되어야 마음이 청정해져 불선심을 갖지 않을 뿐만 아니라 지혜가 계발됩니다. 지혜가 계발되어야 비로소 모든 번뇌를 여읠 수 있습니다.

지혜는 그냥 오지 않습니다. 자신이 가진 습성을 뛰어넘는 노력으로 대상을 계속해서 알아차릴 때만이 얻을 수 있습니다. 이때 수행 중에 나타난 장애를 억눌러서는 안 됩니다. 장애가 나타나면 장애를 대상으로 알아차려야 장애 너머에 있는 집중력이 생겨 지혜가 계발됩니다. 이런 과정을 실천하는 행위 중의 하나가 좌선입니다. 장애를 대상으로 알아차려 인내하면 인내한 만큼의 선한 과보를 받습니다. 절제와 인내만큼 훌륭한 과보를 가져오는 것은 없습니다. 이때 자신의 마음이 새롭게 길들여져서 고질적 잠재성향도 변화가 생길 수 있습니다.

좌선은 움직이지 않고 앉아서 몸과 마음을 알아차리는 수행입니다. 여기서 몸을 움직이지 않는다는 것은 정적인 것 같아도 매우 동적인 행위입니다. 움직이지 않는다는 것은 그만큼 절제된 행위를 요구하는 것이기 때문에 강력한 의지가 필요합니다. 좌선은 움직이지 않을 때 나타나는 여러 가지 현상을 없애려고 하는 수행이 아닙니다. 오히려 이런 현상이 나타났을 때 대상으로 알아차리기 위해서 하는 수행입니다. 몸을 움직이지 않으면 나타나는 현상이 있습니다. 이 현상은 손님으로 찾아온 것입니다. 이때 두드러진 손님은 통증, 졸음, 망상, 가려움, 괴로움, 하기 싫음, 후회 등입니다. 이러한 손님은 없애야할 대상이 아니고 오직 알아차려야 할 대상입니다.

나타날 만해서 나타난 대상은 모두 법입니다. 움직이지 않고 있으면 이런 현상이 당연히 나타나기 마련입니다. 그래서 좌선을 한다는 것은 이런 현상이 나타났을 때 자신이 어떻게 반응하는가를 알아차리는 것입니다. 만약 이런 현상이 나타났을 때 즉각 반응하여 좋아하거나 싫어하면 수행을 하지 않는 것입니다. 그러므로 수행은 나타난 대상이 무엇이거나 있는 그대로 알아차려야 합니다. 모든 현상은 손님이고 알아차려 할 법입니다. 어떤 손님이나 내치는 것은 온당하지 않습니다. 그렇다고 불청객을 환영할 것도 없습니다. 수행자는 단지 찾아올 만해서 온 손님을 대상으로 알아차리기만 하면 됩니다. 그러면 머물 것은 머물 것이며 머물지 않을 것은 떠날 것입니다. 수행자는 손님이 머물고 떠나는 것에 개입해서는 안 됩니다. 그것들은 원인에 의해서 생긴 결과이므로 어떤 조건을 성숙시키느냐에 따라 결과로 나타날 것입니다.

좌선을 할 때 마음이 몸을 알아차리는 것은 마음을 몸에 묶어두도록 하려는 일차적 의도가 있습니다. 이것은 마치 소를 말뚝에 묶어두고 멀리 달아나지 못하게 하는 것과 같습니다. 마음은 예나 지금이나 끊임없이 이것저것을 찾아서 방황하고 아무 소득도 없이 불필요한 시비를 합니다. 그래서 항상 고요하지가 못합니다. 고요하지 못하기 때문에 탐욕, 성냄, 어리석은 마음먹기 마련입니다. 이런 마음을 정화하기 위해 먼저 몸을 알아차려서 길들이려는 수행의 의도가 있습니다. 마음이 잠시라도 몸을 알아차리면 이때 마음이 청정해집니다. 마음이 청정해져야 비로소 바르게 일을 할 수 있습니다.

(1) 좌선을 할 때의 자세

• 방석을 한 번만 접어서 엉덩이가 닿는 부분을 약간 높이십시오. 방석을 너무 많이 접어서 높이면 허리에 무리가 가서 좋지 않습니다. 경험이 많은 수행자는 방석을 접지 않고 평평하게 앉아도 됩니다. 너무 폭신하고 두꺼운 방석은 좋지 않습니다. 적당한 두께의 방석이 필요합니다.

• 다리는 평좌를 하는 것이 좋습니다. 평좌는 두 다리를 포개지 않고 안과 밖으로 가지런히 놓는 자세입니다. 결가부좌나 반가부좌가 잘되는 수행자는 그렇게 해도 무방합니다.

• 몸이 경직되었을 때는 양 무릎이 바닥에 붙지 않고 떠 있게 됩니다. 그러면 가랑이에 통증이 생깁니다. 이런 때는 방석을 접어서 무릎이 떠 있는 다리를 받쳐서 다리의 무게를 분산시키는 것이 좋습니다.

• 손은 무릎 위에 편하게 올려놓으십시오. 두 손을 포개 놓는 것은 좋으나 엄지손가락을 세워서 맞대는 것은 바람직하지 않습니다. 이때 엄지손가락에 힘이 들어가기 때문에 삼가는 것이 좋습니다.

• 턱을 약간 아래로 숙이십시오. 턱을 위로 치켜세우면 뒷목과 어깨에 힘이 들어가 통증이 생깁니다.

• 눈은 지그시 감으십시오. 좌선 중에 눈을 감는 것은 눈으로 보지 않고 마음으로 알아차리기 때문입니다. 졸릴 때를 제외하고는 눈을 뜨지 마십시오.

• 입은 가볍게 다무십시오. 혀를 입천장에 붙여서는 안 됩니다. 혀는 자연스럽게 두십시오.

• 허리는 바르게 펴되 너무 곧게 펴려고 힘을 주지 마십시오. 허리가 지나치게 긴장하면 집중이 되지 않습니다. 좌선 중에 허리의 자세가 무너지면 알아차리면서 바르게 하십시오.

• 좌선 중에 자세가 흐트러지면 알아차리면서 천천히 자세를 바르게 하십시오.

• 견디기 어려운 통증일 때는 자세를 바꾸려는 의도를 알아차리고 천천히 자세를 바꾸십시오. 그러면 탐욕과 성냄으로 자세를 바꾸지 않습니다.

• 신체장애가 있을 때는 의자에 앉거나, 등을 벽에 기대거나, 발을 뻗고 앉아도 됩니다.

(2) 좌선을 시작할 때의 순서

• 몸의 긴장을 풀고 편안한 자세로 앉으십시오.

• 현재의 마음을 알아차리십시오. 항상 시작할 때 있는 마음을 알아차리는 것이 필요합니다. 마음이 일을 하므로 처음에 일하는 마음가짐을 확인하는 것이 좋습니다. 어떤 마음의 상태이건 그냥 있는 그대로 알아차리십시오. 마음은 비물질이라서 알아차린 뒤에 확인하기가 어렵습니다. 그러나 현재의 마음을 알아차리려고 했다면 나타난 결과에 상관없이 이미 알아차린 것입니다. 이때 바라는 마음으로 하는지, 싫어하는 마음으로 하는지를 살피는 것도 좋습니다. 어떤 마음이 느껴지건 느껴지지 않건 있는 그대로 알아차리십시오.

• 마음이 일을 시작합니다. 먼저 눈꺼풀이 닿아 있는 것을 느끼십시오. 30초 정도 마음을 눈꺼풀에 머물게 하고 느껴지는 느낌을 있는 그대로 알아차리십시오. 만약 따뜻한 느낌이 있으면 따뜻한 느낌을 느끼고, 미세한 진동이 있으면 진동을 느끼고, 무거움이 있으면 무거움을 느끼고, 빛이 있으면 빛을 느끼십시오. 어떤 느낌이나 하나의 느낌을 알아차리십시오. 이때 눈으로 보지 말고 마음으로 느끼십시오. 몸에 있는 느낌을 알아차릴 때는 특별한 느낌을 찾지 말고 그냥 닿아 있는 상태의 느낌을 알아차리십시오. 느낌과 아는 마음은 함께 있습니다. 만약 이런 느낌을 느끼기 어렵다면 눈꺼풀이 닿아 있는 것을 아는 것이 느끼는 것입니다.

• 입술이 닿아 있는 것을 느끼십시오. 약 30초 정도 마음을 입술에 머물게 하고 느껴지는 느낌을 있는 그대로 느끼십시오. 입술에는 약간의 얼얼함, 따뜻함, 무거움, 진동, 확장되는 느낌 등이 있습니다. 어떤 느낌이나 하나의 느낌을

알아차리십시오

• 손이 무릎에 닿아 있는 느낌을 느끼십시오 약 30초 정도 마음을 손에 머물게 하고 느껴지는 느낌을 있는 그대로 느끼십시오 손에는 무거움, 따뜻함, 진동, 화끈거리는 느낌 등이 있습니다. 어떤 느낌이나 하나의 느낌을 알아차리십시오

• 엉덩이가 바닥에 닿아 있는 느낌을 느끼십시오 약 30초 정도 마음을 엉덩이가 닿아 있는 부분에 머물게 하고 느껴지는 느낌을 있는 그대로 느끼십시오 엉덩이가 닿아 있는 느낌은 무거움, 단단함, 진동, 화끈거리는 느낌 등이 있습니다. 어떤 느낌이나 하나의 느낌을 알아차리십시오

• 앉아 있는 몸 전체를 크게 느끼십시오 지금까지는 몸의 한 부분인 눈꺼풀, 입술, 손, 엉덩이를 차례로 알아차렸지만 이제는 몸을 전체로 크게 느낍니다. 이때도 어떤 특별한 느낌을 찾지 말고 잠시 몸을 전체로 느낍니다. 그러면 얼마 지나지 않아서 몸의 어디엔가에서 일어나고 꺼지는 움직임을 느낄 수 있을 것입니다. 수행자는 몸을 부분적으로 알아차릴 필요가 있으며, 때로는 몸 전체를 알아차릴 필요도 있습니다.

• 몸에서 가장 두드러지게 일어나고 꺼지는 곳의 느낌을 알아차리십시오 이때 두드러진 움직임은 코, 가슴, 배에서 일어날 수 있습니다. 이것이 호흡이면서 풍대입니다. 이 중에 가장 잘 느껴지는 곳을 선택해서 알아차리십시오 알아차릴 때는 일어남, 꺼짐으로 알아차리십시오 일어남, 꺼짐을 알아차릴 때 인위적으로 만들지 마십시오 그냥 저 스스로 일어나고 꺼지는 움직임을 알아차려야 합니다. 이때 저절로 알아차려지지 않습니다. 마음을 일어남과 꺼짐에 머물게 하려는 노력이 필요합니다. 알아차리는 것으로 그치면 집중이 되지 않습니다. 그러므로 알아차림을 지속시켜야 합니다. 이러한 알아차림의 지속을 집중이라고 합니다.

이상이 좌선을 시작할 때의 알아차림입니다. 수행자가 처음부터 호흡을 알

아차리는 것도 수행 방법의 하나이지만 이렇게 단계적 과정을 설정해서 알아차리면 마음을 자연스럽게 대상에 기울일 수 있습니다. 그리고 처음부터 호흡을 알아차리려고 하면 의외로 긴장하게 되어 호흡이 나타나지 않을 수 있습니다. 하지만 이러한 과정을 거치면 몸, 느낌, 마음, 법을 알아차리는 사념처 수행을 모두 실천합니다.

좌선을 시작할 때 이처럼 순서대로 알아차리는 방법은 반드시 좌선을 시작할 때만 사용하는 방법이 아닙니다. 좌선 중에 마음이 대상에 머물지 않거나 마음이 집중이 되지 않을 때는 수행을 포기하지 말고 이런 방법으로 처음부터 새로 시작하십시오. 그러면 수행을 하는 마음가짐을 새롭게 하여 잘못된 수행을 중간에 수습하고 수행을 계속할 수 있습니다. 한 시간 좌선을 하는 중에 두세 번이고 새로 시작하는 수행을 할 수 있습니다. 그러면 새로운 마음가짐으로 장애가 일어난 수행을 수습할 수 있습니다.

(3) 좌선을 계속하면서 알아차림

• 좌선 중에 이따금씩 '지금 내 마음이 무엇을 하고 있는가?' 하고 알아차립니다. 만약 알아차리지 못하고 있을 때는 이런 사실을 알아차리고 다시 호흡을 알아차려야 합니다. 망상을 하고 있을 때는 망상하는 것을 알아차리고 다시 호흡을 알아차려야 합니다.

• '지금 내 마음이 무엇을 하고 있는가?' 하고 알아차렸을 때 호흡을 알아차리고 있었다면 호흡을 더 분명하게 알아차릴 수 있습니다. 이런 방법이 바로 마음을 알아차리는 수행 방법 중의 하나인 아는 마음을 알아차리는 것입니다. 이것은 알아차리고 있는 상태를 새로운 마음이 다시 알아차려서 대상을 더욱 분명하게 알아차리며 알아차림을 지속할 수 있어서 좋습니다.

• 좌선 중에 이따금씩 현재의 마음을 알아차린 뒤에 몸으로 와서 자세가 바른가, 바르지 않은가를 살펴보고 자세를 바르게 해야 합니다. 그리고 몸에 힘이

들어가 있지 않은가 살펴보고 긴장을 풀어야 합니다. 선하지 못한 마음을 가질 때는 몸이 긴장하고 선한 마음을 가질 때는 몸이 이완됩니다. 그러므로 항상 자세를 바르게 하고 몸의 긴장을 풀어야 합니다.

• 좌선을 할 때의 주 대상은 호흡입니다. 수행자가 호흡을 알아차릴 때 어느 특정한 장소에 한정하지 않고 가장 강하게 일어나고 꺼지는 위치에서 알아차립니다. 이렇게 알아차리는 이유는 의외로 호흡을 알아차리기가 어려울 수 있기 때문입니다. 이뿐만 아니라 호흡을 전면에서 알아차리기도 하기 때문에 호흡을 반드시 몸에서만 알아차려야 하는 것은 아닙니다. 그래서 호흡의 위치는 중요하지 않고 아는 마음을 갖는 것이 중요합니다.

• 위빠사나 수행의 궁극의 목표는 법을 보기 위한 수행이므로 호흡을 한자리에서 알아차려야 합니다. 그래야 무상의 법을 볼 수 있습니다. 그러므로 호흡을 알아차릴 때 코에서부터 배까지 따라 내려가면서 알아차려서는 안 됩니다. 하지만 만약 코의 호흡을 알아차리다 가슴, 배, 몸의 일부, 전면으로 옮겨가서 일어나고 꺼지는 느낌을 알아차리는 것은 무방합니다.

• 수행자가 처음에 호흡을 알아차릴 때는 강하게 일어나고 꺼지는 호흡을 알아차리는 것이 필요합니다. 하지만 집중력이 생기면 강하게 일어나는 호흡을 알아차리는 것보다 미세한 호흡을 알아차리는 것도 수행 방법의 하나입니다. 미세한 호흡을 알아차릴 때는 그만큼 더 노력과 알아차림과 집중력이 향상될 수 있습니다.

• 수행자가 몸을 알아차릴 때 반드시 호흡만을 알아차려야 하는 것은 아닙니다. 호흡은 주 대상입니다. 호흡이 아닌 다른 대상도 똑같이 알아차려야 합니다. 호흡은 몸에서 가장 알아차리기가 좋아서 주 대상으로 삼는 것 외에 특별한 뜻은 없습니다. 호흡을 알아차리다가 다른 느낌이나 망상이나 졸음이 나타났을 때는 즉시 이런 새로운 대상을 알아차려야 합니다. 그리고 이런 대상이 사라지면 다시 호흡을 알아차리면 좋습니다. 수행에서 호흡은 밥에 비유하고 다른 많은

대상을 반찬에 비유합니다. 밥과 반찬을 함께 먹어야 하는 것처럼 수행에서도 호흡과 다른 대상을 모두 똑같이 알아차려야 합니다. 이때 대상의 선택은 강한 것을 우선으로 선택해야 합니다. 밥과 반찬 그릇이 모두 비워진 것이 열반입니다. 나타난 대상을 계속 알아차리면 결국 대상은 소멸하고 맙니다. 이때까지 부단히 알아차려야 합니다.

● 호흡을 알아차릴 때는 반드시 '일어남' '꺼짐'으로 나누어서 알아차리는 것이 좋습니다. 그리고 호흡의 길고 짧음, 강하고 약함, 부드러움과 단단함, 밀고 당김, 수축하고 팽창함, 부풀었다가 줄어들음 등을 느끼는 것이 좋습니다. 호흡은 바람의 요소이므로 바람이 불었다가 빠지는 느낌을 느끼는 것이 호흡의 실재를 보는 것입니다. 코에서는 들어갈 때 차갑고 나올 때 뜨거움이 있습니다. 이렇게 호흡이 가진 각각의 변화를 보는 것이 필요합니다. 왜냐하면 이런 변화를 알아차려야 매번 같은 호흡이 아니라는 생각을 가져 싫증을 느끼지 않습니다. 수행자가 매번 다른 변화를 발견하면 매우 흥미를 느껴 더욱 호흡에 집중할 수 있습니다.

● 망상이 일어났을 때는 먼저 망상이 일어난 것을 알아차린 뒤에 망상하는 마음을 알아차리십시오. 그런 뒤에 가슴으로 가서 망상한 마음이 일으킨 느낌을 알아차리십시오. 가슴이나 머리에서 일어나는 강한 느낌이 중간 느낌으로 변하고, 다시 약한 느낌이 될 때까지 계속 알아차려야 합니다. 이때 느낌을 없애려고 알아차리지 말고 그냥 있는 그대로 알아차려야 합니다. 이렇게 알아차려서 고요해지면 그 자리에 호흡의 일어남과 꺼짐이 일어납니다. 그러면 호흡을 다시 알아차려야 합니다. 이때 맥박이 느껴지면 맥박을 알아차려도 좋습니다. 맥박은 호흡보다 미세한 것이지만 미세한 것을 알아차리면 그만큼 집중력이 커집니다.

● 졸음이 올 때는 졸음과 싸우지 말고, 그렇다고 졸음에 빠지지도 말고, 졸음을 대상으로 알아차려야 합니다. 이때 희미한 마음을 알아차리거나 무겁고 나른한 몸을 알아차려야 합니다. 수행자는 졸음이라는 대상을 없애기 위해서 알아차리는 것이 아니고, 대상의 성품을 보기 위해서 알아차리는 것입니다. 졸음의 성

품은 희미한 마음과 무거운 몸입니다. 그러므로 이때는 이것을 대상으로 알아차려야 합니다. 이렇게 알아차린 이후의 결과는 중요하지 않습니다.

• 통증이 일어났을 때는 통증 때문에 반응한 마음을 알아차립니다. 그런 뒤에 통증 속으로 들어가서 찌르고 당기고 화끈거리는 느낌을 알아차려야 합니다. 통증은 싸워야 할 대상이 아니고 단지 알아차릴 대상입니다. 통증은 와서 보라고 나타난 법이므로 있는 그대로 알아차려야 합니다. 통증은 무상과 괴로움과 무아의 법을 가지고 있습니다. 그러므로 통증을 통하여 법의 성품을 보아야 합니다.

• 좌선 중에 주위의 소리로 인해 장애가 생길 때는 귀에 마음을 두거나 소리를 마음으로 들어야 합니다. 이때는 소리가 알아차릴 대상입니다. 그러면 얼마 지나지 않아 소리가 있어도 들리지 않고 몸으로 돌아올 수 있습니다. 소리가 나는 밖으로 나가면 싫어하는 마음이 생겨서 알아차림을 놓칩니다. 내가 좌선을 하는 데 방해가 된다는 것은 자신의 생각일 뿐입니다. 소리를 내는 사람의 입장도 배려해 주어야 합니다. 그래서 관용으로 소리를 듣지 않으면 수행을 계속하기가 어렵습니다. 이때는 소리를 듣는 마음을 알아차린 뒤에 가슴으로 와서 마음이 남긴 느낌을 대상으로 알아차려야 합니다.

• 좌선 중에 여러 가지 대상이 나타나면 그중에 가장 강한 대상으로 마음을 기울여서 알아차립니다. 가령 통증, 망상, 졸음이 함께 있을 때는 이 중에 강한 대상으로 마음을 기울여서 알아차려야 합니다. 여러 가지 대상을 함께 알아차리면 집중이 되지 않습니다. 이런 경우에 마음이 산만해져 집중이 되지 않는 분열 현상이 생깁니다.

• 몸에서 일어나는 모든 느낌은 지대와 수대와 화대와 풍대의 요소입니다. 몸은 이러한 네 가지 요소가 서로 화합하거나 상충하면서 많은 느낌을 일으킵니다. 그러므로 몸에서 생기는 모든 느낌은 사대의 요소로 인식하고 그냥 있는 그대로 알아차려야 합니다. 몸은 가보지 않은 동굴과 같아서 수행은 이런 동굴의

요소들을 탐험하는 것입니다.

• 수행 중에 나타난 모든 대상은 와서 보라고 찾아온 손님입니다. 그러므로 어떤 대상이나 좋고 싫은 대상이라고 분별하지 말고 있는 그대로 알아차려야 합니다. 이때 대상에 개입해서는 안 됩니다. 단지 하나의 대상으로 알아차릴 때 궁극의 법을 발견할 수 있습니다.

(4) 좌선을 끝낼 때의 알아차림

• 지금 내 마음이 무엇을 하고 있는지 알아차리십시오. 이렇게 알아차리는 것이 아는 마음을 알아차리는 방법입니다. 이때 마음이 무엇을 하건 있는 그대로 알아차립니다.

• 자세가 바른가, 몸에 힘이 들어가 있지 않은가 살펴보십시오. 마음을 알아차린 뒤에는 몸을 알아차리면 좋습니다. 이때 좌선을 하고 있는 자세를 살펴보아야 합니다. 평소 좌선을 할 때마다 바르지 못한 자세가 있는지 확인해야 다음에 바른 자세를 유지할 수 있습니다. 수행자들이 좌선을 할 때 자신만의 습관적인 자세가 있으므로 이런 자세를 확인하고 바르게 할 필요가 있습니다. 그러므로 이따금씩 몸에 힘이 들어가 있지 않은가 확인하고 만약 힘이 들어가 있다면 이완해야 합니다.

• 눈을 뜨고 잠시 바닥을 지켜보십시오

• 현재의 마음이 편안한지 긴장하고 있는지 살펴보십시오. 좌선을 할 때와 좌선이 끝났을 때의 마음이 다를 수 있습니다. 좌선이 끝났을 때의 마음을 알아차리는 것이 유익합니다.

• 이 시간에 노력은 적절했는지, 알아차림은 부족하지 않았는지, 집중은 이

루어졌는지 살펴보십시오. 좌선이 끝나고 이 시간에 노력과 알아차림과 집중이 적절했는지를 살펴보는 것은 수행을 점검하는 기회입니다. 이때 무엇이 부족하고 많았던 가를 알면 다음 수행에 도움이 됩니다.

• 내 마음이 어디로 가고 있는지 알아차리십시오. 이렇게 알아차리면 다음 동작에 대한 의도를 알아차릴 수 있어서 알아차림이 단절되지 않고 연결됩니다. 의도는 마음을 알아차리는 수행입니다.

• 알아차리면서 천천히 다음 동작을 하십시오. 좌선이 끝났다고 수행이 끝난 것이 아닙니다. 하나의 동작에서 다음 동작으로 옮겨갈 때 알아차림을 놓치기 마련입니다. 좌선에서 경행이나 일상의 알아차림으로 옮겨갈 때마다 알아차림이 지속되면 수행이 빠르게 진전됩니다.

2) 경행

경행(經行)은 걷는 수행입니다. 경행은 정진력을 키우는 데 효과가 있습니다. 정진은 노력하는 것입니다. 수행의 노력은 몸의 노력과 마음의 노력이 있습니다. 경행은 이 두 가지 노력을 모두 증진시키는 작용을 합니다. 경행은 일상의 모든 걸음걸이를 알아차리는 수행입니다. 또 일정한 장소에서 가고, 서고, 돌고, 가고를 반복하면서 알아차리기도 합니다. 스승들은 노력이 부족할 때 경행을 하라고 말합니다. 그렇게 해서 스스로 게으름에서 벗어나게 합니다.

움직이면서 생긴 집중력은 쉽게 사라지지 않기 때문에 수행에서 경행은 매우 중요합니다. 수행자가 좌선만 하면 건강을 해칠 위험이 있으므로 건강을 위해서도 경행이 필요합니다. 또 좌선 중에 생긴 몸의 긴장을 이완하기 위해서도 필요합니다. 역사적으로 많은 수행자들이 경행을 통해서 알아차리는 힘을 향상시켰습니다. 경전의 기록을 보면 경행만으로 깨달음에 이른 수행자도 많이 있습니다. 그래서 수행자들은 좌선과 경행을 같은 비율로 합니다. 움직이면서 생긴 집중력과 근력으로 좌선을 하면 상승효과를 얻을 수 있습니다.

경전에서는 경행의 이익을 다섯 가지로 나누었습니다. 첫째, 먼 곳을 갈 수 있는 지구력이 생깁니다. 둘째, 수행에 대한 지구력이 생깁니다. 셋째, 건강에 좋고 수행의 진전에 도움이 됩니다. 넷째, 소화가 잘 됩니다. 다섯째, 지속적인 집중력이 생깁니다.

경행은 의도와 움직임이 전부입니다. 가려는 의도와 가는 행위, 서려는 의도와 서는 행위, 돌려는 의도와 도는 행위, 다시 가려는 의도와 가는 행위, 이렇게 의도와 움직임을 계속해서 알아차리면 몸이 저절로 움직이는 것이 아니고 의도에 의해서 움직인다는 사실을 알 수 있습니다. 이때 원인과 결과를 아는 지혜가 납니다. 이것이 연기의 지혜입니다.

이러한 지혜의 과정을 거쳐 다음 단계인 대상의 성품을 보는 지혜가 생깁니다. 하지만 처음부터 이런 지혜를 얻으려고 해서는 안 됩니다. 그러므로 그냥 걸으면서 알아차리면 차츰 지혜가 성숙되어 수행의 진전이 있습니다. 이때 의도는 움직이려는 마음이고, 움직임은 무게를 아는 것입니다. 그래서 경행은 하려는 마음과 몸의 무게가 이동하는 것밖에 없습니다.

이렇게 마음의 의도와 몸의 움직임을 분리해서 알아차리는 방법이 바로 위빠사나 수행입니다. 위빠사나 수행은 정신과 물질을 구별해서 알아차리는 수행으로 시작합니다. 그래서 대상과 하나가 되는 선정의 고요함을 얻지 않고 처음부터 지혜를 얻는 과정으로 시작합니다.

경행을 할 때의 시선은 항상 서너 걸음 앞에 있는 바닥을 보아야 합니다. 이때 눈은 뜨고 있지만 마음은 오른발 왼발의 움직임을 알아차려야 합니다. 경행을 할 때 멀리 보거나 좌우를 살피면 마음이 발의 움직임을 알아차릴 수 없습니다. 그리고 고개를 숙여서 발을 보아서는 안 됩니다. 고개를 숙이면 목이 긴장하여 아플 수 있습니다. 처음에는 발의 움직임을 알아차리다가 차츰 발이 가지고 있는 성품인 가벼움과 무거움을 알아차리고 단단함과 부드러움을 알아차리는 것이 좋습니다.

경행에서 알아차릴 대상은 매우 많습니다. 그러나 처음부터 모든 것을 다 알아차릴 수는 없습니다. 그리고 경행하는 방법도 매우 많습니다. 그래서 자신에게 맞는 방법을 선택하여 차츰 알아차리는 힘을 키우는 것이 좋습니다. 처음에 발의 움직임에 온전하게 집중한 뒤에 차츰 집중력이 생기면 의도를 알아차리는 것이 필요합니다. 그리고 서 있다 앞으로 나갈 때 오른발과 왼발 중에서 어떤 발이 먼저 나가는지 알아차리고 걷는 것도 필요합니다. 또 서 있다가 방향을 바꾸기 위해서 돌 때도 오른쪽 방향과 왼쪽 방향 중에 어느 방향으로 도는지 알아차리고 돌면 좋습니다. 이렇게 알아차리면 집중력이 향상됩니다.

일정한 장소를 왕복하는 경행이 아닌 길을 걸어갈 때도 똑같이 알아차리면서 걷습니다. 이때는 상황에 따라서 반드시 발의 움직임만 알아차려야 하는 것은 아닙니다. 마음을 알아차리는 수행자는 발의 움직임을 전면에서 알아차릴 수도 있습니다. 계단을 오를 때는 크게 다리의 움직임이나 무릎이나 종아리를 알아차려도 좋습니다. 산을 오를 때는 헉헉거리는 호흡을 알아차릴 수도 있고 몸 전체가 이동하는 것을 알아차릴 수도 있습니다. 중요한 것은 특정한 대상이 아니고 어떤 대상이나 아는 마음만 가지고 있으면 됩니다.

경행을 할 때의 속도는 장소와 상황에 따라서 다르게 해야 합니다. 좌선이 끝나고 걸을 때는 약간 빨리 걸어서 긴장된 근육을 풀어주는 것이 좋습니다. 집중력을 키우기 위해서는 천천히 걷는 것도 좋습니다. 그러나 지나치게 천천히 걸으면서 모든 것을 다 알아차리려고 하면 장애가 생길 위험이 있습니다. 이때 상기가 올 수도 있습니다. 마음을 모아서 집중하는 것은 필요하나 상황에 맞게 해야 합니다. 경행이 알아차림과 함께 운동을 하는 것이라는 사실도 유념해야 합니다. 너무 힘들여서 많이 걸으면 다음에 좌선을 할 때 즉시 잠에 떨어지므로 알맞게 하는 것이 좋습니다. 경행이 좋다고 경행만 하면 욕망으로 수행을 하는 것입니다. 그래서 좌선과 경행을 적절하게 배분해야 합니다.

(1) 일정한 장소에서 경행하는 방법

• 걷기 전에 서서 지금 무슨 마음인가를 알아차립니다. 무슨 일을 하거나 시작할 때의 마음을 알아차려야 합니다.

• 서 있을 때 발이 바닥에 닿아 있는 것을 알아차립니다. 눈은 서너 걸음 앞

에 고정하고 마음은 발을 알아차립니다.

• 앞으로 나아가면서 오른발, 왼발의 일어남을 알아차립니다. 처음부터 오른발 왼발의 움직임을 모두 알아차리지 않고 발의 뒤꿈치가 일어나는 것만 알아차립니다. 일어남은 발을 위로 들어 올리는 움직임입니다. 이때 발의 움직임 중에서 절반만 알아차립니다. 왜냐하면 처음부터 발의 움직임 전체를 보려고 하면 마음이 힘들어 하기 때문에 아예 알아차리는 노력을 하지 않게 됩니다. 그래서 일하는 마음을 배려하여 발이 움직이는 절반만 알아차립니다.

• 걷다가 일단 자리에 섬을 알아차립니다. 일정한 거리를 걷다가 일단 정지합니다. 이때 발이 바닥에 닿아 있는 무게를 느낍니다.

• 천천히 돕니다. 오던 방향으로 걷기 위해 몸을 천천히 돌려서 방향을 바꿉니다. 이때도 발의 움직임을 알아차립니다.

• 앞으로 나아가면서 오른발, 왼발의 일어남을 알아차립니다. 이처럼 서고, 가고, 서고, 돌고, 서고, 가고를 반복합니다. 이런 방법으로 일정한 거리를 정해진 시간 동안 걸으면서 발의 일어남을 알아차립니다.

• 오른발, 왼발의 사라짐을 알아차립니다. 처음에는 발의 일어남만 알아차리다가 일정한 시간이 지나면 다음 방법으로 발이 바닥에 닿는 사라짐만 알아차립니다. 이때도 발이 움직이는 절반만 알아차립니다. 사라짐을 알아차릴 때 발이 바닥에 닿는 것만 알아차리는 것입니다. 이렇게 일정한 시간을 알아차린 뒤 다음에는 다른 방법으로 알아차립니다.

• 오른발, 왼발의 일어남과 사라짐을 모두 알아차립니다. 일정한 시간 동안 일어남만 알아차리고 다음에 사라짐만 알아차리다가 마지막에는 발의 일어남과 사라짐을 전부 알아차립니다. 이렇게 세 가지 단계를 거쳐서 알아차리면 자연스럽게 마음이 발에 집중이 됩니다.

이러한 수행 방법은 경전에 근거한 방법입니다. 붓다께서는 모든 대상을 처음에 일어나는 것을 알아차리라고 하셨습니다. 그리고 다음에 사라지는 것을 알아차리라고 하셨습니다. 그리고 마지막으로 일어남과 사라짐을 함께 알아차리라고 하셨습니다. 이런 단계적 과정을 통하여 점진적으로 대상에 마음을 집중하도록 했습니다. 그뿐만 아니라 이런 알아차림에 의해 궁극의 법인 일어남과 사라짐이라는 무상의 법을 보도록 했습니다.

이렇게 걷는 동안 발의 움직임은 자연스럽게 해야 합니다. 더 잘 알아차리기 위해서 눈을 감아서도 안 되며, 발걸음을 부자연스럽게 움직여서도 안 됩니다. 발을 차거나 높이 들어 올려서도 안 됩니다. 그리고 뒤로 걸어서도 안 됩니다. 오직 자연스럽게 걸으면서 있는 그대로 알아차리면 됩니다. 이렇게 단순하게 알아차리면 차츰 더 많은 것들이 보이게 됩니다. 이때 대상에 대한 지혜가 생깁니다.

'일어남과 사라짐'을 '들어서 놓음'이라고 이해해도 좋습니다. 이렇게 알아차릴 때 차츰 일어날 때는 가벼움을 느낄 수 있고, 사라질 때는 무거움을 느낄 수 있습니다. 그리고 일어남과 사라짐을 동시에 알아차릴 때는 몸을 앞으로 미는 느낌과 무거움이 이동하는 느낌을 함께 느낄 수도 있습니다. 그러면 차츰 집중력이 커져 법의 성품을 볼 수 있습니다.

(2) 생활 속에서 경행하는 방법

생활 속에서 경행하는 방법은 일정한 거리를 왕복하면서 알아차리는 방법과 같습니다. 다만 가고, 서고, 돌고, 가고 하는 방법이 아니고 목적이 있어서 움직이는 걸음이므로 상황에 맞게 알아차려야 합니다.

길을 걸을 때는 너무 멀리 보지 말아야 합니다. 그리고 좌우를 크게 살피거나 뒤를 돌아보지 말아야 합니다. 이렇게 볼 때 알아차림을 놓칩니다. 그러므로 눈은 서너 걸음 앞에 고정하여 장애를 파악하면서 마음은 발의 움직임에 집중해야 합니다.

일상의 걸음에서 알아차릴 때는 모든 것을 다 알아차리기가 어렵습니다. 그

런 경우에는 발이 바닥에 닿는 것 하나만 알아차리는 것도 방법입니다. 이외에
도 자신만의 방법을 개발하는 것도 좋습니다. 홀로 걷는 수행자의 모습은 아름
답습니다. 왜냐하면 번뇌를 가지고 걷지 않고 청정한 마음으로 걷기 때문입니다.

3) 일상의 알아차림

일상의 알아차림은 좌선과 경행을 제외한 모든 시간에 대상을 알아차리는
수행입니다. 아침에 눈을 떠서 저녁에 잠자리에 들 때까지가 모두 알아차릴 대
상입니다. 수행은 지속적인 알아차림에 의해 집중이 유지될 때 지혜가 납니다.
그러므로 좌선과 경행을 할 때만 수행을 하면 지혜가 성숙될 수 있는 조건이 충
분하게 마련되지 않습니다. 알아차리는 순간에는 탐욕, 성냄, 어리석음의 번뇌가
들어오지 않기 때문에 일상의 알아차림을 통해서 몸과 마음이 더욱 청정해져야
합니다.

일상의 알아차림은 분명한 앎을 하는 것입니다. 그러므로 분명한 앎은 모든
일상의 알아차림을 포함하고 있습니다. 분명한 앎은 다음과 같은 대상을 알아차
릴 때입니다. 앞으로 나아갈 때, 뒤로 돌아갈 때, 앞을 볼 때, 주위를 볼 때, 팔다
리를 펴거나 구부릴 때, 옷을 입을 때, 음식을 먹을 때, 대소변을 볼 때, 잠자리에
들거나 잠에서 깰 때, 말하거나 말을 들을 때, 침묵할 때 등이 모두 일상의 알아
차릴 대상입니다.

이때 자신의 이런 행위가 이익이 있는지 없는지 알아야 합니다. 그리고 시기
나 상황이 적절한지도 알아야 합니다. 또 불필요한 대상이 아닌 적절한 대상을
알아차리는지도 알아야 합니다. 마지막으로 자신이 알고 있는 것이 어리석지 않
은지도 살펴보아야 합니다.

이와 같이 일상에서 알아차림이 지속되면 쇠가 달구어지듯이 수행의 지혜가
빠르게 성숙됩니다. 나무를 계속 비벼서 불을 내는 것처럼 일상의 알아차림은
마음을 청정하게 하여 빠르게 깨달음에 이르게 합니다.

일상의 알아차림을 강화하기 위해서는 이따금씩 '지금 마음이 무엇을 하고

있는가?' 하고 알아차려야 합니다. 그래서 알아차리지 못할 때는 알아차려야 하고 만약 알아차리고 있을 때는 이렇게 알아차려서 알아차림을 더욱 튼튼하게 지속시켜야 합니다.

일상의 알아차림을 강화하기 위해서는 불필요한 일을 만들지 말아야 합니다. 사람을 사귀는 일에 힘쓰지 말아야 합니다. 그리고 불필요한 말을 하지 말아야 합니다. 불가피하게 해야 할 때는 마음을 감각기관에 두고 마음이 밖으로 나가지 않도록 노력해야 합니다. 이렇게 알아차려서 집중이 되면 일정 기간 집중의 상태가 유지됩니다. 바로 이때 지혜가 성숙됩니다.

수행의 궁극의 목표는 오직 괴로움으로부터 벗어나서 행복을 얻는 것이 전부입니다. 그러니 필요한 것을 할 때는 마음을 모아서 온 힘을 기울여야 합니다. 수행할 수 있는 기회는 항상 있는 것이 아닙니다. 인생은 매우 짧습니다. 우리에게 언제 어떤 불행이 닥칠지 모르므로 항상 준비해야 합니다. 이런 수행자에게만 법을 보는 눈이 열려 진리를 발견하고 행복을 얻습니다.

(1) 아침에 잠자리에서 알아차리기

● 아침에 잠자리에서 깨어나자마자 현재의 마음을 알아차립니다. 잠자리에서 깨어나자마자 무슨 마음으로 일어났는지 알아차리면 하루를 시작하는 마음을 알아차리는 것입니다. 아침에 일어나자마자 근심걱정이 있으면 근심걱정이 있는 마음을 알아차려야 합니다. 이렇게 알아차리는 순간 새로운 마음이 일어나 있던 마음은 사라집니다. 그러면 선한 마음가짐으로 하루를 시작할 수 있습니다.

● 누운 채로 아랫배로 가서 일어남 꺼짐을 알아차립니다. 괴로움이 있는 경우 마음을 알아차리는 것으로 충분하지 않습니다. 이때는 아랫배의 일어나고 꺼지는 움직임을 정확하게 겨냥하여 알아차려야 합니다. 괴로움이 없더라도 얼마 동안 이렇게 알아차리면 상쾌한 하루를 시작할 수 있습니다. 하루의 시작은 잠자리에서 깨어난 마음부터입니다. 하루의 시작이 좋으면 하루가 좋습니다.

• 지금 마음이 어디로 가는가? 알아차리면서 천천히 일어납니다. 호흡을 알아차린 뒤에 잠자리에서 일어나기 전에 지금 마음이 어디로 가는가? 하고 알아차리십시오. 그러면 한 동작에서 다음 동작으로 알아차림이 연결됩니다. 이렇게 마음을 알아차리면 천천히 일어나는 움직임과 다음 동작들을 모두 알아차릴 수 있습니다.

(2) 저녁에 잠자리에서 알아차리기

• 저녁에 잠자리에 누웠을 때 현재의 마음을 알아차립니다. 잠자리에 든 마음을 알아차리지 못하면 하루 중에 있었던 여러 가지 정보로 인해 편한 잠을 잘 수 없습니다. 그러므로 하루의 일과와 잠자리를 단절하는 뜻에서 자기 전 현재의 마음을 알아차려야 합니다.

• 몸이 바닥에 닿아 있는 느낌을 머리로부터 발까지 알아차리십시오. 이때 몸을 최대한 이완시킨 뒤에 머리부터 어깨, 등, 엉덩이, 종아리, 발이 바닥에 닿아 있는 것을 알아차립니다. 이렇게 알아차리면서 몸의 무거움을 느끼면서 이완을 하면 좋습니다.

• 위를 향해 있는 몸의 느낌을 얼굴부터 발까지 알아차립니다. 천천히 긴장을 풀면서 얼굴, 가슴, 배, 다리, 발의 느낌을 차례로 알아차립니다.

• 아랫배에서 일어남 꺼짐을 알아차립니다. 일어남 꺼짐을 지속적으로 알아차리면 차츰 마음이 희미해지면서 숙면에 이를 수 있습니다. 이때 잠에 저항하지 말고 그냥 나타난 상태를 그대로 받아들이십시오. 잠자기 전의 몸과 마음의 실재는 희미한 마음과 나른한 몸입니다. 이러한 실재를 알아차리는 것도 좋습니다.

(3) 음식을 먹을 때 알아차리기

• 음식을 먹기 전에 지금 무슨 마음으로 음식을 먹는가, 알아차립니다. 음식을 먹기 전에 무슨 마음으로 먹는가를 알아차리고 음식을 먹을 때도 하나하나 알아차리면서 먹으면 계율로 먹습니다. 음식을 먹을 때 탐욕, 성냄, 어리석음으로 먹으면 불선심으로 먹게 됩니다. 계율로 먹으면 과식을 하지 않고 절제하면서 먹을 수 있으며 싫은 음식이 있어도 화를 내지 않고 먹게 됩니다. 인간이 일으키는 탐욕의 상당 부분은 음식에서 옵니다. 그러므로 알아차리면서 먹으면 수행의 진전뿐만 아니라 건강에도 좋습니다. 음식을 먹으면서 아라한이 된 예도 있습니다. 음식을 먹을 때 욕망으로 먹으면 혀에 불이 붙었다고 표현합니다. 이렇게 먹으면 계율로 먹지 않는 것이며 건강을 해칩니다.

• 알아차리면서 젓가락이나 숟가락을 들고 먹을 음식을 적당량을 집습니다. 음식을 너무 많이 집지 말고 적당량을 집습니다.

• 알아차리면서 천천히 입에 넣고 씹습니다. 음식을 먹을 때는 음식이 가지고 있는 고유한 맛을 알고 먹습니다. 그렇지 않고 좋아하거나 싫어하면 탐욕과 성냄으로 먹는 것입니다. 음식을 오래 씹으면 음식이 가지고 있는 고유한 재료 맛을 느낄 수 있습니다. 음식을 오래 씹으면 조금만 먹어도 포만감이 오며 충분한 영양 섭취를 할 수 있습니다.

• 음식을 씹은 뒤에 목구멍으로 넘깁니다. 씹던 음식을 목구멍으로 넘길 때 알아차리면서 넘깁니다. 그러면 한 순간에 맛도 사라집니다. 이때 무상을 느낄 수 있습니다.

• 한 가지 음식만 먹지 말고 여러 가지를 골고루 먹습니다. 치우침이 없는 것이 중도이면서 위빠사나 수행입니다. 여러 가지를 골고루 먹어서 밥그릇과 반찬 그릇이 모두 비워지는 것이 번뇌의 소멸이고 해탈의 자유입니다.

제7장

●

사념처(四念處) 수행

1. 사념처란 무엇인가

붓다께서 깨달음을 얻은 수행 방법을 자세하게 기록한 경전을 빨리어로 '사띠빠타나 숫따(satipaṭṭhāna sutta)'라고 합니다. 이 말은 '알아차림을 확립하는 경'이라는 뜻입니다. 알아차림을 확립한다는 것은 몸, 마음, 느낌, 법이라는 네 가지 대상에 대해서 알아차림을 확고하게 한다는 뜻입니다. 이것을 한문으로 사념처(四念處)라고 합니다. 사념처를 자세하게 기록한 경전을 『대념처경(大念處經)』이라고 합니다. 위빠사나 수행은 『대념처경』을 바탕으로 출세간을 지향하는 수행 방법입니다.

『대념처경』에는 깨달음으로 가는 위빠사나 수행의 모든 방법이 자세하게 기록되어 있습니다. 붓다께서는 『대념처경』에 있는 사념처 수행이 깨달음을 얻기 위한 유일한 길이라고 밝히셨습니다. 이 방법은 고따마 붓다께서만 하신 수행법이 아니고 과거의 모든 붓다도 똑같이 실천하신 수행법입니다. 그리고 미래에 오실 붓다도 똑같이 이 법으로 깨달음을 얻습니다.

인간이 가진 문제는 예나 지금이나 그리고 앞으로도 똑같습니다. 그래서 세월에 상관없이 하나의 진실한 법이 통용됩니다. 그러므로 위빠사나 수행은 특정한 종교인의 것이 아니고 괴로움을 해결하려는 모든 사람에게 필요한 법입니다. 그렇기 때문에 이 법을 궁극의 법이라고 하며 또 최승의법(最勝義法)이라고도 합니다.

궁극의 법은 더 이상 발전할 여지가 없는 마지막에 이른 법이라는 뜻입니다. 최고의 지혜를 얻은 붓다에 의해서 밝혀진 이 법은 사실 더 이상 발전할 여지가 없습니다. 그러므로 어떤 시대에서나 사념처의 가르침에 충실할 때만이 진실을 발견할 수 있습니다. 만약 여기서 벗어나면 벗어난 만큼 왜곡되기 마련이라서 진리를 보기가 어렵습니다.

위빠사나 수행은 기본적으로 몸과 마음을 알아차리는 수행입니다. 그러나 몸과 마음을 알아차리기 위해서는 몸과 마음의 실재인 느낌을 알아차려야 합니다. 그리고 이것들을 모두 대상으로 알아차려야 합니다. 이때의 대상이 법입니다. 그러므로 몸, 느낌, 마음, 법이라는 네 가지가 갖추어져야 비로소 완전한 형태의 수행이 성립됩니다. 일반적으로 몸과 마음이 있는 것은 누구나 알 수 있습니다.

그런데 몸과 마음에 그치지 않고 느낌과 법을 넣어 네 가지를 알아차리도록 한 것은 깨달음을 얻기 위한 완전한 수행의 체계를 이루도록 한 것입니다. 몸과 마음에 있는 느낌은 갈애를 일으키는 직접원인입니다. 그래서 느낌과 갈애 사이에 깨달음이 있기 때문에 느낌의 중요성이 간과되어서는 안 됩니다. 또 느낌은 무상, 고, 무아를 직접 알게 하는 매우 중요한 요소입니다. 인간이 아는 것은 모두 느낌으로 알기 때문에 느낌에 대한 알아차림 없이는 결코 깨달음에 이르기 어렵습니다.

그래서 느낌을 포함시켜 구체적인 수행체계를 이루었습니다. 무엇보다 법을 빼놓고서는 수행을 할 수가 없습니다. 몸과 느낌과 마음을 하나의 법으로 알아차리지 않으면 수행이 시작되지 못하며 깨달음을 완성할 수 없습니다. 수행은 반드시 대상이 있어야 합니다. 법은 알아차릴 대상이며 이 대상이 진리의 법으로 바뀝니다. 몸과 마음에 있는 모든 것을 하나의 대상으로 알아차렸을 때만이 지혜가 나 비로소 깨달음이 완성됩니다. 그러므로 몸, 느낌, 마음, 법이라는 네 가지 대상의 조화로써만이 질긴 괴로움의 사슬을 끊을 수 있습니다. 이것이 사념처 수행이 성립되어야 하는 이유입니다.

사념처 위빠사나 수행은 시대를 초월하여 인간의 번뇌를 소멸시키고 열반에 이르게 하는 가장 완벽한 수행 방법입니다. 하지만 2500년의 세월은 무시할 수 없습니다. 사람의 마음은 변하기 마련이고, 문화도 변하고, 사상도 변하고, 세상의 가치도 시대에 따라 변합니다. 때로는 시대에 따라 진리에 대한 가치도 다르게 평가되기 마련입니다. 그러므로 시대를 뛰어넘는 가르침이라고 해도 그 참뜻이 왜곡되기 마련입니다. 그래서 현재 이와 같은 가르침이 그 위대함만큼 널리 알려져 있지 않습니다.

사념처 수행은 붓다께서 말씀하신 경전의 기록에 근거하고 있습니다. 이 수행은 역대의 모든 스승들에 의해 면면히 계승되어 왔습니다. 또 이 기록이 시대에 따라 사람에 따라 왜곡되지 않도록 주석서에 근거하고 있습니다. 그뿐만 아니라 스승들은 이런 가르침을 직접 수행으로 체험한 뒤에 우리에게 전하는 일련의 과정을 거치고 있습니다.

이상 열거한 과정은 하나의 진리가 바른 것인지 아니면 삿된 것인지를 파악할 수 있는 기준입니다. 이런 확인이 필요한 이유는 진리는 누구도 모르는 비밀이기 때문입니다. 특히 주석서는 역사적으로 주석에 또 주석을 한 복주로 전해집니다. 그래서 시대에 따라 변하지 않도록 계속해서 바른 길을 제시하고 있습니다.

『대념처경』에 기록된 수행 방법은 모두 44가지입니다. 자세하게 분류하면 이것보다 더 많지만 크게 분류한 것이 이 정도입니다. 붓다께서는 수행에 대한 총론을 말씀하셨기 때문에 이 정도이며 사람에 따라서 각론으로 들어가면 더 많이 분류할 수도 있습니다. 수행 방법을 말하자면 팔만사천법문이 모두 수행 방법입니다. 그러나 이 44가지 수행을 모두 해야 하는 것이 아닙니다. 어떤 수행은 기본적으로 반드시 해야 하는 수행이 있습니다. 그리고 자신의 근기에 따라서 선택할 수도 있고, 선택하지 않을 수도 있습니다. 그러나 가장 중요한 것은 이런 수행을 혼자서 할 수 없다는 것입니다. 그래서 반드시 스승의 가르침을 받는 것이 필요합니다.

사실 스스로 깨달음을 얻는 분은 오직 붓다밖에 없습니다. 반드시 스승이 필요한 또 다른 이유는 이 수행이 지금까지 살아온 방법과는 다른 수행이기 때문입니다. 지금까지는 바라고 없애려고 하는 마음으로 살아왔지만, 위빠사나 수행은 바라거나 없애려고 하지 않는 수행입니다. 그리고 대상과 하나가 되는 집중을 하는 것이 아니고, 대상을 분리해서 알아차려서 집중을 하기 때문에 기존의 방법과는 다른 새로운 방법입니다.

수행은 가보지 않은 정신세계를 탐험하는 것이라서 혼자서 가기가 어렵습니다. 스승의 가르침을 한 번 들었다고 해서 해결되는 것이 아닙니다. 같은 말을 무수히 들어도 기존의 견해를 버리고 새로운 견해를 갖기는 어렵습니다. 오직 지혜가 날 때만이 바른 견해를 가질 수 있습니다. 그래서 자신이 수행을 하면서 지속적인 가르침을 받아야 궤도를 벗어나지 않고 바르게 갈 수 있습니다. 누구나 진리 앞에서는 어린아이와 같습니다.

2. 몸을 알아차리는 수행[身念處]

위빠사나 수행은 마음이 일을 하는 것입니다. 우선 마음이 가장 두드러진 대상인 몸을 알아차리는 수행부터 시작합니다. 몸에서 알아차릴 대상은 모두 열네 가지가 있습니다. 이러한 대상은 들숨과 날숨, 네 가지 자세[行住坐臥], 분명한 앎[正知], 몸을 싫어하는 마음을 일으킴, 네 가지 요소[四大], 묘지에서의 아홉 가지 알아차림입니다. 하지만 이런 수행을 한꺼번에 모두 하는 것이 아닙니다. 자신에게 적합하고, 할 수 있는 것만 선택하면 됩니다. 묘지에서의 아홉 가지 알아차림은 현재 할 수 없는 수행입니다.

몸을 알아차리는 수행은 여러 가지 이익이 있습니다. 몸은 변하므로 무상하고 몸이 있는 한 괴로움이 있고, 몸이 내 몸이 아니라는 사실을 아는 것이 가장 큰 이익입니다. 이런 지혜가 날 때 비로소 집착을 여읠 수가 있습니다. 하지만 일차적인 목표는 몸을 통하여 마음을 길들이는 효과를 얻는 것입니다. 마음이 호흡을 겨냥하지 않으면 마음은 끊임없이 과거나 미래로 가서 후회와 근심걱정과 두려움을 만듭니다. 이런 마음을 순화하기 위해서는 먼저 몸을 알아차리는 것입니다.

몸을 알아차리는 수행을 할 때는 오직 몸을 대상으로 알아차려야 합니다. 이것은 몸에서는 오직 몸을 알아차리는 것을 말합니다. 이때의 몸은 물질을 의미합니다. 사념처 수행에서만 몸이라고 하며 다른 경우에는 몸을 모두 물질로 봅니다. 몸을 하나의 물질로 본다는 것은 그만큼 대상을 객관화해서 보는 이성적인 시각입니다. 그렇지 않으면 내 몸이라는 견해에서 벗어나지 못해 영원히 자유를 얻을 수 없습니다.

다음은 몸을 알아차릴 때 몇 가지 유념해야 할 사항입니다.

첫째, 몸을 알아차릴 때 다른 대상과 섞이지 않게 알아차려야 합니다. 몸을 알아차릴 때 오직 몸만 알아차려야지 망상을 하거나 다른 대상에 한눈을 팔아서는 안 됩니다. 그러므로 마음을 몸이 아닌 것에 두어서는 안 됩니다. 이렇게 다른 대상과 섞이지 않게 알아차려야 고요함이 생겨 몸이 가지고 있는 성품을 볼 수 있습니다.

둘째, 몸을 알아차릴 때 머리카락부터 발끝까지 많은 물질들의 집합으로 이루어진 것을 알아차려야 합니다. 이러한 장기들을 모아서 하나의 몸이라고 하는 것입니다. 그러므로 몸은 수많은 장기들의 결합으로 하나의 몸을 이루고 있습니다. 이때 몸은 이러한 결합물을 부르기 위한 명칭입니다.

셋째, 몸을 알아차릴 때 단지 몸으로 알아차려야 합니다. 이 몸을 '나'라고 하거나 나의 소유라고 알아서는 안 됩니다. 몸은 하나의 물질적 대상에 불과하며 마음이 그것을 지켜보는 것일 뿐입니다.

넷째, 몸을 알아차릴 때 몸에 있는 모든 것이 끊임없이 변한다는 사실을 알아차려야 합니다. 이것이 무상입니다. 몸을 바르게 알아차리면 마지막에 몸이 항상 변한다는 무상의 법을 알 수 있습니다.

이처럼 몸은 항상 하지 않고 무상하다고 알아차려야 하며, 즐거움이 아닌 괴로움이라고 알아차려야 하며, 자아가 아니고 무아라고 알아차려야 하며, 깨끗하지 않고 더러움이라고 알아차려야 합니다. 탐욕으로 보지 않고 탐욕 없이 알아차려야 하며, 일어나지 않게 하고 소멸하는 것을 알아차려야 하며, 움켜쥐려고 하지 않고 완전하게 집착을 놓아버려야 합니다. 이것이 몸에서 몸을 알아차려야 할 내용입니다.

1) 호흡의 알아차림

(1) 『대념처경』의 들숨과 날숨의 알아차림

몸에서 알아차릴 대상은 모두 열네 가지이지만 이 중에 몸의 호흡을 모든 수행자들이 주 대상으로 삼아서 알아차립니다. 호흡을 알아차리는 방법은 하나이지만 위치에 따라서 다르게 알아차릴 수 있습니다. 호흡을 알아차리는 수행으로 역대의 모든 붓다나 벽지불, 아라한 및 수많은 수행자들이 깨달음을 얻었습니다. 물론 호흡 하나만 알아차린 것은 아니지만 호흡을 주 대상으로 삼아서 모두 도과를 성취했습니다. 인간이 살아 있는 동안 평생 호흡이 있기 때문에 호흡은 알아차리기에 가장 좋은 대상입니다.

인간의 생명은 호흡과 호흡 사이에 있습니다. 태어나면서부터 호흡을 하다가 마지막 호흡이 끝나면 죽습니다. 그러므로 호흡은 생존의 가장 기본 요소입니다. 이런 호흡은 나의 호흡이 아닙니다. 만약 나의 호흡이라면 내가 숨을 거둘 때 호흡이 멈추지 않도록 지시해서 멈추지 않게 해야 합니다. 그러나 호흡이 사라질 조건이 되면 나의 의지와 상관없이 멈추고 맙니다. 이런 호흡에 마음을 기울인다는 것은 생명에 마음을 기울이는 것입니다. 이러한 호흡은 마음과 매우 밀접한 관계가 있어서 마음에 따라 호흡도 다양하게 변합니다. 그러므로 호흡을 통하여 보이지 않는 마음의 상태도 파악할 수 있습니다.

들숨과 날숨의 알아차림은 『대념처경』에 있는 호흡을 알아차리는 수행에 대한 방법입니다. 다음 『대념처경』의 '들숨과 날숨의 알아차림'을 통하여 호흡을 어떻게 알아차릴 것인가에 대해서 살펴보겠습니다.

"비구들이여, 어떻게 비구가 몸에서 몸을 알아차리는 수행을 하면서 지내는가?

비구들이여, 여기 어떤 비구가 숲 속이나, 나무 밑이나, 한적한 곳으로 가서 가부좌를 하고, 상체를 반듯하게 세우고 앉아, 전면에서 호흡에 대한 알아차림을 확립한다. 그리고 그는 숨을 들이쉬는 것을 알아차리고, 그는 숨을 내쉬는 것을 알아차린다.

숨을 길게 들이쉴 때는, 나는 숨을 길게 들이쉰다고 알아차리고, 숨을 길게 내쉴 때는, 나는 숨을 길게 내쉰다고 알아차린다. 숨을 짧게 들이쉴 때는, 나는 숨을 짧게 들이쉰다고 알아차리고, 숨을 짧게 내쉴 때는, 나는 숨을 짧게 내쉰다고 알아차린다.

온몸을 알아차리면서, 나는 숨을 들이쉴 것이라고 마음을 다지면서 수행을 하며, 온몸을 알아차리면서, 나는 숨을 내쉴 것이라고 마음을 다지면서 수행을 한다.

자연스런 호흡을 하면서, 나는 숨을 들이쉴 것이라고 마음을 다지면서 수행을 하며, 자연스런 호흡을 하면서, 나는 숨을 내쉴 것이라고 마음을 다지면서 수행을 한다.

비구들이여, 마치 숙련된 도공이나, 그의 제자가 물레를 길게 돌릴 때, 나는 길게 돌린다고 알아차리고, 짧게 돌릴 때, 나는 짧게 돌린다고 알아차리는 것처럼.

바로 이와 같이 비구는 숨을 길게 들이쉴 때, 나는 숨을 길게 들이쉰다고 알아차리고, 숨을 길게 내쉴 때, 나는 숨을 길게 내쉰다고 알아차린다.

온몸을 알아차리면서, 나는 숨을 들이쉴 것이라고 마음을 다지면서 수행을 하며, 온몸을 알아차리면서, 나는 숨을 내쉴 것이라고 마음을 다지면서 수행을 한다.

자연스런 호흡을 하면서, 나는 숨을 들이쉴 것이라고 마음을 다지면서 수행을 하며, 자연스런 호흡을 하면서, 나는 숨을 내쉴 것이라고 마음을 다지면서 수행을 한다.

이와 같이 그는 몸에서 몸을 안으로 알아차리는 수행을 하면서 지낸다. 혹은 그는 몸에서 몸을 밖으로 알아차리는 수행을 하면서 지낸다. 혹은 그는 몸에서 몸을 안팎으로 알아차리는 수행을 하면서 지낸다.

그는 몸에서 일어나는 현상을 알아차리는 수행을 하면서 지낸다. 혹은 몸에서 사라지는 현상을 알아차리는 수행을 하면서 지낸다. 혹은 몸에서 일어나고 사라지는 현상을 알아차리는 수행을 하면서 지낸다.

그는 단지 몸이 있다는 알아차림을 확립할 때까지 몸의 현상들에 대한 분명한 앎과, 알아차림을 확립하고, 유지한다.

그는 갈애와 잘못된 견해에 의지하지 않고 지낸다. 그는 세상에서 아무것도 집착하지 않는다.

비구들이여, 이와 같이 비구는 몸에서 몸을 알아차리는 수행을 하면서 지낸다."

이상이 들숨 날숨을 알아차리는 수행에 대한 경전 내용입니다. 지금부터 이 내용을 하나씩 살펴보겠습니다.

"비구들이여!"라는 호칭은 비구, 비구니뿐만 아니라 모든 수행자를 부르는 명칭으로 이해하면 됩니다.

다음에 "전면에서 호흡에 대한 알아차림을 확립한다. 그리고 그는 숨을 들이쉬는 것을 알아차리고, 그는 숨을 내쉬는 것을 알아차린다"라는 구절이 있습니다.

이때의 '전면에서'는 빨리어로 빠리무캉(parimukham)이라고 합니다. 빠리무캉은 '전면에서' 또는 '앞에서'라는 뜻입니다. 경전에 있는 들숨과 날숨은 코에서도 알아차릴 수 있고, 전면에서도 알아차릴 수 있습니다. 전면은 몸이 아닌 앞에서 알아차린다는 뜻입니다. 이렇게 알아차리는 수행을 하려면 마음을 알아차리는 수행을 해야 실천하기 쉽습니다. 마음을 알아차리는 수행자는 호흡을 몸에서도 알아차리지만 집중력이 생기면 전면에서도 알아차립니다. 이때의 전면을 마음자리로 이해하면 좋습니다. 마음이 있는 곳에 대상도 있기 때문에 수행을 할 때 아는 마음을 전면에 두면 자연스럽게 호흡을 전면에서 알아차릴 수 있습니다.

다음으로 "호흡에 대한 알아차림을 확립한다"라는 구절이 있습니다. 마음을 호흡에 겨냥하고 겨냥한 마음을 지속시켜서 알아차리는 것을 말합니다. 이렇게 했을 때 집중이 됩니다. 인간의 마음은 오랜 기간 동안 산만한 상태로 들떠 있어서 하나의 대상에 머물려고 하지 않습니다. 그래서 하나의 명상 주제를 만들어 거기에 마음을 머물게 하는 것이 수행의 일차적 목표입니다.

농부가 거친 소를 길들일 때 소에 고삐를 매어 말뚝에 묶어두면 소가 이리저리 날뛰지 않고 말뚝 가까이에 서 있거나 누워 있게 됩니다. 이것처럼 오랜 세월 동안 온갖 일로 정처 없이 방황하는 마음을 호흡에 묶어두면 마음이 순한 소처럼 길들여져서 청정하게 됩니다. 마음이 호흡을 자신이 머무는 거처로 사용할 때 집중력이 생기고 알아차림을 확립할 수 있습니다. 인간에게 호흡보다 더 좋은 피난처는 없습니다. 호흡을 알아차리는 순간에는 어떤 번뇌도 들어오지 않습니다. 이것이 호흡을 알아차리는 여러 가지 이익 중의 하나입니다.

다음으로 "그는 숨을 들이쉬는 것을 알아차리고, 그는 숨을 내쉬는 것을 알

아차린다"라는 구절이 있습니다. 호흡은 코에서는 들숨과 날숨으로 알아차립니다. 그리고 가슴이나 배나 전면에서는 일어나고 꺼짐으로 알아차립니다. 이처럼 호흡은 반드시 들숨과 날숨의 과정이 있으며, 일어남과 사라짐의 과정이 있습니다.

여기서 일어남은 원인이고 사라짐은 결과입니다. 결과가 다시 원인이 되어 새로운 일어남과 사라짐이 거듭됩니다. 이렇게 하나의 호흡을 두 가지의 단위로 나누어서 알아차리면 호흡의 변화를 통하여 무상을 알 수 있습니다. 수행자가 가장 경계해야 할 일 중의 하나가 매번 일어나고 사라지는 호흡이 같은 호흡이라고 생각하는 것입니다. 만약 같은 호흡이라고 생각할 경우에 즉시 싫증이 나서 마음이 호흡에 머물지 않고 달아납니다. 그래서 이런 변화를 통하여 같은 호흡이 아니고 매번 새로운 호흡이라고 알아야 합니다.

인간이 태어나서 지금 살고 있는 현재까지 무수한 호흡을 했습니다. 그러나 이 호흡은 모두 같은 호흡이 아닙니다. 시간도 같지 않고 호흡의 특성도 같지 않습니다. 마음의 변화만큼 호흡도 각양각색입니다. 인류의 모습이 모두 다른 것처럼 매순간의 호흡도 서로 다릅니다. 넓은 바다위에서 일렁거리는 무수한 파도의 모양이 하나도 같지 않듯이 자신의 호흡도 매순간 다릅니다. 이렇게 다르다고 알 때 무상을 알며 흥미를 느껴 수행을 계속할 수 있습니다.

다음으로 **"숨을 길게 들이쉴 때는, 나는 숨을 길게 들이쉰다고 알아차리고, 숨을 길게 내쉴 때는, 나는 숨을 길게 내쉰다고 알아차린다. 숨을 짧게 들이쉴 때는, 나는 숨을 짧게 들이쉰다고 알아차리고, 숨을 짧게 내쉴 때는, 나는 숨을 짧게 내쉰다고 알아차린다**"라는 구절이 있습니다.

호흡은 항상 일정하지 않습니다. 호흡을 자세하게 알아차리면 긴 호흡이 있을 때도 있고 짧은 호흡이 있을 때도 있습니다. 그리고 호흡의 일어남과 꺼짐에서 일어남이 길고 꺼짐이 짧을 때도 있습니다. 반대로 일어남이 짧고 꺼짐이 길 때도 있습니다. 어느 때나 호흡의 길이가 다를 때는 다른 것을 있는 그대로 알아차려야 합니다. 이때 길게 들이쉬는 것이나 짧게 들이쉬는 것을 알아차린다고 했을 때 인위적으로 길게 하거나 짧게 하라는 뜻이 아닙니다. 수행자는 어떤 호흡도 인위적으로 개입해서 만들어서 하면 안 됩니다. 만약 대상에 개입하면 대상이 가지고 있는 본연의 성품을 알 수가 없습니다.

매순간의 호흡마다 서로 다른 특징들이 있습니다. 호흡은 일어남과 꺼짐이 있고, 길고 짧음이 있습니다. 그리고 강하고 약함이 있습니다. 코의 들숨과 날숨에서는 들어갈 때 차가운 바람이 있고 나올 때 따뜻한 바람이 있습니다. 또 단단함과 부드러움이 있습니다. 밀고 당김이 있고, 부풀었다가 사라짐이 있고, 팽창과 수축이 있고, 가벼움과 무거움이 있습니다. 빠르고 느림도 있습니다. 이처럼 호흡은 여러 가지의 특성이 있습니다. 호흡을 알아차릴 때는 이러한 특성을 알아차리는 것이 좋습니다. 그리고 호흡과 호흡 사이에는 짧은 사이 숨도 있습니다. 사실 호흡은 풍대의 요소로서 바람이 부풀었다가 꺼지는 특성이 가장 두드러지게 나타납니다.

이처럼 다양한 호흡을 알아차리면 매번 일어나고 꺼지는 호흡이 결코 같은 호흡이 아니라는 사실을 알 수 있습니다. 그러면 호흡을 알아차리는 것이 싫증나지 않고 흥미를 느낄 수 있습니다. 이렇게 알아차리게 되면 나중에 무상을 보는 지혜가 납니다. 누구나 조금만 주의 깊게 알아차리면 이러한 변화를 발견할 수 있어 흥미를 느끼면서 수행을 할 수 있습니다. 그러면 집중이 되어 처음에 알아차리기 힘들던 호흡이 매우 크게 느껴져서 대상을 더 분명하게 알아차릴 수 있습니다.

다음으로 **"온몸을 알아차리면서, 나는 숨을 들이쉴 것이라고 마음을 다지면서 수행을 하며, 온몸을 알아차리면서, 나는 숨을 내쉴 것이라고 마음을 다지면서 수행을 한다"**라는 구절이 있습니다. 이때 온몸이라고 하는 것의 빨리어 뜻은 호흡의 시작과 중간과 끝을 알아차리는 것을 뜻합니다. 호흡의 일어남과 꺼짐은 시작과 중간과 끝이 있습니다. 호흡이 일어남은 시작이고 호흡의 중간은 일어남과 꺼짐 사이에 있는 짧은 쉼이 있는데 이것이 중간입니다. 그리고 끝은 꺼짐입니다. 모든 것은 시작이 있고 중간이 있고 끝이 있습니다. 모든 것은 이러한 과정을 거치면서 새로 일어나서 다시 사라집니다. 그리고 호흡의 일어남 하나에도 시작과 중간과 끝이 있습니다. 호흡의 일어남 하나에도 속도와 강약과 바람의 요소가 각기 다른 시작과 중간과 끝이 있습니다. 그리고 꺼짐 하나에도 속도와 강약과 바람의 요소가 각기 다른 시작과 중간과 끝이 있습니다. 수행자가 집중력이 생기면 일어나고 꺼지는 호흡을 마치 현미경으로 보는 것처럼 확대해서 볼 수 있습니다. 그래서 이런 현상을 더욱 자세하게 알 수 있습니다. 이렇게 시작과 중간과 끝을 알아차릴 때 강력한 집중력이 생겨 통찰지혜가 성숙됩니다.

그리고 뒤이어 **"나는 숨을 들이쉴 것이라고 마음을 다지면서 수행을 하며"** 라는 구절이 있습니다. 여기서 숨을 들이쉴 것이라는 것의 빨리어 뜻은 호흡을 인위적으로 만들지 말고 있는 그대로의 호흡을 알아차리도록 한다는 것입니다. "나는 숨을 들이쉴 것이라고" 했을 때는 미래의 시제라는 것을 주목해야 합니다. 지금까지 길고 짧은 호흡을 알아차리느라고 그렇게 많은 노력이 필요하지 않았지만 이제 호흡을 더 정확하게 알아차리기 위해서는 노력과 알아차림과 집중이 필요하다는 것을 밝히고 있습니다. 이렇게 했을 때 호흡의 시작과 중간과 끝을 알아차릴 수 있어 더욱 밀밀하게 호흡을 알아차리게 됩니다. 그리고 "마음을 다지면서"라는 구절은 이렇게 하도록 수련을 한다는 뜻입니다. 수련이란 단련시키는 것을 말합니다. 그러므로 요약을 하면 호흡을 꾸밈이 없도록 하면서 숨을 내쉴 것이라고 수련을 해야 한다는 의미입니다.

호흡을 할 때 꾸밈이 없도록 하는 것은 인위적으로 개입해서 만들지 않는 것을 말합니다. 호흡에 개입하면 대상의 성품을 보는 위빠사나 수행이 아닙니다. 그리고 호흡을 만들어서 하면 나중에 건강을 해칠 뿐만 아니라 피곤해서 수행을 계속하기 어렵습니다. 호흡을 만들어서 하면 몸의 리듬이 깨질 뿐만 아니라 나중에 극도의 피로를 느끼게 됩니다. 그러므로 수행자는 반드시 인위적인 호흡을 피해야 합니다. 인위적이라는 것은 호흡을 스스로 조절하려고 개입한 것임으로 욕망으로 하는 것입니다. 그러면 있는 그대로의 호흡을 알아차리기가 어렵습니다.

다음으로 **"자연스런 호흡을 하면서"**라는 구절이 있습니다. 자연스런 호흡이란 인위적으로 만들지 않은 있는 그대로의 호흡을 말합니다. 이때 자연스럽다는 것은 조건에 의해 일어난 것을 있는 그대로 알아차린다는 것입니다. 호흡의 조건은 먼저 마음이 있어야 합니다. 그리고 몸이 있어야 합니다. 마음이 없으면 몸이 없고 몸이 없으면 호흡이 없습니다. 그러므로 수행자는 이렇게 조건에 의해 일어나고 꺼지는 호흡을 있는 그대로 알아차려야 합니다. 여기에 이것을 일으키는 자아가 있어서 호흡을 일으키는 것이 아니므로 단지 이러한 조건에 의해 호흡이 일어나는 것일 뿐입니다. 그러므로 호흡도 나의 호흡이 아닙니다.

분노로 인해 거친 호흡이 일어났을 때도 개입하지 말고 그냥 알아차려야 합니다. 고요함으로 인해 미세한 호흡이 일어났을 때도 개입하지 말고 그냥 알아차려야 합니다. 모든 것들은 일어날 만해서 일어나고 사라질 만해서 사라집니다. 수행자는 단지 이러한 현상의 성품을 보아 사물의 이치를 알아야 합니다.

호흡을 알아차리는 과정에서 기존의 알아차림만으로는 부족하기 때문에 더 많은 노력과 알아차림과 집중을 요구하는 이유가 있습니다. 그래서 호흡의 시작과 중간과 끝을 알아차려야 합니다. 호흡을 알아차리다 보면 어느 순간부터 고요해지기 시작하여 호흡이 미세해집니다. 이때 호흡을 놓치기 쉽습니다. 그러나 이때 호흡을 놓쳐서는 안 됩니다. 호흡이 미세해졌다는 것은 그만큼 집중력이 생겼다는 것이기도 하지만 호흡이 소멸해가는 중요한 과정이기 때문입니다. 거친 호흡이 중간 호흡으로, 다시 중간 호흡이 미세한 호흡으로 바뀌는 과정은 수행에서 매우 중요한 의미를 가지고 있습니다.

일반적으로 수행자가 알아차려야 할 대상은 몸과 마음입니다. 그런데 집중력이 생기면 먼저 몸의 느낌이 사라집니다. 다음에는 몸의 호흡이 사라집니다. 이때 호흡이 정지되는 것이 아니고 미세해져서 감지할 수 없는 상태가 됩니다. 그러면 몸의 느낌이 완전하게 소멸한 상태가 됩니다. 몸의 느낌이 소멸했을 때 남아 있는 것은 마음입니다. 이때 마음이 아는 마음을 대상으로 알아차려야 합니다. 이때의 아는 마음을 앎이라고 합니다. 마음이 마음을 대상으로 알아차릴 때 이 마음조차도 소멸하면 열반에 이릅니다. 그러므로 미세한 호흡은 이러한 과정에 진입하는 하나의 관문입니다. 그래서 더 주의를 기울여서 노력과 알아차림과 집중력을 키워야 합니다.

위빠사나 수행의 궁극의 목표는 열반입니다. 열반은 탐욕, 성냄, 어리석음이란 번뇌가 불타서 소멸한 것입니다. 이러한 소멸이 바로 수행을 하면서 몸의 느낌의 소멸과 호흡의 소멸로 나타나고 결국에는 마음의 소멸로 완성됩니다. 그래서 위빠사나 수행에서 소멸은 매우 중요한 의미를 가지고 있습니다. 몸이 소멸했다는 것은 내가 소멸한 것입니다. 내가 소멸했으면 탐욕, 성냄, 어리석음이 자연스럽게 소멸한 것입니다. 그래서 처음에는 거친 대상을 조건 없이 알아차려야 하고 차츰 미세한 대상이 나타나면 더욱 노력해서 대상에 마음을 기울여야 합니다.

일반적으로 수행을 할 때 집중력이 생기면 알아차릴 대상이 더욱 분명해져서 알아차리기가 편합니다. 그러나 유독 호흡만은 그렇지 않습니다. 처음에 집중력이 생기면 온통 호흡밖에 없는 상태가 됩니다. 그러다가 차츰 호흡이 미세해지기 시작합니다. 이런 상황에서도 알아차림을 포기하지 않고 계속하면 차츰 호흡이 사라지는 단계가 옵니다. 물론 호흡이 사라진 것이 아니고 너무 미세해서 감지하기가 어려운 것입니다. 이때 호흡이 미세한 상태 그대로 알아차려야지 미세하기 때문에 거칠게 일으켜서는 안 됩니다. 바로 미세한 호흡을 놓치지 않고 알아차리도록 하기 위해서 호흡의 시작과 중간과 끝을 면밀하게 알아차리도록 하는 것입니다.

만약 호흡이 미세해지거나 사라졌을 때는 현재 나타난 현상을 있는 그대로 알아차려야 합니다. 그렇지 않고 호흡을 새로 일으키거나 사라진 호흡을 찾아서는 안 됩니다. 수행에서 가장 중요한 불문율 중의 하나가 사라진 것은 찾지 않는 것입니다. 사라진 것을 찾으면 과거로 돌아가는 것이라서 알아차림을 놓칩니다. 사라졌다는 것은 소멸을 의미해서 의식이 고양된 상태인데 다시 사라진 것을 찾으면 과거의 의식으로 돌아가는 것입니다.

수행자에게는 과거가 없습니다. 지나온 날이 어떠하든 그것은 현재가 아니고 과거이며 알아차릴 대상이 아닙니다. 만약 사라진 것을 찾으면 다시 나타나기 마련이며 이는 소멸을 부정하는 결과를 가져옵니다. 이것은 수행의 진전을 역행하는 것입니다. 이것은 수행에서뿐만 아니고 인생을 살아가는 데 있어서도 항상 잊지 말아야 할 사항입니다.

수행자가 호흡을 알아차릴 때는 다음 네 가지를 주목할 필요가 있습니다. 긴 호흡과 짧은 호흡을 알아차려야 합니다. 호흡이 지속되는 기간을 알아차려야 합니다. 그리고 미세해진 호흡을 알아차려야 합니다. 호흡이 미세해서 더 이상 느낄 수 없을 때는 마음을 알아차리는 수행으로 바꾸어서 알아차려야 합니다. 이처럼 하나의 호흡은 항상 일정하지 않음을 알 수 있습니다.

이상 『대념처경』에서 밝힌 호흡을 알아차리는 방법을 요약하면 다음과 같습니다.

첫째, 숨을 들이쉴 때 숨을 들이쉬는 것을 알아차리고, 숨을 내쉴 때 숨을 내쉬는 것을 알아차립니다.

둘째, 숨을 길게 들이쉴 때는 숨을 길게 들이쉬는 것을 알아차리고, 숨을 길게 내쉴 때는 숨을 길게 내쉬는 것을 알아차립니다.

셋째, 숨을 짧게 들이쉴 때는 짧게 들이쉬는 것을 알아차립니다. 숨을 짧게 내쉴 때는 짧게 내쉬는 것을 알아차립니다.

이상의 세 가지를 기본 알아차림으로 하면서 호흡의 시작과 중간과 끝을 알아차리도록 노력하고 꾸밈이 없이 자연스러운 호흡을 알아차리도록 노력해야 합니다.

지금까지는 호흡에 대한 알아차림에 대해서 설명했지만 지금부터 계속되는 경전 구절은 몸을 알아차리는 수행뿐만 아니라 느낌을 알아차리는 수행, 마음을 알아차리는 수행, 법을 알아차리는 수행에 모두 동일하게 적용되는 내용입니다.

다음 경전 구절을 살펴보겠습니다. "**이와 같이 그는 몸에서 몸을 안으로 알아차리는 수행을 하면서 지낸다. 혹은 그는 몸에서 몸을 밖으로 알아차리는 수행을 하면서 지낸다. 혹은 그는 몸에서 몸을 안팎으로 알아차리는 수행을 하면서 지낸다**"라는 구절이 있습니다. 먼저 '몸에서 몸을' 알아차리는 것은 몸을 알아차릴 때는 오직 몸을 알아차리는 것을 말합니다. 예를 들어 수행자가 호흡을 알아차릴 때는 다른 대상이 아닌 오직 호흡에 집중하는 것을 말합니다. 다음으로 수행자가 몸을 안으로 알아차리는 수행을 하고, 그리고 몸의 밖을 알아차리는 수행을 하고, 다시 몸을 안팎으로 알아차리는 수행을 하라는 말은 알아차릴 대상의 순서를 말하는 것이기도 하며 상황에 따라 대상을 다양한 방법으로 알아차릴 것을 밝히고 있습니다.

『대념처경』에서는 모든 대상을 알아차릴 때 일관되게 "안을 알아차리는 수행을 하면서 지내고, 밖을 알아차리는 수행을 하면서 지내고, 안팎을 알아차리는 수행을 하면서 지낸다"는 수행 방법이 제시되어 있습니다. 먼저 안을 알아차리는 것은 수행자가 자신의 감각기관에서 알아차리는 것입니다. 다음에 밖을 알아차리는 것은 감각대상에서 알아차리는 것입니다. 마지막으로 안팎을 알아차리는 것은 대상을 아는 마음을 알아차리는 것입니다. 수행이란 특정한 상황에서만 하는 것이 아니고 여러 가지의 상황에 처했을 때도 모두 알아차려야 하기 때문에 다양한 방법이 필요합니다. 그래서 이상의 세 가지 방법을 사용하면 모든 경우를 완벽하게 대처할 수 있어 바르게 수행을 할 수 있습니다.

눈으로 대상을 볼 때는 눈에 마음을 두고 알아차리는 것이 안을 알아차리는 것입니다. 다음에 보이는 대상에 마음을 두고 알아차리는 것이 밖을 알아차리는 것입니다. 그리고 눈으로 보고 아는 마음을 대상으로 알아차리는 것이 안팎을 알아차리는 것입니다. 귀로 소리를 들을 때 마음을 귀에 두고 알아차리는 것이 안을 알아차리는 것입니다. 다음에 들리는 소리에 마음을 두고 알아차리는 것이 밖을 알아차리는 것입니다. 그리고 귀로 소리를 듣는 마음을 알아차리는 것이 안팎을 알아차리는 것입니다. 다른 감각기관과 감각대상도 이와 마찬가지로 알아차립니다.

인간이 사는 것은 여섯 가지 감각기관이 여섯 가지 감각대상과 접촉하여 일어나는 여섯 가지 아는 마음으로 삽니다. 이것을 일체, 전부, 모든 것이라고 합니다. 사실 인간에게 실재하는 것은 이것 외에는 다른 것이 없습니다. 붓다께서 전부를 안다고 말씀하실 때의 범주가 바로 이상 세 가지의 접촉으로 이루어지는 것을 말합니다. 여섯 가지 감각기관과 여섯 가지 감각대상이 12처입니다. 다시 여섯 가지 아는 마음이 포함된 것이 18계입니다. 인간의 18계가 실재하는 세계이므로 수행자의 대상은 18계를 벗어나지 않습니다. 이러한 18계는 불교의 세계관이기도 합니다. 이 말은 수행의 대상이 인간의 정신과 물질을 벗어나지 않는 것을 말합니다.

이상의 세 가지 과정으로 호흡을 알아차리는 것과 대비해보면 "수행자가 호흡을 알아차릴 때 호흡을 자신의 감각기관에서 알아차리고, 혹은 감각대상인 다른 사람의 호흡을 알아차리고, 혹은 호흡을 알아차리는 자신의 마음을 알아차리면서 지낸다"라는 것으로 해석할 수 있습니다.

첫 번째, 자신의 감각기관에서 호흡을 알아차린다고 했을 때는 자신의 코, 가슴, 배, 전면 이렇게 호흡이 일어나는 곳에서 자유롭게 알아차리는 것을 말합니다.

두 번째, 감각대상에서 알아차린다고 했을 때는 반드시 타인의 호흡을 직접 쳐다보고 알아차려야 하는 것을 말하는 것은 아닙니다. 자신의 호흡이 들숨과 날숨이 있고, 일어남과 사라짐이 있고, 시작과 끝이 있는 것처럼 다른 사람의 호흡도 이렇다는 사실을 알아차리는 것입니다. 하지만 경우에 따라서 다른 사람의 호흡을 지켜볼 때가 있을 수도 있습니다. 그러므로 감각대상인 밖을 알아차린다고 했을 때는 이 두 가지가 모두 포함될 수 있습니다.

세 번째, 안팎을 알아차리는 것을 호흡을 알아차리고 있는 마음을 알아차리는 수행입니다. 이러한 방법은 호흡을 알아차리는 마음을 대상으로 알아차리는 것을 말합니다. 이것을 요약하면 '아는 마음 알아차리기'라고 하거나 '앎'이라고 합니다. 세 번째 수행을 할 때는 호흡이 대상이지만 몸이 아닌 호흡을 아는 마음을 알아차리기 때문에 심념처 수행이 됩니다.

그러나 안팎을 알아차리는 것에 관해서 다른 주석서에서 앞서 밝힌 것과 다르게 설명합니다. 안을 알아차리는 것은 자신의 호흡을 알아차리는 것이며, 밖을 알아차리는 것은 자신의 호흡처럼 다른 사람의 호흡이 있다는 것을 알아차리는 것이고, 안팎을 알아차리는 것은 자신의 호흡과 다른 사람의 호흡이 있다는 것을 차례로 왔다 갔다 하면서 알아차리는 것이라고 설명합니다. 이때 안팎을 알아차린다는 것은 안과 밖을 차례로 알아차리는 것을 말합니다. 왜냐하면 마음은 한 순간에 하나밖에 없기 때문에 두 가지를 동시에 알아차릴 수가 없습니다.

이처럼 수행자가 필요에 따라서 이런 방법으로 알아차릴 수도 있습니다. 주석서에서 밝히는 내용은 수행자에게 이로움을 주기 위한 것이므로 근기에 따라서 다양한 방법을 사용할 수 있습니다. 물론 큰 틀을 벗어나서는 안 되며 바른 틀 안에서 얼마든지 다양한 방법을 선택할 수 있습니다.

처음에 밝힌 안팎을 알아차리는 방법은 대상을 아는 마음을 알아차리는 것으로 마음을 알아차리는 수행자에게 가능한 방법이므로 일반적이지 않을 수 있습니다. 그러므로 수행자의 근기에 따라 다른 주석서에서 말하는 차례로 안팎을 알아차리는 수행을 하다가 집중력이 생기면 대상을 아는 마음을 알아차리면 수행의 완성도가 높아질 것입니다.

이때 주의할 것은 호흡을 알아차릴 때 안을 알아차리는 것은 호흡이 일어나는 몸의 안쪽을 알아차리는 것으로 알거나, 밖을 알아차리는 것은 호흡이 일어 나는 몸의 표면을 알아차리는 것으로 알거나, 안팎을 알아차리는 것은 이 두 가 지를 모두 알아차리는 것으로 이해해서는 안 됩니다. 또 밖을 알아차린다고 했 을 때 자신의 호흡을 알아차려야지 남의 호흡을 알아차릴 필요가 있겠는가 생각 할 수 있겠지만 남의 호흡을 알아차려야 할 때도 있습니다. 여기서 호흡을 안과 밖과 안팎으로 알아차리는 것은 단지 호흡에만 국한된 것만이 아닌 다른 모든 대상을 이렇게 알아차리는 것을 말하는 것입니다. 그러므로 호흡 하나만 놓고 볼 때는 안과 밖과 안팎에 대한 이견이 있을 수 있겠지만 이것이 몸과 마음에 있는 모든 대상을 알아차리는 방법으로 이해하면 됩니다. 안과 밖과 안팎에 대 한 알아차림은 호흡 하나에만 적용되는 것이 아니므로 큰 틀에서 이해할 필요가 있습니다.

수행자가 알아차려야 할 대상은 먼저 자신의 감각기관입니다. 마음이 처음 부터 감각대상에 나가면 내가 본다는 견해로 보거나 선입관을 가지고 보기 마련 입니다. 그래서 모든 경우에 자신의 감각기관에서 알아차리는 것을 우선해야 합 니다. 그러나 항상 자신의 감각기관에서만 알아차리고 지낼 수는 없습니다. 누 가 자신에게 말을 할 때는 마음이 감각대상인 상대에게 마음을 기울여서 들어야 합니다. 만약 이때 상대가 말을 해도 자신의 감각기관에서만 듣는다면 상대가 말하는 내용을 분명하게 알 수 없습니다. 그러므로 마음이 밖에 있는 상대에게 로 나가야 할 때가 있습니다. 이렇게 알아차리다가 좀 더 객관적으로 알아차리 고자 할 때는 안팎을 알아차리는 방법으로 대상을 아는 마음을 알아차리면 됩니 다. 수행자가 혼자서 좌선을 하거나 경행을 하거나 일상의 알아차림을 할 때는 당연히 안에서 알아차려야 합니다. 그러나 상대가 있을 때는 자연스럽게 상대를 주목할 필요가 있습니다. 이때는 밖에 있는 대상을 알아차려야 합니다. 그리고 대상을 보다 분명하게 알기 위해서는 대상을 아는 마음을 알아차려서 더욱 객관 화시킬 필요가 있습니다.

안을 알아차리는 수행에 관하여 위빠사나 수행자들이 저만 안다는 오해를 받을 수 있습니다. 이런 점을 문제 삼아 상좌불교 수행자들은 저만 안다고 말한 다면 이는 잘못된 견해입니다. 이러한 방법은 붓다 이래로 모든 수행자들이 도 과를 얻는 과정에서 실천되어온 방법입니다. 만약 이런 오해가 있다면 사념처 수행에 대한 이해가 부족하기 때문에 잘못 생각한 것입니다.

수행자가 먼저 안을 알아차리는 것은 자신의 감각기관을 알아차리는 순서일 뿐이지 항상 자신만 알아차리는 것은 아닙니다. 어떤 수행자나 결코 자기만 알지는 않습니다. 그 대표적인 예가 붓다와 모든 아라한입니다. 그분들은 모두 남을 위해서 사신 분들입니다. 만약 자신만 안다면 분명하게 잘못된 것입니다. 나만 있고 상대가 없다면 결코 수행을 완성할 수 없습니다. 이러한 방법은 단지 알아차리는 순서를 먼저 자신으로 정한 것입니다. 왜냐하면 자신을 먼저 알아차리지 않고서는 수행이 아무런 진전을 이룰 수 없기 때문입니다. 누구나 자신의 문제를 해결하지 않고 남의 문제부터 해결할 수는 없습니다. 자신을 놔두고 먼저 남부터 시작한다는 것은 결코 문제 해결에 도움이 되지 않습니다.

모든 것을 이끄는 것은 자신입니다. 이런 자신부터 정화가 되어야 다음 단계로 남에 대해서도 관용과 사랑이 생길 수 있습니다. 먼저 자신의 감각기관을 알아차리고 다음에 감각대상을 알아차리고 마지막으로 대상을 아는 마음을 알아차릴 때 수행이 완성됩니다. 단지 자신의 감각기관을 알아차려서 이해하는 것으로 그쳐서도 안 되며, 또 다른 사람을 감각대상으로 알아차리는 것만으로도 충분하지 않습니다. 마지막으로 대상을 알고 있는 마음을 알아차릴 때 비로소 수행의 완성도가 높아집니다. 왜냐하면 마음이 모든 것을 이끌기 때문입니다. 자신의 마음이 이러하다고 판단되면 나의 마음처럼 상대의 마음도 이러하다고 판단하게 되어 관용이 생깁니다. 이렇게 해서 생긴 선한 마음과 지혜에 의해서 궁극의 열반을 성취할 수 있습니다.

다시 다음 경전 구절을 살펴보겠습니다. "**그는 몸에서 일어나는 현상을 알아차리는 수행을 하면서 지낸다. 혹은 몸에서 사라지는 현상을 알아차리는 수행을 하면서 지낸다. 혹은 몸에서 일어나고 사라지는 현상을 알아차리는 수행을 하면서 지낸다**"라는 내용입니다.

경전의 이 구절도 몸을 알아차리는 수행에만 적용되는 내용이 아니고 모든 대상을 알아차릴 때 똑같이 적용되는 내용입니다. 이상의 내용도 매우 중요한 뜻을 가지고 있으며 몇 가지의 의미를 가지고 있습니다. 일어나는 현상과 사라지는 현상에 대한 두 가지 해석이 있습니다.

첫째, 몸에서 일어나는 현상을 알아차리는 수행을 하며 지낸다는 뜻은 호흡이 몸에서 어떤 조건에 의해 일어나는지를 알아차리는 것을 말합니다. 호흡은 세 가지 조건에 의해서 일어납니다. 호흡은 먼저 몸이 있어야 합니다. 그리고 콧구멍이 있어야 합니다. 마지막으로 마음이 있어야 합니다. 이처럼 호흡은 저절로 일어나는 것이 아니고 이러한 조건에 의해 일어나는 것입니다. 그래서 나의 호흡이 아니고 조건에 의해서 일어나는 호흡입니다. 조건에 의해 일어나기 때문에 호흡에도 원인과 결과가 있습니다. 이렇듯 모든 것은 우연히 생기는 것이 아니고 조건에 의해 생긴다고 이해할 때 원인과 결과를 아는 지혜와 무아를 아는 지혜가 성숙됩니다. 그러므로 몸에서 일어나는 현상을 알아차린다는 것은 몸, 콧구멍, 마음이란 세 가지 조건에 의해 일어나는 것을 알아차린다는 의미입니다.

다음에 "몸에서 사라지는 현상을 알아차리는 수행을 하며 지낸다"는 뜻은 일어나는 현상을 조건 짓는 것의 반대가 됩니다. 몸이 없어도 호흡이 없고, 콧구멍이 없어도 호흡이 없고, 마음이 없어도 호흡이 없습니다. 일어남은 일어남의 조건이 있습니다. 사라짐은 사라짐의 조건이 있습니다. 그러므로 몸과 콧구멍과 마음이 있는 한 호흡은 일어나서 사라지는 연속적 현상이 계속됩니다. 그러나 몸과 콧구멍과 마음이 없는 한 호흡은 사라져서 다시 일어나지 않습니다. 이것이 다시 태어나지 않는 것입니다. 태어날 조건에 의해서 태어난 것은 태어날 조건이 사라지면 태어나지 않는 것이 연기의 법칙입니다.

여기서 몸에서 호흡이 일어나고 사라지는 조건을 생각으로 이해하려고 하거나 분석해서는 안 됩니다. 수행자가 계속해서 알아차리면 지혜가 나서 이런 조건들을 알게 되는 때가옵니다. 그렇지 않고 호흡의 조건을 사유로 분석해서는 안 됩니다. 지혜가 성숙되는 과정에서 이런 현상들은 자연스럽게 드러납니다.

둘째, 먼저 몸에서 일어나는 현상에 대한 알아차림과 다음에 사라지는 현상에 대한 알아차림과 마지막으로 일어나고 사라지는 현상에 대한 알아차림은 단계적 과정을 통하여 몸의 특성인 무상을 알기 위한 지혜의 계발입니다. 이러한 알아차림은 비단 호흡에만 국한된 것이 아니고 모든 대상에 똑같이 적용되는 것으로 오직 대상이 가지고 있는 법의 성품을 보기 위한 과정입니다.

여기에 또 한 가지 깊은 뜻이 있습니다. 수행자가 처음부터 일어남 꺼짐의 호흡을 알아차리면서 무상을 알기가 어렵습니다. 그리고 처음부터 호흡의 전 과정을 알아차리기도 어렵습니다. 사실 초보수행자는 호흡을 몇 번 알아차리기도 어렵습니다. 그래서 처음에는 모든 대상의 일어남 하나를 알아차립니다. 아직 알아차리는 힘이 없을 때는 대상의 절반만 알아차리는 것도 크게 도움이 됩니다. 왜냐하면 초보수행자는 아직 집중력이 생기지 않아 대상을 알아차리기가 힘들기 때문입니다.

이렇게 해서 약간의 집중력이 생기면 다음에는 사라짐을 알아차립니다. 이때도 대상의 절반만 알아차리는 것입니다. 그러면 마음이 힘들어하지 않습니다. 마음이 힘들면 알아차리려 하지 않기 때문에 먼저 일하는 마음을 배려하는 것도 필요합니다. 일정기간 사라짐을 계속해서 알아차리다 집중의 힘이 생기면 이제는 일어남과 사라짐을 모두 알아차립니다. 이때는 일어남과 사라짐의 전 과정을 밀밀하게 알아차릴 수 있습니다. 이렇게 알아차릴 때 자연스럽게 일어남과 사라짐이라는 무상의 지혜가 성숙될 수 있는 조건을 갖추게 됩니다. 그러므로 호흡 하나에서도 존재하는 것이 가지고 있는 고유한 특성인 무상을 볼 수 있습니다.

이러한 방식을 이용하여 호흡을 알아차린다면 다음과 같이 수행할 수 있습니다. 처음에는 호흡의 '일어남' 하나를 대상으로 알아차립니다. 이렇게 알아차려서 집중이 되었을 때 다음 단계로 호흡의 '사라짐'을 알아차립니다. 이렇게 알아차려서 좀 더 집중이 되었을 때 이번에는 '일어남 사라짐'의 전 과정을 알아차립니다. 이처럼 단계적 과정을 통해서 알아차리는 영역을 확대해 나가면 호흡을 더욱 분명하게 알아차릴 수 있습니다.

이와 같이 처음에 '일어남'을 다음에 '사라짐'을 그리고 마지막에 '일어남과 사라짐'을 알아차리는 과정을 세 단계로 분류한 것에서 수행자들의 근기를 배려한 붓다의 자애로움을 엿볼 수 있습니다. 그리고 이렇게 알아차림으로써 자연스럽게 무상의 지혜가 나도록 한 것도 위대하신 스승의 큰 뜻임을 엿볼 수 있습니다.

다음은 "그는 단지 몸이 있다는 알아차림을 확립할 때까지 몸의 현상들에 대한 분명한 앎과, 알아차림을 확립하고, 유지한다"라는 구절입니다. 이때 "그는 단지 몸이 있다는 알아차림을 확립할 때까지"라는 뜻은 호흡을 하는 몸을 의미합니다. 자신의 호흡에는 하나의 절(節, section)이 있는데 이것이 호흡의 일어남,

꺼짐입니다. 그러므로 호흡을 알아차릴 때는 막연하게 알아차리지 말고 일어남의 과정과 꺼짐의 두 과정으로 분명하게 나누어서 알아차려야 합니다. 다음으로 "알아차림을 확립할 때까지"라는 구절은 몸에 있는 호흡을 알아차릴 때 오직 호흡하는 몸만 있지 다른 것은 아무것도 없다고 알아차려야 하는 것을 말합니다. 호흡을 알아차릴 때 이것이 나의 호흡이라거나, 남자의 호흡이라거나, 여자의 호흡이라거나, 호흡을 하는 어떤 존재가 있다고 알면 안 됩니다. 오직 호흡이라는 대상과 그것을 아는 마음만 있어야 하는 것을 '알아차림을 확립할 때까지'라고 볼 수 있습니다.

다음으로 "몸의 현상들에 대한 분명한 앎과, 알아차림을 확립하고, 유지한다"라는 구절은 다음과 같습니다. "몸의 현상들에 대한 분명한 앎과"에서 몸의 현상은 앞서 밝힌 것처럼 호흡이 일어나는 조건들을 말합니다. 호흡은 이러한 조건에 의해 일어났을 뿐이지 이것이 나의 호흡이라거나, 나의 소유라거나, 내 마음대로 할 수 있는 호흡이 아닌 것을 아는 것이 '분명한 앎'입니다.

위빠사나 수행은 일정한 과정을 거쳐 지혜가 성숙됩니다. 지혜는 처음에 시작 단계의 과정에서 차츰 더 높은 단계의 과정으로 발전합니다. 그러므로 처음에는 조건 없이 있는 그대로의 대상을 알아차려야 합니다. 이렇게 알아차림을 지속하면 차츰 더 높은 지혜를 단계적으로 얻게 됩니다. 이것이 '알아차림을 확립하고, 유지한다'는 뜻입니다.

수행자는 단지 일어나고 꺼지는 호흡을 알아차리는 것에 불과하지만 계속해서 알아차림을 확립하면 이것이 나의 몸이 아니고, 나의 호흡이 아니며, 이 호흡을 내가 소유하지 못하며, 내 마음대로 할 수 있는 것이 아니라고 아는 지혜가 납니다. 여기에는 영혼도 없고 오직 조건 지어진 몸과 이것을 아는 순간적인 마음만 있다는 무아의 지혜가 납니다. 이렇게 해서 도의 지혜와 과의 지혜가 성숙됩니다. 아무것도 아닌 것 같은 호흡 하나에서 이처럼 몸과 마음이 가지고 있는 모든 진실을 파악할 수 있습니다. 이렇게 지혜가 성숙하는 과정에는 알아차림과 분명한 앎이 함께 작용해야 합니다. 이 두 가지가 상호보완적으로 작용할 때 완전한 지혜를 향해서 갈 수 있습니다.

다음에 "그는 갈애와 잘못된 견해에 의지하지 않고 지낸다. 그는 세상에서 아무것도 집착하지 않는다"라는 구절이 있습니다. 호흡은 단지 물질적 정신적으로 일어나고 사라지는 현상일 뿐입니다. 호흡을 있는 그대로 알아차리고 계속해서 알아차림을 지속하면 그 과정에서 일곱 가지의 청정과 16단계의 지혜가 성숙합니다. 이러한 과정에서 무상, 고, 무아를 아는 지혜도 더 성숙합니다. 그러므로 모든 것이 변하는 것밖에 없으며, 집착으로 인해 만족할 수 없어 괴로우며, 이것을 소유하는 자아가 없다는 것을 압니다. 그러면 감각적 욕망에 대한 갈애도 사라지고, 존재에 대한 갈애도 사라지고, 비존재에 대한 갈애도 사라집니다.

이렇게 되었을 때 삿된 견해인 유신견과 상견과 단견도 함께 소멸합니다. 이 호흡도 나의 호흡이 아니고 조건 지어진 호흡이라고 알면 유신견이 사라집니다. 호흡은 영원한 것이 아니고 호흡을 일으킬 조건이 사라지면 호흡도 사라지는 것을 알게 됩니다. 그래서 상견이 사라집니다. 그리고 호흡을 일으킬 조건이 계속되면 호흡이 계속된다는 것도 압니다. 그래서 단견이 사라집니다. 이렇게 사물의 바른 이치를 알 때 갈애와 잘못된 견해에 의지하지 않고 지내게 됩니다.

"그는 세상에서 아무것도 집착하지 않는다"라고 말할 때의 세상은 세간을 말합니다. 세간에 있는 것이라고는 오직 자신의 몸과 마음밖에 없습니다. 이때 아무것도 집착하지 않는다는 것은 자신의 정신과 물질의 무더기인 오온을 집착하지 않는다는 뜻입니다. 인간은 색, 수, 상, 행, 식이라는 다섯 가지 물질과 정신의 무더기로 구성되었습니다. 이것을 오온(五蘊)이라고 합니다. 이것들은 단지 조건에 의해 모여서 각각의 역할을 할 뿐 여기에 자아라고 할 만한 것이 없다는 무아의 지혜가 나면 몸과 마음을 집착하지 않게 됩니다. 만약 오온을 집착하면 다시 태어나는 원인이 되지만 오온을 집착하지 않으면 다시 태어날 원인이 사라집니다. 이것이 해탈이고 윤회의 끝입니다. 오온이 오취온(五取蘊)이 되지 않는 것이 궁극의 깨달음입니다.

마지막으로 "이와 같이 비구는 몸에서 몸을 알아차리는 수행을 하면서 지낸다"라는 구절이 있습니다. 이 말은 앞서 밝힌 것처럼 몸을 알아차릴 때 몸 외에는 다른 대상을 알아차려서는 안 된다는 것입니다. 몸을 알아차릴 때는 오직 몸을 알아차리는 것에 집중해야 합니다. 그래서 다른 것과 섞이지 않도록 해야 합니다. 이렇게 알아차릴 때 몸이 가지고 있는 고유한 성품을 알 수 있습니다. 또 몸을 알아차릴 때 이것이 나의 몸이라고 생각하거나 내가 몸을 소유한다는 생각을 가져서도 안 됩니다. 오직 있는 그대로의 현상으로 알아차려야 합니다. 그래서 경전에서는 사념처 수행에서만 몸이라고 할 뿐 나머지 경우는 몸을 물질로 부릅니다. 그러므로 몸을 알아차릴 때는 하나의 물질의 영역으로 알아차릴 필요가 있습니다. 그리고 이것을 아는 것은 정신의 영역입니다.

이상이 『대념처경』에서 호흡을 알아차리는 수행에 대한 내용입니다.

호흡을 알아차리는 수행은 사마타 수행으로 할 수도 있고 위빠사나 수행으로 할 수도 있습니다. 사마타 수행으로 할 경우에는 대상과 하나가 되어서 알아차리는 근본집중을 합니다. 그래서 다섯 가지 장애를 억누르고 선정의 고요함을 얻도록 합니다. 그러나 번뇌를 완전히 소멸시키기 위해서는 적절한 시기에 위빠사나 수행으로 바꾸어야 합니다.

호흡을 알아차리는 수행을 위빠사나 수행으로 할 수도 있습니다. 위빠사나 수행을 할 때는 대상을 분리해서 알아차리는 찰나삼매로 수행을 합니다. 이렇게 해서 생긴 지혜로 번뇌를 말립니다. 그래서 궁극의 깨달음을 얻어 모든 속박에서 벗어나는 해탈에 이릅니다.

사마타 수행으로 호흡을 알아차릴 때는 호흡과 하나가 되어 강력하게 밀착시킵니다. 그리고 다른 대상을 알아차리지 않고 오직 호흡 하나에 집중합니다. 또 호흡을 알아차릴 때 숫자를 세면서 알아차리는 방법도 있습니다.

호흡에 대한 사마타 수행을 할 때는 마음을 호흡에 겨냥하고 호흡이 일어날 때마다 하나, 하나, 하나라고 세는 방법이 있습니다. 또 하나, 둘, 셋, 넷 이렇게 열까지 세고 다시 열까지 세는 것을 반복합니다. 그리고 열 이상은 세지 않습니다. 열 이상을 세면 집중하기가 어렵습니다. 또 하나에서 다섯까지 세면서 반복할 수도 있습니다. 이때 열 이내에서 자신이 하고 싶은 숫자만큼 반복해서 셀 수 있습니다. 또 다른 방법으로는 들어옴 하나, 나감 하나, 들어옴 둘, 나감 둘, 들어옴 셋, 나감 셋 이렇게 다섯까지 하고 반복하거나 처음부터 열까지 반복할 수 있습니다. 이렇게 숫자를 셀 때 처음에는 느리게 세어야 합니다. 그리고 숫자를 세다가 잊어버리면 다시 하나부터 새로 시작합니다. 이렇게 숫자를 세는 것은 마음이 달아나지 않고 근본집중을 할 수 있도록 대상에 머무는 것을 돕기 위한 것입니다. 이러한 방법은 호흡이라는 대상에 마음을 끈으로 매달아 달아나지 못하도록 하는 효과가 있습니다. 이때 숫자가 끈의 역할을 합니다.

이처럼 마음을 오직 호흡에 집중하여 숫자를 세면서 근본집중을 계속할 수 있으면 적절한 시기에 숫자를 세지 않고 오직 들숨과 날숨의 현상을 알아차립니다. 이렇게 계속해서 알아차리면 차츰 호흡이 미세한 상태가 됩니다. 이런 상태가 되면 사마타 수행에서 위빠사나 수행으로 바꿀 수 있습니다.

위빠사나 수행은 사마타 수행처럼 호흡의 숫자를 세거나 호흡의 표상을 알아차리지 않습니다. 위빠사나 수행은 호흡의 느낌을 알아차리면서 긴 호흡과 짧은 호흡을 알아차립니다. 그리고 호흡이 가지고 있는 다양한 특성과 조건을 알아차립니다. 이렇게 알아차릴 때 무상, 고, 무아의 지혜가 나서 열반에 이를 수 있습니다. 위빠사나 수행은 호흡을 주 대상으로 삼지만 반드시 호흡만 알아차리지 않습니다. 몸에서 나타나는 다른 현상도 알아차리고 느낌도 알아차리고 마음도 알아차리고 법도 알아차립니다. 위빠사나 수행은 여섯 가지 감각기관이 감각대상에 부딪치는 모든 것을 대상으로 알아차리기 때문에 하나의 대상만 알아차리는 사마타 수행과는 다릅니다.

『대념처경』에 있는 들숨과 날숨을 알아차리는 내용은 사마타 수행을 하는 방법이 아닌 위빠사나 수행에 대한 방법입니다. 호흡이 길고 짧음과 조건과 특성과 꾸밈없이 알아차리는 모든 내용이 위빠사나 수행 방법입니다. 특히 호흡의 일어남의 현상과 사라짐의 현상을 알아차리는 것은 위빠사나 수행을 해서 얻는 무상의 지혜입니다. 무상의 지혜는 선정의 고요함에서는 얻을 수 없습니다. 무상의 지혜가 나야 다음 단계로 괴로움의 지혜와 무아의 지혜가 나서 모든 집착을 여의고 자유를 얻을 수 있습니다. 그리고 경전의 처음에 붓다께서 자리에 앉아 전면에서 호흡에 대한 알아차림을 확립한다는 것은 마음으로 호흡을 알아차리는 위빠사나 수행 방법입니다.

(2) 마하시명상원 호흡 수행 방법

미얀마 마하시명상원은 1945년에 설립된 이래 지금까지 미얀마 국내뿐만 아니라 세계의 많은 수행자들에게 위빠사나 수행을 보급하고 있습니다. 마하시 사야도께서는 위빠사나 수행을 지도해 주셨을 뿐만 아니라 많은 저서를 남기셔서 후학들에게 바른 길을 열어주셨습니다. 우리나라에는 1988년에 마하시 사야도의 제자가 북한산 승가사에 오셔서 처음으로 위빠사나 수행을 보급했습니다. 그 뒤 한국 수행자들이 마하시명상원에 가서 위빠사나 수행을 배운 뒤에 한국에서 법을 펴기 시작했습니다.

마하시명상원은 사마타 수행을 하지 않고 처음부터 위빠사나로 수행을 해서 깨달음에 이르는 순수 위빠사나 수행을 합니다. 그래서 많은 수행자들이 빠르게 도과를 성취하여 지고의 행복을 얻는 세계적인 명상원입니다. 마하시명상원에서는 호흡을 알아차릴 때 아랫배의 일어남 꺼짐을 대상으로 알아차립니다. 그리고 명칭을 붙이면서 알아차립니다. 원래 명칭은 사마타 수행 방법이지만 마하시 사야도께서는 수행자들의 근기를 돕기 위해 명칭을 붙여서 대상을 알아차리도록 했습니다. 이는 순수 위빠사나 수행에서 벗어난 것이지만 수행의 빠른 진전을 위해 사마타 수행의 일부분을 수용하신 것입니다. 이러한 선택은 전적으로 수행자들을 위한 배려라고 생각됩니다.

일반적으로 사마타 수행을 한 뒤에 위빠사나 수행을 하는 과정을 거치면 번뇌를 억누르고 고요함을 얻은 상태에서 위빠사나 수행을 할 수 있습니다. 그러나 처음부터 위빠사나로 시작할 경우에는 초보수행자들이 대상을 알아차리기에 어려움을 겪기 마련입니다.

위빠사나 수행은 대상과 하나가 되지 않고 대상을 분리해서 알아차립니다. 그리고 하나의 대상이 아니고 여러 가지 대상을 자유롭게 알아차리기 때문에 쉽게 집중력을 얻기가 어렵습니다. 그래서 수행자들에게 바른 길을 인도하기 위해 명칭을 사용하신 것으로 생각됩니다. 명칭을 붙이면 알아차릴 대상에 마음을 묶어두는 효과가 있기 때문입니다. 그래서 집중력을 얻는 데 도움을 줍니다.

경전에서 언급한 호흡법은 코의 들숨과 날숨입니다. 그러나 마하시명상원은 아랫배에 일어나고 꺼지는 움직임을 알아차립니다. 이때 아랫배의 움직임은 풍대에 속합니다. 몸에는 지수화풍이라는 사대(四大)의 요소가 있는데 풍대 속에 호흡이 들어 있습니다. 이러한 풍대는 바람의 요소로 위빠사나 수행의 알아차릴 대상이며 몸 전체에 있습니다.

사실 위빠사나 수행의 호흡은 코에서 들어오고 나가는 바람을 알아차리는 수행입니다. 하지만 풍대는 상승하는 풍대가 있고 하강하는 풍대가 있으며 몸 전체에 퍼져서 나타나기도 합니다. 그러므로 코의 호흡이나 배의 풍대를 알아차리는 것은 크게 문제될 것이 없습니다. 우리가 호흡을 할 때 코에서 들어가는 공기가 배까지 가지는 않습니다. 하지만 호흡의 들숨과 날숨이 있을 때 아랫배에서도 풍대의 일어남과 꺼짐이 있습니다.

이런 선택에는 다음과 같은 사연이 있습니다. 마하시 사야도가 젊어서 스승에게 위빠사나 수행을 배울 때였습니다. 이때 함께 배우는 재가자 한 분이 배에서 일어나고 꺼지는 움직임이 있는 것을 발견하고 스승에게 이 사실을 고했습니다. 그랬는데 스승께서는 아랫배의 움직임을 알아차려도 좋다고 허락하셨습니다.

이때 스승께서는 아랫배의 움직임을 알아차리는 것이 위빠사나 수행의 대상인 풍대임을 아셨기 때문에 허락하신 것입니다. 이때부터 마하시 사야도께서도 이 방법을 받아들여 아랫배의 움직임을 주 대상으로 알아차리기 시작하셨습니다. 경전의 기록인 코의 호흡을 배로 내린 것에 관해서 국제적인 지적도 있었지만 아랫배에서 일어나고 꺼지는 움직임이 풍대라는 사실에는 더 이상 재론이 없습니다. 사실 한국에서는 단전호흡이라는 이름으로 아랫배에서 호흡을 알아차리고 있었기 때문에 코가 아닌 배의 움직임을 생소하게 느끼지 않습니다.

마하시 사야도께서 아랫배로 내려서 알아차리도록 한 것은 오히려 훌륭한 선택이었다는 평가도 있습니다. 코의 호흡에 집중할 때 잘못하면 상기(上氣)의 위험이 있으며, 아랫배를 대상으로 알아차릴 때는 몸의 건강에 유익하다는 견해고 있습니다. 그러므로 수행자에 따라 대상의 자유로운 선택은 언제든지 가능합니다. 이것이 위빠사나 수행의 특성 중 하나입니다.

마하시명상원에서 호흡을 알아차리는 방법은 다음과 같습니다.

• 아랫배에서 '일어남과 꺼짐'의 움직임에 명칭을 붙여서 알아차립니다. 배의 움직임이 일어날 때 '일어남'이라고 알아차립니다. 다시 배의 움직임이 꺼질 때 '꺼짐'이라고 알아차립니다. 이렇게 계속해서 알아차리면 일어남과 꺼짐 뒤에 약간의 휴지지가 생깁니다. 만약 휴지가 생기지 않으면 그냥 일어남, 꺼짐을 계속해서 알아차립니다. 휴지가 생길 때의 알아차림은 다음과 같습니다.

• '일어남, 꺼짐, 앉음'을 알아차립니다. 일어남, 꺼짐을 한 뒤에 작은 휴지(休止)가 생기면 이때 앉음을 합니다. 앉음은 엉덩이가 바닥에 닿아 있는 것을 알아차리는 것입니다. 이때의 휴지는 호흡이 이어지는 과정에서 움직임이 정지된 상태입니다. 이것은 호흡과 호흡 사이에 있는 쉼을 말합니다. 이러한 휴지가 생기면 즉시 이 틈새를 메우는 다른 알아차림을 합니다. 이것이 앉음입니다. 이때 틈새를 메우지 않으면 망상, 졸음이 들어와서 마음이 대상으로부터 달아납니다. 이렇게 알아차리다 다시 휴지가 생기면 이번에는 다음과 같이 알아차립니다.

• '일어남, 꺼짐, 앉음, 닿음'을 알아차립니다. 일어남, 꺼짐, 앉음을 한 뒤에도 휴지가 생기면 이때 닿음을 합니다. 닿음은 발이 바닥에 닿아 있는 것을 알아차리는 것입니다. 이렇게 계속해서 알아차리다가 싫증이 나면 다음과 같이 알아차립니다.

• '일어남, 꺼짐, 앉음, 오른발 닿음'을 알아차립니다. 일어남, 꺼짐, 앉음을 한 뒤에 오른발이 바닥에 닿아 있는 것을 알아차립니다. 그런 뒤에 다음에는 왼발이 바닥에 닿아 있는 것을 알아차립니다. 이때 계속해서 네 개의 부분을 위치를 계속 바꾸어가면서 알아차립니다.

• '일어남, 꺼짐, 앉음, 왼발 닿음'을 알아차립니다. 일어남, 꺼짐, 앉음, 오른발 닿음을 알아차린 뒤에 다음에는 위치를 바꾸어서 왼발이 닿아 있는 것을 알아차립니다. 이때 일어남, 꺼짐, 앉음을 기본적으로 알아차리고 발의 위치만 바꿉니다. 이렇게 알아차린 뒤에 다시 다음과 같이 위치를 바꾸어서 알아차립니다.

• '일어남, 꺼짐, 앉음, 오른손 닿음'을 알아차립니다. 오른발 닿음에서 왼발 닿음으로 다시 오른손 닿음으로 위치를 바꾸어서 알아차립니다. 이렇게 알아차린 뒤에 다시 다음과 같이 위치를 바꾸어서 알아차립니다.

• '일어남, 꺼짐, 앉음, 왼손 닿음'을 알아차립니다. 오른손 닿음에서 왼손 닿음으로 위치를 바꾸어서 알아차립니다.

이처럼 네 개의 부분으로 나누어서 알아차릴 때는 계속 위치를 바꾸어서 알아차림을 계속합니다. 만약 이렇게 알아차리다가 알아차릴 순서를 잊어버리면 다시 처음부터 시작합니다. 순서를 잊어버리는 횟수가 늘어나면 그만큼 집중력이 떨어진 것입니다. 이때 노력을 해서 알아차림을 강화해야 합니다.

이렇게 여러 곳을 알아차리게 하는 수행은 수행자를 계속해서 깨어 있는 상태로 만드는 데 탁월한 효과가 있습니다. 이런 노력이 없으면 수행을 해서 집중력이 생길 때 금방 졸음에 떨어지기 마련입니다. 그래서 이러한 수행 방법은 경험이 많은 스승들에 의해 주어지는 하나의 수행 주제입니다. 이것들은 모두 수행자들을 위해서 앞서간 스승들이 베푸는 법입니다. 바로 이렇게 수행을 계속하는 것이 하나의 수행 방편이며 노력하는 것입니다. 이런 수행을 계속하면 항상 정신이 깨어 있기 때문에 치매 예방에도 도움이 됩니다.

수행자가 이렇게 알아차리면 한 시간 동안 계속 알아차리는 데 어려움이 없습니다. 그러므로 이러한 방법은 상당히 강력한 힘을 키웁니다. 이렇게 알아차리다가 호흡이 미세해지고 나중에 호흡이 사라져서 알아차리기 어려울 때는 '앎'을 합니다. 앎은 아는 마음입니다. 이미 몸의 느낌이 사라지고 호흡도 사라지면 남아 있는 것은 아는 마음뿐입니다. 이때 마음이 마음을 대상으로 알아차리는 '앎'을 해야 합니다. 앎을 알아차리는 방법은 스승에게 도움을 받아서 하는 것이 좋습니다. 마음은 몸과 달리 비물질이라서 접근하는 방법이 다릅니다. 이 단계에서 장애가 생길 위험이 있습니다.

이처럼 마하시명상원의 호흡법은 매우 강력한 힘을 가지고 수행자들에게 도움을 줍니다. 그러나 명칭이 대상에 마음을 붙이는 데는 좋은 효과가 있지만 이에 따른 폐단도 있기 때문에 주의를 기울여야 합니다.

원래 수행자들이 대상을 알아차릴 때 세 가지 요소가 결합되어야 바르게 알아차릴 수 있습니다.

첫째가 아는 마음이 있어야 합니다. 둘째가 대상이 있어야 합니다. 셋째가 알아차림이 있어야 합니다. 이때 명칭을 붙이면 명칭이 하나 더 포함됩니다. 명칭이 장점이 될 수도 있지만 잘못하면 단점이 될 수도 있습니다. 그래서 수행을 할 때 장점은 살리고 단점은 보완해야 합니다.

명칭이 문제가 될 수 있는 것은 관념이기 때문이 아닙니다. 수행자가 대상을 알아차릴 때 대상과 아는 마음과 알아차림과 명칭이 정확하게 일치해야 합니다. 그러나 오랫동안 명칭을 붙이다 보면 네 가지 요소가 하나로 되지 않고 서로 다르게 작용할 수 있습니다. 예를 들면 호흡의 일어남의 현상이 생길 때 일어남이라고 명칭을 붙여서 알아차려야 하는데 꺼짐의 현상에서 일어남이라고 명칭을 붙이는 경향이 생깁니다. 이때는 네 가지가 하나로 작용하지 않고 따로 작용하는 것입니다. 이렇게 되면 대상의 성품을 알 수 없습니다. 그냥 습관적으로 염불을 외우는 형식이 되고 맙니다.

이렇게 알아차리면 호흡을 지속적으로 알아차릴 수 있지만 호흡의 실제를 알아차리는 것이 아니고 명칭을 알아차리는 것입니다. 그러면 사마타 수행이 됩니다. 위빠사나 수행은 현재라는 현장에서 모든 것이 일치되어 아는 것이 성립되어야 합니다. 그래야 지혜의 불이 나기 때문입니다. 그러므로 이런 현상이 일어났을 때는 습관적으로 명칭을 붙이지 말고 즉시 대상의 실제 하는 현상에 마음을 기울여야 합니다. 그래서 호흡이 일어날 때 정확하게 일어남이라고 명칭을 붙여서 알아차려야 합니다. 그리고 호흡이 꺼질 때 정확하게 꺼짐이라고 명칭을 붙여서 알아차려야 합니다.

이는 노래를 할 때 노래와 반주가 정확하게 함께 연주되어야 하는 것과 같습니다. 노래와 반주가 따로따로 연주되면 분열현상이 생깁니다. 이런 분열현상이 있으면 대상을 깨어서 알아차리는 위빠사나 수행이라고 할 수 없습니다. 분열현상이 있으면 집중이 되지 않고 산만하여 대상을 통찰하는 지혜를 얻을 수 없습니다.

명칭을 붙일 때 주의해야 할 또 하나의 문제가 있습니다. 오랫동안 명칭을 붙여서 알아차리면 대상과 상관없이 명칭에 따라 대상을 맞추는 경향이 생깁니다. 수행자는 호흡의 일어남과 꺼짐의 현상에 있는 그대로 명칭을 붙여야 합니다. 그러나 일어남과 꺼짐의 현상이 끝나고 다시 일어남이라는 명칭을 붙이지 않아 실제로 일어남이 생기지 않게 됩니다. 이때 자신도 모르게 잠시 숨을 참고 있어서 휴지가 인위적으로 만들어집니다. 이런 현상으로 인해 휴지가 자꾸 길어집니다. 이럴 경우 불가피하게 휴지를 메워야 하기 때문에 몸의 다른 부분을 알아차리게 됩니다.

명칭을 붙이려면 상당한 노력이 필요합니다. 그런데 오랫동안 명칭을 붙이다 보면 피곤해서 호흡의 현상과 상관없이 명칭이 느려지게 됩니다. 그러면 위빠사나 수행의 현장성과 일치성이 사라집니다. 더 중요한 것은 이렇게 호흡을 만들어서 하면 나중에 피곤해서 수행을 계속하기가 어렵다는 것입니다. 명칭을 붙이는 것도 힘든데 호흡을 만들어서 하니까 나중에는 더욱 피곤해서 수행을 계속할 수 없습니다. 또 인위적인 호흡은 대상의 성품을 볼 수 없게 할 뿐만 아니라 욕망으로 수행을 하게 하여 바람직하지 않습니다. 그러므로 수행자에게 도움을 주는 명칭이 장애가 되는 것을 막기 위해서 적절한 시기에 명칭을 사용하지 않는 것이 좋습니다. 처음에 명칭을 사용해서 대상을 알아차리는 힘이 생기면 다음에는 명칭 없이 있는 그대로의 대상을 알아차려야 합니다. 그래야 명칭으로 인해서 생긴 문제를 해결할 수 있습니다.

(3) 한국명상원 호흡 수행 방법

한국명상원에서는 좌선을 시작하고 처음부터 호흡을 알아차리지 않습니다. 처음에 자리에 앉아 편안하게 몸의 긴장을 풉니다. 그리고 현재의 마음을 알아차립니다. 항상 무엇을 하거나 시작할 때의 마음을 알아차립니다. 이것이 있는 마음 알아차리기입니다. 이때 어떤 마음이 있거나 있는 그대로의 마음을 알아차려야 합니다. 어떤 마음이 있건 이미 알아차리는 것으로 새로운 마음이 생깁니다.

다음에 마음이 일을 시작합니다. 처음에 눈꺼풀이 닿아 있는 것을 잠시 느낍니다. 그런 뒤에 다시 입술이 닿아 있는 것을 잠시 느낍니다. 그리고 다시 손이 닿아 있는 것을 잠시 느낍니다. 그리고 다시 엉덩이가 바닥에 닿아 있는 것을 잠시 느낍니다. 이렇게 네 곳의 느낌을 순서대로 잠시 동안 알아차린 뒤에 다시 앉아 있는 몸을 전체로 느낍니다.

이때의 잠시는 잠깐이 될 수도 있고, 약 1분 정도의 시간이 될 수도 있습니다. 이때 자신이 견딜 수 있는 힘의 능력만큼 머무는 것이 좋습니다. 그래서 머무는 시간의 선택은 자신이 정해야 합니다. 하지만 네 곳을 머무는 시간은 동일한 것이 좋습니다.

이때 느낀다는 것은 닿아 있는 것을 있는 그대로 안다는 것입니다. 그러므로 특별한 느낌을 찾아서는 안 됩니다. 느낌과 아는 마음은 함께 있습니다. 그래서 알고 있는 것이 느끼는 것입니다. 위빠사나 수행은 느낌을 알아차리는 수행입니다. 느낌을 느낄 때 눈으로 모양을 만들어서 보지 않기 때문에 대상의 성품을 볼 수 있습니다. 이때 눈을 사용해서는 안 됩니다. 이렇게 알아차리는 것이 관법(觀法) 수행입니다.

위빠사나 수행을 하면서 몸을 알아차릴 때 몸의 어느 한 부분을 알아차릴 때가 있고, 아니면 몸을 전체로 알아차려야 할 때가 있습니다. 이렇게 알아차리면 상황에 따라 매우 적절하게 대처하는 유익한 알아차림이 됩니다. 이것은 몸의 부분을 알아차리다가 전체로 알아차림을 바꾸는 것입니다. 수행을 하다 어느 때는 몸의 전체를 알아차려야 할 경우가 생깁니다.

앉아 있는 몸을 전체로 편안하게 느끼고 있으면 차츰 어딘가에서 두드러진 움직임이 나타납니다. 두드러진 움직임이 있는 곳은 몸에서는 코, 가슴, 배, 몸의 일부 중에서 나타납니다. 그리고 마음에서는 전면이 있습니다. 이렇게 앉아 있는 몸을 전체로 느낀 뒤에 다시 가장 두드러진 움직임이 있는 곳을 선택해서 일어남과 꺼짐을 알아차립니다. 이렇게 하면 자연스럽게 호흡을 알아차릴 수가 있어 무리가 없습니다. 처음부터 호흡을 알아차리려고 힘을 주면 호흡이 사라져 의외로 고생을 합니다. 그래서 적절한 과정을 거쳐 부드러운 접근이 필요합니다.

이렇게 수행을 하면서 한 곳의 호흡만 알아차리는 것은 아닙니다. 한 곳의 호흡을 알아차리다가 다시 더 강한 호흡이 나타나면 자연스럽게 위치를 바꾸어서 알아차립니다. 이렇게 하는 것이 변화를 줄 수도 있을 뿐만 아니라 새로운 대상이라서 싫증이 나지 않고 좋습니다. 만약 마음이 다른 곳으로 갔으면 이미 간 마음을 다시 돌리려 하지 말고 그냥 그곳에서 알아차립니다. 이것도 마음의 속성을 배려한 알아차림입니다.

몸에서 일어나는 호흡의 위치를 정하지 않는 것은 의외로 호흡을 알아차리기가 어렵기 때문입니다. 그리고 한 곳을 고정하면 마음이 싫증을 낼 수 있습니다. 또한 어차피 호흡의 두드러진 위치는 항상 변하기 마련입니다. 그러므로 이렇게 알아차리는 것이 자연스러운 선택입니다. 이러한 자연스러운 선택은 일하는 마음을 속박하지 않으려는 배려도 있고, 우선 강한 것을 선택하는 것이 현실적이기 때문입니다. 또 몸에 일어나는 호흡의 위치를 한 곳으로 정하지 않는 것은 마음을 알아차리는 수행자는 호흡을 몸이 아닌 전면에서 알아차리기 때문입니다. 그러므로 호흡이 일어나는 몸의 위치는 중요하지 않습니다. 그래서 호흡을 몸의 다양한 위치에서 알아차리거나, 전면의 마음자리에서 자유롭게 선택합니다.

전면에서 호흡을 알아차리면 마음자리에서 알아차리는 것이기 때문에 마음이 다른 곳으로 달아나는 횟수가 적어집니다. 그래서 대상을 오래 알아차릴 수 있습니다. 이처럼 전면의 마음자리에서 호흡을 알아차릴 때는 망상이 들어오는 횟수가 줄어듭니다. 또 망상을 하더라도 가볍게 스쳐지나가고 맙니다. 그러나 전면에서 알아차리다가 알아차림이 분명하지 않으면 다시 몸으로 돌아와 가장 두드러진 호흡을 알아차립니다. 그러면 호흡이 다시 크게 느껴집니다. 이렇게 몸에서 알아차리다 보면 나중에 자연스럽게 다시 전면에서 알아차림을 하게 됩니다. 이런 변화는 수행을 지속하는 데 매우 유익한 결과를 줍니다.

좌선을 시작할 때 먼저 몸의 긴장을 푼 뒤에 마음을 알아차리는 것은 마음이 일을 하기 때문입니다. 일하는 마음가짐을 알아차리는 것과 알아차리지 않고 시작하는 것은 차이가 있습니다. 일하는 마음을 알아차려야 새로운 마음가짐으로 수행을 시작할 수 있습니다. 그렇지 않으면 좌선을 하기 전의 마음에 있던 정보가 계속해서 좌선하는 마음을 지배합니다. 그러나 좌선을 시작하는 마음을 알아차리면 새로운 마음가짐으로 수행을 시작할 수 있습니다.

그런 뒤에 눈꺼풀, 입술, 손, 엉덩이를 차례로 알아차리는 것은 수행의 전반부에 해당하는 도입 부분입니다. 마음이 처음부터 호흡을 알아차리려고 하면 의외로 몸이 긴장하여 호흡이 일어나지 않을 수 있습니다. 수행자들이 처음에 호흡을 알아차리기 어려운 경우가 많습니다. 이는 집중력이 없는 탓이기도 하지만 알아차리려는 마음이 긴장하면 몸도 긴장해서 호흡이 숨어버리기 때문입니다. 그래서 일하는 마음이 가볍게 호흡을 알아차릴 수 있도록 하기 위해서 네 곳의 느낌을 가볍게 알아차립니다.

그런 뒤에 바로 호흡을 알아차리지 않고 앉아 있는 몸 전체에서 가장 두드러진 호흡을 선택하여 가볍게 알아차림을 시도합니다. 이러한 시도는 모두 일하는 마음을 배려하여 일종의 연착륙 효과를 얻기 위한 것입니다.

네 곳의 선택은 이곳이 모두 느낌이 강한 곳이기 때문입니다. 마음은 항상 들떠 있어서 특별한 흥미를 느끼지 않는 한 어느 한 곳에 오래 머물려 하지 않습니다. 그래서 바르게 수행을 하기 위해서는 약간의 변화가 필요합니다. 또 이렇게 알아차리면 몸과 느낌과 마음과 법을 모두 아우르는 사념처 수행을 할 수 있습니다.

처음에 수행을 시작하고 네 곳의 느낌을 순서대로 알아차리는 도입 부분을 실천하면 몇 분 동안 알아차림을 지속할 수 있습니다. 적어도 이 정도의 시간 동안만이라도 알아차림을 지속한다는 것은 매우 중요한 의미를 갖습니다.

만약 네 곳을 알아차리는 동안 마음이 온전하게 집중했다면 수행은 이미 절반의 성공을 거둔 것입니다. 일반적으로 수행자들은 두세 번의 호흡도 알아차리기 어려울 정도로 알아차림을 지속하기 어렵습니다. 그러나 이런 도입 부분 동안이라도 그대로 실천할 수만 있다면 마음이 길들여지는 상당한 효과를 얻을 수 있습니다. 또 좌선을 하기 위해서 앉자마자 다른 생각을 하여 상당한 시간을 소모하는 것을 줄일 수도 있습니다.

사실 이런 도입 부분은 처음에 마음을 길들이는 과정이기도 합니다. 이런 조그마한 집중의 힘이 다음 알아차림을 지속하게 합니다. 처음에는 수행자들이 단 한 번의 호흡도 정확하고 바르게 알아차리기 어렵습니다. 한 번의 호흡을 알아차릴 수 있을 때 두 번, 세 번의 호흡을 알아차릴 수 있습니다. 그래서 한 순간이 모여 한 때가 되고, 이 한 때가 모여 일생이 됩니다. 그러므로 수행은 단 한 순간의 바른 알아차림이 필요합니다. 한 순간의 알아차림의 방식이 숙지되어야 다음 순간이 지속될 수 있습니다. 그러나 단 한 순간도 제대로 알아차리지 못한다면 다음 순간은 없습니다.

누구나 있는 호흡을 쉽게 알아차릴 수 있을 것 같아도 평생 동안 제대로 알아차려 본 적이 없어서 쉽지 않습니다. 또 어떤 수행자는 평생 동안 살면서 호흡이 있는지 처음 알았다고 말하기도 합니다. 이처럼 자신의 가장 중요한 호흡조차 있는지 몰랐다는 것은 그만큼 내면을 통찰하지 못하고 살았다는 것입니다.

이러한 도입 부분을 거쳐 호흡을 알아차리다가 여러 가지 장애를 만나게 됩니다. 그러면 수행을 포기하거나 괴로움 속에서 수행을 지속하는 경우도 있습니다. 수행 중에 장애가 생기면 쉽게 수습을 하기가 어렵습니다. 그래서 혼자서 수행을 할 때는 정해진 시간을 채우기 어렵습니다. 집중이 안 되어서 망상을 하거나 노력이 부족해서 졸음에 떨어지거나 수행을 하기 싫은 것도 모두 장애 중 하나입니다. 이런 장애가 생길 때 처음에 사용하던 도입 부분을 실천하면 쉽게 벗어날 수 있습니다.

이때 현재의 마음을 알아차린 뒤에 다시 눈꺼풀부터 알아차림을 시작합니다. 그러면 장애가 수습될 수 있습니다. 한 시간 좌선 중에 이런 도입 부분을 두세 번 사용해도 무방합니다. 중요한 것은 나타난 현상을 어떻게 알아차리느냐 하는 것입니다. 이때 알아차리기만 하면 항상 새로운 마음으로 수행을 시작하고 계속해서 수행을 할 수 있습니다.

한국명상원에서는 명칭을 붙이지 않습니다. 그러나 반드시 명칭을 붙이지 말아야 한다고 하지는 않습니다. 처음에 수행을 시작할 때 필요에 따라서 자유롭게 명칭을 붙이도록 합니다. 또 수행을 계속하면서 집중이 되지 않을 때 한시적으로 명칭을 붙이도록 합니다. 한국명상원에서 명칭을 붙이지 않는 이유는 여러 가지가 있습니다. 앞서 밝힌 것처럼 호흡을 인위적으로 만들지 않기 위한 것입니다. 오랫동안 명칭을 붙여서 호흡을 알아차릴 때는 일어남, 꺼짐, 앉음, 닿음을 하면서 호흡이 멈추는 시간이 길어집니다. 그러나 명칭을 사용하지 않으면서부터 호흡과 호흡 사이의 긴 휴지가 일어나지 않습니다. 그래서 있는 그대로의 자연스러운 호흡을 알아차릴 수 있습니다. 또 명칭을 붙여서 호흡을 인위적으로 만들어서 하면 매우 피곤해져서 수행을 하기가 어렵습니다. 이런 피곤이 누적되면 몸에 무리가 생겨 잘못하면 병으로 발전할 수도 있습니다.

또 다른 이유는 호흡의 느낌과 호흡을 알아차리는 마음을 볼 수 있기 때문입니다. 명칭은 거친 대상입니다. 그래서 명칭이 있을 때는 대상이 가지고 있는 느낌이나 대상을 아는 마음을 알아차리기 어렵습니다. 그래서 법을 보는 지혜가 나기 어렵습니다. 느낌과 마음과 법은 미세한 대상입니다. 그러므로 고요한 상태라야 법을 알아차릴 수 있습니다.

한국명상원에서는 몸을 알아차리는 수행과 함께 가슴에서 느낌을 알아차리는 수행을 합니다. 그리고 마음을 알아차리는 수행을 하면서 함께 마음으로 인해서 생긴 느낌을 연계해서 알아차립니다. 그러므로 사념처 수행을 균형 있게 하기 위해서 명칭을 사용하지 않습니다. 다만 한시적으로 필요할 경우에는 명칭을 사용하도록 합니다. 이럴 경우에 명칭을 습관적으로 붙이지 않도록 해야 합니다. 명칭이 효과가 있음에도 불구하고 장애가 되는 것은 모든 경우에 습관적으로 명칭을 붙이기 때문입니다. 그러면 집중력을 얻을 것 같아도 대상을 심도 있게 알아차리지 못해 법을 보지 못합니다.

수행자가 있는 그대로의 호흡을 자연스럽게 알아차릴 때 통증이 일어나면 통증 때문에 반응한 마음을 알아차린 뒤에 통증 속으로 들어가서 통증이 실재하는 현상을 알아차립니다. 이렇게 통증을 알아차리면 견딜 만합니다. 통증으로 인해 반응한 마음을 알아차리지 않으면 일하는 마음이 싫어해서 바르게 일을 하지 못합니다. 지나친 통증으로 알아차리기가 힘들 때는 가슴에서 통증으로 인해서 생긴 느낌을 알아차려도 좋습니다. 이때 통증을 없애려고 알아차려서는 안 됩니다. 단지 와서 보라고 나타난 대상을 있는 그대로 알아차려야 합니다. 그런 뒤에 느낌이 고요해지면 다시 호흡의 일어남 꺼짐을 알아차립니다.

만약 망상이 떠오를 때는 먼저 망상하는 마음을 알아차려야 합니다. 망상은 마음이 합니다. 그래서 망상하는 마음을 알아차려야 합니다. 그런 뒤에 망상한 마음으로 인해서 생긴 느낌을 가슴에서 알아차립니다. 가슴에는 느낌도 있고 호흡도 있고 맥박도 있습니다. 이 중에 가장 강한 대상을 선택해서 알아차립니다. 사실 가슴의 강력한 느낌은 호흡과 함께 있습니다. 그래서 호흡을 알아차려도 강력한 느낌을 함께 알아차리는 것입니다.

이처럼 주 대상인 호흡과 다른 대상을 모두 알아차리는 수행을 계속하면 마음이 고요해지고 집중력이 생깁니다. 이때 호흡도 자연스럽게 느려지게 됩니다.

그러면 이때 일어남, 꺼짐을 알아차린 뒤에 쉼을 알아차려야 합니다. 이때도 쉼을 인위적으로 만들지 말아야 합니다. 일어남, 꺼짐, 쉼을 할 때는 명칭을 붙이지 않고 마음으로 이렇게 응시해야 합니다.

일어남, 꺼짐은 바람의 요소가 분명해서 알아차리기 쉽지만 쉼은 움직임이 정지된 상태라서 일어남과 꺼짐을 알아차릴 때와 다르게 알아차려야 합니다. 그래서 쉼에서는 움직임이 정지된 것을 아는 마음을 가져야 합니다. 수행자가 쉼을 분명하게 하기 위해서는 쉼의 정지된 시간을 아는 마음으로 채워야 합니다. 그렇지 않고 쉼을 소홀히 다루면 이 순간에 망상이 들어오고 졸음에 빠지게 됩니다. 그러므로 '일어남, 꺼짐, 쉼을 아는 마음' 이렇게 세 절로 알아차리면 바른 알아차림을 지속할 수 있습니다. 일어남과 꺼짐은 움직임이 있어서 알아차리기가 쉽지만 쉼을 할 때는 움직임이 없으므로 쉼이 있는 것을 아는 마음으로 채워야 합니다.

이와 같은 수행을 계속하는 중에 차츰 지혜가 성숙됩니다. 그리고 몸의 느낌과 호흡도 느낄 수 없을 정도로 미세해진 뒤에 몸은 홀연히 사라집니다. 이때 아는 마음을 알아차리면서 계속 수행을 하면 더 좋은 결과를 얻을 수 있습니다. 이런 상태가 되면 반드시 이런 현상을 경험한 스승을 찾아서 지도를 받아야 합니다. 그래야 공들여서 온 길을 헛되지 않게 할 수 있습니다. 기회는 항상 있는 것이 아닙니다. 그래서 필요한 때 반드시 기회를 놓치지 말아야 합니다. 수행은 직접 체험하지 않고서는 이론으로 아는데 한계가 있습니다. 그래서 다른 길로 가기 마련입니다. 어느 수행법이나 다 좋습니다. 그러나 자신이 바르게 실천하지 못하기 때문에 장애를 겪습니다. 그래서 반드시 스승의 지도를 받아야 합니다.

생명이 살아 있는 동안에는 호흡이 있습니다. 즐거울 때도 호흡을 알아차려서 즐거움에 취하지 않아야 합니다. 괴로울 때도 호흡을 알아차려서 괴로움에 빠지지 않아야 합니다. 즐겁지도 괴롭지도 않을 때도 호흡을 알아차려서 무기력함에서 벗어나야 합니다.

2) 네 가지 자세를 알아차림[行住坐臥]

위빠사나 수행자가 알아차릴 대상은 몸과 마음입니다. 위빠사나 수행은 특정한 대상 하나만 알아차리지 않고 몸과 마음에서 일어나는 모든 현상을 전부 대상으로 알아차립니다. 먼저 몸을 알아차릴 때의 대상은 여러 가지가 있습니다. 그중 첫 번째 대상이 들숨과 날숨의 호흡이며 다음 대상은 몸에 대한 네 가지 자세입니다. 몸의 네 가지 자세를 크게 나누면 가고, 서고, 앉고, 눕는 자세입니다. 이것이 행주좌와(行住坐臥)입니다. 이 네 가지 자세 외에도 몸에서 일어나는 소소한 동작도 모두 알아차릴 대상입니다.

『대념처경』에서 말하는 네 가지 자세를 알아차리는 방법은 다음과 같습니다.

"수행자는 걸어갈 때는 나는 걷고 있다고 알아차리고, 서 있을 때는 나는 서 있다고 알아차리고, 앉아 있을 때는 나는 앉아 있다고 알아차리고, 누웠을 때는 나는 누워 있다고 알아차린다. 몸이 어떤 자세를 취하든 그것을 있는 그대로 알아차린다."

수행자가 몸의 네 가지 자세를 알아차릴 때는 대충 알아차리는 것이 아니고 정확하고 분명하게 알아차리는 것을 말합니다. 이렇게 알아차리기 위해서는 먼저 대상과 아는 마음을 정확하게 일치시키고 다음에 깨어 있는 마음으로 대상을 지속적으로 알아차려야 합니다.

이상의 경전 내용은 전체적으로 또는 부분적으로 알아차리는 두 가지 방법으로 수행할 수 있습니다.

"걸어갈 때는 나는 걷고 있다고 알아차리고"에 대한 수행 방법입니다.

첫째, 몸을 전체로 알아차리는 방법으로 수행을 할 수 있습니다. 마음을 알아차리는 수행자는 전면에서 걷고 있는 움직임을 전체로 알아차립니다. 그래서 세세한 움직임에 집중하지 않습니다. 수행자가 '지금 내 마음이 어디로 가고 있는가?'라고 알아차릴 때는 발의 움직임을 전면에서 알아차리게 됩니다. 그러면 걷고 있는 것을 아는 마음이 생깁니다. 이런 상태를 유지하는 것이 바로 "걷고 있다고 알아차리고"에 해당되는 방법입니다. 이런 상태로 수행을 하기 위해서는 마음을 알아차리는 수행을 해야 하며 적절한 집중력이 필요합니다. 바삐 걸어갈 때는 마음을 발에 두고 알아차리기가 어려울 수 있습니다. 이때도 전면에서 걷고 있는 것을 알아차리는 방법을 사용할 수 있습니다.

둘째, 걸어갈 때 마음을 발에 두고 오른발 왼발의 움직임을 알아차리거나 발을 들어서 놓는 움직임을 세세하게 알아차릴 수 있습니다. 또는 몸의 무게 중심이 이동하면서 발의 무거움이 옮겨가는 것을 알아차릴 수도 있습니다. 이때는 발의 움직임을 직접 알아차리는 수행을 합니다. 이 방법이 수행자들이 하는 일반적인 수행 방법입니다. 이렇게 발의 움직임을 알아차리면 차츰 발을 들 때의 가벼움과 내릴 때의 무거움을 느끼는 단계가 옵니다. 그리고 발이 바닥에 닿았을 때의 단단함이나 부드러움, 차가움과 따뜻함 등 다양한 느낌을 느낄 수 있습니다. 그리고 나중에 집중력이 향상되면 발을 들려는 의도와 내리려는 의도까지 알아차릴 수 있습니다. 발의 움직임은 저절로 일어나고 사라지는 것이 아니고 모두 의도에 의해서 일어나고 사라집니다. 이것을 알 때 원인과 결과를 아는 지혜가 성숙됩니다.

걸을 때뿐만 아니라 앉아 있을 때도 전면에서 앉아 있는 몸을 전체로 알아차릴 수 있고, 아니면 앉아 있는 몸의 부분을 알아차릴 수도 있습니다. 앉아 있을 때의 몸의 부분은 호흡이나 엉덩이가 바닥에 닿아 있는 것이나 어디고 상관없습니다. 서 있을 때도 전면에서 서 있는 몸을 전체로 알아차릴 수 있고, 아니면 발이 바닥에 닿아 있는 무거움이나 다른 느낌을 알아차릴 수도 있습니다. 누워 있을 때도 전면에서 누워 있는 몸을 전체로 알아차릴 수 있고, 아니면 배의 호흡을 알아차리거나 몸이 바닥에 닿아 있는 느낌을 알아차릴 수도 있습니다.

경전에 있는 내용으로만 보면 이러한 방법은 분명히 걷고 있는 것을 전면에서 알아차리는 수행입니다. 이러한 방법은 집중력이 있는 수행자들이 하는 수준 높은 수행 방법의 하나입니다. 여기서 두 가지 문제를 고려해 볼 필요가 있습니다.

첫째는 『대념처경』이 설해진 곳이 꾸루스(kurus) 지방의 깜마사담마(kamma-sadamma)라는 상업도시입니다. 당시 깜마사담마 지역의 사람들은 수행에 대한 수준 높은 이해와 바른 견해를 가지고 있었습니다. 그래서 이곳에서 설한 붓다의 가르침의 내용도 매우 수준이 높습니다. 붓다가 설법을 하실 때는 듣는 사람의 상태에 따라 설하기 때문에 이런 수준 높은 수행 방법이 가능한 것입니다.

둘째는 『대념처경』의 들숨과 날숨을 알아차리는 수행의 시작에 다음과 같은 구절이 있습니다.

"비구들이여, 여기 어떤 비구가 숲 속이나 나무 밑이나 한적한 곳으로 가서 가부좌를 하고, 상체를 반듯하게 세우고 앉아, 전면에서 호흡에 대한 알아차림을 확립한다. 그리고 그는 숨을 들이쉬는 것을 알아차리고, 그는 숨을 내쉬는 것을 알아차린다."

여기서도 "전면에서 호흡에 대한 알아차림을 확립한다"라는 구절이 있습니다. 이런 내용으로 보아 붓다께서도 전면에서 알아차리는 수행을 하셨고 수행자들에게도 이렇게 수행을 하도록 했다는 사실을 알 수 있습니다.

현재 우리의 경우 마음을 알아차리는 수행자들 중 일부만 전면에서 알아차림을 하기 때문에 이런 방법이 생소하게 들릴 수 있습니다. 하지만 이러한 내용은 경전의 기록이므로 그대로 존중하고 이해해야 하겠습니다. 그러므로 수행자는 몸을 알아차릴 때 몸에 있는 부분을 직접 알아차릴 수도 있고, 아니면 전면에서 전체로 알아차릴 수도 있습니다. 이때 전체로 알아차리는 방법이 전면의 마음자리에서 알아차리는 것입니다.

다음에 "걸어갈 때는 나는 걷고 있다고 알아차리고"에서 '나는'이라는 용어는 자아를 의미하는 뜻으로 사용된 말이 아닙니다. '나는'이란 단지 부르기 위한 명칭입니다. 그러므로 걸 때 항상 내가 걷고 있다고 알아차려서는 안 됩니다. 걷는 것은 물질적 행위고 걷는 것을 아는 것은 단지 정신적 현상입니다. 이때 '나는'이라고 사용한 것은 분명하게 대상을 정하는 관용어입니다. 그래서 '나는'이라는 의미는 물질적 현상을 알아차리는 정신적 현상을 지칭하는 말입니다.

수행자가 대상을 알아차릴 때는 오직 대상과 아는 마음만 있습니다. 이때 수행자가 얻는 이익은 자아에서 벗어나는 것입니다. 자아가 없는 것이 법이며 이런 법에 의해서만이 번뇌로부터 벗어날 수 있기 때문입니다. 수행의 궁극의 목표는 몸과 마음을 있는 그대로 알아차려서 이것을 소유하거나 지배하는 자아가 없다는 것을 아는 것입니다. 그럴 때만이 모든 속박에서 벗어나는 자유를 얻을 수 있습니다.

다음으로 "몸이 어떤 자세를 취하든, 그것을 있는 그대로 알아차린다"라는 구절이 있습니다. 이 말은 대표적 네 가지 자세 외에 다양한 여러 가지의 동작을 알아차리는 것을 말합니다. 수행자가 일상생활을 하면서 나타나는 여러 가지의 동작인 구부리거나 펴고, 들거나 놓고, 열거나 닫고, 밀거나 당기는 것을 모두 알아차려야 합니다.

수행에서 중요한 것은 알아차림과 알아차림의 지속입니다. 이렇게 두 가지가 지속되어야 집중이 되어서 마음이 고요해지고 지혜가 계발됩니다. 그러기 위해서는 하나의 동작에서 다음 동작으로 이어지는 소소한 움직임에서도 알아차림이 유지되어야 합니다. 만약 큰 움직임만 알아차리고 작은 움직임을 알아차리지 못한다면 이 순간에 번뇌가 들어와서 알아차림이 끊어집니다. 그래서 수행을 하다가 알아차림을 놓쳐서 수행을 그만 두고 맙니다. 그러므로 소소한 동작을 알아차려서 다음 동작으로 연결되는 교량 역할이 있어야 비로소 알아차림이 지속됩니다.

가령 좌선이 끝나고 일어나서 걸어갈 때도 알아차림이 지속되어야 합니다. 그러나 좌선이 끝났다고 알아차리지 않으면 걸어갈 때는 그만 알아차릴 것을 잊어버리고 맙니다. 그래서 알아차림이라는 말의 빨리어 사띠(sati)는 기억이라는 뜻이 있습니다. 이때 알아차릴 것을 기억해서 잊지 말아야 합니다. 그러기 위해서는 좌선이 끝난 뒤에 손을 바닥에 딛고 일어서는 움직임에서부터 몸을 일으켜 세우는 움직임까지를 밀밀하게 알아차리면, 자연스럽게 다음 동작까지 연계해서 걷는 것을 알아차릴 수 있습니다. 이렇게 동작과 동작 사이의 소소한 움직임을 알아차리는 것은 매우 중요한 의미를 갖습니다. 지속적인 알아차림만이 고요함을 얻어 지혜를 계발할 수 있기 때문입니다.

이상의 내용에 대하여 수행을 하지 않는 사람들은 이해하기 어려운 부분이 있을 것입니다. 걸을 때 걷는 것을 모르는 사람이 어디 있는가? 서 있을 때도 서 있는 것을 모르는 사람이 어디 있는가? 이런 의문은 과거에도 있었고 현재에도 있을 수 있으며 앞으로도 얼마든지 있을 수 있습니다. 이런 의문을 가진 사람의 입장에서는 당연히 이렇게 생각할 수 있습니다. 그러나 수행을 하지 않는 상태에서는 걸을 때 걷고 있는 것을 정확하게 알지 못합니다. 걷고 있는 것을 알기는 하지만 이때 마음은 걷고 있는 움직임에 집중되지 않고 다른 것을 보거나 다른 생각에 빠져 있습니다. 자기가 하는 일에 마음이 집중되지 않고 다른 것에 마음이 팔려서 걷는 경우에는 걷는 것을 안다고 말할 수 없습니다.

여기서 걷는 것을 알아차린다는 것은, 걷고 있는 발의 움직임과, 이것을 아는 마음과, 깨어서 대상을 지켜보는 알아차림이란 세 가지 조건이 성숙된 것을 말합니다. 그러므로 일반적으로 걷고 있는 것을 안다고 해도 수행자가 이러한 조건을 성숙시켜서 아는 것과는 다릅니다. 수행자가 걷는 것을 안다는 것은 걸으려는 의도가 있고 발을 들 때의 가벼움과 내릴 때의 무거움을 아는 것입니다. 발이 바닥에 닿을 때도 단단함과 부드러움, 차가움과 따뜻함, 가벼움과 무거움을 압니다. 이렇게 알아차려야 비로소 걷는 것을 안다고 말할 수 있습니다. 그래서 수행자가 네 가지 동작을 알아차리는 것과 수행을 하지 않는 사람이 네 가지 동작을 알아차리는 것은 차이가 큽니다. 수행자는 무슨 일을 하거나 할 때 하는 동작에 마음을 기울여서 집중을 합니다. 이렇게 함으로써 번뇌가 침투하지 않아 청정한 마음의 상태를 유지하여 지혜를 얻을 수 있습니다.

다음으로 "수행자는 걸어갈 때는 나는 걷고 있다고 알아차리고, 서 있을 때는 나는 서 있다고 알아차리고, 앉아 있을 때는 나는 앉아 있다고 알아차리고, 누웠을 때는 나는 누워 있다고 알아차린다. 몸이 어떤 자세를 취하든, 그것을 있는 그대로 알아차린다"라고 했을 때 주목해야 할 것은 어떤 동작이나 있는 그대로 단순하게 알아차려야 한다는 것입니다.

걸을 때 누가 걷는가라고 생각하거나, 왜 걷는가라고 생각하거나, 어떤 다른 생각도 하지 말고 오직 걷는 것 하나에 집중하여 알아차려야 합니다. 걷는 것에 어떤 의미도 부여하지 않고 그냥 있는 그대로 알아차릴 때만이 고요함을 얻어 대상이 가지고 있는 성품을 알 수 있습니다. 이것이 알아차림이 가지고 있는 단순의 미학입니다. 이렇게 단순하게 알아차릴 때 생각이나 사견이 붙지 않습니다.

『대념처경』의 모든 구절이 이처럼 단순하게 알아차리는 것밖에 없습니다. 이러한 알아차림이 무미건조하게 느껴질지 모르지만 이런 알아차림에 의해서만이 대상을 있는 그대로 볼 수 있는 힘이 생깁니다. 그러므로 수행자는 단지 대상을 단순하게 알아차리는 수행을 해야 합니다. 복잡하면 생각이 들어가서 사물을 바르게 볼 수 없습니다. 수행에서 가장 중요하게 여기는 있는 그대로 본다는 것은 개입하지 않고 있는 그대로의 사실을 단순하게 알아차린다는 의미를 가지고 있습니다. 이것이 중도며 팔정도고 위빠사나 수행입니다.

3) 분명한 앎[正知]

수행자가 몸을 알아차리는 세 번째가 '분명한 앎'입니다. 분명한 앎은 수행자가 일상의 행동을 할 때 모든 것을 분명하게 이해하는 것을 뜻합니다. 분명한 앎은 알아차림과 함께 수행을 이끌어가는 가장 중요한 행위입니다. 알아차림은 대상을 깨어서 지켜보는 바른 행위로 정념(正念)이라고 합니다. 분명한 앎은 바르게 이해하는 행위로 정지(正知)라고 합니다. 분명한 앎은 일상의 알아차림으로 생활 속에서 일어나는 모든 행위에 대해 바르게 이해하는 것입니다.

수행을 할 때는 먼저 대상이 있어야 하고 다음에 대상을 아는 마음이 있어야 하고 그리고 깨어서 대상을 겨냥하는 알아차림이 있어야 합니다. 이 세 가지 조건이 바르게 성숙되었을 때 비로소 수행을 할 수 있습니다. 이때 대상을 알아차리는 것 하나만으로 완전하지 않습니다. 그러므로 알아차림과 함께 필요한 것이 분명한 앎입니다. 알아차림과 분명한 앎이 하나로 조화를 이룰 때 수행을 바르게 할 수 있습니다.

알아차림과 분명한 앎은 새의 두 날개처럼 상호보완적인 관계입니다. 새가 하나의 날개로 날 수 없듯이 수행에서는 알아차림 하나로는 완전하게 대상을 수용하기 어렵습니다. 그래서 처음에 대상을 알아차리고 다음에 대상에 대한 이해가 선행되어야 합니다. 알아차림은 아무리 많아도 부족합니다. 그러나 항상 깨어서 대상을 알아차린다는 것은 용이한 일이 아닙니다. 또 알아차린다고 해도 대상을 이해하고 받아들이기 쉽지 않습니다. 그래서 알아차림은 대상을 겨냥하는 적극적인 행위라면 분명한 앎은 대상을 받아들여서 이해하고 수용하는 행위입니다.

분명한 앎을 빨리어로 삼빠잔냐(sampajañña)라고 합니다. 삼빠잔냐는 주의,

고려, 분별, 이해, 용의주도 등의 뜻을 가지고 있습니다. 그래서 용의주도하게 본다는 의미에서 분명한 앎이라고 합니다. 삼빠잔냐의 접두사 삼(sam)은 정(正)의 뜻을 가지고 있는데 바르다는 의미입니다. 그런데 빨리어에서는 좀 더 구체적인 의미로 사용됩니다.

삼(sam)의 세 가지 뜻을 살펴보겠습니다. 빨리어 삼(sam)의 첫 번째는 '바르게', '정확하게'라는 뜻이 있습니다. 수행자가 대상을 알아차릴 때 바르게 알아차려야 하고, 정확하게 알아차려야 하고, 분명하게 알아차려야 합니다. 정확하고 분명하게 알아차려야 한다는 것은 수행자가 정신과 물질을 알아차릴 때 서로 혼돈하지 말고 분명하게 구별해서 알아차리는 것을 말합니다.

가령 정신적 영역에 관한 것은 분명하게 정신적 영역이라고 알아차리고, 물질적 영역에 관한 것은 분명하게 물질적 영역이라고 알아차리는 것을 의미합니다. 이렇게 분명하게 알아차릴 때 바르게 알아차리는 것입니다. 왜냐하면 위빠사나 수행의 첫 번째 지혜는 정신과 물질을 구별해서 보는 지혜이기 때문입니다. 이렇게 분리가 될 때 비로소 첫 번째 지혜가 성숙됩니다.

삼(sam)의 두 번째는 '전체로서'라는 뜻이 있습니다. 수행자가 대상을 알아차릴 때 부분적으로 알아차려야 할 부분이 있고 전체로서 알아차려야 할 부분이 있습니다. 전체로서 안다는 것은 정신적 현상과 물질적 현상으로 나타나는 모든 것을 알아야 한다는 의미입니다. 수행자는 대상을 알아차릴 때 대상이 가지고 있는 고유한 특성이나 대상의 기능을 알아야 합니다. 그리고 이런 것들이 상징하는 의미를 알아야 합니다. 주석서에서는 항상 대상의 특성, 기능, 나타남을 밝혀 대상이 가지고 있는 법의 성품을 드러냅니다.

삼(sam)의 세 번째는 '평등하게', '고르게'라는 뜻이 있습니다. 이때 평등하게라는 뜻은 수행자의 정신적 기능이 고르게 되어야 하는 것을 말합니다. 특히 위빠사나 수행자는 다섯 가지 정신적 기능이 균형을 이루어야 합니다. 다섯 가지 정신적 기능이란 오근(五根)이며 이것이 오력(五力)이 되어서 알맞게 균형을 이루는 것을 뜻합니다. 오근은 믿음, 노력, 알아차림, 집중, 지혜입니다. 이상의 다섯 가지가 균형 있게 기능할 때 바르게 수행을 할 수 있습니다.

이때 믿음이 앞에서 수행을 이끌고, 노력과 알아차림과 집중이 조화를 이루는 것이 본격적으로 수행을 하는 것입니다. 이렇게 세 가지가 조화를 이룰 때 비로소 지혜가 계발됩니다. 그러므로 실제 수행에서는 반드시 노력과 알아차림과 집중이란 세 가지의 조화가 이루어져야 합니다. 그러면 지혜가 계발되어 앞에서 믿음과 함께 더욱 큰 힘을 내게 합니다. 만약 노력, 알아차림, 집중이 조화를 이루지 못하면 마음이 여러 가지의 장애를 이겨내지 못하여 수행을 포기하고 맙니다. 그러므로 분명한 앎은 바르고 정확하게 이해하고, 전체로서 이해하고, 다섯 가지 정신적 기능이 평등하고 고르게 되도록 하는 것을 말합니다. 이렇게 실천되었을 때 대상의 바른 성품을 볼 수 있습니다. 모든 대상이 가지고 있는 성품은 무상, 고, 무아입니다. 이러한 성품은 그냥 알 수 있는 것이 아니고 이러한 조건의 성숙에 의해서 생긴 지혜로 발견됩니다.

『대념처경』에서 밝히고 있는 분명한 앎은 다음과 같이 알아차리는 것입니다.

"앞으로 나아갈 때, 뒤로 돌아갈 때, 앞을 볼 때, 주위를 볼 때, 팔다리를 구부리거나 펼 때, 옷을 입을 때, 먹을 때, 마실 때, 씹을 때, 맛볼 때, 대소변을 볼 때, 가고, 서고, 앉을 때, 잠자리에 들 때, 잠에서 깨어날 때, 말하거나 침묵할 때도 분명한 앎을 한다."

이상의 행동을 알아차릴 때 다음 네 가지 사항에 입각해서 분명한 앎을 해야 합니다.

첫째, 목적에 대한 분명한 앎입니다. 수행자는 항상 자기가 하는 행위를 어떤 목적을 가지고 하는지 알아야 합니다. 현재 자신이 하고 있는 일이 유용한 일인지 아니면 해로운 일인지를 살펴보아야 합니다.

둘째, 적합성에 대한 분명한 앎입니다. 수행자는 항상 자기가 하는 행위나 시기나 상황이 적절한지 알아야 합니다. 현재의 시간에 자신이 해야 할 일을 하는지, 필요한 장소에 있는지, 필요한 사람을 만나는지 살펴보아야 합니다.

셋째, 감각대상에 대한 분명한 앎입니다. 수행자는 항상 자기가 하는 행위가 어디를 향하고 있는지 알아야 합니다. 감각대상에 대한 분명한 앎은 영역에 대한 분명한 앎입니다. 여섯 가지의 감각기관이 여섯 가지의 감각대상과 부딪칠 때 무엇을 대상으로 하는가가 중요합니다. 수행자는 정신과 물질에 관한 대상이 아니면 알아차릴 영역을 벗어난 것입니다. 수행자가 몸과 마음이란 수행 주제에서 벗어나면 통찰지혜가 생기지 않습니다.

넷째, 미혹하지 않음에 대한 분명한 앎입니다. 수행자는 항상 자기가 하는 행위가 미혹하지 않은지 알아야 합니다. 보고, 듣고, 냄새 맡고, 맛보고, 몸으로 부딪치는 것이 내가 하는 것이 아니고 단지 감각대상이 감각기관에 부딪치는 것일 뿐이라고 알아야 합니다. 이것이 어리석지 않은 앎입니다.

4) 몸을 싫어하는 마음을 일으킴[厭逆作意]

몸을 알아차리는 수행의 네 번째는 몸의 더러움을 알아차리는 수행입니다. 이 수행은 몸에 대하여 혐오감이 일어나는 것을 성찰하도록 합니다. 이 수행을 한문으로는 염역작의(厭逆作意)라고 합니다. 염역은 싫어하여 거스른다는 뜻이고 작의는 스스로 하려는 의도를 내서 행하는 것을 말합니다. 또 이 수행을 몸의 깨끗하지 못한 것을 알아차리는 수행이라고 해서 부정관(不淨觀)이라고도 합니다.

현재 이 수행을 하는 스승이나 수행처는 찾아보기 힘듭니다. 만약 스승 없이 이런 수행을 하면 잘못된 결과가 생길 수 있습니다. 그러므로 이 수행을 할 때는 반드시 경험이 있는 스승의 지도를 받아야 합니다. 다른 수행도 스승의 지도를 받아야 하지만 특히 이 수행은 반드시 지도를 받으면서 하는 것이 좋습니다. 만약 혼자서 할 때는 자신의 몸에 대한 혐오를 감당할 수 없어 위험이 따를 수 있습니다.

이 수행을 해야 반드시 깨달음에 이르는 것은 아닙니다. 이 수행은 수행자의 근기에 따라 할 수도 있고, 하지 않을 수도 있습니다. 만약 자신의 몸과 마음을 지나치게 아름답게 느끼는 수행자라면 이런 수행을 하는 것이 깨달음에 도움이 될 수도 있습니다. 그러므로 이 수행은 많은 수행 중의 하나일 뿐입니다.

『대념처경』에 있는 몸을 싫어하는 마음을 일으킴에 대한 간추린 내용을 살펴보겠습니다.

"이 몸은 아래로는 발바닥에서부터 위로는 머리카락에 이르기까지 피부로 덮여져 있으며, 그 안에는 여러 가지의 깨끗하지 못한 것들로 가득 차 있는 것을 알아차린다. 즉, 이 몸은 다음과 같은 것으로 이루어져 있다.

머리카락, 몸의 털, 손톱과 발톱, 이빨, 피부, 살, 힘줄, 뼈, 골수, 콩팥, 심장, 간장, 늑막, 지라, 허파, 창자, 위장, 소화 안 된 음식물, 대변, 뇌, 담즙, 가래, 고름, 피, 땀, 비계, 눈물, 임파액, 침, 콧물, 관절액, 오줌이 있다.

마치 양쪽에 주둥이가 있는 자루에 여러 가지 곡식, 즉 밭벼, 보리, 녹두, 완두, 참깨, 논벼 등이 가득 담겨 있는데, 어떤 눈 밝은 사람이 그 자루를 풀고 '이것은 밭벼, 이것은 보리, 이것은 녹두, 이것은 완두, 이것은 참깨, 이것은 논벼'라고 아는 것과 같다."

이처럼 자신의 몸을 32가지 부분으로 나누어서 알아차리는 과정에서 왜 몸에 대한 혐오감을 가져야 하는지 이 수행을 이해하지 못할 수 있습니다. 그러나 몸을 아름답다고 보는 한 있는 그대로 보는 것이 아닙니다. 그리고 자신의 몸을 아름답다고 보는 한 자신의 몸에 대한 집착을 여읠 수가 없습니다. 인간의 몸과 마음은 다섯 가지 무더기로 구성되었는데 이것이 색, 수, 상, 행, 식이라는 오온입니다. 이러한 몸과 마음을 나의 몸과 마음이라고 생각해서 오온을 집착하여 오취온이 됩니다.

이것이 바로 몸과 마음을 있는 그대로 보지 못해서 생긴 잘못된 견해입니다. 붓다께서는 이러한 잘못된 견해를 바로잡고 몸에 대한 바른 견해를 갖도록 하기 위해서 이 수행을 하라고 했습니다. 자신의 몸과 마음에 대한 뿌리 깊은 집착에서 벗어나게 하기 위한 이러한 방편을 살펴볼 때 인간이 자신의 몸과 마음에 대한 집착을 여의기가 얼마나 어려운지 알 수 있습니다.

우리가 잘못 알고 있는 것 중에 상락아정(常樂我淨)이 있습니다. 몸과 마음은 항상 하지 않은데 항상 하다고 생각합니다. 몸과 마음은 즐거움이 아닌데 즐거움이라고 생각합니다. 몸과 마음은 자아가 아닌데 자아라고 생각합니다. 몸과 마음은 깨끗하지 않은데 깨끗하다고 생각하는 것입니다. 몸에 대해 혐오감을 일으키도록 하는 수행은 이런 잘못된 견해를 바르게 하기 위한 방편입니다.

몸을 싫어하는 마음을 일으키는 이 수행은 몸의 32가지 요소를 여러 가지 방법으로 지속적으로 알아차립니다. 이 수행을 하는 방법은 일곱 가지가 있습니다. 그리고 수행을 할 때 주의해야 할 열 가지 기술이 주석서에 자세하게 기록되어 있습니다.

이러한 수행을 한 결과에 대한 것은 다음과 같습니다.

"한 가지를 계발하여 반복해서 수행을 하면 최고의 긴박감, 최고의 이익, 속박이 정지된 최고의 상태, 최고의 알아차림과 분명한 앎, 지혜와 통찰력의 획득, 지금 여기에서의 행복한 삶, 분명한 통찰력과 해탈이라는 열매의 실현으로 인도된다. 무엇이 그 한 가지인가? 그것은 몸에 전념한 알아차림이다. 몸에 대해 빈틈없이 알아차림을 계발하는 수행자는 불멸을 경험하고, 몸에 대해 빈틈없이 알아차림을 계발하지 않는 사람은 불멸을 경험하지 못한다."

이상이 몸에서 혐오감을 일으키게 하는 수행입니다.

5) 네 가지 요소[四大]를 알아차림

몸을 알아차리는 수행의 다섯 번째가 몸에 있는 네 가지 요소를 알아차리는 것입니다. 몸은 부르기 위한 명칭으로 관념이고 몸의 실재는 사대(四大)입니다. 몸의 네 가지 요소를 빨리어로 마하부따(mahābhūta)라고 합니다. 마하(mahā)는 크다는 뜻의 접두사고 부따(bhūta)는 태어난 요소를 말합니다. 그러므로 마하부따는 물질의 큰 네 가지 요소를 말합니다. 사대는 물질을 인식하는 기본 요소입니다. 이러한 사대는 물질이 가지고 있는 실재입니다. 물질은 존재하지만 이 존재는 실재가 아니고 존재를 인식할 수 있는 네 가지 요소가 실재입니다. 사람의 몸이나 다른 물질을 인식할 수 있는 실재는 지대(地大), 수대(水大), 화대(火大), 풍대(風大)라는 네 가지 요소입니다.

이 네 가지 요소는 홀로 있지 않고 항상 함께 있습니다. 그러면서 각각의 역할을 합니다. 하지만 이 네 가지 요소 중에 어느 요소 하나가 두드러지게 나타나면 다른 요소는 강한 요소에 가려 드러나지 않습니다. 그래서 사대는 항상 함께 있는 요소로 보아야 합니다. 사람의 몸뿐만 아니라 이 세상에 존재하는 모든 살아 있는 생명이나 살아 있지 않은 무생물도 모두 네 가지의 요소인 사대로 구성되었습니다. 사람의 몸은 형태를 가지고 있는데 이것은 곧 사대의 성품을 가지고 있다는 것입니다. 그리고 몸을 인식할 때 바로 이 사대로 인식하기 때문에 사대는 진실에 접근할 수 있는 중요한 통로에 속합니다.

수행자가 몸을 알아차릴 때는 반드시 몸의 네 가지 요소를 알아차려야 합니다. 몸의 네 가지 요소를 알아차리는 것은 몸을 알아차리는 수행에서 매우 중요한 의미를 갖습니다. 어쩌면 이러한 사실이 깨달음을 얻는 수행이 무엇인가를 알게 하는 하나의 요인이 될 수도 있습니다.

위빠사나 수행에서는 몸을 존재로 보지 않고 인식하는 요소로 알아차립니다. 가령 몸을 단지 몸으로 보면 몸이라는 명칭을 보는 것으로 개념으로 보게 됩니다. 그러나 몸이 가지고 있는 요소를 보면 몸을 존재나 개념(概念)으로 보지 않고 실재(實在)로 보게 되어 몸이 가지고 있는 성품을 알 수 있습니다.

우리가 손이라고 말할 때 손은 부르기 위한 명칭입니다. 이 명칭은 아무리 세월이 흘러도 그냥 손으로 남아 있습니다. 이때의 손은 개념이고 명칭이고 존재입니다. 그러나 손이 있는 것을 알기 위해서는 손의 단단함과 부드러움, 축축함과 건조함, 따뜻함과 차가움, 진동 등의 느낌이 있어서 손이 있는 것을 알 수 있습니다. 이때 이렇게 아는 것이 손의 실재를 아는 것입니다. 이러한 실재에서만 무상, 고, 무아를 발견할 수 있습니다. 그래서 손은 관념이고 손을 인식할 수 있는 느낌인 사대가 실재입니다. 수행자는 이와 같이 관념을 제거하고 실재를 통해서만 존재의 특성을 알아 깨달음을 얻을 수 있습니다.

『대념처경』에서 몸의 네 가지 요소에 대한 알아차림은 다음과 같습니다.

"이 몸을 현재 있는 그대로, 놓인 그대로, 네 가지 요소별로 알아차린다. 이 몸에는 땅의 요소[地大], 물의 요소[水大], 불의 요소[火大], 바람의 요소[風大]가 있다.

마치 숙련된 푸줏간집 주인이나 그를 도와주는 사람이 소를 잡아서 큰길 사거리에서 부위별로 잘라서 쌓아놓고 앉아 있는 것처럼.

이와 같이 비구는 이 몸을 현재 있는 그대로, 놓인 그대로, 네 가지 요소의 측면에서 알아차린다. 이 몸에는 땅의 요소, 물의 요소, 불의 요소, 바람의 요소가 있다."

이상이 『대념처경』에 있는 네 가지 요소에 대한 간추린 내용입니다. 앞서 밝힌 것처럼 『대념처경』이 설해진 지역의 수행자들은 매우 수행근기가 높아서 수행에 대한 총론적인 것만 밝혔습니다. 그렇다고 경전의 내용이 간단하다고 해서 중요하지 않게 생각해서는 안 됩니다. 다른 지역에서 설한 경에서는 이와 같은 내용을 아주 상세하게 설명했습니다.

다음은 사대의 요소를 하나씩 살펴보겠습니다.

땅의 요소인 지대(地大)는 땅을 의미하는 것이 아닙니다. 흙이 가지고 있는 본성인 단단함과 부드러움의 강도의 특성을 의미합니다. 그래서 지대를 말할 때는 단단함과 부드러움의 요소를 함께 포함하고 있습니다. 단단함은 부드러움의 요소가 있어서 단단함을 알 수 있으며, 부드러움 또한 단단함의 요소가 있어서 부드러움을 알 수 있습니다.

지대는 몸이 가지고 있는 단단함과 부드러움, 가벼움과 무거움 등을 통틀어서 말합니다. 우리의 손이나 발이나 몸이 무엇인가와 접촉했을 때 단단하게 느끼거나 부드럽게 느끼는 것이 바로 지대의 특성입니다. 물을 만졌을 때 부드러움을 느낀 것은 지대의 요소입니다. 돌을 만졌을 때의 단단함도 지대의 요소입니다. 얼굴에 바람이 불 때 느끼는 부드러움이나 발이 바닥에 닿았을 때 느끼는 단단함과 부드러움도 지대의 요소입니다. 이처럼 지대는 몸의 어느 부분에나 항상 있습니다.

우리의 몸은 부드러운 살과 단단한 뼈로 구성되어 있습니다. 생선도 부드러운 살과 단단한 뼈로 구성되어 있습니다. 수행자가 몸을 알아차릴 때 몸이라고 알아차리지 않고 단단하거나 부드러움으로 알아차리면 몸이라는 개념이 사라집니다. 그리고 오직 몸이 가지고 있는 특성만 있습니다. 이 특성은 조건에 의해 변합니다. 이것이 몸에서 지대를 알아차려야 하는 이유입니다.

위빠사나 수행자에게 지대의 특성은 '단단함과 부드러움'입니다. 그리고 지대의 기능은 항상 어디에나 있는 것이기 때문에 '바탕'으로 작용합니다. 다시 지대의 나타남은 '어떤 것을 받아들이거나 얻는 것'으로 나타납니다.

물의 요소인 수대(水大)는 물을 의미하는 것이 아닙니다. 물이 가지고 있는 본성인 흐름이 있는데 이러한 유동성이 물의 특성입니다. 물은 흐르며, 서로 모이려는 응집성이 있습니다. 높은 곳에서 낮은 곳으로 떨어져 강이 되고 거대한 바다가 되는 것이 모두 물의 특성입니다. 그렇기 때문에 항상 변하기 쉬워서 유동성을 가지고 있습니다. 물은 어떤 용기에 담느냐에 따라 형태가 달라지기 때문에 고정된 실체가 없고 항상 변합니다. 물이 수증기가 되고 때로는 얼음이 되는 것도 마찬가지입니다.

물은 강력하게 결합하는 응집성이 있습니다. 우리의 몸을 구성하고 있는 것도 약 70퍼센트가 물이며 이러한 물이 몸의 세포들을 결합하게 합니다. 만약 인체에 물이 없다면 몸의 각 부분들은 흩어지고 말 것입니다. 밀가루에 물을 넣고 반죽하면 덩어리가 되듯이 물은 엉기도록 하는 특성이 있습니다.

몸에서 물의 요소는 두드러지게 나타나지는 않습니다. 그래서 단단하거나 부드러운 지대의 요소로 드러나기도 하고 뜨겁거나 차가운 요소로 드러나기도 합니다. 수행자가 몸을 알아차릴 때 몸에서 물의 요소를 알아차리면 몸이라는 존재는 사라집니다. 몸은 수대의 요소로 결속되었기 때문에 단지 이런 조건들이 몸을 구성하는 요소로 알 때 내 몸이라는 개념도 사라집니다. 이것이 몸에서 물의 요소를 알아차리는 이유입니다.

불의 요소인 화대(火大)는 불을 의미하는 것이 아닙니다. 불의 본성인 따뜻함은 몸을 성장하게 하고 또 쇠퇴를 가져오는 것이 화대의 특성입니다. 인간이 탄생할 때도 온도는 기본요소로 작용합니다. 인간은 마음, 업, 온도, 자양분이라는 네 가지 조건에 의해 태어나는데 여기서 온도가 없으면 태어나지 못합니다. 또 이러한 따뜻함은 몸의 성장을 가져옵니다. 그리고 일정한 시기가 지나면 다시 따뜻함이 몸의 쇠퇴를 가져옵니다. 밀가루로 된 빵에 열을 가하면 빵이 되고 일정한 시간이 지난 뒤에도 계속해서 열을 가하면 빵이 타듯이 인간에게도 열은 성숙의 요소이기도 하면서 늙게 하는 요소이기도 합니다. 우리가 소화를 하는 것도 모두 따뜻함의 영향입니다. 또 몸에 일정한 열을 유지하고 있어서 병을 이겨내도록 합니다. 감기가 걸려서 열이 나는 것도 외부에서 침입한 병원균을 이겨내려는 화대의 작용입니다.

불의 요소는 따뜻함과 함께 차가움을 가지고 있습니다. 따뜻함은 차가움의 요소가 있어서 따뜻함을 알 수 있습니다. 차가움도 따뜻함의 요소가 있어서 차가움이 있는지 알 수 있습니다. 그래서 따뜻함은 항상 차가움을 함께 동반합니다. 손을 바닥에 닿게 했을 때 바닥이 차갑다고 느낀 것은 손의 따뜻함이 있기 때문입니다.

수행자가 몸을 알아차릴 때 몸에서 불의 요소를 알아차리면 몸이라는 존재는 사라집니다. 그리고 몸에는 따뜻함과 차가움이란 요소만 있다고 알아차려서 내 몸이라는 개념도 사라집니다. 이것이 몸에서 불의 요소를 알아차리는 이유입니다.

바람의 요소인 풍대(風大)는 바람을 의미하는 것이 아닙니다. 바람이 가지고 있는 본성인 몸을 움직이게 하는 특성을 의미합니다. 몸에서 일어나는 바람의 요소는 에너지, 운동, 긴장, 지탱 등 모든 진동과 움직임을 일으키도록 합니다. 몸은 끊임없이 진동하는데 이것이 모두 바람의 요소입니다. 우리가 걷고 있는 것도 바람의 요소이며 쓰러지지 않고 서 있는 것도 지탱하는 특성을 가진 바람의 요소입니다.

풍대는 공기의 요소입니다. 바람의 특성은 팽창하게 하고 수축하게 합니다. 그래서 넓히기도 하고 줄어들게도 합니다. 호흡을 할 때 공기가 들어가 몸이 부풀고, 다시 공기가 빠져나와 몸이 수축하는 것이 모두 바람의 요소입니다. 가고 서고 앉을 때 똑바로 할 수 있는 것이 모두 바람의 요소입니다. 바람의 요소의 기능은 동작을 하게 하는 것입니다. 모든 동작은 바람의 요소로 일어납니다. 바람의 요소의 나타남은 몸을 이동시키는 것입니다.

몸에서 나타나는 바람의 요소는 여러 가지가 있습니다.

첫째, 몸의 위쪽으로 가는 바람의 요소가 있습니다. 기침을 하거나 하품이나 딸꾹질을 하거나 먹은 것을 토하는 것이 모두 상승하는 바람의 요소입니다.

둘째, 몸의 아래쪽으로 내려가는 바람의 요소가 있습니다. 방귀를 뀌거나 대변이나 소변을 보는 것이 모두 하강하는 바람의 요소입니다.

셋째, 내장 바깥쪽과 배 안의 바람의 요소입니다. 내장기관과 배 안에 있는 기관의 진동이 모두 바람의 요소입니다. 수행자가 배에서 일어나고 꺼지는 움직임을 알아차리는 것도 모두 세 번째에 해당하는 바람의 요소입니다. 우리가 단전호흡이라고 할 때 배의 호흡은 사실 여기에 해당하는 바람의 요소입니다. 이때 코로 들이쉰 바람이 배까지 바로 가지는 않습니다. 그래서 수행자가 배에서 호흡을 알아차릴 때는 몸 전체에서 일어나는 풍대의 요소로 알아차려야 합니다.

넷째, 내장 안의 바람의 요소입니다. 내장 안에서 음식물을 소화시키고 연동 운동을 하게 하는 것이 모두 바람의 요소입니다.

다섯째, 팔과 다리에 모두 퍼지는 바람의 요소입니다. 팔과 다리가 아프고 쑤시는 것이 모두 바람의 요소입니다.

여섯째, 코로 들이쉬고 내쉬는 호흡은 바람의 요소입니다. 호흡은 공기가 코로 들어가서 다시 코로 빠져나오는 바람의 요소입니다. 그러므로 사람의 호흡은 풍대에 속합니다. 이상이 바람의 요소인 풍대의 작용입니다.

이처럼 몸에서 일어나는 사대의 요소는 항상 함께 일어납니다. 수행자가 길을 걸을 때 어떻게 사대의 요소가 함께 일어나는지 살펴보겠습니다. 걷기 위해서는 먼저 발을 들어 올립니다. 이때 발을 들어 올릴 때 발의 가벼움이 있습니다. 발을 들어 올릴 때의 가벼움은 화대의 요소입니다. 발을 들어 올리고 내릴 때의 움직임은 풍대의 요소입니다. 다시 발을 내릴 때의 무거움은 수대의 요소입니다. 발이 바닥에 닿았을 때 단단함이나 부드러움이 있는 것은 지대의 요소입니다. 이렇게 발걸음 하나를 내 딛는 것에 사대의 요소가 모두 있습니다. 그리고 걸음이 계속되면 사대의 요소가 계속 진행되는 것입니다.

이렇게 알아차릴 때 발이나 몸의 형태는 느껴지지 않습니다. 그래서 발이라는 개념이나 몸이라는 개념이 사라집니다. 그리고 실재하는 것은 오직 지수화풍이란 사대의 요소입니다. 수행자가 이처럼 사대의 요소만 알아차려서 집중하면 존재에 대한 개념도 사라질 뿐만 아니라 나의 발이라는 인식도 사라집니다. 그러면 발이 가지고 있는 고유한 특성을 통해 궁극의 법인 무상, 고, 무아를 발견할 수 있습니다.

다음 구절은 "마치 숙련된 푸줏간집 주인이나 그를 도와주는 사람이 소를 잡아서 큰길 사거리에서 부위별로 잘라서 쌓아놓고 앉아 있는 것처럼"입니다. 소를 도살하기 전에는 소라고 하지만 고기를 팔 때는 여러 가지로 부위를 잘라서 팝니다. 이때 등심이나 갈비라고 하지 소라고 하지 않습니다. 이렇게 부위별로 잘라서 팔 때 개념적인 소는 없어집니다. 이처럼 몸에 대해서도 사대로 인식하면 몸이라는 개념과 나의 몸이라는 개념도 함께 사라집니다. 이렇게 될 때 비로소 바른 법을 발견할 수 있는 것입니다.

이처럼 몸이라고 하는 존재가 있는 것이 아니고 오직 지대, 수대, 화대, 풍대만 있다고 알면 궁극의 법을 봅니다. 그래서 최고의 진리라고 하는 마음, 마음의 작용, 물질, 열반이란 네 가지의 실재에 접근합니다. 네 가지 궁극의 법이라는 마음, 마음의 작용, 물질, 열반은 그것 자체로는 궁극의 법이 아닙니다. 이 네 가지를 어떻게 보느냐에 따라서 궁극의 법이 결정됩니다. 정신과 물질을 관념으로 보면 관념적 진리이지만 정신과 물질의 실재를 보면 열반에 이르러 궁극의 진리를 발견합니다. 이와 같이 관념이 아닌 실재를 보면 깨달음이라는 이익을 얻습니다.

붓다고사가 쓴 『청정도론』이란 주석서에서는 몸을 알아차릴 때 네 가지 요소로 알아차리는 것에 관한 이익을 이렇게 말하고 있습니다.

"네 가지 요소를 명확하게 밝히는데 노력한 수행자는 공허함에 깊이 빠진 채로 살아 있는 존재라고 생각하는 인식을 없앱니다. 그는 야생짐승, 초자연적인 존재, 도깨비 등에 관한 그릇된 생각들을 받아들이지 않습니다. 살아 있는 존재라는 인식을 버렸기 때문에 그는 무서움과 불안을 극복하고 즐거움과 싫어함을 극복합니다. 그는 좋거나 싫은 것들에 의하여 기분이 들뜨거나 우울해지지 않습니다. 그리고 위대한 이해력을 가진 사람으로서 그는 불멸의 영역에서 끝을 내거나 행복한 운명으로 살게 됩니다."

이상의 내용에서 알 수 있는 것은 몸을 알아차릴 때 네 가지 요소로 보면 이 요소로 인해서 생기는 이차 삼차의 표상이 생기지 않는 것을 말하고 있습니다. 이렇게 사대로 알아차릴 때 존재라는 개념이 사라지며, 나라고 하는 개념도 사라지고, 이로 인해서 생기는 야생짐승, 초자연적인 존재, 도깨비도 생기지 않는 것을 밝히고 있습니다.

몸에서 일어나는 각종 느낌을 단지 사대의 요소로 보면 야생짐승과 같은 허상이 생기지 않는다는 것입니다. 그래서 실재하지 않는 표상이 생기는 것을 막는다는 뜻입니다. 예를 들면 무속인이 입신을 할 때 몸의 느낌을 통해서 야생짐승이 떠오르는 경우가 있습니다. 이때의 야생짐승은 실재하는 현상이 아니고 몸에서 일어난 단순한 느낌을 자신이 투사해서 표상을 만들어서 보는 것입니다. 그러면 이 무속인은 표상의 노예로 살아야 합니다. 산신령이나 관운장이나 모두 이런 표상일 뿐입니다.

초월적 존재도 마찬가지입니다. 몸에서 일어난 각종 느낌을 사대로 알아차리지 않으면 스스로 표상을 만들어서 봅니다. 이때의 표상은 느낌을 원인으로 일어난 허상이지 실재가 아닙니다. 만일 누군가 보기를 간절하게 원하면 스스로 표상을 만들어서 봅니다. 이렇게 실재하지 않는 것을 실재로 알아서는 결코 지혜를 얻을 수 없습니다. 초자연적인 존재란 최고의 힘을 가진 여러 가지 형태의 초월적 존재를 말합니다. 우리는 일정부분 초월적 존재에 의지해서 고난을 이기는 이익도 있지만 사실 이런 현상은 지혜를 얻는 일과는 무관합니다.

도깨비도 마찬가지입니다. 몸에서 일어난 으스스한 느낌이 두려움과 불안한 마음과 결합하면 그 순간 도깨비란 허상이 보입니다. 그러면 실재하지 않는 현상을 스스로 만들어서 불안과 공포에 떨어야 합니다. 이런 모든 현상들이 몸에서 일어난 사대의 요소들을 있는 그대로 알아차리지 못해서 생기는 허상입니다. 도깨비도 관념이 만들어낸 표상입니다. 우리는 끊임없이 실재하지 않는 표상을 만들어서 사실처럼 생각합니다. 그런 뜻에서 몸에서는 단지 몸을 알아차려야 하고 느낌에서는 단지 느낌을 알아차려야 하는 것입니다.

사마타 수행에서는 40가지에 이르는 수행 주제가 있습니다. 이러한 수행 주제는 스승에 따라서 또 각자의 근기에 맞게 선택을 해서 수행을 합니다. 이때 사마타 수행의 주제는 실재가 아닌 관념을 대상으로 합니다. 그래서 대상과 하나가 되어서 깊은 선정을 이룹니다. 그러나 위빠사나 수행은 오직 몸과 마음을 대상으로 알아차립니다. 그리고 몸과 마음에 있는 실재하는 현상을 있는 그대로 알아차립니다. 그래서 몸과 마음이 가지고 있는 법으로 지혜를 얻어 열반에 이릅니다. 이런 지혜를 얻는 길이 몸의 사대를 알아차리는 것입니다.

지대, 수대, 화대, 풍대라는 사대의 요소는 몸에서 하나만 작용하지 않고 모두 함께 작용합니다. 그러면서 끊임없이 서로 부딪치고 서로 조화를 이룹니다. 그래서 이들 사대 중에 하나를 따로 떼어낼 수 없습니다. 이들이 함께 작용하지만 가장 두드러진 것이 나타납니다. 이때 두드러지지 않은 다른 요소들도 함께 있습니다. 이처럼 몸에서 일어나는 사대는 모두 함께 결합하여 끊임없이 일어나고 사라지면서 서로에게 영향을 주며 작용합니다. 그리고 사대는 어떤 요소 하나만 가지고 있지 않고 상대적인 요소를 함께 가지고 있습니다.

사대는 단단함과 부드러움, 가벼움과 무거움, 뜨거움과 차가움, 팽창과 수축이 함께 있습니다. 이러한 사대의 부조화는 병을 만드는 원인이 되고, 반대로 사대의 조화는 병을 이겨내는 원인이 됩니다. 수행자가 몸에서 일어나는 사대를 통하여 지혜를 얻을 뿐만 아니라 사대를 알아차려서 조화를 이루면 건강해지는 이익이 있습니다.

몸에 암이 생긴 것도 지대의 나타남입니다. 부드럽다가 단단해진 것이 암입니다. 몸에 노폐물이 축적되면 부드러운 근육이 단단해지고 피곤해집니다. 그래서 무엇을 하려고 할 때 능률이 오르지 않습니다. 수행을 해서 고요함이 생기면 몸이 자연스럽게 이완이되지만, 화를 내거나 욕망을 가질 때 근육이 경직되는 것도 사대의 부조화 현상입니다.

몸에 있는 물의 요소도 감기가 걸리면 즉각 콧물로 바뀌거나 가래로 바뀝니다. 몸에 병원균이 침투하면 물의 요소가 고름으로 바뀌는 것도 모두 사대의 현상입니다. 몸에서는 뜨거움과 차가움이 서로 부딪칩니다. 몸이 너무 뜨거우면 고열로 죽게 되며 뇌세포가 손상을 입습니다. 몸이 차가우면 감기에 걸리거나 체온 저하증세로 죽습니다. 몸에 있는 뜨거움은 소화를 시킵니다. 그리고 병원균이 침투하면 열을 내서 병원균을 죽입니다.

몸에 있는 바람의 요소는 진동으로 기의 흐름입니다. 기의 흐름이 막히면 신체의 움직임이 원활하지 못해서 병이 납니다. 기가 막히면 손이나 다리에 경련이 일어납니다. 그래서 무심히 손과 발을 흔들거나 떱니다. 목이나 상체를 앞뒤로 좌우로 흔드는 것도 기의 흐름이 원활하지 못해 자기도 모르게 푸는 신체적 현상입니다. 아이들이 욕구불만이 많으면 좌우로 앞뒤로 몸을 흔듭니다. 이것도 욕망으로 인해 기의 흐름이 원활하지 않아 스스로 뒤트는 것입니다. 우리가 무심히 하는 이런 행동들도 모두 몸의 사대의 부조화에서 온 영향입니다.

우리가 살아 있다는 것은 사대가 활발하게 작용하고 있는 것입니다. 병이 났다면 사대의 균형이 깨진 것입니다. 죽었다면 사대의 변화가 한쪽으로 치우친 것입니다. 사람이 죽는다는 것은 단지 사대의 변화입니다. 죽음이란 몸이 부드럽다가 단단해지고, 피가 흐르다가 멈추고, 따뜻하다가 차가워지고, 움직이다가 움직이지 않는 것입니다. 죽음과 동시에 호흡이 정지되는 것도 풍대의 작용입니다. 이렇듯 죽음은 사대의 변화일 뿐이지 다른 것이 아닙니다. 모든 생명은 태어날 때 사대의 요소를 가지고 태어나서 물질을 유지하지만, 죽을 때는 사대의 요소가 조화를 이루는 활동을 끝냅니다.

누구나 죽음으로부터 자유로울 수 없습니다. 죽음을 피해서 숨을 곳은 어디에도 없습니다. 땅에서도 하늘에서도 죽음을 피할 곳은 없습니다. 이러한 죽음은 어느 날 한 번에 오지만 사실은 서서히 준비했다가 한 번에 나타납니다. 이 죽음의 준비가 바로 사대의 요소입니다.

누가 나를 죽이나요? 나를 죽이는 자는 바로 지수화풍이라는 사대의 변화와 부조화입니다. 그러므로 나는 사대라는 살인자와 함께 살고 있습니다. 또 나는 사대라는 은인과 함께 살고 있습니다. 그래서 사대가 나를 죽이기도 하고 살리기도 합니다. 이처럼 사대는 양면성을 가지고 어떤 조건이 성숙되었느냐에 따라 그에 합당한 결과가 나타납니다.

나를 죽이는 것은 지대입니다. 지대라는 살인자는 부드러운 몸을 단단하게 하여 병을 일으킵니다. 그래서 죽음을 맞이하게 합니다. 수대라는 살인자는 자신의 몸을 나쁜 요소로 바꿉니다. 그래서 병을 일으킵니다. 나중에는 대소변을 가릴 수 없어서 결국에는 죽습니다. 화대라는 살인자는 뜨거운 몸을 차갑게 해서 죽음을 맞이하도록 합니다. 화대가 작용하지 못해 소화를 못하고 병을 이겨내지 못합니다. 그래서 몸을 식게 하여 죽도록 합니다. 풍대라는 살인자는 호흡을 멈추게 하면서 죽음을 맞이하도록 합니다. 사람의 생명은 호흡과 호흡 사이에 있습니다. 그리고 몸의 모든 진동을 멈추게 하여 죽도록 합니다. 움직이다가 움직이지 않으면 죽는 것입니다.

이처럼 사대는 우리의 생명과 매우 밀접한 관계를 가지고 있습니다. 그러나 우리는 이러한 사대의 역할에 대해서 잘 모릅니다. 죽음을 단지 사대의 변화라고 알면 죽음이란 하나의 물질적 현상과 정신적 현상이 정지된 것으로 보게 됩니다. 그러면 두려울 것도 없습니다. 그러므로 죽음의 비밀을 다른 것에서 찾을 것 없습니다. 오직 자신의 몸과 마음에서 찾아야 합니다. 사대의 조화가 생명을 이어가게 하고 건강하게 합니다. 그리고 사대의 부조화가 건강을 해치게 하고 마지막에는 죽음으로 내몹니다.

여기에 오직 몸만 있는 것이 아닙니다. 몸과 함께 마음도 있습니다. 마음과 몸이 서로 조화를 이루면 건강하게 살 수 있고 마음과 몸이 조화를 이루지 못하면 병에 걸리거나 죽습니다. 살아 있는 동안 마음과 몸이 조화를 이루게 하는 것이 수행입니다. 수행을 하면 사대가 균형을 이루게 하여 건강한 몸으로 살 수 있습니다. 그리고 사대를 통하여 무상, 고, 무아의 지혜를 얻어 깨달음에 이를 수도 있습니다.

몸과 마음은 서로에게 영향을 줍니다. 마음이 몸에 영향을 주어서 사대가 일어나게 하고 몸의 사대가 마음에 영향을 주어 행복과 불행을 줍니다. 수행자가 정신적 영역과 물질적 영역을 분리해서 알아차리는 것은 각각의 영역이 다른 영역에게 좋은 영향을 미치도록 하기 위한 것입니다. 이것이 수행을 할 때 정신과 물질을 구별해서 보는 지혜입니다.

우리의 몸만 사대가 있는 것이 아닙니다. 무생물도 모두 사대의 성질을 가지고 있습니다. 물고기가 물에서 헤엄을 칠 때 물의 부드러움만 있으면 앞으로 나아가지 못합니다. 물에 단단함과 무게가 있기 때문에 지느러미를 흔들어서 앞으로 차고 나아갈 수 있습니다. 부드러운 물이 태풍이 될 수도 있고, 폭포가 되어 전기를 얻을 수도 있습니다. 새가 날갯짓으로 날 때도 공기가 부드럽기만 하면 앞으로 날아갈 수 없습니다. 공기의 부드러움에 단단함이 함께 있어서 날갯짓으로 공기를 차고 날 수 있습니다.

수행자가 사대를 알아차릴 때 사대는 하나의 느낌입니다. 이 느낌은 있는 그대로 느껴야 합니다. 가령 단단함이 있을 때 '이것은 지대다'라고 개념화할 필요가 없습니다. 뜨거움을 느낄 때도 '이것은 화대다'라고 개념화할 필요가 없습니다. 단단하거나 부드럽거나, 뜨겁거나 차갑거나 몸을 통해서 느껴지는 모든 느낌은 그냥 느낌으로 느껴야 합니다. 지수화풍이라는 사대에 명칭을 붙이는 것은 말하기 위해서 개념화한 것입니다.

대상을 개념화 하는 것을 빨리어로 빠빤짜(papañca)라고 합니다. 사대는 대상을 설명하기 위한 명칭이지 그것 자체가 실재는 아닙니다. 대상을 개념으로 보면 대상의 느낌을 느낄 수 없어 법을 보지 못합니다. 수행자가 몸을 알아차릴 때 모양을 보지 않고 사대로 보는 것도 개념이 아닌 실재를 보기 위한 것입니다. 그런데 이 실재를 또 지대라거나 수대라거나 화대라거나 풍대라고 말하면 다시 개념화됩니다. 그러므로 몸에서 사대를 느낄 때는 그냥 느껴지는 대로 알아차려야 합니다. 그래야 비로소 실재가 구체화됩니다.

6) 묘지에서의 아홉 가지 알아차림

지금까지 밝힌 몸을 알아차리는 수행 방법은 다섯 가지입니다. 들숨과 날숨, 네 가지 자세, 분명한 앎, 몸을 싫어하는 마음을 일으킴의 네 가지 요소입니다. 그리고 마지막으로 묘지에서의 아홉 가지 알아차림이 있습니다. 묘지에서의 아홉 가지 알아차림은 수행 방법을 하나로 분류하지 않고 아홉 가지 방법으로 분류합니다. 그러므로 아홉 가지는 각각의 독립된 수행 방법에 속합니다. 그래서 몸을 알아차리는 수행은 앞서 밝힌 다섯 가지에다 묘지에서의 아홉 가지 알아차림을 포함하여 모두 열아홉 가지 수행으로 나눕니다.

묘지에서 아홉 가지를 알아차리는 수행은 인도에서 시체를 내다 버리는 풍습이 있는 곳에서나 할 수 있는 수행 방법입니다. 현재는 이 수행을 할 수 있는 여건이 조성되지 않아서 이렇게 수행을 할 수 없습니다. 어느 곳에서나 시체가 썩어가는 과정에서 백골이 되는 과정까지 볼 수가 없기 때문입니다. 하지만 직접 시체를 보지 않더라고 시체를 보는 것처럼 생각하고 수행을 할 수도 있습니다.

이 수행에 포함된 백골관은 현재도 할 수 있습니다. 사람 뼈의 모형을 그대로 갖추어놓고 알아차릴 수 있습니다. 그리고 이러한 과정을 모두 실천하지 못하더라도 가족이나 친척의 죽음을 맞이했을 때도 이 수행을 할 수 있습니다. 또 묘지에 성묘를 갔을 때도 할 수 있으며 부모님의 기일에도 할 수 있습니다. 그리고 갑자기 누군가의 죽음이 생각났을 때도 이런 수행을 할 수도 있습니다. 우리들의 삶에서 죽음은 항상 있기 마련입니다. 그러므로 어느 때나 죽음에 대한 수행이 필요합니다.

묘지에서의 아홉 가지 알아차림은 앞서 밝힌 몸에 대해 싫어하는 마음을 일으키는 수행과 같은 목적을 가진 수행 방법입니다. 이러한 수행 방법이 필요한 것은 오직 이러한 방법에 의해서만이 몸에 대한 집착을 여읠 수 있기 때문입니다. 수행자에게 몸에 대한 집착이 남아 있는 한 괴로움으로부터 벗어나기 어렵고 법의 성품을 볼 수가 없습니다. 이러한 수행이 필요한 것은 인간은 누구나 몸에 대한 집착을 여의기 어렵다는 것입니다. 과거의 많은 성자들은 이러한 과정의 수행을 해서 몸에 대한 집착을 여의고 깨달음을 얻었습니다.

묘지에서의 아홉 가지 알아차림은 몸에 대한 혐오감을 일으키기도 하지만 더 중요한 것은 죽음에 대한 숙고입니다. 누구나 죽음을 생각하지 않으려고 합니다. 죽음은 그 자체가 두려움과 괴로움이기 때문입니다. 누구도 죽음을 피할 수 없는데 이렇게 중요한 죽음에 대해서는 숙고하지 않습니다. 그러므로 죽음에 대한 준비가 되어 있지 않습니다. 죽음에 대한 준비가 되어 있지 않다면 인생을 훌륭하게 마무리할 수 없습니다.

죽음에 대한 수행을 하면 끌려가는 죽음을 맞이하지 않고 받아들이는 죽음을 맞이합니다. 이 차이에 대한 결과는 매우 큽니다. 끌려가는 죽음을 맞이하면 죽을 때 괴롭고 죽고 나서도 좋지 않은 과보를 받습니다. 그러나 스스로 죽음을 받아들이면 죽을 때 괴롭지 않고 죽고 나서도 좋은 과보를 받습니다. 죽을 때의 마음이 다음 생을 결정하기 때문에 어떻게 죽는가가 중요합니다. 죽음은 일생을 마감하는 일뿐만 아니라 새로운 삶을 결정하는 매우 중요한 순간입니다.

이제 묘지에서의 아홉 가지 알아차림을 수행하는 것처럼 죽음을 외면하지 말아야 하겠습니다. 죽음은 누구에게나 옵니다. 이렇게 불가피한 죽음을 있는 그대로 보면 겸허하게 받아들이게 됩니다. 앞서 밝힌 것처럼 죽음은 시대의 변화입니다. 이러한 시대의 변화를 더욱 분명하게 하기 위해서 묘지에서의 아홉 가지 알아차림에 대하여 주의를 기울일 필요가 있습니다.

『대념처경』에 있는 묘지에서의 아홉 가지 알아차림에 대한 간추린 내용을 살펴보겠습니다.

"첫째, 다시 비구들이여, 그는 묘지에 버려진 시체가 죽은 지 하루나 이틀이나 사흘이 지나면 부풀고, 검푸르고, 문드러진 것을 보는 것처럼. 그는 바로 자신의 몸을 그것에 비추어 본다. 이 몸 또한 이와 같은 속성을 가지고 있고, 이와 같이 될 것이며, 이렇게 되는 것에서 피할 수 없다고 안다.

둘째, 다시 비구들이여, 그는 묘지에 버려진 시체를 까마귀 떼가 달려들어 마구 쪼아 먹고, 솔개무리가 쪼아 먹고, 독수리 떼가 쪼아 먹고, 개떼가 뜯어먹고, 자칼들이 뜯어먹고, 온갖 벌레들이 다 모여서 파먹는 것을 보는 것처럼. 그는 바로 자신의 몸을 그것에 비추어 본다. 이 몸 또한 이와 같은 속성을 가지고 있고, 이와 같이 될 것이며, 이렇게 되는 것에서 피할 수 없다고 안다.

셋째, 다시 비구들이여, 그는 묘지에 버려진 시체가 힘줄이 남아 있고, 살점이 붙어 있는 채로 해골로 변한 것을 보는 것처럼. 그는 바로 자신의 몸을 그것에 비추어 본다. 이 몸 또한 이와 같은 속성을 가지고 있고, 이와 같이 될 것이며, 이렇게 되는 것에서 피할 수 없다고 안다.

넷째, 다시 비구들이여, 그는 묘지에 버려진 시체가 힘줄이 남아 있고, 살점이 없이 핏자국만 남은 채로 해골로 변한 것을 보는 것처럼. 그는 바로 자신의 몸을 그것에 비추어 본다. 이 몸 또한 이와 같은 속성을 가지고 있고, 이와 같이 될 것이며, 이렇게 되는 것에서 피할 수 없다고 안다.

다섯째, 다시 비구들이여, 비구는 묘지에 버려진 시체가 힘줄만 남아 있고, 살점이나 핏기가 없는 채로 해골로 변한 것을 보는 것처럼. 그는 바로 자신의 몸을 그것에 비추어 본다. 이 몸 또한 이와 같은 속성을 가지고 있고, 이와 같이 될 것이며, 이렇게 되는 것에서 피할 수 없다고 안다.

여섯째, 다시 비구들이여, 비구는 묘지에 버려진 시체의 뼈가 사방으로 흩어져 여기에 손뼈, 저기에 발뼈, 정강이뼈, 넓적다리뼈, 골반, 등뼈, 두개골 등이 사방으로 흩어져 있는 것을 보는 것처럼. 그는 바로 자신의 몸을 그것에 비추어 본다. 이 몸 또한 이와 같은 속성을 가지고 있고, 이와 같이 될 것이며, 이렇게 되는 것에서 피할 수 없다고 안다.

일곱째, 다시 비구들이여, 그는 묘지에 버려진 시체의 뼈가 조개껍질 색깔처럼 백골이 된 것을 보는 것처럼. 그는 바로 자신의 몸을 그것에 비추어 본다. 이 몸 또한 이와 같은 속성을 가지고 있고, 이와 같이 될 것이며, 이렇게 되는 것에서 피할 수 없다고 안다.

여덟째, 다시 비구들이여, 그는 묘지에 버려진 시체의 뼈가 백골로 변해서 무더기로 쌓여 있는 것을 보는 것처럼. 그는 바로 자신의 몸을 그것에 비추어 본다. 이 몸 또한 이와 같은 속성을 가지고 있고, 이와 같이 될 것이며, 이렇게 되는 것에서 피할 수 없다고 안다.

아홉째, 다시 비구들이여, 그는 묘지에 버려진 시체의 뼈가 삭아서 가루가 된 것을 보는 것처럼. 그는 바로 자신의 몸을 그것에 비추어 본다. 이 몸 또한 이와 같은 속성을 가지고 있고, 이와 같이 될 것이며, 이렇게 되는 것에서 피할 수 없다고 안다."

이상이 간추린 내용입니다.

경전의 내용 중에 "첫째, 다시 비구들이여, 그는 묘지에 버려진 시체가 죽은 지 하루나 이틀이나 사흘이 지나면 부풀고, 검푸르고, 문드러진 것을 보는 것처럼. 그는 바로 자신의 몸을 그것에 비추어 본다. 이 몸 또한 이와 같은 속성을 가지고 있고, 이와 같이 될 것이며, 이렇게 되는 것에서 피할 수 없다고 안다"라는 구절이 있습니다.

수행자는 여기서 첫 문장의 끝에 있는 "보는 것처럼"이라는 말에 주목할 필요가 있습니다. 시체가 변하는 과정을 보는 것처럼 알아차리라는 말은 반드시 시체를 보아야 하는 것은 아니라는 말입니다. 그러므로 반드시 묘지에 가서 이 수행을 할 필요는 없습니다. 어디에서고 이 수행을 할 수 있습니다.

아울러 "그는 바로 자신의 몸을 그것에 비추어 본다. 이 몸 또한 이와 같은 속성을 가지고 있고, 이와 같이 될 것이며, 이렇게 되는 것에서 피할 수 없다고 안다"라고 했을 때는 위빠사나 수행의 법을 알아차리는 수행에 해당됩니다. 일어나고 사라지는 것을 알아차리는 것은 무상이며 이와 같이 되는 것은 괴로움이며 피할 수 없는 것은 무아입니다. 이 수행이 바로 법념처며 위빠사나 수행입니다.

묘지에서 아홉 가지 알아차리는 수행은 그냥 하는 것이 아닙니다. 반드시 스승의 지도를 받아야 합니다. 그리고 수행을 하면서 지켜야 할 사항도 매우 많습니다. 이러한 절차는 이런 수행으로 인해 장애가 생길 수 있기 때문입니다. 그래서 우리가 묘지에서 알아차리는 수행이 아니더라도 죽음에 대한 수행을 할 때는 반드시 바른 가르침을 받으면서 수행을 해야 합니다.

사마타 수행에서 자비관을 할 때는 이성을 대상으로 알아차리지 않고, 원수를 대상으로 알아차리지 않고, 죽은 자를 대상으로 알아차리지 않습니다. 이런 대상으로 인해 장애가 일어날 수 있기 때문입니다. 그러나 위빠사나 수행자는 어떤 대상이나 가리지 않고 있는 그대로 알아차립니다.

누구나 태어나면 죽습니다. 깨달음을 얻어 윤회가 끝나지 않은 한 새로 태어납니다. 그래서 죽으면 죽는 것으로 그치지 않고 다음 과보를 받아 새로 태어납니다. 죽을 때의 마음상태에 따라 세 가지 표상 중의 하나가 뜹니다.

첫째, 자신이 일생 동안 한 행위의 표상이 뜹니다. 그러면 표상과 관계된 세계의 생명으로 태어납니다. 둘째, 자신이 일생 동안 한 행위에 대한 상징적인 표상이 뜹니다. 그러면 이 표상과 관계된 세계의 생명으로 태어납니다. 셋째, 죽은 뒤에 갈 곳의 표상이 뜹니다. 그러면 이 표상과 관계된 세계의 생명으로 태어납니다. 가장 중요한 것은 모든 생명은 거의가 지옥, 축생, 아귀, 아수라의 세계에 태어난다는 것입니다. 인간으로 태어날 가능성은 매우 적습니다. 그래서 선하게 살아야 하고 반드시 수행을 해야 합니다. 표상은 자기가 한 대로 나타나기 때문에 평소의 연장선상에서 나타나기 마련입니다.

이제 우리는 죽음을 외면할 것이 아니고 있는 그대로 알아차려야 하겠습니다. 죽음을 있는 그대로 알아차리면 죽음의 성품을 보는 지혜가 생깁니다. 이런 지혜가 날 때만이 죽음에 대한 공포로부터 자유로울 수 있습니다. 죽음이 두렵지 않다고 말하는 사람도 있지만 죽음을 관념으로 보기 때문에 하는 말입니다. 그리고 어쩌면 죽음이 두려워서 애써 부정하는 것일 수 있습니다. 죽음은 지옥에 있는 생명에게도 두려운 것입니다. 그러므로 최고의 지혜가 나지 않은 한 죽음은 누구에게나 두려움을 줍니다.

수행자는 대상을 있는 그대로 알아차려야 합니다. 그러면 개념이 아닌 실재를 알 수 있습니다. 이처럼 대상을 있는 그대로 알아차리면 지혜가 계발됩니다. 지혜가 계발된 상태에서는 대상을 볼 때 모두 지혜로 봅니다. 대상을 있는 그대로 알아차려서 바른 성품을 아는 마음이 생기면 이제 보는 것마다 바른 성품이 있습니다. 이렇게 법이 앞에서 이끌면 두려움 없는 죽음을 맞이할 뿐만 아니라 죽을 때 깨달음을 얻어 윤회를 하지 않을 수도 있습니다. 그렇지 않으면 좋은 세계에서 훌륭한 생명으로 새로 태어날 수도 있습니다. 우리 모두 이렇게 되도록 노력해야 하겠습니다. 이것이 이 세상에 태어나서 해야 할 가장 중요한 일입니다.

수행에는 여러 가지의 어려움이 따릅니다. 살아온 습관의 거친 물살을 거슬러 올라가려면 많은 노력과 인내가 필요합니다. 그러기 위해서는 최대한 자신을 낮추어야 합니다. 자신을 낮추기 위해서는 다음과 같은 각오가 필요합니다.

"나는 시체다. 나는 시체이기 때문에 나라는 것이 없으며, 나는 시체이기 때문에 자존심이 없다. 나는 시체이기 때문에 남의 말을 들을 수 없으며, 나는 시체이기 때문에 남에게 말을 할 수 없다. 나는 시체이기 때문에 탐욕을 부리지 않으며, 나는 시체이기 때문에 화를 내지 않는다. 나는 시체이기 때문에 어리석은 일을 하지 않는다. 나는 시체이기 때문에 낮은 곳에 누워 있으며, 나는 시체이기 때문에 움직일 수 없다. 나는 시체다."

수행자가 자신을 시체라고 생각하고 모든 감각기관의 문을 닫고 오직 아는 마음만 가져야 합니다. 이렇게 알아차릴 때만이 대상을 있는 그대로 볼 수 있습니다. 그래야 비로소 법의 성품을 보아 괴로움이 소멸됩니다. 그러나 내가 있다고 생각하는 순간부터 있는 그대로 볼 수 없어 괴로움이 시작됩니다. 수행자가 자신을 시체처럼 낮출 때 무상, 고, 무아의 지혜를 얻을 수 있습니다. 이것이 최상의 행복입니다.

3. 느낌을 알아차리는 수행[受念處]

1) 느낌을 알아차리는 수행에 대한 개요

사념처 수행은 몸, 느낌, 마음, 법을 알아차리는 수행입니다. 이상의 네 가지 대상을 알아차리는 수행에서 두 번째가 느낌을 알아차리는 수행입니다. 사념처 수행은 기본적으로 네 가지 대상이 함께 작용해서 이루어지는 수행입니다. 그러나 네 가지 대상 중에서 특별하게 어느 염처 하나만 따로 떼어서 수행을 할 수도 있습니다. 그러나 느낌을 알아차리는 수행을 한다고 해서 다른 대상을 알아차리지 않는 것이 아닙니다.

몸을 알아차리는 수행을 할 때도 네 가지 대상이 함께 작용하면서 특별히 호흡을 주 대상으로 알아차리는 것처럼 경우에 따라서 느낌을 알아차리는 수행을 중점적으로 할 수도 있습니다. 그러므로 사념처 수행을 하면서 상황에 따라 하나의 염처를 집중적으로 할 수 있습니다. 수행자는 이상의 네 가지 대상을 필요에 따라 적절하게 알아차리는 수행을 할 때만이 궁극의 진리에 이를 수 있습니다.

인간은 누구나 정신과 물질을 가지고 있습니다. 그래서 알아차려야 할 대상도 몸과 마음입니다. 그러나 사념처에서는 몸과 마음 외에 느낌과 법을 알아차릴 대상으로 포함시켰습니다. 수행을 할 때 느낌과 법을 포함시킨 것은 수행의 완성도를 높이기 위한 것입니다. 이상의 네 가지 대상이 함께 조화를 이루어야 바른 법을 아는 수행을 할 수 있습니다.

인간의 여섯 가지 감각기관이 감각대상과 접촉했을 때 여섯 가지 아는 마음이 일어나는데 이때 느낌도 함께 일어납니다. 그래서 우리가 안다는 것은 모두 느끼는 것입니다. 그러므로 느낌이 아닌 것이 없습니다. 사실은 마음은 대상을 아는 기능만 합니다. 그리고 이 마음을 조정하는 것이 느낌입니다. 그러므로 느낌을 빼고서는 수행이 이루어질 수 없습니다. 그래서 몸과 마음을 알아차리는 수행에서 느낌은 매우 중요한 의미를 가지고 있습니다.

12연기에서 대상과 접촉했을 때 아는 마음과 함께 반드시 느낌이 일어나는데 이 느낌은 그냥 느낌으로 있지 않고 연기를 회전시켜 갈애(渴愛)를 일으킵니다. 이 갈애가 미래생의 원인이 되는 욕망입니다. 그리고 이 갈애가 집착을 일으키고 업을 생성하는 행위를 하여 괴로움뿐인 미래의 태어남을 일으킵니다.

이처럼 모든 것이 느낌을 원인으로 일어나기 때문에 느낌에 대한 알아차림 없이는 연기의 회전을 중지시킬 수 없어 괴로움이 계속됩니다. 그러므로 느낌을 어떻게 알아차리느냐에 따라 성자의 깨달음과 범부의 어리석음이 결정됩니다. 느낌을 알아차려서 순수한 느낌의 상태가 되면 성자의 느낌이라서 괴로움을 일으키지 않습니다. 그러나 느낌을 알아차리지 못해 욕망을 일으키면 이것은 범부의 느낌이라서 괴로움을 일으킵니다. 이것이 모두 느낌으로부터 시작됩니다.

몸과 마음을 알아차릴 때 느낌으로 알아차리면 몸과 마음이란 존재는 사라지고 오직 실재하는 느낌만 있습니다. 이때의 느낌은 관념이 아닌 실재입니다. 만약 우리가 몸이라고 할 때는 관념적인 견해로 나의 몸이라는 소유개념이 생길 수 있습니다. 그러나 단지 몸이 가지고 있는 느낌을 알아차리면 감각기관에서 일어난 하나의 현상으로 볼 수 있게 됩니다. 이때 나라고 하는 자아가 사라집니다. 자아가 사라진다는 것은 수행에서는 깨달음입니다. 모든 것은 조건 지어진 현상으로 인해 일어나고 사라지는 과정만 있지 이것을 소유하는 자아가 없다는 것이 궁극의 깨달음입니다. 그래서 이러한 느낌을 통해 진실의 문에 들어설 수 있습니다.

수행자가 느낌을 알아차리면 어떻게 해서 느끼는가라는 의문에서 벗어납니다. 느낌은 접촉에 의해 일어나는 것이지 누가 가져다주는 것이 아닙니다. 그리고 이 느낌은 누구의 느낌인가라는 의문에서도 벗어납니다. 느낌은 여섯 가지 감각기관이 느끼고 단지 마음이 이것을 아는 과정만 있지 이것을 주도하는 자아는 없습니다. 그래서 나의 느낌이 아니고 단지 감각기관이 느끼는 것이라고 압니다. 이렇게 알 때 사물을 통찰하는 최고의 지혜가 나서 모든 괴로움에서 벗어날 수 있습니다.

느낌을 알아차리는 수행의 주석서에서는 찌딸라 산에 머물면서 수행을 하는 원로 장로에 대해 다음과 같이 소개하고 있습니다.

어느 날 원로 장로가 아플 때 아픈 느낌이 격렬해지자 끙끙거리면서 신음하고 이리저리 뒹굴고 있었습니다. 그러자 곁에 있던 젊은 비구가 장로 비구에게 물었습니다.

"큰스님, 어디가 아프십니까?"

"음, 아픈 특정한 곳이 없네. 단지 육체적 감각기관을 대상으로 하여 일어난 느낌만 있네."

"큰스님, 그러한 앓이 일어난 때부터 참는 것이 적절하지 않을까요?"

"음, 나는 참고 있다네."

"큰스님, 참는 것은 매우 훌륭한 것입니다."

이러한 대화를 하면서 큰스님은 참았습니다. 헛배가 부르다 못해 체액이 심장까지 부풀어서 마침내 터져 내장이 침상 위에 놓였습니다. 큰스님은 그것을 젊은 비구에게 보였습니다.

"비구여! 이런 정도의 참음은 적절한가?"

너무 뜻밖의 현상에 젊은 비구는 말이 없었습니다. 이때 큰스님은 정진과 고요함을 함께 유지함으로써 판별력을 지닌 아라한과에 도달했습니다. 그리고 '사마시시(sama-sīsī)'라는 죽음과 동시에 아라한을 성취한 분으로서 완전한 소멸을 이루었습니다. 이때 큰스님은 사마시시가 되신 것입니다. 아라한은 모든 번뇌가 완전하게 소멸한 성자의 마지막 단계입니다.

'사마시시'는 두 개의 결과를 동시에 얻은 사람을 말합니다. 이것은 갈애가 끊어지고 동시에 생명이 소멸되는 아라한과를 얻은 것을 말합니다. 많은 경우에 수행자들이 죽을 때 아라한과를 성취하는 것을 경전에서 볼 수 있습니다. 죽기 전에 갈애와 집착이 끊어지고 온전히 느낌만 남아 있다면 그는 바로 아라한이 되어서 다음 생의 태어남이 없습니다.

태어남이 없으면 다시는 죽는 일이 없습니다. 이것이 죽음에서 벗어나는 유일한 길입니다. 태어남과 죽음이 없으면 고통이 없습니다. 이것이 해탈입니다. 수행자가 느낌을 지속적으로 알아차리면 느낌이 소멸합니다. 아픈 느낌이 있을 때 아픔을 알아차리면 아픔이 일정하지 않다는 것을 압니다. 이때의 아픔은 계속되는 하나의 아픔이 아닙니다. 하나의 아픈 느낌이 일어나서 사라지면 다음에 새로운 느낌이 일어납니다. 이렇게 새로운 느낌을 지속적으로 알아차리면 아픔으로 인한 괴로움이 경감되며 어느 순간에 이르면 아픈 느낌도 사라집니다. 이때 무상의 법을 보아 집착에서 벗어날 수 있습니다. 그러나 우리는 이렇게 분리해서 지속적으로 알아차리지 못하기 때문에 법의 성품을 보지 못해 아픔이 계속된다고 알고 있습니다.

수행자는 몸이 아플 때 마음까지 아픕니다. 그러나 몸과 마음은 서로 다른 것이라서 몸 때문에 마음이 아플 이유가 없습니다. 사실 아픈 것은 몸이고, 마음은 단지 그것을 아는 것일 뿐이라고 알 때 우리는 비로소 몸의 아픔을 통해 법의 성품을 볼 수 있습니다. 몸과 마음을 분리해서 알아차리는 위빠사나 수행은 몸의 영역과 마음의 영역을 구별하여 각각의 영역에서 다른 영역에 즉각적인 영향을 미치지 않도록 알아차립니다. 그러면 느낌이 증폭되지 않아 어떤 고통도 견딜만하며 오히려 고통의 성품을 볼 수 있습니다.

아픔에는 갖가지 단계가 있으며 하나의 아픔 뒤에 다른 순간들이 있습니다. 하나의 아픔이 오고 가고, 다음의 아픔이 오고 갑니다. 이렇게 알아차릴 때 아픔은 하나로 연속되는 것이 아니라는 것을 알 수 있습니다. 연속적이지 않음을 간파할 수 있을 때 수행자는 사물의 덧없는 무상을 깨닫게 됩니다. 연속성에 대한 환상은 진실을 덮어버리거나 감출 수가 있습니다. 연속성을 생각할 때 사물이 영구적이어서 오래 지속할 것으로 생각합니다. 그러나 연속성이 버려졌을 때 사물이 일어나고 사라짐밖에 없다는 것을 압니다. 이와 같이 될 때 수행자의 지혜는 보통사람의 것보다 훨씬 깊습니다.

예를 들어 몸에 전율이 일어나서 어깨로부터 시작된 것이 팔로 내려왔을 경우 우리는 전율이 옮겨갔다고 생각하기 쉽습니다. 그러나 법의 성품으로 보면 그렇지 않습니다. 모든 것들은 일어난 곳에서 일어난 즉시 사라집니다. 전율이 어깨로부터 팔까지 내려온 것이 아니고, 어깨에서 일어나고 사라지고, 그다음 자리에서 일어나고 사라지고 하는 것들이 연속됩니다. 그러므로 어깨에서 일어난 아픔이 팔까지 내려온 것이 아닙니다. 각기 다른 세포마다 일어나고 사라지는 현상들이 연속되었을 뿐입니다.

이것을 알 때 우리는 어느 것도 항상 하지 않다고 압니다. 어느 것도 항상 하지 않기 때문에 우리는 집착하지 않게 됩니다. 이때 아픔이 나의 의지대로 되지 않을 때 우리는 또한 무아를 알 수 있습니다. 몸에 느낌이 나타나는 것은 알아차릴 대상입니다. 알아차릴 대상은 '법'입니다. 법은 와서 보라고 나타난 것입니다. 몸의 느낌이 일어난 것은 몸이 와서 보라고 말하고 있는 것입니다. 그러나 우리는 대부분의 경우 와서 보라고 나타난 법을 있는 그대로 보지 못합니다. 그리고 나타난 법에 개입해서 그것을 없애려고 하거나 또 다른 것을 바라거나 그것에 대해서 짜증을 냅니다. 이것은 법을 대접하는 것이 아닙니다. 우리들의 몸과 마음에 나타나는 모든 대상은 와서 보라고 나타난 것입니다.

그러므로 수행자는 나타난 대상을 알아차리는 것 외에 달리 할 일이 없습니다. 알아차린 이후의 결과는 자신의 의도와 상관없는 것입니다. 알아차림의 조건을 성숙시키는 것이 수행자의 의무입니다. 그 이후의 결과는 조건에 따라 적절하게 나타날 것입니다.

2) 『대념처경』의 느낌을 알아차리는 수행

『대념처경』에 있는 느낌을 알아차리는 수행은 다음과 같습니다.

"비구들이여, 어떻게 비구가 느낌에서 느낌을 알아차리는 수행을 하면서 지내는가? 비구들이여, 여기 어떤 비구가 즐거운 느낌을 느끼면서, 나는 즐거운 느낌을 느낀다고 안다. 괴로운 느낌을 느끼면서, 나는 괴로운 느낌을 느낀다고 안다. 즐겁지도 괴롭지도 않은 느낌을 느끼면서, 나는 괴롭지도 즐겁지도 않은 느낌을 느낀다고 안다.

세간의 즐거운 느낌을 느끼면서, 나는 세간의 즐거운 느낌을 느낀다고 안다. 출세간의 즐거운 느낌을 느끼면서, 나는 출세간의 즐거운 느낌을 느낀다고 안다.

세간의 괴로운 느낌을 느끼면서, 나는 세간의 괴로운 느낌을 느낀다고 안다. 출세간의 괴로운 느낌을 느끼면서, 나는 출세간의 괴로운 느낌을 느낀다고 안다.

세간의 즐겁지도 괴롭지도 않은 느낌을 느끼면서, 나는 세간의 즐겁지도 괴롭지도 않은 느낌을 느낀다고 안다. 출세간의 즐겁지도 괴롭지도 않은 느낌을 느끼면서, 나는 출세간의 즐겁지도 괴롭지도 않은 느낌을 느낀다고 안다."

우리는 매순간 여러 가지 느낌을 느낍니다. 그러나 느낌이라고 분명하게 알지 못합니다. 느낌은 마음의 영역이라서 잘 드러나지 않습니다. 하지만 누구나 기분이 좋다거나 나쁘다고 느낄 수는 있습니다. 이것이 느낌입니다. 그러나 이러한 느낌이 있어도 이 느낌을 알아차리지는 못합니다. 경우에 따라서 기분이 좋다거나 나쁘다는 것을 알 수는 있지만 이러한 사실을 분명하게 인지하지 못합니다. 이때 느낌이 일어났지만 이 느낌을 알아차리지 못한 것입니다. 이러한 느낌이 있는 것을 알아차리지 못하면 항상 이런 느낌의 지배를 받으면서 살아야 합니다. 그러므로 자신의 의지로 사는 것이 아니고 자신의 느낌의 지배를 받아서 살게 됩니다. 그러면 감각에 치우쳐 바른 판단을 하면서 살기가 어렵습니다.

이때 느낌을 알아차리면 수행을 하는 것입니다. 그러나 느낌을 알아차리지 못하면 수행을 하는 것이 아닙니다. 만약 수행을 해서 느낌을 알아차리면 즐거울 때 즐거움에 취하지 않아 더 즐거운 느낌을 원하지 않습니다. 그래서 즐거움으로 인해 생기는 여러 가지 폐해가 생기지 않습니다. 그렇지만 수행을 하지 않아서 느낌을 알아차리지 못하면 즐거움에 취하여 더 즐거운 느낌을 원합니다. 이것이 욕망으로 발전하는 시작입니다. 욕망은 멈출 줄을 모릅니다. 그래서 계속 욕망을 추구합니다. 이렇게 되었을 때 즐거운 느낌으로 인해 생기는 감각적 쾌락을 탐닉하게 됩니다. 이 결과는 괴로움과 슬픔과 비탄입니다.

일반적으로 즐겁거나 괴로움을 안다고 했을 때도 사실은 있는 그대로 알아차리는 것이 아닙니다. 그래서 즐거울 때 적극적으로 동참하고 괴로울 때 저항하거나 도피합니다. 이렇게 대처했을 때 느낌을 더욱 키울 뿐이지 문제가 되는 느낌을 잠재울 수는 없습니다. 그러나 즐거운 느낌이라고 분명하게 알아차리면 느낌이 객관화되어 감각적 욕망으로 진행되지 않습니다. 마찬가지로 괴로운 느낌이라고 분명하게 알아차리면 느낌이 객관화되어 극단적으로 저항하거나 괴로움으로부터 도피하지 않습니다. 만약 느낌을 있는 그대로 알아차리면 느낌이 지혜의 불씨가 되어 깨달음에 이르며 느낌을 있는 그대로 알아차리지 못하면 느낌이 괴로움의 불씨가 되어 끝없는 고통을 겪어야 합니다.

첫 구절에 **"어떻게 비구가 느낌에서 느낌을 알아차리는 수행을 하면서 지내는가?"**라고 할 때는 느낌을 느낄 때는 오직 느낌만을 알아차릴 대상으로 삼아야 하는 것을 말합니다. 느낌을 느낄 때는 몸을 알아차려서도 안 되며, 마음을 알아차려서도 안 되며, 법을 알아차려서도 안 됩니다. 느낌을 느낄 때는 단지 느낌 이외의 것에는 한눈을 팔아서는 안 됩니다. 이것이 느낌에서 느낌을 알아차리는 수행입니다. 이때 느낌 하나만을 대상으로 하는 단순한 겨냥을 요구하고 있습니다. 그리고 이렇게 알아차릴 때 막연하게 알아차리지 말고 정확하고 분명하게 알아차려야 하며 이렇게 알아차리는 것을 생활화하여 지내야 한다는 것을 강조하고 있습니다.

"즐거운 느낌을 느끼면서 나는 즐거운 느낌을 느낀다고 안다"라고 했을 때 '나는'이라는 것은 관용어입니다. 여기서 나라고 하는 것은 자아를 의미하는 것이 아닙니다. 남이 아닌 자신이 느끼는 느낌이라는 사실을 분명하게 밝히기 위해서 '나는'이라는 용어를 선택한 것입니다. 그래서 우리가 "나는 느낌을 느낀다"라고 할 때 자아가 아닌 단지 정신과 물질이 느낌을 느끼는 것으로 이해해야 합니다.

다음에 **"여기 어떤 비구가 즐거운 느낌을 느끼면서, 나는 즐거운 느낌을 느낀다고 안다. 괴로운 느낌을 느끼면서, 나는 괴로운 느낌을 느낀다고 안다. 즐겁지도 괴롭지도 않은 느낌을 느끼면서, 나는 괴롭지도 즐겁지도 않은 느낌을 느낀다고 안다"**라는 구절은 매우 단순하고 평이해서 별로 큰 의미가 없어 보입니다. 그러나 결코 그렇지 않습니다. 이처럼 단순한 구절의 반복에 사실 큰 의미가 담겨져 있습니다. 어떤 느낌을 느끼거나 느낌을 느낄 때는 있는 그대로의 느낌을 느껴야 합니다. 이 느낌을 두고 다른 느낌을 바라거나 또는 이 느낌을 없애려고 해서는 안 됩니다.

경전의 내용에 있는 단순함 속에 이런 의미가 포함되어 있습니다. 이것이 경전 전편에 있는 일관된 구성이고 일관된 내용입니다. 수행자들은 반복된 글을 읽으면서 인내를 배울 것이며 계속되는 글의 내용에 대하여 인지할 때 수행자의 마음은 단순해질 것입니다. 그래서 있는 그대로의 대상을 알아차리는 것을 배울 것입니다. 진실은 단순하게 있는 그대로 볼 때 드러납니다.

우리는 진리란 매우 희귀하고 복잡한 것인 줄 압니다. 그러나 있는 그대로의 실재하는 현상이 진리입니다. 철학적이고 현학적인 것은 오히려 관념이고 진실은 단순한 현상에 있습니다. 이것이 위빠사나 수행의 법입니다. 그래서 수행자는 이러한 내용에 대해 싫증을 느낄 것이 아니라 오히려 반복되는 내용의 행간에 숨어 있는 진실을 알아야 하겠습니다. 단순한 것에서 진리를 발견하려면 위빠사나 수행의 지혜가 있어야 합니다. 그렇지 않으면 법이 보이지 않습니다.

이상의 구절에서 수행자가 어떻게 느낌을 알아차려야 하는가를 분명하게 밝히고 있습니다. 그렇다면 어떻게 느낌을 알아차리라는 것인가요? 즐거운 느낌을 느낄 때는 그냥 '즐거운 느낌이 있네!'라고 알아차려야 합니다. 괴로운 느낌이 있을 때도 '괴로운 느낌이 있네!'라고 알아차려야 합니다. 즐겁지도 괴롭지도 않은 느낌을 느낄 때는 '즐겁지도 괴롭지도 않은 느낌이 있네!'라고 알아차리는 것입니다. 즐겁지도 괴롭지도 않은 느낌은 덤덤한 느낌이라고 합니다. 그래서 '덤덤한 느낌이 있네!'라고 알아차리면 됩니다.

즐거운 느낌과 괴로운 느낌은 비교적 알아차리기 쉽지만 즐겁지도 괴롭지도 않은 느낌은 상대적으로 알아차리기 어렵습니다. 이때의 정신적 상태는 게으름과 나태한 상태입니다. 그래서 이러한 상태를 무관심한 느낌이라고 합니다. 그러므로 즐겁지도 괴롭지도 않은 덤덤한 느낌도 알아차려야 할 중요한 대상의 하나입니다.

여기에 어떤 다른 것도 개입되어서는 안 됩니다. 단지 대상이 거기 있어서 알아차리면 됩니다. 수행자는 반드시 이렇게 해야 합니다. 이것이 위빠사나 수행이 가지고 있는 단순의 미학입니다. 이 말의 의미에는 단지 있는 그대로의 대상을 알아차릴 뿐만 아니라 어떤 선입관도 갖지 말고 알아차릴 것을 말합니다. 그리고 이렇게 알아차릴 때 어떤 것을 바라거나 없애려고 해서도 안 됩니다. 단지 있는 그대로의 대상을 알아차려야 합니다. 이것이 대상을 객관적으로 알아차리는 것입니다.

이러한 알아차림은 우리가 세상을 살면서 사용해 보지 않은 새로운 삶의 방법입니다. 항상 모든 일에 개입하면서 살아왔지만 얻은 것은 그렇게 많지 않고 오히려 괴로움뿐입니다. 왜냐하면 개입하면 대상이 가지고 있는 성품을 볼 수 없어 지혜를 얻기 어렵기 때문입니다. 우리에게 필요한 것은 대상을 소유하는 것이 아니고 대상을 관통하여 대상의 성품을 아는 지혜를 얻는 것입니다. 이것이 진정한 가치가 있습니다.

경전에서 분류한 느낌의 종류는 모두 아홉 가지입니다. 첫째는 즐거운 느낌, 둘째는 괴로운 느낌, 셋째는 즐겁지도 괴롭지도 않은 느낌, 넷째는 세간의 즐거운 느낌, 다섯째는 출세간의 즐거운 느낌, 여섯째는 세간의 괴로운 느낌입니다. 일곱째는 출세간의 괴로운 느낌, 여덟째는 세간의 즐겁지도 괴롭지도 않은 느낌, 아홉째는 출세간의 즐겁지도 괴롭지도 않은 느낌입니다.

이상 아홉 가지 느낌을 살펴보면 결국 즐거운 느낌과 괴로운 느낌과 즐겁지도 괴롭지도 않은 느낌을 세간과 출세간에서 알아차리는 것을 말합니다. 결국 느낌이란 이들 세 가지 느낌들이 여러 가지 상황에 따라 다양하게 파생된다는 것을 알 수 있습니다. 그러므로 느낌의 종류에 대해 혼란을 느낄 필요는 없습니다. 수행에서 분류하는 숫자는 기본적인 것을 이렇게 다양한 상태에 따라 분류하기 때문에 일반적으로 수행을 할 때 숫자는 큰 의미가 없습니다.

다음에 **"세간의 즐거운 느낌을 느끼면서, 나는 세간의 즐거운 느낌을 느낀다고 안다. 출세간의 즐거운 느낌을 느끼면서, 나는 출세간의 즐거운 느낌을 느낀다고 안다. 세간의 괴로운 느낌을 느끼면서, 나는 세간의 괴로운 느낌을 느낀다고 안다. 출세간의 괴로운 느낌을 느끼면서, 나는 출세간의 괴로운 느낌을 느낀다고 안다"**라는 구절이 있습니다.

다음으로 밝힌 느낌이 세간의 즐거운 느낌입니다. 세간의 즐거운 느낌은 우리가 세속을 살면서 일상적으로 느끼는 즐거운 느낌을 말합니다. 이때도 세간의 즐거운 느낌을 느낀다고 알아차려야 합니다. 이 느낌은 우리가 생활을 하면서 부딪치는 것들을 대한 느낌입니다. 일상적으로 보이는 것들에 대한 느낌, 들리는 소리에 대한 느낌, 코로 향기를 맡는 느낌, 음식을 먹을 때 맛의 느낌, 그리고 몸으로 접촉해서 일어나는 느낌, 또 자신이 소유하고 있다고 생각하는 지위나 재산을 가진 느낌, 함께 사는 가족들과의 관계에 대한 느낌 등이 있습니다. 이 즐거운 느낌은 세속적인 것에 의존하기 때문에 세속적인 즐거운 느낌이라고 합니다. 이러한 느낌이 있을 때 즐거움이라고 알아차려야 합니다.

때로는 세간의 괴로운 느낌을 느낍니다. 우리는 즐거운 느낌만 느끼는 것이 아니고 일상적으로 괴로운 느낌을 느끼고 슬픔도 느낍니다. 그래서 우울하기도 하고 비탄에 빠져 절규하기도 합니다. 자신이 소유한 것을 잃었을 때는 괴로운 느낌을 느낍니다. 매우 값진 것이 사라지거나 소중한 것을 빼앗겼을 때 화가 나고 슬퍼하고 아쉬워합니다. 이런 모든 것들은 세속의 괴로운 느낌입니다. 이러한 느낌은 자신에게 일어났던 나쁜 일을 생각할 때마다 일어날 수 있습니다. 이러한 느낌이 일어났을 때 그것이 무엇이든 괴로운 느낌이라고 알아차려야 합니다.

즐겁지도 괴롭지도 않은 느낌은 중립적인 느낌입니다. 감각대상을 만난 위빠사나 수행자가 즐거움도 괴로움도 느끼지 못하고 대상을 버릴 수도 없을 때가 있습니다. 여기에 애착을 수반한 중립적 느낌이 수행자에게 일어납니다. 이러한 느낌을 세속적인 중립적 느낌이라고 합니다. 또 세속적인 것에 의지하는 덤덤한 느낌, 어리석은 느낌을 수반한 느낌이라고도 말합니다.

즐겁지도 괴롭지도 않은 느낌을 빨리어로 우뻬카웨다나(upekkhā-vedanā)라고 합니다. 우뻬카(upekkhā)는 평등, 중도, 중립을 뜻합니다. 그리고 웨다나(vedanā)는 느낌입니다. 여기서 평등이라고 하는 우뻬카는 열 가지 뜻이 있는데, 그중 아홉 가지는 평등, 중도의 뜻이고, 단 하나 느낌을 말할 때는 무지의 느낌이라고 합니다. 그래서 즐겁지도 괴롭지도 않은 느낌을 덤덤한 느낌이라고 하는데, 빨리어의 원래 뜻으로는 무지의 느낌, 무관심한 느낌이라고 말합니다. 이 말을 바꾸어 말하면 알아차림이 없는 느낌입니다.

다음에 "나는 출세간의 즐거운 느낌을 느낀다고 안다"라고 할 때 수행자는 출세간의 느낌을 가질 수 있습니다. 출세간의 즐거운 느낌, 괴로운 느낌, 중립의 느낌은 수행 중에 일어나는 느낌을 뜻합니다. 수행을 할 때 수행자는 마음집중이 잘되거나 현상의 일어나고 사라짐을 볼 수도 있습니다. 이때 수행자는 행복을 느낍니다. 너무 기뻐서 바로 일어나고 싶고, 다른 사람에게 그것에 대해 말하고 싶어집니다. 그리고 스승에게 보고하고 싶어 합니다. 하지만 이 순간에 일어난 느낌으로 인해 알아차림을 놓치게 되어 수행이 중단됩니다. 수행이 중단되면 사유에 빠져 대상을 바르게 보지 못합니다. 그러므로 출세간의 느낌이라고 해서 알아차리는 것을 그만두어야 하는 것이 아닙니다. 세간의 느낌이나 출세간의 느낌이나 모두 똑같이 알아차릴 대상입니다.

수행자는 출세간의 느낌을 일시적으로 억누르거나 억제할 수 있습니다. 이러한 느낌은 주로 수행자가 현상의 일어남과 사라짐을 보는 단계에 도달했을 때 나타납니다. 수행자는 그 느낌에 애착을 갖고 이러한 느낌을 다시 체험하려고 해서는 안 됩니다. 이때 일어난 느낌을 있는 그대로 알아차려야 합니다. 이러한 느낌을 집착하면 이 단계에 머물게 되고 발전할 수 없습니다. 어떤 느낌이나 바라는 것은 욕망이라서 수행이 퇴보합니다. 오직 있는 그대로 알아차릴 때만이 다음 단계의 지혜를 향해서 갈 수 있습니다. 수행 중에 좋은 느낌이 일어났다고 해서 집착하면 그 느낌은 사라지고 그 순간 수행이 퇴보합니다. 이때는 빛이 나타나고 몸이 가볍고 여러 가지 형용할 수 없는 색다른 느낌을 느낍니다. 이때 출세간의 즐거운 느낌이라고 알아차려야 합니다. 이러한 느낌은 수행 중에 나타나는 과정의 하나일 뿐입니다. 수행자는 아직 가야 할 길이 멉니다. 그래서 출세간의 즐거운 느낌을 느낄 때도 결코 이것을 집착해서는 안 됩니다.

출세간의 괴로운 느낌은 무엇일까요? 어떤 때는 장애로 인해 수행할 수 없을 때가옵니다. 노력한 만큼 마음이 대상에 머물지 않을 때 수행자는 낙담하거나 우울해집니다. 그래서 고통을 겪습니다. 이것은 세속과는 관계없는 괴로운 느낌입니다. 어떤 때 수행자는 높은 단계에 도달했다가 그것에서 떨어져 얼마간의 슬픔과 아픔을 경험하기도 합니다. 이러한 느낌은 슬픔과 아쉬움이라고 알아차려서 극복해야 합니다.

세속의 느낌이나 출세간의 느낌이나 모두 일어났다 사라지는 것들입니다. 세속의 느낌은 알아차림이 없을 때 감각적 욕망에 빠져 있는 느낌이고, 출세간의 느낌은 알아차려서 의식이 고양되어 가는 과정에서 생기는 느낌입니다. 모두 같은 느낌이며 모두 일어났다가 사라지는 현상만 있습니다. 그러므로 무엇도 집착할 것이 없습니다.

예전에 교학에 능통한 큰스님이 계셨습니다. 그분은 열여덟 무리의 학생들을 가르쳤습니다. 그분은 정말 위대한 스승이었고, 특히 경전에 대해서 박식했습니다. 단지 그의 가르침에 따라 수많은 비구들이 아라한의 깨달음을 성취했습니다. 하지만 그 스님은 아라한이 아니었습니다. 오직 학문으로써 명성을 얻었을 뿐입니다.

하루는 제자들 중 한 사람이 자신의 수행을 점검하는 중에 그간에 가르침을 주신 스님을 생각했습니다. 그런 뒤에 그는 스님이 아직도 아라한의 도과를 성취하지 못했음을 알았습니다. 그래서 제자는 스승에게 도움을 주려고 찾아갔습니다.

스승이신 스님은 그에게 "무엇 때문에 왔는가?" 하고 물었습니다.

그러자 아라한이 된 제자는 "법문을 듣고자 왔습니다"라고 말했습니다.

이때 스님은 "시간이 없네. 난 아주 바쁘네"라고 말했습니다.

그러자 제자는 "마을로 탁발하러 가실 때 여쭙겠습니다"라고 말했습니다.

스님은 "안 되네. 그때는 질문할 사람들이 많이 있을 것이네"라고 답변했습니다.

그 제자는 계속 법문을 요청했으나 큰스님은 매번 그를 만날 시간이 없다고 똑같이 대답했습니다. 마침내 제자가 스승이신 스님에게 말했습니다.

"큰스님, 적어도 두 번이나 세 번은 앉을 수 있는 수행을 할 시간이 없으십니까? 만약 시간이 없다면 큰스님께서는 죽을 시간조차도 없을 것입니다. 큰스님은 항상 바쁘셔서 의자의 등받이와 같습니다. 다른 사람들이 스승께 의지하나 스승께서는 자신에게 의지할 수 없습니다. 저는 이제 더 이상 스승에게 원하는 것이 없습니다"라고 말하고는 떠나버렸습니다.

큰스님은 이러한 사실을 바르게 알고 이 일을 계기로 수행을 하기로 결심했습니다. 그는 이틀이나 사흘 이내에 아라한이 될 것이라고 생각하고 어느 누구에게도 알리지 않고 숲 속으로 떠나 수행을 했습니다. 그러나 그는 아라한을 성취하지 못했습니다. 한 우안거가 지나갔고, 장마 계절이 끝나도 그는 아무것도 성취하지 못했습니다. 그는 슬픔을 느끼고 울었습니다. 그는 울고 그리고 또 울고, 그렇게 29년을 울면서 보냈습니다. 30년째 장마철 끝에도 그는 아직 아무것도 성취하지 못했습니다. 그는 아주 슬퍼서 소리 내어 울었습니다. 이때 그에게

한 천인이 다가와서 울었습니다.

큰스님은 "누가 여기서 우는가?"라고 물었습니다.

그러자 천인은 "저는 천인입니다. 그런데 큰스님은 왜 우시는가요? 저는 큰스님이 우시는 것을 보고 울기만 하면 한두 가지의 깨달음을 얻을지도 모른다고 생각해서 울고 있습니다"라고 말했습니다.

큰스님은 이 말을 듣고 깊이 깨닫고 자신에게 말했습니다.

"지금 천인조차 나에 대해 조롱하고 있다. 내가 우울하거나 슬퍼하는 것은 적절치 못하다."

그래서 그는 슬픔을 거두고 수행을 계속해서 마침내 아라한이 되었습니다. 그는 삼장에 통달했지만 아라한이 되는 데는 30년이 걸렸습니다. 큰스님은 수행 주제와 상관없는 슬픈 느낌에 대한 집착이 깨달음의 장애가 된 것입니다. 큰스님은 깨달음을 얻으려는 욕망과 얻지 못해서 괴로워하는 슬픈 느낌으로 인해 법을 보지 못한 것입니다. 그리고 그런 슬픈 느낌에서 벗어나자 비로소 바른 법을 보았습니다.

여기서 우리는 교학과 수행의 차이를 알 수 있습니다. 교학은 수행을 위한 전 단계의 과정이지 그 자체가 완성은 아닙니다. 교학의 지혜를 바탕으로 반드시 수행을 해서 열반을 성취해야 합니다. 아무리 박식한 스승이라 할지라도 단 한 순간의 오른발과 왼발을 알아차리거나 일어나고 꺼짐의 호흡을 보지 않는다면 그의 지식은 관념에 머물 것입니다. 실천적 수행을 할 때만이 교학이 완성될 수 있고 더욱 빛날 수 있습니다.

출세간의 느낌인 수행 중에 일어나는 중립적인 느낌은 수행자로 하여금 더 높은 단계의 위빠사나 지혜에 도달하게 합니다. 이때는 대상을 알아차리는 데 많은 노력을 할 필요가 없고 대상이 자연스럽게 알아차려집니다. 이때 수행자는 중립적인 느낌인 평정의 느낌을 갖습니다. 이러한 느낌을 출세간의 평정한 느낌이라고 부릅니다. 이것이 일어났을 때도 알아차려서 평정한 느낌이라고 알아차리면 됩니다.

이러한 방식으로 수행자는 자신이 경험한 어떤 느낌이든 일어나고 사라짐을 알게 될 것입니다. 그때, 깨달음의 수준에 이르고 더 높은 단계의 위빠사나의 지혜에 도달할 것입니다. 위빠사나의 지혜는 느낌을 통해서 계속 성숙됩니다.

위빠사나의 지혜는 일곱 가지의 청정과 열여섯 단계의 지혜의 과정을 거쳐서 발전합니다. 매 단계가 모두 장애를 통해서 극복됩니다. 그러므로 결코 수월하지 않습니다. 우리들이 가지고 있는 감각적 욕망의 느낌이 출세간의 느낌을 그냥 두지 않습니다. 그래서 세간의 감각적 욕망이 출세간의 느낌을 감각적 욕망으로 받아들이지 출세간의 지혜의 느낌으로 받아들이지 않습니다. 그래서 수행이 힘든 것입니다. 우리가 느낌을 느낌으로 있는 그대로 알아차렸을 때 비로소 감각적 욕망으로부터 자유로워질 수 있습니다. 그러므로 항상 느낌을 알아차리는 수행에 매진해야 합니다.

이처럼 수행자는 항상 느낌을 알아차려야 합니다. 여기서 느낌이 일어나게 하는 요소는 무명, 갈애, 업, 접촉입니다. 그리고 느낌이 사라지게 하는 요소는 무명 없음과 갈애 없음입니다. 이것이 지혜와 관용입니다. 느낌이 일어났을 때 수행자가 느낌을 있는 그대로 알아차리면 느낌이 일어나고 사라지는 것을 압니다. 수행자는 또한 아픔이 있기 때문에 괴로운 느낌이 있다는 것을 압니다. 그리고 안락함이 있기 때문에 즐거운 느낌이 있다는 것을 압니다. 이때 자신의 느낌을 안으로 알아차리고 다시 다른 사람들의 느낌을 추리해서 밖으로 알아차릴 수 있습니다. 또 자신과 다른 사람의 느낌을 안팎으로 알아차릴 수도 있습니다. 이렇게 나의 느낌과 상대의 느낌과 나의 느낌과 상대의 느낌을 아울러서 알아차릴 수 있어야 비로소 느낌에 대한 바른 견해를 갖습니다.

수행 중에 느낌에 대한 수행자의 바른 자세는 어떤 느낌이나 일어난 느낌을 있는 그대로 알아차리는 것입니다. 이렇게 알아차려서 느낌이 일어나고 사라지는 것을 볼 때 이 느낌을 집착하지 않습니다. 이 느낌을 집착하지 않으면 진리의 깨달음을 성취할 수 있습니다. 이것이 느낌에서 오직 느낌을 알아차리는 것입니다. 만약 느낌에서 일어나고 사라지는 무상을 보지 못하면 항상 하는 느낌이라고 알아서 느낌을 집착합니다. 그러면 느낌이 주는 궁극의 법을 보지 못합니다.

느낌을 느낄 때는 단지 있는 느낌만을 알아차려야 하며, 느낌으로 인해 어떤 상상을 해서는 안 됩니다. 이렇게 알아차릴 때 느낌은 단지 일어나고 사라지는 것이라고 압니다. 그리고 감각기관이 느끼는 것이지 내가 느끼는 것이 아니라고 압니다. 이것이 느낌에 대하여 느낌을 알아차리는 방법입니다.

즐거운 느낌이 일어났을 때 이에 만족하여 행복이라고 여깁니다. 그리고 이 행복이 더 많기를 더 오래 지속되기를 바랍니다. 이것이 바로 느낌을 원인으로 일어나는 갈애입니다. 이 갈애는 반드시 다음 단계의 과정으로 진행되어 집착하게 됩니다. 바로 이런 집착이 결국 괴로움을 가져옵니다. 즐거움이나 괴로움은 느낌이며 순간적으로 일어났다가 순간적으로 사라집니다. 우리는 일어났다가 사라진 느낌을 기억하여 붙잡고 있습니다. 그래서 사실은 실재하지 않는 관념을 붙잡고 있는 것입니다. 조건에 의해 일어난 느낌은 조건에 의해 사라집니다. 그러므로 느낌의 실재는 무상이며, 괴로움이며, 무아입니다. 느낌은 감각기관이 느끼는 것이므로 나의 느낌이 아니라는 사실을 반드시 유념해야 합니다. 실재하지 않는 느낌, 나의 느낌이 아닌 느낌을 집착해서는 결코 깨달음의 길로 갈 수 없습니다.

3) 느낌의 발견

인간은 정신과 물질로 구성되었습니다. 정신과 물질을 좀 더 자세하게 분류한 것이 오온(五蘊)입니다. 오온의 온(蘊)은 무더기라는 뜻으로 정신과 물질이 다섯 가지 무더기로 구성된 것을 말합니다. 오온의 다섯 가지는 색온, 수온, 상온, 행온, 식온입니다. 색온이란 여러 가지의 장기들로 구성된 물질을 말하며 수온, 상온, 행온, 식온도 여러 가지 정신적 요소들이 결합한 것입니다. 이들 다섯 가지는 각각의 무더기로 구성되어 있으면서 다시 이들 다섯 가지가 하나로 모여서 작용을 합니다.

또 오온이라고 말할 때는 무더기들의 결합이라는 뜻 외에 마음과 마음의 작용을 구별하기 위한 것입니다. 마음은 오온의 식(識)이고 마음의 작용은 오온의 수(受), 상(想), 행(行)입니다. 마음은 대상을 아는 기능을 하고 마음에 의해서 일어나는 수, 상, 행이 모든 일을 합니다. 그러므로 수, 상, 행이 하는 일을 마음은 단지 알 뿐입니다. 이때 마음의 작용 세 가지 중에 수(受)가 느낌입니다. 오온의 다섯 가지 요소 중에 하나만 빠져도 바르게 기능을 하기가 어렵기 때문에 느낌은 결코 빼놓을 수 없는 중요한 구성요소입니다.

다시 오온은 여섯 가지 감각기관이 있어서 여섯 가지 감각대상과 접촉합니다. 이때 여섯 가지 아는 마음이 일어납니다. 여섯 가지 감각기관은 안(眼), 이(耳) 비(鼻), 설(舌), 신(身), 의(意)며 여섯 가지 감각대상은 색(色), 성(聲), 향(香), 미(味), 촉(觸), 법(法)입니다. 이것을 합친 것이 12처(十二處)입니다. 그러므로 감각기관과 감각대상을 합친 장소라는 뜻으로 12처라고 합니다. 이때 여섯 가지 감각기관이 여섯 감각대상과 접촉했을 때 여섯 가지 아는 마음이 일어납니다. 이것을 모두 합쳐 18계(十八界)라고 합니다. 이때 아는 마음과 함께 반드시 느낌이 일어납니다.

눈이 물질을 만나서 빛에 의해서 물질인 것을 아는 안식이 일어납니다. 그리고 귀가 소리를 만나서 소리라는 것을 아는 이식이 일어납니다. 다시 코가 냄새를 만나서 냄새라는 것을 아는 비식이 일어납니다. 다시 혀가 음식물을 만나서 음식 맛을 아는 설식이 일어납니다. 몸이 대상과 부딪쳐서 신식이 일어납니다. 마음이 대상과 부딪쳐서 의식이 일어납니다. 이것을 18계라고 합니다. 18계를 모두 합하여 세계, 현상세계, 유정세계, 일체 모든 것이라고 말합니다. 우리 인식의 범주 안에 있는 것을 말하며, 이것이 바로 우리가 아는 전부이며, 우리가 알아야 할 전부입니다. 이러한 18계를 아는 마음이 일어날 때 반드시 느낌이 함께 일어납니다.

위빠사나 수행에서 말하는 모든 것은 18계의 범주를 벗어나지 않습니다. 내가 인식할 수 있다는 것은 경험할 수 있는 것이며, 증명할 수 있는 것입니다. 그래서 실재한다고 하며, 이들 실재는 각각의 고유한 특성이 있습니다. 이러한 18계는 위빠사나 수행에서 말하는 알아차릴 대상의 범주입니다. 이것을 벗어나는 것은 인식의 대상에서 벗어나는 것이므로 논의의 대상에서 제외됩니다.

요약하자면 인간이 살고 있는 것은 정신과 물질을 가지고 있기 때문입니다. 그리고 살아가면서 하는 모든 일은 여섯 가지 감각기관이 여섯 가지 감각대상과 접촉해서 사는 것입니다. 이때 여섯 가지 아는 마음이 일어나서 비로소 이러한 조건에 의해 살아가고 있습니다. 수행을 하면서 알아차릴 대상은 이것 외에는 없습니다.

오온 중의 수온이 느낌의 무더기입니다. 그리고 여섯 가지 아는 마음이 일어날 때 반드시 느낌이 함께 일어나는데, 이것은 깨달음을 얻은 붓다에 의해 처음으로 발견된 것입니다. 물론 느낌의 무더기를 뜻하는 수온과 인식의 무더기를 뜻하는 상온과 의도의 무더기를 뜻하는 행온이 함께 발견되었습니다. 이러한 발견은 최고의 깨달음을 얻은 자에 의해서만이 밝힐 수 있는 영역입니다.

일반적으로 정신과 물질이 있는 것은 큰 지혜가 없어도 알 수 있습니다. 하지만 보이지 않는 정신을 다시 세분화해서 수, 상, 행이 있다는 것을 밝히는 것은 최고의 깨달음을 얻은 자가 아니고서는 밝힐 수 없는 내용입니다. 이러한 분류는 단지 분석하는 것에 그치지 않고 붓다의 분석은 인간이 가지고 있는 번뇌를 해결하기 위한 치유의 목적이 있어서 그 가치가 위대한 것입니다.

붓다의 열반 후에 BC 170년경에 서북인도를 지배하던 그리스 출신의 밀린다 왕과 당대에 가장 뛰어난 아라한인 나가세나 존자와의 대담에서 다음과 같은 내용이 있습니다. 여기서 마음과 마음의 작용에 대한 뛰어난 분석에 대한 대화가 있습니다. 이때 마음의 작용인 감각이 느낌입니다.

밀린다 왕은 나가세나 존자에게 붓다가 어떻게 훌륭한 분이신가에 대해 질문했습니다.

나가세나 존자는 말했습니다.

"대왕이시여, 세존께서는 이러한 말을 하셨습니다. 세존께서는 하나의 감각기관 대상에 대하여 작용하는 물질적인 것이 아닌 것, 즉 마음과 마음의 작용인 여러 가지 법들을 구별하여 말씀하셨습니다. 그것은 곧 접촉(接觸)이요, 감각[受]이요, 지각[想]이요, 의도[行]요, 마음[識]이라고 하셨습니다."

그러자 밀린다 왕이 말했습니다.

"그러면 비유를 들어주십시오"

"대왕이시여, 어떤 사람이 배를 타고 바다로 나가 손바닥으로 바다 물을 떠서 맛을 본다고 합시다. 그 사람은 이것은 갠지스 강물이다, 이것은 줌나 강물이다, 이것은 아키바티이 강물이다, 이것은 사라부우 강물이다, 이것은 마히이 강으로부터 흘러 내려온 물이라고 구별할 수 있겠습니까?"

"나가세나 존자시여, 구별할 수 없습니다."

"대왕이시여, 그보다도 더 어려운 일을 세존께서는 하셨습니다. 즉, 하나의 감각기관 대상에 대하여 작용하는 물질적인 것이 아닌 것. 즉, 마음과 마음의 작용인 여러 가지 법들을 구별하여 말씀하셨습니다. 그것은 곧 접촉(接觸)이요, 감각[受]이요, 지각[想]이요, 의도[行]요, 마음[識]이라고 하셨습니다."

"잘 알겠습니다. 나가세나 존자여."

이상의 나가세나 존자의 답변은 마음과 마음의 작용을 구별하는 것이 한 모금의 바닷물의 맛을 보고 이 물이 어느 강의 물인지 아는 것보다 더 어려운 발견이라는 것입니다. 이러한 비유는 매우 극명한 표현이 아닐 수 없습니다. 바로 이러한 분석에 의해 인간의 성품이 무엇인지를 알게 되었으며 이에 따라 적절한 수행 방법이 만들어졌습니다. 우리는 보이지 않는 마음을 알려면 마음의 지류인 수, 상, 행을 통해서 접근할 수 있습니다. 그리고 마음의 작용인 수, 상, 행을 알아차려서 마음을 정화하고 제어할 수 있습니다.

이처럼 마음은 비물질이라서 물질에 속하는 강물의 맛을 구별하는 것보다 더 어려운 것입니다. 하지만 최고의 지혜를 얻은 붓다는 아는 마음과 수, 상, 행이라는 마음의 작용이 있어서 한 순간의 마음이 일어남을 밝히고 있습니다. 바로 여기서 느낌이 처음 발견되었습니다. 이러한 마음의 작용이 발견되었기 때문에 마음을 정화하는 길이 열려 비로소 인류가 깨달음에 이를 수 있게 된 것입니다. 이러한 발견은 오직 붓다에 의해서만 밝혀지기 때문에 붓다를 스스로 깨달음을 얻은 자 또 위없는 깨달음을 얻은 자라고 부릅니다.

위 내용에서 여러 가지 법들이란 물질이 아닌 정신을 말하는데 마음의 작용인 수, 상, 행과 마음인 식만 있는 것이 아닙니다. 이것들 외에 접촉이 포함되어 있습니다. 그러므로 마음과 마음의 작용은 감각기관과 감각대상과 아는 마음이 상호적으로 접촉해서 일어나는 것을 알 수 있습니다. 이러한 접촉은 12연기에 자세히 밝혀져 있습니다.

느낌은 오온에서만 밝혀진 것이 아닙니다. 느낌은 12연기에서 발견된 매우 중요한 정신적 요소입니다. 12연기에서 살펴보면 과거는 무명과 행이 있습니다. 이러한 과거를 원인으로 현재의 식이 일어납니다. 그리고 식을 원인으로 정신과 물질이란 결과가 일어납니다. 다시 정신과 물질을 원인으로 육입(六入)이 일어납니다. 육입이란 여섯 가지 감각기관입니다. 다시 육입을 원인으로 접촉이 일어납니다. 접촉이란 감각기관이 감각대상에 부딪치는 것을 말합니다. 다시 접촉을 원인으로 느낌이 일어납니다. 이처럼 느낌은 정신과 물질이 원인과 결과로 진행되면서 일어나는 하나의 결과입니다. 바로 이때 느낌이 발견되었습니다.

오온은 색, 수, 상, 행, 식입니다. 그러나 12연기에서는 오온을 식, 정신과 물질, 육입, 접촉, 느낌이라고 합니다. 12연기에서 오온은 같은 오온이 원인과 결과로 진행되는 과정을 설명한 것입니다.

12연기에서 나타나는 식, 정신과 물질, 육입, 접촉, 느낌이란 다섯 가지 요소가 현재의 오온이며 현재의 결과로서 이것이 다시 원인이 됩니다. 이러한 결과로 인하여 누구든 느낌을 가지고 삽니다. 이때 느낌이 그냥 느낌으로 남아 있느냐 아니면 느낌을 원인으로 갈애가 일어나느냐 하는 것이 윤회와 깨달음의 갈림길입니다.

느낌을 원인으로 갈애가 일어나면 미래 생의 원인을 일으켜 다시 태어나는 과보를 받습니다. 이것을 윤회라고 합니다. 그러나 느낌을 원인으로 갈애가 일어나지 않으면 미래 생의 원인이 없어 다시 태어나는 과보를 받지 않습니다. 그래서 태어나지 않기 때문에 다시 죽을 일이 없어 느낌과 갈애 사이를 불사(不死)의 문이라고 합니다. 이것이 깨달음입니다.

이때 느낌은 어떻게 일어나는가를 아는 것이 중요합니다. 느낌은 반드시 접촉을 원인으로 일어납니다. 접촉이 없으면 느낌이 일어나지 않습니다. 그러므로 느낌의 직접적인 원인은 단지 접촉입니다. 감각기관이 감각대상에 부딪쳐서 접촉이 일어난 것입니다. 이러한 과정에서 얻을 수 있는 지혜는 접촉은 내가 일으킨 것이 아니고 조건이 일으킨 것입니다. 그래서 느낌은 나의 느낌이 아니고 감각기관이 느끼는 것이라는 사실을 알 수 있습니다. 연기의 구조에서 발견할 수 있는 또 하나의 진리는 나라고 하는 자아가 없음을 아는 것입니다. 인간은 순간순간의 몸과 마음만 있으며, 이러한 몸과 마음이 조건에 의해 흐르고 있는 것입니다. 이것이 연기에서 얻을 수 있는 지혜입니다.

누구나 과거에는 무명을 우두머리로 삼고 살았습니다. 그리고 현재는 갈애를 동반자로 삼고 살고 있습니다. 바로 갈애를 동반자로 만드는 것이 느낌입니다. 우리는 처음부터 무명으로 시작했기 때문에 바르게 알지 못해 내 몸과 마음이라고 알고 시작합니다. 그래서 욕망을 일으켜 집착을 하고, 이것들이 항상 하다고 알아서 더욱 집착합니다. 이처럼 인간의 삶을 무명과 갈애가 지배하는 한 괴로움뿐인 끝없는 윤회를 해야 합니다. 그러나 무명과 갈애가 사라지면 괴로움이 없는 깨달음에 이르러 비로소 장구한 생을 마감할 수 있습니다. 이러한 길목이 바로 느낌입니다.

누구도 느낌으로부터 자유로울 수 없습니다. 그래서 누구도 윤회에서 벗어날 수 없으며 이런 원인으로 괴로움에서 벗어날 수 없습니다. 그러므로 느낌을 원인으로 갈애가 일어나는 자리가 고집멸도(苦集滅道)라는 사성제의 도성제입니다. 느낌에서 갈애로 넘어가지 않는 것이 도성제고, 느낌에서 갈애로 넘어가는 것이 다시 어리석음으로 회귀하는 것입니다. 느낌을 알아차려서 갈애로 넘어가지 않는 것이 팔정도고 중도며 위빠사나 수행입니다. 그런 의미에서 느낌의 발견은 소중한 보석을 발견한 것입니다.

느낌을 알아차리는 수행자는 대상과 하나가 될 수 없습니다. 왜냐하면 느낌은 매순간 변하기 때문입니다. 이처럼 대상과 하나가 되지 못하기 때문에 대상을 분리해서 보는 찰나삼매가 생겼습니다. 대상이 변하기 때문에 대상을 아는 마음도 함께 변하여 찰나삼매가 생겨 위빠사나 수행이 발견된 것입니다. 이렇게 대상을 분리해서 알아차리는 수행을 통해서 비로소 무상, 고, 무아가 발견되어 깨달음에 이릅니다. 이것이 모두 느낌을 알아차려서 시작된 것입니다.

느낌은 여섯 가지 감각기관에서 일어나는 감각입니다. 이러한 느낌을 느낌으로 알아차리지 못하면 그 순간에 연기가 회전합니다. 그래서 갈애를 일으키고 집착을 하여 업을 생성합니다. 그러면 태어남이 있고, 태어나면 반드시 늙음과 죽음이 뒤따릅니다. 그리고 다시 태어나야 합니다. 느낌을 집착하고 있는 한 그 삶은 한 생으로 그치지 않고 계속해서 윤회를 해야 합니다. 이러한 윤회는 과거에서 현재로 이어졌고, 다시 현재로부터 미래로 가는 중간에 바로 느낌이 있습니다. 그러므로 느낌을 어떻게 알아차리느냐가 바로 깨달음으로 가는 갈림길에 서 있는 것입니다.

느낌은 항상 현재 여기에 있습니다. 그리고 그것은 몸과 마음에 있습니다. 위빠사나 수행은 항상 현재의 몸과 마음을 대상으로 알아차립니다. 이렇게 현재를 알아차린다는 것은 관념이 아닌 실재를 알아차리는 가장 중요한 조건입니다. 현재 여기에 있는 대상을 알아차려야 번뇌가 침투하지 못해 청정한 상태가 유지되어 지혜를 얻습니다. 이러한 조건들의 중심에 항상 느낌이 있습니다.

깨달음은 오온이 나의 것이 아니라는 무아를 알아 느낌에서 갈애를 일으키지 않는 것을 말합니다. 느낌을 원인으로 갈애가 일어나지 않는 자리에 느낌의 소멸이 있어서 번뇌가 소멸하여 열반에 이릅니다. 이처럼 붓다께서 깨달음을 얻은 자리는 네란자라 강가가 아니고, 보리수나무 아래가 아니고, 느낌에서 갈애로 넘어가지 않는 자리입니다. 이 자리를 깨달음의 황금의자라고 합니다.

느낌을 바르게 알기 위해서는 12연기를 알아야 합니다. 느낌은 누가 만들어준 것이 아닙니다. 과거의 무명을 원인으로 행이 일어나는 것에서부터 출발해야 합니다. 이처럼 느낌이 일어나기까지 모든 것이 원인과 결과로 일어나기 때문에 느낌은 누가 일으키도록 한 것이 아니고, 오직 원인과 결과에 의한 현상만 있습니다. 그래서 느낌은 어디서 갑자기 생긴 것이 아니고 이러한 조건에 의해 일어났습니다. 그리고 일어난 순간 사라집니다. 이러한 진리를 알면 바르게 법을 보아 사물의 이치를 통찰할 수 있습니다.

느낌을 알아차려서 얻을 수 있는 또 하나의 진실은 느낌이 나의 느낌이 아니라는 것입니다. 여섯 가지 감각기관을 원인으로 느낌이 일어났기 때문에 느낌은 여섯 가지 감각기관이 느끼는 것입니다. 그리고 일어난 느낌은 일어난 순간에 사라집니다. 이것이 무상입니다. 그리고 일어난 순간에 사라지는 느낌은 괴로움 그 자체입니다. 그래서 느낌을 통하여 무상, 고, 무아를 알 수 있습니다.

이처럼 느낌을 알아차려서 느낌은 무상하고, 느낌은 괴로움이며, 느낌은 나의 느낌이 아니라고 알아야 비로소 느낌을 원인으로 갈애가 일어나지 않습니다. 이와 같이 느낌을 원인으로 갈애가 일어나지 않으면 갈애를 원인으로 집착이 일어나지 않고, 다시 집착을 원인으로 업의 생성이 일어나지 않아 미래의 태어남이 없습니다. 태어남이 없기 때문에 죽음이 없는 것입니다. 이것들은 모두 느낌을 어떻게 알아차리느냐에 따라 결정됩니다.

인간이 추구하는 부귀영화가 모두 느낌입니다. 사랑이 느낌이며, 돈과 명예와 지위가 느낌입니다. 환난병고도 모두 느낌입니다. 과거를 후회하는 것도 느낌이며, 미래에 대한 희망도 느낌입니다. 맛있는 것을 먹고 마시는 것이 모두 느낌입니다. 선한 행위를 하는 것도 느낌이며, 선하지 못한 행위를 하는 것도 느낌입니다. 좋은 일도 좋은 느낌 때문에 계속하며, 나쁜 일도 나쁜 느낌을 좋아해서 계속합니다.

우리가 사는 동안 경험하는 것 중에 느낌이 아닌 것이 없습니다. 이러한 느낌을 알아차리면 갈애가 일어나지 않고 단지 느낌으로 남아 있어서 번뇌가 생기지 않아 결국 해탈에 이르게 됩니다. 그러나 느낌을 알아차리지 못하면 감각적 욕망에 빠져서 무엇으로 태어날지 모르는 끊임없는 윤회의 길을 걸어야 합니다. 이것이 모두 느낌이 결정하는 것입니다.

우리는 과거의 즐거운 일이나 괴로운 일을 기억합니다. 사랑하는 가족이 죽었을 때 오랫동안 슬퍼합니다. 사랑하는 사람과 헤어졌을 경우 그것을 잊지 못하고 오랫동안 그리워합니다. 그런 사랑하는 가족이나 사랑하는 사람은 현재 실재하지 않습니다. 그러나 실재하지 않는 사람을 오랫동안 기억하여 슬퍼하거나 그리워하는 것은 과거의 느낌을 현재에 동일하게 느끼고자 하는 것입니다.

사랑하는 사람은 사라지고 없는데 그 사람으로 인해 괴로워하거나 그리워하는 것은 그 당시에 느꼈던 느낌을 현재에도 느끼려고 하는 것입니다. 이때 이러한 느낌을 단지 느낌으로 알아차리면 이러한 괴로움이 일어나지 않지만 느낌을 알아차리지 못하면 계속해서 과거의 느낌을 향유하려고 합니다. 이것은 매우 어리석은 일입니다. 우리는 이렇게 어리석은 일을 하면서 산다는 것을 알아야 하겠습니다. 이때 과거의 그 사람을 그리워하는 것이 아니고 과거에 있었던 그 느낌을 그리워하는 것입니다. 이는 그 사람과 느낌을 동일시하기 때문입니다. 그러나 느낌의 바른 성품을 보면 이런 향수에 빠져 괴로움을 겪지 않습니다.

느낌을 느낌으로 알아차리면 번뇌가 생기지 않습니다. 그러나 느낌을 알아차리지 못하면 갈애를 일으켜 모든 번뇌의 씨앗이 됩니다. 느낌을 알아차리면 느낌이 일어나는 순간에 사라진다는 무상을 알아서 느낌에 구속되지 않습니다. 그러나 느낌을 알아차리지 못하면 갈애를 일으켜 괴로움 속에서 살아야만 합니다.

느낌을 원인으로 갈애가 일어납니다. 갈애는 감각적 욕망에 대한 갈애가 있으며, 존재에 대한 갈애가 있고, 비존재에 대한 갈애가 있습니다. 감각적 욕망은 여섯 가지 감각기관에 부딪히는 모든 것에 대한 욕망입니다. 이것이 바로 느낌으로부터 시작된 것입니다.

존재에 대한 갈애는 나라는 존재가 더 좋게 되기를 바라는 온갖 욕망입니다.

이것이 바로 느낌으로부터 시작된 것입니다. 비존재에 대한 갈애는 이러한 욕망이 충족되지 않으면 자신을 비하하고 괴로워하면서 죽기를 마다하지 않는 욕망입니다. 이것이 바로 느낌으로부터 시작된 것입니다. 비존재에 대한 갈애는 싫어하는 것을 좋아서 계속하는 어리석은 행위입니다.

느낌으로 인해 일어난 갈애는 느낌을 증폭시켜서 단순한 갈애로 그치지 않고 나타나는 모든 대상에 대해 끊임없이 집착을 합니다. 그래서 업을 생성하여 태어남을 피할 수 없게 합니다. 사실 태어남은 괴로움입니다. 태어나면 온갖 질병이 기다리고 있으며, 무한경쟁의 사회에서 약자는 늘 당하면서 살아야 합니다. 강자는 강자로서 만족하지 못하여 더 큰 괴로움 속에서 살아야 합니다. 이것이 모두 느낌이 일으킨 결과입니다. 그래서 우리가 사는 과정에 느낌이 아닌 것이 없어 불만족이 그칠 날이 없습니다.

4) 느낌의 종류

느낌의 종류는 분류하기에 따라 매우 많습니다. 우선 느낌을 두 가지로 나누면 몸의 느낌과 마음의 느낌이 있습니다. 세 가지로 분류하면 즐거운 느낌, 괴로운 느낌, 즐겁지도 괴롭지도 않은 느낌이 있습니다. 또 맨 느낌, 육체적인 느낌, 정신적인 느낌으로 분류하기도 합니다. 이외에도 느낌의 종류는 매우 많습니다. 여섯 가지 감각기관이 감각대상과 접촉해서 여섯 가지 아는 마음이 일어날 때마다 느낌이 일어나기 때문에 조건에 따라 느낌의 종류도 헤아릴 수 없습니다. 그래서 많게는 백팔번뇌가 모두 느낌입니다. 그러나 느낌이 아무리 많아도 알아차릴 때는 단지 하나의 느낌만 있습니다. 그러므로 느낌의 숫자는 중요하지 않습니다. 어떤 느낌이거나 있는 그대로 알아차리면 단지 하나의 느낌일 뿐입니다. 백팔번뇌도 느낌이지만 이 느낌은 알아차림이 없는 느낌입니다. 그러나 백팔번뇌를 알아차리면 단지 하나의 느낌에 불과합니다.

그런 의미에서 느낌은 알아차림이 있는 느낌과 알아차림이 없는 느낌으로 구별할 수도 있습니다. 알아차림이 있는 느낌은 성자의 느낌이라서 괴로움의 속박에서 벗어납니다. 알아차림이 없는 느낌은 범부의 느낌이라서 괴로움의 속박에서 벗어나지 못합니다. 이것이 느낌을 알아차리는 수행을 해야 하는 이유입니다.

느낌을 기본적으로 분류할 때는 즐거운 느낌과, 괴로운 느낌과, 즐겁지도 괴롭지도 않은 느낌으로 나눕니다. 그런 뒤에 세간의 즐거운 느낌과, 세간의 괴로운 느낌과, 세간의 즐겁지도 괴롭지도 않은 느낌으로 나눕니다. 다시 출세간의 즐거운 느낌과, 출세간의 괴로운 느낌과, 출세간의 즐겁지도 괴롭지도 않은 느낌으로 나눕니다. 세간의 세 가지 느낌은 일상을 살아가면서 일으키는 여러 가지의 느낌입니다. 그리고 출 세간의 세 가지 느낌은 수행을 하면서 생기는 여러 가지의 느낌입니다.

느낌에 대한 분류를 좀 더 구체적으로 나누면 다음 세 가지가 됩니다. 처음에 일어난 느낌이 맨 느낌입니다. 그리고 두 번째 일어난 느낌이 육체적인 느낌입니다. 세 번째 일어난 느낌이 정신적인 느낌입니다. 이상의 세 가지 느낌은 맨 느낌에서 단계적으로 육체적 느낌, 정신적 느낌으로 진행되어 욕망과 집착을 일으킵니다.

감각기관이 감각대상과 부딪쳤을 때 최초에 일어난 느낌을 맨 느낌이라고 합니다. 이 맨 느낌은 순수한 느낌으로 대상을 있는 그대로 알아차렸을 때 일어난 느낌입니다. 그래서 아직 즐거운 느낌이나 괴로운 느낌이나 즐겁지도 괴롭지도 않은 느낌으로 반응하지 않은 느낌입니다.

맨 느낌 다음으로 일어난 느낌을 육체적 느낌이라고 합니다. 육체적인 느낌은 다시 세 가지로 구분하는데 즐거운 느낌, 괴로운 느낌, 즐겁지도 괴롭지도 않은 느낌입니다. 그러므로 육체적인 느낌은 좋다거나 싫다거나 덤덤하게 반응한 느낌입니다. 육체적 느낌은 육체의 감각기관을 통해서 일어난 느낌이라서 육체적인 느낌이라고 합니다.

육체적인 느낌을 느꼈을 때 이것으로 인해 욕망을 일으키지 않고 있는 그대로 알아차리면 맨 느낌의 상태로 돌아갈 수 있으며 정신적인 느낌으로 진행되지 않습니다. 성자들도 육체적인 아픔은 있지만 정신적으로 갈애를 일으키거나 집착을 하지 않기 때문에 미래에 태어나는 원인을 제공하지 않습니다.

육체적 느낌 다음으로 일어난 느낌을 정신적 느낌이라고 합니다. 정신적 느낌도 세 가지로 구분하는데 정신적으로 즐거운 느낌, 정신적으로 괴로운 느낌, 정신적으로 덤덤한 느낌입니다. 정신적인 느낌은 육체적인 느낌에 비하여 한 단계 더 진행한 느낌입니다. 그래서 욕망과 집착이 더 강해진 느낌입니다. 정신적인 느낌으로 진행되면 미래에 태어나는 원인을 제공하여 반드시 윤회의 세계로 가게 됩니다.

주석서에서는 여섯 가지 감각기관이 감각 대상과 부딪칠 때 일어나는 느낌이 다르다고 말합니다. 감각기관 중에서 안(眼), 이(耳), 비(鼻), 설(舌)이 감각대상인 색(色), 성(聲), 향(香), 미(味)와 접촉할 때는 기본적으로 맨 느낌이 일어납니다. 그리고 다음 감각기관인 신(身)이 감각대상과 부딪칠 때는 육체적인 느낌이 일어납니다. 그래서 즉각 좋다거나 싫다고 반응합니다. 다음으로 마지막 감각기관인 의(意)가 감각대상과 부딪칠 때는 정신적인 느낌이 일어납니다. 그래서 즉각 더 좋다거나 더 싫다는 극단적 반응하게 됩니다.

우리가 다른 사람과 몸을 접촉했을 때 불쾌한 느낌이 즉각 일어나는 것도 이러한 느낌 때문입니다. 아울러 좋아하는 사람과 몸의 접촉을 원하는 것도 이러한 느낌 때문입니다. 그러나 마음이 생각했을 때는 육체적 느낌이 아닌 정신적 느낌이라서 괴로울 때는 더 심각하게 반응하고 즐거울 때는 더 집착하게 됩니다.

수행을 할 때 생각을 끊고 대상을 있는 그대로 알아차리게 하는 이유는 사유로 인해서 생기는 이러한 정신적 느낌의 폐해를 소멸시키기 위한 것입니다. 육체적 느낌의 상태에서는 반응이 경미하지만 정신적 느낌으로 진행되면 골이 깊어져서 그에 따른 폐해가 큽니다. 그래서 느낌이 깊어져서 사소한 상황을 파국으로 이끌거나 극단적인 선택을 할 수 있습니다. 이것이 모두 느낌의 진행과정에서 생기는 현상입니다. 이렇게 생각을 끊고 대상을 있는 그대로 보게 하는 것이 수행에서 얻을 수 있는 큰 이익입니다. 이러한 과정에 의해서만이 고요함이 생기고 지혜가 성숙되어 비로소 번뇌에서 벗어날 수 있습니다.

이처럼 느낌은 어느 감각기관으로 대상과 접촉하느냐에 따라 맨 느낌과 육체적인 느낌과 정신적인 느낌으로 바뀝니다. 그래서 느낌은 조건에 의해 매순간 다르게 나타납니다. 이러한 느낌은 무상하고 괴로움이며 자아가 없습니다. 느낌은 일어난 순간에 사라지지만 조건에 의해서 동일한 종류의 느낌이 지속될 수도 있으며, 조건에 의해서 소멸할 수도 있습니다. 이때 알아차림이 없으면 일어났다가 사라진 느낌이 똑같이 새로 일어날 수 있습니다. 하지만 알아차림이 있으면 일어났다가 사라진 뒤에 똑같은 느낌이 일어나지 않습니다. 그래서 즐거움이나 괴로움이 사라진 단지 고요한 느낌만 있습니다.

예를 들면 괴로운 느낌도 일어났다가 사라지지만 알아차림이 없으면 사라진 괴로운 느낌이 다시 일어나서 괴로움이 지속됩니다. 하지만 괴로운 느낌을 있는 그대로 알아차리면 그 순간에 괴로운 느낌이 사라질 뿐만 아니라 다시 일어나지 않습니다. 그래서 괴로움이 지속되지 않습니다. 이렇게 되기 위해서는 반드시 느낌을 지속적으로 알아차려서 괴로운 느낌이 다시 일어나지 않도록 해야 합니다.

성자들도 항상 맨 느낌의 상태에만 있는 것이 아닙니다. 성자들도 육체적 즐거운 느낌이 일어나고 육체적 괴로운 느낌이 일어납니다. 그러나 성자는 육체적 느낌을 알아차려서 맨 느낌으로 돌아가게 합니다. 그리고 육체적 느낌을 알아차려서 정신적 느낌으로 진행시키지 않습니다. 몸이 아플 때 괴로운 느낌이 일어나는 것은 누구에게나 똑같습니다. 그러나 이때 성자는 육체적 느낌을 알아차려서 있는 그대로 수용합니다. 몸과 마음이 아파서 일어나는 육체적 느낌은 항거할 수 없는 것입니다. 그러나 이러한 느낌일지라도 알아차리면 현재의 괴로움도 줄이고 미래의 원인을 만들지 않습니다.

5) 느낌의 진행

생존한다는 것은 바로 느끼는 것입니다. 또 생존의 가치를 향상시키기 위해서 필요한 것도 바로 느낌입니다. 이러한 느낌을 감각이라고 말하기도 합니다. 여섯 가지 감각기관이 여섯 가지 감각대상에 부딪치면 즉시 느낌이 일어납니다. 이 느낌을 원인으로 갈애(渴愛)가 일어납니다. 이 갈애로 인하여 집착하는 마음이 생겨서 괴로움이 시작됩니다. 그러므로 느낌이나 갈애 자체는 괴로움이 아닙니다. 집착을 하기 때문에 괴로움이 생기는 것입니다.

이런 원리가 12연기에 나타납니다. 12연기는 삶의 본질적 조건들을 분석한 것입니다. 생명은 무명(無明)이라는 원인이 있어 생긴 행(行)이라는 결과물입니다. 연기란 이 결과가 다시 원인이 되어 연속되는 것입니다. 이것들을 굴러가게 하는 것이 원인과 결과며 조건들입니다. 이때 마음에 의해서 일어난 과보가 원인과 결과가 지속되도록 역할을 합니다.

12연기에서 보면 느낌을 원인으로 갈애가 일어납니다. 이때의 갈애가 욕망입니다. 그러므로 이런 연기의 사슬에서 벗어나는 것이 느낌의 구속으로부터 자유로워지는 것입니다. 곧 느낌이 일어났을 때 있는 그대로의 느낌을 알아차려서 욕망의 느낌을 일으키지 않는 것이 바로 지고의 행복을 얻는 것입니다. 이것이 깨달음입니다. 고집멸도 사성제의 도성제가 바로 느낌에서 갈애로 넘어가지 않고 느낌을 있는 그대로 알아차리는 위빠사나 수행입니다. 그래서 느낌과 갈애 사이를 깨달음의 황금의자라고 합니다.

인간의 삶은 느낌으로 시작해서 느낌으로 끝을 맺습니다. 그러므로 일체사가 느낌입니다. 좋은 일을 할 때도 좋은 일을 하도록 하는 것이 바로 느낌입니다. 느낌이 갈애를 낳기 때문에 느낌을 얻기 위해 행위를 합니다. 아울러 나쁜 일을 자꾸 하는 것도 나쁜 일을 했을 때 생기는 짜릿한 쾌감의 느낌 때문입니다. 그래서 선한 것도 느낌을 통해서 일어나고, 선하지 못한 것도 느낌을 통해서 일어납니다. 담배나 술, 도박, 사랑, 돈, 명예, 재산, 지위 등등이 모두 느낌이 일으킨 갈애 때문에 집착하는 것입니다.

이러한 느낌들은 모두 일정한 단계를 거쳐서 변화합니다. 또한 느낌은 매우 짧은 순간에 일어나고 사라지고 다시 일어나는 것들로 연속됩니다. 그래서 느낌의 실재는 짧은 순간에 느끼는 것입니다. 그래서 느낌은 단계적 변화와 한 순간에만 존재하는 것이라는 성품을 알면 느낌이 무엇인지, 어떻게 하면 느낌을 조절할 수 있는지 비로소 알 수 있습니다.

일정한 단계를 거쳐 변화된 느낌은 일정한 단계에 의해 소멸될 수도 있습니다. 그래서 느낌은 일어나게 할 수도 있고, 또한 사라지게 할 수도 있습니다. 선한 느낌은 일으키고 선하지 못한 느낌은 사라지게 하는 것이 바로 위빠사나 수행의 알아차림입니다.

누구나 짧은 순간의 선하지 못한 느낌을 얻기 위해 무한한 노력을 합니다.

때로는 피를 튀기는 투쟁을 합니다. 이런 투쟁은 남과의 문제뿐이 아닙니다. 실제로 자기 자신과의 문제이며 가족과의 문제이기도 하며 이런 것들이 바로 어리석은 투쟁입니다. 순간의 느낌을 참지 못하여 평생 씻을 수 없는 과보를 받기도 합니다. 이처럼 느낌은 짧은 한 순간의 것인데 그 과보는 한 생에 걸쳐서 지속될 수도 있으며 다음 생까지 상속될 수도 있습니다.

몸이 아픈 뒤에 마음까지 아픈 것은 느낌이 증폭된 것입니다. 몸이 아파 괴로워하는 것은 느낌이고, 마음까지 아파하는 것은 느낌이 연속된 것입니다. 첫 번째 느낌도 그렇지만 두 번째 느낌도 모두 스스로 만든 것입니다. 두 번째 느낌으로 발전하면 아플 때 끙끙거리게 됩니다. 마음까지 아파서 그렇습니다.

흡연, 술 중독, 욕설, 폭력, 파괴, 도박, 도둑질, 자해, 자살 등등 습관적인 것들이나 극단적 현상은 모두 정신적 느낌으로 인해 생긴 현상들입니다. 여기서 감각적 쾌락과 극단적 정신 상태를 추구하는 느낌들이 일어납니다. 그래서 슬픔이 비탄으로 변화되고, 즐거움이 감각적 쾌락으로 변화됩니다. 이런 모든 것들은 느낌이 변화되어 나가는 과정에서 생기는 현상들입니다. 시작은 매우 미미한 것들이었습니다. 그러나 미미한 느낌들이 시간이 갈수록 집착을 해서 나중에는 돌이킬 수 없는 엄청난 결과의 느낌을 가져옵니다.

누구나 처음에는 평범한 느낌이 생깁니다. 그러나 이것이 근심이 되고 다시 슬픈 느낌으로 변화합니다. 그러다가 이 느낌으로 만족하지 못하고 고통과 비탄의 느낌으로 변화합니다. 이렇게 변화되었을 때는 비탄이 상시적으로 남아 있습니다. 이것이 바로 고뇌입니다. 그래서 근심, 슬픔, 고통, 고뇌가 계속됩니다. 이러한 느낌의 변화는 자신이 좋아서 하고 있는 것입니다. 이렇게 형성된 느낌들이 나중에는 속도를 갖게 되어 시작하자마자 끝 단계의 느낌까지 수직적으로 상승하게 됩니다. 그래서 항상 끝장을 보아야 직성이 풀립니다. 그것이 손해이든 이익이든 말입니다. 이것이 바로 느낌의 습성입니다. 이러한 현상은 모두 느낌이 증폭되는 것들입니다.

평범한 느낌은 대상과 부딪혀서 생긴 최초의 느낌입니다. 이것이 변화되면서 슬픔으로 바뀌게 됩니다. 슬픔은 약한 불로 태우는 것과 같습니다. 다시 이것이 비탄으로 변화됩니다. 비탄은 강한 불로 타게 하는 것과 같습니다. 이렇게 비탄에 빠지면 상시적으로 고뇌에 차게 됩니다. 그래서 습관적으로 번뇌를 안고 삽니다. 이때의 고뇌는 불타버린 검은 찌꺼기가 되어 항상 가슴에 숯 덩어리로 남아 있는 것과 같습니다. 그래서 가슴이 무겁거나 답답하다고 말을 합니다. 이것이 바로 번뇌가 깊게 자리 잡아서 가슴에 느낌으로 나타난 것들입니다.

우리들의 일상생활에서 생기는 즐거움이나 괴로움은 단순한 느낌이 차츰 변화되어 나타나는 현상들입니다. 느낌은 인간이 생존해 있다는 것을 알게 하는 것이며 모든 것은 느낌이라는 과정을 통하여 인식됩니다. 느낌은 마음에 의해서 일어나는 마음의 작용이며 이것을 아는 것이 마음입니다. 그래서 느낌은 마음의 한 부분입니다. 그러므로 수행자는 마음을 알아차리는 수행과 함께 느낌을 알아차리는 수행을 하면 감각기관을 적절하게 통제할 수 있습니다. 감각기관을 통제하는 것이 알아차림입니다. 감각기관을 통제하면 감각적 욕망이 일어나지 않고 감각기관을 통제하지 못하면 감각적 욕망의 지배를 받아 괴롭게 살아야 합니다. 어리석은 자는 감각적 욕망에서 달콤함으로 보고 지혜가 있는 자는 감각적 욕망에서 고통을 봅니다. 수행자가 느낌을 있는 그대로 알아차리면 감각적 욕망이 일으키는 과보를 알아 모든 느낌에 슬기롭게 대처할 수 있습니다. 이것이 느낌을 알아차리는 수행을 해야 하는 이유입니다.

6) 느낌과 화살

느낌을 화살에 비유하기도 합니다. 우리가 살면서 느낌으로 인해 어떻게 화살을 맞고 있는지 살펴보겠습니다. 누구나 여섯 가지 감각기관이 감각대상과 마주치면 먼저 맨 느낌이 일어납니다. 이때 알게 되는 것이 모두 느낌으로 아는 것입니다. 이것이 1단계 느낌입니다. 이 느낌에서는 아직 번뇌의 화살을 맞지 않은 상태입니다.

맨 느낌의 상태를 알아차리지 못하면 다음 단계인 육체적 느낌이 일어납니다. 이것이 2단계의 느낌으로 진행된 상태입니다. 육체적인 느낌은 좋거나 싫거나 좋지도 싫지도 않은 느낌입니다. 이 상태에서 갈애가 일어납니다. 갈애는 좋아하는 것을 바라거나 싫어하는 것을 바라는 상태입니다. 계속 좋아하거나 싫어하는 것이 모두 갈애입니다. 이것은 모두 스스로 바라기 때문에 일어나는 현상입니다. 이때 번뇌의 화살을 한 번 맞습니다.

붓다나 성자들도 육체적 괴로움은 느낍니다. 그러나 육체적 괴로움으로 인해 새로운 욕망을 일으키지 않고 단지 대상으로 알아차립니다. 사실 아픈 것은 몸이지 마음까지 아프지는 않습니다. 그래서 붓다나 성자도 육체적으로 좋거나 싫은 느낌은 느끼지만 그 순간에 알아차려서 정신적 느낌으로 넘어가지 않습니다.

육체적 느낌에서 더 진행되면 정신적 느낌이 일어납니다. 이때가 3단계의 느낌으로 진행된 상태입니다. 정신적으로 좋아하거나 싫어하는 상태가 되면 두 번째 화살을 맞는 것입니다. 예를 들면 정신적 느낌이 일어나면 그냥 좋은 것이 아니고 '좋아 죽겠네!'라고 말합니다. 여기서 '좋다'는 것은 육체적 느낌이고, '좋아 죽겠다'고 말하는 것은 정신적 느낌입니다. 괴로움도 마찬가지입니다. 그냥 '괴롭네'가 아니고 '괴로워 죽겠네!'라고 말합니다. 여기서 '괴롭네'는 육체적 느낌이고, '괴로워 죽겠네!'라고 하면 정신적 느낌입니다. 그래서 이때는 자신의 몸과 마음이 두 번째 화살을 맞습니다.

육체적 느낌이 정신적 느낌으로 바뀌면 갈애가 집착으로 발전한 상태가 됩니다. 그래서 단순한 슬픔이 비탄에 빠지게 되고, 단순한 즐거움이 감각적 쾌락을 추구하게 됩니다. 이것이 일반적으로 느낌이 발전하는 순서입니다. 이 상태에서 눈물이나 환호 등이 나오며 또는 극단적인 행위가 나타나게 됩니다. 그러나 최초의 느낌에서 즉시 알아차리면 갈애가 일어나지 않습니다. 이것을 연기가 중간에서 끊어지는 것이라고 말합니다. 맨 느낌에서 갈애로 발전한 것을 연기의 회전이라고 말합니다. 이것을 상속, 흐름 또는 한 순간이 다음 순간으로 윤회한 것이라고 말합니다.

느낌과 화살에 대한 비유는 맨 느낌이 육체적 느낌으로 진행되면 화살을 한 번 맞은 것입니다. 그리고 다시 정신적 느낌으로 진행되면 화살을 두 번 맞은 것에 비유합니다. 그러나 주석서에서는 화살이 두 번에 그치지 않고 계속해서 네 번까지 맞는 것으로 밝히고 있습니다. 그리고 이렇게 네 번에 그치지 않고 다시 네 번을 계속 반복해서 맞는다는 것입니다.

느낌은 정신적 느낌에서 그치지 않습니다. 느낌으로 인해 갈애와 집착으로 진행하면 좋은 것과 나쁜 것을 상관하지 않고 무조건 움켜줍니다. 이때 고통이 사라지기를 바라는 갈애가 일어나거나, 좋은 것에 대해서는 더 좋기를 바라는 끊임없는 욕망이 지속되어 욕망의 세 번째 화살을 맞습니다. 이 욕망의 세 번째 화살을 맞으면 상처가 깊어지고, 고통도 깊어지고, 그만큼 과보도 커집니다.

욕망의 세 번째 화살을 맞은 사람은 무지하기 때문에 화살을 피하는 방법을 모릅니다. 그리고 화살을 맞는 것이 일상의 삶이 되어서 다른 방법이 있는 것을 찾으려 하지도 않습니다. 그래서 계속해서 화살을 맞습니다. 욕망의 세 번째 화살을 맞은 사람은 욕망을 제어할 수 없습니다. 그래서 갈애가 일어난 것을 알아차리지 못하는 무명으로 인하여 네 번째 화살인 무명의 화살을 맞습니다. 무명의 화살은 어리석음입니다. 윤회의 시작은 무명 때문입니다. 그래서 누구나 무명의 지배를 받고 있기 때문에 최종적으로는 무명의 화살을 맞도록 되어 있습니다. 무명을 알아차려서 지혜를 얻을 때만이 비로소 무명의 화살을 맞지 않습니다.

이처럼 우리는 하나의 느낌에 네 번의 화살을 맞게 합니다. 그리고 네 번의 화살을 한 번만 맞는 것이 아니고 반복해서 네 번의 화살을 맞습니다. 이런 결과로 고통에서 벗어날 길이 없습니다. 결국 자살을 하는 것도 이런 과정에서 벗어날 길을 몰라 스스로 목숨을 끊는 것입니다. 우리가 화를 내는 것도 한두 번은 참았다가 이러한 느낌이 증폭되어서 폭발하는 경우가 허다합니다. 그러나 수행자가 이것을 단순한 느낌으로 알아차리면 느낌의 화살로부터 자유로울 수 있습니다. 이 느낌이 나의 느낌이 아니고, 단지 원인에 의한 결과의 느낌이라고 알면 누구나 느낌의 노예가 되지 않습니다.

그러면 이상의 과정에서 어느 때 느낌을 알아차리는 것이 가장 좋을까요? 맨 느낌에서 육체적 느낌으로 발전하지 못하도록 알아차리는 것이 좋을까요? 그렇습니다. 빨리 알아차리는 것은 좋습니다. 그러나 다른 한편으로는 그렇지도 않습니다. 왜냐하면 어느 때고 알아차리면 되기 때문입니다. 우리가 꼭 처음부터 알아차려야 한다고 하면 늦게 알아차렸을 때는 후회합니다. 그러므로 어느 때고 알아차리면 됩니다. 왜냐하면 누구도 쉽게 알아차리지 못하기 때문입니다.

알아차림은 어려운 것이라서 알아차려야 한다고 알고도 알아차리기 어려우며, 알아차림을 지속하기는 더욱 어렵습니다. 그래서 알아차림에는 늦거나 빠른 것이 없습니다. 단지 알아차리느냐, 아니면 알아차리지 못하느냐 하는 것만 있습니다. 그래서 어느 때고 알아차리면 됩니다. 사실 늦었다고 생각할 때가 가장 빠른 때입니다. 정신세계에서는 시간이 중요하지 않습니다. 단지 알아차림이 있었느냐 없었느냐 하는 실천이 중요합니다.

수행자는 맨 느낌의 상태에서 육체적 느낌이 일어나지 않도록 대상에 빠져서 보지 말고 마음으로 알아차리게 되면 갈애가 일어나지 않습니다. 그러나 이미 갈애가 일어났다면 다시 일어난 갈애를 알아차리면 됩니다. 이미 일어난 갈애를 어떻게 하려고 해서는 안 됩니다. 그것들은 이미 일어난 것이기 때문에 하나의 대상에 불과한 것입니다. 일어난 갈애를 문제 삼아서는 안 됩니다. 단지 일어난 갈애도 하나의 대상으로 봐야 합니다.

처음에 제대로 알아차리면 갈애가 일어나지 않지만, 알아차림이 약해서 갈애가 일어나고 마음이 불만족스러우면 다시 불만족스러운 것을 대상으로 알아차리면 됩니다. 고통스러우면 다시 고통스러운 것을 대상으로 알아차리면 됩니다. 알아차림에는 어느 단계가 따로 없습니다. 어느 상태에서나 알아차리면 그 순간 끊어집니다. 항상 마지막 상황을 다시 알아차리면 됩니다.

알아차릴 대상은 싫어하는 것만 알아차릴 것이 아니고, 좋아하거나 싫어하는 것을 모두 알아차려야 합니다. 그래서 수행자에게는 좋거나 싫거나 간에 모두 대상입니다. 좋으면 좋은 것을 알아서 감각적 욕망에 빠지지 말아야 하고, 싫을 때는 싫어하는 것을 없애려고 하는 또 다른 욕망이 일어나므로 그것을 알아차려야 합니다. 덤덤한 느낌일 때는 이것이 무관심과 무지와 게으름의 느낌이므로 덤덤한 느낌을 있는 그대로 알아차려야 합니다.

느낌은 화살입니다. 느낌으로 인해서 맞는 화살은 괴로움의 화살입니다. 이 화살은 자신이 자신에게 쏘는 화살입니다. 우리는 끊임없이 자신에게 쏘는 화살을 맞고 피를 흘리고 상처를 입어도 멈출 줄을 모릅니다. 어리석어서 화살을 쏘지 않는 방법을 모를 뿐만 아니라 오히려 화살을 맞기를 원합니다. 이 화살은 단지 상처를 내는 것에 그치지 않고 미래 생에 다시 태어나게 합니다. 느낌을 있는 그대로 알아차릴 때만이 화살을 맞지 않고 가장 깨끗한 행복을 얻을 수 있습니다.

7) 한국명상원의 느낌을 알아차리는 수행

(1) 염처별 수행

사념처 수행은 몸을 알아차리는 수행[身念處], 느낌을 알아차리는 수행[受念處], 마음을 알아차리는 수행[心念處], 법을 알아차리는 수행[法念處]입니다. 위빠사나 수행은 기본적으로 네 가지 대상을 다 알아차립니다. 이처럼 기본적으로는 네 가지 수행을 함께 하지만 그중에 느낌을 알아차리는 수행을 별도로 할 수 있습니다. 주석서에서는 느낌을 알아차리는 수행이 감성적인 사람 중에서 영민한 사람에게 효과가 있다고 밝히고 있습니다.

느낌은 몸에서 느낄 수도 있고 마음에서 느낄 수도 있습니다. 감각기관은 몸의 감각기관과 마음의 감각기관이 있기 때문에 느낌은 몸과 마음 어디에서나 일어납니다. 그러므로 맨 느낌이나 육체적 느낌이나 정신적 느낌을 몸에서 알아차릴 수 있고, 마음에서도 알아차릴 수 있습니다. 사실 즐거운 느낌과 괴로운 느낌은 행복과 불행이라서 정신적 영역이지만 이러한 느낌을 몸에서 나타난 느낌으로 알아차릴 수도 있습니다.

몸에서 일어나는 지수화풍이라는 네 가지 요소는 모두 느낌입니다. 지대의 단단함이나 부드러움, 수대의 가벼움과 무거움, 화대의 뜨거움과 차가움, 풍대의 움직임이나 진동을 알아차리는 것이 모두 느낌입니다. 몸에서 일어나는 진동은 단지 몸을 알아차리는 수행만은 아닙니다. 이때 몸에서 일어나는 진동이라서 신념처 수행이며, 이것을 느낌으로 알아차려서 수념처 수행이며, 진동을 아는 마음을 알아차리면 심념처 수행이며, 진동을 무상으로 알아차리면 법념처 수행입니다.

호흡을 알아차릴 때도 마찬가지입니다. 몸에서 일어나는 호흡을 알아차릴 때는 신념처 수행입니다. 호흡을 가볍거나 무겁게 알아차리면 수념처 수행입니다. 호흡을 전면의 마음자리에서 알아차리거나 호흡을 알아차리는 마음을 대상으로 알아차리면 심념처 수행입니다. 호흡을 무상으로 알아차리면 법념처 수행입니다.

그러므로 네 가지 알아차림 중에서 어느 대상에 초점을 맞추느냐에 따라 염처별 수행이 달라집니다. 하지만 수행자가 반드시 특정한 염처 하나를 대상으로 알아차려야 하는 것은 아닙니다. 사념처 수행은 네 가지 대상을 하나로 묶어서 수행을 할 수도 있고, 때로는 하나의 염처를 중점적으로 알아차릴 수도 있습니다. 하나의 염처를 중점적으로 하는 것은 수행의 진전을 위해서 필요할 수 있습니다.

(2) 한국명상원 수념처

① 좌선할 때 느낌 알아차리기

한국명상원에서 좌선할 때 느낌을 알아차리는 수행을 몇 가지로 나누어서 합니다. 첫 번째는 좌선을 시작할 때의 도입과정입니다. 두 번째는 좌선을 하는 중에 알아차려야 할 과정입니다. 세 번째는 좌선을 끝낼 때 알아차려야 할 과정입니다.

첫 번째, 좌선을 시작할 때 알아차리는 과정은 다음과 같습니다.
'자리에 앉아 몸의 긴장을 풉니다. 그런 뒤에 현재의 마음을 알아차립니다. 그리고 잠시 눈꺼풀, 입술, 손, 엉덩이가 바닥에 닿은 부분을 차례로 알아차립니다. 그런 뒤에 잠시 앉아 있는 몸을 전체로 느낍니다. 그리고 그중에 코, 가슴, 배 중에서 가장 두드러지게 움직임이 나타나는 곳에서 일어남 꺼짐을 알아차립니다.'
이상의 좌선을 시작할 때 알아차리는 방법을 살펴보면 '자리에 앉아 몸의 긴장을 풉니다.' 이 부분은 신념처 수행입니다. '그런 뒤에 현재의 마음을 알아차립니다.' 이 부분은 심념처 수행입니다. '그리고 잠시 눈꺼풀, 입술, 손, 엉덩이가 바닥에 닿은 부분을 차례로 잠시 알아차립니다. 그런 뒤에 잠시 몸을 전체로 느낍니다.' 이 부분은 느낌을 알아차리는 수념처 수행입니다. '그리고 그중에 코, 가슴, 배 중에서 가장 두드러지게 움직임이 나타나는 곳에서 일어남과 꺼짐을 알아차립니다.' 이 부분은 신념처 수행입니다. 이때 일어남과 꺼짐을 무상으로 알아차리면 법념처 수행입니다.

이상 좌선을 시작할 때 도입 부분에서는 특별하게 수념처 수행을 중점적으로 하지 않고 사념처 수행 중의 하나의 과정으로 느낌을 알아차립니다. 그래서 눈꺼풀, 입술, 손, 엉덩이가 바닥에 닿아 있는 부분을 알아차릴 때 대상으로 삼는 부분마다 여러 가지의 느낌이 있습니다. 그러면 그중에 가장 두드러진 느낌을 하나 선택해서 알아차립니다.

눈꺼풀에는 따뜻함, 진동, 무거움, 어둠, 빛 등의 느낌이 있습니다. 이 중에 두드러진 느낌을 하나만 알아차리면 됩니다. 그러나 눈꺼풀에서 어떤 특별한 느낌을 찾아서는 안 됩니다. 만약 이런 느낌을 느끼지 못한다면 단지 마음이 눈꺼풀에 머물러 있는 것으로 그쳐야 합니다. 이때는 눈꺼풀이 닿아서 감겨 있는 것을 알아차리기만 해도 됩니다.

입술에서는 진동, 따뜻함, 무거움, 가벼움, 확장되는 느낌 등이 있습니다. 이 중에 두드러진 느낌을 하나만 잠시 느끼면 됩니다. 마찬가지로 입술에서 어떤 특별한 느낌을 찾아서는 안 됩니다. 그냥 있는 그대로의 느낌을 느껴야 합니다. 만약 느낌을 느끼지 못했을 때는 입술이 닿아 있는 것을 느끼거나 마음이 입술에 머물러 있는 것을 알아차리기만 하면 됩니다. 특히 입술에서는 확장되는 느낌이 있을 수 있습니다. 이때 확장되는 느낌은 집중이 된 상태이므로 그대로 알아차리면 됩니다.

손에서는 진동, 따뜻함, 무거움, 화끈거림 등의 느낌이 있습니다. 이 중에 두드러진 느낌을 하나만 느끼면 됩니다. 마찬가지로 손에서 어떤 특별한 느낌을 찾아서는 안 됩니다. 그냥 있는 그대로의 느낌을 느껴야 하며 느낌을 느끼지 못했을 때는 손이 닿아 있는 것을 알아차리기만 하면 됩니다. 두 손을 포갰을 때는 모두 알아차려도 좋고 양쪽 무릎 위에 놓았을 때는 하나의 손을 알아차려도 좋습니다.

엉덩이가 바닥에 닿아 있는 부분에서는 단단함, 무거움, 진동, 따뜻함, 차가움 등의 느낌이 있습니다. 이 중에 두드러진 느낌을 하나만 알아차리면 됩니다.

마찬가지로 엉덩이가 바닥에 닿아 있는 어떤 특별한 느낌을 찾아서는 안 됩니다. 그냥 있는 그대로의 느낌을 느껴야 합니다. 만약 느낌을 느끼지 못했을 때는 엉덩이가 바닥에 닿아 있는 것을 알아차리기만 하면 됩니다.

다음에 앉아 있는 몸을 전체로 느낄 때도 마찬가지입니다. 이때도 특별한 느낌을 찾지 말고 그냥 앉아 있는 몸을 전체로 느끼면 어디에선가 일어나고 꺼지는 움직임을 발견할 것입니다. 그러면 이때 일어남 꺼짐의 호흡을 알아차립니다.

이렇게 느껴지는 느낌은 모두 맨 느낌입니다. 이러한 맨 느낌에서 무상을 알아차리기 쉽습니다. 만약 즐거운 느낌이나 괴로운 느낌으로 진행되었다면 맨 느낌에서 알아차릴 수 있는 무상을 알기가 어렵습니다. 맨 느낌은 있는 그대로의 순수한 느낌이기 때문에 법의 성품을 보기가 좋습니다.

좌선을 시작하면서 먼저 현재의 마음을 알아차리고 다시 몸의 느낌을 알아차리는 부분을 도입한 것은 좌선을 바르게 이끌기 위한 순서입니다. 좌선을 시작하고 이러한 과정을 거치는 동안 마음이 달아나지 않고 알아차림을 지속할 수 있습니다. 좌선의 도입 부분까지 알아차림이 계속되었다면 상당한 수확입니다. 그렇지 않으면 앉자마자 망상을 할 수도 있습니다. 또 즉시 호흡을 알아차리려고 하면 순간적으로 몸이 긴장하여 호흡이 숨어버려서 알아차리기가 어려울 수도 있습니다.

눈꺼풀, 입술, 손, 엉덩이의 느낌을 알아차리는 것은 이 부분이 미세한 신경이 많아서 느낌을 느끼기 좋은 곳이라서 선택한 것입니다. 특히 네 곳을 선택하여 알아차리는 것은 사념처 수행에서 느낌을 알아차리는 부분을 포함시키려는 의도에서 알아차립니다. 그리고 네 곳을 조금씩 겨냥하여 마음을 머물게 하는 순간 마음이 집중이 되어 안정을 얻습니다. 마음이 처음부터 하나의 대상에 머물려 하지 않기 때문에 마음을 길들이는 과정으로 도입했습니다. 이렇게 자연스럽게 집중이 된 마음으로 호흡을 알아차리면 바른 좌선을 할 수 있습니다.

눈꺼풀, 입술, 손, 엉덩이의 느낌을 알아차리는 시간은 약 30초에서 1분 정도면 충분합니다. 알아차리는 시간은 수행자가 적절하게 조절하면 됩니다. 너무 길게 머물러도 마음이 싫증을 내서 달아납니다. 그리고 너무 빠르게 지나가면 쫓기는 마음이 생겨 분주해지므로 잠시 머물러서 알아차리는 것이 좋습니다.

두 번째, 좌선을 하는 중간에 알아차리는 과정은 다음과 같습니다.

좌선을 하는 중간에 알아차리는 방법은 좌선을 할 때만 사용하는 방법이 아닙니다. 좌선이 아닌 다른 일상의 알아차림에서 이와 같이 알아차리면 됩니다. 좌선을 할 때 주 대상은 호흡이지만 반드시 호흡만 알아차려야 하는 것은 아닙니다. 그러므로 망상, 통증, 졸음 등이 일어날 때는 이것이 알아차릴 대상입니다. 망상, 통증, 졸음이 왔을 때는 다음과 같이 알아차립니다.

좌선 중에 망상을 할 때는 먼저 망상하는 마음을 알아차린 뒤에 가슴으로 가서 망상하는 마음으로 인해 일어난 느낌을 알아차립니다. 이때 가슴에서 일어난 느낌을 강한 느낌에서 중간 느낌 그리고 미세한 느낌이 될 때까지 알아차립니다. 그런 뒤에 다시 호흡을 알아차립니다. 망상하는 마음은 항상 강합니다. 그러므로 망상하는 마음을 알아차린 뒤에 가슴에서 느낌이 고요해질 때까지 알아차려야 합니다. 그렇지 않으면 사라진 망상이 다시 나타납니다.

통증이 일어났을 때도 먼저 통증 때문에 반응한 마음을 알아차립니다. 그런 뒤에 통증 속으로 들어가서 찌르고, 당기고, 화끈거리는 등의 느낌을 알아차려야 합니다. 이때 찌르고, 당기고, 화끈거리는 것이 모두 느낌입니다. 이때 통증은 부르기 위한 명칭으로 관념입니다. 통증의 실재는 느낌입니다. 아플 때 관념을 제거하기 위해서 먼저 통증 때문에 싫어한 마음을 알아차려야 합니다. 그러면 청정한 마음이 되어 아픔으로 인해 생긴 느낌을 있는 그대로 볼 수 있습니다. 이렇게 알아차릴 때 대상의 성품인 무상, 고, 무아를 발견할 수 있습니다.

졸음이 왔을 때는 먼저 졸음으로 인해 반응한 마음을 알아차려야 합니다. 그러면 졸음에 저항하거나 아니면 졸음에 순응하는 마음을 알 수 있습니다. 졸음에 순응하는 마음은 잠을 자고 싶다는 마음입니다. 수행자는 잠을 자느냐 자지 않느냐 하는 것이 중요하지 않습니다. 졸음이 왔을 때 졸음을 있는 그대로 알아차리는 것이 필요합니다. 수행자가 졸음을 알아차리는 것은 졸음에 저항하거나 졸음에 순응하기 위한 것이 아닙니다. 단지 졸음에 반응하지 않고 있는 그대로 지켜보기 위해서 알아차리는 것입니다.

졸음이 왔을 때 졸음이 온 것을 아는 마음을 알아차려야 합니다. 그래야 마음이 계속해서 알아차리는 일을 할 수 있습니다. 이때 마음을 알아차린 뒤에 마음이 희미해지는 느낌을 알아차립니다. 그리고 몸이 나른하고 무거운 느낌을 알아차립니다. 이것이 마음과 몸이 가지고 있는 졸음의 성품입니다. 이렇게 알아차려서 졸음에서 깨어나거나 깨어나지 않는 것은 중요하지 않습니다. 다만 졸음이 왔을 때 졸음을 느낌으로 알아차리는 것으로 수행자의 의무를 다한 것입니다. 수행자에게 결과는 그렇게 중요하지 않습니다. 수행자에게 필요한 것은 시작과 중간입니다. 결과는 내가 만드는 것이 아니고 이러한 조건이 만드는 것이라고 알아야 대상을 있는 그대로 볼 수 있습니다.

좌선 중에 망상, 통증, 졸음 외에도 어떤 대상이 나타나거나 먼저 대상을 아는 마음을 알아차려야 합니다. 그런 뒤에 가슴으로 와서 마음이 남긴 느낌을 알아차리고 다시 호흡을 알아차리는 수행을 계속합니다.

세 번째, 좌선을 끝낼 때 알아차려야 할 과정은 다음과 같습니다.

좌선을 끝내기 전에 '지금 내 마음이 무엇을 하고 있는가?' 하고 알아차립니다. 그런 뒤에 몸으로 와서 자세가 바른가를 살펴봅니다. 고개가 기울어져 있거나 허리가 굽어 있으면 바르게 폅니다. 그리고 몸에 힘이 들어가 있지 않은가 살펴봅니다. 입술을 꽉 다물고 있는지, 손을 꽉 쥐고 있지 않은지, 어깨에 힘이 들어가 있지 않은지 몸에서 긴장하고 있는 느낌을 알아차립니다. 좌선 중에나 좌선이 끝날 때도 마음을 알아차린 뒤에 몸으로 와서 자세를 살피고 힘이 들어가 있지 않은지 느낌을 알아차려야 항상 바른 자세를 유지할 수 있습니다. 그런 뒤에 눈을 뜨고 잠시 바닥을 지켜봅니다. 그리고 현재의 마음을 알아차립니다. 그런 뒤에 가슴으로 가서 좌선이 끝났을 때의 느낌을 알아차립니다. 이때 가슴에 어떤 느낌이 있거나 그대로의 상태를 알아차립니다.

마지막으로 '지금 내 마음이 어디로 가고 있는가?' 하고 알아차리면서 천천히 자리에서 일어납니다. 이렇게 마음을 알아차리면 하나의 동작에서 다음 동작으로 연결해서 알아차림이 지속됩니다. '지금 내 마음이 어디로 가고 있는가?' 하고 알아차리는 것은 의도를 알아차리는 것입니다. 이렇게 알아차리면 알아차림이 자신의 몸과 마음을 떠나지 않아 지속적인 집중력을 키울 수 있습니다.

② 마음과 느낌을 연계해서 알아차리기

마음과 느낌은 모두 마음에 속하면서 기능적으로는 다른 역할을 합니다. 느낌은 감각기관이 감각대상과 접촉할 때마다 끊임없이 일어납니다. 그리고 마음은 이것을 받아들여서 아는 기능을 합니다. 이 두 가지는 모두 비물질이라서 알아차리기 어렵지만 두 가지를 연계해서 알아차리면 매우 효과적인 수행을 할 수 있습니다.

마음은 비물질이라서 알아차리기가 어렵지만 느낌은 몸에서 항상 일어나기 때문에 알아차리기가 쉽습니다. 그러므로 마음을 알아차린 뒤에 가슴에서 느낌을 알아차리면 마음과 느낌을 동시에 알아차릴 수 있으며 이들의 상관관계를 분명하게 알 수 있습니다. 마음이 느낌에 영향을 주고 느낌이 마음에 영향을 줍니다. 그러므로 어느 것 하나를 알아차려도 서로에게 좋은 영향을 주게 할 수 있습니다.

마음을 알아차리는 자리는 편의상 전면이라고 합니다. 마음은 몸과 함께 있지 어느 특정한 위치에 있지 않습니다. 그러나 마음을 알아차리면 나중에 생긴 마음이 먼저 있는 마음을 알아차리기 때문에 편의상 전면에서 알아차리는 것으로 표현합니다. 그리고 마음과 함께 일어나는 느낌은 주로 가슴에서 알아차릴 수 있습니다. 그러나 머리에서 느낌이 강하게 일어나면 머리에서 알아차릴 수도 있습니다. 마음과 느낌을 서로 연계해서 알아차리는 수행은 두 가지 방법이 있습니다.

첫째는 마음을 먼저 알아차리고 난 뒤에 느낌을 알아차리는 방법입니다.

화가 났을 때 화난 마음을 알아차린 뒤에 화난 마음으로 인해 생긴 가슴의 느낌을 알아차립니다. 그러면 두 가지를 동시에 알아차리는 것으로 화를 진정시킬 수 있습니다. 화를 낸 마음의 힘은 항상 강합니다. 그리고 이에 대응하는 알아차림의 힘은 항상 약합니다. 그러므로 화가 났을 때 알아차림 하나로는 대응하기가 쉽지 않습니다. 이때 화를 낸 마음으로 인해 생긴 가슴의 느낌을 지속적으로 알아차려야 비로소 화가 누그러집니다. 그러나 있는 그대로 알아차리지 않으면 가슴의 느낌이 더 커질 수도 있습니다. 그래서 없애려고 알아차리지 말고 그냥 있는 그대로 알아차려야 합니다. 가슴에 있는 거친 느낌이 중간 느낌으로 다시 미세한 느낌으로 될 때까지 알아차리면 이 순간에 화를 낸 마음도 함께 정화됩니다. 가슴에서 일어난 느낌을 알아차려서 거친 느낌이 고요한 느낌으로 바뀌었을 때는 다시 호흡을 알아차리거나 다른 대상을 알아차립니다.

둘째는 느낌을 먼저 알아차리고 난 뒤에 마음을 알아차리는 방법입니다.

먼저 가슴에서 일어난 느낌을 알아차립니다. 그러면 무슨 마음으로 인해 가슴에 느낌이 일어났는지 알 수 있습니다. 가슴에서 일어난 느낌은 저절로 일어나지 않습니다. 반드시 어떤 조건에 의해 일어납니다. 그러므로 마음의 상태에 따라서 가슴의 느낌도 다릅니다. 이때 가슴의 느낌은 저절로 일어나지 않는다는 것을 아는 지혜가 생깁니다.

가슴의 느낌을 통하여 마음의 상태를 알 수 있습니다. 마음은 빠르게 일어나서 사라지기 때문에 실체를 알기가 어렵지만 느낌은 몸에서 지속적으로 나타나기 때문에 느낌을 통하여 느낌을 일으키고 사라진 마음을 알 수 있습니다. 마음과 느낌은 항상 함께 일어나서 함께 소멸합니다. 그러나 느낌을 알아차렸을 때 느낌을 일으킨 마음을 반드시 알 수 있는 것은 아닙니다. 이런 때는 단지 느낌을 알아차린 것으로 만족해야 합니다.

특히 가슴에 느낌이 일어난 뒤에 얼마간의 시간이 지나서 느낌을 알아차리면 느낌을 일으킨 마음을 알아차리기 어렵습니다. 그러나 가슴에서 느낌이 일어났을 때 즉시 알아차리면 느낌을 일으킨 마음을 알 수 있습니다. 예를 들면 가슴에 강한 느낌이 일어났을 때 즉시 알아차리면 화를 낸 마음으로 인해서 가슴이 두근거린다는 것을 알 수 있습니다.

이렇게 느낌이 일어났을 때마다 지속적으로 알아차리면 가슴의 느낌에 대해서 싫어하는 마음이 일어납니다. 그러면 자연스럽게 가슴의 느낌을 일으키게 한 마음을 갖지 않게 됩니다. 이런 마음이 괴로운 느낌을 일으킨다는 것을 알면 스스로 자신을 방어하는 지혜가 생겨 불필요한 마음을 갖지 않게 됩니다. 이것이 괴로움의 원인을 알아야 하는 이유입니다.

다시 요약하면 첫째는 먼저 마음을 알아차린 뒤에 마음에 의해 일어난 가슴의 느낌을 알아차리는 방법입니다. 둘째는 먼저 가슴의 느낌을 알아차린 뒤에 가슴의 느낌을 일으킨 마음을 알아차리는 방법이 있습니다. 이 두 가지를 연계해서 알아차리면 마음과 느낌을 함께 알아차리는 수행을 할 수 있습니다. 두 가지 방법 중에 어느 방법을 사용해도 좋습니다. 가슴에 강한 느낌이 일어났을 때는 먼저 느낌을 알아차리는 것이 적절한 방법입니다. 그리고 여유가 있을 때는 마음을 알아차린 뒤에 가슴에서 느낌을 알아차려도 좋습니다.

③ 화가 났을 때 차례대로 알아차리기

첫째, 화가 났을 때 화가 난 것을 알아차립니다.
둘째, 화가 난 마음을 알아차립니다.
셋째, 화가 난 마음이 사라진 것을 알아차립니다.
마음은 순식간에 일어나서 바로 사라지므로 알아차리려고 하면 알아차릴 수 있습니다. 화난 마음이 사라진 것을 아는 것은 화난 마음이 없다는 것을 확인하는 것입니다. 이렇게 화난 마음이 사라진 것을 알아차리면 그 마음이 바로 다시 일어나지 않기 때문에 사라진 것을 확인할 필요가 있습니다. 이렇게 확인을 안 하면 화가 난 마음이 연속적으로 계속 다시 일어나므로 사라진 것을 알아차린다는 것은 마침표를 찍는다는 것이기도 합니다. 또한 사라진 것을 아는 것은 소멸을 아는 것으로 무상을 아는 지혜가 나게 합니다.
넷째, 가슴으로 가서 화가 난 마음이 남기고 간 느낌을 알아차립니다.
화가 난 마음은 사라졌지만 느낌은 가슴이나 머리에 남아서 계속 작용하고 있습니다. 이때의 느낌은 화의 강도에 따라 다릅니다. 오래도록 화난 마음이 있었다면 가슴에서는 더 크게 콩닥거릴 것입니다. 이처럼 마음에 따라 느낌도 비례합니다. 이것은 돌을 물에 던졌을 때 돌은 바로 가라앉아버리지만 물 위의 파문은 계속해서 번지는 것과 같습니다. 그래서 그 느낌을 주시해야 합니다. 가라앉은 돌은 대상으로 삼기 어려우므로 돌이 일으킨 파문인 느낌을 주시하면 알아차림이 지속되어 사라진 화가 다시 일어날 가능성이 적어집니다.
이런 경우 화나 괴로움의 정도에 따라 크거나 작은 느낌들이 있는데, 이런 느낌을 처음부터 끝까지 모두 알아차려야 합니다. 이때 가슴에서는 콩닥거리는 느낌만 있지 않습니다. 거칠게 뛰는 호흡도 있고, 맥박의 뜀도 있습니다. 이런 것을 모두 느낌으로 알아차려야 합니다.

가슴에 여러 가지 대상이 있을 때는 가장 강한 대상을 느낌으로 알아차립니다. 가슴에서 느낌을 알아차릴 때는 처음에는 거친 느낌에서 중간 느낌 그리고 미세한 느낌이 있을 때까지 계속해서 알아차려야 합니다. 만약 가슴에 느낌이 없다면 가슴에서 덤덤한 느낌을 알아차리는 것이 좋습니다. 이렇게 가슴에서 알아차려야 언젠가 가슴에서 일어나고 사라지는 여러 가지 느낌을 알 수 있게 될 것입니다. 느낌은 특별한 것도 있고 특별하지 않은 것도 있습니다. 그러므로 어떤 느낌이 되었거나 그냥 알아차려야 합니다.

다섯째, 가슴의 느낌이 미세해지면 그냥 가슴에서 호흡을 알아차리거나 다시 다른 분명한 대상을 알아차립니다.

이상이 마음과 느낌을 연계해서 알아차리는 기본적인 과정입니다. 이상은 화를 대상으로 알아차린 것입니다. 그러므로 욕망이나 괴로움이나 두려움이 있을 때도 이와 같은 방법으로 알아차리면 됩니다.

현재 한국명상원에서는 마음과 느낌을 알아차리는 수행을 연계해서 하고 있습니다. 이것을 수행자들이 자신에게 맞게 응용해서 실천하면 더 좋은 결과를 얻을 수 있을 것입니다. 이렇게 몇 단계의 과정을 거치게 되면 비로소 화나 괴로움이 어느덧 지난 일이 됩니다. 그러나 강한 고정관념에 의해서 생긴 화는 한 번에 사라지지 않고 다시 나타납니다. 그때는 계속해서 다시 이런 방법으로 알아차려야 합니다.

느낌은 변화가 많고 미세해서 알아차릴 대상으로 매우 훌륭합니다. 미세한 것을 알아차리므로 아는 힘이 강해지며, 끊어지지 않고 계속해서 알아차리기에 좋고, 변화에 집중하므로 무상을 알기에 좋은 대상입니다. 가슴에서 느낌을 알아차릴 때는 이것으로 인해서 마음을 알아차릴 수 있는 결정적 작용을 해주기도 합니다.

매순간 무슨 마음인지도 모르는 무수한 마음이 계속 일어납니다. 빠르게 일어났다가 사라지는 무수한 마음을 모두 알기는 어렵습니다. 그러나 가슴에서 느낌을 알아차릴 때 그 마음들이 일어났다가 사라지는 것들을 알 수 있습니다. 가슴에서 느낌을 집중하다 보면 순간적으로 어떤 마음이 일어났다가 사라지면서 콩닥거리는 느낌이 남아 있다는 것을 알 수 있습니다. 이 경우에는 지금 어떤 마음이 일어났다는 원인을 아는 것입니다. 그리고 가슴의 느낌은 결과입니다. 이렇게 알아차린 마음은 거의 욕망과 성냄이라는 것을 알 수 있습니다. 그래서 우리가 얼마나 많은 탐욕과 성냄을 가지고 사는지를 알게 됩니다. 그래서 오히려 마음을 알아차리면 더 괴롭기까지 합니다. 그러나 괴로워하지 말아야 합니다. 이때의 괴로움은 지혜입니다. 그러므로 그냥 알아차렸으면 된 것입니다. 그 마음은 그 순간의 마음이지 결코 내 마음이 아니기 때문입니다.

이미 자신의 마음이 탐욕과 성냄으로 가득하다고 알았으면 이는 그런 마음을 알아차린 선한 마음이 있어서 지금 그런 마음이 있는 것을 안 것입니다. 그러므로 탐욕과 성냄으로 가득 찬 마음은 지금 이전의 마음이고, 그것을 안 새로운 마음은 선한 마음입니다. 우리는 이렇게 자신의 탐욕과 성냄이 있는 마음을 알아차리고 나서 다시 과거로 돌아가서 내가 탐욕과 성냄이 많았다고 괴로워합니다. 그러나 그래서는 안 됩니다. 그것을 아는 새로운 마음이 일어난 것을 다시 지켜봐야 합니다. 수행자가 다시 과거로 돌아가서는 안 됩니다. 마음은 항상 새로 일어납니다. 그래서 새로 일어난 마음을 다시 또 지켜봐야 합니다. 그래야 과거로 회귀하지 않습니다. 과거는 실재하지 않는 기억입니다. 그래서 과거는 바꿀 수 없는 관념에 불과합니다. 이렇게 마음이 느낌을 일으킨 것이므로 느낌을 통해서 마음을 알 수 있어서 무엇이나 원인이 있어 생긴 결과가 있다는 것을 비로소 알 수 있습니다. 원인과 결과를 안 것이 바로 원인과 결과의 뿌리를 본 것입니다. 모든 것의 원인은 마음에 있기 때문에 마음을 알아차릴 때라야 비로소 원인을 알게 됩니다. 원인은 이렇게 자연스럽게 알아야 합니다. 그렇지 않고 원인이 무엇인지 알려고 하면 사유에 빠져서 알아차림을 놓칠 뿐만 아니라 지혜를 얻을 수 없습니다.

일단 이런 식으로 원인의 마음을 알았다는 것은 수행의 발전입니다. 이렇게 계속해서 알아차릴 수 있다면 언젠가는 더 큰 지혜를 얻게 될 것입니다. 이것이 위빠사나 수행의 지혜가 계발되는 단계적 과정입니다. 이런 과정을 거쳐 현상을 바르게 보아 법의 성품을 통찰할 수 있습니다.

수행자가 알아차릴 대상을 느낌으로 하는 것은 실재를 아는 것으로 매우 중요한 일입니다. 그래서 어떤 것이나 느낌이라고 확실히 이해하고 알아차리는 것이 필요합니다. 그냥 막연히 대상을 아는 것은 관념을 선택한 경우입니다. 관념도 대상의 하나이지만 위빠사나 수행은 실재하는 것을 알아차려야 하므로 바로 느낌으로 분명하게 아는 것입니다. 그래서 알아차릴 때는 이것이 느낌인지를 분명히 인지할 필요가 있습니다.

화가 났을 때 화난 마음을 알아차리고 나서 다시 화난 마음으로 인한 느낌을 알아차리는 노력을 했다면 그 순간 화가 객관화됩니다. 이처럼 짧은 한 순간이라도 화를 객관화해서 알아차릴 수 있는 틈이 생긴다면 화나 괴로움이 더 이상 커지지 않습니다. 그리고 몇 차례에 걸쳐 대상이 바뀜으로 인해서 화는 차츰 멀어집니다. 그래서 소멸의 기간이 길수록 사라진 것이 다시 나타나기 어렵습니다.

대상을 바꾸어서 알아차리고, 대상을 객관화해서 알아차리면 순간적인 틈을 만드는 것이 됩니다. 그것은 오직 마음이 새로운 마음을 내서 알아차리려고 노력한 결과입니다. 그래서 항상 마음과 노력은 붙어 다니면서 계속되어야 합니다. 마음과 노력은 다른 것 같지만 노력하는 것이 바로 마음입니다. 화가 났을 때, 괴로운 느낌이나 즐거운 느낌이 일어났을 때, 이것의 느낌을 알려는 의지가 필요합니다.

또한 지금 내가 몇 번째 화살을 맞았는가를 알아차리는 것도 중요합니다. 첫 번째 화살을 맞았는가, 아니면 두 번째 화살을 맞았는가, 아니면 세 번째, 네 번째 화살을 맞고 있는지를 알아차려야 합니다. 그래야 비로소 대상을 객관적으로 알게 됩니다. 그리고 우리가 살면서 화살을 한두 번만 맞는 것이 아니고 무수한 화살을 계속 맞고 있다는 것을 알아야 합니다. 누구나 화살을 맞습니다. 그러나 화살을 맞는 것을 아는 순간부터 화살의 강도가 약해집니다.

수행은 일단 알기만 하면 성공한 것입니다. 그 이후는 내가 결정하는 것이 아니고 알아차리는 힘이 스스로 결정하는 것입니다. 나는 단지 원인만 일으켜야 합니다. 그 원인에 따른 합당한 결과는 내가 결정하는 것이 아닙니다. 조건이 결정하는 것입니다. 그러므로 결과를 기대해서는 안 됩니다. 결과를 기대하는 것이 바로 바라는 것이기 때문에 위빠사나 수행이 아닙니다.

몸에서는 다양한 형태의 느낌이 일어납니다. 그러나 이런 느낌을 모두 알아차리기는 어렵습니다. 그래도 수행자는 알아차릴 수 있는 만큼 알아차려야 합니다. 또 느낌을 알아차렸다고 해도 느낌이 갖는 무상의 특성 때문에 두려움이 생기기 마련입니다. 이런 두려움이 생길 때 어느 단계에서나 알아차리면 됩니다. 알아차림은 언제 어느 단계에서도 필요하며, 빨리 알아차릴수록 좋습니다. 하지만 늦게라도 알아차렸다면 그것이 가장 빨리 알아차린 것입니다. 그러므로 느낌의 알아차림은 늦고 빠른 것이 없습니다. 어느 때나 알아차렸다면 그것으로 된 것입니다. 범부는 수많은 세월이 지나가도 알아차리지 못하고 살기 때문입니다.

가슴에는 마음이 일으킨 여러 가지 형태의 느낌이 매우 많습니다. 그러므로 느낌을 알아차리는 수행을 하고자 한다면 얼마간이라도 마음을 가슴에 고정해야 합니다. 처음에는 아무런 느낌을 느낄 수 없습니다. 이때 특별한 느낌을 찾지 말고 그냥 덤덤한 느낌을 알아차리면 됩니다. 이렇게 계속해서 알아차리면 차츰 미세한 느낌들이 일어나기 시작합니다. 이처럼 가슴에는 여러 가지 느낌이 있을 뿐만 아니라 나중에는 호흡과 맥박까지 알아차릴 수 있습니다. 가슴은 마음과 연계해서 다양한 느낌을 알아차릴 수 있는 신천지입니다. 특히 격렬한 마음이 일어났을 때는 가슴에 두근거리거나 콩닥거리는 강한 느낌이 일어납니다. 그래서 고요한 마음일 때와 흥분한 상태의 마음일 때의 가슴의 느낌이 다릅니다.

가슴에서 느낌을 알아차릴 때는 단지 느낌이 있어서 알아차려야 합니다. 콩닥거리는 느낌을 없애려고 알아차려서는 안 됩니다. 단지 있는 느낌을 알아차리는 것으로 그쳐야지 느낌에 개입하면 거친 느낌이 사라지지 않습니다. 느낌이 사라지지 않으면 두려워하거나 화를 내게 되므로 그냥 지켜봐야 합니다. 어떤 느낌이 있거나 있는 그대로 계속해서 알아차리면 나중에는 고요한 느낌이 있을 것입니다. 만약 고요한 상태가 된다면 다시 맨 느낌으로 돌아온 것입니다. 느낌은 거친 느낌에서 중간 느낌으로 다시 미세한 느낌으로 전환하는 일정한 과정이 있습니다. 그러므로 느낌에 개입하지 말고 기다리면서 지속적으로 알아차려야 합니다. 그리고 가슴에서 느낌을 알아차렸을 때 더 압박감이 올 수도 있습니다. 이때는 압박감으로 인해 알아차리기를 포기해서는 안 됩니다. 느낌을 있는 그대로 알아차리면 압박감이 상승하지 않지만 처음에는 있는 그대로 알아차리기가 어렵기 때문에 약간의 압박감이 올 수 있습니다. 이때는 이 과정을 이겨내고 계속해서 알아차려야 합니다. 이렇게 알아차리면 얼마 가지 않아서 느낌이 고요해집니다. 여기서 주의해야 할 것은 이 단계의 수행은 느낌을 알아차리는 수행이라는 것을 알고 하는 것입니다. 그래서 기존의 호흡을 알아차릴 때와는 다릅니다. 느낌을 알아차릴 때는 대상이 미세할 수도 있고, 빠르게 변하는 것도 있으므로 어떤 대상이거나 그냥 지켜봐야 합니다. 바꾸어 말하면 어떤 것이 되었거나 가슴의 느낌을 알아차릴 때는 필요한 것을 알아차린다는 마음으로 정중하게 알아차려야 합니다. 호흡이 아니라고 해서 가볍게 알아차려서는 안 됩니다. 몸과 마음에서 일어나는 모든 현상은 대상이고 무엇이나 정중하게 알아차려야 합니다.

마음은 조건에 의해서 다양하게 일어납니다. 이럴 때마다 일어난 마음을 알아차린 뒤에 느낌을 알아차리는 수행을 해야 합니다. 수행을 하다 두려우면 두려워하는 마음을 알아차려야 합니다. 그리고 이때는 가슴으로 가서 두려운 마음이 남긴 느낌의 변화를 알아차리는 것이 유익합니다. 어떤 마음이 일어나거나 그 마음은 가슴에 느낌을 남깁니다. 그래서 이 느낌을 알아차리면 마음과 느낌의 관계를 알 수 있습니다. 또한 이렇게 알아차려야 대상을 지속적으로 주시할 수 있습니다.

어떤 느낌이든 느낌은 마음에 의해서 일어나는데, 이때 느낌만 일어나는 것이 아니고 마음의 작용인 수(受), 상(想), 행(行), 세 가지가 함께 일어납니다. 그러므로 수행을 할 때는 느낌을 알아차릴 수도 있고, 표상이 일어난 것을 알아차릴 수도 있고, 의도가 일어난 것을 알아차릴 수도 있습니다. 그중 어떤 것에 초점을 맞추느냐에 따라 알아차릴 대상이 결정됩니다. 이처럼 수, 상, 행을 모두 연계해서 알아차리면 수행의 효과를 높일 수도 있습니다.

몸의 느낌은 전신에 다 있습니다. 그러나 가슴은 마음에 의해서 일어난 느낌을 알아차리기에 좋은 훌륭한 장소입니다. 조용히 가슴에 마음을 머물게 하면 내면에서 일어나는 여러 가지 느낌을 알아차릴 수 있습니다. 이러한 느낌들을 통해서 무상, 고, 무아의 법을 발견하기 바랍니다.

느낌은 아는 마음과 함께 매순간 일어납니다. 그러므로 느낌이 아닌 것이 없습니다. 이 느낌은 감각기관이 느끼는 것이지 나의 느낌이 아닙니다. 느낌은 오온의 원인과 결과로 느끼는 것이지 내가 느끼는 것이 아닙니다. 이렇게 알면 모든 느낌에 대해 집착하는 마음이 끊어집니다.

느낌은 순간에 일어나서 순간에 사라지기 때문에 영원하지 않습니다. 우리가 경험하는 느낌은 즐거운 느낌과 괴로운 느낌인데 이 느낌이 행복과 불행입니다. 자신의 행복과 불행이 느낌이라고 자각하면 행복과 불행은 순간적인 것이라고 알 수 있습니다. 그래서 행복할 때도 불행할 때도 초연해질 수 있습니다. 왜냐하면 느낌은 빠르게 일어나고 사라지는 것이라서 집착할 것이 못되기 때문입니다.

느낌의 종류는 매우 많습니다. 아는 것이 모두 느낌이기 때문입니다. 그러나 느낌을 크게 나누면 108가지로 분류합니다. 이것이 우리가 알고 있는 108번뇌입니다. 이 108번뇌가 모두 느낌입니다. 그런데 108번뇌는 알아차림이 없는 느낌입니다. 그러나 어떤 느낌이 되었건 일단 알아차리면 즉시 맨 느낌의 상태로 돌아옵니다. 그리고 이 맨 느낌은 연기가 회전하지 않고 윤회를 끝내는 느낌이라서 성자의 느낌입니다. 이러한 성자의 느낌을 느끼기 위해서 필요한 마음이 단지 작용만 하는 마음입니다. 이 마음은 좋아하거나 싫어하지 않아서 원인과 결과가 끊어진 마음입니다. 누구에게나 이러한 마음이 있지만 아직 수행으로 계발되지 않아서 잠자고 있습니다. 수행은 이렇게 잠자는 마음을 일깨워서 사용하는 것입니다. 이제 있는 그대로의 느낌을 알아차려서 모두 성자의 느낌을 갖도록 해야 하겠습니다. 그러면 괴로움이 없는 지고의 행복을 얻을 수 있습니다.

4. 마음을 알아차리는 수행[心念處]

1) 마음이란 무엇인가

(1) 마음은 비물질이다

　　마음에 대한 분석은 우리들의 잘못된 견해를 바로잡는 데 목적을 두고 있습니다. 다시 말하면 마음에 대한 분석은 학문적 성취를 위해서 하는 것이 아니고, 실재하는 진실을 알아 지혜를 얻고자 하는 것입니다. 마음이 무엇인지를 아는 지혜를 얻어야 모든 번뇌를 해결할 수 있습니다. 왜냐하면 인간의 삶은 마음이 이끌고 있기 때문입니다. 그래서 마음에 대한 바른 이해가 있을 때 비로소 현상을 바르게 보는 지혜가 나 모든 괴로움에서 벗어날 수 있습니다.

　　인간은 정신과 물질을 가지고 삽니다. 정신과 물질을 사념처 수행에서는 몸과 마음이라고 합니다. 마음이 무엇이냐고 물으면 마음은 물질이 아니라고 대답합니다. 다시 물질이 무엇이냐고 물으면 마음이 아니라고 대답합니다. 이처럼 정신과 물질은 함께 있으면서도 서로 같지 않고 각각의 기능을 합니다. 그러므로 정신은 정신의 영역이 있고 물질은 물질의 영역이 있어서 상호작용을 합니다. 그래서 정신은 물질이 아니고 물질은 정신이 아닙니다.

　　우리가 몸과 마음을 내 몸과 내 마음이라고 생각하지만 사실은 단순한 정신적 현상과 물질적 현상일 뿐입니다. 몸과 마음을 정신적 현상과 물질적 현상이라고 알 때 자아가 없는 하나의 개체로서 이해합니다. 이처럼 정신과 물질이 각각의 영역을 가지고 있다는 것은 정신과 물질의 실재를 이해하는 데 매우 중요한 의미를 갖습니다. 이 두 가지가 함께 있으면서도 서로 분리해서 알아차릴 때만이 대상을 있는 그대로 볼 수 있어 몸과 마음에 대한 실상을 알 수 있습니다.

마음은 비물질이기 때문에 물질처럼 볼 수 없습니다. 그러나 마음은 물질과 함께 있으면서 물질을 이끕니다. 비물질인 마음은 보이지 않지만 실재합니다. 마음은 보이지 않기 때문에 추론적입니다. 그러므로 마음에 대한 진실은 지혜가 있는 자에 의해서만 그 모습이 밝혀질 수 있습니다. 만약 지혜가 없다면 마음에 대한 잘못된 추론이 얼마든지 가능합니다. 그러므로 마음에 대한 진실이 왜곡되기 마련입니다.

그중에 대표적인 것이 마음이 항상 하다는 것과 나의 마음이라는 것입니다. 이로 인해 인간은 많은 고통 속에서 나고 죽는 것을 거듭하면서 살아왔습니다. 마음이 항상 하다면 죽어서 몸만 바꾼다는 환생이 되기 때문에 무상의 진리가 성립될 수 없습니다. 그리고 마음을 내 마음이라고 하면 자아가 있다는 것으로 무엇이나 내 마음대로 할 수 있어야 하지만 그렇지 못합니다. 내 마음이라는 견해로 인해 집착을 해서 괴로움에서 벗어나지 못합니다.

마음이란 공기와 같은 것입니다. 우리는 공기가 있어서 살지만 공기가 있는지 알기 어려운 것처럼 마음도 역시 마찬가지입니다. 이처럼 물질을 이끄는 마음을 바르게 알지 못하면 잘못된 견해가 생겨서 어리석게 살아야 합니다. 모든 생명의 윤회가 바로 마음이 무엇인지 알지 못하는 것에서 기인하고 있습니다. 그리고 모든 생명의 괴로움이 바로 마음이 무엇인지 알지 못하는 데서 온 결과입니다.

몸과 마음을 장님과 앉은뱅이로 비유합니다. 몸은 저 스스로 볼 수 없어서 장님이라고 하며, 마음은 저 스스로 움직일 수 없어서 앉은뱅이라고 합니다. 인간은 몸이라는 장님과 마음이라는 앉은뱅이가 서로 동거하면서 살고 있습니다. 몸이라는 감각기관은 물질로서 아는 마음이 없으면 대상을 알 수가 없습니다. 마음은 아는 기능을 가지고 있지만 물질이 아니기 때문에 가고자 하는 의도만 있지 실제로 움직여서 갈 수 없습니다. 그래서 흔히 몸과 마음을 하나의 동일체로 보지만 사실은 서로 다른 기능을 하면서 함께 있습니다.

(2) 마음은 대상을 아는 기능을 한다

마음을 세 가지로 정의할 수 있습니다. 첫째는 행위를 하는 자의 입장에서 보는 마음입니다. 이때는 '대상을 안다고 해서 마음이라고 한다'라고 정의합니다. 둘째는 도구의 측면에서 보는 마음입니다. 이때는 '이것으로 인해 안다고 해서 마음이라고 한다'라고 정의합니다. 셋째는 행위 그 자체 입장에서 보는 마음입니다. 이때는 '단지 알고 있는 그 자체가 마음이다'라고 합니다. 이상 세 가지 측면에서 보는 마음들의 공통점은 모두 안다는 것입니다. 그래서 마음은 대상을 아는 것이라고 알아야 바르게 이해하는 것입니다.

마음은 조건에 의해 나타난 모든 것을 아는 기능을 합니다. 여섯 가지 감각 기관이 여섯 가지 감각대상과 접촉했을 때 여섯 가지 아는 마음이 일어납니다. 이것이 마음이 하는 가장 순수한 기능입니다. 마음이 그 자체로 청정하다고 하는 것은 바로 이러한 기능에 기인한 것입니다.

마음은 마음과 마음의 작용으로 구분합니다. 마음은 오온의 식(識)이며, 마음의 작용은 오온의 수(受), 상(想), 행(行)입니다. 이때 오온의 식은 단지 아는 마음일 뿐이며 정작 앞에서 모든 일을 꾸미는 것은 마음의 작용인 수, 상, 행의 기능입니다. 수(受)는 느낌이며 상(想)은 인식, 지각, 표상, 기억을 뜻하며, 행(行)은 마음의 형성력, 의도입니다. 실제로 이러한 마음의 작용이 한 일을 단지 마음이 받아들여서 아는 기능을 할 뿐입니다.

대상과 접촉했을 때 즐겁거나 괴로운 느낌이 일어나면 마음이 이것을 그대로 받아들여서 압니다. 그리고 대상에 대한 표상이 일어났을 때 마음이 이것을 받아들여서 압니다. 또 대상에 대한 의도가 일어났을 때 마음이 이것을 받아들여서 압니다. 이처럼 마음은 수, 상, 행이 일으킨 것을 있는 그대로 받아들여서 아는 기능을 합니다. 이렇게 받아들여서 아는 마음을 의식이라고 합니다.

마음이 대상을 안다는 것은 매우 단순한 행위에 속합니다. 우리는 바로 이 단순한 기능에 대하여 주목할 필요가 있습니다. 마음이 대상을 좋아한다거나 싫어한다거나 괴로워한다거나 하는 것은 마음의 작용인 수, 상, 행이 일으킨 여러 가지 일들을 마음이 단지 받아들인 것입니다. 어떤 느낌이 일어나면 그 순간 다시 마음이 이것을 압니다. 그리고 어떤 상상을 했을 때도 마음이 단지 이것을 압니다. 그리고 어떤 의도를 가지고 행위를 했을 때도 마음이 단지 이것을 압니다. 이처럼 마음은 대상을 아는 단순한 기능을 합니다. 그래서 마음은 그 자체는 청정하지만 좋은 느낌이 일어나면 좋아하는 마음이 되고, 나쁜 느낌이 일어나면 싫어하는 마음이 됩니다. 그래서 마음은 마음의 작용인 수, 상, 행과 같아집니다.

마음은 대상을 알기만 하지, 알아서 어떻게 반응하거나 무엇을 도모하지 않습니다. 마음이 안 뒤에 괴로워하는 것은 수(受)라고 하는 느낌이 하는 것입니다. 마음이 안 뒤에 상상하는 것은 상(想)이라고 하는 지각이 하는 것입니다. 마음이 안 뒤에 어떤 의도를 내는 것은 행(行)이라고 하는 마음의 의도가 하는 것입니다. 마음이 안 뒤에 이러한 수, 상, 행의 작용이 일어나면 그것을 다시 마음이 압니다. 이것이 마음의 실제입니다.

마음은 하늘과 같습니다. 하늘에는 해가 뜨고, 달이 뜨고, 별이 뜨고, 구름이 있고, 바람이 있습니다. 하지만 하늘은 아무 조건 없이 이것들을 그냥 받아들이는 기능을 합니다. 마음도 마찬가지입니다. 마음이 땅과 같고 나무와 같은 것도 이런 이유입니다. 땅과 나무도 무엇은 되고, 무엇은 안 된다고 하지 않습니다. 이것들은 마치 마음처럼 그냥 모든 것들을 있는 그대로 받아들입니다.

이와 같이 마음이 아는 기능만 한다는 사실을 알아야 하는 매우 중요한 이유가 있습니다. 실제로 문제를 일으키는 것은 마음이 아니고 마음의 작용인 수, 상, 행이라는 사실을 알기 위해서 필요한 것입니다. 우리는 문제가 있는 마음만을 제어하려고 할 것이 아니라 마음의 작용인 수, 상, 행을 함께 알아차려야 하는 것입니다. 이것이 마음을 알아차리는 수행의 효과입니다. 마음이 단지 대상을 알기만 한다고 했을 때 이는 성자의 마음입니다. 아라한과 붓다의 마음은 단지 작용만 하는 마음인데 이때의 마음은 단지 대상을 알기만 하는 청정한 마음입니다.

(3) 마음은 매순간 변한다

존재하는 모든 것들은 변합니다. 변한다는 것은 항상(恒常) 하지 않은 것으로 무상(無常)입니다. 이 세상에 변하지 않는 것은 하나도 없습니다. 물질도 매순간 변하고 마음도 매순간 변합니다. 조건에 의해 일어난 것은 반드시 조건에 의해 사라집니다. 그래서 일어난 것은 반드시 사라집니다.

몸이 한 순간에 한 번 변할 때 마음은 열일곱 번 변합니다. 이렇게 순간순간 변하는 마음을 찰나생 찰나멸이라고 합니다. 마음은 일어난 순간 사라지고 새로운 마음이 일어나면서 연속적으로 흐릅니다. 이러한 의식흐름을 의식의 연속체라고 합니다. 이러한 마음을 지혜로 보지 않으면 모두 하나의 같은 마음으로 알 수 있습니다. 예를 들면 개미들이 떼를 지어 가는 것을 멀리서 보면 하나의 직선처럼 보입니다. 그러나 사실은 한 마리, 한 마리의 개미가 모여서 가고 있습니다. 이처럼 마음은 매순간 먼저 있던 마음이 사라지고 새로운 마음이 일어납니다. 그러나 새로 일어난 마음도 즉시 사라지고 다시 새로운 마음이 일어납니다. 마음은 생명이 있는 한 연속적인 현상을 거듭하면서 끊임없이 일어나고 사라집니다.

마음은 있지만 매순간 변하는 마음이라서 실체가 없습니다. 실체가 없다는 것은 마음은 있지만 그것을 지배하는 절대적인 마음은 없고 매순간 조건에 의해서 일어나고 사라지는 마음만 있다는 것입니다. 만약 모든 것은 변하지 않고 항상 하다고 하면 그것을 지배하는 자아가 있다고 보기 쉽습니다. 그래서 자아가 생기고 절대적인 힘을 가진 초월적 존재가 있다는 견해가 생깁니다. 이러한 견해는 마음이 무엇인지를 아는 지혜가 없기 때문에 생깁니다.

이런 견해는 언제부터 누군가가 그렇게 말했으니 그 말이 옳은 말인 줄 알고 그냥 전해진 것을 믿고 있는 것입니다. 이것이 인류의 역사입니다. 누군가가 잘못된 것을 말해도 진실을 아는 지혜가 없으면 그것을 믿고 잘못을 진실처럼 알고 삽니다.

마음은 전기불이 들어오는 원리와도 같습니다. 전기불이 켜질 때 전류가 빠르게 끊어지면서 에너지를 보냅니다. 이것을 잘 모르면 끊어지지 않고 계속 흐르는 것처럼 보입니다. 전선을 통해서 들어오는 불도 최소의 미립자들로 구성된 에너지가 전송되면서 불이 켜집니다. 실제로는 작은 미립자들로 구성된 에너지가 일어나고 사라지면서 전해지는 것이지 이것들이 모두 붙어서 계속 전류를 보내는 것이 아닙니다.

현생에서의 마지막 마음인 죽을 때의 마음이 다음 생에서 최초의 마음인 재생연결식을 새로 만들어서 생명이 계속됩니다. 이때 죽을 때의 마음과 새로 태어난 재생연결식은 같은 마음이 아닙니다. 순간마다 조건에 의해 생긴 마음은 모두 다릅니다. 우리가 평생을 하고 사는 호흡이 같은 호흡이 아니듯이, 마음도 같은 마음은 결코 없습니다. 이것이 무상(無常)이고 무아(無我)입니다.

마음은 일어났다가 사라지면서 쉬지 않고 흐릅니다. 먼저 마음이 다음 마음을 조건지우고 사라지지만 먼저 마음에 있는 정보는 다음 마음에 고스란히 옮겨갑니다. 그래서 먼저 마음이 다음 마음과 같은 마음은 아니지만 그렇다고 또 전혀 다른 마음일 수도 없습니다. 여기에 원인과 결과라는 현상이 있기 때문입니다. 이것이 생명의 연속입니다. 그래서 같은 마음이 아니라고 할 수도 없고, 그렇다고 같은 마음이라고 할 수도 없습니다. 여기에는 오직 원인과 결과만 있습니다.

이때 이전 마음의 과보가 전해져서 다음 마음이 지속됩니다. 이때 이 과보는 내가 아닙니다. 이 과보는 원인과 결과입니다. 한 순간의 마음이 일어났다가 사라지고 다음 순간에 마음이 즉시 일어나는 것처럼 죽을 때의 마음이 다음 생의 재생연결식으로 이어지는 과정도 순간적입니다. 마음은 잠시도 어느 곳에서 쉬고 있지 않습니다. 그러므로 한 생명의 끝은 순식간에 다음 생명으로 이어집니다. 이것은 마치 시간이 어느 곳에서 잠시 쉬다가 갈 수 없는 것처럼 마음도 시간처럼 쉬지 않고 흐릅니다.

마음은 일어났다가 사라지는 것으로 그치지 않고 사라지면서 다음 마음을 조건지우고 사라집니다. 이렇게 일어나고 사라지는 현상만 있다고 알면 무상의 지혜가 납니다. 그 무상은 어떤 누구의 힘으로 되는 것이 아니고 원인과 결과에 의한 것입니다. 이렇게 알아야 무아를 알 수 있습니다. 이때 무아는 마음은 있지만 그것이 나의 마음이 아니고 단지 조건에 의해 일어난 마음입니다. 바로 이것을 아는 것이 무아를 아는 것입니다. 이렇게 알아야 영원한 것은 없다는 것을 알고 거기에 자아가 없다는 것을 알아서 집착이 끊어져서 해탈의 자유를 얻습니다.

마음은 보이지 않기 때문에 보통은 항상 하는 마음으로 알기 쉽습니다. 그래서 마음을 나의 마음이라고 압니다. 그러나 지혜로 보았을 때의 마음은 매순간 변합니다. 조금 전의 마음과 현재의 마음과 지금 이후의 마음이 같은 마음이 아닙니다. 그리고 이러한 마음에는 자아가 없습니다. 그래서 무아입니다. 이러한 마음에 대한 분석은 수행을 해서 최고의 지혜가 났을 때라야 비로소 바르게 알 수 있습니다. 마음이 나의 마음이라고 생각하여 자아가 있다는 견해를 가질 수 있습니다. 그러나 지혜로 보면 마음은 있지만 이 마음을 내가 소유하거나 내 마음대로 할 수 있는 마음이 아니라는 무아를 압니다. 바로 이러한 견해의 차이로 집착을 여의고 깨달음을 얻느냐 아니면 얻지 못하느냐 하는 갈림길에 서게 됩니다.

(4) 마음은 대상이 없으면 일어나지 않는다

마음은 반드시 대상이 있어야 일어납니다. 마음은 대상이 없으면 일어나지 않습니다. 한 순간의 마음은 조건에 의해 일어나고 조건에 의해 사라집니다. 이때의 조건이란 눈이 빛에 의해서 형상이라는 대상과 접촉했을 때 아는 마음이 일어나는 것을 말합니다. 눈이 없어도 아는 마음이 일어나지 않으며, 빛이 없어도 형상을 아는 마음이 일어나지 않습니다. 이와 같이 마음은 조건에 의해 일어나며, 이러한 조건은 바로 대상과 접촉을 통해 일어납니다.

마음은 저 홀로 존재할 수 없습니다. 그러므로 마음은 독립된 개아(個我)가 아닙니다. 단지 조건에 의해서 일어나는 정신적 현상입니다. 이때 순간의 마음은 있지만 조건에 의해 일어나는 마음이기 때문에 자아가 없습니다. 마찬가지로 귀가 공기에 의해 소리와 접촉했을 때 아는 마음이 일어납니다. 귀가 없어도 아는 마음이 일어나지 않으면 공기가 없어도 소리를 아는 마음이 일어나지 않습니다. 코가 바람에 의해 냄새와 접촉했을 때 아는 마음이 일어납니다. 혀가 침에 의해 맛과 접촉했을 때 아는 마음이 일어납니다. 몸이 외부의 대상과 접촉했을 때 아는 마음이 일어납니다. 이처럼 조건에 의해 일어나는 마음은 그 자체가 완성된 모습으로 있지 않아서 실체가 없습니다.

마음은 어떤 대상을 만나느냐에 따라서 그 마음을 갖습니다. 유익한 대상을 만났을 때 유익한 마음이 생깁니다. 해로운 대상을 만났을 때 해로운 마음이 생깁니다. 즐거운 대상을 만났을 때 즐거운 마음이 생깁니다. 괴로운 대상을 만났을 때 괴로운 마음이 생깁니다. 즐겁지도 괴롭지도 않은 대상을 만났을 때 즐겁지도 괴롭지도 않은 마음이 생깁니다. 수행은 반드시 알아차릴 대상이 있어야 그것을 알아차린 마음이 일어납니다. 수행은 보통의 대상을 알아차릴 대상으로 만드는 것입니다.

(5) 마음은 한 순간에 하나다

마음은 매순간 일어나고 사라지므로 한 순간에 하나밖에 없습니다. 그러므로 결코 한 순간에 두 개의 마음이 있을 수 없습니다. 감각기관이 감각대상과 접촉했을 때 오직 하나의 마음만 일어납니다. 그래서 즐거울 때는 오직 즐거운 마음만 있습니다. 그리고 괴로울 때는 오직 괴로운 마음만 있습니다. 선한 마음이 있을 때는 오직 선한 마음만 있습니다. 불선한 마음이 있을 때는 오직 불선한 마음만 있습니다. 대상을 있는 그대로 알아차리는 마음이 있을 때는 오직 있는 그대로 알아차리는 마음만 있습니다. 그러므로 선한 마음일 때는 온전하게 선한 마음만 있으며 불선한 마음일 때는 온전하게 불선한 마음만 있습니다. 그래서 한 순간의 마음은 하나입니다.

영화를 볼 때 어떤 장면이 스크린에 비칩니다. 이때 본 한 장면은 무수한 필름들이 돌아가면서 필름의 한 컷, 한 컷이 모여서 장면을 전개하는 것입니다. 이때 필름의 한 컷은 한 순간에 하나의 마음과 같습니다. 그러므로 한 순간에 두 개의 컷이 존재할 수 없듯이 마음도 한 순간에 두 마음이 있을 수 없습니다.

한 순간에 하나의 마음이라는 것은 조금 전의 마음과 현재의 마음과 지금 이후의 마음이 모두 다른 마음이라는 것을 의미합니다. 이런 한 순간의 마음을 나라고 하면 사실 나는 매순간 태어나고 죽는 것입니다. 모든 것이 찰나 간에 있으며 그 찰나에는 오직 하나의 마음만 있습니다. 그러므로 수행자는 현재 한 순간의 마음에 집중할 필요가 있습니다. 그러면 그 순간 불선한 마음이 일어나지 못합니다. 이런 한 순간이 두 순간이 될 수 있습니다. 한 순간은 현재입니다. 지혜는 오직 현재의 한 순간에서 일어납니다. 이것이 한 순간의 진실입니다.

마음은 한 순간에 하나밖에 없기 때문에 선한 마음과 선하지 못한 마음은 서로 섞이지 않습니다. 그래서 선한 마음은 선한 행위를 해서 선한 과보를 받습니다. 그리고 선하지 못한 마음은 선하지 못한 행위를 해서 선하지 못한 과보를 받습니다. 인간이 행복할 때는 행복한 과보를 받아서 생기게 되며, 불행할 때는 불행한 과보를 받아서 생기게 됩니다. 이처럼 인간에게 즐거움과 괴로움이 교차하는 것은 선심과 불선심이 섞이지 않은 과보의 영향입니다.

괴로움을 겪는 것은 괴로움의 과보를 받기 때문입니다. 이때 괴로움을 극복할 수 있는 수행을 한다면 불선 과보가 아닌 선과보가 작용한 것입니다. 그래서 평소에 선한 행위를 해서 선과보를 많이 만들면 불행할 때도 선과보가 일어나 선한 결과를 얻습니다. 가장 선한 과보를 받는 것이 수행을 해서 지혜를 얻는 것입니다. 그러나 불선 과보가 많으면 괴로움에서 벗어날 기회가 오지 않습니다.

(6) 마음이 모든 것을 이끈다

살아 있는 모든 생명은 마음이 있어서 이끕니다. 몸이 만들어지는 것도 먼저 마음이 있어야 하고, 마음에 의해 생긴 업이 있어야 하고, 온도가 있어야 하고, 자양분이 있어야 합니다. 이처럼 마음이 앞에서 이끌어야 몸이 생깁니다. 그러므로 마음이 없으면 몸이 생기지 않습니다. 이와 같이 우리의 몸과 마음이 생기는 것은 바로 마음, 업, 자양분, 온도라는 네 가지 조건이 갖추어져서 생깁니다.

앞서서 이끄는 마음이 선한 마음일 때는 선행을 하여 선과보를 받습니다. 그러나 선하지 못한 마음일 때는 불선행을 하여 불선과보를 받습니다. 무엇이나 지은 대로 받습니다. 이때 누가 있어서 이것을 결정하는 것이 아니고, 단지 원인이 결과를 만듭니다. 우리가 인간으로 태어난 것도 과거에 지혜로운 마음이 있어서 오계를 지키는 행위를 하여 그 과보로 인간으로 태어났습니다. 그러나 지금 인간으로 태어났다고 해서 다음 생에 또 인간으로 태어나리라는 보장은 없습니다. 지금 어떻게 하느냐에 따라 다음 생이 결정되기 때문입니다.

인간으로 태어나서 잘못된 마음으로 잘못된 행위를 하면 지금도 짐승처럼 살며, 다음 생에도 짐승으로 태어나서 짐승으로 살아야 합니다. 이것이 바로 과보가 상속되는 것입니다. 이처럼 어떤 마음에 의해 순간의 윤회가 흐르면 그 결과로 다음 생의 윤회로 이어집니다. 윤회는 흐름, 지속, 상속인데 계속 흘러가는 것을 말합니다. 마음에는 종자가 있는데 이것이 과보입니다. 과보가 다음 마음에 전해지면 지금 이 순간도 윤회를 하고, 죽은 뒤에 다음 생으로 태어나는 윤회를 합니다. 이때 내가 윤회를 하는 것이 아니고 과보가 윤회를 합니다. 그러므로 내가 과거에 무엇으로 살다가 여기에 인간으로 온 것이 아닙니다. 과거에나 현재에나 이런 나는 없습니다. 과거의 내가 현재로 온 것이 아니고 과거의 원인이 현재의 결과를 만들었습니다. 이전의 행위가 원인이 되어 현재의 결과를 만든 것입니다. 우리는 모든 것을 유신견을 가지고 보기 때문에 '너', '나'라고 생각하지만 사실 그런 것들은 부르기 위한 명칭이고 관념에 불과한 것들입니다.

내가 어디로 가는 것이 아닙니다. 현재가 원인이 되어 미래의 결과로 갑니다. 물론 내가 미래로 가는 것이 아니고 자신이 일으킨 과보가 전해져서 그 결과를 받는 것입니다. 이것을 윤회라고 합니다. 모든 것은 마음이 앞서서 이끌고, 이끄는 그 마음에 따라 행위를 하고, 그 행위는 반드시 과보를 일으킵니다. 이 과보가 다음 마음에 전해져서 그것을 지속시킵니다. 그러므로 이러한 조건들을 원인과 결과라고 합니다. 우리가 잘살고 있다면 과거에 잘살 만한 원인을 만든 것이고, 현재 우리가 못살고 있다면 과거에 못살 만한 원인을 만든 것입니다. 그렇기 때문에 지금 현재 새로운 원인을 만들어야 합니다. 그 새로운 원인이란 이 순간에 정신과 물질을 알아차리는 것입니다. 이것이 새로운 원인이 되어서 이 과보가 현재에도 좋은 결과를 만들고 다음 생에도 좋은 결과를 만듭니다.

『법구경』 게송에는 다음과 같은 내용이 있습니다.

"마음이 그들에 앞서가고, 마음이 그들의 주인이며, 마음에 의해서 모든 행위는 지어진다. 만일 어떤 사람이 나쁜 마음으로 말하고 행동하면 그에게는 반드시 괴로움이 뒤따른다. 마치 수레가 황소를 뒤따르듯이."

여기서 마음이 그들을 앞서간다고 할 때 그들은 오온(五蘊)의 색(色), 수(受), 상(想), 행(行)을 말합니다. 그리고 식(識)이라는 마음이 그들을 이끕니다. 그리고 괴로움이란 살면서 겪게 되는 모든 고통을 말합니다. 여기서 마음이 그들의 주인이라고 할 때 주인은 자아를 말하는 것이 아닙니다. 황소에 의해 끌려가는 수

레처럼 앞에서 이끄는 것을 주인이라고 하는 것입니다. 이렇듯 모든 것들은 앞에서 이끄는 마음에 의해 결정됩니다. 그러므로 이 순간 알아차려서 선한 마음을 가져야 하겠습니다.

(7) 마음은 무아다

마음을 나의 마음이라고 알 때 자아가 있으며, 나의 마음이 아니라고 알 때 무아입니다. 마음에 대한 분석은 오직 나의 마음이 아니라는 무아를 알기 위한 것입니다. 왜냐하면 무아를 알지 못하면 결코 집착을 끊을 수 없기 때문입니다.

위빠사나 수행을 해서 더 이상 이를 곳이 없는 궁극의 진리가 무상, 고, 무아입니다. 이 중 최고의 지혜가 나야 완전한 무아를 발견합니다. 지혜는 처음에 무상의 지혜로 시작해서 괴로움의 지혜로 성숙한 뒤에 마지막에 무아의 지혜로 완성됩니다. 그러므로 무아의 지혜는 수행자가 반드시 이르러야 할 최고의 지혜에 속합니다.

경전에 있는 '무아상경(無我相經)'은 다음과 같습니다.

한때 세존께서 바라나시국에 이시빠다나 니가다의 숲에서 머무셨습니다. 이때 세존께서는 빤짜와끼 비구들에게 "비구들이여!"라고 부르셨습니다.

비구들은 "네, 세존이시여!"라고 대답했습니다.

세존께서는 이렇게 말씀하셨습니다.

"비구들이여! 물질은 내가 아니다. 비구들이여! 만일 이 물질이 나라면 이 물질은 아프지 않아야 한다. '나의 물질이여, 이렇게 되어라! 나의 물질이여, 이렇게 되지 마라!'라고 하여 물질에서 내가 원하는 것을 얻을 수 있어야 한다.

비구들이여! 물질이 내가 아니기 때문에 아프게 된다. '나의 물질이여, 이렇게 되어라! 나의 물질이여, 이렇게 되지 마라!' 해도 물질에서 내가 원하는 것을 얻을 수 없다.

비구들이여! 느낌은 내가 아니다. 비구들이여! 만일 이 느낌이 나라면 아프지 않아야 한다. '나의 느낌이여, 이렇게 되어라! 나의 느낌이여, 이렇게 되지 마라!'라고 하여 느낌에서 내가 원하는 것을 얻을 수 있어야 한다.

비구들이여! 느낌이 내가 아니기 때문에 아프게 된다. '나의 느낌이여, 이렇게 되어라! 나의 느낌이여, 이렇게 되지 마라!'라고 해도 느낌에서 내가 원하는 것을 얻을 수 없다.

비구들이여! 지각은 내가 아니다. 비구들이여! 만일 이 지각이 나라면 이 지각은 아프지 않아야 한다. '나의 지각이여, 이렇게 되어라! 나의 지각이여, 이렇게 되지 마라!'라고 하여 지각에서 내가 원하는 것을 얻을 수 있어야 한다.

비구들이여! 지각이 내가 아니기 때문에 아프게 된다. '나의 지각이여, 이렇게 되어라! 나의 지각이여, 이렇게 되지 마라!'라고 해도 지각에서 내가 원하는 것을 얻을 수 없다.

비구들이여! 의도는 내가 아니다. 비구들이여! 만일 이 의도가 나라면 이 의도는 아프지 않아야 한다. '나의 의도여, 이렇게 되어라! 나의 의도여, 이렇게 되지 마라!'라고 하여 의도에서 내가 원하는 것을 얻을 수 있어야 한다.

비구들이여! 의도가 내가 아니기 때문에 아프게 된다. '나의 의도여, 이렇게 되어라! 나의 의도여, 이렇게 되지 마라!'라고 해도 의도에서 내가 원하는 것을 얻을 수 없다.

비구들이여! 의식은 내가 아니다. 비구들이여! 만일 이 의식이 나라면 의식이 아프지 않아야 한다. '나의 의식이여, 이렇게 되어라! 나의 의식이여, 이렇게 되지 마라!'라고 하여 의식에서 내가 원하는 것을 얻을 수 있어야 한다.

비구들이여! 의식이 내가 아니기 때문에 아프게 된다. '나의 의식이여, 이렇게 되어라! 나의 의식이여, 이렇게 되지 마라!'라고 해도 의식에서 내가 원하는 것을 얻을 수 없다."

그리고 세존께서 물으셨습니다.

"비구들이여! 어떻게 생각하는가? 물질이 항상 하는가? 항상 하지 않는가?"

"항상 하지 않습니다. 세존이시여!"

"그러면 항상 하지 않는 물질이 고통스러운가? 행복한가?"

"고통스럽습니다. 세존이시여!"라고 비구들이 대답했습니다.

그러자 세존께서는 계속해서 말씀하셨습니다.

"항상 하지 않고, 고통스럽고, 변하는 특성을 가진 물질을 '이것이 나의 것이다. 이 물질이 나다. 이 물질이 나의 자아다'라고 보는 것이 적절한가?"

"적절하지 않습니다. 세존이시여!"

"느낌이 항상 한가? 항상 하지 않은가?"

"항상 하지 않습니다. 세존이시여!"

"항상 하지 않는 느낌이 고통스러운가? 행복한가?"

"고통스럽습니다. 세존이시여!"

"항상 하지 않고 고통스럽고 변하는 특성을 가진 느낌을 '이 느낌이 나의 것이다. 이 느낌이 나다. 이 느낌이 나의 자아다'라고 보는 것이 적절한가?"

"적절하지 않습니다. 세존이시여!"

"지각이 항상 한가? 항상 하지 않은가?"

"항상 하지 않습니다. 세존이시여!"

"항상 하지 않는 지각이 고통스러운가? 행복한가?"

"고통스럽습니다. 세존이시여!"

"항상 하지 않고 고통스럽고 변하는 특성을 가진 지각을 '이 지각이 나의 것이다. 이 지각이 나다. 이 지각이 나의 자아다'라고 보는 것이 적절한가?"

"적절하지 않습니다. 세존이시여!"

"의도는 항상 한가? 항상 하지 않은가?"

"항상 하지 않습니다. 세존이시여!"

"항상 하지 않는 의도가 고통스러운가? 행복한가?"

"고통스럽습니다. 세존이시여!"

"항상 하지 않고 고통스럽고 변하는 특성을 가진 의도를 '이 의도가 나의 것이다. 이 의도가 나다. 이 의도가 나의 자아다'라고 보는 것이 적절한가?"

"적절하지 않습니다. 세존이시여!"

"의식이 항상 한가? 항상 하지 않은가?"

"항상 하지 않습니다. 세존이시여!"

"항상 하지 않는 의식이 고통스러운가? 행복한가?"

"고통스럽습니다. 세존이시여!"

"항상 하지 않고, 고통스럽고, 변하는 특성을 가진 이 의식을 '나의 것이다. 이 의식이 나다. 이 의식이 나의 자아다'라고 보는 것이 적절한가?"

"적절하지 않습니다. 세존이시여!"

"비구들이여! 그러기에 과거와 현재와 미래의 내부와 외부의 거칠고 섬세한, 저급하고 고귀한, 멀고 가까운 모든 물질을 '이 물질은 나의 것이 아니다. 이 물질은 내가 아니다. 이 물질은 나의 자아가 아니다'라고 이렇게 있는 그대로 바른 지혜로써 보아야 한다.

과거와 현재와 미래의 내부와 외부의 거칠고 섬세한, 저급하고 고귀한, 멀고 가까운 모든 느낌을 '이 느낌은 나의 것이 아니다. 이 느낌은 내가 아니다. 이 느낌은 나의 자아가 아니다'라고 이렇게 있는 그대로 바른 지혜로써 보아야 한다.

과거와 현재와 미래의 내부와 외부의 거칠고 섬세한, 저급하고 고귀한, 멀고 가까운 모든 지각을 '이 지각은 나의 것이 아니다. 이 지각은 내가 아니다. 이 지각은 나의 자아가 아니다'라고 이렇게 있는 그대로 바른 지혜로써 보아야 한다.

과거와 현재와 미래의 내부와 외부의 거칠고 섬세한, 저급하고 고귀한, 멀고 가까운 모든 의도를 '이 의도는 나의 것이 아니다. 이 의도는 내가 아니다. 이 의도는 나의 자아가 아니다'라고 이렇게 있는 그대로 바른 지혜로써 보아야 한다.

과거와 현재와 미래의 내부와 외부의 거칠고 섬세한, 저급하고 고귀한, 멀고 가까운 모든 의식을 '이 의식은 내가 아니다. 이 의식은 나의 의식이 아니다. 이 의식은 나의 자아가 아니다'라고 이렇게 있는 그대로 바른 지혜로써 보아야 한다.

비구들이여! 이렇게 보는 바른 견해를 가진 성스러운 제자는 물질을 염오(厭惡)한다. 느낌을 염오한다. 지각을 염오한다. 의도를 염오한다. 의식을 염오한다. 염오하기에 갈애가 없다. 갈애가 없기 때문에 번뇌로부터 자유롭다. 번뇌로부터 자유롭기 때문에 번뇌에서 해방되었다고 아는 지혜가 생긴다. 다시 태어남이 다 했다. 고귀한 수행을 마쳤다. 해야 할 일을 다 했다. 이제는 도를 깨달아 번뇌를 제거하기 위하여 해야 할 다른 일은 더 이상 없다고 분명하게 안다."

세존께서는 이렇게 말씀하셨습니다.

빤짜와끼 비구들은 세존께서 말씀하신 가르침에 매우 만족하여 환희에 차서 받아들였습니다. 세존께서 다른 게송과 섞이지 않은 법문을 하셨을 때 빤짜와끼 비구들의 마음은 집착하지 않아 모든 번뇌에서 벗어났습니다.

이상이 무아상경입니다. '무아상경'은 무아의 특징을 말하는 것으로 무아경이라고도 합니다. 이처럼 우리가 무아를 알아야만 최고의 깨달음인 아라한의 도과(道果)를 성취할 수 있습니다. 이때 빤짜와끼 비구들은 이 '무아상경'을 듣고 모두 아라한이 되었습니다.

수행을 하면 무상, 고, 무아의 지혜를 얻습니다. 이때 수다원은 무상, 고, 무아를 얕게 보고, 사다함은 조금 깊게 보고, 아나함은 더 깊게 보고, 아라한은 완전하게 보아서 아라한이 됩니다. 수다원의 도과, 사다함의 도과, 아나함의 도과, 아라한의 도과는 똑같이 무상, 고, 무아를 알아서 집착을 끊고 열반을 성취합니다.

어떤 수행자들은 빠르게 아라한과를 성취하는데 이는 선업의 공덕과 바른 정진에 의한 것입니다. 물론 이때의 아라한도 빠르게 수다원, 사다함, 아나함의 도과를 거쳐 아라한에 이릅니다. 수다원, 사다함, 아나함, 아라한의 도과가 결정되는 것은 무아를 얼마나 완전하게 아느냐에 따라 달라집니다. 무아를 아는 것에 따라서 집착을 끊는 정도가 다르기 때문에 나타나는 결과입니다.

처음부터 무아를 알기는 어렵습니다. 먼저 모든 것이 변한다는 무상을 알고, 그 뒤에 무상을 안 뒤에 오는 괴로움을 통찰하고, 그 괴로움이 자기 뜻대로 해결될 수 없다는 사실을 알아서 무아의 진리를 보아야 합니다. 앞서 말씀드린 대로 무아의 진리를 보았다고 해서 모든 것이 끝난 것이 아닙니다. 무아이기 때문에 내가 없기 때문에 유신견이 생기지 않아서 그 결과로 집착을 하지 않는 것입니다. 집착을 하지 않기 때문에 업을 생성하지 않아서 미래의 태어남이 없고, 받을 것이 없어서 다시 태어나는 윤회를 끝내는 것입니다.

이 과정에서 중요한 사실은 오온을 염오한다는 것입니다. 염오는 싫어서 미워하는 마음이 일어나 집착하지 않는 것을 말합니다. 지혜가 나면 자기 자신의 몸과 마음에 대해 염오하는 마음이 일어납니다. 바로 이 염오가 일어나기 때문에 집착으로부터 벗어나는 것입니다. 우리는 자기 자신의 몸을 아름답게만 봅니다. 그러나 자기 자신의 몸과 마음은 온갖 오염들로 뒤덮여 있다는 사실을 알아서 우리는 자유로운 해탈의 길로 나아가야 하겠습니다.

2) 마음의 분류

(1) 태어날 때의 네 가지 마음

누구나 태어날 때 네 가지의 마음을 함께 가지고 태어납니다. 네 가지 마음은 선심(善心), 불선심(不善心), 과보심(果報心), 작용심(作用心)입니다. 그러므로 누구나 네 가지의 마음을 항상 가지고 있습니다. 다만 어떤 마음을 더 많이 가지고 있느냐 하는 것으로 어리석음과 지혜가 결정됩니다.

첫째, 선심(善心)입니다. 선한 마음은 기본적으로 탐욕 없음[無貪], 성냄 없음[無瞋], 어리석음 없음[無癡]으로 결합되었습니다. 탐욕 없음은 관용(寬容)이고, 성냄 없음은 자애(慈愛)고, 어리석음 없음은 지혜(智慧)입니다. 선한 마음은 선하지 못한 마음의 반대입니다. 선한 마음은 선한 조건이 성숙되면 일어납니다. 선심이 있을 때는 불선심이 없습니다. 선심이 있을 때는 선심이 있어서 이익이 있고 불선심이 없어서 이익이 있습니다. 그리고 선심이 있어서 선한 행위를 하면 선과보가 생겨 다시 선심이 생기도록 합니다. 이처럼 선심 하나에 몇 가지의 이익이 있습니다. 이것이 선심의 가속도입니다.

탐욕 없음은 스스로 탐하지 않는 것입니다. 그러므로 욕심을 부리지 않아 집착하지 않는 마음입니다. 대상을 있는 그대로 받아들이는 관용이 있을 때 탐욕이 없습니다. 성냄 없음은 화를 내지 않는 마음입니다. 자애를 일으킬 때 성냄이 없습니다. 어리석음 없음은 지혜를 가진 마음입니다. 지혜는 사물의 본성을 꿰뚫어서 아는 마음입니다. 지혜가 있을 때 어리석음이 없습니다. 이때의 선심은 완전한 선심이 아닙니다. 조건에 의해 불선심으로 바뀔 수 있는 선심입니다. 선심과 불선심이 함께 붙어 있기 때문입니다.

둘째, 불선심(不善心)입니다. 선하지 못한 마음은 기본적으로 탐욕, 성냄, 어리석음이란 세 가지 마음으로 결합되었습니다. 선하지 못한 마음은 선한 마음의 반대입니다. 선하지 못한 마음은 선하지 못한 조건이 성숙되면 일어납니다. 불선심이 있을 때는 선심이 없습니다. 불선심이 있을 때는 선심이 없어서 불이익이 있고 불선심이 있어서 불이익이 있습니다. 그리고 불선심이 있어서 불선행을 하여 불선과보가 생겨 다시 불선심이 생기도록 합니다. 이처럼 불선심 하나에 몇 가지의 불이익이 있습니다. 이것이 불선심의 가속도입니다.

탐욕은 많은 것을 얻으려 하고 대상을 움켜쥐고 놓지 않는 마음입니다. 성냄은 화를 내는 잔인한 마음입니다. 화는 스스로를 불태웁니다. 어리석음은 미혹하여 사물의 본성을 모르는 마음입니다. 어리석음은 무명과 같은 마음이며 모든 해로운 마음의 근원입니다.

누구나 예외 없이 선한 마음과 선하지 못한 마음이 함께 있습니다. 마음은 한 순간에 하나이므로 이 두 가지 마음은 조건에 따라 끊임없이 교차하면서 일어납니다. 매순간 우리의 마음이 선하거나 선하지 못한 마음으로 변하는 것은 원래 이런 두 가지 마음을 함께 가지고 있기 때문입니다. 마음은 조건에 따라 변하기 때문에 선한 조건에서는 선한 마음이 일어나고 선하지 못한 조건에서는 선하지 못한 마음이 일어납니다. 이때의 불선심은 완전한 불선심이 아닙니다. 조건에 의해 선심으로 바뀔 수 있는 불선심입니다. 선심과 불선심이 함께 붙어 있기 때문입니다.

셋째, 과보심(果報心)**입니다.** 인간은 선하고 선하지 못한 마음만 가지고 살지 않습니다. 과거에 행한 결과의 마음을 함께 가지고 삽니다. 과보란 인과응보(因果應報)를 줄인 마음입니다. 이 마음을 원인과 결과의 마음이라고도 하고 조건 지어진 마음이라고도 합니다. 과보심은 과거에 행한 업의 결과로 생긴 마음입니다. 과거에 선한 일을 했으면 선한 일을 한 과보의 마음이 있습니다. 과거에 선하지 못한 일을 했으면 선하지 못한 일을 한 과보의 마음이 있습니다. 그래서 누구나 항상 선과보심과 불선과보심을 가지고 살고 있습니다.

과거에 선한 행위를 많이 했으면 선한 과보가 와서 현재의 선한 마음이 일어나도록 선과보가 자신을 지배합니다. 과거에 선하지 못한 행위를 많이 했으면 현재 선하지 못한 마음이 일어나도록 불선과보가 자신을 지배합니다. 사실 우리가 가장 많이 지배받고 있는 것이 과보심입니다. 현재 선한 마음을 먹고 싶어도 과거에 만든 불선과보심이 많으면 자연스럽게 불선심이 일어납니다. 현재 선하지 못한 마음이 있어도 과거에 만든 선과보심이 많으면 자연스럽게 선심이 일어납니다. 수행자는 자신의 의지로 선한 마음을 일으키지만 거의 모든 사람들은 과거에 만들어 놓은 과보에 의해 떠밀려가면서 삽니다. 만약 과보심으로 떠밀려서 살면 자기 의지대로 사는 것이 아닙니다. 수행을 하는 것은 선과보의 영향으로 수행할 수도 있고, 현재 스스로가 선한 마음을 일으켜 수행할 수도 있습니다.

넷째, 작용심(作用心)**입니다.** 작용심은 단지 작용만 하는 마음입니다. 이 마음은 앞선 세 가지 마음인 선심, 불선심, 과보심의 영향을 받지 않습니다. 단지 작용만 하는 마음은 최고의 성자인 붓다와 아라한의 마음입니다. 붓다와 아라한은 모든 갈애가 소멸하여 받을 것이 없어서 다시 태어나지 않습니다. 그래서 윤회가 끝납니다.

위빠사나 수행을 하는 궁극의 목표는 단지 작용만 하는 마음을 가져서 새로운 괴로움을 일으키지 않기 위해서입니다. 단지 작용만 하는 마음이 되었을 때만이 비로소 완전한 해탈의 자유를 누릴 수가 있습니다. 작용만 하는 마음은 대상을 아는 마음만 있지 대상을 즐기거나 혐오하지 않습니다. 그래서 작용만 하는 마음은 업을 생성하지 않는 마음입니다. 이런 마음은 어리석은 마음이 없고 지혜가 있는 마음이며 다시 태어나는 원인이 되는 무명과 갈애가 끊어진 마음입니다.

이상이 누구나 가지고 있는 네 가지 마음입니다. 네 가지 마음 중에 선심, 불선심, 과보심은 업의 영향을 받습니다. 업은 의도가 있는 행위에 대한 과보를 받는 것입니다. 그러나 작용만하는 마음은 업의 영향으로부터 벗어납니다. 작용만 하는 마음은 자기가 한 행위에 욕망이 없기 때문에 다시 받을 것이 없어 업의 영향에서 벗어나 자유롭습니다. 이것이 태어남이 없는 것입니다.

선심과 선과보심은 밀접한 관계가 있습니다. 선심은 선과보심과 어울립니다. 현재 자신이 선한 마음을 일으키면 선한 행위를 하여 선한 과보심이 생깁니다. 그러면 선과보심의 영향이 커집니다. 그래서 평상시에 선한 마음을 유지하는 데 어려움이 없습니다. 왜냐하면 선한 마음을 먹는 것이 선과보에 의해 나타나기 때문입니다. 그렇지 않고 현재 선하지 못한 마음을 일으키면 불선행위를 하여 불선과보심이 생깁니다. 그러면 불선과보심의 영향이 커집니다. 그렇게 되었을 때 현재 선한 마음을 가지려고 해도 불선과보심이 일어나서 선한 마음을 갖기 어렵습니다. 이처럼 마음은 과보심으로 인해 자기 마음대로 조종되지 않습니다.

현재 선한 마음이나 선하지 못한 마음은 이런 과보심의 영향을 받아 자신의 의지대로 일으키기가 어렵습니다. 누구나 현재의 마음을 자기 마음먹은 대로 갖고 싶어도 그대로 되지 않습니다. 왜냐하면 과거에 만들어 놓은 과보심의 영향에서 벗어나기 어렵기 때문입니다. 그래서 사는 것이 자신이 사는 것이 아니고 과거에 만들어놓은 과보심에 의해 조종당하면서 살고 있는 것입니다. 바로 이것이 윤회의 실상입니다.

이 세상은 동류는 따르고 동류가 아닌 것은 배척합니다. 이것이 끼리끼리 모이는 것입니다. 마음도 마찬가지입니다. 마음이 착한 사람은 착하지 못한 사람을 싫어하고 착한 사람을 좋아합니다. 마음이 착하지 못한 사람은 착한 사람을 싫어하고 착하지 못한 사람을 좋아합니다. 그러나 단지 작용만 하는 마음을 가진 사람은 마음이 착하고 착하지 않은 것이 없이 모두 동일하게 받아들입니다. 이처럼 선심과 불선심과 과보심은 서로가 영향을 주고받습니다. 우리는 자신의 선심과 불선심과 자신이 일으킨 과보심이 결합하여 작용을 하지만 사실은 자신이 아닌 상대의 선심과 불선심과 과보심에 의해 영향을 받기도 합니다.

누구나 선한 사람과 만나면 선한 마음을 갖고 선한 과보심을 만듭니다. 그러나 선하지 못한 사람을 만나면 자신도 모르게 불선심을 갖고 불선과보심을 만듭니다. 이런 과정을 모두 원인과 결과의 마음이라고 합니다. 또 다른 말로는 조건 지어진 마음이라고도 합니다.

자기 의지대로 살고 싶어도 이처럼 자신이 만든 선과보와 불선과보심의 영향 하에 있어 자기 마음대로 할 수 없으며, 자신의 과보심의 영향만 받는 것이 아니고 상대의 과보심으로부터 영향을 받기도 합니다. 이때 자신이 일으킨 업에 의해 영향을 받는 것은 자발적인 것이고, 상대의 업에 의해 영향을 받는 것은 유발된 것입니다. 진실한 사람이 친구를 잘못 만나서 나쁜 영향을 받으면 상대에 의해 불선과보심이 유발되어 불선행을 합니다. 그러나 훌륭한 친구를 만나면 상대의 선과보심이 유발되어 선한 행위를 하게 합니다. 하지만 자신이 수행을 하면 자신이 스스로 선한 마음을 내어 자발적인 상황을 만듭니다.

수행을 하면 자신을 보호할 수 있으며 자신의 행복을 만듭니다. 자신의 행복은 누가 주는 것이 아닙니다. 전적으로 자신이 한 행위에 대한 결과를 받는 것입니다. 그러므로 자신이 아닌 다른 누구에게 자신의 행복을 구하려고 해서는 안 됩니다. 이 세상의 누구도 결코 자신의 문제를 해결해 줄 수 없습니다. 자신의 문제는 오직 자신만이 해결할 수 있습니다.

누구든 항상 과보심으로부터 자유롭지 못하기 때문에 수행을 해야 합니다. 수행을 하면 자신의 불선과보심도 선심으로 만들 수 있으며, 상대의 불선과보심도 선심으로 만들 수 있습니다. 만약 내가 선심을 만들면 자신도 선하고 더불어 남에게도 선심을 줄 수 있습니다. 이렇게 되면 네 번째 마음인 작용심이 생깁니다. 누구나 이상의 네 가지 마음을 가지고 태어나지만, 네 번째 마음인 작용심은 아직 완전하게 계발이 되지 않았습니다. 수행자가 수행을 하는 궁극의 목표는 완전하게 계발되지 않은 작용심을 완전하게 계발하여 항상 청정한 마음으로 사는 것입니다.

일반적으로 선하다고 할 때는 그 이면에 불선이 따르기 마련이지만 작용심은 선과 불선을 떠난 완전한 선을 의미합니다. 그래서 작용심은 선심이나 불선심이 모두 사라진 단지 작용만 하는 성자의 마음입니다. 누구나 아라한이나 붓다의 마음인 작용심을 갖기 전까지는 선심과 불선심과 선과보심과 불선과보심으로 인해 매순간 끊임없이 바뀌는 마음을 가져야 합니다. 그래서 실제로 우리의 마음은 이중인격이 아니고 다중인격입니다. 이런 사실을 알아서 이제 자신의 변덕스러운 마음에 대하여 비난할 것이 아니고 마음이란 원래 그런 것이라고 알아차려야 하겠습니다. 그래야 자신이 마음이 그런 것처럼 똑같이 남에 대해서도 이해와 관용을 가지고 이해할 수 있습니다.

이런 모든 마음은 나의 마음이 아닙니다. 나의 마음이 아니기 때문에 상대도 상대의 마음이 아닙니다. 그러니 누가 누구를 탓할 것이 없습니다. 이처럼 선심과 불선심과 선과보심과 불선과보심과 작용심은 나의 마음이 아니고 그 순간의 몸과 마음이 경험하는 마음일 뿐입니다. 그러므로 이런 마음을 내 마음이라고 생각해서 괴로워할 것 없습니다. 어떤 상황에서 어떤 마음이 일어나거나 있는 그대로 알아차려서 현재 새로운 작용심을 갖는 것이 수행자의 사명입니다.

행복은 지금 이 순간 몸과 마음을 알아차릴 때 옵니다. 이 마음이 과거의 불행을 사라지게 하고 현재의 행복을 만들 뿐만 아니라 미래의 행복까지 만듭니다. 행복을 얻기 위해서는 다음으로 미룰 것이 아니고 지금 이 순간 몸과 마음을 알아차려야 합니다. 지금 이 순간을 알아차리는 마음은 단지 작용만 하는 마음을 계발하는 과정입니다. 이런 마음일 때만 번뇌라는 도둑이 들어오지 못합니다. 모르는 마음은 괴로움이고 어리석음입니다. 아는 마음은 즐거움이고 지혜입니다.

(2) 마음의 세 가지 기능

마음을 기능에 따라 심(心), 의(意), 식(識)으로 나누기도 합니다. 모두 같은 마음인데 기능에 따라 다르게 표현합니다.

첫 번째, 심(心)은 마음입니다. 심을 빨리어로 찌따(citta)라고 합니다. 이때의 심(心)은 마음과 마음의 작용[心所]을 구별해서 말할 때 사용합니다. 마음에는 마음이 있고 마음의 작용이 있습니다. 빨리어로 '찌따'는 회화, 잡색, 여러 가지의 그림 등의 뜻을 가지고 있습니다. 그러므로 마음의 작용인 수상행이 여러 가지 색을 칠하면 마음이 그것을 받아들이는 기능을 하기 때문에 그림과 같다고 말합니다.

두 번째, 의(意)는 생각입니다. 의를 빨리어로는 마노(mano)라고 합니다. 여섯 가지 감각기관을 '안, 이, 비, 설, 신, 의'라고 하는데 이때 의가 마노입니다. 마노는 감각기관의 하나로 마음의 대상을 인식하는 기능을 합니다. 우리가 수행을 할 때 법이라는 대상을 보는데 이것이 바로 의의 감지대상입니다. 이때의 의는 심이 정신적인 것의 본질을 뜻하는 것일 때 그것과 다른 미세한 느낌의 사유와 관계합니다.

세 번째, 식(識)은 아는 마음입니다. 아는 마음을 빨리어로 윈냐나(viññāṇa)라고 합니다. 여섯 가지 감각기관이 여섯 가지 감각대상과 접촉했을 때 여섯 가지 아는 마음이 일어납니다. 그래서 식은 대상을 아는 것입니다. 이러한 식이 없으면 수, 상, 행도 없고, 색이라고 하는 몸도 없습니다.

이상 심, 의, 식 세 가지는 하나의 마음이지만 단지 상황과 역할에 따라 다르게 부르고 있습니다.

(3) 네 가지 존재계의 마음

존재계의 마음은 그 마음이 일어나는 곳과 마음의 상태에 따라 네 가지로 분류합니다. 네 가지의 마음은 욕계의 마음, 색계의 마음, 무색계의 마음, 출세간계의 마음입니다. 마음은 어느 세계에서 태어났느냐에 따라 다릅니다. 인간으로 태어났을 때는 욕계의 마음을 가지고 있지만 수행을 해서 출세간을 경험할 때는 출세간의 마음을 갖습니다.

생명이 사는 세계는 모두 31개로 욕계, 색계, 무색계입니다. 그리고 출세간계가 있는데 출세간계는 도과를 성취한 성인의 마음입니다. 여기서 인간의 마음만을 말하지 않고 존재하는 31세계의 마음들을 모두 포함해서 분류한 것은 모든 생명이 똑같이 윤회하기 때문입니다.

지금은 인간이지만 죽으면 어디서 재생할지 모릅니다. 이처럼 생명은 31개의 세계에서 끊임없이 윤회하면서 살고 있기 때문에 인간의 마음만 따로 떼어서 볼 수 없습니다. 그러므로 살아 있는 존재는 어디에 있건 모두 태어나고 늙고 죽음을 반복하면서 떠돈다는 것을 이해하면 존재의 세계관을 이해하는 데 도움이 됩니다.

마음의 종류에 대해서 말씀드리기에 앞서 각각의 존재하는 세계에 따라 일어나는 마음의 종류가 많아서 복잡해 보입니다. 하지만 수행자는 마음을 크게 나누어 선심은 관용, 자애, 지혜고 불선심은 탐욕, 성냄, 어리석음이라고 알면 됩니다.

마음은 세간의 마음과 출세간의 마음이 있는데, 세간의 마음은 욕계, 색계, 무색계의 마음으로 모두 81가지입니다. 그리고 출세간의 마음은 나누기에 따라 8가지 혹은 40가지입니다. 그래서 세간의 마음은 모두 89가지 또는 121가지가 됩니다. 그러면 욕계, 색계, 무색계의 마음과 출세간의 마음을 하나씩 살펴보겠습니다.

첫째, 욕계(欲界)의 마음입니다. 욕계의 마음은 생명이 존재하는 세계에서 11개의 세상에 사는 생명들의 마음입니다. 욕계는 지옥, 축생, 아귀, 아수라, 인간,

사천왕천, 삼십삼천, 야마천, 도솔천, 화락천, 타화자재천으로 분류합니다. 이것들이 모두 욕계입니다. 이들 세계에 사는 생명들은 여섯 가지 감각기관과 여섯 가지 감각대상이 부딪혀서 아는 마음이 일어날 때 감각적 욕망을 일으켜 이것을 즐깁니다. 그래서 감각적 욕망의 영역이라는 뜻으로 욕계라고 합니다. 욕계의 마음은 사악도를 뜻하는 지옥, 축생, 아귀, 아수라의 마음이 있습니다. 그리고 인간의 마음이 있습니다. 그리고 여섯 개의 천상계의 마음이 있습니다. 그런데 인간이 욕계의 중앙에 있어서 사악도의 마음과 천상의 마음을 모두 가질 수 있는 유일한 존재입니다. 인간의 마음은 모든 존재들의 마음 중에서 가장 강력하고 가장 잔인하여 가장 큰 불선심을 가질 수도 있고, 가장 선하고 가장 큰 선심을 일으켜 해탈을 할 수도 있습니다.

31개의 세계에서 인간만 수행을 할 수가 있습니다. 인간은 현재의 삶에서 지옥의 마음을 경험할 수 있습니다. 이는 현재도 지옥에서 사는 것이며 죽어서도 지옥에 태어납니다. 또한 인간은 천인의 마음을 경험할 수 있습니다. 이는 현재도 천상계에 사는 것이며 죽으면 천상계에 태어납니다. 이와 같이 현재의 마음이 미래 삶의 질을 결정합니다. 그러므로 수행을 해서 반전시킬 수 있는 것은 존재계의 마음 중에서 오직 인간만의 특권입니다.

욕계에 사는 생명들의 마음은 모두 54가지입니다. 이들 54가지의 마음은 해로운 마음, 유익한 마음, 과보의 마음, 작용만 하는 마음으로 나눌 수 있습니다. 그중에 욕계의 해로운 마음들은 모두 12가지입니다. 욕계의 해로운 마음들 중에서 탐욕에 뿌리박은 마음 8가지, 성냄에 뿌리박은 마음 2가지, 어리석음에 뿌리박은 마음 두 가지입니다. 다음에 욕계의 원인 없는 마음들도 18가지입니다. 욕계의 원인 없는 마음들 중에 해로운 과보의 마음 7가지, 유익한 과보의 마음 8가지, 원인 없이 작용만 하는 마음 3가지입니다. 다음에 욕계의 아름다운 마음들은 24가지입니다. 욕계의 유익한 마음 8가지, 욕계의 과보의 마음 8가지, 욕계의 작용만 하는 마음 8가지입니다.

둘째, 색계(色界)의 마음입니다. 색계의 마음은 색계 선정수행을 해서 그 과보로 색계천상에 태어난 마음입니다. 모두 16개의 색계 천상이 있습니다. 선정수행을 사마타 수행이라고 합니다. 선정수행은 대상과 하나가 되는 근본집중을 해서 번뇌를 억눌러 고요함을 얻습니다. 인간이 사마타 수행을 해서 1선정의 상태가 되면 현재 1선정의 마음을 갖게 되며 죽어서는 1선정의 과보를 받아 1선정의 세계에 재생합니다. 이래서 고요한 마음을 색계의 마음이라고 합니다. 마찬가지로 2선정과 3선정과 4선정에 따라 세계가 다르기 때문에 마음도 다릅니다. 색계의 마음들은 모두 15가지입니다. 색계의 마음 중에 색계 유익한 마음 다섯 가지, 색계 과보의 마음 다섯 가지, 색계 작용만 하는 마음 다섯 가지입니다.

셋째, 무색계(無色界)**의 마음입니다.** 무색계는 존재계의 제일 높은 곳에 있으며 공무변처천, 식무변처천, 무소유처천, 비상비비상처천으로 모두 네 개의 세계가 있습니다. 무색계의 마음은 무색계 선정수행을 해서 그 과보로 무색계천상에 태어난 중생의 마음입니다. 무색계는 몸이 없고 마음만 있는 세계입니다. 그래서 무색계라고 합니다. 그래서 무색계 수행의 대상은 물질을 벗어난 비물질을 대상으로 선정수행을 해서 얻습니다. 무색계의 마음들은 모두 열두 가지입니다. 무색계 마음 중에 무색계 유익한 마음 네 가지, 무색계 과보의 마음 네 가지, 무색계 작용만 하는 마음 네 가지입니다. 이렇게 해서 세간의 마음인 욕계, 색계, 무색계 마음이 모두 81가지입니다.

여기서 인간만은 이런 마음을 모두 경험할 수 있지만, 다른 세계에 사는 생명들은 오직 자기 세계의 마음밖에 가질 수 없습니다. 이것이 바로 인간으로 태어난 특권이자 하나의 기회입니다. 인간으로 태어난 사명감은 윤회를 끝내고 모든 번뇌로부터 자유로울 수 있고 아니면 바라밀 공덕을 쌓거나 수행을 해서 좀 더 나은 삶을 기약할 수도 있습니다. 그러나 반대로 인간이 모든 생명들 중에서 가장 강한 마음을 가졌기 때문에 사악도에 떨어지는 마음도 함께 가졌습니다. 그러므로 누구나 태어나기 어려운 인간으로 태어난 소중한 기회를 살려서 각자의 마음을 고양시켜야 하겠습니다.

이제 누군가가 자신에게 왜 태어났느냐고 물으면 괴로움뿐인 윤회에서 벗어나기 위해서 태어났다고 자신 있게 말할 수 있어야 합니다. 아직 이런 바람이 없다면 차선책으로 다음과 같이 말할 수 있어야 합니다. 지금보다 향상된 삶을 살기 위해 인간으로 태어났다고 말입니다. 그러나 인간의 궁극의 목표는 열반을 성취하는 것이어야 합니다. 그래야 괴로움뿐인 존재의 세계에서 벗어납니다. 아직도 이 세상에 대한 미련이 남아서 집착을 한다면 그것은 선업이 부족하여 지혜가 성숙되지 않은 결과입니다. 이상이 세간의 마음들로 욕계와 색계와 무색계에 사는 생명들의 마음입니다.

　수행자가 욕계, 색계, 무색계에 대해서도 모두 알아야 할 필요는 없습니다. 왜냐하면 자기 인식의 범주를 벗어난 것이라서 알아차릴 수도 없고, 증명할 수도 없기 때문입니다. 인식하거나 증명할 수 없는 것은 위빠사나 수행의 대상이 아닙니다. 왜냐하면 그것은 실재가 아니기 때문입니다. 실재하는 것에서만 대상의 성품을 알 수 있는 것입니다. 단 마음은 추론적이지만, 느낌과 지각과 의도를 통해서 접근할 수 있는 것이라서 실재이고 증명할 수 있는 범주에 속합니다. 그러므로 이런 분류는 단지 모든 생명을 전체적으로 조명하기 위해서 분류한 것이지, 이것이 깨달음으로 가는 절대적인 조건은 아닙니다. 다만 이런 세계가 있다는 사실을 알아서 이런 세계에서 살려고 하기보다 윤회에서 벗어나는 것이 가장 고귀한 일이라는 인식을 갖는 것이 존재의 세계를 밝히는 목적입니다. 그리고 지금보다 더 나은 삶을 살겠다는 의지를 갖는 것이 중요합니다. 그래서 고통보다는 행복을 찾는 노력을 해야 합니다. 그런 이유로 지금까지 여러 가지 마음을 분석한 것입니다.

　윤회하는 생명은 가장 높은 천상세계에서도 역시 우리가 겪는 똑같은 고통을 겪습니다. 왜냐하면 그곳에서도 수명이 있으며 죽은 뒤에 어디로 갈지 모르는 윤회를 거듭해야 하기 때문입니다. 그러므로 수행을 통해서 궁극의 지혜를 얻어 모든 괴로움에서 벗어나는 것만이 가장 절실합니다.

　넷째, 출세간(出世間)의 마음입니다. 출세간이란 이름 그대로 세간을 벗어난 마음입니다. 세간보다는 더 높은 정신세계를 출세간계라고 합니다. 빨리어로 세간을 로카(loka)라고 합니다. 이것은 현상세계, 유정세간, 세간, 세속으로 부르기도 합니다. 갈애가 있어서 윤회하는 세계를 통틀어서 세간이라고 합니다. 그러므로 색계, 무색계라는 천상계도 세간에 속합니다. 물론 욕계도 세간입니다. 출세간은 빨리어로 로꾸따라(lokuttara)라고 합니다. 이것은 초세속적인 세계를 말하며, 초월적인 것을 뜻하기도 합니다. 이러한 세계를 출세간이라고 부릅니다.

　주석서에서는 세간에 대한 정의를 '파괴하는 것, 부서지는 것'이라고 했습니다. 어떤 것이나 항상 하지 않고 변하는 성질을 가지고 있기 때문에 파괴되는 과정에 있는 것이 세간입니다. 내가 세간에 살고 있다면 모두 파괴되는 것들 속에서 살고 있는 것입니다. 그러나 여기에 반하는 출세간은 이러한 세상에 속하지 않고 이러한 세상을 건넌 것을 말합니다. 그래서 피안으로 간 것을 의미합니다. 열반을 성취하여 갈애로부터 벗어나서 윤회를 하지 않는 것입니다.

유위법(有爲法)의 세계에서는 상속이 있지만 무위법(無爲法)의 세계에서는 상속이 없습니다. 그래서 윤회가 끊어집니다. 이러한 출세간을 결정하는 것이 바로 열반입니다. 정신과 물질을 알아차리는 위빠사나 수행을 하면 몸과 마음의 고유한 특성인 느낌을 알게 됩니다. 그리고 궁극에는 이것들이 가지고 있는 속성인 무상, 고, 무아를 압니다. 이때 집착이 끊어지면 열반을 성취합니다. 이렇게 열반을 성취하면 수다원의 도와 과를 체험합니다. 이것이 바로 출세간입니다. 이때 수다원의 마음이 출세간의 마음입니다.

출세간의 마음은 8가지로 분류하기도 하고 40가지로 분류하기도 합니다. 그 이유는 수다원, 사다함, 아나함, 아라한의 유익한 마음, 그리고 수다원, 사다함, 아나함, 아라한의 과보의 마음, 이렇게 해서 여덟 가지로 분류합니다. 또는 1선정에서부터 5선정의 상태에서 도과를 얻은 경우 여덟에 다섯을 곱하여 40가지로 분류합니다. 이러한 출세간의 마음은 세속을 건너뛰는 마음이라서 세속적 관점으로는 이해하기 어렵습니다.

출세간의 마음은 모두 열반을 성취한 마음입니다. 열반이란 탐욕, 성냄, 어리석음이란 번뇌가 불타서 의식이 끊어진 상태입니다. 그렇다고 해서 의식이 없는 것이 아닙니다. 마음은 대상이 없으면 일어나지 않기 때문에 반드시 하나의 대상이 있어야 합니다. 그래서 열반의 상태에서는 의식이 있지만, 단지 지각할 수 없을 뿐입니다. 그래서 이때는 마음이 열반을 대상으로 합니다.

열반을 성취할 때는 도(道)의 마음과 과(果)의 마음이 있습니다. 출세간의 마음은 열반이 대상이지만 도의 마음과 과의 마음은 서로 역할이 다릅니다. 도는 지향하는 마음이고, 과는 지향한 결과로 오는 마음입니다. 우리가 무슨 일을 할 때 무엇인가를 지향하고 그리고 지향한 그 결과를 얻는 것과 같습니다. 그래서 도과를 열반이라고 합니다.

열반을 성취하기 전에 앞서서 일어나는 도의 마음은 무상, 고, 무아를 알아차려서 집착이 끊어진 상태의 마음입니다. 이때 유신견이 있으면 도의 마음이 일어나지 않습니다. 그래서 완전하게 청정한 상태에서 아무런 번뇌가 없어야 비로소 도의 마음이 일어납니다. 이러한 도의 마음은 정신적인 번뇌를 제거하는 역할을 합니다. 그리고 도의 마음 뒤에 오는 과의 마음은 도에 의해서 생긴 해탈의 마음을 경험하는 역할을 합니다. 그러므로 도의 마음은 유익한 마음이고, 과의 마음은 도의 결과로써 나타나는 마음이기 때문에 과보의 마음입니다. 그래서 출세간의 마음을 분류할 때 수다원의 유익한 마음, 수다원의 과보의 마음이라고 하는 것은 수다원의 도의 마음, 수다원의 과의 마음을 달리 표현한 것입니다.

출세간의 마음을 여덟 가지로 분류한 것은 수다원, 사다함, 아나함, 아라한의 유익한 마음인 도의 마음과, 수다원, 사다함, 아나함, 아라한의 과보의 마음인 과의 마음을 말하는 것입니다. 그래서 유익한 마음은 도의 마음이고, 과보의 마음은 과의 마음입니다. 수행을 하고자 열망하는 마음은 선한 마음이라서 유익한 마음입니다. 그리고 과보의 마음은 선한 행위로 인해서 생긴 결과라서 과보의 마음이라고 합니다.

도와 과의 마음을 좀 더 이해하기 위해서는 도의 상태와 과의 상태를 자세히 알아야 합니다. 도의 마음은 한 번이면 됩니다. 우리가 무엇인가를 도모할 때마다 매순간 목표를 되뇌지는 않습니다. 그래서 도는 한 번밖에 지향하지 않습니다. 사실 한번 마음먹으면 다음 마음에 앞선 마음의 종자가 전해집니다. 그러고 나서 열반을 체험하면 과의 마음이 일어나는데 이때 과의 마음은 짧은 순간에 몇 번이고 경험합니다. 마음은 매순간 일어났다 사라지지만 이처럼 과에 충만한 마음은 몇 번이고 계속해서 일어날 수 있습니다.

우리가 평상시에도 느낌을 느낄 때 기쁨을 느끼는 순간의 마음은 일어났다 사라집니다. 그러나 충만한 기쁨일 때는 연이어서 기쁜 마음이 다시 일어나는 것과 같습니다. 그러나 이렇게 빠르게 일어나는 마음을 알기란 쉬운 일이 아닙니다. 열반이라고 하는 이러한 도과는 반드시 위빠사나 수행을 통해서만이 얻을 수 있습니다. 이는 위빠사나 수행이 통찰지혜 수행이기 때문입니다.

위빠사나 수행은 자신의 몸과 마음을 대상으로 알아차릴 때 대상과 하나가 되어서 알아차리지 않습니다. 대상과 아는 마음을 분리해서 알아차리기 때문에 대상이 가지고 있는 실재하는 성품을 알 수 있습니다. 이것이 바로 무상, 고, 무아입니다. 이때 무상과 고와 무아의 법을 알면 갈애가 일어나지 않고, 지금까지 가지고 있던 집착이 사라집니다. 이 상태에서 최상의 청정한 마음이 일어나 그 결과로 도의 마음이 일어나서 또다시 도의 마음을 원인으로 과의 마음을 경험하는 것입니다. 만약 여기서 집착하는 마음이 조금이라도 있다면 유신견이 남아서 열반에 들어갈 수 없습니다. 자아가 있다는 유신견이 조금만 있어도 마음이 청정할 수 없습니다. 내가 있다는 것은 탐욕, 성냄, 어리석음이 있다는 것으로 아직 번뇌를 지니고 있는 것입니다. 그래서 무상, 고, 무아를 알 수 있는 수행이 아니면 깨달음을 얻어 열반에 이를 수 없다고 말씀드리는 것입니다.

열반은 도의 마음과 과의 마음만 있지 다른 마음이 없습니다. 왜냐하면 열반에 이르는 자는 있어도 들어가는 자는 없기 때문입니다. 열반을 체험하는 과정은 처음에 도로 지향해서 도가 충족되면 열반에 이릅니다. 그런 뒤에 의식은 살아 있지만 색, 수, 상, 행의 기능이 정지됩니다. 그래서 느낄 수 없고, 지각할 수 없고, 행동할 수 없습니다. 이때 의식은 다만 열반을 대상으로 삼고 있습니다. 왜냐하면 마음은 대상이 없으면 일어나지 않기 때문입니다. 그리고 이런 상태에서 깨어나면 과를 경험합니다. 이때 경험하는 과(果)는 의식이 색, 수, 상, 행을 대상으로 합니다. 그래서 지각이 없는 상태에서 지각이 있는 상태가 되는 것입니다. 이것이 과(果)의 상태입니다.

(4) 네 가지 성인의 도과의 마음

첫 번째로 수다원의 도과(道果)를 성취한 마음입니다. 성인의 첫 번째가 수다원의 도과를 성취한 마음입니다. 수다원의 도과를 성취하면 성인의 반열에 듭니다. 수다원이란 말은 빨리어로 소따빠나(Sotāpana)라고 하는데, 이는 흐름에 들어갔다는 말입니다. 수다원의 도과를 성취하면 일곱 생 이내에 아라한이 되어서 윤회가 끝납니다. 그러므로 해탈을 예약했다고 해서 예류과(豫流果)라고 합니다. 수다원에 도가 붙으면 열반을 지향하는 것이고, 과가 붙으면 열반을 경험하고 깨어나는 것을 말합니다. 그래서 모든 도는 반드시 과를 경험합니다. 이는 들어갔으면 나와야 하는 이치와 같습니다. 이와 같은 수다원의 도과를 성취하기 위해서는 반드시 팔정도의 길을 가야만 합니다. 팔정도를 중도라고도 하고, 위빠사나 수행이라고도 합니다.

수다원 도과를 성취하기 위해서는 반드시 위빠사나 수행을 해야 하는데, 이때 일곱 가지 청정과 열여섯 단계의 지혜의 과정을 거칩니다. 이 과정을 거치는 것이 사람마다 빠르거나 늦는 차이는 있어도 누구나 겪어야 하는 과정입니다. 그래서 위빠사나 수행을 통해서 지혜가 나지 않고서는 결코 수다원의 도과를 성취하지 못합니다.

수다원의 도과를 성취하면 열 가지 족쇄 중에서 유신견과 회의적 의심과 계율이나 금지조항에 집착하는 것으로부터 자유롭습니다. 그래서 수다원의 도과를 성취하면 지옥, 축생, 아귀, 아수라의 세계에 태어나지 않습니다. 물론 이러한 사악도에 태어날 일을 하지 않기 때문에 태어나지 않는 것이지 수다원이란 자격증이 있어서 가지 않는 것은 아닙니다. 누가 누구를 어디로 보내는 것은 없습니다. 오직 자기가 행한 대로 받기 때문에 지옥에 가는 것을 누가 결정하는 것도 아니고, 천상에 가는 것을 누가 결정하는 것도 아닙니다.

수다원의 도과를 성취한 사람이 지옥, 축생, 아귀, 아수라의 세계에 태어나지 않는다는 것은 그만큼 불선과보보다는 선과보를 많이 축적해서 그 선과보의 영향으로 사악도에 태어나지 않는 것입니다.

위빠사나 수행을 해서 지혜가 날 때 끊게 되는 열 가지 족쇄가 있습니다. 이 족쇄가 중생을 존재의 세계에 붙들어 맵니다. 이 열 가지 족쇄를 오하분결(五下分結)과 오상분결(五上分結)이라고 합니다. 분결은 붙들어 맨다는 것입니다.

오하분결은 다섯 가지가 있는데 유신견, 회의적 의심, 계율이나 금지조항에 집착, 감각적 욕망, 악의입니다. 여기서 악의는 악한 의도를 말합니다. 그다음 오상분결 다섯 가지가 있습니다. 오상분결은 미세한 물질세계인 색계와 정신세계인 무색계에 중생을 붙들어 매는 족쇄입니다. 오상분결은 색계에 대한 욕망, 무색계에 대한 욕망, 아만, 들뜸, 어리석음입니다.

위빠사나 수행을 해서 지혜가 나면 이상의 족쇄가 하나씩 벗겨집니다. 도과의 단계에 따라 오하분결에서부터 오상분결까지 하나씩 하나씩 떨어져 나갑니다. 마지막 단계인 아라한과를 얻으면 열 가지 족쇄로부터 다 벗어납니다. 그래서 아라한이 되어야 비로소 해탈이라고 말할 수 있습니다.

두 번째로 사다함의 도과를 성취한 마음입니다. 성인의 두 번째가 사다함의 도과를 성취한 마음입니다. 사다함의 도과는 수다원의 도과를 성취한 뒤에 오는 도과의 마음입니다. 사다함을 빨리어로 사까다가미(Sakadāgāmi)라고 합니다. 이는 한 번 더 돌아오는 자라는 뜻입니다. 그래서 일래자(一來者)라고 합니다. 사다함이 되면 인간으로 한 번 더 태어나서 아라한이 됩니다.

사다함의 도과를 성취하기 위해서는 수다원에서 경험한 모든 것을 내려놓고 새로 수행을 시작해야 합니다. 이때 수행자는 수다원의 도과에 이를 때와 똑같은 수행 과정을 거칩니다. 그리고 과거에 수다원의 도과를 성취할 때 나타난 망상과 몸의 통증, 졸림 등도 역시 똑같이 경험합니다. 이러한 과정을 반복하는 것은 아라한이 될 때까지 누구나 겪어야 합니다.

다음 단계인 아나함, 그다음에 아라한이 되기 위한 단계에서도 이처럼 수다원이 사다함이 되는 과정을 거치는 것처럼 매 단계마다 똑같은 것들을 경험합니다. 그래서 같은 몸과 마음을 가지고 같은 방식으로 같은 지혜를 되풀이한다는 것은 우리의 고정관념이 얼마나 깊은 것인지를 알 수 있는 것입니다.

사다함이라고 해서 색다른 지혜를 얻는 것이 아닙니다. 역시 똑같은 무상, 고, 무아의 지혜를 얻습니다. 그러나 사다함이 되면 수다원에서 알게 되는 무상, 고, 무아의 지혜보다는 더 깊은 지혜를 얻습니다. 그래서 사다함이 되면 열 가지 족쇄 중에서 유신견, 회의적 의심, 계율이나 금지조항에 대한 집착이 끊어지고, 감각적 욕망과 악한 의도가 조금 약해집니다.

세 번째로 아나함의 도과를 성취한 마음입니다. 성인의 세 번째 단계가 아나함의 도과를 성취한 마음입니다. 아나함의 마음은 사다함의 도과를 성취한 뒤에 아나함의 도과를 성취한 마음입니다. 아나함을 빨리어로 아나가미(Anāgāmi)라고 합니다. 이는 다시 돌아오지 않는 자라는 말입니다. 그래서 불환자(不還者)라고 합니다. 아나함이 되면 인간으로 태어나지 않고 색계 4선천인 정거천에 태어납니다. 그리고 그곳에서 수행을 해서 아라한이 됩니다.

인간계가 아닌 다른 세계에서는 어느 곳에서도 수행을 할 수가 없습니다. 사악도나 천상이나 모두 지은 업대로 살다가 다음 생을 받습니다. 그러나 색계 4선천인 정거천에서만 유일하게 수행을 할 수 있습니다. 아나함이 되면 오하분결인 유신견, 회의적 의심, 계율이나 금지조항의 집착, 감각적 욕망, 악의가 완전하게 소멸합니다. 그리고 성냄에 뿌리박은 두 가지 마음이 완전하게 소멸합니다. 그러나 색계에서 태어나기 때문에 아직도 오상분결인 색계와 무색계에 대한 욕망이 남아 있습니다.

네 번째로 아라한의 도과를 성취한 마음입니다. 성인의 마지막 단계가 아라한의 도과를 성취한 마음입니다. 아라한을 빨리어로 아라핫따(Arahatta)라고 합니다. 이는 아라한이 됨이라는 말입니다. 아라한을 또 다른 말로 응공(應供)이라고 하는데 공양을 받을 자격이 있는 자라는 뜻입니다. 아라한은 성인의 마지막 단계로 다시 태어나지 않습니다. 최고의 지혜를 얻었기 때문에 오하분결과 오상분결의 열 가지 족쇄를 완전하게 부수고 해탈을 이룬 성자입니다. 이러한 아라한은 최고의 깨달음을 얻은 정신적 지위를 말하는 것으로 아라한 자격증을 가진 자를 말하는 것은 아닙니다. 그래서 아라한은 있어도 아라한을 얻은 자는 없습니다.

원래 오온은 무상하고 자아가 없기 때문에 아라한을 관념적인 인격체로 보는 것은 잘못입니다. 이상 수다원의 도과, 사다함의 도과, 아나함의 도과, 아라한의 도과를 4쌍 8배라고 합니다. 네 가지 도의 경지와 여덟 가지 도과가 있어서 이렇게 부릅니다. 이상이 출세간의 여덟 가지 도과의 마음입니다. 그래서 세간의 마음 81가지에 출세간의 마음 8가지를 합쳐서 89가지의 마음이 있습니다. 이상의 마음으로 세간의 마음과 출세간의 마음이 모두 밝혀졌습니다. 그러나 출세간의 마음을 40가지로 분류하는 다른 방법도 있습니다. 출세간의 마음을 40가지로 다르게 분류하면 121가지의 마음이 됩니다.

출세간의 마음을 왜 40가지로 분류하는가에 대해서 말씀드리겠습니다. 원래 사마타 수행을 선정수행이라고 합니다. 그리고 위빠사나 수행을 통찰지혜 수행이라고 합니다. 선정수행을 하지 않고 위빠사나 수행을 하는 자를 건관자(乾觀者)라고 합니다. 건관자는 마른 위빠사나 수행자라는 말입니다. 이 말이 빨리어로는 수카위빠사카(Sukkha-vipassaka)입니다. 여기서 수카(Sukkha)는 마른이라는 뜻이 있으며, 위빠사카(vipassaka)는 위빠사나 수행자를 말합니다. 그러므로 수카위빠사카라는 말은 선정수행을 하지 않고 바로 위빠사나 수행을 하는 자를 말합니다. 마른이라는 뜻은 감성적인 사마타 수행을 하지 않고 바로 통찰지혜 수행으로 시작한다는 뜻으로 사용하는 말이므로 부정적인 용어가 아닙니다.

선정수행은 대상과 하나가 되어서 근본집중을 하기 때문에 선정의 고요함이 있어서 풍요함을 느낄 수 있습니다. 선정수행은 대상을 억눌러서 고요함을 얻기 때문에 당장 가시적인 성과가 있습니다. 그래서 수행을 한 것 같기도 합니다. 이러한 선정수행에 비하면 위빠사나 수행은 통찰지혜 수행이라서 매우 신속하다는 특성이 있지만 지혜수행이라서 수행을 해도 한 것 같지가 않습니다. 지혜는 선정과 달리 겉으로 드러나는 데 시간이 걸립니다. 그래서 근기에 따라서 선정수행이 필요한 사람이 있고, 근기가 좋아서 선정수행을 거치지 않고 바로 위빠사나 수행을 해서 도과를 성취할 수도 있습니다. 이때 선정수행을 하지 않고 바로 위빠사나 수행을 하는 것을 순수 위빠사나 수행이라고 합니다. 순수 위빠사나 수행을 빨리어로는 숟다위빠사나(Suddha-vipassnā)라고 합니다. 빨리어 숟다(Suddha)는 '청정한, 깨끗한, 순수한, 혼합되지 않은'이라는 뜻입니다.

선정수행과 통찰지혜 수행은 수행이라는 면에서는 같지만 방법에서는 현격한 차이가 있습니다. 어떤 것이 서로 다른지 잠시 살펴보겠습니다. 선정수행은 세간적 수행입니다. 그러나 통찰지혜 수행은 출세간적 수행입니다. 세간적 수행이란 것은 윤회가 있고, 출세간적 수행이란 것은 윤회가 끝나는 것을 말합니다. 선정수행은 고요함이 목표고, 통찰지혜 수행은 지혜가 목표입니다.

수행자가 처음 수행을 시작할 때 거친 번뇌가 많으면 우선 그 번뇌를 해결해야 될 필요가 있습니다. 그럴 때 선정수행을 합니다. 그러나 통찰지혜 수행은 지혜가 목표라서 거친 번뇌를 대상으로 통찰해서 말려버리는 효과가 있습니다. 선정수행은 관념적인 대상을 선택하여 하나가 되는 근본집중을 하지만, 통찰지혜 수행은 실재를 대상으로 하여 대상을 분리해서 알아차리는 찰나집중을 합니다. 그래서 선정수행은 번뇌를 억눌러서 계속해서 잠재적인 성향이 남아 있지만, 통찰지혜 수행은 번뇌를 말려서 소멸시킵니다. 이처럼 선정수행과 통찰지혜 수행은 그 목표와 결과가 다릅니다.

이상이 사마타 수행인 선정수행과 위빠사나 수행인 통찰지혜 수행의 차이입니다.

그러나 선정수행의 고요함이나 위빠사나 수행의 도과를 성취하는 지혜나 모두 선(禪)을 바탕으로 한다는 것은 같습니다. 그래서 수다원, 사다함, 아나함,

아라한의 도와 과를 얻을 때 기초가 된 선정 상태에 따라 사쌍팔배의 성인의 마음을 분류하면 모두 40가지 도과의 마음이 있습니다. 그러므로 세간의 마음 81가지와 출세간의 마음 40가지를 합치면 마음은 모두 121가지가 됩니다. 이상이 욕계, 색계, 무색계, 출세간계의 121가지 마음입니다.

지금까지 분류한 마음의 숫자는 크게 중요한 것이 아닙니다. 다만 이러한 분류로 여러 가지 마음이 있다는 사실을 아는 것으로 그쳐도 됩니다. 이러한 마음들이 매순간 조건에 의해 일어나고 사라진다는 것이 중요합니다.

이와 같이 마음은 하나이지만 태어난 곳, 마음의 상태와 마음의 경지에 따라 다양한 마음이 있습니다. 한 순간의 마음이 이런 조건에 의해서 변한다는 사실 어느 마음도 나의 마음이 아니라는 것입니다. 매순간 조건에 의해 변하는 마음만 있지 사실은 내가 소유하는 마음은 없습니다. 단지 조건에 의해 무수한 마음이 일어나고 사라지는 현상만 있습니다.

마음의 작용 도표

마음의 분류			마음의 작용
다른 것과 연관된 마음의 작용 13 가지	모든 마음과 연관된 마음의 작용 7가지		1. 접촉[觸. phassa, contact]
			2. 느낌[受. vedanā, feeling]
			3. 인식[想. saññā, perception]
			4. 의도[思. cetanā, volition]
			5. 집중[一境性. ekaggatā, one-pointedness]
			6. 생명력[命根. jivitindriya, life faculty]
			7. 숙고(熟考. manasikāra, attention)
	다양하게 결합하는 마음의 작용 6가지		8. 겨냥[尋. vitakka, initial application]
			9. 고찰[伺. vicāra, sustained application]
			10. 결심(勝解. adhimokkha, resolution]
			11. 정진(精進. viriya, effort)
			12. 희열(喜悅. pīti, zest)
			13. 열의[欲. chanda, desire]
선하지 못한 마음의 작용 14 가지	항상 함께 일어나는 선하지 못한 마음의 작용 4가지		1. 어리석음[痴. moha]
			2. 양심 없음[無慚. ahirika]
			3. 수치심 없음[無愧. anottappa]
			4. 들뜸[悼擧. uddhacca]
	다양하게 결합하는 선하지 못한 마음의 작용 10 가지	탐욕에 관한 것	5. 탐욕[貪. lobha]
			6. 사견[見. diṭṭhi]
			7. 자만[慢. māna]
		성냄에 관한 것	8. 성냄[瞋. dosa]
			9. 질투[嫉. Issā]
			10. 인색[慳. macchariya]
			11. 후회[惡作. kukucca]
		게으름에 관한것	12. 해태(懈怠. thīna)
			13. 혼침(昏沈. middha)
		기타	14. 의심[疑. vicikicchā]
			1. 믿음[信. saddhā]
			2. 알아차림[念. sati]
			3. 양심[慚. hiri]
			4. 수치심[愧. ottappa]
			5. 탐욕 없음[無貪. alobha]
			6. 성냄 없음[無瞋. adosa]
			7. 중립[捨. tatramajjhattatā]

깨끗한 마음의 작용 25가지	**깨끗한 마음과 연관된 마음의 작용 19가지**	8. 감관의 평온[身輕安. kāya passaddhi]
		9. 마음의 평온[心輕安. citta passaddhi]
		10. 감관의 경쾌함[身輕性. kāya lahutā]
		11. 마음의 경쾌함[心輕性. citta lahutā]
		12. 감관의 부드러움[身柔軟性. kāya mudutā]
		13. 마음의 부드러움[心柔軟性. citta mudutā]
		14. 감관의 일의 적당함[身適應性. kāya kammaññatā]
		15. 마음의 일의 적당함[心適應性. citta kammaññatā]
		16. 감관의 능숙함[身能熟性. kāya pāguññatā]
		17. 마음의 능숙함[心能熟性. citta pāguññatā]
		18. 감관의 바름[身律儀. kāya ujukatā]
		19. 마음의 바름[心律儀. citta ujukatā]
	절제 [離. virati] 3가지	20. 정어(正語. sammā vācā)
		21. 정업(正業. sammā kammanta)
		22. 정명(正命. sammā ājīva)
	무량 (無量. appamaññā) 2가지	23. 연민[悲. karuṇa]
		24. 기뻐함[喜. muditā]
	어리석음 없음 [不妄. amoha] 1가지	25. 지혜의 능력[慧根. paññindriya]

* **팔정도(八正道)** : 지혜의 능력[正見], 겨냥[正思惟], 정어[正語], 정업[正業], 정명[正命], 정진 [正精進], 알아차림[正念], 집중[正定]

* **오개(五蓋)** : 탐욕[貪], 성냄[瞋], 해태와 혼침[懈怠/昏沈], 들뜸과 후회[悼擧/惡作], 의심[疑]

* **오근(五根)/오력(五力)** : 믿음[信], 정진(精進), 알아차림[念], 집중[定], 지혜의 능력[慧]

* **사무량심(四無量心)** : 성냄 없음[慈], 연민[悲], 같이 기뻐함[喜], 중립[捨]

* **칠각지(七覺支)** : 알아차림[念覺支], 지혜의 능력[擇法覺支], 정진[精進覺支], 희열[喜覺支], 몸의 경안과 마음의 경안[輕安覺支], 집중[定覺支], 중립[捨覺支]

3) 마음의 작용(cetasika)

오온의 색온(色蘊)은 물질이며 수온(受蘊), 상온(想蘊), 행온(行蘊)은 마음의 작용이고 식온(識蘊)은 마음입니다. 마음이 없으면 마음의 작용이 일어나지 않습니다. 똑같이 마음의 작용이 없어도 마음이 일어나지 않습니다. 그래서 마음과 마음의 작용은 바늘과 실처럼 서로가 함께 조화를 이루면서 각각의 기능을 합니다. 이 둘의 관계를 왕과 신하라고도 합니다. 왕이 있는 곳에는 항상 신하가 있듯이 마음과 마음의 작용은 왕과 신하처럼 함께 있으면서 각각의 역할을 합니다. 마음이 모든 것을 이끌기 때문에 마음을 왕이라고 합니다. 그리고 마음의 작용은 마음에 의해서 일어나서 여러 가지 일을 하기 때문에 신하라고 합니다. 왕은 전면에 드러나지 않고 신하가 일을 다 하듯이, 마음은 비물질이라서 잘 드러나지 않습니다. 그래서 마음을 알아차리기가 어렵습니다. 왕은 결제만 하고 신하가 모든 일을 하듯이 마음과 마음의 작용의 관계도 마찬가지입니다.

마음에 대해 알기 위해서는 반드시 마음의 작용을 알아야 합니다. 마음의 작용에 대해서 알지 못하면 마음을 이해할 수 없습니다. 그리고 마음을 알아차리는 수행을 할 때도 이 마음의 작용을 함께 알아차리지 않고서는 바르게 수행하기 어렵습니다. 마음을 알아차리는 수행을 할 때 마음을 알아차리기도 하고 수, 상, 행인 느낌과 인식과 의도를 알아차리는 것도 마음을 알아차리는 수행입니다.

마음의 작용을 빨리어로 '쩨따시까(cetasika)'라고 합니다. 쩨따시까는 마음에 속하는 것, 또 마음의 작용과 관계가 있는 것입니다. 주석서에서는 마음의 작용에 대하여 "마음과 함께 있으면서 그것에 의지하기 때문에 마음의 작용이라고 한다"라고 했습니다. 마음은 마음의 작용이 없으면 일어나지 못하고, 마음의 작용은 마음이 없으면 일어나지 못합니다. 이처럼 마음과 마음의 작용은 상호의존적인 관계로 함께 일어나서 함께 사라집니다. 마음이 앞서서 모든 것을 이끌지만 마음의 작용이 없으면 이끌 것이 없어서 마음이 기능을 하지 않습니다. 마음과 마음의 작용이 서로가 하는 역할을 보면 두 가지가 의존하면서 작용하지만 기본적인 요소는 마음입니다. 마음이 정신과 물질의 기본이기 때문입니다. 마음의 작용은 마음이 의지해서 대상을 인식하도록 돕습니다. 그러니까 느낌이 일어날 때 동시에 느낌을 아는 마음이 함께 일어나는 것입니다.

　누구나 마음이 무엇인지 알 수 없는 시대에 붓다께서 혜안으로 마음에 대해 통찰하신 뒤에 마음과 함께 있는 마음의 작용을 찾아내신 것입니다. 보이지 않는 비물질인 마음에 대한 것도 알기가 어려운데, 하물며 마음에 소속되는 마음의 작용이 있는 것을 안 것은 붓다의 위대한 지혜가 아니면 누구도 알 수 없는 것이 사실입니다.

　붓다께서 열반하신 뒤에 인도를 지배한 미란다 왕과 당시의 아라한이신 나가세나 존자와의 대화에서 나가세나 존자는 이렇게 말했습니다.

　"붓다께서 마음의 작용인 수, 상, 행을 밝힌 것은 갠지스 강에 있는 물을 한 움큼 손에 쥐고 이 물은 히말라야의 어느 골짜기, 어느 골짜기에서 모인 물이라고 밝히는 것보다 더 어려운 일이다."

　강물은 눈에 보이는 것으로 식별이 가능한 것입니다. 그러나 수많은 골짜기에서 흘러나온 물을 보고 어느 어느 골짜기라고 밝히는 것은 불가능한 일일 것입니다. 그러나 나가세나 존자는 그 물이 흘러나온 골짜기를 모두 밝히는 것보다도 마음의 작용인 수, 상, 행을 밝히는 것이 더 어려운 일이라고 말했습니다. 생각해 보면 이 말이 주는 의미가 매우 큽니다. 붓다께서는 마음은 물론 마음의 작용까지 완벽하게 밝히셔서 바로 위없는 깨달음을 얻으신 붓다가 되셨습니다. 붓다께서 일체를 알았다고 말씀하신 그 일체는 사실 정신과 물질에 관한 것입니다. 수행자의 대상이 오직 정신과 물질에 관한 것이라면 바로 수, 상, 행의 마음의 작용에 대해서 아는 것이 일체를 알았다는 것에 포함되는 것입니다. 그래서 수, 상, 행을 모르고서는 일체를 알았다고 말할 수가 없습니다. 이처럼 마음의 작용은 마음과 함께 오온을 이해하는 데 매우 중요한 요소입니다.

　마음의 작용인 수, 상, 행은 모두 52가지입니다. 그런데 단지 52가지가 있는 것으로 그치는 것이 아니고 이것들이 서로 결합을 하면서 여러 가지의 계층으로 나타납니다. 수, 상, 행이 서로가 조화를 이루면서 다양하게 나타난다는 것은 마음의 작용을 이해하는 데 매우 중요한 요소입니다.

　『청정도론』에서는 마음의 작용을 두 가지의 상호보완적인 측면에서 조사하고 있습니다. 첫째는 결합의 방법입니다. 이것은 마음의 작용이 다른 어떤 마음과 결합하는가를 밝힌 것입니다. 둘째는 조합의 방법입니다. 이것은 마음이 어떤 마음의 작용과 연결되어 있는가를 밝힌 것입니다. 이처럼 오온의 식이 수, 상, 행과 조화를 이루는 과정을 규명하는데 다음과 같이 네 가지로 정의합니다. 이 것은 마음과 마음의 작용을 이해하는 데 가장 중요한 기준이 되는 설정입니다.

첫째, 결합의 방법에서 결합의 특징들을 살펴보겠습니다. 『청정도론』에서는 마음의 작용을 다음과 같이 말했습니다.

"마음과 함께 일어나고 함께 사라지며 동일한 대상을 가지고 동일한 토대를 가지는 마음과 결합된 52가지 법을 마음의 작용이라고 한다."

이 내용은 마음의 작용에 대한 모든 것을 밝히는 매우 중요한 구절입니다. 주석서에서 밝힌 이상의 내용이 무슨 말인지 하나씩 살펴보겠습니다.

마음과 마음의 작용은 함께 일어나고 함께 사라진다는 것은, 마음이 일어났 는데 마음의 작용은 나중에 일어나거나 뒤에 일어나지 않는다는 것입니다. 그리 고 사라질 때에도, 마음이 사라질 때 마음의 작용은 남아 있지 않고 마음이 사라 지는 순간에 함께 사라지는 것을 말합니다. 그래서 일어나고 사라지는 것을 모 두 함께한다는 뜻입니다.

바꾸어 말하면 마음이 일어날 때 느낌도 함께 일어납니다. 마음이 일어날 때 지각, 인식도 함께 일어납니다. 마음이 일어날 때 의도도 함께 일어납니다. 그래 서 식이 일어날 때 수, 상, 행도 함께 일어나서 함께 소멸하는 것입니다. 단지 마음과 마음의 작용이 서로 다른 기능을 할 뿐이지, 우리가 산다는 것이나 우리 가 안다는 것은 다섯 가지[色・受・想・行・識]의 무더기들이 결합되어서 아는 것 입니다. 그래서 무엇을 먼저라고 하거나 무엇을 나중이라고 할 것이 없습니다. 연기에서 정신과 물질의 열두 가지를 말할 때는 원인과 결과를 밝히기 위해서 선후를 구별했지만 실제로 본 오온은 항상 함께 일어나서 함께 소멸합니다.

다음으로 동일한 대상을 갖는다는 것은 육문(六門)인 안, 이, 비, 설, 신, 의와 육경(六境)인 색, 성, 향, 미, 촉, 법이 부딪힐 때 마음과 마음의 작용은 같은 대상 을 가지고 함께 일어나서 함께 소멸합니다. 마음이 눈을 통하여 아는 마음이 일 어났을 때 이때 마음의 작용이 다른 것을 대상으로 하지 않고 오직 눈이 대상을 알도록 함께 작용을 합니다. 그래서 이렇게 서로가 협동하여 아는 것입니다. 이것이 바로 동일한 대상을 갖는다는 것입니다. 마음과 마음의 작용이 이렇게 함께 일어나서 함께 사라지며 동일한 대상을 갖는 배경에는 마음에 대한 일정한 기준이 있기 때문입니다. 바로 이 기준을 전제로 할 때 마음에 대한 이해가 충분해질 것입니다. 그 기준을 다시 한 번 요약해 보겠습니다.

첫째, 마음의 기준이란 마음이란 대상이 없으면 일어나지 않는 것입니다. 어떤 경우이건 마음이 일어나면 반드시 대상이 있기 마련입니다.

둘째, 아는 마음의 대상은 현재의 몸과 마음을 통해서 일어납니다. 하지만 마음의 대상은 현재의 물질과 정신뿐만 아니라 과거의 것들까지 그리고 미래의 것들까지 대상으로 삼습니다.

셋째, 마음은 한 순간에 두 가지 대상을 가질 수가 없습니다. 우리가 여러 가지 것을 동시에 알지만, 사실은 한 순간에 하나밖에 갖지 못하기 때문에 한 순간에 하나만 압니다. 동시에 여러 가지를 아는 것은 마음이 빠르게 이동하면서 아는 것입니다. 또 우리가 동시에 아는 것 같지만 모든 것에는 선후가 있습니다. 그래서 붓다께서는 "한 번에 모든 것을 알고, 한 번에 모든 것을 본다는 사문이나 바라문은 없다. 그런 경우는 있을 수 없다"라고 말씀하셨습니다. 이렇게 바로 아는 것이 마음의 실제며, 이렇게 마음이 찰나생 찰나멸 하는 것을 알아야 비로소 무아의 지혜가 납니다.

넷째, 마음이 일어났다가 사라지는 순간은 물질이 한 순간에 일어났다가 사라지는 것의 17배나 빠릅니다. 다시 말하면 물질이 한 번 일어났다가 사라지는 순간에 마음은 17번이나 일어났다가 사라집니다. 몸이라는 물질도 그냥 가만히 있지 않습니다. 매순간 일어났다가 사라집니다. 그리고 몸과 함께 있는 마음도 똑같습니다. 그러나 속도가 다릅니다. 마음이 일어나고 사라지는 속도는 이처럼 몸에 비해 매우 빠릅니다. 그래서 혜안이 없으면 마음을 이해하기가 어렵고 알기도 어렵습니다. 바로 붓다께서 최고의 지혜가 나셔서 안 것이 마음이 찰나생 찰나멸 한다는 것입니다. 그리고 이 마음은 빛의 속도보다 100만 배나 빠르게 움직인다는 사실을 아셨습니다.

『청정도론』에서 밝힌, 마음이 동일한 토대를 갖는다는 것은 마음이 같은 토대를 갖는다는 것을 말합니다. 토대라는 것은 땅을 의미하지만 여기서는 근거하는 것, 기초가 되는 것을 말합니다. 그러므로 '안이비설신'은 몸을 토대로 일어나고, 의(意)는 심장을 토대로 일어납니다. 동일한 토대를 가졌다는 것은 마음이 눈을 토대로 작용하면 마음의 작용도 눈을 토대로 작용하는 것을 말합니다.

이때 마음이 눈을 토대로 아는 작용을 하는데 마음의 작용은 다른 것을 바탕으로 삼아서 작용하지 않습니다. 여기서 주의할 것이 있습니다. 감각기관인 의가 심장을 토대로 한다는 것은 심장에서 마음이 생겼다는 것이 아닙니다. 여섯가지 감각기관이 어느 것을 토대로 일어나는가를 설명하는 것이지 반드시 심장이 있어서 마음이 생겼다는 것을 규명하기 위한 것은 아닙니다. 마음은 몸과 함께 일어나는 것이기 때문에 이런 이해가 필요합니다.

다음으로 마음과 결합된다는 것은 지금까지 설명한 네 가지 조건들이 결합하여 마음의 작용이 마음과 함께 일어나고 함께 사라진다는 것입니다. 여기서 주목할 것은 함께 일어나서 함께 사라진다는 것입니다. 이것은 마음과 마음의 작용뿐만 아니라 오온(五蘊)의 질서입니다. 마음과 마음의 작용과 물질인 오온은 함께 일어나서 함께 사라집니다. 여기서 함께 일어나서 함께 사라진다는 것은 동일한 시간에 일어나서 동일한 시간에 사라진다는 것을 말하지 않습니다. 왜냐하면 물질이 한 순간에 한 번 일어나서 사라질 때 마음은 17번이나 일어났다 사라지기 때문에 그 시간이 똑같지가 않습니다. 그래서 똑같이 일어나서 똑같이 사라진다고 하지 않고 함께 일어나서 함께 사라진다고 말하는 것입니다. 모든 것들은 저마다의 특성이 있어서 동일하지 않습니다. 그러나 다만 일어나고 사라지는 것만은 언제나 변하지 않고 동일합니다. 바로 여기서 무상, 고, 무아의 법이 엿보입니다. 이처럼 모든 것이 동일한 조건으로 일어나고 사라지는 연속적 현상이 바로 무상입니다. 이러한 현상은 필연적으로 우리에게 괴로움을 줍니다. 왜냐하면 변하기 때문입니다. 이러한 현상들이 자신의 의도와 상관없이 조건에 의해서 일어나고 사라지는 것을 아는 것이 바로 무아의 법입니다.

마음의 작용인 수, 상, 행은 52가지인데 이것들을 크게 분류하면 세 가지로 나눌 수 있습니다. 첫째, 다른 것과 연관된 마음의 작용은 13가지입니다. 둘째, 선하지 못한 마음의 작용은 14가지입니다. 셋째, 깨끗한 마음의 작용은 25가지입니다. 그래서 모두가 52가지입니다.

첫째, 다른 것과 연관된 마음의 작용은 13가지입니다. 이것을 다시 분류하면 모든 마음과 연관된 마음의 작용 7가지와 다양하게 결합하는 연관된 마음의 작용 6가지로 나눕니다. 다른 것과 연관된 마음의 작용은 다른 것과 같아지는 공통된 마음의 작용을 말하며, 다양하게 결합하는 연관된 마음의 작용은 때때로 나타나서 다른 것과 결합하는 마음의 작용을 말합니다.

둘째, 해로운 마음의 작용은 14가지로 분류합니다. 모든 해로운 것과 연관된 마음의 작용 4가지와 다양하게 연관된 해로운 마음의 작용 10가지입니다.

셋째, 깨끗한 마음의 작용은 모두 25가지입니다. 이것을 다시 분류하면 깨끗함과 연관된 마음의 작용 19가지와 절제 3가지, 무량 2가지, 어리석음 없음 1가지입니다.

이상의 마음의 작용이 모두 52가지입니다. 그런데 마음의 작용 52가지 중에 수와 상은 하나씩이고, 행이 50가지입니다. 수, 상, 행이 모두 마음에 속하는 마음의 작용인데 행이 50가지인 것을 주목해야 합니다. 사실 수(受)와 상(想)의 그 수효를 구분하기에는 너무 종류가 많습니다. 그리고 구분하기도 어렵습니다. 그래서 그냥 수(受)와 그냥 상(想)이라고 하고, 마음의 의도인 행(行)을 50가지로 분류해서 모두 52가지입니다.

마음의 작용은 세 가지 그룹이 있는데, 이 그룹은 각각의 특색이 있습니다.

첫 번째 그룹인 다른 것과 연관된 마음의 작용은 언제나 항상 있는 기본적인 마음의 작용입니다. 이 기능이 없으면 우리가 아무것도 할 수가 없습니다. 이것은 선하고 선하지 않고의 문제를 떠나서 누구에게나 있는 마음의 작용입니다. 다음에 다양하게 결합하여 일어나는 마음의 작용이 있습니다. 이것은 때때로 일어나는 마음의 작용으로 일어날 때도 있고, 일어나지 않을 때도 있는 것들입니다. 그래서 일어날 조건이 성숙되면 일어나는 마음의 작용을 때때로 일어나는 마음의 작용이라고 합니다.

두 번째 그룹은 선하지 않은 마음의 작용입니다. 선하지 않은 마음의 작용은 불선한 마음의 작용을 말합니다. 이것도 역시 항상 있는 해로운 마음의 작용과 다양하게 결합하여 일어나는 마음의 작용이 있습니다. 항상 선하지 못한 마음의 작용은 자신의 마음속에 저장되어 있는 축적된 성향입니다. 이러한 선하지 못한 과보심이 마음에 작용해 저장되어 있다가 조건이 성숙되면 나타납니다.

세 번째 그룹은 깨끗한 마음의 작용입니다. 깨끗한 마음의 작용이라 하는 것은 선하고 빛나고 청정한 마음의 작용을 말합니다. 이것도 역시 항상 있는 깨끗한 마음의 작용과 다양하게 결합하여 나타나는 마음의 작용이 있습니다. 항상 있는 깨끗한 마음의 작용도 자신의 마음속에 저장되어 있는 축적된 성향입니다. 이러한 선한 과보심이 마음에 작용해 저장되어 있다가 조건이 성숙되면 나타납니다.

마음의 작용을 세 가지 그룹으로 나눌 때 기본적으로 항상 다른 것과 연관된 마음의 작용과 선하지 못한 마음의 작용과 깨끗한 마음의 작용이 있습니다. 깨끗한 마음의 작용이란 선한 마음의 작용을 말합니다. 이상의 세 가지 그룹은 다시 항상 있는 것들과 다양하게 결합하여 나타나는 것들이 있습니다. 우리가 수행을 한다는 사실은 기본적으로 항상 다른 것과 연관된 마음의 작용을 튼튼히 하고, 선하지 못한 마음의 작용보다는 선한 마음의 작용이 나타나도록 하는 것입니다. 그래서 이런 마음의 작용을 받아들여서 아는 마음도 함께 청정해집니다.

마음의 작용 52가지를 세 그룹으로 만들어서 차례로 말씀드리고, 다음에 각각의 마음의 작용에 대해서 하나씩 살펴보겠습니다. 이것을 말하기 전에 『논장』에 있는 이러한 분석에 대해서 다시 한 번 말씀드리겠습니다. 붓다께서 설법하신 『논장』에 있는 정신과 물질에 대한 분석은 오직 수행자의 이익을 위해서 설하신 것입니다. 불교의 모든 것은 오직 수행을 위해서 필요한 것이지 학문적인 분석을 위해서 말씀하신 것이 아닙니다. 그러므로 수행자들은 이러한 분석의 의미를 새겨서 받아들일 것은 받아들이고 지나칠 것은 그냥 지나쳐야 합니다. 우리가 아는 것에는 한계가 있습니다. 그래서 모든 것을 다 받아들이려고 하면 수행을 할 수가 없습니다. 아무리 좋은 것이라도 자신에게 꼭 필요한 것인지 그리고 자신이 할 수 있는 것인지 살펴보고 선택을 해야겠습니다. 그래서 모른다고 진도가 나가지 않아서는 안 되며, 몰라도 그냥 진도가 나가야 됩니다. 언젠가는 알게 될 것이기 때문입니다.

주석서인 『청정도론』과 『아비담마』 결집서를 보면, 정신과 물질을 알아차릴 때 이것들의 이름, 숫자, 물질의 분자, 끊임없이 일어나는 과정을 명상하지 말라고 했습니다. 이런 분류는 단지 이해를 돕는 데 필요한 것이지 그것 자체가 진리는 아닙니다. 만약 이렇게 알아차리면 대상의 이름, 숫자, 물질, 과정에 대한 개념이 생길 수 있습니다. 만약 개념으로 대상을 알아차리면 대상의 실재하는 성품을 알 수가 없어서 결국 법을 볼 수가 없습니다. 법을 보지 못한다면 깨달음을 얻을 수가 없습니다. 그래서 위빠사나 수행은 항상 대상의 실재하는 현상을 알아차려야 합니다. 숫자가 아무리 많아도 관념입니다. 그 숫자가 중요한 것이 아니고, 그것이 가지고 있는 실재하는 내용이 중요합니다.

위빠사나 수행은 오직 정신과 물질을 알아차리는 수행이고, 이러한 정신과 물질을 알아차릴 때는 그 특성과 역할과 나타남과 가까운 원인을 아는 것이면 충분합니다. 그래서 주석서에서는 대상의 실재를 알게 하기 위해서 계속해서 정신과 물질에 대한 특성, 역할, 나타남, 가까운 원인을 설명하고 있습니다. 이것이 바로 수행자에게 필요한 것입니다.

이상 네 가지로 대상을 알아차리면 대상의 실재를 구체적으로 더 분명하게 알 수 있을 것입니다. 그러므로 다른 것에 주의를 기울이지 말고 이것에 주목하십시오 그래서 주석서에서 밝힌 이러한 요점을 파악하여 대상을 이해하는 데 도움이 되기를 바랍니다. 앞으로 계속해서 대상의 특성, 역할, 나타남, 가까운 원인을 말씀드리겠습니다. 바로 여기서 요점정리를 하여 대상을 파악하기 바랍니다.

첫 번째 그룹인 다른 것과 연관된 마음의 작용은 열세 가지입니다. 다른 것과 연관되었다는 것은 선업과 불선업을 있는 그대로 받아들여서 그것과 같아진다는 것입니다. 마음의 작용을 이해할 때 그냥 마음의 작용만 있는 것이 아닙니다. 다른 것과 함께 있으면서 다른 것과 연관된 마음의 작용이 있습니다.

선한 마음의 작용인 수, 상, 행이 일어날 때마다 이런 마음의 작용이 선한 마음과 결합이 됩니다. 그래서 어떤 느낌을 갖느냐에 따라 어떤 마음이냐가 결정되며, 어떤 인식을 하느냐에 따라서 어떤 마음이냐가 결정되고, 어떤 의도를 하느냐에 따라서 어떤 마음이냐가 결정됩니다. 마음은 대상을 아는 기능이 있기 때문에 마음의 작용이 선하면 이것을 받아들여서 선한 마음이 되고, 선하지 못한 마음의 작용이 있으면 이것을 받아들여서 선하지 못한 마음이 됩니다. 여기서 신하가 일을 잘해도 왕이 그것을 받아들이고, 신하가 일을 잘못해도 왕이 그것을 그대로 받아들이는 것입니다.

이처럼 깨끗한 마음의 작용일 때는 선한 마음과 결합하여 나타나며, 해로운 작용일 때는 선하지 못한 마음과 결합하여 나타납니다. 그리고 선과 악에 속하지 않고 설명될 수 없는 마음의 작용일 때는 설명할 수 없는 마음과 결합하여 나타납니다. 이때 설명할 수 없는 마음의 작용을 무기(無記)라고 합니다. 무기라는 것은 단지 선과 불선이 아닌 마음의 작용을 말하는 것입니다. 그렇지 않고 나태하여 무기력한 상태를 말하지는 않습니다. 그래서 이때 무기를 게으름과 혼침이 아닌 무기명이라고 할 때 무기라는 뜻으로 이해하시기 바랍니다. 이처럼 마음의 작용에서 일어나는 것들을 마음은 단지 받아들이는 기능밖에 하지 않기 때문에 그 마음은 실로 청정합니다. 어느 의미에서 모든 것을 받아들이는, 모든 것들을 수용하는 하늘과 땅과 같은 역할을 하기도 합니다. 그래서 좋은 느낌일 때는 마음의 상태가 좋습니다. 이러한 상태를 알아서 우리는 수, 상, 행에 대한 분명한 이해를 가져야 합니다.

인간이 산다는 것은 정신과 물질이 있는 것을 말합니다. 바로 이 기능들이 작용하는 것을 산다고 합니다. 그래서 누구나 몸과 마음이 있어서 사는지를 압니다. 이때 몸은 마음이 머무는 장소이고, 마음은 단순하게 대상을 아는 기능밖에 갖지 못한다고 말씀드렸습니다. 그러면 내가 산다는 것의 상당 부분은 바로 마음의 작용인 수(受), 상(想), 행(行)이 일하는 것을 말합니다. 바로 이 수, 상, 행이 어떻게 작용해서 살고 있는지 살펴보겠습니다. 이것이 바로 내가 어떻게 사는가를 분명하게 아는 것입니다. 지금부터 말씀드리는 것은 우리가 평소에 가지고 사는 것들입니다. 그러나 우리는 오온을 모르기 때문에 자신이 무엇을 가지고 사는지 잘 모릅니다. 이제 내가 무엇을 가지고 어떻게 살고 있는지 하나씩 살펴보겠습니다. 보이지 않는 마음과 마음의 작용을 알아차린다는 것은 미지의 세계인 동굴을 탐험하는 것과 같습니다. 이제부터 자신의 내면에 있는 동굴을 탐험해 보기 바랍니다.

(1) 다른 것과 연관된 마음의 작용 13가지

다른 것과 연관된 마음의 작용 열세 가지 중에서 모든 마음에 연관된 마음의 작용은 일곱 가지입니다. 감각접촉, 느낌, 인식, 의도, 집중, 생명력, 숙고 이상 일곱 가지입니다. 이 일곱 가지가 모든 마음에 연관된 마음의 작용입니다. 이 말은 이 일곱 가지 마음작용이 마음과 항상 함께 있는 것을 말합니다. 마음의 기능이 대상을 아는 것이라고 했는데, 마음이 대상을 알기 위해서는 이들 일곱 가지의 마음의 기능이 작용해야 아는 것이 성립됩니다. 그렇지 않고 마음 하나만 가지고는 대상을 알 수가 없습니다.

① 모든 마음에 연관된 마음의 작용 7가지

첫째, 접촉입니다. 접촉은 감각기관과 감각대상이 부딪혀서 아는 마음이 일어나는 것을 말합니다. 접촉은 마음이 대상을 알 때 반드시 감각대상과 접촉하는 것을 말합니다. 접촉은 마음의 작용인 수, 상, 행 중에서 행에 속합니다. 인간이 산다는 것은 '안이비설신의(眼耳鼻舌身意)'라는 육입이 '색성향미촉법(色聲香味觸法)'이라는 육경과 접촉하고 다시 안식, 이식, 비식, 설식, 신식, 의식이라는 육식이 일어나는 것으로부터 시작합니다. 이처럼 육입(六入)과 육경(六境)과 육식(六識)이 부딪히는 것을 접촉이라고 합니다. 인간이 사는 것이 바로 이것에서부터 시작됩니다.

여섯 가지 감각기관을 육입, 육문, 육근이라고도 합니다. 접촉을 또 다른 말로는 부딪힘, 닿음, 촉이라고도 합니다. 12연기에서 육입이 육경과 부딪힐 때 접촉이라고 하는 것이 바로 여기에서 말하는 감각접촉입니다. 이때 접촉이라고 하는 것은 감각기관에 대상이 부딪힌다고 해서 접촉이라고 합니다. 이때 접촉한다는 것은 물질적 현상을 의미하지 않고 마음이 부딪치는 것을 인식한다는 뜻입니다. 우리가 감각적 욕망이라고 할 때도 욕망이 감각기관을 통해서 들어오므로 감각적 욕망이라고 하는 것과 같습니다.

일반적으로 대상을 아는 것이란 여섯 가지 감각기관이 여섯 가지 감각대상과 부딪혀서 여섯 가지 아는 마음이 일어나는 것입니다. 그러므로 알기 위해서는 기본적으로 이와 같은 세 가지 조건이 성숙되어야 합니다. 이때 이 세 가지 외에 보조적인 것도 필요합니다. 눈으로 대상을 볼 때는 빛이 있어야 대상을 볼 수 있으므로 네 가지 조건이 성숙되어야 한다고 하기도 합니다. 이것이 원인과 결과이자 조건입니다. 귀가 소리를 바람의 방향에 의해서 아는 마음이 생기는 것이 바로 네 가지 조건이 성숙되는 것입니다. 그래서 내가 안다고 할 때 그냥 아는 것이 아니고 이런 조건들이 성숙되어서 아는 것입니다. 이때 내가 있어서 아는 것이 아닙니다.

주석서에서는 접촉을 다음과 같이 말했습니다.

"닿는다고 해서 접촉이라고 한다. 이것은 닿는 특징이 있고, 부딪히는 역할을 하며, 동시에 발생하는 것으로 나타난다. 영역으로 들어온 대상이 가까운 원인이다. 비록 이것이 정신이지만 대상에 닿는 형태로써 생긴다. 비록 이것이 어느 한쪽에 달라붙지 않지만, 마치 형상에 눈이 부딪히고, 소리가 귀에 부딪히듯이 마음과 마음의 대상을 부딪치게 한다. 이처럼 동시에 발생하는 것으로 나타난다. 왜냐하면 세 가지인 눈과 대상과 안식의 동시 발생이라고 하는 자기 자신의 조건으로 설명되기 때문이다. 이것은 아는 마음이 적절하게 전향하고, 감각기관을 통해서 대상이 나타났을 때 자동적으로 일어나기 때문에 영역에 들어온 대상이 가까운 원인이라고 했다. 이것은 느낌의 근원이므로 마치 가죽이 벗겨진 소처럼 알아야 한다."

이상의 주석서의 내용은 앞서 말씀드린 것처럼 대상을 분석할 때는 특징, 역할, 나타남, 가까운 원인을 들어서 설명합니다. 이것이 주석서에서 대상을 밝히는 일관된 내용입니다. 이처럼 대상을 분석하는 모든 목적은 이것이 모두 원인과 결과로 일어나고 사라진다는 것을 말하기 위해서입니다. 또 모든 것이 자아가 있어서 진행시키는 것이 아니고, 조건에 의해서 진행된다는 것을 알게 하기 위해서 이렇게 분석합니다. 그래서 마지막에는 무아의 지혜가 나도록 말하고 있는 것입니다. 사실 경전의 모든 내용과 방편은 모두 궁극에는 무상, 고, 무아를 알게 하기 위한 숨은 뜻이 있습니다.

둘째, 느낌입니다. 느낌은 감각기관이 감각대상과 부딪힐 때마다 일어나는 마음의 작용입니다. 마음이 대상을 알 때는 반드시 감각대상과 접촉을 해야 하고, 이때 반드시 느낌이 일어납니다. 마음의 작용인 느낌이 없으면 대상을 알 수가 없습니다. 마음은 모든 것을 느낌으로 알기 때문에 사실 안다는 것이 모두느낀다는 것입니다. 그래서 아는 마음은 항상 느낌과 함께 있기 때문에 아는 마음과 느낌을 같은 뜻으로 보아도 됩니다. 그래서 느낌 따로 아는 마음 따로 있지않습니다. 오온은 항상 함께 일어나서 함께 소멸합니다.

마음의 작용 52가지 중에서 느낌은 한 가지입니다. 그래서 오온 중에서 수온에 해당합니다. 앞서 말씀드린 것처럼 느낌은 워낙 종류가 많기 때문에 마음의작용에서는 단지 하나로 분류합니다. 12연기에서 정신과 물질을 원인으로 육입이 일어나고, 육입을 원인으로 접촉이 일어나고, 접촉을 원인으로 느낌이 일어난다고 말합니다. 이때 느낌이 일어나는 것과 함께 아는 마음이 일어나는 것도포함됩니다.

느낌이 대상을 아는 마음과 함께 있다고 했을 때, 대상을 아는 기능이 느낌만 있는 것이 아닙니다. 지각도 있고 표상도 있습니다. 여기서 느낌으로 안다는것은 지각으로 아는 것이 아니고, 느낌으로 아는 것을 말합니다. 느낌으로 안다고 했을 때도 몸으로 느껴서 알 수도 있고, 마음으로 느껴서 알 수도 있습니다.느낌은 육체적인 느낌이 있고, 정신적인 느낌도 있기 때문입니다.

수행자들이 느낌을 말할 때 일반적으로 괴로운 느낌을 말하는 경우가 허다합니다. 수행을 할 때 즐거움도 많지만 사실은 괴로움이 더 많기 때문입니다. 위빠사나 수행은 새로운 습관을 만드는 것이라서 기존의 사고방식에서 위빠사나의 지혜로 바뀌는 과정에 온갖 괴로움이 나타나기 마련입니다. 습관을 바꾼다는것은 노력이 필요하며 그만큼 고통이 따르기 마련입니다. 이처럼 느낌은 즐거울때 크게 문제가 되지 않아서 느낌인지 잘 모르지만, 괴로울 때는 느낌이 두드러지기 때문에 괴로운 느낌이 많습니다. 또 느낌을 알아차리면 빠르게 변한다는사실을 알게 되어 자연스럽게 괴로운 느낌을 느끼게 됩니다. 변한다는 것은 두려움이 있기 마련입니다. 그러나 이렇게 수행을 해서 괴로움이 있다는 것을 아는 것은 오히려 지혜가 성숙한 것이라서 바람직한 일이라고 볼 수 있습니다. 여기서 말하는 괴로움이란 지혜가 나서 원래 괴로움이 있다는 사실을 아는 것으로써 매우 발전적이고 긍정적인 것입니다.

붓다께서는 『경장』에서 느낌을 세 가지로 분류하시고, 『논장』에서는 다섯 가지로 분류하셨습니다. 이것뿐이 아니고 다른 경우에도 『경장』과 『논장』이 일치하지 않는 부분이 있습니다. 이것은 『경장』은 일반 대중을 상대로 한 것이고, 『논장』은 지혜가 있는 대중을 위해서 좀 더 자세하게 분석한 것이라서 그렇습니다. 그래서 『논장』은 일반 대중들에게 설하지 않고 천인과 사리뿟따 존자에게만 설해서 우리에게 전해지게 하셨습니다. 여기서도 숫자는 중요하지 않고 어떤 것이나 그 내용이 중요합니다.

대중들을 위해서 설하신 『경장』에서는 느낌이 세 가지인데, 즐거운 느낌과 괴로운 느낌과 즐겁지도 괴롭지도 않은 느낌을 말합니다. 그러나 『논장』에서는 다섯 가지로 설명하셨습니다. 육체적으로 즐거운 느낌과 괴로운 느낌 두 가지로 분류하고, 다시 정신적으로 즐거운 느낌과 괴로운 느낌 두 가지로 분류하셨습니다. 그리고 나머지 한 가지는 평정한 느낌입니다. 이 평정한 느낌은 육체적으로 평정한 느낌과 정신적으로 평정한 느낌 두 가지가 모두 해당합니다.

『경장』에서 말하는 세 가지는 느낌에서 즐거운 느낌을 행복한 느낌이라고도 하며, 괴로운 느낌을 불행한 느낌이라고도 합니다. 그리고 괴롭지도 즐겁지도 않은 느낌을 한문으로는 불고불락(不苦不樂)의 느낌이라고 합니다. 『논장』에서 말하는 다섯 가지 느낌은 육체적으로 즐거운 느낌과 육체적으로 괴로운 느낌이 있으며, 슬픈 느낌과 정신적으로 즐거운 느낌이 있습니다. 그리고 평정한 느낌이 있는데 이 느낌은 육체적인 느낌과 정신적인 느낌, 두 곳에서 동일하게 쓰입니다.

지금 『경장』과 『논장』에서 분류한 느낌을 다시 한 번 살펴본 것은 『경장』에서 사용한 괴롭지도 즐겁지도 않은 불고불락의 느낌을 『논장』에서 사용할 때는 다른 용어인 평정의 느낌이라고 말한 것에 대해서 말씀드리기 위한 것입니다.

『경장』에서 말한 괴롭지도 즐겁지 않은 불고불락의 느낌을 빨리어로 '아둑캄아수카(adukkham-asukha)'라고 합니다. 이는 괴로움이라는 '둑카(dukkha)'의 앞에 부정관사 '아(a)'를 붙여서 괴롭지도 않은 느낌이라고 했습니다. 다시 즐거움이라는 '수카(sukha)' 앞에 부정관사 '아(a)'를 붙여서 '아수카(asukha)'라고 한 것은 즐겁지도 않은 느낌이라고 해서 그렇게 표현한 것입니다. 그래서 즐겁지도 괴롭지도 않은 두 가지 느낌을 합성어로 말한 것입니다. 이런 느낌이 육체적 느낌과 정신적 느낌으로 가서는 괴롭지도 즐겁지도 않은 느낌이라 하지 않고, 평정의 느낌이라고 한 것입니다. 이때 평정의 느낌을 빨리어로 '우뻭카웨다나(upekkhā-vedanā)'라고 합니다.

이때 우뻭카는 평정, 중립, 무관심이라는 뜻이 있습니다. 『경장』에서는 즐거운 느낌과 괴로운 느낌과 괴롭지도 즐겁지도 않은 느낌으로 단순하게 표현해도 무방합니다. 그러나 육체적인 느낌과 정신적인 느낌으로 분류할 때는 감각기관이 대상을 느끼는 것이라서 즐겁지도 괴롭지도 않은 두 가지 느낌을 함께 표현하기가 어렵습니다.

느낌을 말할 때 『경장』에서는 괴롭지도 즐겁지도 않은 불고불락의 느낌이라 하고, 『논장』에서는 바로 이 느낌을 평정의 느낌, 우뻭카라고 합니다. 『경장』에서는 덤덤한 느낌이란 뜻의 즐겁지도 괴롭지도 않은 느낌이라고 말할 수 있지만, 『논장』에서는 이 느낌을 같은 표현을 하기가 어렵습니다. 왜냐하면 육체적 · 정신적 느낌으로 분류하기 때문입니다. 마음이 한 순간에 대상을 하나밖에 알아차릴 수 없기 때문에 즐겁지도 않고 괴롭지도 않다는 두 가지 표현을 할 수가 없습니다. 그래서 『논장』에서 말하는 이런 경우에는 하나의 느낌으로 표현해야 되기 때문에 평정한 느낌을 사용한 것입니다.

평정한 느낌을 빨리어로는 우뻭카웨다나라고 합니다. 이때 우뻭카는 열 가지 뜻으로 사용하는데 그중 아홉 가지는 모두 중립, 중도라는 뜻으로 사용합니다. 그러나 느낌을 말하는 우뻭카웨다나라고 할 때만 덤덤한 느낌, 무관심한 느낌이라고 합니다. 그래서 우뻭카웨다나라고 할 때는 무지의 느낌이라고 하기도 합니다.

여기에 중요한 뜻이 있습니다. 느낌은 너무 종류가 많습니다. 마음의 종류나 느낌의 종류나 똑같기 때문입니다. 어쩌면 미세한 감정의 변화에 비춰 본다면, 마음의 종류보다 느낌의 종류가 더 많을 수도 있을 것입니다. 느낌의 종류가 많다면 사실은 그것을 아는 마음의 종류도 똑같이 많을 수밖에 없습니다.

이렇게 많은 느낌을 분류할 때 우리는 아는 느낌과 모르는 느낌으로 분류할 수 있다고 알아야 하겠습니다. 아는 느낌은 위빠사나 수행을 할 때 알아차림이 있는 느낌이고 그렇지 않고 모르는 느낌일 때는 무관심의 느낌이기 때문에 무지의 느낌이라고 할 수가 있습니다. 알면 지혜이고, 모르면 무지입니다. 그래서 느낌이 아무리 많아도 어떤 느낌이거나 알아차리면 단순하게 아는 느낌에 불과합니다. 그러나 알아차리지 못할 때는 무지의 수많은 느낌이 거듭될 것입니다.

주석서에서는 느낌을 다음과 같이 말했습니다.

"느껴진 것의 특성을 가진 것이 느낌이다. 왜냐하면 이렇게 설하셨기 때문이다. '도반이여, 느껴졌기 때문에 느낌이라고 한다'라고 이것이 본성의 분류에 따라 다섯 가지다. 즉, 즐거움, 괴로움, 정신적 즐거움, 슬픔, 평정이다.

즐거움은 원하는 것과 감각접촉을 경험하는 특징이 있다. 관련된 대상을 활기차게 하는 역할을 한다. 육체적인 만족으로 나타난다. 몸의 감각기관이 가까운 원인이다. 괴로움은 싫어하는 감촉을 경험하는 특징이 있다. 관련된 대상을 시들게 하는 역할을 한다. 육체적인 괴로움으로 나타난다. 몸의 감각기관이 가까운 원인이다.

정신적 즐거움은 원하는 대상을 경험하는 특징이 있다. 이런저런 원하는 측면을 향유하는 역할을 한다. 정신적인 만족으로 나타난다. 편안이 가까운 원인이다. 슬픔은 싫어하는 대상을 경험하는 특징이 있다. 이런저런 싫어하는 측면을 향유하는 역할을 한다. 정신적인 고통으로 나타난다. 반드시 심장이 가까운 원인이다.

평정의 특징은 무관심한 느낌이다. 관련된 대상을 활기차게 또는 시들게도 하지 않는 역할을 한다. 고요함으로 나타난다. 희열이 없는 마음이 가까운 원인이다."

셋째, 인식입니다. 느낌과 함께 일어나는 인식이 없으면 대상을 알 수가 없습니다. 인식은 오온에서 상온에 해당하며, 이때 대상을 아는 마음은 식온입니다. 인식은 같게 아는 것입니다. 그러므로 무엇과 같게 연상을 해서 아는 기능을 합니다. 우리가 어떤 대상을 볼 때 그냥 보는 게 아니고 무엇과 비교해서 상상으로 꾸미거나 표상으로 만들어서 보는 것을 인식한다고 합니다. 어떤 의미에서는 우리 의식 속에 이런 인식이 저장되어 있다가 그대로 고정관념이 되어서 그것을 사용하는 경우가 허다합니다. 이것이 인식입니다.

인식을 빨리어로 산냐(sañña)라고 하는데, 이 산냐는 여러 가지의 뜻이 있습니다. 이 인식은 표상이라는 뜻이 있는데 무엇인가 상상으로 만들거나 모양으로 형상화해서 아는 것입니다. 그리고 감각, 지각, 인식, 기호, 이름, 표시, 몸짓이라는 뜻도 있습니다. 인식한다고 했을 때는 어떤 선입관이나 고정관념으로 저장해 놓은 정보를 꺼내서 봅니다. 대상을 아는 마음은 의식이지만 인식은 개념을 설정하거나 꾸며서 봅니다. 이런 다양한 기능이 모두 인식의 작용입니다. 마음의 작용 52가지 중에서 수(受)와 상(想)은 하나씩이고 나머지 50가지가 모두 행(行)이라고 했는데, 여기서 말하는 인식이 바로 상(想)입니다.

주석서에서는 인식을 다음과 같이 말했습니다.

"인식하는 특징을 가진 것이 인식이다. 왜냐하면 이렇게 설해졌기 때문이다. '도반이여, 인식하기 때문에 인식이라고 부른다'라고. 인식은 인식하는 특징이 있다. 그 본성으로는 한 가지이지만 종류에 따라서는 세 가지이다. 유익한 것, 해로운 것, 그리고 판단할 수 없는 것이다. 그중에서 유익한 마음과 관련된 것은 유익한 인식이고, 해로운 마음과 관련된 것은 해로운 인식이며, 판단할 수 없는 마음과 관련된 것은 판단할 수 없는 인식이다. 인식으로부터 분리된 마음이 없기 때문에 인식의 종류도 마음의 종류만큼 있다. 비록 이 인식이 마음과 같은 방법으로 분류되지만 특징으로 볼 때 모든 인식은 인식하는 특징이 있다.

'이것이 바로 그것이구나!'라고 다시 인식할 수 있는 원인이 될 표상을 만드는 역할을 한다. 목수들이 목재에 표시를 하는 것처럼 표상에 따라 이해하려 드는 것으로 나타난다. 마치 장님이 코끼리를 보는 것처럼. 대상이 어떤 식으로 나타나든 나타난 대상이 가까운 원인이다. 마치 어린 사슴들이 허수아비를 보고 사람이라고 인식을 일으키는 것처럼."

넷째, 의도입니다. 의도가 없다면 마음은 대상을 알려는 어떤 행위도 행할 수가 없습니다. 경전에서는 의도를 '업'이라고 합니다. 의도로써 생각과 말과 행위라는 세 가지 업을 짓습니다. 이처럼 의도는 행위를 일으키는 원인입니다. 오온에서 행온에 속하는 것이 바로 이 의도입니다. 그래서 의도와 행은 동의어입니다. 수, 상, 행이라고 말하는 마음의 작용에서 행은 바로 의도를 뜻합니다. 이것을 마음의 형성력이라고 합니다. 그리고 마음의 의지라고도 합니다.

주석서에서는 의도를 다음과 같이 말했습니다.

"의도한다고 해서 의도라고 한다. 묶는다는 뜻이 있다. 이것은 의도하는 성질을 특징으로 한다. 격려하는 역할을 한다. 조정하는 것으로 나타난다. 마치 대목수와 제자처럼 자기 일과 남의 일을 실천하게 한다. 급한 일을 기억하여 이것과 관련한 대상들을 실행하게 하는 성질에 의하여 이것은 분명하다."

다섯째, 집중입니다. 집중을 하지 못하면 그 대상에 마음을 고정시키지 못합니다. 아무리 하찮은 일이라 하더라도 조금이라도 집중이 되지 않는다면 대상을 알지 못합니다. 집중을 빨리어로는 '에까가따(ekaggatā)'라고 하는데 '마음이 한 점으로 모임'이라는 말입니다. 이때 집중은 삼매의 동의어입니다. 이때의 에까가따를 한문으로는 심일경성(心一境性)이라고 하기도 합니다.

집중이란 대상에 마음을 보내서 겨냥한 뒤에 거기에 마음을 머물게 하는 것입니다. 마음은 잠시도 한곳에 머물지 않고 이곳저곳으로 달아납니다. 그래서 마음을 한곳에 모아서 그곳에 있도록 하는 것입니다. 이처럼 대상에 마음을 두는 것을 집중이라고 합니다. 마음이 대상에 머물지 않으면 고요함이 생기지 않고, 고요함이 없으면 집중이 되지 않습니다. 집중이 되지 않으면 결코 지혜가 일어나지 않습니다. 그래서 이런 것들은 모두 상호 작용하고 있습니다.

집중은 세 가지가 있습니다. 근접집중을 해서 근본집중을 하는 사마타 수행의 집중이 있습니다. 그리고 찰나집중을 하는 위빠사나 수행의 집중이 있습니다. 사마타 수행의 집중은 대상과 하나가 되지만 위빠사나 집중은 대상을 분리해서 알아차리는 찰나집중입니다. 그래서 지혜가 납니다. 그래서 대상과 하나가 되는 근본집중은 고요함이고, 대상을 분리해서 알아차리는 찰나집중은 지혜를 얻습니다.

주석서에서는 집중을 다음과 같이 말했습니다.

"대상에 마음을 고르게 놓는다. 또는 바르게 놓는다. 또는 단지 마음을 모은다고 해서 집중이라고 한다. 이것은 방황하지 않거나 또는 산만하지 않은 특징이 있다. 동시에 생긴 대상을 결합시키는 역할을 한다. 마치 물이 목욕가루를 결합시키듯이. 고요함으로 나타난다. 대부분의 경우에 즐거움이 가까운 원인이다. 바람이 없을 때 흔들림이 없는 등불처럼 마음이 안정된 상태이다."

여섯째, 생명력입니다. 생명이 없으면 아무것도 할 수가 없습니다. 이때의 생명을 생명력, 생명의 능력이라고 하며, 명근(命根)이라고도 합니다. 생명력은 이름 그대로 살아 있는 힘입니다. 생명력은 두 가지가 있습니다. 하나는 정신적 생명력, 다른 하나는 물질적 생명력입니다. 여기서 마음의 작용에 포함되는 것은 당연히 정신적 생명력입니다. 정신적 생명력이 없으면 살아 있는 것이 아니기 때문에 생명력은 모든 마음과 함께 일어납니다.

주석서에서는 생명력을 다음과 같이 말했습니다.

"이것 때문에 관련된 대상들이 살고, 또는 이것은 자기 스스로 살고, 또는 단지 살아 있기 때문에 생명력이라고 한다. 이것의 특징은 물질의 생명력을 설명한 대로 알아야 한다."

우리는 정신과 물질이 있어서 사는 것으로 알지만 사실은 정신적 생명력과 물질적 생명력으로 사는 것입니다. 여기서 정신적 생명력이 있어서 몸에 물질적 생명력을 불어넣었기 때문에 우리가 정신과 물질이 하나가 되어서 사는 것입니다. 여기서 생명력은 살아 있는 것의 힘을 말합니다. 그 힘은 보이지 않는 원천 에너지이지만, 여기서는 마음을 말합니다. 여기서 말하는 생명력은 마음의 의도인 행을 말하지만, 사실 그것은 정신에 포함됩니다. 우리가 살고 있는 것은 생명력으로 살고 있습니다. 이런 생명력은 살고자 하는 행을 가지고 있기 때문에 마음이 그것을 받아들여서 살고 있는 것입니다.

일곱째, 숙고(熟考)입니다. 숙고는 모든 마음과 연관되어 있는 마음의 작용 일곱 가지 중에서 마지막입니다. 숙고라는 것은 주의를 기울이는 것입니다. 우리는 주의를 기울이지 않으면 대상을 알 수가 없습니다.

숙고를 빨리어로 '마나시까라(manasikāra)'라고 하는데 주의, 고정된 생각, 마음의 새김이라고도 합니다. 한문으로는 작의(作意), 억념(憶念), 여리작의(如理作意) 등으로 표현합니다. 주의는 마음을 조심스럽게 새겨두는 것을 말합니다. 우리가 집중을 하거나 숙고를 하지 못한다면 이것은 분열증을 앓고 있는 상태로 봐야 합니다. 지금 우리가 말한 일곱 가지는 모두 정상적인 사람이 정상적인 기능을 할 때 우리가 바로 살고 있는 것이라고 하는 것들입니다.

주석서에서는 숙고를 다음과 같이 말했습니다.

"행위를 하는 것이 행하는 것이고, 마음으로 행하는 것이 숙고다. 이전의 마음과 다른 마음을 만들기 때문에 마음을 숙고한다고 한다. 대상에 대한 제어, 인식 과정에 대한 제어, 속행에 대한 제어, 이 세 가지 측면에서 숙고라고 한다. 이 중에서 대상에 대한 제어란 마음을 새로 내는 것이다. 그래서 마음을 숙고하는 것이다. 이것은 관련된 대상을 대상으로 내모는 특징이 있다. 관련된 대상을 대상과 연결시키는 역할을 한다. 대상과 대면하는 것으로 나타난다. 대상이 가까운 원인이다. 이것은 스스로 행온(行蘊)에 속해 있으면서 대상을 제어하기 때문에 관련된 대상들을 바르게 가게 하는 마부와 같다고 알아야 한다."

인간이 바른 길을 가기 위해서는 항상 숙고해야 됩니다. 그냥 감정적으로 습관적으로 기분 내키는 대로 살면 동물처럼 살게 됩니다. 그러나 우리가 하나하나를 숙고하면서 산다면 우리는 그것이 수행을 하는 것이고, 바른 길을 가는 것이고, 그것을 행할 때 행복하고, 그 행복의 결과도 행복할 것입니다.

지금까지 모든 마음과 연관된 마음의 작용 일곱 가지를 말씀드렸습니다. 마음은 아는 기능만 가지고 있기 때문에 이상의 일곱 가지를 통해야 비로소 대상을 아는 기능을 제대로 할 수가 있는 것입니다. 우리가 안다고 했을 때는 이상의 일곱 가지 기능이 없으면 결코 알 수가 없습니다. 그래서 아는 것은 마음이고, 왕이며, 일곱 가지 기능은 마음의 작용이고, 신하라고 말합니다. 마음이 왕이라고 하면 이 일곱 가지 마음의 작용은 가장 중요한 요직에 속하는 대신들이라고 말할 수 있습니다. 이것이 없으면 단 한 순간도 마음이 제대로 기능을 하지 못합니다. 마음과 이 일곱 가지 마음의 작용은 어느 상황에서나 함께 있으며 떨어질 수가 없습니다.

이것들을 왕과 신하라고 하는 것은 왕과 신하는 자신의 문제들만 관심을 가지고 있는 것이 아니고, 국가를 운영하듯이 이들 마음과 마음의 작용도 나타난 모든 현상을 파악하고 우리가 사는 것을 다 관장하고 있는 것입니다. 인간이 정상적인 마음을 가졌다면 이 일곱 가지 기능이 제대로 작동되어야 합니다. 만약 이들 중에 어느 한 부분의 기능이 결여되어 있다면 정상적인 인간이라고 볼 수가 없습니다. 그래서 정신적인 장애가 있다면 이상의 접촉, 느낌, 인식, 의도, 집중, 생명력, 숙고 중에서 무엇인가 결여되어서 생긴 것입니다. 누구나 수행을 하면 이런 기능을 튼튼하게 할 것입니다.

수행을 통해서 장애가 개선될 수 있다면, 바로 이상의 일곱 가지 것들이 개선되는 것이라고 이해해야 하겠습니다. 만약 어떤 장애자가 있다면 그의 주의는 적절한가? 그의 집중은 적절한가? 그의 느낌은 적절한가? 그의 인식은 적절한가? 그는 숙고하고 있는가? 하는 것들을 곰곰이 따져봐야 하겠습니다. 그래서 막연히 고통 속에서 헤매지 말고 이것 하나하나를 개선하는 방법을 찾아서 수행을 하면 이런 일곱 가지 기능들이 제대로 작용하면서 정상인으로서 살 수 있을 것입니다.

이상 일곱 가지는 사람이 한 발짝을 걸을 때도 필요합니다. 무엇을 하거나 이런 마음의 작용이 없으면 한 순간도 바르게 지낼 수 없습니다. 그래서 우리가 행복을 얻기 위해 수행을 하는 것은 바로 이런 기능을 정상적으로 작동하도록 하는 것입니다. 만약 우리가 부주의해서 사고를 냈다면 바로 이상의 일곱 가지 기능이 제대로 작동하지 않은 것입니다. 그래서 정신적 장애도 이 일곱 가지 기능의 결여라고 보면 되겠습니다.

② 다양하게 결합하는 마음의 작용 6가지

앞서서 밝힌 일곱 가지 마음의 작용은 항상 모든 것과 함께 있는 것이지만 이에 반하여 다양하게 결합하는 마음의 특성들이 있는데 이것들은 때때로 나타나며 모두 여섯 가지입니다. 다양한 마음의 작용을 빨리어로 빠낀나까(pakiṇṇaka) 라고 하는데 이는 여러 가지 종류, 다양한 것을 말합니다. 이때 마음의 작용은 항상 있는 마음의 작용이 아니고 조건이 성숙되면 때때로 나타나는 것들입니다.

다양하다는 것은 특수한 상황에 따라 개개의 것들이 나타나는 것을 말합니다. 수행자가 수행을 한다는 것은 이상의 여섯 가지 조건들이 때때로 나타나지 않고 항상 나타나도록 노력을 하는 것입니다. 그래서 자신의 의식을 고양시키는 것입니다. 앞서 말씀드린 일곱 가지 기능이 제대로 작용하기 위해서 지금부터 말씀드리는 '빠낀나까'라고 하는 여섯 가지 마음의 작용들을 계발하도록 해야겠습니다.

다양하게 결합하는 마음의 작용으로, 때때로 나타나는 것들 여섯 가지는 다음과 같습니다. 겨냥, 고찰, 결심, 정진, 희열, 열의입니다. 이 마음의 작용은 항상 있는 것들이 아니고, 조건이 성숙되면 나타나는 것들입니다. 이처럼 다양하게 결합하는 마음의 작용 여섯 가지를 하나씩 살펴보겠습니다.

첫째, 겨냥입니다. 겨냥을 빨리어로 위따까(vitakka)라고 합니다. 위따까의 원래의 뜻은 반성, 숙고, 생각, 사유라는 뜻이 있습니다. 한문으로는 찾을 심(尋) 또는 깨달을 각(覺)으로 쓰입니다. 그래서 마음속에서 일어나는 생각이 이리저리 옮겨가면서 분별을 하고 논리적으로 따진다는 의미가 있습니다. 위따까는 선정 수행을 할 때는 1선정에서 사용하는 용어로 대상에 마음을 보내는 사유입니다. 이때의 사유는 팔정도의 정사유입니다. 팔정도의 정사유는 대상에 마음을 기울이는 지혜를 말합니다. 그냥 생각하는 것이 아닙니다.

수행에서는 사유가 대상에 마음을 기울이는 것입니다. 그래서 이것을 겨냥이라고 하는 것입니다. 이처럼 위따까는 선정수행을 시작할 때 사용하는 용어입니다. 이런 의미에서 대상을 겨냥한다고 말씀드린 것입니다. 사유는 그릇된 사유가 있고, 바른 사유가 있는데 여기서는 알아차림이 있기 때문에 대상을 겨냥하는 바른 사유에 해당합니다. 처음에 이렇게 대상을 겨냥하는 알아차림이 있은 뒤에 다음 단계인 고찰이 있습니다. 이것이 2선정의 단계입니다.

주석서에서는 겨냥을 다음과 같이 말했습니다.

"사유는 일으킨 생각이다. 심사하는 뜻이라고 설명한다. 이것은 마음을 대상에 보내는 특징이 있다. 앞으로 향하여 치고, 뒤로 뒤집어서 치는 역할을 한다. 그러므로 수행자가 겨냥함으로써 대상을 앞으로 향하여 치게 하고, 겨냥함으로써 뒤로 뒤집어 친다고 설했다. 마음을 대상으로 인도함으로써 나타난다.

비록 어떤 마음에는 겨냥과 고찰이 분리되지 않지만 고찰보다는 거칠다는 뜻에서, 또 고찰보다는 앞선다는 뜻에서, 마치 종을 치는 것처럼 처음으로 마음이 대상을 향해 돌진하는 것이 바로 겨냥이다. 여기서 겨냥은 움직임을 갖는 것이다. 처음 마음이 일어날 때 마음이 진동하는 상태다."

여기서 겨냥한다는 것은 마음이 움직여서 아는 마음을 대상에 보낸다는 의미를 가지고 있습니다.

둘째, 고찰입니다. 고찰을 빨리어로 위짜라(vicāra)라고 합니다. 위짜라는 조사, 검사, 고려, 심사숙고라는 말인데 바로 2선정의 상태를 말합니다. 1선정에 겨냥이 있으면 다음 단계로 2선정의 고찰이 있습니다. 이때의 고찰을 지속적인 고찰이라고도 합니다.

먼저 1선정에서는 마음을 대상에 겨냥하는 순서를 거쳐서 2선정에서는 마음을 대상에 머물게 하여 지속적으로 고찰하는 것입니다. 이것이 바로 수행의 자연스러운 과정입니다. 『경장』에서는 겨냥과 고찰인 위따까와 위짜라를 하나로 묶어서 설명하는데, 『논장』에서는 선정수행을 더 자세하게 분류하기 때문에 이 2가지를 1선정과 2선정으로 나눕니다. 그래서 『경장』에서는 선정수행을 4선정이라고 하고, 『논장』에서는 선정수행을 5선정이라고 하는 이유는 바로 위따까와 위짜라, 겨냥과 고찰을 합치느냐 나누느냐 하는 것으로 구별됩니다.

주석서에서는 고찰을 다음과 같이 말했습니다.

"심사숙고한다고 해서 고찰이다. 지속적인 고찰이라는 뜻이라고 설명한다. 이것은 대상을 계속해서 건드리는 특징이 있다. 함께 생긴 대상들을 대상에 묶는 역할을 한다. 마음이 같은 대상에 대해서 계속해서 일어남으로 나타난다. 미세하다는 뜻에서, 또 고찰하는 본성으로서 마치 종의 울림처럼 계속해서 고찰하는 것이 지속적인 고찰이다. 허공에 날기를 원하는 새가 날개를 치는 것처럼, 마음으로 향기를 좇던 벌이 연꽃을 향해 내려오는 것처럼, 고찰은 고요한 상태다. 마음이 심한 움직임을 갖지 않는다. 마치 허공을 나는 새가 날개를 펴는 것처럼, 연꽃을 향해 내려온 벌이 연꽃 위에 윙윙거리며 나는 것처럼."

셋째, 결심입니다. 결심은 결정, 결의, 확신, 결단의 뜻을 가지고 있습니다. 이 말은 신뢰가 생겨 청정한 믿음을 갖는 것입니다. 그래서 이것이 확신에 찬 믿음입니다. 결심을 한문으로 신해(信解)라고 합니다. 믿음도 맹목적인 믿음이 있는데 이 믿음은 대상을 겨냥해서 탐구하고 지속적인 고찰로 생긴 확신에 찬 믿음입니다. 이러한 믿음을 바탕으로 내려진 것이 결심입니다.

주석서에서는 결심을 다음과 같이 말했습니다.

"결심하는 것이 결심이다. 그것은 결정하는 특징이 있다. 더듬거리지 않는 역할을 한다. 결정으로 나타난다. 결정해야 할 대상이 가까운 원인이다. 대상이 확고부동하기 때문에 이것은 마치 돌기둥과 같다고 알아야 한다."

우리가 내리는 선한 결심은 이토록 돌기둥과 같이 단단한 것이라서 우리들의 또 다른 의지를 계발시킵니다. 우리는 그냥 무엇을 계속하는 것이 아닙니다. 확신에 찬 신념과 믿음으로 결심을 하기 때문에 동일한 대상을 지속적으로 계속 추진할 수 있는 것입니다. 우리가 그냥 무엇을 하는 것이 아니고, 이런 여러 가지 마음의 작용들이 결합되어서 하는 것입니다.

넷째, 정진입니다. 정진은 노력, 힘, 원기라는 뜻을 가지고 있습니다. 수행을 할 때 가장 중요하게 여기는 기본요소를 다섯 가지 근기라고 해서 오근이라고 합니다. 이때 오근은 믿음, 노력, 알아차림, 집중, 지혜입니다. 이때의 노력이 바로 정진입니다. 믿음이 있으면 노력을 하게 되고, 노력을 해야 알아차릴 수 있으며, 노력을 해서 알아차림을 지속시키면 집중이 되고, 집중의 상태에서 지혜가 납니다. 이렇게 해서 오근에 노력을 기울이면 오력이 생깁니다.

노력은 모든 것을 일으키는 중요한 원천입니다. 선한 것도 노력을 한 결과이고, 선하지 못한 것도 노력을 한 결과이고, 게으른 것도 노력을 해서 얻은 것입니다. 위빠사나 수행에서 말하는 노력은 여러 가지가 있습니다. 마음의 노력과 몸의 노력이 있습니다. 그리고 경행을 하는 것을 노력이라고 말합니다. 왜냐하면 경행은 정진력을 키우기 때문에 노력이라고 말합니다. 좌선은 집중력을 키우는 것에 반해서 경행은 노력해야만 할 수 있는 것이라서 정진력을 배가시키는 수행입니다.

주석서에서는 정진을 다음과 같이 말했습니다.

"정진은 활기참이다. 노력함이 특징이다. 동시에 나타난 대상을 지탱하는 역할을 한다. 무너지지 않는 상태로 나타난다. 두려움을 가진 자는 지혜롭게 노력한다는 말이 있기 때문에 이것의 가까운 원인은 두려워함이다. 또 가까운 원인은 정진을 하는 동기다. 바르게 시작했을 때 이것은 모든 성공의 근원이라고 알아야 한다."

두려움이 있고 고통스러워야 우리가 수행을 합니다. 두려움과 고통을 수행으로 반전시키면 거기서 행복과 평화와 지혜를 얻을 수가 있습니다. 또한 모든 성공의 근원이 노력이라는 사실입니다. 모든 것은 노력으로 이루어집니다. 앞서 말씀드린 선한 것도 노력이고, 선하지 않은 것도 노력이고, 게으른 것도 노력에서 얻는다는 사실을 알아야 합니다. 우리가 노력을 기울일 때 바로 선한 노력을 기울이느냐 선하지 못한 노력을 기울이느냐와 얼마만큼 노력을 하느냐 하는 이 두 가지 문제를 항상 유념해야 합니다.

다섯째, 희열입니다. 희열을 환희, 기쁨, 만족이라고도 합니다. 수행을 하는 과정에서 몸과 마음이 충만해지면 희열이 생깁니다. 선정수행에서는 자비희사라고 하는 사무량심에서 희(喜)가 바로 희열입니다. 이처럼 희열은 위빠사나 수행을 해서 얻는 자신의 내면의 기쁨이 있고, 다른 사람들의 행복을 함께 기뻐하는 사마타 수행의 기쁨이 함께 있습니다.

위빠사나 수행 중에 나타나는 정신적·육체적 희열은 일곱 가지 깨달음의 요인 중에 하나입니다. 처음에 수행을 시작할 때 알아차림을 확립하고, 다음에 대상에 대한 탐구와 노력을 하면 다음 단계로 희열이 나타납니다. 희열로 인해 몸과 마음에서 생기는 현상은 다섯 가지가 있습니다. 첫째, 약한 희열로, 소름이 끼치거나 닭살이 돋고 털이 일어나는 것 같은 느낌이 있습니다. 둘째, 순간적인 희열로, 전기에 감전된 것처럼 짜릿하고 시원하고 기분이 좋은 느낌입니다. 셋째, 파도와 같은 희열로, 파도를 타는 듯이 공간을 떠다니는 것 같은 느낌입니다. 넷째, 들어 올리는 희열로, 몸이 공중에 뜨는 느낌이 들거나 실제로 몸이 공중으로 부양되는 현상이 나타납니다. 그래서 순간적으로 몸이 이동합니다. 다섯째, 퍼지는 희열로, 온몸에 완벽하게 스며들듯이 기쁨이 충만한 느낌입니다. 수행을 하면 이러한 느낌이 나타날 때 이것이 바로 희열입니다. 몸과 마음이 충만한 상태에서 정신적 충만함이 몸에서 이러한 희열로 나타납니다.

주석서에서는 희열을 다음과 같이 말했습니다.

"만족한다고 해서 희열이라고 한다. 충분히 만족하는 특징이 있다. 몸과 마음을 강하게 하는 역할을 한다. 의기양양함으로 나타난다."

수행 중에 나타난 이러한 희열은 처음에는 희열이라고 판단하기 어렵습니다. 그래서 반드시 어떤 현상이 나타나든 스승과 면담을 해야 합니다. 그러면 스승이 이러한 희열이 나타났을 때 적절하게 조언을 해줄 것입니다. 이 희열은 일곱 가지 깨달음의 요소 중에 하나이므로 반드시 모든 수행자가 거치는 과정입니다. 그래서 이 희열이 일어날 때 어떻게 대처하느냐에 따라서 수행이 더 발전할 수도 있고, 아니면 이 희열로 인해서 수행이 더 퇴보할 수도 있습니다.

여섯째, 열의입니다. 열의는 자극, 고무, 의욕, 하고자 함, 의지, 의향 등의 뜻을 가지고 있습니다. 그래서 하고 싶어 하는 의지를 내서 행위를 하는 것입니다. 이때의 열의는 좋은 결과를 바라는 열의입니다. 탐욕과 성냄과 어리석음을 바라는 열의가 아닙니다. 열의는 때때로 다른 것과 같아지는 유익한 것으로, 손을 뻗어서 선한 것을 잡으려는 소망입니다.

우리가 노력을 할 때 어떤 노력을 할 것이냐 하는 점이 있습니다. 열의도 선한 것이냐 선하지 못한 것이냐에 대해서 관심을 갖는 것입니다. 선하지 못한 사람은 항상 선하지 못한 일에 더 열의를 기울입니다. 그리고 더 노력합니다. 그리고 더 집중합니다. 이것이 똑같은 열의, 똑같은 집중이지만 사실은 선한 마음의 작용과 선하지 못한 마음의 작용 중 어떤 것을 가지고 있느냐에 따라서 다르게 쓰이는 것입니다.

주석서에서는 열의를 다음과 같이 말했습니다.

"열의는 하고 싶어 함의 동의어이다. 그러므로 이것은 하고 싶어 하는 특징이 있다. 대상을 찾는 역할을 한다. 대상을 원함으로 나타난다. 바로 그 대상이 가까운 원인이다. 이 열의는 마음의 대상을 잡는 데 있어 마치 손을 뻗는 것과 같다고 알아야 한다."

이상으로 모든 마음과 관련되어서 항상 있는 마음의 작용 일곱 가지와 다양하게 섞여서 때때로 나타나는 마음의 작용 여섯 가지를 합쳐서 모두 열세 가지의 마음의 작용에 대해 말씀드렸습니다. 인간이 산다는 것은 이처럼 기본적인 마음의 작용과 다양하게 나타나는 마음의 작용이 함께하면서 사는 것입니다. 일곱 가지 기본적인 마음의 작용을 가지고 여섯 가지 다양하게 섞이는 마음의 작용을 계발하는 것이 수행입니다. 그래서 여섯 가지 마음의 작용은 일반적으로 수행을 하면 나타나는 현상입니다.

이러한 열세 가지 마음의 작용을 가지고 수행을 하면 다음에 나오는 선하지 못한 마음의 작용을 갖지 않고, 깨끗하고 유익한 마음의 작용을 갖게 될 것입니다. 수행을 한다는 것은 그냥 막연하게 좋아지기 위해서 하지만, 사실은 이러한 내용들을 포함하면서 매순간 마음을 고양시키고 번뇌에서 해방하게 하는 것입니다. 모두 이러한 것들이 있어서 나타난 결과들입니다.

이상 13가지 중에서 7가지 속에 포함된 느낌과 인식을 제외한 나머지 11가지는 모두 행에 속합니다. 앞서 말씀드린 것처럼 52가지 마음의 작용 중에서 오온의 수온과 상온을 뺀 나머지가 모두 행온입니다. 그러므로 지금부터 말씀드리는 모든 마음의 작용은 행온입니다. 이 행온이 바로 업입니다. 우리가 어떤 업을 만드느냐에 따라서 어떤 결과를 얻는가가 결정됩니다. 이처럼 많은 행이 있지만 알아차림 하나만 있으면 훌륭한 삶을 살 수 있습니다. 수행은 특별한 것이 아니고 바르게 사는 것입니다. 바르게 살아가기 위해서는 언제 어느 때나 알아차리면 되는 것입니다. 이 알아차림이 바로 선한 행 중의 하나입니다.

(2) 선하지 못한 마음의 작용 14가지

선하지 못한 마음의 작용은 모두 열네 가지입니다. 이 선하지 못한 마음의 작용을 불선한 마음의 작용이라고 말합니다. 그러나 여기서는 불선이라고 하지 않고, 선하지 못한 마음의 작용이라고 하겠습니다. 선하지 못한 마음의 작용은 어리석음, 양심 없음, 수치심 없음, 들뜸, 탐욕, 사견, 자만, 성냄, 질투, 인색, 후회, 해태, 혼침, 의심입니다. 이상 열네 가지를 선하지 못한 마음의 작용이라고 합니다.

① 항상 함께 일어나는 선하지 못한 마음의 작용 4가지

열네 가지의 선하지 못한 마음의 작용 중에서 어리석음과 양심 없음과 수치심 없음, 들뜸이란 네 가지 마음의 작용은 어리석음을 앞에 세워 독자로 일어나지 않고 항상 함께 일어납니다. 그래서 어리석을 때는 양심이 없고 수치심이 없고 들뜸이 함께 결속되어 있습니다. 그런 뒤에 이 네 가지는 다시 다른 선하지 못한 마음의 작용이 일어날 때마다 항상 함께 참여합니다. 그래서 모든 다른 선하지 못한 마음의 작용이 있을 때마다 이상 네 가지 마음의 작용이 함께 결합되어 나타나는 것입니다.

이처럼 어리석음이 있는 곳에서 항상 양심 없음, 수치심 없음, 들뜸이 함께 결합하여 나타나고, 그리고 이상 네 가지가 자기들끼리만 함께 있는 것이 아니고, 다시 다른 선하지 못한 마음의 작용이 일어날 때마다 그것들과 결합하여 다시 나타나는 것입니다. 그래서 선하지 못한 마음의 작용에서 가장 강한 힘을 가진 것이 어리석음입니다. 이 어리석음은 양심 없음, 수치심 없음, 들뜸이라는 세 가지 것과 결합하여 항상 함께 움직입니다. 그리고 선하지 못한 마음의 작용이 나타날 때마다 이곳저곳에 가서 참견하면서 그것들과 함께 일어납니다. 그러니 어리석음이라는 것이 얼마나 무서운 것입니까?

그러니 어리석음이라는 것이 얼마나 우리를 괴롭히는 것인지 다시 한 번 어리석음의 실체를 파악하여야 하겠습니다. 예를 들어 탐욕이란 마음의 작용이 있을 때에도 어리석음, 양심 없음, 수치심 없음, 들뜸이 가세합니다. 그리고 성냄이란 마음의 작용이 일어날 때도 이상 네 가지가 가세합니다. 또 해태와 의심이 있을 때에도 이상 네 가지 마음의 작용이 가세하여 함께 결합하여서 일어납니다. 그래서 어리석음, 양심 없음, 수치심 없음, 들뜸은 모든 선하지 못한 마음의 작용과 항상 연관되어 있습니다. 이처럼 어리석음이 있는 곳에 양심 없음, 수치심 없음, 들뜸이 모여서 함께 움직인다고 했는데, 사실은 이것들만 모여서 작용하지 않습니다. 그래서 우리가 산다는 것은 이렇게 복잡하게 서로 결합되어서 힘이 힘을 키운다는 사실을 알아야 하겠습니다. 그냥 탐욕도 그냥 탐욕이 아니고, 어리석음이 탐욕과 합류하기 때문에 그 탐욕의 힘이 자꾸 커지는 것입니다.

탐욕도 한 가지만 일어나지 않습니다. 탐욕이 일어날 때 탐욕만 있지 않고 다른 세 가지 것이 결합하여 나타납니다. 성냄도 마찬가지입니다. 탐욕의 마음의 작용이 일어날 때는 어리석음과 탐욕이 각각 여러 가지로 모여 있는 것처럼 성냄도 하나만 있지 않습니다. 그래서 성냄, 질투, 인색, 후회라는 네 가지가 함께 결합하여 일어납니다. 해태도 마찬가지입니다. 이상의 것들이 모여서 일어나는 것처럼 해태도 하나만 있지 않습니다. 해태도 해태와 혼침, 두 가지가 함께 결합하여 일어납니다.

이처럼 선하지 못한 마음의 작용은 그룹별로 일어납니다. 그리고 이 그룹 중에서 어리석음을 선봉으로 한 양심 없음, 수치심 없음, 들뜸, 이 네 가지는 모든 선하지 못한 마음의 작용이 일어날 때마다 항상 함께 결합하여 일어납니다. 마음의 작용은 저 혼자만 일어나지 않고 항상 다른 것과 함께 일어나기 때문에 마음의 층이 두껍고 미묘할 뿐만 아니라 복잡합니다. 이것들이 모두 조건에 의해

서로가 결합하여 일어나기 때문에 마음과 마음의 작용이란 것이 간단치 않습니다. 하나만 있을 때는 그 힘이 약하지만 두 가지, 세 가지가 모이면 그 힘이 강력해집니다. 그래서 늘 강한 원인을 만들어서 강한 결과를 만듭니다. 그러나 아무리 마음의 종류가 많고 마음의 작용의 종류가 많아서 복잡하게 얽혀서 일어난다고 해도 이제 수행자는 복잡하게 생각할 것이 없습니다. 마음은 한 순간에 하나밖에 없기 때문입니다. 어떤 마음이나 또 어떤 마음의 작용이 일어나든 간에 일어난 순간에 일어난 것 하나를 알아차리기만 하면 됩니다. 숫자가 많은 것은 단지 분류를 위한 항목이고, 수행자가 알아차릴 대상은 현재 여기에 있는 것 하나면 됩니다.

그것이 무엇이든 있는 그대로 아는 것이면 모든 복잡한 것들로부터 벗어날 수가 있습니다. 그래서 숫자에 걸려 복잡하게 생각할 것 없습니다. 수행은 단지 대상을 아는 것이고, 대상은 언제나 한 순간에 하나밖에 없으므로 있는 것을 알아차리면 됩니다. 수행은 단지 대상을 아는 마음과 모르는 마음 중에서 아는 마음을 선택하는 것입니다.

선하지 못한 마음의 작용에서 항상 함께 있는 마음의 작용 네 가지는 다음과 같습니다.

첫째, 어리석음입니다. 어리석음은 혼란함, 미혹 등의 뜻이 있습니다. 이것을 무명(無明)이라고 합니다. 어리석음의 반대가 지혜입니다. 그러므로 어리석음이란 모르는 것을 말합니다. 지혜는 알아서 번뇌를 끊지만, 어리석으면 몰라서 번뇌를 움켜줍니다. 모르기 때문에 좋은 것을 나쁘게 알고, 나쁜 것을 좋게 압니다. 그러니 그 결과가 어떻겠습니까?

어리석음은 선하지 못한 것의 근원이자 상징입니다. 그래서 불선심의 뿌리입니다. 어리석기 때문에 모든 불선한 행위가 일어납니다. 어리석음은 어두운 상태라서 무명이라고 합니다. 어리석기 때문에 대상의 본성을 덮어버리고 보지 않으려고 하며, 통찰하지 않습니다. 이러한 현상은 수행을 하지 않아서 나타나기 때문에 수행을 하면 지혜를 얻어서 어리석음인 미혹에서 벗어납니다.

주석서에서는 어리석음을 다음과 같이 말했습니다.

"어리석기 때문에 어리석고 혹은 어리석음 스스로 어리석고 혹은 단지 어리석기 때문에 어리석음이라고 한다. 어리석음의 특징은 마음이 어두운 상태이다. 혹은 지혜가 없음이다. 혹은 대상의 본성을 덮어버리는 역할을 한다. 바른 수행의 결여로 나타난다. 혹은 어두움으로 나타난다. 지혜가 없고 숙고함이 없는 것이 가까운 원인이다. 모든 선하지 못함의 뿌리라고 알아야 한다."

어리석음은 어리석음을 먹고 커집니다. 어리석음은 어리석음을 좋아합니다. 탐욕은 탐욕을 먹고 큽니다. 성냄은 성냄을 먹고 큽니다. 그러므로 모든 것들이 자가 발전하는 것입니다. 그래서 어리석은 자는 스스로가 어리석은지 알 수 없습니다. 그래서 누군가가 자신에 대해 충고를 해도 그것을 받아들이기 어렵습니다. 왜냐하면 그런 지혜가 없기 때문입니다. 그러므로 어리석지 않기 위해서는 단 하나 수행을 해야 합니다. 그리고 훌륭한 스승을 만나야 합니다. 그리고 좋은 도반을 사귀십시오. 그것이 조금씩 어리석음에서 벗어날 수 있는 길입니다.

둘째, 양심 없음입니다. 양심이 없는 것은 악한 행위를 부끄러워하지 않는 것입니다. 부끄러워하지 않기 때문에 선하지 못한 일을 혐오하지 않고 즐깁니다. 이에 반해 선한 마음을 가진 사람은 선하지 못한 일을 부끄러워합니다. 이것이 양심이 있는가, 없는가의 차이입니다.

주석서에서는 양심 없음을 다음과 같이 말했습니다.

"부끄러워하지 않아서 양심이 없는 자라고 한다. 양심이 없는 자의 상태를 양심 없음이라고 한다. 양심 없음은 몸으로 짓는 그릇된 행위들에 대하여 혐오하지 않는 특징이 있다. 혹은 부끄러움이 없는 것이 특징이다."

어리석으면 양심이 없고, 양심이 없다는 사실을 부끄러워하지 않는 것입니다.

셋째, 수치심 없음입니다. 수치심 없음은 선하지 못한 것을 두려워하지 않는 것입니다. 선하지 못한 일을 두려워하지 않으면 불선한 일을 싫어하지 않고 좋아합니다. 양심이 없고 수치심이 없다는 것은 선하지 못한 것을 혐오하지 않고 두려워하지 않습니다. 그래서 더 불선한 행동을 합니다. 자신과 다른 사람을 존중하지 않기 때문에 이런 행위를 합니다.

주석서에서는 수치심이 없음을 다음과 같이 말했습니다.

"두려워하지 않는다고 해서 수치심 없음이라고 한다. 수치심 없음은 그릇된 행위에 대하여 걱정하지 않는 특징이 있다. 혹은 두려워하지 않는 특징이 있다."

양심이 없는 것은 부끄러움이 없는 것이고, 수치심이 없는 것은 두려워하지 않는 것입니다. 그래서 어리석음은 매우 무지하고 용맹합니다. 그래서 무서운 것입니다. 이 세상에 어리석음보다 더 무서운 것이 어디 있겠습니까? 그래서 어리석음과 양심 없음, 수치심 없음이 함께 있다는 사실을 유념하여야 합니다.

넷째, 들뜸입니다. 들뜸은 고요하지 못하고 산만한 것입니다. 바람에 출렁거리는 물결처럼, 바람에 펄럭이는 깃발처럼 동요하는 상태입니다. 들뜨면 마음이 대상에 고요하게 머물지 못합니다. 그래서 마음이 끊임없이 표류합니다.

들뜸은 존재를 색계와 무색계에 붙들어 매는 족쇄입니다. 이것을 오상분결이라고 하는데, 색계에 대한 욕망, 무색계에 대한 욕망, 아만, 들뜸, 어리석음이 바로 그것입니다. 이상의 족쇄에서 벗어나기 위해서는 아라한이 되어야 합니다. 그러므로 아라한이 되기 전까지는 이상의 번뇌에서 벗어나기가 어렵습니다. 그러므로 수행자는 들뜸을 없애려고 하지 말고, 들떠서 산만한 상태를 알아차려서 약화시켜야 합니다. 이렇게 알아차리면 언젠가 아라한이 되어 들뜸에서 자유로울 수 있습니다.

인간은 늘 들떠 있습니다. 그러나 이것은 불가피한 것입니다. 그러니 들뜸에서 벗어나는 유일한 길은 '지금 들떠 있네!'라고 들떠 있는 사실을 객관적으로 다시 한 번 알아차리는 것입니다. 이것만이 들뜸에서 벗어나는 유일한 길입니다. 들뜸에서 벗어나려고 하지 말고 단지 들뜸을 알아차려야 합니다.

주석서에서는 들뜸을 다음과 같이 말했습니다.

"들뜬 상태가 들뜸이다. 이것의 특징은 바람에 출렁거리는 물처럼 고요하지 않음이다. 마치 바람에 부딪혀 흔들리는 깃발처럼 동요하는 역할을 한다. 마치 돌에 맞아 흩어지는 재처럼 산란한 움직임으로 나타난다. 마음의 동요에 대해 지혜가 없어 숙고하지 못하는 것이 가까운 원인이다. 마음의 산만함이라고 알아야 한다."

이상 네 가지가 선하지 못한 마음의 작용 중에 항상 함께 나타나는 것들입니다. 불선심이 있는 상태에서는 항상 어리석음, 양심 없음, 수치심 없음, 들뜸이 함께합니다. 그래서 이 힘은 강력합니다. 서로 연합해서 있기 때문에 잠재적 성향의 강한 힘을 가지고 있습니다. 그래서 선하지 못한 사람은 더욱 선하지 못한 행위를 합니다. 모르기 때문에 부끄러워하지 않고 두려워하지 않지만, 실제로 그 마음의 상태는 고요하지 못하고 항상 들떠 있습니다. 그리고 산만합니다. 그래서 고통을 겪으면서 살아야 합니다. 어리석음 하나가 양심 없음과 수치심 없음과 들뜸이라는 세 가지를 함께해서 네 가지가 작용할 때 이 힘은 거대합니다. 그래서 우리가 어리석음의 세계에서 벗어나기가 어려운 것입니다. 이것이 우리가 수행을 해야 되는 가장 필요한 이유입니다.

② 다양하게 결합하는 선하지 못한 마음의 작용 10가지

다음은 선하지 못한 마음의 작용 열 가지를 말씀드리겠습니다. 이것들은 다양하게 결합하는 마음으로, 때때로 나타나는 것들입니다. 이 열 가지는 각각 모여 있으면서 이것이 나타날 조건이 성숙될 때마다 나타납니다. 탐욕에 관한 것은 탐욕, 사견, 자만으로 이 세 가지는 함께 일어납니다. 그러나 이 탐욕, 사견, 자만은 항상 일어나는 것이 아니고, 이것들만 모여서 이러한 조건이 성숙될 때만이 이 세 가지가 함께 일어납니다.

가. 탐욕에 관한 것 3가지
다섯째, 탐욕입니다. 탐욕은 어리석음과 성냄과 함께 불선심의 대표적인 마음의 작용입니다. 이 세 가지를 삼독(三毒)이라고 합니다. 탐욕은 열의와 다릅니다. 탐욕은 대상을 원할 때 끈적끈적한 점액이 묻어 있고, 열의는 대상을 원할 때 끈적끈적한 점액이 없습니다. 탐욕은 집착하여 달라붙는 성품이 있고, 열의는 단지 대상을 원하는 정도의 성품을 가졌습니다.

주석서에서는 탐욕을 다음과 같이 말했습니다.

"탐욕 때문에 탐하고, 혹은 탐욕 스스로가 탐하고, 혹은 단지 탐하는 것이기 때문에 탐욕이라고 한다. 탐욕은 마치 끈끈이처럼 대상을 거머쥐는 특성을 가지고 있다. 마치 달구어진 냄비에 놓인 고깃덩어리처럼 달라붙는 역할을 한다. 마치 염색하는 안료처럼 버리지 않음으로 나타난다. 족쇄에 묶이게 될 대상들에

대해서 달콤한 것을 본 것이 가까운 원인이다. 탐욕이 갈애의 강물로 늘어나면서 마치 강물의 거센 물살이 큰 바다로 인도하듯이, 중생을 잡아서 악처로 인도하는 것을 알아야 한다."

12연기에서 윤회가 계속되는 것이 갈애를 일으키는 것입니다. 이 갈애가 바라는 마음입니다. 이 바라는 마음이 더 집착으로 발전하면 그것이 단순히 바라는 마음에서 욕망으로 변합니다. 현상계에서 생명을 이어가는 것이 바로 탐욕입니다. 물론 이 탐욕은 어리석음이 조정합니다. 그래서 모든 것의 근본원인은 어리석음과 탐욕이라고 알아야겠습니다. 누구나 괴로울 때는 그 괴로움의 원인이 바로 어리석음과 탐욕으로 인한 것입니다.

여섯째, 사견(邪見)입니다. 사견은 잘못된 견해입니다. 사견은 유신견, 상견, 단견이 있습니다. 자아가 있다는 견해와 항상 하고 영원하다는 견해와 죽으면 모든 것이 소멸한다는 견해입니다. 이 중에 '내가 있다'고 하는 유신견은 잘못된 견해의 표본입니다. 잘못된 견해를 가지고 있으면 자아를 강화하기 위해서 갈애를 일으켜 끝없는 윤회를 합니다. 그래서 완두콩알 만한 유신견이 있어도 열반을 성취할 수 없다고 말합니다.

주석서에서는 사견을 다음과 같이 말했습니다.

"사견 때문에 그르게 본다. 혹은 사견 스스로 그르게 보고, 단지 그르게 보기 때문에 사견이라고 한다. 이것의 특징은 이치에 어긋나는 고집이다. 집착하는 역할을 한다. 그릇된 고집으로 나타난다. 성스러운 제자들을 친견하고자 하지 않음 등이 가까운 원인이다. 이것이 가장 비난받아야 할 것이라고 알아야 한다."

모든 것의 근본원인이 어리석음과 탐욕입니다. 그러나 사실은 보이지 않는 또 다른 원인이 있습니다. 그것이 바로 사견입니다. 어리석음을 조정하는 것이 유신견인데, 그 유신견이 내가 있다고 하는 잘못된 사견에 속합니다.

일곱째, 자만(自慢)입니다. 자만은 자신을 높게 생각하는 것입니다. 거만하고 오만하고 교만한 것도 자만에 속합니다. 세상에는 세 가지 부류의 사람들이 있습니다. 남들보다 뛰어나거나 남과 동등하거나 남보다 못하다고 하는 생각입니다. 이러한 모든 생각이 자만입니다. 이 세 가지는 남들보다 뛰어나다고 하는 우월감에서 오는 자만, 남과 대등하다고 하는 동등함에서 오는 자만, 남보다 열등함에서 오는 자만이 있습니다. 남보다 열등하다고 자책하는 것도 하나의 자만에 속합니다. 이러한 자만은 도과를 성취해야 제거할 수 있으며, 아라한이 되어야 완전히 제거하게 됩니다.

주석서에서는 자만을 다음과 같이 말했습니다.

"자만의 특징은 오만함이다. 건방진 역할을 한다. 허영심으로 나타난다. 사견으로부터 분리된 탐욕이 가까운 원인이다. 광기가 이와 같다고 봐야 한다."

자만도 잘 쓰면 약이고, 못 쓰면 독입니다. 어느 의미로 우리가 적극적으로 무슨 일을 할 때 이러한 것들이 그대로 잘 반영된다면 잘못된 자만이 선한 열의로 바뀔 수 있을 것입니다. 이상으로 우리가 탐욕에 관계된 마음의 작용 세 가지를 살펴봤습니다.

나. 성냄에 관한 것 4가지

다음으로 성냄에 관한 것은 성냄, 질투, 인색, 후회, 이 네 가지가 함께 있습니다. 그러나 이 성냄은 항상 있는 것이 아니고 조건이 성숙될 때만 네 가지가 함께 모여서 일어납니다.

여덟째, 성냄입니다. 성냄을 빨리어로 도사(dosa)라고 하는데 타락, 부패, 결점, 잘못이라는 뜻과 함께 화, 성냄, 분노, 미움, 진심(嗔心)이라는 뜻이 함께 있습니다. 여기서 '진심'이라고 했을 때 한문으로 '참 진(眞)'을 연상하여 진실한 마음이라고 잘못 이해할 우려가 있는데 여기서는 성냄이라고 말합니다. 한문으로 성냄을 뜻하는 진심은 성낼 진(嗔) 또는 눈 부릅뜰 진(瞋)을 사용합니다.

성냄은 탐욕, 성냄, 어리석음이라는 세 가지 선하지 못한 마음의 작용 중에 하나입니다. 성냄은 선하지 못할 때 가장 두드러지게 나타납니다. 성냄을 뒤에서 조종하는 것이 탐욕입니다. 다시 탐욕을 뒤에서 조종하는 것이 어리석음입니다. 다시 어리석음을 뒤에서 조종하는 것이 바로 어리석음입니다. 그래서 어리석어서 어리석은 것입니다. 이런 이유로 어리석음을 선하지 못한 마음의 뿌리라고 하는 것입니다. 그러나 사실 어리석음 뒤에는 눈에 보이지 않는 것들이 도사리고 있습니다. 그것이 바로 사견인 유신견이라고 알아야 합니다. 유신견의 반대는 무아입니다. 그래서 우리가 '내가 있다'고 하는 자아라는 유신견과 '내가 없다'고 하는 무아가 바로 최고의 지혜를 결정한다는 사실을 유념해야 합니다.

주석서에서는 성냄을 다음과 같이 말했습니다.

"그중에 그것 때문에 생기거나 혹은 그것 스스로 성내고 혹은 단지 성내는 것이기 때문에 성냄이라고 한다. 그것은 마치 두드려 맞은 독사처럼 잔인함을 특징으로 한다. 그것은 마치 한 방울의 독처럼 퍼지는 역할을 한다. 혹은 자기 의지처를 태우는 역할을 한다. 마치 숲 속의 불처럼 성내고 있음으로 나타난다. 마치 기회를 포착한 원숭이처럼 성을 낼 대상이 가까운 원인이다. 이것은 독소가 섞인 오줌과 같다고 알아야 한다."

우리는 늘 화를 냅니다. 그러나 자기가 화를 내고 있는지 모릅니다. 늘 화를 내는 것은 가장 천박한 행위입니다. 그 천박한 행위를 조종하는 것이 바로 탐욕이고, 그 탐욕이 바로 어리석음 때문이라는 사실을 이제 알았습니다.

아홉째, 질투입니다. 질투는 남이 잘되는 것을 시샘하고, 자신이 잘된 것을 나누어 갖지 않는 것을 말합니다. 다른 사람의 공적이나 위신, 재물의 풍요로운 번영을 시기하는 성품을 질투라고 합니다. 질투는 남이 잘된 것을 시샘하는 것뿐이 아니고, 자기가 잘된 것조차도 나누어 갖지 않는 편협한 마음의 작용입니다.

주석서에서는 질투를 다음과 같이 말했습니다.

"질투함이 질투이다. 그것은 타인의 성공을 시기하는 특징이 있다. 그것을 좋아하지 않는 역할을 한다. 그것을 혐오하는 것으로 나타난다. 타인의 성공이 가까운 원인이다. 그것은 족쇄로 보아야 한다."

사돈이 논을 사서 배가 아픈 것이 아니고 사돈이 논을 사서 기뻐해야 합니다. 사돈이 논을 사서 한 턱 내라고 하지 말고, 사돈이 논을 샀으니까 얼마나 힘이 들었느냐고 이쪽에서 사돈을 대접해야 합니다. 이것이 질투가 없는 마음입니다. 그러면 그 사돈은 얼마나 감사하겠습니까? 이것이 아름다운 마음입니다.

열째, 인색입니다. 인색은 자신이 가진 것이 다른 사람에게 생기지 말기를 바라는 마음의 작용입니다. 인색하면 자신의 부귀영화가 다른 사람과 연관되는 것을 참지 못합니다. 인색하기 때문에 남과 나누지도 못할 뿐만 아니라 자신을 위해서도 사용하지 않습니다. 인색하면 살아서도 아귀로 살고, 죽어서도 아귀로 태어납니다. 그러니 있는 것을 먹지도 못하는 이 어리석음이 얼마나 어리석은 것입니까?

주석서에서는 인색을 다음과 같이 말했습니다.

"인색한 상태가 인색이다. 그것은 이미 얻었거나 얻게 될 자기의 성공을 숨기는 특징이 있다. 다른 사람과 그것을 나누어 갖는 것을 참지 못하는 역할을 한다. 움츠림으로 나타난다. 혹은 쓰디쓴 상태로써 나타난다. 자기의 성공이 가까운 원인이다. 이것은 정신적으로 추한 꼴로 보아야 한다."

인색해서 얻은 성공은 성공이 아닙니다. 그것은 쓰디쓰고, 그 자체가 움츠림입니다. 누가 볼까 두려워하는 것은 가진 것이 아닙니다. 가진 것을 함께 나누어 가질 수 있을 때만이 그것이 진실로 자기 것이 됩니다. 그러나 남과 자기에게 모두 인색하다면 그것은 가진 것이 아닙니다. 남에게는 베풀고 자신에게 인색한 것도 인색한 것입니다. 자신에게 인색하면서 남에게 베풀 때는 무엇인가 이익을 얻기 위해서 베푸는 것이지 진실로 베푸는 것이 아닐 수 있습니다. 근면하게 사는 것과 인색하게 사는 것은 다릅니다. 살면서 인색하면 살면서도 아귀로 살고 죽어서는 아귀로 태어납니다.

열한 번째, 후회입니다. 후회는 질책, 회한을 갖는 것을 말합니다. 후회는 선하지 못한 행위를 한 뒤에 선하지 못한 행위를 한 것을 뉘우치고 질책하는 것입니다. 그래서 이미 행한 선하지 못한 대상을 혐오하고, 행하지 않은 선행을 대상으로 혐오하는 것을 후회라고 합니다. 후회는 허용된 것을 허용되지 않은 것으로, 범하지 않은 것을 범한 것으로 또 그 반대의 경우로 잘못하는 것, 이러한 모든 것에 대하여 걱정하거나 이것을 안절부절못하거나 지나치게 세심하게 생각하는 것입니다. 또 양심의 가책을 느끼거나 그래서 상심하는 모든 것이 모두 포함됩니다.

후회는 세 가지 유형이 있습니다. 첫째, 선하지 못한 마음의 작용에서 후회하는 것입니다. 둘째, 점잖지 못한 가벼운 행동을 하고 후회하는 것입니다. 셋째, 계율에 관한 의문을 갖는 것입니다. 여기서 불선의 마음의 작용으로 간주되는 후회는 첫 번째입니다.

나머지 두 번째와 세 번째는 불선의 마음의 작용에 속하지 않습니다. 가령 뜻하지 않게 사소한 실수를 하는 행동을 했다면 그것은 불선한 마음의 작용이 아닙니다. 그리고 계율을 지켜야 할 때 아직 자기의 지혜가 미치지 못해서 과연 꼭 이 계율을 지켜야 하는가, 의문을 갖는 것도 불선한 마음의 작용에 속하지 않습니다. 그러한 무수한 불선의 마음의 작용을 모두 불선행이라고 한다면 우리는 견딜 수가 없을 것입니다.

후회는 수행을 하면 나타나는 법념처의 다섯 가지 장애 중에 네 번째에 속합니다. 다섯 가지 장애의 네 번째가 들뜸과 후회입니다. 들뜸과 후회는 알아차리는 마음을 덮어버려 지혜가 나지 못하도록 합니다. 그래서 후회는 아무리 해도 개선되지 않는 선하지 못한 마음의 작용입니다. 우리는 후회가 선하지 못한 것이라는 것을 유념해야 합니다. 후회는 과거에 이루지 못한 것을 아쉬워하는 욕망입니다. 그래서 참회하는 것과 다릅니다. 지나간 일을 후회할 것이 아니고 지나간 것에 집착하는 마음을 알아차려야 합니다. 그래서 과거로부터 현재로 돌아와서 후회하는 것을 알아차려야 합니다. 현재로 오지 않으면 과거의 회한과 미래의 두려움으로 선한 마음을 갖기가 어렵습니다.

주석서에서는 후회를 다음과 같이 말했습니다.

"악한 것을 행했음이 악행을 했음이다. 그것의 상태가 후회다. 나중에 속을 태우는 특징이 있다. 좋은 일을 행하지 않는 것과 나쁜 일을 행하는 것을 슬퍼하는 역할을 한다. 뉘우침으로 나타난다. 행하고 행하지 않음이 가까운 원인이다. 노예근성과 같다고 보아야 한다."

누구나 늘 후회하면서 삽니다. 그리고 자탄합니다. 이것이 불선한 마음의 작용이라는 사실을 알아야 하겠습니다. 후회한다고 무엇이 개선되지 않습니다. 그것은 이루지 못한 것을 아쉬워하는 욕망이며 성냄입니다. 지금까지 우리가 수많은 후회를 했지만 그것은 강물처럼 흘러가버리고 그리고 새로운 것은 오지 않습니다. 후회는 단지 후회를 낳을 뿐입니다. 그래서 스스로를 자책하고 비하하고 결과적으로 충만한 에너지를 소모하게 만듭니다. 우리가 후회를 하면서 살아왔지만 돌이켜보면 후회를 해서 얻은 것이 무엇인가요? 그래서 후회는 단지 후회로 그칠 뿐입니다. 왜 그럴까요? 후회는 불선마음의 작용이기 때문입니다. 그래서 후회를 하면 할수록 후회하는 것을 좋아해서 후회하는 것으로 그치고 맙니다. 이제 후회할 때는 '지금 내가 후회하고 있네!'라고 후회하고 있는 마음을 대상으로 알아차려야 하겠습니다. 그런 뒤에 가슴으로 와서 두근거리는 느낌이나 호흡을 알아차리는 것이 위빠사나 수행입니다.

다. 게으름에 관한 것 2가지
해태에 관한 것은 해태와 혼침 두 가지입니다. 이 두 가지는 함께 일어납니다. 그러나 해태와 혼침은 항상 있는 것이 아니고 조건이 성숙될 때만 일어납니다.

열두 번째, 해태입니다. 열세 번째, 혼침입니다. 해태는 마음이 무기력하고 건강하지 못한 상태입니다. 그래서 이 상태에서는 노력을 하지 않습니다. 혼침은 마음의 작용인 수, 상, 행이 각각의 기능을 하는 것을 방해하는 일을 합니다. 해태가 마음을 억누르고 활기차지 못하게 방해하는 것처럼 혼침도 마음의 작용이 결합하여 활기차지 못하게 방해합니다. 그러나 해태와 혼침의 두 가지 방해는 그 대상이 서로 다릅니다. 하지만 일반적으로 해태와 혼침은 같은 뜻으로 말하고 있습니다.

해태와 혼침은 법념처의 다섯 가지 장애 중에 세 번째에 속합니다. 장애는 수행을 시작하면 나타나는 손님입니다. 그래서 이것은 없애야 할 대상이 아니고, 단지 나타난 손님이므로 알아차려야 할 대상입니다. 그래서 수행은 장애 없이는 발전할 수 없다는 사실을 전제로 시작해야 합니다. 그러므로 법념처에서 가장 먼저 다섯 가지 장애를 알아차릴 대상으로 삼았습니다. 해태와 혼침이 장애인 이유는 이것이 바로 알아차림을 덮어버리기 때문입니다. 이런 해태와 혼침으로부터 벗어날 수 있는 가장 좋은 방법은 이것을 대상으로 알아차리는 것입니다. 그러나 이미 이것들이 알아차림을 약화시켰기 때문에 스스로 힘을 내기가 어려워서 때로는 다른 방편을 사용할 수도 있습니다. 그러나 결국은 해태와 혼침을 대상으로 알아차리는 것이 가장 바른 방법입니다.

해태와 혼침은 스스로를 자양분으로 삼아서 더 커집니다. 수행을 하면 나른하고 권태롭고, 하품과 식곤증, 까라짐, 졸음이 나타나기 마련입니다. 이때 이런 대상을 있는 그대로 알아차리지 못하면 이것들 스스로가 일어난 것을 영양으로 삼아서 더 커집니다. 그러므로 외부에서 이것들을 키우는 것이 아니고 자체의 힘으로 더 커지는 것입니다. 이때 적절한 알아차림이 필요합니다. 이런 현상들로부터 벗어나려고 하면 벗어나려고 할수록 이것들은 더 깊어집니다. 모든 일들이 다 이렇습니다. 알아차리는 힘은 약하고 지금까지 가지고 있던 것들의 힘은 강합니다. 그래서 수행을 한다는 사실이 그렇게 쉬운 일이 아닌 것입니다. 전에 없던 새로운 습관을 만든다는 것은 항상 각별한 의지와 노력이 필요합니다.

해태와 혼침을 극복하는 방법은 여러 가지가 있습니다. 그러나 무엇보다도 먼저 알아차림을 강화해야 합니다. 대상으로부터 벗어나려고 싸우거나 대상에 빠져서는 안 되고, 나타난 대상을 있는 그대로 알아차려야 합니다. 나타난 대상을 없애려고 하거나 다른 것을 찾으면 있는 장애가 더 강해집니다. 그러므로 나타난 대상을 있는 그대로 받아들여서 알아차리는 것들이 가장 좋은 방법입니다. 왜냐하면 그것들은 와서 보라고 나타난 법이기 때문입니다. 그러나 누구나 와서 보라고 나타난 법을 와서 보지 않고 그것들을 없애려 하거나 그것에 빠져버립니다.

붓다께서 졸음이 올 때의 방법에 관하여 목갈라나 존자에게 하신 법문이 있습니다.

"목갈라나여, 졸리는가? 목갈라나여, 지금 졸고 있는가?"

"네, 세존이시여, 그렇습니다."

"오! 목갈라나여, 어떤 생각을 하다가 혼침이 그대를 덮치면 그 생각에 더 이상 주의를 기울이지 말아야 한다. 그 생각을 더 이상 하지 말아야 한다. 그러면 혼침이 사라질 수 있다. 그러나 만약에 그렇게 해도 혼침이 사라지지 않으면 그대가 배운 법을 마음속으로 떠올려 생각하고 되새겨야 한다. 그러면 혼침이 사라질 수 있다. 그렇게 해도 혼침이 사라지지 않으면 그대가 이미 듣고 배운 법을 모두 세세하게 암송해야 한다. 그러면 혼침이 사라질 수 있다.

그래도 혼침이 사라지지 않으면 귓불을 잡아당기고 손바닥으로 팔다리를 문질러라. 그러면 혼침이 사라질 수 있다. 그래도 혼침이 사라지지 않으면 자리에서 일어나 물로 눈을 씻고, 사방을 둘러보고 하늘의 별을 쳐다보라. 그러면 혼침이 사라질 수 있다. 그래도 혼침이 사라지지 않으면 빛에 대한 알아차림을 확립하고, 낮에 그렇게 했듯이 밤에도, 밤에 그렇게 했듯이 낮에도, 같은 방법으로 맑고 트인 마음으로 밝음에 가득 찬 의식을 계발하라. 그러면 혼침이 사라질 수 있다.

그래도 혼침이 사라지지 않으면 감각을 안으로 돌이켜 마음이 밖으로 향하지 않도록 한 채 앞과 뒤를 똑바로 알아차리면서 왔다 갔다 걸어라. 그러면 혼침이 사라질 수 있다. 그래도 혼침이 사라지지 않으면 곧 일어나겠다는 생각을 간직한 채 알아차림과 분명한 앎을 하면서 두 발을 포개어 오른쪽이 바닥에 가도록 조심스럽게 누워라. 이렇게 자다가 다시 깨어나는 대로 내가 눕거나 기대는 즐거움이나 잠자는 즐거움에 빠지지 않으리라 생각하면서 빨리 자리에서 일어나라. 목갈라나여, 이렇게 스스로 단련하라.”

이상이 붓다께서 말씀하신 혼침에 대한 가르침입니다. 예나 지금이나 졸음은 누구에게나 있는 알아차릴 대상입니다. 이것을 뛰어넘지 않고서는 누구도 수행을 계속할 수가 없습니다.

『상윳따니까야(Saṃyutta-Nikāya)』에서는 해태와 혼침을 다음과 같이 말했습니다.

“여기 통 속에 물이 있어 이끼와 풀로 덮여 있다면 정상적인 시력을 가진 사람이라도 거기에 비친 자기의 얼굴을 제대로 알아볼 수 없을 것이다. 마찬가지로 어떤 사람이 해태와 혼침에 사로잡혀 짓눌려 있을 때 그는 이미 일어난 해태와 혼침으로부터 벗어날 길을 제대로 볼 수 없을 것이다. 그리하여 그는 자신의 행복도, 남의 행복도 그리고 자신과 남의 행복도 올바로 이해하거나 보지 못할 것이다. 이미 오래전에 마음에 새겨둔 가르침도 상기하지 못할 것이다. 하물며 새기지 않은 것들이야 오죽하겠는가?”

이 가르침도 사실은 우리가 알아차려야 할 것은 자신의 정신과 물질이며, 그것이 어떤 상황에 있든 있는 그대로 알아차려야 하는 것을 말합니다.

주석서에서는 해태와 혼침을 다음과 같이 말했습니다.

“나태함이 해태이고, 무기력함이 혼침이다. 분발심이 없어 무기력하고, 활기가 없어 피로하다는 뜻이다. 해태와 혼침이 하나로 되어 있으나 두 가지로 분리되어야 한다. 그중에 해태는 분발함이 없는 특징이 있다. 마음의 문을 덮어버리는 역할을 한다. 처지는 것으로 나타난다. 혼침은 일에 적합하지 못한 특징이 있다. 마음의 문을 덮어버리는 역할을 한다. 게으름으로 나타난다. 혹은 졸음과 수면으로 나타난다. 권태, 하품 등에 대해 마음을 숙고하는 지혜가 없는 것이 이 두 가지의 가까운 원인이다."

라. 기타 1가지

열네 번째, 의심입니다. 의심은 항상 있는 것이 아니고 조건이 성숙될 때만 일어납니다. 의심은 회의적 의심으로 붓다와 붓다의 가르침과 승가에 대해서 의심을 하는 것입니다. 그래서 불법승 삼보에 대해서 의심하는 것입니다. 의심은 또 다른 것들이 있습니다. 계율, 전생, 내생, 전생과 내생, 연기에 대한 의심이 있습니다. 이처럼 의심은 마음을 이리저리로 굴리는 것입니다. 그래서 마음이 혼란스러운 상태를 뜻합니다.

알아차림을 확립하는 수행의 법념처의 다섯 가지 장애인 마지막이 바로 회의적 의심입니다. 의심을 제거하기 위해서는 12연기의 원인과 결과를 알아야 합니다. 원인과 결과를 아는 지혜가 나면 다음 단계로 현상을 아는 지혜가 계발됩니다. 그래서 의심이 제거되지 않으면 도과를 성취할 수 없습니다.

의심이 의심을 키우는 자양분입니다. 그래서 의심이 의심을 먹고 자랍니다. 의심을 일으키는 것은 지혜가 없기 때문이며, 대상에 마음을 기울이지 못하기 때문입니다. 그래서 의심은 아직 생겨나지 않은 의심을 생기도록 조장하며, 이미 생겨난 의심을 더 키워서 계속 의심합니다. 의심이 있는 사람은 아무리 바른 답을 말해 주어도 받아들이지 않습니다. 또 의심을 하기 때문입니다. 의심을 하는 사람은 의심을 하는 것을 좋아하기 때문에 어떤 경우에도 답을 얻으려 하지 않고 계속 의심을 키웁니다. 그래서 의심하는 것을 즐기는 것입니다. 이런 사실들을 우리가 유념해야겠습니다. 그러므로 의심을 할 때는 '지금 의심하고 있네' 하고 알아차려야 합니다. 그런 뒤에 다른 대상을 알아차리면 의심이 일시적으로 소멸합니다. 자신이 수행을 해서 얻은 지혜의 정도에 따라 의심이 사라질 것입니다.

『상윳따니까야』에서는 의심을 다음과 같이 말했습니다.

"여기 한 통의 흙탕물을 휘저어 어두운 곳에 두었다면 정상적인 시력을 가진 사람이라도 거기에 비친 자기의 얼굴을 제대로 알아볼 수 없을 것이다. 마찬가지로 어떤 사람의 마음이 의심에 쌓여 짓눌려 있을 때 그는 이미 일어난 의심으로부터 벗어날 길을 제대로 볼 수 없을 것이다. 그리하여 그는 자신의 행복도, 남의 행복도 그리고 자신과 남의 행복도 올바로 이해하거나 보지 못할 것이다. 또한 이미 오래전에 마음에 새겨둔 가르침도 상기하지 못할 것이다. 하물며 새기지 않은 것들이야 오죽하겠는가?"

주석서에서는 의심을 다음과 같이 말했습니다.

"치료하려는 바람이 없는 것이 의심이다. 이것은 회의하는 특징이 있다. 흔들리는 역할을 한다. 결정하지 못함으로 나타난다. 혹은 불분명하게 파악함으로써 나타난다. 지혜가 없어 마음을 숙고하지 못함이 가까운 원인이다. 수행을 하는 데 방해가 된다고 보아야 한다."

이상 선하지 못한 마음의 작용은 모두 열네 가지입니다. 이것들은 모두 불선행입니다. 그중에 어리석음, 양심 없음, 수치심 없음, 들뜸은 선하지 못한 마음의 작용이 일어날 때마다 항상 있는 마음의 작용입니다. 그리고 탐욕과 함께 있는 마음의 작용 세 가지, 성냄과 함께 있는 마음의 작용 네 가지, 해태와 함께 있는 마음의 작용 두 가지, 그리고 의심 한 가지는 각각 일어날 만한 조건이 성숙되었을 때만 일어납니다.

선하지 못한 마음의 작용은 하나만 있는 것이 아닙니다. 이것들이 무리지어서 서로 일어나고 서로 결합합니다. 그래서 한 가지 선하지 못한 마음이 일어날 때 우리는 그 한 가지 선하지 못한 마음의 작용으로 인해서 다른 선하지 못한 마음의 작용을 끌어들여서 함께 힘을 키웁니다. 그러면 더욱 선하지 못한 마음의 작용 쪽으로 가속도가 붙습니다. 그래서 우리는 항상 알아차려서 단 하나의 선하지 못한 마음의 작용이 일어나지 않도록 노력해야 하겠습니다.

(3) 깨끗한 마음의 작용 25가지

지금까지 마음의 작용의 첫 번째 그룹인 기본적인 마음의 작용 13가지와 두 번째 그룹인 선하지 못한 마음의 작용 14가지를 말씀드렸습니다. 이제 세 번째 그룹인 깨끗한 마음의 작용 25가지를 말씀드리겠습니다.

깨끗한 마음의 작용은 마음을 청정하게 하는 작용이라서 깨끗한 마음의 작용이라고 합니다. 그래서 이것은 선한 마음의 작용입니다. 바꾸어 말하면 선행을 의미합니다. 깨끗한 마음의 작용은 모두 25가지이지만 그중의 19가지는 선한 마음이 일어날 때마다 19가지가 연관되어 함께 일어나는 마음의 작용입니다. 그래서 이들 19가지의 마음의 작용은 항상 함께 있습니다. 물론 선한 마음의 작용이 얼마나 계발되었는가는 사람마다 다르겠지만 선할 때는 이러한 마음의 작용을 공통적으로 가지고 있습니다. 이상의 19가지 외에 절제와 함께 있는 마음의 작용 3가지와 무량과 함께 있는 마음의 작용 2가지와 미혹 없음의 마음의 작용 1가지가 있습니다. 이들 마음의 작용이 성숙되면 다시 작은 그룹끼리 모여서 함께 결합하여 일어납니다. 깨끗한 마음의 작용 25가지에 대해서 알아보겠습니다.

깨끗한 마음의 작용은 25가지 선행을 의미합니다. 믿음, 알아차림, 양심, 수치심, 탐욕 없음, 성냄 없음, 중립, 감관의 평온, 마음의 평온, 감관의 경쾌함, 마음의 경쾌함, 감관의 부드러움, 마음의 부드러움, 감관의 적합함, 마음의 적합함, 감관의 능숙함, 마음의 능숙함, 감관의 바름, 마음의 바름, 정어, 정업, 정명, 연민, 기쁨, 지혜의 능력입니다.

① 깨끗한 마음과 연관된 마음의 작용 19가지

깨끗한 마음의 작용 중에서 선한 마음의 작용이 일어날 때마다 19가지가 연관되어 함께 일어나는 것들은 다음과 같습니다. 그러니까 선행 하나가 일어나면 19가지가 함께 일어난다는 사실을 유념해야 하겠습니다.

첫째, 믿음입니다. 믿음은 붓다와 붓다의 가르침과 승가라는 삼보에 대한 믿음입니다. 불교의 믿음은 맹목적인 믿음이 아니고, 알아차림을 가지고 대상을 탐구해 보고 난 뒤에 얻는 확신에 찬 믿음입니다. 그래서 이때의 믿음을 신뢰할 만한 믿음이라고 말합니다. 맹목적 믿음은 사교의 위험이 있지만 대상을 탐구해 보고 나서 확신에 찬 믿음을 가지면 맹신에 빠지지 않고 오히려 지혜를 계발할 수 있습니다. 몸과 마음에 나타난 대상은 항상 와서 보라고 말하고 있습니다. 와서 보라고 나타난 대상을 개입하지 않고 알아차리면 가르침에 대한 진리를 알 수 있습니다. 그러면 그때 확신에 찬 믿음을 갖는 것이 순서입니다. 그래서 처음부터 무조건 믿어서는 안 됩니다. 이러한 믿음이 진실한 것이며, 이런 진실한 믿음을 바탕으로 해야 노력과 알아차림과 집중력이 생깁니다.

수행을 할 때 먼저 오근(五根)을 바르게 수행을 하면 오력(五力)이 생겨서 수행이 발전하게 됩니다. 이때 다섯 가지 근기를 앞에서 이끄는 것이 바로 믿음입니다. 그리고 노력, 알아차림, 집중, 지혜가 뒤따릅니다. 처음에 믿음이 앞에서 이끌면 노력을 하게 되고, 노력을 해야 비로소 알아차릴 수가 있습니다. 그리고 알아차림이 지속되어야 집중이 됩니다. 이러한 집중의 상태에서만 비로소 지혜가 생깁니다. 이렇게 해서 생긴 지혜는 오력이 되어 앞에서 믿음과 함께 수행을 이끌게 됩니다. 그래서 믿음은 수행의 시작입니다.

주석서에서는 믿음을 다음과 같이 말했습니다.

"이것은 스스로가 믿고 혹은 단지 믿기 때문에 믿음이라고 한다. 그것의 특징은 믿는 것이다. 혹은 신뢰하는 것이다. 깨끗하게 하는 역할을 한다. 마치 물을 정화하는 보석처럼. 혹은 믿음으로써 대상에 들어가는 것이다. 마치 홍수를 건너는 것처럼. 더럽지 않음으로 나타난다. 혹은 결심으로 나타난다. 믿을 만한 대상이 가까운 원인이다. 혹은 정법을 듣는 등 수다원의 조건이 가까운 원인이다. 이것은 재산과 씨앗처럼 보아야 한다."

주석서인 『청정도론』의 설명은 대상의 특징과 역할과 나타남과 가까운 원인을 밝히고 있습니다. 이러한 사실을 유념하면 이것들을 통하여 여기서 말하고자 하는 핵심이 무엇인지 파악할 수 있을 것입니다. 또 주석서의 내용은 하나같이 단순한 내용을 반복하고 있는 것들입니다. 예를 들어 위에서 밝힌 것처럼 "단지 믿기 때문에 믿음이라고 부른다. 그것의 특징은 믿는 것이다"라는 식의 말이 앞으로도 계속 반복됩니다. 이때 이 말이 의미하는 것이 있습니다. 여기서 대상을 단순하게 있는 그대로 보는 시각을 키워야 합니다. 이런 표현이 별것 아닌 것 같아도 대상을 파악하는 데 깊은 의도가 있습니다. 수행자는 드러난 대상을 단순하게 있는 그대로 지켜봐야 합니다. 여기에 어떤 선입관이나 다른 의도를 개입시켜서는 안 됩니다. 위빠사나 수행은 항상 나타난 대상이 와서 보라고 하므로 그냥 알아차려야 합니다. 이렇게 개입하지 않고 알아차려야 비로소 객관적인 시각이 생겨 대상의 성품을 알 수 있습니다. 그러므로 여기서 말하는 단순한 구절들은 단순함의 의미를 뛰어넘어 그냥 있는 그대로 모든 것을 지켜보라는 의미를 가지고 있습니다. 그래서 수행은 단순하게 알아차려야지 복잡하게 알아차려서는 결코 안 됩니다. 또한 원인을 알려고 해서도 안 됩니다. 원인은 알아차린 결과로 자연스럽게 오는 것이어야 합니다. 만약 원인을 알려고 하면 그 순간 알아차림을 놓치고 사유에 빠집니다.

둘째, 알아차림입니다. 알아차림을 빨리어로 사띠(sati)라고 합니다. 한문으로는 염(念)이라고 합니다. 이때의 염은 생각할 염(念)입니다. 그러나 생각하라는 것이 아니고 마음을 일으켜 대상에 보내는 것을 말합니다. 알아차림은 마음이 아닙니다. 마음의 작용인 행에 속합니다. 이때 행이란 마음을 대상에 보내는 것이고, 이것을 다시 마음이 아는 것입니다. 그래서 마음을 대상에 보내는 것은 오온의 행(行)에 속하고, 부딪쳐서 아는 것은 오온의 식(識)입니다.

알아차림이란 기억과 알아차림의 두 가지 뜻을 함께 가지고 있습니다. 알아차림에서 말하는 기억에 대한 오해가 있습니다. 여기서 말하는 기억은 이미 지나간 것을 떠올리는 그런 기억을 말하지 않습니다. 알아차림에서 말하는 기억은 목전에 나타난 것을 잊지 않고 기억하여 알아차리는 것을 말합니다. 다시 말하면 현재 여기로 와서 있는 것을 대상으로 알아차리는 기억을 하는 것을 의미합니다. 이것을 현전(現前)하는 기억이라고 말합니다. 이때의 기억은 과거를 회상하는 그런 기억이 아니고, 붓다의 법에 대한 선업과 관련된 것들을 잊지 않고 기억하는 것입니다. 그리고 현재 가지고 있는 알아차릴 대상을 사라지지 않도록 돌보고 기억하는 것입니다. 그래서 알아차리지 못할 때는 알아차리는 것을 기억하여 알아차리고, 알아차릴 때는 알아차리는 것을 잊지 않고 기억하여 알아차림을 지속해야 합니다. 기억과 알아차림이 하나가 되어야 올바른 수행을 할 수가 있습니다.

알아차림은 번뇌를 막아서 보호하기 때문에 계율을 지키는 행위입니다. 그래서 알아차리면 계청정이 이루어집니다. 위빠사나라고 할 때 '위(vi)'는 다르다, 분리하다, 라는 뜻으로 대상을 객관적으로 분리하는 것을 말합니다. 그러므로 주관적 관점이 개입되어서는 안 됩니다. 이렇게 분리하지 않으면 탐욕과 성냄과 어리석음으로 대상을 보게 됩니다. 그래서 위빠사나 수행은 사마타 수행과 달리 대상과 하나가 되지 않습니다. 그리고 '위' 다음에 있는 '빠사나(passnā)'라는 말은 통찰한다는 뜻과 지속적으로 알아차린다는 뜻이 함께 있습니다. 이처럼 위빠사나의 통찰은 그냥 알고 마는 것이 아니고, 지속적으로 아는 것까지를 포함합니다. 이때 지속적으로 알아차리기 위해서 바로 기억이 필요한 것입니다. 불교에서는 팔만사천법문을 알아차림 하나라고 합니다. 팔만사천법문을 줄이면 37조도품이고, 다시 37조도품을 줄이면 팔정도고, 팔정도를 줄이면 계정혜 삼학이고, 계정혜를 줄이면 바로 알아차림 하나입니다. 이처럼 수행자는 항상 알아차림 하나만 가지고 있으면 됩니다.

주석서에서는 알아차림을 다음과 같이 말했습니다.

"알아차림은 마음이 들뜸으로 치우치는 믿음, 정진, 통찰지로 인해 들뜸에 빠지는 것을 보호하고, 게으름으로 치우치는 집중으로 인해 게으름에 빠지는 것을 보호한다. 그러므로 이 알아차림은 모든 요리에 맛을 내는 소금과 향료처럼, 모든 정치적인 업무에서 일을 처리하는 대신처럼 모든 곳에서 필요하다."

붓다께서는 "알아차림은 모든 곳에서 유익하다. 무슨 이유인가? 마음은 알아차림에 의지하고, 알아차림은 보호로써 나타난다. 알아차림이 없이는 마음의 분발과 절제함이 없다"라고 설하셨습니다. 팔정도에서 바른 알아차림이 한문으로는 정념(正念)입니다. 이때의 정념을 빨리어로 '삼마사띠(sammāsati)'라고 합니다. 접두사 '삼마(sammā)'는 한문으로 바를 정(正) 자를 쓰는데, 빨리어의 뜻은 적절하게, 정확하게, 철저하게라는 말입니다. 이 말을 좀 더 구체적으로 살펴보면 '삼마'의 뜻은 '알아차림이 있는 것'을 말합니다. 그래서 팔정도의 '정(正)'은 모두 '알아차림이 있는'이라는 의미를 가지고 있습니다. 그래서 바른 견해는 알아차림이 있는 견해, 바른 사유는 알아차림이 있는 사유 그리고 정어(正語)는 알아차리면서 하는 말, 정업(正業)은 알아차리면서 하는 행위, 정명(正命)은 알아차림이 있는 직업을 말합니다. 이처럼 우리가 팔정도의 바를 정(正) 자가 모두 알아차림이라는 사실을 안다면, 불교의 모든 법문을 하나로 종합한다면 그것이 알아차림이라는 사실을 알 수 있습니다. 무슨 일을 하거나 알아차리면서 하면 먼저 계율을 지키고, 계율을 지키므로 청정해져서 고요함을 얻습니다. 그리고 고요함의 상태에서 지혜가 납니다. 이것이 팔정도의 계정혜입니다.

알아차려야 모든 일에 적절할 수 있으며, 알아차려야 정확하게 겨냥하며, 알아차려야 대상을 분명하게 철저하게 알 수 있습니다. 알아차림은 항상 대상과 함께 있어야 합니다. 그때의 대상을 법이라고 합니다. 수행자는 기본적으로 네 가지 대상을 알아차립니다. 몸, 느낌, 마음, 법입니다. 이것이 사념처 수행입니다. 그때의 법이란 몸과 마음에 나타난 모든 대상을 말합니다. 그래서 대상이 없으면 알아차리지 않는 것이고, 수행을 하지 않는 것입니다. 대상과 알아차림과 아는 마음 이 세 가지가 있어야 비로소 수행을 하는 것입니다. 『대념처경』이 바로 이 네 가지 대상을 알아차리는 수행입니다.

알아차림은 대상이 나타나면 나타난 즉시 알아차려야 합니다. 알아차림은 현장성과 즉시성이 있어야 합니다. 그리고 대상과 일치성이 있어야 합니다. 현장성과 즉시성이란 일어난 곳에서 일어난 즉시 알아차리는 것을 말합니다. 그렇지 않고 대상이 나타나는데 조금 있다가 알아차리면 결코 안 됩니다. 그것은 이미 과거로 흘러간 것이라서 생각하는 것이지 알아차리는 것이 아닙니다. 만약 뒤따라가면서 알아차린다면 그 사이에 빠르게 번뇌가 침투할 것입니다. 일어난 곳에서 일어난 순간에 일어난 대상을 알아차리는 것은 뜨거운 것으로서 이런 뜨거움 속에서 지혜가 납니다. 그것만이 실재하는 현상입니다. 그리고 일치해야 한다는 것은 만약 호흡을 알아차릴 때는 대상도 호흡이어야 하고, 알아차림도 호흡을 겨냥해야 하고, 아는 마음도 오직 호흡만을 받아들여야 합니다. 이때 마음이 호흡이 아닌 다른 대상으로 옮겨가서도 안 되며, 알아차림도 오직 그 대상을 겨냥해야 합니다. 그래서 하나의 대상을 알아차릴 때는 그 대상 하나에 초점을 맞추어야 합니다. 이렇게 하나의 대상을 붙잡고 있다가 다른 대상으로 옮겨갔을 때도 역시 마음을 모아서 그 대상을 정성스럽게 알아차려야 합니다. 이것을 알아차리면서 저것을 생각하면 안 됩니다. 그래서 알아차림은 일치성이 중요합니다.

붓다께서는 알아차리면 다음과 같은 이익이 있다고 말씀하셨습니다. 첫째는 마음이 청정해지고, 둘째는 슬픔을 극복하고, 셋째는 비탄을 극복하고, 넷째는 육체적인 고통이 소멸되고, 다섯째는 정신적이 고통이 소멸되고, 여섯째는 올바른 길인 팔정도에 도달하고, 일곱째는 열반을 성취하여 지고의 행복을 얻는다고 하셨습니다. 그러니 우리가 이것 말고 더 다른 할 것이 무엇이 있겠습니까?

우리는 지금까지 무엇을 해야 하는지 어렴풋이 알았지만 이제 확실하게 알아야 하겠습니다. 그리고 무엇인지 알았어도 어떻게 하는 것인지 몰라서 지금까지 못했습니다. 그러나 이제 무엇을 어떻게 해야 하는지 분명하게 알았습니다. 그래서 모두 이 길로 와야만 합니다. 누가 아무리 퍼가도 없어지지 않는 진리의 옹달샘에 와서 청정한 물을 마셔야 합니다. 이것이 우리가 이 세상에 태어난 사명입니다. 다음에는 언제 이 법을 만날지 알 수 없습니다. 그러므로 법을 만난 소중한 기회를 놓쳐서는 안 됩니다. 알아차림이 있으면 대상과 아는 마음 사이에 어떤 번뇌도 침투하지 못해 청정합니다. 청정하다는 것은 여섯 가지 감각기관이 여섯 가지 감각대상을 있는 그대로 알아차리는 것 때문에 청정이라고 합니다. 왜냐하면 이렇게 알아차리면 번뇌가 생기지 않기 때문입니다. 그래서 알아차림은 물 위에 떠 있는 공과 같아야 합니다. 물 위에 떠 있는 공은 물에 빠지지 않고, 그렇다고 물 위로 튀어 오르지도 않고, 항상 물과 함께 있습니다. 그래서 알아차릴 때는 물 위에 떠 있는 공처럼 알아차려야 합니다.

여섯 가지 감각기관과 여섯 가지 감각대상이 부딪칠 때 반드시 아는 마음과 함께 느낌이 함께 일어납니다. 이때 아는 마음은 그냥 대상을 받아들여서 문제가 없지만 이때의 느낌이 항상 문제를 일으킵니다. 바로 대상과 접촉한 뒤에 이 느낌이 좋아하거나 싫어하는 갈애를 일으키는 것입니다. 그리고 고정관념을 갖거나 어떤 것을 상상을 하거나 다른 의도를 일으키기도 합니다. 그래서 괴로움이 옵니다. 그러므로 이때 감각기관의 문을 지키는 문지기가 있으면 번뇌가 들어오지 않습니다. 다시 말하면 감각적 욕망이 일어나지 않고 그냥 맨 느낌의 상태로 있는 것입니다. 이때 감각기관의 문을 지키는 문지기가 바로 알아차림입니다. 감각기관을 육문, 육입이라고 하는데, 여기에 문지기가 있으면 번뇌라는 도둑이 들어오지 못합니다. 만약 알아차림이 없으면 번뇌라는 이름의 도둑이 들어와 주인 행세를 하면서 삽니다. 사실 우리는 자신의 삶을 사는 것이 아니고, 도둑이 들어와 주인 행세를 하는 것도 모르고 도둑에게 복종하면서 사는 것입니다. 그래서 위빠사나 수행자에게는 알아차림 하나만 있으면 된다고 말합니다.

이 세상을 살아가면서 누구나 무엇이 좋다는 것은 압니다. 그러나 알아차리는 것을 실천하기는 어렵습니다. 왜냐하면 지금까지 알아차려 본 적이 없을 뿐만 아니라 이것을 어떻게 실천하는지 모르기 때문입니다. 여기서 팔정도의 바른 길을 가는 가장 좋은 방법이 바로 알아차리는 것입니다. 어느 상황에서나 있는 대상을 그냥 알아차리면 됩니다. 이것 외에 특별하게 다른 것을 할 것이 없습니다. 그러므로 알아차림은 인간이 가져야 할 가장 중요한 사명입니다. 이제 누가 어떻게 살아야 하느냐고 묻는다면 알아차리면서 살아야 한다고 말할 수 있어야 합니다. 이것이 가장 인간답게 사는 것이고, 사명이어야 합니다. 그러면 과거의 괴로움에서 벗어나 현재도 행복하고, 미래도 행복을 보장할 것입니다.

부처님께서는 인간으로 태어나기 어렵기 때문에 어떻게 살아야 하는지를 비구들에게 다음과 같이 말씀하셨습니다.

"비구들이여, 만약에 이 거대한 땅이 큰 바다라고 생각해 보자. 그리고 어떤 사람이 이 바다에 구멍 하나가 뚫린 통나무를 던졌다고 가정해 보자. 바람이 동쪽에서 불면 이 통나무는 서쪽으로 떠내려갈 것이고, 서쪽에서 바람이 불면 이 통나무는 동쪽으로 떠내려갈 것이다. 북쪽에서 바람이 불면 남쪽으로 떠내려갈 것이고, 남쪽에서 바람이 불면 이 통나무는 북쪽으로 떠내려갈 것이다.

이때 100년에 한 번 물 위로 불쑥 떠오르는 눈먼 거북이가 있다고 가정해 보자. 자, 비구들이여, 한번 생각해 보아라. 이 눈먼 거북이가 100년에 한 번씩 물 위로 고개를 불쑥 내밀 때마다 통나무 구멍을 통해 목을 내밀 수 있겠는가?"

제자들이 대답했습니다.

"네, 세존이시여. 그렇지 않습니다. 그 눈먼 거북이는 그렇게 하지 못할 것입니다."

그러자 부처님께서는 이렇게 말씀하셨습니다.

"비구들이여, 이와 마찬가지로 인간의 몸을 받아서 태어나는 것이 이처럼 어려운 일이다. 여래, 아라한, 완전하게 깨달은 자가 이 세상에 출현하는 것도 이처럼 어려운 일이다. 여래에 의해 선언된 법이 이 세상에 태어나는 것도 이처럼 어려운 일이다. 그러나 비구들이여, 이제 인간의 몸으로 태어났고, 여래가 이 세상에 출현했고, 여래에 의해서 선언된 법이 이 세상에 나타났다.

오, 비구들이여, 그러므로 너희들은 깨달음을 얻기 위해 열심이 노력해야 한다. 이것은 괴로움이다. 이것은 괴로움의 일어남이다. 이것이 괴로움의 소멸이다. 이것이 괴로움의 소멸로 이끄는 길이다."

붓다께서는 이렇게 사성제를 알아차리면서 살아가야 한다는 것을 말씀하셨습니다. 알아차림과 같은 뜻으로 쓰이는 매우 중요한 빨리어가 있습니다. 이것을 '아빠마다(appamāda)'라고 합니다. 이 말은 게으르지 않음, 주의 깊음, 열심히, 진지하게, 잊지 않고, 끈질기게 잡고 있음, 가볍게 넘기지 않음, 주저함이 없이 알아차린다는 다양한 뜻입니다. 이것이 바로 사념처 위빠사나 수행을 이렇게 하라는 말입니다. 그래서 아빠마다를 가지고 있다는 것은 알아차림을 확립하여 몸, 느낌, 마음, 법이라는 네 가지 대상을 있는 그대로 지켜보는 것입니다. 붓다께서는 빨리어 경전에 아빠마다를 해야 한다고 말씀하신 것이 무려 1970번 이상이나 기록되어 있습니다. 그러니 실제로는 얼마나 더 많이 말씀하셨겠습니까?

붓다께서 열반에 드시기 전에 마지막으로 유언을 하셨습니다. 붓다께서는 마지막 유언으로 "와야담마 상카라 아빠마데나 삼빠데타(vayadammā saṅkhāra, appamādena sampādetha)"라고 빨리어로 말씀하셨습니다. 그리고 붓다께서는 더 이상 아무 말씀도 하지 않으셨습니다. 그런 뒤에 반열반에 드셨습니다. 붓다께서 마지막으로 남긴 이 말씀은 "모든 것은 변하는 성질을 가지고 있다. 열심히 노력하여 완성시켜라"입니다. 변하는 성질을 가진 것은 무상(無常)을 말함입니다. 그러니 무엇도 집착할 것 없이 열심히 알아차려서 사념처 위빠사나 수행을 하여 열반을 성취하라는 말씀이십니다. 그러니 알아차림이라는 말이 얼마나 중요한지 알 수 있습니다.

인간으로 태어난 사명감을 알아차림 하나로 집약하고, 알아차림을 놓치지 말아야 하겠습니다. 그래야 잊지 않음이란 아빠마다의 법을 붙잡는 것이 됩니다. 잊지 않음을 붙잡고 있으면 알아차림을 지속할 수 있어서 고요함이 생기고 지혜가 납니다. 지혜가 나면 모든 것을 관용으로 받아들입니다. 잊지 않고 알아차림을 지속하는 것이 이미 계율을 지켜 청정한 것입니다. 그래서 알아차림 하나만 있으면 팔만사천법문을 관통하는 것이라고 말하는 것입니다.

불교를 한마디로 말하라고 할 때, 만약 여러분들이 자비라고 말한다면 여러분들은 사마타 수행밖에 알지 못한 것입니다. 그러나 불교를 한마디로 말하라고 하면 위빠사나 수행자는 주저 없이 알아차림이라고 말합니다. 우리는 바른 수행을 몰랐기 때문에 알아차림이 갖는 진정한 의미를 잘 몰랐습니다. 자비도 필요하지만 반드시 알아차림이 필요합니다. 자비에서의 알아차림은 대상과 하나가 되는 선정의 고요함을 목표로 하고 있습니다. 그곳에서는 깨달음이 없습니다.

또 자비가 있는 곳에서는 윤회가 거듭됩니다. 물론 더 좋은 세상에 태어나는 선과보를 받을 것입니다. 하지만 자비가 아닌 통찰지혜를 일으키는 알아차림을 한다면 탐욕, 성냄, 어리석음이라는 번뇌가 불타서 궁극의 열반을 성취하여 지고의 행복을 얻을 수 있습니다.

셋째, 양심과, 넷째, 수치심입니다. 양심은 부끄러움이 있는 것입니다. 수치심은 두려움이 있는 것입니다. 이 두 가지 마음의 작용은 선하지 못한 마음의 작용에서 양심 없음과 수치심 없음의 반대가 되는 것들입니다. 그래서 여기서는 양심 없음이 아니고 양심이 있음을 말하며, 수치심이 없음이 아니고 수치심이 있는 것을 말합니다. 부끄러워할 줄 아는 사람은 양심이 있는 사람입니다. 그러나 부끄러워할 줄 모르면 인간이라고 할 수가 없습니다. 수치심이 있는 사람은 선한 사람입니다. 선하지 못하면 수치심이 없어 아무렇게나 살 것입니다. 그래서 기본적인 예의도 갖추고 살지 못합니다. 두려움이란 악업에 대한 두려움을 말합니다. 악업에 대한 두려움이 없다면 악행을 서슴없이 합니다.

주석서에서는 양심과 수치심을 다음과 같이 말했습니다.

"몸으로 짓는 그릇된 행위 등에 부끄러워한다고 해서 양심이라고 한다. 이것은 부끄러움의 동의어이다. 오직 그것에 대해 두려워한다고 해서 수치심이라고 한다. 이것은 악행에 대한 불안의 동의어이다. 그중에서 양심은 악행에 진저리를 내는 것이 특징이다. 수치심은 두려워함이 특징이다. 양심은 부끄러움 때문에 악행을 짓지 않는 역할을 하고, 수치심은 두려움 때문에 악행을 짓지 않는 역할을 한다. 이들은 이미 말한 방법대로 악행을 피하는 것으로 나타난다. 가까운 원인은 각각 자기를 중요하게 여김과 타인을 중요하게 여김이다. 자신을 중요하게 여겨 양심상 악행을 버린다. 마치 좋은 가문의 규수처럼. 타인을 중요하게 여겨 수치심으로 악행을 버린다. 마치 궁녀처럼. 이 두 가지 법은 세상의 보호자라고 알아야 한다."

다섯째, 탐욕 없음입니다. 탐욕 없음은 관용이 있는 것입니다. 탐욕이 없는 것은 원하는 것이 없는 것입니다. 탐욕이 갈애로부터 시작하여 집착으로 발전하면 업을 생성해서 돌이킬 수 없는 결과를 만듭니다. 그러나 탐욕이 없음은 감각기관에 마음을 두고, 느낌이 일어날 때 갈애를 일으키지 않는 것입니다. 갈애를 일으키지 않으면 탐욕이 없는 것으로 윤회가 끊어집니다. 아라한이나 붓다는 탐욕이 끊어져서 받을 것이 없어서 다시 태어나지 않습니다. 이러한 탐욕은 느낌을 원인으로 일어납니다. 만약 느낌에서 탐욕이 일어나지 않으면 느낌이 소멸하여 열반을 성취합니다. 탐욕이 없는 것은 선하지 못한 것에 달라붙지 않는 것입니다. 아직 완성되지 않은 수행자라면 선한 것을 계속 바라야 합니다. 그러나 아라한이 되면 선하고 선하지 않음이 없이 온전하게 탐욕이 없는 상태가 됩니다. 이때가 완전한 탐욕이 없음입니다.

원하는 것이 없으면 관용이 생겨 모든 사람에게 자애가 일어납니다. 그래서 어리석지 않습니다. 그래서 탐욕 없음은 단지 탐욕이 없는 것으로 그치지 않고, 보시를 하고 자애를 일으키고 어리석음으로부터 벗어납니다. 그래서 마음의 작용들은 서로 협력하여 더 좋은 쪽으로 가속도가 붙습니다. 탐욕이 없으면 자연스럽게 유신견이 사라집니다. 사실 모든 탐욕의 원인은 유신견으로부터 시작됩니다. 나라고 하는 자아가 있는 한 자아를 강화하기 위해서 끊임없이 욕망을 불태워야 합니다. 그러나 탐욕이 사라졌다면 나라고 하는 자아가 소멸한 무아의 정신적 상태입니다. 아무것도 원하는 것이 없다고 해서 탐욕이 없는 것이 아닙니다. 선한 것은 원해야 합니다. 아직 아라한이 되지 않았다면 아라한이 되려는 선한 의도는 가져야 합니다. 또 게을러서 원하지 않는 것도 탐욕이 없는 것이 아닙니다. 이때 선한 것을 원하지 않을 뿐이지 오히려 선하지 못한 것을 원하고 있다는 사실을 알아야 합니다. 탐욕이 없음은 세속의 대상인, 오욕락(五慾樂)인 재산욕, 성욕, 음식욕, 명예욕, 수면욕을 원하지 않음이며, 이것을 집착하지 않음입니다. 선하지 못한 마음의 작용에 있는 탐욕에 대한 반대가 탐욕 없음입니다. 선한 마음을 분류할 때 기본적으로 관용과 자애와 지혜로 나눕니다. 선하지 못한 마음은 탐욕, 성냄, 어리석음입니다. 그래서 관용의 반대가 탐욕이며, 자애의 반대가 성냄이며, 지혜의 반대가 어리석음입니다. 그러므로 탐욕 없음은 선한 마음의 작용으로 관용을 가진 것을 말합니다. 이때의 관용은 반드시 보시를 수반합니다. 그래서 관용이 있는 마음은 자연스럽게 보시를 하는 마음이 함께 일어납니다. 무엇도 거리낌 없이 받아들이기 때문에 온전하게 베풀고, 주고 싶은 마음이 일어나는 것입니다. 물론 탐욕 없음이 즉각 관용이 되지는 않습니다. 성넴 없음이 즉각 자애가 되 는 않습니다. 어리석음 없음이 즉각 지혜가 되지는 않습니다. 불선행이 선행이 되도록 하려면 알아차림에 의한 지혜가 수반되어야 합니다.

주석서에서는 탐욕 없음을 다음과 같이 말했습니다.

"이것 때문에 탐하지 않고 혹은 이것 스스로 탐하지 않고 혹은 단지 탐하지 않기 때문에 탐욕 없음이라고 한다. 성냄 없음과 어리석음 없음에도 이 방법이 적용된다. 그중에서 탐욕 없음은 대상에 대해 마음으로 욕심 없음이 그 특징이다. 혹은 집착하지 않음이 그 특징이다. 마치 연잎의 물방울처럼 움켜쥐지 않음이 그 역할이다. 마치 해탈한 비구처럼 집착하지 않음으로 나타난다. 마치 오물통에 빠진 사람처럼."

여섯째, 성냄 없음입니다. 성냄 없음은 자애가 있는 것입니다. 성냄 없음은 거칠고 잔인하지 않고 화를 내지 않는 것입니다. 성냄 없음은 파괴하지 않지만, 성냄은 파괴하는 것으로 이것들은 서로 반대가 됩니다. 선하지 못한 마음의 작용에 있는 성냄에 대한 반대가 성냄 없음입니다. 성냄 없음은 네 가지 무량한 마음인 자비희사의 첫 번째인 자애의 마음으로, 자애를 가진 마음입니다. 성냄 없음을 뜻하는 자애는 자신의 마음을 포근하게 해줍니다. 그리고 모든 존재들의 번영과 행복을 기원하는 진실한 마음가짐입니다.

붓다께서는 이렇게 말씀하셨습니다.

"마치 어머니가 생명의 위험을 무릅쓰고 외아들을 보호하듯이 모든 살아 있는 존재에 대해서 끊임없는 자애심을 닦아야 한다." 그리고 또 이렇게 말씀하셨습니다. "미움은 미움을 통하여 소멸되지 않는다. 오로지 자애로운 마음을 통하여 그것들이 사라진다."

자애는 고통을 주는 육체적인 사랑도, 이성간의 사랑도 아니며, 단순한 이웃간의 사랑도 아닙니다. 이 사랑은 어떤 것들도 차별하지 않는 그런 숭고한 사랑입니다. 그래서 자애는 동물을 포함한 모든 살아 있는 존재들을 포용합니다. 사람들은 사랑이라는 이름으로 집착을 하기 때문에 오히려 사랑이 다툼의 요인을 가지고 있습니다. 그래서 개인 간이나 국가 간이나 불목을 거듭합니다. 이것들이 모두 사랑이라는 이름으로 집착을 하기 때문입니다. 성냄이 없는 자애는 이런 편견을 갖지 않는 사랑입니다. 성내는 곳에는 탐욕과 어리석음과 유신견이 있지만 자애가 있는 곳에는 관용과 보시와 지혜가 있습니다. 성냄이 있는 곳에는 알아차림이 없지만, 자애가 있는 곳에는 알아차림이 있습니다. 자애는 단지 선한 마음으로 그치지 않습니다. 선한 마음이 있기 때문에 그 순간에 선하지 못한 성냄이 나타날 수 없어 두 가지 이익이 함께 있습니다. 자애는 그냥 오지 않습니다. 수행자의 알아차림이 있을 때는 관용과 함께 자애가 오며, 이러한 지혜로 인해 지혜가 계발되어 궁극의 행복을 얻습니다.

자애로 인해서 얻는 기쁨은 다음과 같습니다.

첫째, 자애심을 닦는 사람은 행복하게 잠을 잡니다. 미움에서 벗어나 가볍고 편안한 마음으로 잠자리에 들기 때문에 자연히 한 번에 깊은 잠에 빠져 숙면을 취할 수 있습니다. 이러한 사실은 자애심을 갖는 사람에게 분명하게 나타나는 현상입니다. 그러나 자애가 없으면 잠을 이룰 수가 없습니다. 누군가를 미워하고 화를 내면 자신에게도 화를 내는 것이므로 근심 걱정으로 잠을 이룰 수가 없습니다. 그래서 잠자리에 들기 전에 지금 내가 무슨 마음으로 자는가를 알아차려야 합니다. 이렇게 알아차리면 하루 중에 있었던 번뇌가 그 순간에 사라지고, 그 마음으로 인해 숙면을 취할 수 있습니다.

둘째, 자애로운 마음으로 잠자리에 들면 아침에 일어날 때 자애로운 마음으로 일어납니다. 잠자기 전에 마음에 저장된 종자가 다음 마음에 전해지기 때문에 저녁에 먹은 마음이 아침에 일어난 마음까지 상속됩니다. 이것이 바로 윤회입니다. 윤회는 한 일생의 윤회가 있고, 순간순간의 윤회가 있습니다. 그러므로 잠자리에서 알아차리면서 잠이 들면 편히 잠들 수 있어서 이익이 있고, 아침에 그 마음이 상속되기 때문에 아침에도 이익을 얻습니다. 그래서 자애로운 마음을 가진 사람은 저녁에 잠자리에 들 때도 미소 지으면서 잠이 들고, 잠자리에서 일어날 때도 미소 지으면서 일어납니다.

셋째, 자애로운 마음으로 잠자리에 들면 잠을 자면서도 악몽에 시달리지 않고 편안하게 잠을 잡니다. 깨어 있는 동안 자애가 충만하면 잠을 잘 때에도 마찬가지로 평화롭습니다. 그래서 깊은 잠을 잘 수 있으며, 즐겁고 행복한 꿈을 꿉니다.

넷째, 자애로운 사람은 사람들의 존경을 받습니다. 그가 다른 사람을 사랑했기 때문에 똑같이 다른 사람들도 그를 사랑합니다. 이것은 미소 짓는 얼굴로 거울을 보면 미소 짓는 얼굴이 나타나는 것과 같습니다. 찡그린 얼굴로 거울을 보면 찡그린 얼굴이 나타나는 것과 같습니다. 사람들은 내 마음의 거울입니다. 성낸 얼굴을 하면 다른 사람도 겁에 질린 표정으로 자신을 볼 것입니다. 과연 누가 성낸 얼굴을 좋아하겠습니까? 모두 자애로운 얼굴을 좋아할 것입니다. 그래서 내가 자애로운 마음을 가지면 그 자애로운 마음이 모든 사람에게 전해져서 모든 사람이 똑같이 자애로운 마음으로 나를 대할 것입니다. 모든 것은 지은 대로 받습니다.

다섯째, 자애로운 사람은 인간 이외의 존재들로부터 존경을 받습니다. 동물들조차도 그에게 끌리는 마음을 갖습니다. 수행자들은 숲 속에서 자애로운 마음을 가지면 아무런 해도 입지 않을 뿐만 아니라 동물들 사이에서도 즐겁게 보낼 수 있습니다.

여섯째, 만약에 그가 어떤 피할 수 없는 업을 받게 될 운명이 아니라면 그의 자애로운 마음으로 인해 잘못된 것들과 그 밖의 것들로부터 보호될 수 있습니다. 자애로운 마음은 활력이 있는 건강한 힘이 있기 때문에 적대적인 자극을 중화하는 힘이 있습니다. 화를 내는 마음이 몸과 마음에 나쁜 영향을 끼치는 것처럼 자애로운 마음이 몸과 마음에 건강한 활력을 줄 것입니다.

일곱째, 자애로운 마음을 가지면 자애로움 때문에 보이지 않는 천인들이나 다른 많은 대상들로부터 보호를 받을 수 있습니다. 왜냐하면 동류는 따르고, 동류가 아닌 것은 반발하기 때문입니다. 같은 파장을 가지면 같은 파장을 가진 사람의 도움을 받게 됩니다.

여덟째, 자애로운 마음을 가지면 빠르게 집중을 할 수 있습니다. 마음이 혼란에 빠지지 않고 성내는 마음의 파장이 없기 때문에 고요한 마음이 되어 대상을 쉽게 집중할 수 있습니다. 그래서 항상 평화롭게 살 수 있으며, 그를 상대하는 사람에게도 함께 평화를 나누어 줄 것입니다.

아홉째, 자애로운 마음을 가지면 자신의 얼굴 표정이 아름답습니다. 일반적으로 얼굴은 마음의 상태를 반영합니다. 화를 낼 때는 심장이 평소보다 두 배 내지는 세 배 더 빠르게 피를 분출합니다. 그래서 미워하거나 화를 내는 얼굴일 때는 빨갛게 물들거나 검게 변합니다. 그래서 일그러진 얼굴이나 비참한 상태의 모습이 됩니다. 이와 반대로 자애로운 마음을 가지면 기쁨과 고요함으로 인해 피를 맑게 합니다. 그래서 사랑스러운 얼굴이 됩니다. 인간에게 타고난 미모보다는 마음으로 인해서 만들어진 얼굴이 더 아름다워야 합니다. 이것이 진정한 아름다움입니다. 붓다께서 깨달음을 얻으시고 4주가 되었을 때 『논장』과 연기를 모두 정리하시면서 여러 가지의 색깔이 방출되어 강한 후광이 일어났습니다. 이것이 모두 마음가짐에 따라 나타나는 빛입니다.

열 번째, 자애로운 마음을 가진 사람은 평화롭게 죽음을 맞이합니다. 누구를 미워하거나 화를 내지 않기 때문에 두려움 없이 평화롭게 죽음을 맞이합니다. 평화롭게 죽으면 죽은 뒤에 평화로운 얼굴의 상태가 유지됩니다.

열한 번째, 자애로운 마음을 가지고 죽으면 그 마음의 상태에 따라 다음 생을 받습니다. 선정수행의 자애로움이 있으면 천상의 선정의 세계에 태어납니다. 그리고 인간으로 태어나더라도 좋은 선과보를 받아 선한 사람이 됩니다.

주석서에서는 성냄 없음을 다음과 같이 말했습니다.

"성냄 없음은 잔학함이 없는 것이 그 특징이다. 혹은 온화함이 그 특징이다. 마치 다정한 친구처럼 성가심을 버리는 것이 그 역할이다. 혹은 불타는 것을 버리는 것이 그 역할이다. 마치 전단향처럼. 차가움으로 나타난다. 마치 보름달처럼."

여기서 차가움으로 나타난다는 사실이 유독 눈에 뜨입니다. 이 말은 자애는 조절이 가능한 것입니다. 그래서 헤픈 것이 아닙니다. 감성적인 것은 상황에 따라서 쉽게 흔들릴 수 있지만 이성적인 것은 항상 변함이 없는 진정한 바른 마음을 유지할 수 있기 때문입니다. 그래서 여기서 말하는 차가움이란 마치 밤에 빛나는 보름달처럼 차갑지만 그 속에 따뜻함이 있는 그런 차가움을 말합니다.

일곱째, 중립입니다. 중립이란 마음과 마음의 작용이 서로 기능을 할 때 넘치지 않고 중간에서 평정을 유지하는 것을 말합니다. 그래서 중립을 평정이라고도 합니다. 『초전법륜경』에서는 이 중립을 중도라고도 합니다. 느낌에서는 괴롭지도 즐겁지도 않은 느낌 또는 덤덤한 느낌이라고 합니다. 이것들은 모두 동의어입니다. 중립은 경전에서 여러 가지 말로 표현됩니다. 수행자가 감각적 욕망과 극단적 고행을 해서는 안 됩니다. 언제나 중도를 취해야 합니다. 이 두 가지 극단은 지성을 나약하게 하고, 악에 받치게 하여 불선과보를 받습니다. 두 가지 극단은 대상을 움켜쥐려는 또 다른 탐욕과 성냄과 어리석음입니다. 깨달음은 중도로써 고요함을 얻는 지혜가 나는 것입니다. 그래서 극단적 고행이나 감각적 쾌락을 추구하는 것은 자신도 불선행을 할 뿐만 아니라 그것들을 타인에게 드러내 보임으로써 타인도 그렇게 극단적인 것을 하도록 강요하기 때문에 이중의 불선과보를 받습니다.

수행자는 어떤 형태로든 극단적 고행과 감각적 쾌락을 추구하지 않습니다. 극단적 고행이 불선과보를 가져오는 이유는 그것들이 선한 마음의 작용이 아니기 때문입니다. 왜냐하면 그 극단적 고행은 중도의 마음, 중립의 마음의 작용이 아니기 때문입니다. 그래서 불교에서는 이런 극단적 고행과 감각적 쾌락을 추구하지 않기 때문에 전쟁이 없습니다. 그래서 이 중도가 있기 때문에 바로 깨달음에 이르는 것입니다. 그러므로 불교에서 행해지는 어떤 형태의 행위든 모두 중도적 관점에서 보고 그렇게 실천되어야 합니다.

위빠사나 수행은 열여섯 단계의 지혜를 계발합니다. 그래서 정신과 물질을 구별하는 지혜로부터 시작하여 원인과 결과를 아는 지혜, 그리고 현상을 바르게 아는 지혜를 계발한 뒤에 일어나고 사라지는 것을 아는 지혜를 얻습니다. 이렇게 바르게 수행을 하면 열한 단계에서 평등의 지혜를 얻습니다. 이때의 평등이 중립의 지혜입니다. 이 단계에서 더 수행을 하여 도과를 성취합니다. 그러므로 평등의 지혜는 깨달음으로 가는 중요한 길목입니다. 그래서 평등의 지혜가 없으면 다음 단계인 도과를 성취할 수가 없습니다.

또 깨달음의 일곱 가지 요인 중에 마지막 일곱 번째를 사각지(捨覺支)라고 하는데, 이것이 바로 중립의 마음입니다. 이 세상을 살아가려면 여덟 가지의 세속적 조건 속에서 살아가야 합니다. 그래서 이 세상을 살기가 쉽지 않습니다. 우리는 먼저 이익과 손실을 경험해야 합니다. 그리고 명예와 불명예를 감수해야 합니다. 또 칭찬과 비난 속에서 감내하면서 살아야 합니다. 그리고 고통과 행복을 함께 경험해야 합니다. 이러한 조건들 속에서 중도적 입장을 취하는 것이 바로 중립입니다. 이러한 중립이 없으면 괴로움 속에서 살아야 하며, 괴로움뿐인 윤회를 거듭해야 합니다.

우리가 여덟 가지 세속의 조건을 어떻게 피할 수 있겠습니까? 이익과 손실은 늘 함께 있습니다. 명예와 불명예도 늘 함께 있습니다. 칭찬과 비난도 늘 함께 있습니다. 그리고 고통과 행복도 늘 함께 있습니다. 그러니 고통스러울 때 행복을 생각해야 하고, 행복할 때 고통을 생각해야 하는 것이 바로 중도입니다. 어느 것 한편으로 치우치면 우리는 고통을 겪습니다. 그래서 세상을 살아가는 데 이런 중도적 관점만이 우리를 더 높은 세계로 끌어올릴 것입니다.

붓다께서는 "이러한 삶의 변천 가운데서 단단한 바위처럼 움직이지 않고 서서 완전한 평등을 얻는 자는 지혜로운 자이다"라고 말씀하셨습니다. 또 이런 말씀도 하셨습니다. "대꾸하지 마라. 다른 사람들에게서 비난을 들을 때는 깨진 종처럼 침묵해라. 만약 네가 그렇게 한다면 나는 네가 비록 아직 열반에 이르지 않았지만 이미 열반에 이르렀다고 생각한다."

그래서 이런 중도적 관점은 매우 중요합니다. 수행자가 과연 다른 사람들의 비난에 깨진 종처럼 반응할 수 있겠습니까? 깨진 종은 울리지 않습니다. 피를 흘리는 머리로 종을 쳐도 그 종은 깨졌기 때문에 울리지 않습니다. 이것이 붓다의 마음, 아라한의 마음입니다. 모든 사람의 어떤 비난도 깨진 종처럼 반응하지 않을 때 그것은 비난으로 그치고 맙니다. 그렇다고 본다면 이 세상에서 일어나고 있는 일들은 내가 어떤 마음가짐으로 받아들이느냐 하는 것으로 결정된다는 사실입니다. 붓다께서는 비난이나 욕설, 살인을 하려는 의도나 또는 왕이나 많은 사람들로부터 최고의 칭송을 모두 완전한 평정 속에서 침묵으로 받아들이셨습니다. 그래서 어떤 소리에도 놀라지 않는 사자처럼 상대의 제어되지 않은 말에 동요되어서는 안 됩니다. 그리고 그물에 걸리지 않는 바람처럼 감각적 욕망의 그물에 걸리지 않도록 해야 합니다. 연못에 핀 연꽃이 진흙에 물들지 않는 것처럼 세속의 유혹에 빠져 헤매지 말아야 합니다.

주석서에서는 중립을 다음과 같이 말했습니다.

"그 대상들에서 중립적인 상태를 갖는 것이 중립이다. 마음과 마음의 작용을 공평하게 나르는 특징이 있다. 모자라거나 넘치는 것을 막는 역할을 한다. 혹은 편견을 끊는 역할을 한다. 중립적인 상태로서 나타난다. 그것은 마음과 마음의 작용에 대해 공정하기 때문에 고르게 앞으로 나아가는 말들을 공평하게 모는 마부와 같이 보아야 한다."

이처럼 중도적 관점에서 모든 일을 한다면 공평하게 말을 모는 마부와 같기 때문에 여러분들은 실수가 적고 그리고 불행으로부터 보호받을 수 있으며, 행복할 수 있을 것입니다. 우리는 중도가 얼마나 중요한 가치를 가진 것인지 이제 알아야 하겠습니다. 붓다께서 말씀하신 『초전법륜경』의 중도는 불교의 가르침의 모든 핵심에 서 있습니다. 중도적 관점에서만 흔들림 없이 대상을 있는 그대로 지켜볼 수 있습니다. 만약 좋아하거나 싫어할 때 좋아함에 빠지거나 싫어함에 빠지지 않는 유일한 방법은 좋아할 때나 싫어할 때나 상관없이 중도적 관점으로 대상을 보는 것입니다.

지금부터 말하는 마음의 작용은 모두 감각기관과 마음에 관한 것으로 여섯 가지가 쌍으로 구성되어 있는 열두 가지입니다. 그래서 두 가지를 하나로 묶어서 말씀드리겠습니다. 이처럼 마음의 작용이 단순히 마음의 작용으로 그치지 않고 그 순간 그것을 받아들이는 마음과 함께 결합된다는 사실을 알아야 합니다. 그리고 그 결합은 몸에도 똑같이 반응을 일으킵니다.

여덟째 감관의 평온과, 아홉 번째 마음의 평온입니다. 감관은 감각기관을 말합니다. 감관의 평온을 빨리어로 '가야빠삿띠(kāya-passadhi)'라고 합니다. 주석서에서는 감관이란 마음의 작용인 수, 상, 행 세 가지를 받아들이는 감각기관인 의(意)를 말합니다. 가야(kāya)는 몸, 신체, 모임, 집합이라는 뜻이며, 빠삿띠(passadhi)는 평온이라는 뜻입니다. 빨리어 '가야'는 일반적으로 몸이라는 뜻으로 사용되나 여기서는 수, 상, 행이 일어나는 것을 받아들이는 정신적 기능을 하는 감각기관이라는 뜻으로 해석합니다. 그래서 몸의 평온이 아니고 감관의 평온이라고 합니다.

다음으로 마음의 평온함을 빨리어로 '찌따빠삿띠(citta-passadhi)'라고 합니다. 이때의 찌따(citta)는 여러 가지의 그림이라는 뜻과 마음이라는 뜻이 함께 있습니다. 여기서도 찌따가 수, 상, 행을 포함한 뜻이 있어서 찌따빠삿띠는 마음의 평온이라고 합니다. 수, 상, 행이 평온하면 마음이 함께 평온하므로 마음의 평온인 것입니다. 평온은 수행 중에 나타나는 단계적 현상 중의 하나입니다. 이상 말씀드린 감관의 평온과 마음의 평온에 대한 표현은 다음에 계속되는 경쾌함, 부드러움, 일의 적당함, 능숙함, 바름에서도 동일하게 몸이라고 하지 않고 감관이라고 말합니다.

수행을 해서 나타나는 깨달음의 일곱 가지 요인은 알아차림, 대상에 대한 탐구, 정진, 희열, 평온, 집중, 평정입니다. 이 중에 다섯 번째가 평온입니다. 깨달음의 요인이란 해탈의 길을 가기 위해서는 반드시 이상의 일곱 가지의 과정을 거쳐야 합니다. 평온은 고요함의 상태로, 여러 가지의 혼란을 경험한 뒤에 오는 다섯 번째 단계의 마음의 작용입니다. 그래서 이 상태가 너무 좋아서 휴식을 취하거나 안정을 얻습니다. 그러나 평온도 더 높은 지혜를 얻기 위해서 필요한 하나의 과정입니다. 그래서 평온의 단계가 왔을 때에도 평온을 알아차려야 합니다. 그러나 이것이 쉽지가 않습니다. 얼마나 고생해서 온 평온인데 누가 이것을 쉽게 놓으려 하겠습니까? 그래서 평온이 오면 고요함과 편안함이 지배하기 때문에 거기에 머물려는 경향이 있습니다. 이때 누구도 스스로 평온으로부터 벗어나려는 의지를 갖기가 어렵습니다. 그렇기 때문에 위빠사나 수행은 혼자서는 못한다고 말하는 것입니다. 이때 반드시 그 평온으로부터 빠져나와야 하는데 이 평온으로부터 구출해 주는 것이 스승의 역할입니다. 그래서 스승은 그때 고요함, 평온에서 빠져나오라고 말합니다. 물론 빠져나온다는 것은 그것을 좋아하지 않고 있는 그대로 알아차리는 것을 말합니다. 그러나 수행자들은 그 말을 듣고도 나오려고 하지 않습니다. 수행은 이런 것입니다. 평온도 하나의 과정에 불과한 것이지 그것 자체가 깨달음은 아닙니다. 그러나 이런 것을 모르면 그 평온이 깨달음인 줄 오해할 수도 있습니다.

깨달음이란 그런 평온조차도 벗어난 것입니다. 그래서 항상 평온한 것입니다. 여기서 말하는 평온은 한시적인 것이고, 특별한 마음의 상태를 말합니다. 그러므로 그것이 깨질 때는 좌절을 하거나 고통을 겪습니다. 그래서 평온도 하나의 과정이라고 알고, 그 평온 자체를 알아차려서 그것으로부터 벗어나야 합니다. 만약 감관의 평온과 마음의 평온을 알아차리지 못하면 고요함에 의해 해태와 혼침이 올 수 있습니다. 오랫동안 수행을 하면서 여러 가지 어려움에 직면해 있다가 평온이 오면 누구나 이 평온을 즐기게 됩니다. 그래서 바로 그 순간 수행이 퇴보합니다. 지금까지 말씀드린 것처럼 수행자는 이 평온의 상태에서 벗어나기를 원하지 않습니다. 그래서 수행은 반드시 스승이 필요하다고 말씀드린 것입니다. 스승의 역할은 이러한 평온에서 빠져나오게 하는 것입니다. 왜냐하면 평온은 열반으로 가는 과정이지 그것이 목표가 아니기 때문입니다.

주석서에서는 평온을 다음과 같이 말했습니다.

"고요함이 감관의 평온이다. 마음을 안정시키는 것이 마음의 평온이다. 여기서 감관이라는 것은 수온, 상온, 행온의 세 가지 무더기를 받아들이는 감각기관이다. 이 둘을 하나로 묶어 감관과 마음의 평온은 몸과 마음의 불안을 가라앉히는 것이 그 특징이다. 몸과 마음의 불안을 완화하는 역할을 한다. 동요하지 않음과 침착함으로 나타난다. 몸과 마음이 가까운 원인이다. 이들은 몸과 마음을 가라앉지 못하게 하는 들뜸 등이 오염원과 반대가 된다고 알아야 한다."

이처럼 주석서에서는 가야빠삿띠를 몸의 평온이라고 하지 않고, 감각기관이라는 뜻으로 감관의 평온이라고 하고 있습니다. 주석서에서 밝힌 것처럼 여기에서도 몸과 마음에서 생긴 문제는 몸과 마음에서 그 답을 찾아야 합니다. 위빠사나 수행은 오직 몸과 마음을 대상으로 하기 때문에 매우 실제적이고 실질적이며, 가장 필요한 것이고, 가장 정확한 답을 얻을 수 있습니다.

열 번째 감관의 경쾌함과, 열한 번째 마음의 경쾌함입니다. 경쾌함이란 가볍고 민첩한 것을 말합니다. 감관의 경쾌함이란 마음의 작용인 수, 상, 행 세 가지를 받아들이는 감각기관의 가볍고 민첩함입니다. 마음의 경쾌함이란 마음의 가볍고 민첩함입니다. 마음의 가벼움이 있으면 몸의 가벼움도 있습니다. 그러므로 여기서는 수, 상, 행을 받아들이는 감관이 가벼우므로 마음이 가볍고, 그 마음이 가벼우므로 오온이 가볍습니다. 감관과 마음의 경쾌함이란 선하지 못한 마음의 작용 중의 다섯 가지 장애인 해태와 혼침으로부터 벗어나는 유익한 마음의 작용입니다. 감관의 경쾌함은 감각기관의 무겁고 둔하고 완만한 느낌을 제거합니다. 그리고 마음의 경쾌함은 마음의 무겁고 둔함을 제거합니다. 우리가 좋은 일을 경험했을 때 몸이 하늘을 날 것 같고, 마음이 승화된 것이 바로 감관의 경쾌함과 마음의 경쾌함을 느낄 때인 것입니다.

주석서에서는 감관의 경쾌함과 마음의 경쾌함을 다음과 같이 말했습니다.

"감관이 가벼운 상태가 감관의 경쾌함이다. 마음이 가벼운 상태가 마음의 경쾌함이다. 이들은 몸과 마음의 무거움을 가라앉히는 것이 그 특징이다. 몸과 마음의 무거움을 덜어버리는 역할을 한다. 몸과 마음의 느리지 않음으로 나타난다. 몸과 마음이 가까운 원인이다. 이들은 몸과 마음의 무거움을 초래할 해태와 혼침 등의 오염원의 반대라고 알아야 한다."

열두 번째 감관의 부드러움과, 열세 번째 마음의 부드러움입니다. 감관의 부드러움은 마음의 작용인 수, 상, 행 세 가지를 받아들이는 감각기관의 부드러움입니다. 부드러움이란 거칠고 사나운 상태가 아닌 고요하고 가라앉은 상태를 말합니다. 사견과 교만한 마음으로 불선이 일어나면 자아를 집착해서 나라는 생각을 가지고 상대를 무시합니다. 그러면 불순해지고 거만해서 매우 거칠고 사나워집니다. 그러나 감각기관의 부드러움으로 거칠고 사나움을 제거합니다. 이들 부드러움으로 인해 몸도 부드러워지고 유연해집니다. 고요하고 겸손한 사람에게서 부드러움이 있는 것은 이들 두 가지의 부드러움이 있기 때문입니다. 탐욕, 성냄, 어리석음이 있을 때는 부드러움이 없고 긴장합니다. 그러나 관용, 자애, 지혜를 가진 마음이 있으면 몸과 마음이 부드럽습니다. 부드러움과 단단함은 동전의 양면처럼 붙어 있습니다. 그래서 마음가짐에 따라 매순간 변합니다.

돈이 있는 사람은 부드러울까요? 긴장할까요? 지위를 가진 사람은 부드러울까요? 긴장할까요? 명예를 가진 사람은 부드러울까요? 긴장할까요? 그렇습니다. 부드러울 수도 있고 긴장할 수도 있습니다. 그러나 무엇인가 일가(一家)를 이루었다는 것이나, 무엇인가를 가졌다는 오만이 발휘되면 아무리 좋은 지위를 얻고 아무리 돈이 많아도 부드러움보다는 긴장하는 마음을 갖습니다. 부드러움은 선한 마음의 작용이고, 긴장은 선하지 못한 마음의 작용입니다. 그렇다고 본다면 지위나 돈이나 명예나 하는 것들이 만약 긴장을 준다면 그것은 결코 선한 마음의 작용이 아닙니다. 그렇다면 그것이 자신에게 주는 의미가 무엇일까요? 유익하지 못한 것입니다. 물론 그런 모든 것들은 필요한 것들입니다. 그러나 그런 것들로 인해서 우리가 고통과 괴로움을 겪어야 한다면 그것은 바람직한 현상이라고 볼 수가 없습니다. 얻을 수 있는 것은 마음껏 얻고 더불어 감관과 마음이 부드럽다면 이보다 더 바람직한 것은 없겠지요.

주석서에서는 감관의 부드러움과 마음의 부드러움을 다음과 같이 말했습니다.

"감관의 부드러운 상태가 감관의 부드러움이다. 마음의 부드러운 상태가 마음의 부드러움이다. 이들은 몸과 마음의 뻣뻣함을 완화하는 특징이 있다. 몸과 마음의 경직된 상태를 풀어주는 역할을 한다. 저항하지 않음으로 나타난다. 몸과 마음이 가까운 원인이다. 이들은 몸과 마음의 경직된 상태를 초래하는 사견과 자만 등의 오염원과 반대가 된다고 알아야 한다."

우리가 어떤 상황에 처해 있건 그것은 나의 것이 아닙니다. 그러므로 항상 부드러운 마음으로 자애로움을 가지고 그것을 수용하는 마음가짐이 필요합니다. 이것이 선한 마음의 작용입니다.

열네 번째 감관의 일의 적당함과, 열다섯 번째 마음의 일의 적당함입니다. 일의 적당함이란 일에 대한 적응성, 순응성, 적합성을 말합니다. 관용과 보시를 하는 사람은 훌륭한 일을 하여 매사에 적응하고 순응합니다. 그래서 일을 함에 있어 능률이 오릅니다. 이러한 적응성은 훌륭하지 못한 마음을 가라앉히고 고요하게 합니다. 일을 할 때 부주의하여 느슨하게 줄을 잡아당기면 줄이 뒤엉키고 달라붙고, 그리고 너무 강하게 잡아당기면 줄이 끊어지듯이 일을 함에 있어서 적당함이 있으면 두 가지의 위험에서 벗어날 수 있습니다. 이것들을 조율하는 것이 알아차림입니다. 수행은 마치 현악기를 켜는 것처럼 줄을 적절하게 조율하는 것을 말합니다. 현악기의 줄이 너무 강하지도 너무 약하지도 않게 적절해야 좋은 소리가 나듯이 모든 일에 있어서 적당함이 필요합니다. 이것이 감관의 일의 적당함과 마음의 일의 적당함입니다. 여기서 그냥 적당함이 아니고 어떤 행위를 하거나 그 행위를 함에 있어서는 반드시 적당함이 필요한 것입니다. 그 적당함이 바로 선한 마음의 작용입니다.

주석서에서는 감관의 일의 적당함과 마음의 일의 적당함을 다음과 같이 말했습니다.

"감관의 일의 적당한 상태가 감관의 일의 적당함이다. 마음의 일의 적당한 상태가 마음의 일의 적당함이다. 그들은 몸과 마음의 일에 부적합한 상태를 가라앉히는 특징이 있다. 그들은 몸과 마음의 일의 부적합한 상태를 부수는 역할을 한다. 그들은 어떤 것을 몸과 마음의 대상으로 만드는 데 성공함으로 나타난다. 몸과 마음이 가까운 원인이다. 몸과 마음이 일의 적당하지 못한 상태를 초래할 때 초래할 나머지 장애들과 반대가 된다. 신뢰할 대상에 신뢰를 가져오며, 이로운 행위를 쉽게 적응함이 마치 잘 정제된 금과 같다고 알아야 한다.”

우리는 선한 마음을 가지면 항상 일의 적당함을 알아서 선한 마음의 작용이 생깁니다. 항상 무슨 일을 하거나 기쁘고 즐겁게 사명감을 가지고 한다면 적절하게 바른 힘을 발휘할 수 있습니다. 우리가 하기 싫은 일을 할 때는 적당함이 없지만 임무를 가지고 즐겁게 기쁘게 한다면 적절함, 적당함이 그 일의 능률을 올릴 것입니다.

열여섯 번째 감관의 능숙함과, 열일곱 번째 마음의 능숙함입니다. 감관의 능숙함이란 감각기관의 숙달된, 그리고 숙련된 경험 등을 말합니다. 이 말은 깨끗한 마음의 작용인 수, 상, 행을 받아들이는 감각기관으로 인해 훌륭한 공적이 있는 것을 뜻합니다. 이때 훌륭한 공적이란 바로 능숙함, 숙련됨을 의미합니다. 이처럼 숙련되고 능숙한 사람은 무슨 일을 하거나 더듬거리지 않고 능란하게 처리할 수가 있습니다. 그래서 능숙함은 마음의 상처를 입었을 때 고요하게 합니다.

우리들은 진보와 보수의 그런 중간 지점에서 항상 모든 것들을 균형을 이루며 살아야 합니다. 우리는 진보도 필요합니다. 그러나 때로는 보수도 필요합니다. 진보는 위험하고 보수는 고루할 수 있습니다. 그러나 이것들을 적절하게 조율하는 것이 경험입니다. 그래서 그 경험으로 무슨 일을 한다면 우리는 모든 일을 능숙하게 할 것입니다. 그러므로 우리는 모든 일에 있어서 그 경험을 살려야 합니다. 그것이 바로 숙련됨입니다. 그것이 바로 능숙함입니다. 이런 것들을 기능을 가졌다고 말합니다.

『아비담마』에서는 훌륭한 선과보를 가지고 태어난 사람을 기능을 가진 사람이라고 말합니다. 우리는 각자가 각각의 기능을 가지고 있습니다. 그래서 그 기능을 살려야 합니다. 그것들이 자신을 행복하게 하고, 이 사회를 윤택하게 하고 그리고 정의로운 사회를 구현할 수 있을 것입니다. 그러므로 어떤 특정한 기능만을 원하지 말고 자기가 하고 있는 일에서 그 경험을 살려 능숙함을 갖는 것이 건강한 삶을 살고 선한 마음의 작용을 계발하는 것이 되겠습니다.

주석서에서는 감관의 능숙함과 마음의 능숙함을 다음과 같이 말했습니다.

"감관의 능숙한 상태를 감관의 능숙함이라고 한다. 마음의 능숙한 상태를 마음의 능숙함이라고 한다. 그들의 특징은 몸과 마음의 건강함이다. 몸과 마음의 병을 덜어버리는 역할을 한다. 실수를 하지 않음으로 나타난다. 몸과 마음이 가까운 원인이다. 몸과 마음에 병을 초래할 불신 등과 반대가 된다고 알아야 한다."

열여덟 번째 감관의 바름과, 열아홉 번째 마음의 바름입니다. 감관의 바름이란 마음의 작용인 수, 상, 행 세 가지를 받아들이는 감각기관의 바름을 말합니다. 그리고 마음의 바름이란 마음이 바르고 올곧음입니다. 바름이란 정직, 곧음, 올곧음을 말합니다. 그러므로 바름이 있으면 선하지 못한 마음의 작용인 거짓이나 속임수가 제거됩니다. 속임수는 자신의 허물을 덮어버리고 감추기 때문에 허물이 됩니다. 부정직함은 자신에게 없는 공적을 있는 것처럼 꾸미기 때문에 허물이 됩니다. 깨끗한 마음의 작용의 바름은 속임수와 이러한 부정직함을 제거합니다.

주석서에서는 감관의 바름과 마음의 바름을 다음과 같이 말했습니다.

"감관의 바른 상태를 감관의 바름이라고 한다. 마음의 바른 상태를 마음의 바름이라고 한다. 그들의 특징은 몸과 마음이 바름이다. 몸과 마음의 구부러짐을 없애는 역할을 한다. 반듯함으로 나타난다. 몸과 마음이 가까운 원인이다. 몸과 마음에 구부러짐을 초래할 거짓이나 속임수 등과 반대가 된다고 알아야 한다."

우리는 무엇이나 빨리 하려고 합니다. 그래서 실패를 거듭합니다. 그러나 가장 빠른 길은 굽어지지 않은 길, 바른 길 그것입니다. 그것은 정직함이고 바름입니다. 그래서 이런 바른 길은 지름길이라고 알아야 하겠습니다. 우리가 욕심을 부려서 빨리 성취하려고 하는 것은 오히려 우회해서 더 멀리 돌아가는 것입니다. 그래서 여기서 감관의 바름, 마음의 바름이라는 것이 지름길이라는 것을 다시 한 번 유념해야 하겠습니다.

이상으로 깨끗한 마음의 작용은 모두 25가지인데 그중에서 19가지가 연관되어 함께 일어나는 그 마음의 작용을 말씀드렸습니다. 깨끗한 마음의 작용 19가지 중에서 수, 상, 행의 전체를 포함하여 말하는 것에는 방금 말씀드린 6가지가 있습니다. 이들은 모두 감관으로 설명했습니다. 감관의 평온, 감관의 경쾌함, 감관의 부드러움, 감관의 일의 적당함, 감관의 능숙함, 감관의 바름이란 6가지는 수, 상, 행을 말하는 것입니다. 그래서 앞서 밝힌 52가지 중에서 수와 상이 하나밖에 없다고 말했지만 여기서 수, 상, 행이라는 모임, 이 6가지가 나타난 것이 있는 것으로 보아서 수, 상, 행이 하나만 있는 것은 아닙니다.

이상 깨끗한 마음의 작용 19가지는 함께 일어나기 때문에 우리가 선행이 얼마나 유익한가를 알 수 있습니다. 그리고 우리가 왜 수행을 해야 하는가를 다시 한 번 유념해야 하겠습니다. 하나의 선행을 했을 때 하나만 있지 않고 19가지를 함께 이룬다면 이 얼마나 유익한 일입니까? 우리는 이것을 간과하지 말아야 하겠습니다. 우리가 수행을 하고 선한 일을 해야 하는 것들이 바로 이런 많은 이익들이 수반되기 때문에 반드시 해야 하는 일들입니다.

② 절제 3가지

절제라는 것은 금욕, 자제, 선하지 못한 행위를 회피한다는 뜻입니다. 그래서 선하지 못한 말이나 선하지 못한 행위나 선하지 못한 생계를 위해서 행동할 때 이것을 행하지 않고 억제하고 회피하는 것을 절제라고 합니다. 이상의 세 가지는 정어, 정업, 정명으로 팔정도의 계(戒)에 해당하는 것들입니다. 그러나 절제는 이것과 반대되는 것들이 나타났을 때 자제하여 불선업을 행하지 않는 것이지만 계율은 자제하기 이전에 지켜야 할 원칙을 말하는 것입니다. 그래서 절제와 계가 같은 것이지만 그 쓰임에 따라서는 이렇게 차이가 있습니다.

불선업을 절제할 때는 그냥 하는 것이 아니고, 여러 가지 방법으로 실천합니다. 절제하는 세 가지 방법은 다음과 같습니다. 첫째, 단절에 의해 절제하는 것입니다. 나타난 불선업을 남김없이 끊음으로써 불선업을 절제합니다. 둘째, 현재 도착한 대상을 절제하는 것입니다. 이 말은 지금 이 순간에 나타난 불선업을 절제하는 것입니다. 셋째, 계율의 준수로 절제하는 것입니다. 이 말은 계율을 지킴으로써 허물을 범하는 것을 절제하는 것입니다.

주석서에서는 절제를 다음과 같이 말했습니다.

"신, 구, 의 삼업의 악행으로부터 절제하는 것이 신, 구, 의 삼업으로 짓는 악행에 대한 절제이다. 이들 세 가지의 특징은 신, 구, 의 삼업에 대한 악행을 위반하지 않는다. 혹은 어기지 않는다. 신, 구, 의 삼업으로 짓는 악행의 대상으로부터 움츠리는 역할을 한다. 이들을 행하지 않음으로 나타난다. 믿음, 양심, 수치심, 욕구가 적음 등의 공덕이 가까운 원인이다. 마음이 악행에서 등을 돌리는 것으로 보아야 한다."

계율과 절제는 다릅니다. 계율은 지켜야 할 원칙이지만 절제는 나타난 것을 행하지 않고 피하는 것입니다. 그러므로 계율과 절제 두 가지가 조화를 이룰 때만이 우리는 비로소 바른 마음의 작용을 할 수 있을 것입니다. 계율은 딱딱한 것이라서 우리가 과히 반기지 않습니다. 그러나 계율은 막아서 보호하는 것입니다. 그래서 오히려 계율은 매우 부드러운 것입니다. 계율처럼 더 부드러운 것이 없습니다. 우리가 계율 안에 살고 있기 때문에 행복을 유지할 수가 있고, 바른 삶을 살 수가 있는 것입니다. 그래서 계율은 뼈와 같은 것입니다. 이러한 계율을 지키기가 어렵기 때문에 우리는 또다시 절제라는 무기를 사용해야 하겠습니다. 그래서 선하지 못한 행위에 직면해 있을 때 선하지 못한 행위를 피하는 절제가 있어야 합니다. 이 절제가 바로 자기 관리입니다. 자기 관리를 하지 못하는 사람은 자신도 지키지 못하고 가정도 지키지 못합니다. 그러면 자신이나 남에게 누를 끼치게 됩니다.

첫째, 정어(正語)입니다. 정어는 바른 말을 하는 것입니다. 바른 말은 네 가지를 하지 않는 것으로 거짓말, 이간질, 거친 말, 쓸데없는 말을 하지 않고 절제하는 것입니다. 정어를 말할 때 바를 정(正)은 앞서서 밝힌 것처럼 상징적으로 '알아차림이 있는 말'이라는 뜻이 있습니다. 그래서 팔정도의 정(正)은 알아차림을 가지고 한다는 뜻이 있습니다. 알아차림은 선한 행위이므로, 항상 깨어서 대상을 지켜보는 행위이기 때문에 청정한 상태를 유지할 수 있습니다.

주석서에서는 정어를 다음과 같이 말했습니다.

"그렇게 보고 생각하는 자가 그릇된 말을 자제하는 것이 바른 말이다. 이것은 정사유와 연결되어 있고, 그릇된 말버릇을 제거한다. 이것의 특징은 취득하는 것이다. 절제하는 역할을 한다. 그릇된 말을 버림으로써 나타난다."

둘째, 정업(正業)**입니다.** 정업은 바른 행위입니다. 업과 행위는 같은 말입니다. 바른 행위는 몸으로 짓는 세 가지 행위로 살생, 도둑질, 간음을 삼가는 것입니다. 살생은 살아 있는 생명을 죽이는 것입니다. 도둑질은 주지 않는 물건을 갖는 것입니다. 간음은 다른 여인과 정을 통하는 것입니다.

주석서에서는 정업을 다음과 같이 말했습니다.

"그렇게 절제하는 자가 살생, 도둑질, 간음을 절제하는 것이 바른 행위이다. 이것은 바른 말과 연결되어 있고, 그릇된 행위를 끊어버린다. 이것은 나쁜 행위를 부순다. 이것의 특징은 일어나게 하는 것이다. 절제하는 역할을 한다. 그릇된 행위를 버림으로써 나타난다."

셋째, 정명(正命)**입니다.** 정명은 바른 생계수단을 갖는 것입니다. 바르지 못한 생계는 다섯 가지인데, 이 거래를 삼가는 것을 말합니다. 바른 생계수단을 갖는 것은 무기거래, 생명체거래, 도살, 독약거래, 술이나 마약거래 이상 다섯 가지 행위를 하지 않는 것을 말합니다. 이외에도 부정직하게 부를 획득하는 사기, 배신, 점술, 속임수, 고리대금업이 바로 정명과 대치되는 것입니다. 재물을 얻을 때는 불법적인 방법으로 얻지 않고 합법적인 방법으로 얻어야 하며, 강제나 폭력을 써서 얻지 않고 평화적인 방법으로 얻어야 합니다. 어떤 방법이 되었거나 남에게 해를 끼치거나 고통을 주고 얻어서는 안 됩니다. 부당하게 얻은 것들은 얻은 것이 아니고 고스란히 과보가 되어 바로 그것이 자신에게 해를 끼치는 새로운 원인을 만듭니다.

주석서에서는 정명을 다음과 같이 말했습니다.

"그 정어와 정업이 청정해지도록 그릇된 생업으로부터 절제함이 정명이다. 이것은 정어와 정업과 연결되어 있고, 위선 등을 끊는다. 이것의 특징은 청정이다. 올바른 생계를 일으키게 하는 역할을 한다. 그릇된 생계를 버림으로써 나타난다."

만약 불가피하게 이러한 직업에 종사한다면 알아차려야 됩니다. 그리고 더 많은 선행을 하십시오 수행과 바라밀 공덕을 쌓는 일을 게을리 하지 않아야 합니다. 그래야 자신을 위험으로부터 보호할 수 있습니다. 이상이 세 가지 절제하는 것으로 정어, 정업, 정명이었습니다.

③ 무량 2가지

무량함 두 가지입니다. 무량은 한량이 없다, 무한하다, 잴 수 없다는 뜻입니다. 선정수행을 할 때 하나의 방법으로 네 가지 무량한 마음이 있습니다. 이것을 사무량심이라고 합니다. 이 사무량심은 자비희사(慈悲喜捨)입니다. 이 네 가지는 자애와 연민과 기뻐함과 평정을 의미합니다.

여기서 네 가지 무량한 마음의 작용 중에서 두 가지인 연민과 기뻐함만 있습니다. 왜냐하면 자애는 깨끗한 마음의 작용인 19가지 마음의 작용 중에서 성냄 없음이고, 평정은 깨끗한 마음의 작용인 19가지 중에서 중립입니다. 그래서 앞서 밝힌 두 가지를 포함하여 자비희사의 네 가지 무량한 마음이 성립됩니다. 무량한 마음의 작용 두 가지는 다음과 같습니다.

첫째 연민과, 둘째 기뻐함입니다. 자애는 자신이나 다른 사람이나 예외 없이 모든 존재들의 번영과 행복을 바라는 마음입니다. 연민은 동정심으로 다른 존재들의 고통을 제거해 주려는 마음입니다. 동정심을 가진 마음은 꽃보다 더 부드럽습니다. 봄바람보다 더 부드럽습니다. 함께 기뻐함은 단순한 동정심이 아니고 호의적이고 적극적으로 이해해 주는 기쁨입니다. 평정은 공평하게 바라보는 마음으로 집착하지 않고, 혐오하지 않고, 좋아하거나 싫어함이 없는 균형을 갖춘 마음입니다. 사무량심을 자비희사라고 하는데, 자(慈)는 자애이며, 비(悲)는 연민과 동정심이고, 희(喜)는 함께 기뻐함이고, 사(捨)는 평정입니다. 이상의 네 가지 무량한 마음을 갖도록 하는 것이 사마타 수행 방법의 하나입니다. 위빠사나 수행은 아무것도 바라지 않고 나타난 대상을 지켜보는 수행이라서 사마타 수행에서 바라는 것과는 다릅니다.

사무량심은 그냥 생기지 않습니다. 먼저 성냄의 반대가 되는 자애를 가져야 합니다. 이런 마음가짐에서 다음으로 연민의 마음이 일어납니다. 그렇지 않으면 남의 슬픔을 즐기거나 좋아할 수도 있습니다. 이렇게 자애로 인하여 연민의 마음이 생겼을 때 비로소 남의 기쁨을 함께할 수 있습니다. 남의 기쁨을 함께 기뻐하는 것도 높은 수준의 정신력이 요구되는 것입니다. 보통은 누구나 자아를 가지고 살기 때문에 남의 성공을 질투하고 시기할 수도 있습니다. 그래서 아무나 남의 슬픔에 연민을 갖거나 남의 기쁨을 함께 기뻐하지 못합니다.

　자애와 연민과 함께 기뻐함이 이룩되면 자연스럽게 미워하지 않고, 혐오하지 않는 평정심을 갖습니다. 평정심은 좋아하거나 싫어하지 않는 마음이지만 무관심한 마음은 아닙니다. 무관심은 무지의 상태지만 여기서는 공평한 마음이기 때문에 무관심이 아닙니다. 자애와 연민과 기뻐함을 추구할 때 이것을 집착해서는 안 됩니다. 자칫 잘못하면 이상 세 가지를 집착할 수 있습니다. 그러면 마지막 평정심을 이룰 수 없습니다. 그리고 마지막 평정심은 적극적인 관심을 가진 상태여야 합니다. 자칫 잘못하여 무관심한 상태가 되면 애써 이룬 마음가짐이 마지막으로 꽃을 피우기가 어렵습니다. 위빠사나 수행에서는 깨달음을 추구하기 때문에 이 상태에서 다시 평정심을 알아차리지만, 사마타 수행에서는 선정의 고요함이 목표이기 때문에 이 수준에 머물러 선정을 즐깁니다.

　주석서에서는 연민과 기쁨을 다음과 같이 말했습니다.

　"이 자애와 연민과 기쁨과 평정은 우선 몹시 기뻐하기 때문에 자애다. 사랑을 느낀다는 뜻이다. 친구의 존재 혹은 이것은 친구에게 일어나기 때문에 자애다. 다른 이가 고통스러워할 때 선한 사람의 가슴이 동요하기 때문에 연민이라고 한다. 혹은 다른 이의 고통을 제거하고 죽이고 분쇄하기 때문에 연민이다. 혹은 고통 받는 자들에게 흩뿌려져서 충만함으로서 확장되기 때문에 연민이다. 그것을 가진 자는 그것 때문에 기뻐한다. 혹은 스스로 기뻐한다. 혹은 단지 기뻐하기 때문에 함께 기뻐한다. 원한이 없기를 바라는 관심을 버리고 중립적인 상태에 의지함으로써 평정하기 때문에 평정이라고 한다.

　그러나 특징으로 살펴보면 자애는 유익한 상태로 일어난다. 이익을 가져오는 작용을 한다. 증오의 조복으로 나타난다. 중생에게서 사랑스러움을 보는 것이 가까운 원인이다. 이것은 악의를 가라앉힐 때 성취하고 갈애를 일으킬 때 실패한다. 연민은 중생에게 일어난 고통을 완화하려는 형태로 일어나는 것이 특징이다. 다른 이의 고통을 견디지 못하는 작용을 한다. 잔인함이 없는 것으로 나타난다. 고통에 허우적거리는 자들에게서 의지할 곳이 없는 상태를 보이는 것이 가까운 원인이다. 이것은 잔인함을 가라앉힐 때 성취하고, 근심을 일으킬 때 실패한다.

　기뻐하는 것의 특징은 다른 이의 성공을 기뻐하는 것이다. 질투하지 않는 작용을 한다. 싫어함을 제거함으로써 나타난다. 중생들의 성공을 보는 것이 가까운 원인이다. 싫어함을 가라앉힐 때 이것의 성공을 보는 것이 가까운 원인이다. 싫어함을 가라앉힐 때 이것을 성취하고 세속적인 희열로써 왁자지껄한 웃음을 일으킬 때 실패한다.

평온은 중생들에 대한 중립적인 상태로 일어나는 것이 그 특징이다. 중생들을 향해 평정한 상태로 보는 역할을 한다. 적개심과 찬동을 가라앉힘으로써 나타난다. '중생들은 업을 그 소유물로 갖는다. 업 이외의 다른 어떤 것이 중생들이 행복하고, 고통으로부터 벗어나고, 이미 얻은 영화를 잃어버리지 않기를 바랄 수가 있겠는가?'라고 생각하여 업이 그들의 소유물임을 아는 것이 가까운 원인이다. 적개심과 찬동을 가라앉힐 때 이것을 성취하고, 무지를 바탕으로 한 무관심을 일으킬 때 실패한다. 무지는 감각적 욕망을 바탕으로 하기 때문이다.

연민과 기뻐함은 범주에 대한 해설에 설한 대로 알아야 한다. 그곳에서는 근본삼매를 얻는 색계에 속하고, 이것들은 욕계에 속하는 것이 차이점이다. 어떤 이는 자애와 평정은 일정하지 않은 법들에 포함된다고 한다. 그것은 동의할 수 없다. 뜻으로 볼 때 성냄 없음이 바로 자애고, 중립적인 평정이 바로 평정이다."

이상으로 사무량심 중에서 연민과 함께 기뻐함 두 가지와 함께 자애와 평정을 말씀드렸습니다.

④ 어리석음 없음 1가지

마지막 마음의 작용인 52번째는 어리석음 없음입니다. 어리석음 없음은 지혜가 있는 것을 말합니다. 『논장』에서는 선하지 못한 마음의 작용일 때 탐욕, 성냄, 어리석음이지만 선한 마음의 작용일 때는 탐욕 없음, 성냄 없음, 지혜입니다. 이때의 지혜를 지혜의 능력이라고도 하고, 한문으로는 혜근(慧根)이라고 합니다.

첫째, 지혜의 능력입니다. 지혜의 능력을 빨리어로 '빤닌드리야(paññindriya)'라고 합니다. 지혜를 뜻하는 빤냐(pañña)와 지각능력, 감각기관을 뜻하는 인드리야(indriya)의 합성어입니다. 빤닌드리야는 이성, 지혜의 능력, 혜근 등의 뜻이 있습니다. 여기서 지혜의 능력을 이성이라고 보는 것은 지혜가 감정에 휩싸인 상태에서 일어나지 않는 것을 말합니다. 그래서 지혜는 반드시 집중의 고요함이 있어야 하기 때문에 감성이 아닌 이성이라고 말하는 것입니다. 붓다께서는 감성이 아닌 이성으로 판단하라고 하셨습니다. 이때의 지혜는 사마타 수행의 근접집중과 근본집중에서는 일어나지 않습니다. 이 두 가지 집중은 단지 선정의 고요함이 대상이지 지혜가 목표는 아닙니다. 그래서 사마타 수행에서는 사마타 선정의 지혜가 있지, 위빠사나 수행의 통찰지는 없습니다. 위빠사나 수행에서는 찰나집중을 하기 때문에 궁극에는 대상의 성품을 알아차리는 지혜를 얻습니다. 이런 궁극의 지혜가 무상, 고, 무아입니다. 무상, 고, 무아라는 일반적 특성의 지혜를 얻어서 우리는 집착을 끊고 열반을 성취합니다.

지혜는 아는 마음입니다. 그리고 알았기 때문에 끊는 힘이 있습니다. 지식도 아는 마음이지만 끊지는 못합니다. 그래서 우리들에게 필요한 것이 지식을 뛰어넘는 지혜입니다. 이러한 지혜는 얻으려고 해서 얻어지는 것이 아닙니다. 바로 알아차린 결과로 얻어지는 것입니다. 지혜는 정신적 조건이 성숙되었을 때 자연스럽게 나타납니다. 그래서 수행자가 지혜를 목표로 삼되, 행함에 있어서는 결과를 잊어버리고 바라는 마음이 없이 행해야 합니다. 왜냐하면 조건의 성숙이 우선이기 때문입니다. 이는 처음부터 원인을 알려고 해서는 안 되는 것과 같습니다. 바르게 알아차린 결과로 원인을 알아야 하는 것처럼, 지혜도 바르게 알아차린 결과로 오는 것입니다. 사실 원인을 안다는 것이 바로 지혜가 난 것입니다.

불교에서는 일반적으로 지혜를 얻는 일정한 과정을 세 가지로 나눕니다. 첫째, 배움으로 구성되는 지혜가 있습니다. 이것을 문혜(聞慧)라고 합니다. 고대에는 문자가 없었기 때문에 들어서 아는 지혜로 스스로를 계발했습니다. 둘째, 순수한 생각으로 이루어진 지혜가 있습니다. 이것을 사혜(思慧)라고 합니다. 이것은 정신적 사유이며, 형이상학도 여기에 포함됩니다. 서양에서 생긴 지혜는 거의가 이 단계에서 생긴 것들입니다. 셋째, 수행으로 이루어진 지혜입니다. 통찰지 수행인 위빠사나 수행을 해서 무상, 고, 무아를 아는 지혜를 얻어 도과를 성취합니다. 이것을 수혜(修慧)라고 합니다. 수혜는 논리적인 이성을 뛰어넘는 것입니다. 직접 실천적 수행을 해서 단계적 과정을 거쳐 진리를 깨닫게 됩니다.

이처럼 지혜도 단계적인 과정을 거쳐서 차츰 계발됩니다. 지혜는 그 자체가 깨달음입니다. 특히 존재하는 것들의 일반적 특성인 무상, 고, 무아의 지혜는 부처님 가르침에만 있습니다. 그래서 열반은 불교에만 있습니다. 이 법을 모르는 생명은 끝없는 윤회를 해야 합니다. 바로 이것이 괴로움이 있는 고성제의 진리입니다.

지혜를 뜻하는 빨리어는 여러 가지가 있습니다. 하나는 일반적으로 사용하고 있는 지혜가 있습니다. 그리고 좀 더 전문적인 용어로 사용하는 지혜가 있습니다. 이 두 가지 지혜를 각각 살펴보겠습니다.

첫째, 일반적으로 사용되는 지혜입니다. 지혜를 말할 때 '냐나(ñāṇa)'와 '빤냐(paññā)'로 두 가지로 혼합해서 사용합니다. 그리고 '아모하(amoha)'라고 할 때도 있습니다. 빨리어 '냐나'는 지혜를 뜻하지만 올바른 지식, 이해, 앎 등의 뜻이 있습니다. '냐나'가 지혜이지만 완전한 지혜가 아니고 초기에 일어나는 지혜입니다. 위빠사나 수행의 열여섯 단계 지혜도 모두 '냐나'입니다. 그래서 지혜라고도 하지만 경우에 따라서 '이해', '앎'이라고 말하기도 합니다.

다음으로는 '빤냐'입니다. 빨리어 '빤냐'는 '냐나' 다음에 오는 지혜로 '통찰지'라고 합니다. 빨리어 '빤냐'를 중국에서 그대로 음사해서 사용하는 것이 바로 '반야(般若)'입니다. 중국어 불교 용어는 빨리어를 소리 나는 대로 음사해서 사용하는 것들이 많습니다. 이때의 '빤냐'를 '냐나'와 구별해서 사용하는데 일반적으로 '통찰지'라고 합니다. 그래서 대상의 성품인 무상, 고, 무아를 있는 그대로 꿰뚫어 본다는 뜻으로 통찰지혜라고 합니다.

다음으로 '아모하'입니다. '아모하'는 '아(a)'라는 부정관사 뒤에 어리석음이라는 '모하(moha)'가 붙어서 '어리석지 않음'이라는 뜻입니다. 이때 어리석지 않음이란 지혜가 있는 것을 말합니다. 모르는 것을 무명이라고 하는데 이것이 바로 어리석음입니다. 이 무명의 반대가 지혜입니다. 그래서 이때의 지혜는 '알아서 끊는다'는 뜻이 있습니다.

전문적으로 사용하는 지혜란 말은 '빠린냐(pariññā)', '아빈냐(abhiññā)', '안냐(aññā)', '빠띠웨다(paṭivedha)', 그리고 '빤닌드리야(paññindriya)'라는 말들이 있습니다. '빠린냐'는 정확한 지식, 완전한 이해라는 뜻으로 '통달지'라고 합니다. 이 말을 중국에서는 '편지' 또는 '획득지'라고 합니다. '편지'는 두루 아는 지혜라는 말인데 빠짐없이 골고루 아는 지혜이고, '획득지'는 도과를 성취한 것을 말합니다. '빠린냐 빠띠웨다'라고 할 때는 정확한 지식에 대한 통달 또는 편지통달이라고 합니다. 다음에 '아빈냐'는 '아는, 지혜가 있는'이라는 뜻으로 '신통지'라고 합니다. 보다 정도가 높은 지혜를 가진 것으로 초범지의 신통이 있는 지혜입니다. 그래서 신통이 있는 초월적 지혜라고 해서 신통지라고 합니다. 다음으로 '안냐'는 완전한 지혜라고 하여 '완전지' 또는 '구경지'라고 합니다. 진리를 깨달았다는 뜻으로 '개오(開悟)'라고도 합니다. 아라한의 지혜의 경지를 말할 때 '안냐'라고 합니다. '안냐 빠띠웨다'라고 할 때는 지혜의 통달이라는 뜻으로 쓰입니다. 다음에 '빠띠웨다'는 관통, 통달, 통찰했다는 뜻이나 통찰해서 도과를 획득한 것을 말합니다. 불교는 일반적으로 교학을 말하는 '빠리야띠'의 단계를 거쳐 수행을 말하는 '빠띠빠띠'에서 마지막으로 도과를 성취하는 '빠띠웨다'로 완성됩니다. 이때의 '빠띠웨다'가 관통, 통달했다는 뜻으로 쓰입니다. 다음에 '빤닌드리야'는 다양하게 아는 능력을 말합니다. 안다는 것은 무상, 고, 무아, 사성제인 고집멸도, 선업과 불선업, 업의 결과를 아는 것으로 이것을 '빤냐'라고 하는데, 이것을 아는 능력을 바로 '빤닌드리야'라고 합니다.

이와 같이 지혜라는 말은 필요에 따라서 적절하고 다양하게 사용합니다. 그러나 이것들은 모두 안다는 것을 말합니다. 알기 때문에 느낌에서 갈애를 일으키지 않아 윤회가 끊어집니다. 이것이 도과를 성취하는 것이고, 궁극에는 아라한이 되는 것입니다. 안다고 했을 때는 무지가 아닌 밝음이며, 지속하는 것이 아닌 소멸시키는 것이며, 끊는 것을 말합니다. 모르면 욕망을 계속하지만 알면 욕망이 어리석음인 줄 알아서 끊습니다. 그러나 지혜라고 해서 무조건 다 좋은 것이 아닙니다. 지혜도 알아차릴 대상의 하나입니다. 지혜를 알아차리지 못하면 간교해집니다. 이런 지혜는 바른 지혜가 아니고, 지혜를 빙자한 바르지 못한 지혜입니다. 지혜를 알아차리지 못하면 간교하게 사람들을 속이는 지혜를 갖습니다. 그래서 속이는 바르지 못한 지혜를 구분지혜라고 합니다.

주석서에서는 지혜의 능력을 다음과 같이 말했습니다.

"어리석음 없음은 본성을 있는 그대로 꿰뚫는 특징이 있다. 혹은 실패 없이 적중해서 꿰뚫는 특징이 있다. 마치 숙련된 궁수가 쏜 화살이 관통하는 것처럼. 대상을 밝히는 역할을 한다. 마치 등불처럼. 미혹하지 않음으로 나타난다. 마치 숲 속의 안내자처럼. 그러면 통찰지의 특징, 역할, 나타남, 가까운 원인은 무엇인가? 통찰지의 특징은 모든 현상의 본성을 꿰뚫는 것이다. 그것의 역할은 모든 현상의 본성을 덮어버리는 어리석음의 어둠을 분쇄하는 것이다. 통찰지는 미혹하지 않음으로 나타난다. 통찰지의 가까운 원인은 집중이다. 왜냐하면 '집중에 든 자는 있는 그대로 보고 안다'라는 경구가 있으므로."

이상 마음의 작용 52가지를 모두 요약하면 다음과 같습니다. 첫째, 다른 것과 연관된 마음의 작용 13가지. 둘째, 선하지 못한 마음의 작용 14가지. 셋째, 깨끗한 마음의 작용 25가지입니다. 이상 52가지의 마음의 작용에는 수행에 필요한 37조도품이 상당 부분 포함되어 있습니다. 그래서 마음의 작용이 얼마나 중요한지 다시 한 번 알 수 있습니다.

팔정도의 정견이 지혜의 능력이고, 정사유가 겨냥이며, 정어, 정업, 정명이 있으며, 정정진이 정진이고, 정념이 알아차림이고, 그리고 집중이 있습니다. 그래서 마음의 작용 52가지에 팔정도가 모두 포함되어 있습니다.

다음으로 법념처의 수행의 대상인 다섯 가지 장애가 모두 52가지 마음의 작용 안에 있습니다. 탐욕, 성냄, 해태, 혼침, 들뜸, 후회입니다. 이것들은 모두 선하지 못한 마음의 작용에 포함되어 있습니다. 다음으로 오근(五根)과 오력(五力)이 있습니다. 오근은 믿음, 정진, 알아차림, 집중, 지혜입니다. 오근을 강화하면 자연스럽게 이것들이 오력으로 나타납니다.

52가지 마음의 작용에는 자비희사의 사무량심이 모두 있습니다. 자비희사의 자(慈)가 성냄 없음이고, 비(慈)가 연민이고, 희(喜)가 기쁨이며, 사(捨)가 중립입니다. 다음으로 깨달음의 일곱 가지 요인인 칠각지가 마음의 작용 52가지에 모두 포함되어 있습니다. 알아차림, 대상의 탐구인 지혜의 능력, 정진, 희열, 평온, 집중, 중립이 모두 여기에 포함되어 있습니다.

이상으로 마음과 함께 있으면서 모든 일을 하는 마음의 작용에 대해서 살펴보았습니다. 마음의 작용은 흔히 간과하기 쉬운 것들이나 사실은 수행자에게 있어서 가장 중요한 대상입니다. 그러므로 새로운 시각을 가지고 마음의 작용에 대해서 알아차려야 하겠습니다. 이것이 깨달음으로 가는 바른 길이며, 가장 가까운 지름길입니다. 마음과 함께 있는 마음의 작용인 수, 상, 행 52가지를 모두 살펴보았습니다.

지금까지 살펴본 것처럼 마음은 마음의 작용이 없으면 일어나지 않습니다. 이러한 마음의 작용을 알아야 비로소 마음이 무엇인지도 알고, 어떻게 해야 하는가도 알 수 있습니다. 다시 말씀드리면 이러한 분석은 적절한 알아차림을 위해서 한 것이며, 결국에는 무아를 알게 하기 위한 것이 가장 깊은 뜻입니다.

지금까지 52가지의 마음의 작용을 종류만 설명했을 뿐이지 이것들이 어떻게 결합하여 다른 형태로 나타나는지는 말씀드리지 않았습니다. 52가지 마음의 작용은 다시 89가지 또는 121가지의 마음과 결합하여 다양한 형태로 나타납니다. 마음의 작용들끼리도 결합하지만 다시 이 52가지가 마음과도 결합합니다. 그러나 이러한 결합은 수행자의 영역을 뛰어넘는 너무 전문적인 것이라서 여기서는 생략하겠습니다.

우리는 지금까지 정신과 물질만 있는 줄 알았지, 정신 속에 있는 수, 상, 행이라는 마음의 작용에 대해서 잘 알지 못했습니다. 그러나 수행자가 수행을 시작하면 모두 나타나는 것들이 수, 상, 행이라는 마음의 작용입니다. 바로 수, 상, 행이라는 마음의 작용을 통해서 비로소 마음의 실체를 알 수 있습니다. 마음은 비물질이라서 알기가 어렵지만 마음의 작용인 수, 상, 행을 통해서 그 진실한 모습을 바로 알 수가 있습니다.

4) 마음 알아차리는 수행 방법과 이익

마음을 알아차리는 수행은 사념처 수행인 몸을 알아차리는 수행, 느낌을 알아차리는 수행, 마음을 알아차리는 수행, 법을 알아차리는 수행 중에서 세 번째 수행입니다. 마음을 알아차리는 수행은 사념처 수행을 이끄는 중요한 수행입니다. 사념처 수행에서 몸을 알아차리는 수행은 몸의 깨끗하지 못함을 알아차립니다. 느낌을 알아차리는 수행은 느낌이 괴로움이라고 알아차립니다. 마음을 알아차리는 수행은 마음이 항상 변한다는 것을 알아차립니다. 법을 알아차리는 수행은 이 세상에 변하지 않는 고정된 실체가 없다는 것을 알아차립니다. 이렇게 염처별 지혜가 날 때 궁극의 깨달음을 얻습니다.

궁극의 깨달음인 열반에 이르려면 점진적으로 지혜가 계발되는 단계를 거칩니다. 이러한 과정에서 먼저 몸의 감각이 사라지는 단계가 옵니다. 그런 뒤에 호흡이 미세해져서 사라집니다. 이때 남아 있는 것은 오직 아는 마음밖에 없습니다. 이때 마음이 마음을 알아차리는 수행을 해야 합니다. 최종적으로 마음까지 소멸하면 열반에 이릅니다. 이 과정에서 마음을 알아차리는 수행이 결정적인 작용을 합니다. 그러므로 열반에 이르기 위해서는 반드시 마음을 알아차리는 과정을 거쳐야 하므로 누구나 마음을 알아차리는 수행을 해야 합니다.

마음을 알아차리는 수행을 해서 얻는 이익은 많습니다. 먼저 융통성이 있고 유연해지며 대상에 쉽게 적응할 수 있습니다. 마음을 알아차리는 수행은 커다란 소득과 이익을 주기 때문에 매우 이롭습니다. 그리고 불행과 괴로움을 여의고 행복과 즐거움을 얻습니다. 이렇듯 여러 가지 이익이 있지만 가장 중요한 이익은 탐욕, 성냄, 어리석음의 번뇌를 뿌리 뽑는 것입니다. 그리고 관용, 자애, 지혜를 증장시킵니다.

모든 것은 마음이 하고 마음이 그것을 받아들여서 압니다. 그래서 마음은 즐거움과 괴로움의 온상입니다. 이렇게 일하는 마음으로 인해 즐거움과 괴로움이 일어났다면 바로 그 마음을 알아차리는 것이 본질에 접근하는 것입니다. 일하는 마음을 알아차리면 알아차리는 순간 번뇌가 소멸합니다. 물론 마음을 알아차려서 완전한 지혜가 나기 전까지는 번뇌가 순간적으로 소멸합니다. 이때 일단 순간적으로라도 소멸이 된다는 사실이 중요합니다. 왜냐하면 알아차리는 마음이 일어나면 있는 마음은 순간적으로 소멸하기 때문입니다. 이렇게 마음을 계속해서 알아차리면 마음이 잘 닦여지고 더 높은 지혜가 계발됩니다.

마음을 알아차리지 못해 잘 닦여지지 않고 계발되지 않은 마음의 결과는 이와 반대입니다. 마음이 융통성이 없고 유연하지 못합니다. 그리고 대상에 쉽게 적응할 수 없습니다. 이런 마음은 결코 이익이 없습니다. 이로움이 없기 때문에 해롭습니다. 그래서 고통과 괴로움이 있습니다.

마음을 알아차리는 수행은 자아가 강하여 고정관념이 많은 사람에게 반드시 필요합니다. 이런 사람은 잘못된 견해를 가지고 행동하기 때문에 청정한 마음을 가질 수 없습니다. 그러므로 자아가 강하고 자존심이 강한 사람은 마음을 알아 차리는 수행을 하는 것이 필요합니다. 특히 사회적으로 성공을 거둔 사람이나 학문적으로 높은 식견을 가진 사람은 모든 일에 자신의 성공방정식을 적용하려 듭니다. 그래서 보편적인 진실을 외면합니다. 이런 사람은 자기 마음을 알아차 려서 이것이 내 몸과 마음이 아니고 자아가 없다는 지혜를 얻어야 합니다. 그래 야 완고한 고정관념의 껍질을 벗고 바른 법을 볼 수 있습니다.

자아가 강하면 결코 윤회계를 벗어날 수 없습니다. 잘못된 자아를 제거하려 면 마음을 알아차리는 위빠사나 수행을 해야 합니다. 그러므로 사견의 성향을 가지고 있는 지성적이지 못한 수행자가 도를 얻기 위해서는 반드시 마음을 알 아차리는 수행을 해야 합니다. 누구나 완두콩알 만한 자아가 있어도 결코 열반 에 이를 수 없습니다. 그래서 깨달음에 이르는 가장 큰 장애가 자아입니다. 그러 므로 마음을 알아차리는 수행을 해서 깨달음의 가장 큰 장애로부터 벗어나야 합니다.

마음은 의식의 순간들을 말합니다. 누구에게나 순간순간 여러 가지의 마음 들이 일어납니다. 이때마다 일어나는 순간순간의 마음을 알아차려야 합니다. 마 음이란 고정되어 있는 실체가 아니고 조건에 의해 매순간 일어나서 사라지는데 이런 과정을 그냥 있는 그대로 알아차려야 합니다. 마음의 종류가 매우 많은데 수행자가 이 마음을 모두 구별할 필요는 없습니다. 그러므로 여러 가지 상황에 따라서 나타나는 마음을 그냥 있는 그대로 알아차리면 됩니다.

마음은 하나이지만 과보에 따라 각기 다른 마음이 일어납니다. 또 잠재적 성 향에 따라 일어나기도 하고 정신적 상태에 따라 다르게 일어나기도 합니다. 마 음의 종류가 많아도 수행자가 알아차릴 마음은 하나입니다. 왜냐하면 한 순간에 마음은 하나밖에 없기 때문입니다. 그래서 언제나 현재의 마음을 알아차리면 됩 니다.

수행은 마음이 없으면 할 수 없습니다. 그러나 마음을 알아차리는 수행은 이 런 기본적인 마음을 말하는 것이 아니고 매순간 다양하게 일어나는 그 마음을 대상으로 알아차리는 것을 말합니다. 마음은 대상을 아는 것입니다. 마음을 알 아차린다는 것은 대상을 아는 이 마음을 다시 한 번 알아차리는 것입니다. 마음 은 비물질이라서 보이지 않기 때문에 알아차리기가 어렵습니다. 만약 마음을 알아차리려고 해도 알아차릴 수 없을 때는 알아차리려고 하는 현재의 마음을 알아차려야 합니다. 이때 '지금 내 마음이 마음을 알아차리려고 하고 있네' 하고 알아차리면 됩니다. 이처럼 현재의 마음을 알아차리는 것이 바로 마음을 알아차리는 수행입니다. 지금 일하고 있고 알고 있는 것이 마음인데 이 마음을 두고 다른 마음을 찾으면 마음을 알 수 없습니다. 그러므로 마음을 알아차리기 위해서는 항상 현재에 마음을 두어야 합니다.

마음을 알아차리는 것은 그간에 해보지 않던 일이라서 처음에는 알아차리기가 어렵습니다. 그래서 마음을 알아차리기 위해서는 계속해서 마음을 알아차리라는 가르침을 받아야 합니다. 그러면 어느 순간 자기도 모르게 마음을 알아차릴 수 있게 됩니다. 마음을 알아차리는 새로운 습관을 길들이기 위해서는 계속해서 듣고 읽어서 귀에 딱지가 앉고, 마음에 착근이 되어야 합니다. 그래서 지속적인 가르침을 받아야 언젠가 스스로 실천할 수 있습니다. 중요한 것은 반드시 남의 말을 들어야 비로소 자신이 하게 된다는 사실입니다.

마음을 알아차리는 이유는 마음이 모든 일을 하기 때문입니다. 그래야 일의 뿌리에 접근할 수 있습니다. 그러면 매우 빠르게 알아차린 결과가 나타납니다. 견디기 힘든 일에 직면했을 때 마음을 알아차리면 즉시 제어하는 효과가 나타납니다. 이렇게 제어된 마음이 고요해지면 차츰 지혜가 나서 사물을 통찰하는 힘이 생깁니다. 마음을 알아차리는 일은 그냥 단순하게 알아차리는 것 이상 더 필요한 것이 없습니다. 이 말은 대상을 있는 그대로 알아차리는 것이면 충분하다는 뜻입니다. 알아차려서 얻는 결과는 내가 만드는 것이 아니고 조건에 의해 나타나는 것이므로 때가 되면 자연스럽게 나타납니다.

위빠사나 수행에서는 어떤 대상이건 설령 그것이 좋거나 나쁘거나에 상관없이 모두 알아차려야 합니다. 탐욕이 있는 마음은 당연히 알아차려야 합니다. 아울러 탐욕이 없는 마음도 똑같이 알아차려야 합니다. 탐욕이 없는 마음을 알아차리지 않으면 다시 탐욕이 있는 마음이 됩니다. 이렇게 알아차리지 않으면 탐욕이 없다는 자만에 빠질 위험이 있습니다. 그래서 탐욕이 있을 때는 탐욕이 있는 마음을 알아차리고, 탐욕이 없을 때는 탐욕이 없는 마음을 알아차려야 합니다.

화를 낼 때도 화를 내는 마음을 알아차려야 합니다. 그리고 화가 사라지면 화가 없는 마음도 알아차려야 합니다. 어리석음이 있는 마음도 알아차려야 합니다. 똑같이 어리석음이 없는 마음도 알아차려야 합니다. 마음은 매순간 흐르고 있기 때문에 하나의 마음만 있지 않습니다. 그래서 마음을 알아차리면 선한 마음이 생기며 선하지 못한 마음이 사라집니다.

이 세상은 사람들의 마음에 의해 이끌려갑니다. 모든 것들은 오직 마음이라는 하나의 법의 힘을 좇아서 갑니다. 마음은 모든 행위에 앞서 일어납니다. 모든 육체적이고 정신적 행위는 마음이 협력하지 않으면 이루어질 수 없습니다. 선한 행위를 하든지 악한 행위를 하든지 마음이 중요한 역할을 합니다. 그러므로 이런 마음을 알아차리는 것은 선한 마음을 갖기 위해 가장 필요한 일이 아닐 수 없습니다.

어떠한 행위도 먼저 의도하지 않고 일어나는 경우는 없습니다. 그러므로 마음을 알아차려야 의도가 제어됩니다. 우리의 마음이 제어될 때 몸도 제어됩니다. 마음이 통제되지 않으면 아무런 제약 없이 생각과 감정을 마음대로 표현하고 행동합니다. 그래서 마음은 자신의 모든 행위를 제어하는 핵심요소입니다. 아울러 마음을 알아차려야 선한 의도가 증장됩니다. 그래서 선하지 못한 의도는 제어되고 선한 의도는 증장되어야 합니다. 우리가 생각하고 말하고 행동하는 것은 모두 하려고 하는 의도에 의해 일어납니다. 이 의도가 바로 마음입니다.

몸은 저 혼자 움직일 수 없고 마음이 앞에서 이끌기 때문에 움직입니다. 그래서 몸의 주인은 마음입니다. 이러한 마음은 자아의식, 나 또는 개아라는 사견이 머무는 곳입니다. 그리고 내 몸과 내 마음이라는 유신견(有身見)이 자라나는 곳입니다. 그래서 마음을 알아차려야 이러한 잘못된 견해가 자신을 지배하지 않습니다.

자아가 있다는 견해는 매우 강력한 힘으로 몸과 마음을 내 것으로 집착하게 하는 유신견을 만듭니다. 그래서 몸은 병이 자라는 곳이며, 마음은 유신견이 자라는 곳입니다. 몸과 마음은 고통의 온상이 될 수 있고, 지혜와 기쁨의 온상이 될 수도 있습니다. 그래서 몸도 알아차려야 하고 마음도 알아차려야 합니다.

마음을 알아차리는 수행은 자신의 마음을 대상으로 알아차립니다. 가령 다른 사람의 마음을 읽는 것은 맞을 수도 있고 때로는 틀릴 수도 있습니다. 그러나 자신의 마음을 읽는 것은 결코 틀릴 수 없습니다. 마음을 알아차리는 것은 마치

거울에 자신의 모습을 비쳐보는 것과 같습니다. 그래서 가장 정확하게 자신을 알 수 있습니다.

위빠사나 수행자는 자신의 마음을 알아차립니다. 설령 상대의 마음을 알아차린다고 해도 관용으로 받아들이기 위해 알아차리지 배척하거나 비판하기 위해서 알아차리지 않습니다. 알아차림이란 선한 행위이기 때문에 적어도 알아차리는 순간에는 상대를 비난하거나 경멸하지 않습니다.

어떤 일을 할 때 누가 보지 않는다고 해서 아무도 보지 않는 것이 아닙니다. 누가 보지 않을 때는 자신의 마음이 봅니다. 그래서 항상 자신의 마음이 증인입니다. 자신의 마음을 알아차리면 항상 자신이 새로운 증인이 됩니다. 우리가 마음을 알아차려야 하는 이유가 바로 여기에 있습니다. 마음이 모든 일을 하기 때문에 일하는 그 마음을 알아차리면 뿌리에 접근하는 것일 뿐만 아니라 일하고 있는 마음을 새로운 증인이 지켜보기 때문에 자신을 스스로 제어할 수 있습니다.

수행자가 처음부터 마음을 알아차리는 수행을 하기는 쉽지 않습니다. 그래서 처음에는 몸을 알아차리는 수행을 해서 집중력을 키워야 합니다. 집중력이 없으면 보이지 않는 마음을 알아차리기 어렵습니다. 그리고 지금까지 모든 일을 이끄는 마음을 본 적이 별로 없기 때문에 어려움이 있습니다. 경험하지 않은 정신세계는 처음에 가기도 어렵지만 바르게 가기도 어렵습니다. 그래서 확신이 서지 않아 바르게 판단하기 어렵습니다. 그러므로 이 수행은 스승의 지도를 받는 것이 필요합니다. 그렇지 않으면 마음을 알아차리는 매우 간단한 방법인 마음을 알아차리려는 새로운 마음을 내지 못합니다.

5) 마음 알아차리는 수행

마음을 알아차리는 수행을 세 가지 방법으로 나누어서 살펴보겠습니다. 첫 번째는 『대념처경』에 있는 마음을 알아차리는 수행입니다. 두 번째는 모곡 사야도의 마음을 알아차리는 수행입니다. 세 번째는 한국명상원의 마음을 알아차리는 수행입니다.

『대념처경』에서는 열여섯 가지의 마음을 제시하고 이 마음을 알아차리도록 했습니다. 열여섯 가지 마음은 여덟 가지 마음에 반대되는 마음을 하나씩 포함시켰습니다. 모곡 사야도는 외부에서 방문하는 마음 다섯 가지와 내부에서 방문하는 마음 다섯 가지와 주인의 마음 두 가지를 제시하고 이 마음을 알아차리도록 했습니다. 한국명상원의 마음을 알아차리는 수행은 네 가지 방법으로 있는 마음 알아차리기, 일어난 마음 알아차리기, 하려는 마음 알아차리기, 아는 마음 알아차리기입니다.

이상의 세 가지 방법은 모두 똑같이 마음을 알아차리는 수행이지만 접근방법의 차이가 다릅니다.

(1) 『대념처경』의 마음 알아차리는 수행

다음은 『대념처경』에 있는 마음을 알아차리는 수행에 대한 내용입니다.

"비구들이여, 어떻게 비구가 마음에서 마음을 알아차리는 수행을 하면서 지내는가?

비구들이여, 여기 비구는 탐욕이 있는 마음을 탐욕이 있는 마음이라고 안다. 탐욕이 없는 마음을 탐욕이 없는 마음이라고 안다.

성냄이 있는 마음을 성냄이 있는 마음이라고 안다. 성냄이 없는 마음을 성냄이 없는 마음이라고 안다.

어리석음이 있는 마음을 어리석음이 있는 마음이라고 안다. 어리석음이 없는 마음을 어리석음이 없는 마음이라고 안다.

위축된 마음을 위축된 마음이라고 안다. 산만한 마음을 산만한 마음이라고 안다.

커진 마음을 커진 마음이라고 안다. 커지지 않은 마음을 커지지 않은 마음이라고 안다.

향상된 마음을 향상된 마음이라고 안다. 향상되지 않은 마음을 향상되지 않은 마음이라고 안다.

집중된 마음을 집중된 마음이라고 안다. 집중되지 않은 마음을 집중되지 않은 마음이라고 안다.

자유로워진 마음을 자유로워진 마음이라고 안다. 자유로워지지 않은 마음을 자유로워지지 않은 마음이라고 안다.

이와 같이 그는 마음에서 마음을 안으로 알아차리는 수행을 하면서 지낸다. 혹은 마음에서 마음을 밖으로 알아차리는 수행을 하면서 지낸다. 혹은 마음에서 마음을 안팎으로 알아차리는 수행을 하면서 지낸다.

그는 마음이 일어나는 현상을 알아차리는 수행을 하면서 지낸다. 혹은 마음이 사라지는 현상을 알아차리는 수행을 하면서 지낸다. 혹은 마음이 일어나고 사라지는 현상을 알아차리는 수행을 하면서 지낸다.

그는 단지 마음이 있다는 알아차림을 확립할 때까지 마음의 현상들에 대한 분명한 앎과 알아차림을 확립하고, 유지한다. 그는 갈애와 잘못된 견해에 의지하지 않고 지낸다. 그는 세상에서 아무것도 집착하지 않는다. 비구들이여, 이와 같이 비구는 마음에서 마음을 알아차리는 수행을 하면서 지낸다."

이상은 여덟 가지 마음을 둘로 나누어서 모두 열여섯 가지 마음입니다.

처음에 "비구들이여, 어떻게 비구가 마음에서 마음을 알아차리는 수행을 하면서 지내는가?"라고 할 때 '어떻게'라고 하는 것은 있는 그대로 마음을 알아차리는 것을 말합니다. 이 말은 나타난 대상을 단순하게 지켜보는 것입니다. 일반적으로 탐욕이 없는 마음이라고 할 때는 지혜가 나서 탐욕이 없는 출세간의 마음을 말할 수 있습니다. 그러나 여기서 탐욕이 없는 마음이라고 했을 때는 출세간의 법이 적용되지 않는 단지 탐욕이 없는 마음일 뿐입니다. 가령 탐욕이 있는 마음을 알아차린 뒤에 탐욕이 없는 마음은 선한 마음일 뿐이지 이 상태가 출세간의 경지에 있는 마음은 아닙니다. 단지 탐욕이 없는 마음이 열반을 성취한 마음은 아닙니다. 탐욕이 없는 마음뿐만 아니라 성냄이 없는 마음이나 어리석음이 없는 마음도 이와 똑같이 적용됩니다.

여기서 '어떻게'라고 말한 것은 수행에서 중요한 의미가 있습니다. 교학에서는 항상 '무엇'이라는 것을 밝히지만, 수행에서는 항상 '어떻게'라는 것을 밝힙니다. 이것은 수행을 하기 위한 구체적인 실천방법을 말합니다. 그러므로 교학과 수행이 접목되면 이제 무엇을 어떻게 알아차리는가를 완전하게 실천할 수 있을 것입니다.

그리고 "마음에서 마음을 알아차리는 수행을 하면서 지낸다"라는 말은 마음을 알아차릴 때 오직 알아차릴 대상을 마음에 두고, 알아차리는 그것에만 집중하면서 지낸다는 것을 말합니다. 여기서 '지낸다'는 것은 알아차리는 수행을 일상의 일로 삼는 것을 말합니다.

열여섯 가지 마음 중에서 첫 번째는 **"비구들이여, 여기 비구는 탐욕이 있는 마음을 탐욕이 있는 마음이라고 안다. 탐욕이 없는 마음을 탐욕이 없는 마음이라고 안다"**라고 했습니다. 탐욕이 있는 마음은 여덟 가지가 있습니다.

첫째, 탐욕이 있고, 기쁨이 있고, 사견이 있고, 자극이 없는 마음입니다.
둘째, 탐욕이 있고, 기쁨이 있고, 사견이 있고, 자극이 있는 마음입니다.
셋째, 탐욕이 있고, 기쁨이 있고, 사견이 없고 자극이 없는 마음입니다.
넷째, 탐욕이 있고, 기쁨이 있고, 사견이 없고, 자극이 있는 마음입니다.
다섯째, 탐욕이 있고, 평온이 있고, 사견이 있고, 자극이 없는 마음입니다.
여섯째, 탐욕이 있고, 평온이 있고, 사견이 있고, 자극이 있는 마음입니다.
일곱째, 탐욕이 있고, 평온이 있고, 사견이 없고, 자극이 없는 마음입니다.
여덟째, 탐욕이 있고, 평온이 있고, 사견이 없고, 자극이 있는 마음입니다.

이상이 탐욕이 있는 마음 여덟 가지입니다. 이들 마음이 있을 때는 단지 이들 마음이 있는 것을 알아차리면 됩니다. 이 마음을 없애려고 하거나 다른 마음을 바라서도 안 되고, 오직 대상을 있는 그대로 알아차려야 합니다.

다음에 "탐욕이 없는 마음을 탐욕이 없는 마음이라고 안다"라는 구절이 있습니다. 탐욕이 있을 때도 있는 것을 알아차려야 하지만 없을 때도 없는 것을 알아차려야 합니다. 만약 탐욕이 없을 때 탐욕이 없는 마음을 알아차리지 못하면 다시 탐욕이 있는 마음으로 돌아갈 수 있습니다. 위빠사나 수행은 좋은 것이나 좋지 않은 것이나 모두 똑같이 대상으로 알아차립니다.

여기서 탐욕이 없는 마음이란 세간에서의 유익하고 선한 마음이며 무엇이라고 확정할 수 없는 무기(無記)의 마음입니다. 일반적으로 탐욕이 없는 마음이라고 할 때는 지혜가 나서 탐욕이 없는 출세간의 마음을 말하기도 합니다. 그러나 여기서 탐욕이 없는 마음이라고 했을 때는 출세간의 법이 적용되지 않는 단지 탐욕이 없는 마음입니다. 이때 탐욕이 있는 마음을 알아차린 뒤에 탐욕이 없는 마음은 선한 마음일 뿐이지 이 상태가 출세간의 경지에 있는 마음은 아닙니다. 그러므로 탐욕이 없는 마음이 열반을 성취한 마음은 아닙니다. 탐욕이 없는 마음뿐만 아니라 성냄이 없는 마음이나 어리석음이 없는 마음도 이와 똑같이 적용됩니다.

탐욕이 있는 마음이 있을 때는 탐욕이 있는 마음을 알아차립니다. 그러면 탐욕이 있는 마음이 사라집니다. 그러면 다시 한 번 탐욕이 없는 마음을 알아차립니다. 그래서 탐욕이 없는 마음을 알아차려서 다시 탐욕이 있는 마음이 되지 않도록 해야 합니다.

두 번째는 **"성냄이 있는 마음을 성냄이 있는 마음이라고 안다. 성냄이 없는 마음을 성냄이 없는 마음이라고 안다"**입니다. 이들 마음이 있을 때는 있는 마음을 알아차립니다. 이 마음을 없애려고 하거나 다른 마음을 바라서는 안 되고, 오직 대상을 있는 그대로 알아차려야 합니다.

성냄이 있는 마음은 두 가지가 있습니다. 첫째, 성냄이 있고 불만족이 있고 반감이 있고 자극이 없는 마음입니다. 둘째, 성냄이 있고 불만족이 있고 반감이 있고 자극이 있는 마음입니다. 이상 두 가지의 성냄이 있는 마음이 있을 때는 있는 그대로 알아차려야 합니다. 성냄이 있는 마음에는 성냄과 함께 항상 불만족과 반감이 있습니다. 그리고 자극이 있는가, 없는가가 다릅니다.

여기서 자극은 외부로부터 유발된 것인가, 아니면 자발적으로 일어난 것인가를 구별하는 것입니다. 다음에는 "성냄이 없는 마음을 성냄이 없는 마음이라고 안다"입니다. 성냄이 있을 때도 있는 것을 알아차려야 하지만, 역시 없을 때도 없는 것을 알아차려야 합니다. 만약 성냄이 없을 때 성냄이 없는 마음을 알아차리지 못하면 다시 성냄이 있는 마음으로 돌아갈 수도 있습니다.

여기서 성냄이 없는 마음이란 세간의 유익하고 선한 마음을 뜻하며, 확정이 안 된 무기의 마음을 말합니다. 그러므로 성냄이 없다고 해서 출세간의 마음을 말하지는 않습니다. 이때는 단지 성냄이 있다가 성냄이 없는 마음인 것입니다. 이때 성냄을 진심(瞋心)이라고 말합니다. 진심은 참 진(眞)이 아니고, 눈 부릅뜰 진(瞋)이라고 해서 화를 내는 마음을 말합니다.

세 번째는 **"어리석음이 있는 마음을 어리석음이 있는 마음이라고 안다. 어리석음이 없는 마음을 어리석음이 없는 마음이라고 안다"**입니다. 이들 마음이 있을 때는 있는 마음을 알아차립니다. 이 마음을 없애려고 하거나 다른 마음을 바라서는 안 되고, 오직 대상을 있는 그대로 알아차려야 합니다.

어리석음이 있는 마음은 두 가지가 있습니다. 첫째, 어리석음이 있고 평온이 있고 의심이 있는 마음입니다. 둘째, 어리석음이 있고 평온이 있고 들뜸이 있는 마음입니다. 이상 두 가지의 어리석음이 있는 마음을 알아차려야 합니다.

어리석음이 있는 마음을 알아차리면 그 순간 어리석지 않은 마음이 됩니다. 그래서 어리석은 마음을 알아차려야 합니다. 어리석은 마음에는 항상 평온이 있습니다. 그러나 이 평온은 지혜가 있는 평온이 아닙니다. 그리고 의심이 있거나 들뜸이 있습니다. 어리석은 마음은 겉으로 잘 드러나지 않기 때문에 의심과 들뜸이 있을 때 어리석은 마음이라고 알아차려야 합니다. 어리석음은 모든 해로운 마음에 들어 있습니다.

다음에는 **"어리석음이 없는 마음을 어리석음이 없는 마음이라고 안다"**입니다. 역시 어리석음이 있을 때도 있는 것을 알아차려야 하지만 없을 때도 없는 것을 알아차려야 합니다. 만약 어리석음이 없을 때 어리석음이 없는 마음을 알아차리지 못하면 다시 어리석은 마음으로 돌아갈 수 있습니다. 여기서 어리석음이 없는 마음이란 세간의 유익하고 선한 마음을 뜻하며 확정이 안 된 무기의 마음을 뜻합니다. 그러므로 어리석음이 없다고 해서 출세간의 마음을 말하지는 않습니다. 단지 어리석음이 있다가 어리석음이 없는 마음일 뿐입니다.

네 번째는 **"위축된 마음을 위축된 마음이라고 안다. 산만한 마음을 산만한 마음이라고 안다"**입니다. 이들 마음이 있을 때는 있는 마음을 알아차립니다. 이 마음을 없애려고 하거나 다른 마음을 바라서는 안 되고, 오직 대상을 있는 그대로 알아차려야 합니다.

위축된 마음은 다섯 가지 장애 중에서 세 번째인 해태와 혼침에 빠진 마음입니다. 마음이 일을 하는데 일하는 마음이 위축되면 아무것도 할 수 없습니다. 그래서 게으름과 졸음이 올 때는 이 마음을 있는 그대로 알아차려야 합니다.

산만한 마음은 다섯 가지 장애 중에서 네 번째인 들뜸과 후회를 말합니다. 들뜬 상태에서는 대상을 겨냥하기 어렵습니다. 그래서 이때는 들떠 있는 마음도 있는 그대로 알아차려야 합니다.

다섯 번째는 **"커진 마음을 커진 마음이라고 안다. 커지지 않은 마음을 커지지 않은 마음이라고 안다"**입니다. 이들 마음이 있을 때는 있는 마음을 알아차립니다. 이 마음을 없애려고 하거나 다른 마음을 바라서는 안 되고, 오직 대상을 있는 그대로 알아차려야 합니다.

커진 마음은 선정수행을 해서 높은 두 개의 정신세계를 가진 마음입니다. 색계와 무색계의 선정수행을 해서 이른 마음이 바로 커진 마음입니다. 커진 마음이라는 것이 높은 세계의 마음을 뜻하지만, 실제로 선정수행을 하면 대상과 하나가 되어 확장되는 느낌이 일어납니다. 그래서 대상과 아는 마음밖에 없는 집중을 합니다. 이 상태가 바로 커진 마음입니다. 이것을 한문으로는 대심(大心)이라고도 합니다. 커지지 않은 마음은 욕계의 마음입니다. 욕계의 마음은 감각적 욕망이 지배하기 때문에 선정수행을 하지 않아서 커진 마음이 생기지 않습니다.

여섯 번째는 **"더 향상될 수 있는 마음을 더 향상될 수 있는 마음이라고 안다. 더 향상될 수 없는 마음을 더 향상될 수 없는 마음이라고 안다"**입니다. 이들 마음이 있을 때는 있는 마음을 알아차립니다. 이 마음을 없애려고 하거나 다른 마음을 바라서는 안 되고, 오직 대상을 있는 그대로 알아차려야 합니다.

더 향상될 수 있는 마음은 욕계의 마음과 색계의 마음입니다. 더 향상될 수 없는 마음은 무색계의 마음입니다. 이는 무색계가 가장 높은 세계의 마음이기 때문입니다. 윤회하는 세계에서는 무색계의 비상비비상처가 가장 높은 정신적 수준의 세계입니다. 그래서 더 이상 올라갈 곳이 없습니다. 그러나 이 세계의 수명이 끝나면 다시 태어나서 어디에 떨어질지 알 수 없습니다. 그러므로 아직도 어둠 속에서 기약 없이 괴로움을 겪어야만 합니다. 무색계의 생명이라고 해도 존재하는 세계에서 벗어나는 길을 모르기 때문에 겪는 고통은 다른 생명과 똑같습니다. 그러나 위빠사나 수행을 해서 도과를 성취하면 존재의 세계를 벗어날 수 있습니다.

일곱 번째는 **"집중된 마음을 집중된 마음이라고 안다. 집중되지 않은 마음을 집중되지 않은 마음이라고 안다"**입니다. 이들 마음이 있을 때는 있는 마음을 알아차립니다. 이 마음을 없애려고 하거나 다른 마음을 바라서는 안 되고, 오직 있는 대상을 있는 그대로 알아차려야 합니다.

집중된 마음은 근본집중과 근접집중, 두 가지입니다. 집중이 되지 않은 마음은 근본집중과 근접집중이 되지 않은 마음입니다. 집중은 고요한 마음이 생긴 뒤에 오는 집중을 말합니다. 고요한 마음을 갖기 위해서는 먼저 알아차려야 합니다. 알아차리는 것은 계율을 지키는 것이라서 계(戒)가 수반됩니다. 이 상태에서 대상을 지속적으로 알아차리면 정(定)이 생기고, 이러한 정의 상태에서 지혜가 생깁니다. 그래서 집중된 마음이란 계정혜 삼학에서 정(定)을 의미합니다. 이때의 집중은 선정수행의 집중입니다. 그래서 대상과 하나가 되기 위해 관념을 대상으로 합니다. 처음에 대상을 겨냥하는 근접집중을 합니다. 이 상태에서는 아직 대상과 하나가 되지 않은 상태입니다. 그런 뒤에 집중을 지속하면 대상과 하나가 되는 근본집중을 하게 됩니다. 대상과 하나가 되는 선정수행의 근본집중은 번뇌를 강력하게 억누릅니다. 그러나 이것은 통찰지혜가 없기 때문에 억누를 때만 집중의 효과가 있고, 번뇌를 완전하게 불태우지는 못합니다. 그래서 계속해서 윤회를 해야 합니다.

집중이 되지 않은 마음일 때는 집중이 되지 않은 마음을 알아차려야 합니다. 집중이 되지 않은 마음을 알아차려야 다음에 집중할 수 있습니다. 집중이 되지 않은 마음을 모르고서는 집중하는 마음이 생기지 않습니다.

마지막으로 여덟 번째는 **"자유로워진 마음을 자유로워진 마음이라고 안다. 자유로워지지 않은 마음을 자유로워지지 않은 마음이라고 안다"**입니다. 이들 마음이 있을 때는 있는 마음을 알아차립니다. 이 마음을 없애려고 하거나 다른 마음을 바라서는 안 되고, 오직 있는 대상을 있는 그대로 알아차려야 합니다.

자유로워진 마음은 해탈의 마음입니다. 자유로워진 마음은 두 가지가 있습니다. 반대되는 것으로 대치함으로써 생긴 자유로워진 마음이 있습니다. 그리고 대상을 억압함으로써 생긴 자유로워진 마음이 있습니다. 이때의 자유로움은 순간적이거나 일시적인 자유입니다. 그러므로 열반을 성취한 자유는 아닙니다. 자유로워지지 않은 마음은 이들 두 가지가 없는 마음입니다. 그래서 이때의 자유는 출세간의 해탈을 말하지 않습니다. 그러므로 근절의 해탈과 편안하게 가라앉음의 해탈과 벗어남의 해탈은 여기에 해당되지 않습니다.

　　지금까지 말씀드린 마음은 여덟 가지를 두 가지씩으로 분류한 열여섯 가지의 마음입니다. 이 중 어느 상태에서 어떤 마음이 일어나더라도 일어난 마음을 일어난 그대로 알아차려야 합니다. 먼저 자신의 마음을 알아차려서 고요함을 얻어야 합니다. 그리고 상대의 마음도 알아차려서 상대를 헤아려 주어야 합니다. 그리고 나의 마음과 상대의 마음을 알아차려서 서로 헤아려 주어야 합니다.
　　이때 일어난 현상은 마음입니다. 마음을 알아차리는 수행이기 때문에 나타난 대상은 마음입니다. 그래서 일어난 마음을 알아차려야 합니다. 마음을 알아차리면 있는 마음은 사라지고 새로운 마음이 일어납니다. 마음이 사라졌으면 다시 사라진 마음을 알아차려야 합니다. 이렇게 알아차림을 지속하면 언젠가 '마음이 일어나고 사라지는 것'이라는 것을 알게 됩니다. 이것이 무상을 아는 지혜입니다.
　　수행의 과정이 처음부터 완전하게 되지는 않습니다. 그러므로 하나씩 단계적으로 수행을 해야 합니다. 경전의 가르침은 전체를 밝히는 것이기 때문에 수행자는 자기에게 맞는 단계적 과정을 거쳐야 합니다. 수행자들의 근기는 저마다 모두 다릅니다. 사람마다 수행을 하고자 하는 의지나 수행하는 방법이나 수행을 해서 얻는 결과도 모두 다릅니다. 그러므로 남을 의식해서는 안 됩니다.
　　특히 마음을 알아차리는 수행은 마음을 알아차리기에 적합한 근기가 있어야 합니다. 그리고 집중력이 있어야 합니다. 몸을 대상으로 알아차리기도 어려운데, 보이지 않는 마음을 대상으로 하기는 힘들 수 있습니다. 이럴 때는 먼저 몸을 알아차리는 수행을 충실히 해야 합니다. 그런 뒤에 반드시 마음을 알아차리는 수행을 지도 받아야 합니다. 마음을 알아차리는 수행이 어려운 것은 단지 해보지 않았기 때문입니다. 모든 것은 마음이 하는데 그 마음을 본 적이 없어서 하기 어려운 것입니다. 일하고 있는 그 마음을 알아차리기 위해서는 눈으로 보려 하지 말고 느껴야 하며, 그 느끼는 마음을 알아차려야 합니다.

(2) 모곡 사야도의 마음 알아차리는 수행

미얀마의 대장로 모곡 사야도께서는 마음을 알아차리는 수행을 세 가지로 분류했습니다. 세 가지는 외부에서 방문한 마음, 내부에서 방문한 마음, 주인의 마음입니다. 이 마음을 다시 세분화하면 외부에서 방문한 마음은 다섯 가지, 내부에서 방문한 마음은 여섯 가지, 주인의 마음은 두 가지입니다. 그래서 모두 열세 가지 마음입니다.

① 외부에서 방문한 마음 5가지

외부에서 방문한 마음은 다섯 가지입니다. 다섯 가지 마음은 눈의 마음, 귀의 마음, 코의 마음, 혀의 마음, 몸의 마음입니다. 이 마음을 외부에서 방문한 마음이라고 합니다. 이 말은 눈이 대상을 볼 때 아는 마음이 일어납니다. 귀가 소리를 들을 때 아는 마음이 일어납니다. 코가 냄새를 맡을 때 아는 마음이 일어납니다. 혀가 맛을 볼 때 아는 마음이 일어납니다. 몸이 대상과 부딪칠 때 아는 마음이 일어납니다. 이상 다섯 가지 마음이 일어날 때 이 마음을 대상으로 알아차립니다. 이상의 마음이 외부에서 방문한 마음입니다.

② 내부에서 방문한 마음 6가지

내부에서 방문한 마음은 여섯 가지입니다. 여섯 가지 마음은 탐욕이 있는 마음, 성냄이 있는 마음, 어리석음이 있는 마음, 탐욕이 없는 마음, 성냄이 없는 마음, 아는 마음[意識]입니다. 이상 여섯 가지 마음이 일어날 때 이 마음을 대상으로 알아차립니다. 이상의 마음이 내부에서 방문한 마음입니다.

③ 주인의 마음 2가지

주인의 마음은 두 가지입니다. 두 가지 마음은 들숨의 마음과 날숨의 마음입니다. 들숨의 마음은 호흡의 들이 쉼을 아는 마음입니다. 날숨의 마음은 호흡의 내쉼을 아는 마음입니다. 주인의 마음은 수행자가 알아차려야 할 주 대상이 호흡이기 때문에 이 마음을 주인의 마음이라고 합니다.

이렇게 해서 모두 열세 가지의 마음을 대상으로 알아차립니다. 마음의 종류는 문제가 되지 않습니다. 마음은 한 순간에 하나만 일어나기 때문에 현재의 마음을 알아차리면 됩니다. 마음의 종류가 많은 것을 복잡하게 생각하지 않아도 됩니다.

첫 번째, 외부에서 방문한 마음은 다섯 가지입니다. 외부에서 방문한 마음은 다섯 가지 감각기관이 감각대상과 접촉했을 때 일어난 마음입니다. 눈의 마음, 귀의 마음, 코의 마음, 혀의 마음, 몸의 마음은 다음과 같습니다.

'눈의 마음'은 눈이 형상을 보고 아는 마음을 대상으로 알아차리는 수행입니다. 눈의 마음은 눈이 외부의 대상과 접촉했을 때 일어난 마음을 대상으로 알아차리는 수행입니다. 우리가 본다는 사실은 눈이라는 감각기관과 보이는 감각대상과 그것을 아는 마음이라는 세 가지의 조건이 성숙되어서 보는 마음이 일어납니다. 이때 마음을 알아차리는 수행은 감각기관에 마음을 보내지 않고, 감각대상에 마음을 보내지 않고, 감각기관이 감각대상에 부딪혀서 일어나는 그 마음을 대상으로 알아차리는 것입니다.

눈이 대상을 볼 때 아는 마음이 일어납니다. 이 세 가지 조건을 1차적 현상이라고 하면, 이러한 1차적 현상에 의해 일어난 마음을 대상으로 다시 알아차리는 2차적 현상이 마음을 알아차리는 수행입니다. 눈이 대상을 보고 아는 1차적 현상과 눈이 대상을 보고 아는 마음을 대상으로 알아차리는 2차적 현상은 다릅니다.

눈이 대상을 보았을 때 있는 그대로 알아차리는 것도 수행입니다. 그러나 알아차림만으로는 항상 부족합니다. 그래서 알아차림과 함께 분명한 앎을 해야 합니다. 하지만 알아차림과 분명한 앎을 한다고 해서 대상을 완전하게 알아차릴 수는 없습니다. 알아차림이 조금이라도 약해지면 즉시 대상을 보고 좋다거나 싫다는 마음이 일어납니다. 그러면 연기가 회전하여 집착을 하고 업을 생성합니다. 그리하여 업의 과보를 받습니다.

이때 대상을 안 마음을 알아차리는 수행을 하면 좋다거나 싫다고 반응하지 않습니다. 이미 대상을 보고 좋다거나 싫다고 반응했을 때도 그 마음을 알아차리면 반응한 마음이 즉시 사라집니다. 그러면 있는 그대로 보는 마음으로 돌아옵니다. 모든 것은 마음이 이끌기 때문에 이렇게 마음을 알아차리는 수행을 하면 괴로움으로부터 이익을 얻을 수 있습니다.

지금까지 우리는 눈이 대상을 보고 무엇이라고 아는 마음을 가지고 이 정보를 받아들이면서 살았습니다. 그러나 마음을 알아차리는 수행은 지금까지 그냥 알아온 그 마음을 대상으로 새로 알아차리는 것입니다. 이때 대상을 아는 마음을 다시 알아차리기 위해서는 반드시 마음을 새로 내야 합니다. 여기서 마음을 새로 내야 마음을 알아차릴 수 있다는 사실이 중요합니다.

마음을 알아차린다는 것은 현재 일하고 있는 마음을 새로 알아차리는 것입니다. 마음이 대상을 겨냥해서 알아차리고 있는 그 마음을 대상으로 알아차립니다. 그래서 일반적으로 알고 있는 알아차림에 마음이라는 대상을 알아차리는 것이 새로 추가되었습니다. 마음은 비물질이기 때문에 형상이 없는 것이라서 설명으로는 이해하기 어렵습니다. 그래서 정신세계에 대한 것을 이해하려면 집중력이 필요합니다.

요약하면 마음을 알아차리는 수행을 하기 위해서는 눈이 대상을 볼 때 마음이 보이는 대상 쪽인 밖으로 나가서 초점을 맞추지 않아야 합니다. 이때 대상이 아닌 알고 있는 마음에 초점을 맞추면 마음을 알아차리는 수행입니다. 이것을 마음으로 본다고 말합니다. 이렇게 보고 있는 마음에 집중하면 자연스럽게 밖에 있는 대상이 안으로 들어와서 인식됩니다. 그러면 마음이 밖으로 나가서 좋다거나 싫다는 욕망을 일으키지 않습니다.

마음을 알아차리는 수행이 어렵다면 바로 마음을 알아차리기 위해 마음을 새로 내지 않았기 때문입니다. 이러한 수행은 비물질을 대상으로 하는 것이라서 어려움이 있습니다. 또 전에 경험해 보지 않은 것이라서 실천하기 어렵습니다. 그러므로 일정한 지도를 받아서 알아차리는 것이 필요합니다. 일정한 지도라는 것은 알고 있는 그 마음을 대상으로 새로 알아차리라는 지도를 받는 것입니다. 그래야 새로 마음을 내서 마음을 알아차릴 수 있습니다.

'귀의 마음'은 귀가 소리를 듣고 아는 마음을 대상으로 알아차리는 수행입니다. 귀가 소리를 들을 때 아는 마음이 일어납니다. 이때 아는 마음을 대상으로 알아차리는 것이 마음을 알아차리는 수행입니다. 귀가 소리를 듣고 무슨 소리라고 마음이 아는 것은 1차적 현상입니다. 그러나 귀가 소리를 듣고 아는 마음을 대상으로 알아차리는 것은 2차적 현상입니다. 여기서 마음을 알아차리는 수행은 2차적 현상입니다.

귀가 소리를 들을 때 마음이 밖으로 나가면 누가 내는 소리인가를 생각하게 되고 좋은 소리나 싫은 소리로 판단합니다. 그래서 좋은 소리는 집착하고 싫은 소리는 화를 냅니다. 모든 소리는 저마다 낼 만한 이유가 있어서 나는데 자신이 좋다거나 싫다고 반응하면 업을 만들어 그 과보를 받습니다. 이러한 과보는 전적으로 자신이 만들어서 받는 것입니다.

소리를 듣는 마음을 대상으로 알아차리면 모든 소리가 단지 소리에 불과합니다. 어떤 소리에도 차별이 일어나지 않을 때 단지 소리를 있는 그대로 들을 수 있습니다. 이렇게 소리를 듣는 마음을 알아차리면 그 소리는 이내 사라지고 맙니다. 또 소리가 사라지지 않더라도 단지 소리 이상의 다른 의미는 없어집니다.

'코의 마음'은 코가 냄새를 맡고 아는 마음을 대상으로 알아차리는 수행입니다. 코가 냄새를 맡을 때 아는 마음이 일어납니다. 이때 아는 마음을 대상으로 알아차리는 것이 마음을 알아차리는 수행입니다. 코로 냄새를 맡는 마음을 알아차리는 것이나, 눈이 형상을 보는 마음을 알아차리는 것이나, 귀가 소리를 듣는 마음을 알아차리는 방법은 똑같습니다.

코가 냄새를 맡을 때 마음이 밖으로 나가면 어디서 나는 냄새인지 찾게 되고 좋은 냄새는 집착하고 싫은 냄새는 화를 냅니다. 그러나 냄새를 맡는 마음을 알아차리면 단지 냄새일 뿐이지 좋거나 싫은 마음으로 반응하지 않습니다. 모든 냄새를 단지 냄새로 맡기 위해서는 냄새를 맡는 마음을 알아차려야 합니다. 이렇게 알아차릴 때 단지 있는 그대로의 냄새를 맡게 됩니다.

'혀의 마음'은 혀가 맛을 느끼고 아는 마음을 대상으로 알아차리는 수행입니다. 혀가 맛을 느낄 때 아는 마음이 일어납니다. 이때 아는 마음을 대상으로 알아차리는 것이 마음을 알아차리는 수행입니다. 혀가 맛을 느낄 때 마음이 음식물로 가면 맛이 있다거나 맛이 없다고 하는 분별이 일어납니다.

감각기관이 감각대상과 접촉할 때 있는 그대로 보면 그 마음은 청정합니다. 그러나 있는 그대로 보지 못하고 좋다거나 싫다고 반응하는 마음이 일어나면 계율을 지키지 못하는 것입니다. 좋아하는 것은 탐욕이고 싫어하는 것은 성냄입니다. 좋아하고 싫어하는 것이 어리석음입니다. 그래서 음식을 먹을 때 음식 맛으로 먹지 않고 자기 입맛의 기준에 따라 좋다거나 싫다고 반응하면 계율로 먹지 않는 것입니다.

모든 음식은 저마다의 고유한 맛이 있습니다. 혀가 음식의 맛을 느끼는 마음을 알아차리면 계율을 지키며 먹는 것이라서 청정하여 건강하고 수행을 하면서 먹는 것입니다. 인간의 욕망은 먹을 때 많이 일어나므로 혀가 맛을 느끼는 마음을 알아차리면 깨달음으로 가는 길이 열립니다. 그래서 스승들은 수행자들에게 혀에 불이 붙지 않게 먹으라고 말합니다. 이는 먹는 마음을 알아차려서 욕망으로 먹지 않도록 하기 위한 것입니다.

'몸의 마음'은 몸이 외부와 접촉해서 아는 마음을 대상으로 알아차리는 수행입니다. 몸이 다른 대상과 접촉할 때 아는 마음이 일어납니다. 이때 아는 마음을 대상으로 알아차리는 것이 마음을 알아차리는 수행입니다. 몸이 외부와 접촉할 때는 즉각 육체적인 느낌이 일어납니다. 그래서 좋다거나 싫다는 마음으로 반응합니다. 눈의 마음, 귀의 마음, 코의 마음, 혀의 마음이 일어날 때에 비해 몸의 마음은 매우 민감하게 즉각적으로 반응합니다. 그래서 좋아하면 더 접촉하고 싶어 하며 싫어하면 즉시 화를 냅니다. 그러므로 몸이 다른 대상과 접촉할 때 아는 마음을 대상으로 알아차려야 합니다. 이렇게 알아차리면 좋다거나 싫다는 마음이 더 이상 일어나지 않습니다. 만약 이런 마음이 일어났다면 이미 일어난 마음을 알아차려서 반응하지 않는 마음이 되도록 해야 합니다. 몸의 접촉은 다른 감각 기관이 접촉하는 것보다 더 민감하게 반응하므로 항상 접촉하는 마음을 대상으로 알아차려야 합니다.

이상 다섯 가지 마음은 외부에서 방문한 마음으로 손님입니다. 외부와 내부에서 방문하는 마음은 이 마음들이 때때로 나타나기 때문에 붙여진 이름입니다. 마음은 번뇌라고 하는 손님에 의해 더럽혀집니다. 즉, 외부에서 들어오는 때때로 일어나는 마음들은 손님입니다. 손님은 주인이 아니라서 항상 머무는 것이 아닙니다. 우리가 수행을 할 때 번뇌가 찾아온 것을 손님이라고 보는 인식이 필요합니다. 손님을 손님으로 맞이하는 순간 대상을 객관적으로 분리해서 볼 수 있습니다.

여기서 나타난 모든 대상을 손님이라고 보는 견해가 매우 소중합니다. 왜냐하면 우리가 수행을 할 때 제일 먼저 나타나는 것이 다섯 가지 장애입니다. 감각적 욕망, 악한 의도, 이런 것들이 나타날 때마다 그들을 손님이 온 것으로 봐야 합니다. 손님이라는 인식은 그것이 맞이해야 될 대상이라는 사실을 알게 합니다. 우리가 찾아온 손님을 내칠 수는 없습니다. 그렇기 때문에 어떤 것이 나타나든지 그것을 알아차릴 대상으로 삼는 것을 일러 손님이라고 표현한 것입니다. 그러므로 수행을 하면서 나타난 모든 대상은 손님입니다. 통증, 졸음, 망상, 여러 가지 형태의 고통스러운 것들도 단지 와서 보라고 손님으로 나타난 것입니다. 그것들은 와서 보아 달라고 나타난 것이지 없애 달라고 나타나지 않았으며 다른 것으로 바꾸어 달라고 하지 않습니다. 그러나 우리는 와서 보라고 나타난 대상을 손님으로 맞이하지 못합니다. 모든 대상을 손님으로 맞이하지 못하고 즉시 감각적 욕망을 일으킵니다.

두 번째, 내부에서 방문한 마음은 여섯 가지입니다. 마음은 외부의 감각기관을 통해 일어나기도 하지만 내부에서 일어나는 마음도 있습니다. 내부에서 일어난 마음도 외부에서와 마찬가지로 방문한 손님입니다. 내부에서 일어난 마음도 손님으로 알아차려야 하나의 대상으로 객관화해서 알아차릴 수 있습니다.

'탐욕이 있는 마음'은 내부에서 방문한 마음으로 알아차릴 대상입니다. 자신의 마음 안에서 탐욕이 일어났을 때는 탐욕이 일어난 것을 알아차려야 합니다.

그런 뒤에 탐욕이 있는 마음을 알아차립니다. 탐욕이 있는 것을 알아차리는 것은 1차적 현상이고 탐욕이 있는 마음을 알아차리는 것은 2차적 현상입니다. 1차적으로 탐욕을 알아차린 것과 2차적으로 탐욕이 있는 마음을 알아차린 것은 다릅니다. 탐욕을 알아차린 1차적 현상과 탐욕이 있는 마음을 알아차리는 2차적 현상은 다릅니다. 2차적 현상은 마음을 대상으로 알아차리는 수행입니다. 내부에서 방문한 마음은 모두 이와 똑같습니다.

마음이 있어서 알아차림을 하지만 다시 대상을 알고 있는 그 마음을 알아차리면 마음을 알아차리는 수행을 하는 것입니다. 모든 것은 마음이 이끌기 때문에 마음이 마음을 대상으로 알아차리면 이중삼중의 알아차리는 효과가 있습니다. 그래서 불선심을 선심으로 바꿀 수 있습니다. 마음이 마음을 대상으로 알아차리는 것은 나중에 생긴 마음이 먼저 있는 마음을 알아차리는 것입니다.

탐욕이 있는 마음은 불선심으로 항상 성냄과 어리석음과 함께 있으며 잘못된 견해와 자만이 함께 있습니다. 탐욕이 있는 마음을 알아차리면 이러한 불선심이 모두 사라집니다. 탐욕이 있는 마음을 알아차리면 아무것도 없습니다. 왜냐하면 알아차리는 새로운 마음이 일어났기 때문입니다. 마음은 한 순간에 하나밖에 없기 때문에 알아차리는 새로운 마음이 일어나면 있는 마음은 사라집니다. 그래서 탐욕이 있는 마음을 알아차렸을 때는 탐욕이 있는 마음은 사라지고 탐욕이 없는 마음이 새로 생깁니다. 그리고 탐욕이 일어났을 때 즉시 탐욕이 있는 마음을 알아차리면 탐욕을 일으킨 원인을 발견할 수도 있습니다. 이때 탐욕의 원인은 어리석음이라는 것을 알 수 있습니다. 이것은 지혜에 속하는 것으로 조건이 성숙되었을 때 알 수 있는 마음입니다.

'성냄이 있는 마음'은 내부에서 방문한 마음으로 알아차릴 대상입니다. 자신의 마음 안에서 성냄이 일어났을 때는 성냄이 일어난 것을 알아차려야 합니다. 그런 뒤에 성냄이 일어난 마음을 알아차립니다. 성내는 마음은 선하지 못한 마음으로 항상 탐욕과 어리석음과 함께 있습니다. 그리고 성내는 마음은 분노하는 마음, 미워하는 마음, 싫어하는 마음, 피하는 마음, 없애려는 마음, 인색한 마음, 후회하는 마음과 함께 있습니다. 그러므로 성내는 마음을 알아차리면 이런 모든 불선심이 사라집니다.

분노하는 마음은 남이 잘못되기를 바라는 화의 불길이라서 이런 불길에 스스로가 타버립니다. 이것이 분노하는 자가 겪는 피해입니다. 성내는 자는 아무리 잘 차려입었어도 마음이 성을 내고 있기 때문에 추하게 보입니다. 그러므로 자신의 피해는 물론 남에게도 피해를 줍니다.

'어리석음이 있는 마음'은 내부에서 방문한 마음으로 알아차릴 대상입니다. 자신의 마음 안에서 어리석은 마음이 일어났을 때는 어리석은 마음이 일어난 것을 알아차려야 합니다. 그런 뒤에 어리석은 마음을 알아차립니다. 어리석은 마음은 항상 탐욕과 성냄과 함께 있습니다. 어리석은 마음은 무명이기 때문에 스스로 어리석은 마음이 있는지 알기 어렵습니다. 어리석은 마음은 모든 불선심의 근본이 되는 마음입니다. 마음의 깊은 층에 자리 잡고 있어 스스로 드러내지 않습니다. 그러므로 어리석은 마음과 함께 있는 유사한 마음을 통해 어리석은 마음을 확인해야 합니다.

어리석은 마음과 함께 있는 마음은 양심 없음, 수치심 없음, 들뜸이 있습니다. 그리고 이외에도 무명, 무지, 미혹, 무덤, 망상, 현혹, 맹목성 등의 마음이 있습니다. 이들 마음이 일어났을 때 있는 그대로 알아차리면 어리석은 마음이 함께 사라집니다. 어리석은 마음이 사라지면 어리석음이 없는 마음이 됩니다. 계속해서 이러한 마음을 알아차리는 수행을 하면 나중에 지혜가 있는 마음이 생깁니다. 어리석음이 없다고 해서 무조건 지혜가 있는 마음이 되지 않습니다. 어리석은 마음이 없는 단계에서 지혜가 있는 마음이 일어납니다.

이상의 탐욕이 있는 마음, 성냄이 있는 마음, 어리석음이 있는 마음은 불선심입니다. 불선심이 있으면 선심이 들어오지 못합니다. 불선심을 알아차려서 사라져야 비로소 선심이 들어올 수 있습니다. 불선심은 불행한 마음이고 선심은 행복한 마음입니다. 불선심은 괴로움뿐인 윤회를 하는 마음이고 선심은 욕망이 없어 윤회가 끝나는 마음입니다. 불선심은 모르는 마음이라서 번뇌에 당하지만 선심은 아는 마음이라서 번뇌에 당하지 않습니다. 번뇌에 당하고 당하지 않고는 스스로의 선택입니다.

'탐욕이 없는 마음'은 내부에서 방문한 마음으로 알아차릴 대상입니다. 자신의 마음 안에서 탐욕이 없는 마음이 일어날 때는 탐욕이 없는 마음이 일어난 것을 알아차려야 합니다. 그런 뒤에 탐욕이 없는 마음을 알아차려야 합니다. 탐욕이 없는 마음을 알아차리지 못하면 탐욕이 있는 마음이 일어납니다. 위빠사나 수행은 나타난 모든 마음이 대상입니다. 선한 마음이라고 해서 알아차리지 않으면 선하지 못한 마음이 일어납니다. 탐욕이 없는 마음은 아직 완전한 지혜가 계발되지 않은 마음입니다. 그러므로 탐욕이 없는 마음을 계속 알아차려서 관용이 있는 마음을 가져야 합니다.

'성냄이 없는 마음'은 내부에서 방문한 마음으로 알아차릴 대상입니다. 자신의 마음 안에서 성냄이 없는 마음이 일어날 때는 성냄이 없는 마음이 일어난 것을 알아차려야 합니다. 그런 뒤에 성냄이 없는 마음을 알아차려야 합니다. 성냄이 없는 마음을 알아차리지 못하면 성냄이 있는 마음이 일어납니다. 성냄이 없는 마음은 아직 완전하게 지혜가 계발되지 않은 마음입니다. 그러므로 성냄이 없는 마음을 계속 알아차려서 자애가 있는 마음을 가져야 합니다.

'아는 마음'은 내부에서 방문한 마음으로 알아차릴 대상입니다. 자신의 마음 안에서 아는 마음이 일어날 때는 그것을 알아차려야 합니다. 그런 뒤에 아는 마음을 알아차려야 합니다. 아는 마음은 오온의 식(識)으로써 의식(意識)입니다. 아는 마음을 알아차리는 것은 수행에서 다양하게 사용됩니다. 수행이 잘 안 되었을 때는 수행이 잘 안 되는 것을 아는 마음을 알아차립니다. 수행이 잘될 때는 수행이 잘되는 것을 아는 마음을 알아차립니다. 이렇게 어떤 마음이나 현재 일하고 있는 마음을 새로 알아차려야 합니다.

'아는 마음'을 알아차리는 것을 '앎'이라고 합니다. 현재 무엇인가를 하고 있는 그 마음을 대상으로 알아차리는 것이나, 몸이 사라지고 아는 마음만 있어서 마음을 대상으로 알아차리는 수행을 할 때 '아는 마음 알아차리기'라고 합니다. 그러므로 '앎'이나 '아는 마음 알아차리기'나 같은 의미로 쓰입니다. 여기서 '탐욕이 없는 마음'이나 '성냄이 없는 마음'처럼 '어리석음이 없는 마음'이라고 하지 않고 그냥 '아는 마음'이라고 합니다. 어리석지 않은 마음은 지혜의 마음입니다. 지혜는 정견으로 알아차림의 주체이기 때문에 대상으로 삼지 않고 단지 '아는 마음'으로 구별하여 알아차립니다. 지혜는 알아차림 그 자체이기 때문에 열세 가지의 마음에 포함시키지 않았습니다.

세 번째, 주인의 마음은 두 가지입니다. '주인의 마음'은 들숨의 마음과 날숨의 마음입니다. 이 두 가지 마음은 일반적으로 수행자가 주 대상으로 삼고 있는 호흡을 알아차리는 마음입니다. 호흡은 사념처 중에서 신념처(身念處)에 해당하며 지수화풍이라는 사대 중에서 풍대에 속합니다. 누구나 살아 있는 동안 호흡을 하고, 몸에서 가장 두드러지게 나타나기 때문에 주 대상으로 삼습니다. 그래서 호흡을 알아차리는 마음을 주인의 마음이라고 말합니다. 역대의 많은 수행자들은 호흡을 주 대상으로 삼아 수행을 했습니다.

호흡은 코에서는 들숨과 날숨이고, 가슴이나 배에서는 일어남과 꺼짐입니다. 그래서 주인의 마음을 들숨과 날숨 두 가지로 분류했습니다. 주 대상인 호흡에서는 단지 일어나고 꺼지는 것을 알아차리는 것으로 그치지 않습니다. 호흡이 일어남과 꺼짐은 무상의 일어남, 사라짐과 같습니다. 그래서 단지 호흡을 알아차리는 것에 그치지 않고 무상을 아는 지혜가 나야 비로소 위빠사나 수행이라고 말할 수 있습니다.

'들숨의 마음'은 주인의 마음으로 알아차릴 대상입니다. 자신의 몸에서 들숨이 일어날 때는 들숨이 일어나는 것을 알아차려야 합니다. 그런 뒤에 들숨이 일어난 것을 아는 마음을 알아차립니다. 호흡을 단지 몸에서 일어나고 꺼지는 것으로 알아차릴 수도 있습니다. 그러나 호흡이 일어나고 꺼지는 것을 아는 마음을 알아차릴 수도 있습니다. 이때 호흡의 일어남 꺼짐을 아는 마음은 몸이 아닌 전면에서 알아차립니다. 전면은 마음자리이기 때문입니다.

코에서 알아차릴 때의 들숨은 차가운 바람이 들어가는 것을 알아차릴 수 있습니다. 그리고 가슴이나 배에서 알아차릴 때는 일어남 꺼짐으로 알아차릴 수도 있고, 부풀고 팽창하는 바람의 요소로 알아차릴 수도 있습니다.

'날숨의 마음'은 주인의 마음으로 알아차릴 대상입니다. 자신의 몸에서 날숨이 일어날 때는 날숨이 일어나는 것을 알아차려야 합니다. 그런 뒤에 날숨이 일어난 것을 아는 마음을 알아차립니다. 들숨과 날숨 또 일어남과 꺼짐은 두 가지이면서 하나입니다. 마음은 한 순간에 하나밖에 없지만 무상의 지혜로 보면 두 순간이 되어야 하나의 완성이 이루어집니다. 그래서 들숨과 날숨은 두 가지이면서 하나의 완성을 이룹니다.

마음의 수명은 하나 내지는 두 순간입니다. 마음은 한 순간에 하나밖에 없지만 이런 두 순간을 포함해서 하나의 순간으로 말하는 경우도 있습니다. 마음의 수명이 하나 내지는 두 순간이라는 것은 한 순간에 일어나서 사라지는 두 가지 조건이 있다는 것을 말합니다. 마음은 한 순간에 하나만 존재합니다. 하지만 일어남이라는 시작이 있고, 일어났으면 소멸하는 사라짐이 있습니다. 그래서 일어남이라는 한 순간의 마음과 사라짐이라는 또 한 순간의 마음이 있어 기본적으로 하나의 마음이 완성되고 사라집니다. 이 마음이 소멸하고 새 마음이 일어납니다. 이미 사라진 하나의 마음 뒤에 또 새로운 마음이 일어납니다. 그러므로 수행자는 마음을 알아차릴 때 자신이 알아차리는 마음이 이미 사라져버렸다는 것을 발견해야 합니다. 마음은 일어난 순간 빠르게 소멸하기 때문에 사실 소멸하는 것을 알기는 어렵습니다. 그러므로 사라져서 아무것도 없는 것을 확인하는 것이 소멸을 아는 것입니다. 우리가 마음을 알아차리려고 할 때 아무것도 없으면 이미 있던 마음은 소멸한 것입니다. 이때 소멸을 알 수 있습니다. 마음은 워낙 빠르기 때문에 소멸하는 그 끝을 알기가 어렵습니다. 그래서 마음을 알아차렸을 때 아무것도 없는 그 상태를 아는 것이 있는 마음이 소멸한 것으로 이해해야 합니다.

사라진 후 존재하지 않으므로 무상이라고 합니다. 마음은 일어나자마자 즉시 사라져버렸기 때문에 무상합니다. 수행자가 어떤 마음을 알아차리든 오직 무상인 마음의 사라짐을 발견할 것입니다. 하지만 그가 여전히 마음의 사라지는 것을 보지 못한다면 무상을 알아차리는 수행을 한다고 말할 수 없습니다. 이러한 수행자는 아직 마음이 항상 하는 것이라는 생각에서 벗어나지 못한 것입니다. 따라서 그는 계속하여 오온의 본성인 일어남과 사라짐을 알아차리려고 노력해야 합니다. 이 말은 무상을 알기 위해 변화하는 과정을 보라는 뜻입니다. 그런 의미에서 무상을 알기 위해서는 호흡을 들숨과 날숨의 두 가지 과정으로 알아차려야 합니다.

이상 열세 가지 마음의 범주 안에 보통 사람들이 가진 모든 마음들이 다 포함됩니다. 어떠한 마음이 일어나든 간에 그것은 감각대상과 감각기관이 부딪쳐서 일어납니다. 이들 육문을 통해서만 의식이 일어날 수 있으며, 마음은 육문을 벗어나서는 결코 일어날 수 없다는 것을 알아야 합니다. 마음은 저 홀로 일어날 수 없고, 물질적인 조건에 의해 일어나는 정신적 현상입니다. 그러므로 원인이 있어 생긴 결과입니다. 그래서 내 마음이 아니고 조건에 의해 일어난 마음입니다.

(3) 한국명상원의 마음 알아차리는 수행

한국명상원의 마음을 알아차리는 수행은 네 가지입니다. 첫째 있는 마음 알아차리기, 둘째 일어난 마음 알아차리기, 셋째 하려는 마음 알아차리기, 넷째 아는 마음 알아차리기입니다. 이러한 수행은 위빠사나 수행자들이 각각의 다른 상황에서 마음을 알아차리는 실천방법입니다.

마음을 알아차리는 이유는 마음이 모든 것을 이끌기 때문입니다. 그래서 마음을 알면 전부를 아는 것입니다. 마음은 한 생명의 태어남을 기원으로 해서 일어난 뒤에 죽음을 강어귀로 하여 끝이 납니다. 여섯 가지 감각기관들로부터 흘러나온 강물들이 계속해서 흐르는 것처럼 마음은 수많은 지류를 형성하면서 계속해서 흐릅니다. 그러다 바다를 만나면 그 생명이 다합니다. 그러므로 이러한 마음을 모르면 자신에 대해 모르고 삽니다.

마음을 알아차리는 수행이란 마음이 일하는 마음을 대상으로 알아차리는 것입니다. 누구나 수행을 할 때 일차적으로 일하는 마음이 있어 수행이 성립됩니다. 그러나 마음을 알아차리는 수행은 다시 일하는 그 마음을 대상으로 알아차리는 것을 말합니다. 이것이 바로 마음을 알아차리는 수행입니다. 일반적으로 수행자들이 일하는 마음을 대상으로 알아차린 적이 없어서 이것이 무슨 말인지 이해하기 어려울 수 있습니다. 그러나 마음을 알아차린다는 것은 마음이 몸을 알아차리거나, 마음이 느낌을 알아차리는 것이나, 마음이 법을 알아차리는 것과 다를 것이 없습니다. 그러므로 마음을 알아차린다는 것을 색다르게 생각해서는 안 됩니다. 다만 몸을 알아차리는 것처럼 대상이 몸이 아니고 마음일 뿐입니다.

　예를 들어 화가 났을 때 화가 난 것을 알아차리는 것은 느낌을 알아차리는 것입니다. 화가 났을 때 화로 인해 생긴 거친 호흡을 알아차리는 것은 몸을 알아차리는 것입니다. 그리고 화가 난 마음을 대상으로 알아차리는 것이 바로 마음을 알아차리는 수행입니다. 화가 났을 때 일어나고 사라지는 것을 알아차리는 것이 법을 알아차리는 수행입니다. 이렇듯 나타난 대상의 어느 면에 초점을 맞추느냐에 따라서 각각의 염처가 구별됩니다. 이때 화가 난 마음을 알아차리는 것은 화를 내고 있는 그 마음을 알아차리는 것입니다. 모르는 수행자는 마음이 다 하는데 구태여 마음을 알아차리는 수행을 할 필요가 있느냐고 말할 수도 있습니다. 이것은 마음을 알아차리는 수행이 무엇인지 모르기 때문에 이런 말을 합니다. 마음을 알아차리는 것은 모든 것을 이끌고 받아들이는 그 마음을 새로 알아차리는 것입니다. 그러므로 마음이 정보를 받아들여서 아는 것과 그 마음을 대상으로 알아차리는 것은 다릅니다.

　마음을 알아차리려고 마음을 찾아서는 안 됩니다. 마음은 대상을 아는 것입니다. 마음은 대상이 없으면 일어나지 않습니다. 이런 마음을 어디서 찾아서는 안 됩니다. 마음은 항상 현재 여기에 있습니다. 항상 여기 마음자리에서 대상을 받아들이기 때문에 마음을 알아차리기 위해 다른 곳으로 가서는 안 됩니다. 위빠사나 수행은 여섯 가지 감각기관인 육입에 감각대상인 육경이 와서 부딪쳐서 마음이 아는 것입니다. 이 말은 피사체가 카메라 렌즈에 와서 부딪히는 것과 같습니다. 렌즈가 피사체에 가서 장면을 담아오는 것이 아닙니다. 밖에 있는 장면이 렌즈에 와서 닿아서 영상이 찍히는 것입니다.

　수행자는 여섯 가지 감각기관에서 대상을 알아차려야 합니다. 눈이 물체가 있는 밖으로 나가면 마음이 밖으로 나간 것입니다. 그러면 마음이 대상을 따라다니게 됩니다. 그럴 때는 알아차리기 어렵고 고요함이 생기지 않습니다. 왜냐하면 밖에 있는 대상에 마음이 팔리기 때문입니다. 이 상태가 바로 갈애가 일어나 집착하기 시작하는 순간입니다. 물론 밖에 있는 대상에 마음을 보내서 알아차리는 경우도 있습니다. 그러나 기본적으로는 감각기관에서 대상을 알아차리는 것이 순서입니다. 이런 순서를 지켜야 알아차리는 힘이 생깁니다. 이처럼 감각기관에서 감각대상을 알아차리면 대상에 대한 좋고 싫음 없이 알아차릴 수 있습니다. 이것과 마찬가지로 마음을 알아차릴 때도 마음이라는 감각기관에 마음을 두고 알아차려야 합니다. 몸의 감각기관은 안, 이, 비, 설, 신이고 마음의 감각기관은 여섯 가지 감각기관 중 마지막인 의(意)에 해당됩니다.

마음에 대해 분명하게 알기 위해서는 세 가지 과정을 거쳐야 바르게 알 수 있습니다. 이러한 단계로 의식이 고양되어서 해탈의 경지에 이르게 됩니다. 마음을 알아차린다고 해서 한 순간에 모든 것이 해결되지는 않습니다.

첫째, 마음이 무엇인지를 아는 과정입니다. 마음이 무엇인지를 아는 것은 가보지 않은 동굴을 탐험하는 것과 같습니다. 이때 불을 밝히는 등불이 있어야 하고 반드시 자신이 한 걸음씩 걸어가야 합니다. 이때 불은 스승의 가르침이고 한 걸음씩 걸어가는 것이 위빠사나 수행입니다. 누구나 마음이 무엇인지 모르는 상태로 살기 때문에 온갖 잘못된 견해의 지배를 받고 삽니다. 위빠사나 수행을 하면 처음에 정신과 물질을 구별하는 지혜로 시작하여 차츰 마음이 가진 비밀의 베일을 벗게 됩니다.

둘째, 마음을 조절하는 과정이 있습니다. 수행을 하면서 마음을 알아차리면 이때 마음이 길들여지는 과정이 있습니다. 이 과정은 오랫동안 축적된 성향과의 숨바꼭질입니다. 수행을 지속하면 차츰 집중력이 생깁니다. 그래서 마음이 들뜨지 않고 하나의 대상에 머무는 시간이 길어집니다. 그리고 어떤 현상에 즉각적인 반응을 하지 않고 단지 대상으로 알아차릴 수 있게 됩니다. 그러므로 충동적인 마음으로부터 유연한 마음을 갖습니다.

마음을 알아차리면 이런 상태에서 생각하거나 말하거나 행동할 때 심사숙고하게 됩니다. 이것이 마음을 조절하는 단계에 이른 것입니다. 이러한 조절은 수행을 통해 생긴 지혜가 있기 때문입니다. 우리가 세상을 살면서 반드시 악한 마음 때문에 괴로움을 겪는 것만은 아닙니다. 시작은 매우 사소한 것으로부터 출발합니다. 사소한 일을 할 때 그 마음을 알아차리지 못하면 불선행을 하고, 그에 따라 불선과보를 받아 자꾸 괴로움이 더 커집니다. 그러나 마음을 알아차리면 주변의 사소한 일들로부터 자유를 얻어 일상의 일에서 괴로움을 겪는 횟수가 적어집니다. 이런 과정이 연속되어서 차츰 더 많이 알아차리게 되고, 차츰 더 큰 번뇌를 해결할 수 있습니다.

누구나 대상을 맞이하면 느낌이 일어나고 이 느낌이 즉각적으로 갈애를 일으킵니다. 괴로운 느낌이 일어나면 괴로워하는 마음을 알아차려야 합니다. 이때 괴로움이 대상이 아니고 괴로운 마음이 대상이 되면 괴로움이 비로소 제어됩니다. 즐거울 때도 마찬가지입니다. 즐거운 느낌이 일어나면 반드시 집착하기 마련입니다. 이때 즐거워하는 마음을 알아차리면 즐거운 느낌으로 인해 일어나는 집착이나 다음 행위가 조절됩니다.

셋째, 마음이 자유를 얻는 과정이 있습니다. 느낌에서 갈애가 일어나지 않아 마음은 모든 족쇄로부터 자유로워집니다. 그래서 모든 번뇌가 불타버린 아라한의 도과를 성취합니다. 수행하는 목표는 오직 하나입니다. 마음이 번뇌로부터 자유로워지기 위한 것입니다. 마음이 자유로워지면 모든 관념으로부터 벗어납니다. 그리고 지금까지 지녀왔던 고정관념은 사라지고 존재하는 것들의 성품인 무상, 고, 무아를 알아서 집착하지 않습니다. 그래서 감각적 욕망의 노예가 되지 않습니다. 바라는 것이 없어 다시 태어나는 일이 없습니다. 바로 이것이 자유입니다

한국명상원의 마음을 알아차리는 네 가지 방법을 살펴보겠습니다. 있는 마음 알아차리기, 일어난 마음 알아차리기, 하려는 마음 알아차리기, 아는 마음 알아차리기는 모두 마음을 알아차린다는 것에서는 같습니다. 이러한 분류는 여러 가지 상황에서 마음을 알아차리는 접근방법입니다. 어떤 상황에서나 쉽게 현재의 마음을 알아차리도록 한 것입니다.

① 있는 마음 알아차리기

있는 마음을 알아차리기 위해서는 '**지금 무슨 마음가짐인가?**' 또는 '**지금 무슨 마음이 있는가?**' 하고 알아차려야 합니다. 우리는 아침에 눈을 뜨면서부터 많은 일을 시작합니다. 이러한 일들은 모두 마음이 있어서 합니다. 그러므로 무슨 일을 하거나 일을 시작할 때의 마음을 알아차려야 합니다. 이것이 있는 마음 알아차리기입니다. 우리가 일상을 살아가면서 여러 가지 상황을 맞이합니다. 그때마다 있는 마음을 알아차려야 합니다.

어떤 마음이나 일어났다가 순간적으로 사라지지만 마음에 저장된 종자가 다음 마음에 전달됩니다. 그래서 시작할 때의 마음을 알아차리기 못하면 가지고 있는 마음의 정보가 계속해서 다음 마음에 전해지기 때문에 현재 하는 일에 집중을 할 수가 없습니다. 그래서 계속 망상이 나타납니다.

괴로울 때는 괴로운 마음이 일어나서 사라지지만 다음 마음에 종자를 남기고 사라집니다. 그래서 괴로움이 상속됩니다. 그러나 현재 있는 마음을 알아차리면 이 마음에 있는 종자가 다음 마음으로 전해지지 않습니다. 왜냐하면 있는 마음을 알아차리는 새로운 마음이 일어났기 때문입니다. 이렇게 마음을 알아차린 뒤에 다음 대상을 계속해서 알아차리면 사실상 마음을 계속해서 새로 내고 있는 것입니다.

마음은 일어났다가 사라지지만 마음에 담긴 종자가 다음 마음에 전해지는 것을 상속이라고 하는데 바로 이것이 순간의 윤회입니다. 그래서 현재 있는 마음을 알아차리면 알아차리는 순간 윤회가 끊어집니다. 물론 이때의 소멸은 순간적인 소멸입니다. 그러나 현재 있는 마음을 알아차리지 못하면 순간의 윤회가 흐릅니다. 이때는 마음에 담긴 과보가 다음 마음에 전해진 것입니다. 이러한 순간의 윤회가 거듭되어 한 일생의 윤회도 똑같은 방식으로 진행됩니다. 한 순간 한 순간이 모여 수많은 세월이 됩니다. 그래서 수행자는 지금 여기 있는 한 순간의 마음을 알아차려야 합니다.

수행자가 잡담을 하다가 좌선을 했을 경우와 경행을 하다가 좌선을 했을 경우 나타나는 장애가 다릅니다. 잡담을 했을 경우에는 잡담에 대한 정보가 입력된 상태에서 좌선을 하기 때문에 계속해서 좌선 중에 망상이 일어나 집중을 할 수가 없습니다. 그러나 좌선을 하기 전에 경행을 하다가 좌선을 하면 망상이 훨씬 적게 일어납니다. 왜냐하면 경행할 때의 집중력이 좌선을 할 때 그대로 상속되기 때문입니다.

마음은 한 순간에 하나밖에 없기 때문에 새로운 마음이 일어나면 있는 마음은 사라집니다. 그러므로 현재 있는 마음을 알아차리면 새로운 마음으로 일을 시작할 수 있습니다. 만약 있는 마음을 알아차리지 못하면 가지고 있는 정보의 힘이 계속되어 망상을 하거나 들뜨거나 혼란한 상태의 마음으로 일을 할 수밖에 없습니다. 이처럼 무슨 일을 하거나 일을 시작할 때 현재 있는 마음을 알아차리지 못하면 알아차리지 못할 때 가지고 있던 마음의 종자를 가지고 일을 시작하는 것입니다. 그래서 습관적으로 살게 되며 수행을 할 때도 집중이 되지 않습니다.

아침에 잠자리에서 일어날 때부터 저녁에 잠자리에 들 때까지 무슨 일을 하거나 현재 있는 마음을 알아차리면서 하루를 보내야 합니다. 아침에 일어나서 저녁에 잠자리에 들 때까지 여러 가지의 상황이 생길 것입니다. 새로 맞이하는 모든 상황에서 처음에 있는 마음을 알아차린 뒤에 하고자 하는 일을 하면 됩니다.

아침에 일어나서, 잠자리에 들기 전에, 식사를 하기 전에, 운전을 하기 전에, 업무를 하기 전에, 대화를 하기 전에 '**지금 무슨 마음가짐인가?**' 또는 '**지금 무슨 마음이 있는가?**' 하고 있는 마음을 알아차리고 시작합니다. 수행을 할 때도 마찬가지입니다. '**지금 무슨 마음으로 수행을 하는가?**' 하고 알아차리고 해야 합니다.

② 일어난 마음 알아차리기

일어난 마음을 알아차리기 위해서는 '**지금 무슨 마음인가?**' 하고 알아차려야 합니다. 마음은 대상이 없으면 일어나지 않습니다. 여섯 가지 감각기관이 여섯 가지 감각대상과 접촉할 때 아는 마음이 일어납니다. 처음에는 단순하게 아는 마음만 일어나지만 이 마음이 느낌이나 고정관념에 의해 즉각 좋거나 싫은 마음으로 변합니다. 그러면 이 순간부터 새로 일어난 마음이 자신을 지배합니다. 이런 마음이 지배할 때 대상을 있는 그대로 보지 못합니다. 그래서 굴절된 시각으로 보기 때문에 바른 견해를 갖지 못합니다. 이때 새로 일어난 마음을 알아차려야 합니다.

일어난 마음 알아차리기는 시간과 장소에 상관없이 알아차리는 수행입니다. 언제든지 새로운 마음이 일어난 것을 즉시 알아차리면 다시 청정한 마음으로 돌아갑니다. 사람들은 자기 가치관에 따라 판단합니다. 중요한 것은 인간은 무명과 욕망을 기본바탕으로 삼아서 살고 있다는 사실입니다. 그래서 자신의 판단은 언제나 이기적이고 욕망에 차 있어서 어리석기 마련입니다. 이런 마음을 알아차리지 못하면 번뇌가 주인이 되어 자신을 지배합니다.

알아차릴 마음의 종류는 매우 많습니다. 그러나 그 마음을 모두 알아차릴 수는 없습니다. 그러므로 일어난 마음을 알아차릴 때는 기본적으로 불선심과 선심을 알아차립니다. 불선심은 탐욕이 있는 마음, 성냄이 있는 마음, 어리석음이 있는 마음으로 이런 마음이 일어난 것을 알아차립니다. 선심은 탐욕이 없는 마음, 성냄이 없는 마음, 어리석음이 없는 마음이 일어난 것을 알아차립니다. 탐욕이 없는 마음을 알아차려서 관용이 있는 마음으로 계발해야 하며, 성냄이 없는 마음을 알아차려서 자애가 있는 마음으로 계발해야 하며, 어리석음이 없는 마음을 알아차려서 지혜가 있는 마음을 계발해야 합니다.

수행자는 불선심만 알아차려야 하는 것이 아닙니다. 선심이 일어난 것도 똑같이 알아차려야 합니다. 선심인 관용, 자애, 지혜가 있을 때는 그 순간에 불선심이 자리 잡을 수 없습니다. 반대로 불선심인 탐욕, 성냄, 어리석음이 있을 때는 그 순간에 선심이 자리 잡을 수 없습니다. 그래서 선심을 알아차리면 불선심이 붙을 수 없을 뿐만 아니라 선심으로 인해 교만해지는 마음까지 제어됩니다. 마찬가지로 불선심을 알아차리면 선심이 생기며, 불선심으로 인해 더 나빠지는 것이 제어됩니다.

일반적으로 불선심과 선심이 일어날 때 이것을 알지 못합니다. 불선심도 거친 마음이 있고, 중간의 마음이 있고, 미세한 마음이 있습니다. 거친 마음도 알아차리기 어려운데, 하물며 미세하게 일어나는 마음은 알아차리기가 더욱 어렵습니다. 이러한 마음을 알아차리지 못하기 때문에 불선심이 일어나도 우리는 대책을 세울 수가 없습니다. 우리는 자기 습관대로 삽니다. 이러한 불선심이 일어나는지도 모르고 사는 것이 바로 어리석음입니다. 그러므로 마음이 일어났는지 특별하게 자각을 하지 못하더라도 이따금 '지금 무슨 마음인가?'하고 알아차려야 합니다. 그러면 선심과 불선심, 그뿐만 아니라 이 마음을 기본으로 파생된 다양한 마음까지 알아차릴 수 있습니다.

우리는 자신의 불선심을 보지 못하면서 남의 불선심을 봅니다. 그리고 남을 비난합니다. 남의 잘못을 보면 불쾌하게 여기고 미워하고 화를 냅니다. 그러나 이때 대부분 이런 행위를 하는 자신의 불선심은 보지 못합니다. 자신의 허물은 보지 못하고 남의 허물만 보고 비난하는 것이 바로 불선심이라고 알아야 합니다. 잘못에 잘못으로 대해서는 아무런 개선의 여지가 없습니다. 그래서 남의 잘못은 남의 잘못으로 그냥 두고 그것을 보는 자신의 마음이 불선심을 일으키지 말아야 합니다. 이것이 탐욕과 성냄과 어리석음에서 벗어나는 길입니다. 내가 남을 비난할 때 나도 그 사람의 수준과 같아집니다. 그러므로 비난받을 짓을 한 사람이나 그것을 보고 비난을 하는 사람이나 정신적 수준이 똑같습니다. 그러나 남의 잘못을 보고 '몰라서 그랬네' 하고 관용으로 이해한다면 그는 잘못을 행한 사람보다도 정신적으로 우월한 사람입니다. 이때 이런 관용을 보이기 위해 알아차림과 분명한 앎과 함께 마음을 알아차리는 수행을 해야 합니다.

일어난 마음을 알아차린 후에 가슴으로 가서 마음이 일으킨 느낌을 연계해서 알아차려야 합니다. 마음은 비물질이라서 오래 알아차리기 어렵습니다. 그리고 알아차려도 분명하게 잡히지 않습니다. 그래서 분명하지 않은 마음을 알아차린 뒤에 가슴으로 가서 분명한 느낌을 대상으로 알아차려야 합니다. 마음과 느낌은 항상 함께 있습니다. 그래서 어떤 마음이 일어나면 반드시 가슴에 그 마음이 남긴 흔적이 느낌으로 남아 있습니다. 그래서 마음을 알아차린 뒤에 느낌까지 알아차려야 비로소 마음을 알아차린 바람직한 효과를 얻습니다.

가슴에 있는 느낌을 알아차릴 때는 거친 느낌에서 중간 느낌으로 다시 미세한 느낌이 될 때까지 계속해서 알아차려야 합니다. 느낌이 싫어서 알아차리다 말면 느낌에 나쁘게 반응한 것입니다. 그러면 마음과 느낌을 알아차려서 얻는 상승효과를 기대할 수 없습니다. 그래서 알아차림에는 인내가 필요합니다.

이때 대상을 없애려고 알아차려서는 안 됩니다. 단지 있는 그대로의 대상을 알아차려야 합니다. 이렇게 알아차려서 느낌이 고요해지면 그 순간 마음도 평온해집니다. 가슴에는 호흡, 맥박, 그리고 여러 가지 느낌이 있습니다. 그러나 마음이 남기고 간 느낌이 반드시 가슴에만 있는 것은 아닙니다. 머리에서 강한 느낌이 일어나면 머리에서 느낌을 알아차려도 좋습니다. 이처럼 먼저 마음을 알아차린 후에 가슴에서 느낌을 알아차리는 방법이 있지만, 역순으로 가슴의 느낌에서 마음을 알아차리는 방법도 있습니다. 어느 때 가슴에 강력한 느낌이 일어났을 때는 먼저 가슴에서 일어난 느낌을 알아차리면 이 느낌을 일으킨 원인의 마음을 알 수도 있습니다. 이때 가슴에서 일어난 느낌을 빨리 알아차리면 이 느낌을 남기고 떠난 어떤 마음을 분명하게 알아차릴 수 있습니다. 이런 수행을 반복적으로 하다보면 마음으로 인해서 가슴의 느낌이 일어난 것을 통하여 원인과 결과를 아는 지혜가 납니다.

괴로움이 있을 때 이미 괴로움은 일어난 순간 사라집니다. 그러나 마음이 이것을 기억하여 자꾸 괴로움을 지속시킵니다. 이때도 괴로움을 기억하는 마음을 알아차려야 합니다. 그리고 가슴으로 가서 괴로움으로 인해 생긴 느낌을 분명하게 알아차려야 합니다. 이런 수행을 반복하다 보면 어느 순간부터 가슴에서 일어나는 느낌을 싫어하는 마음이 생깁니다. 이때의 이 마음은 지혜입니다. 이 순간 부질없는 생각으로 끊임없이 일어나는 느낌을 괴로움이라고 자각해야 합니다.

이때 이 괴로움을 피하지 않고 자각하면 자연스럽게 괴로움을 일으킨 기억을 떠올리지 않게 됩니다. 이제야 이 기억이 부질없음을 아는 지혜가 난 것입니다. 그러므로 가슴에서 일어나는 괴로운 느낌을 피하려 하지 말고 오히려 적극적으로 알아차려 괴로운 기억이 남긴 상처를 분명하게 알아야 합니다. 그래야 지혜가 나서 괴로운 기억으로부터 자유를 얻습니다. 마음을 알아차리면 바르게 사는 마음이 일어나기 때문에 괴로움을 피하는 지혜가 나서 괴로움이 소멸됩니다.

우리의 마음은 끊임없이 일어나고 사라지면서 가슴에 느낌을 남깁니다. 그러므로 마음과 느낌을 연계해서 알아차리면 마음과 느낌을 알아차리는 수행을 동시에 할 수 있습니다. 끊임없이 일어나는 마음으로 인해 몸은 한시도 편한 순간이 없습니다. 그래서 병을 얻어 괴롭게 살다 죽어갑니다. 마음을 알아차려서 마음의 토대가 되는 몸도 보살피는 것이 몸에 대한 감사함을 표하는 방법입니다. 몸은 탐욕스럽고 어리석은 마음으로 인해 항상 상처를 받고 있습니다.

③ 하려는 마음 알아차리기

하려는 마음을 알아차리기 위해서는 '**지금 내 마음이 어디로 가고 있는가?**' 또는 '**지금 내 마음이 무엇을 하려고 하는가?**' 하고 알아차려야 합니다. 하려는 마음은 의도입니다. 모든 행위는 반드시 의도가 있어 일어납니다. 마음은 빠르게 일어나고 사라지기 때문에 어떤 의도가 있어 행위를 하는지 알기가 어렵습니다. 그러나 행위를 하기 전에 마음을 알아차리면 반드시 의도에 의해 행위를 한다는 사실을 알 수 있습니다. 심지어 하품을 하는 것이나 눈꺼풀을 깜박이는 것도 모두 의도가 있어 한다는 것까지 알 수 있습니다.

하려는 마음 알아차리기를 하기 위해 의도를 알아차리는 수행을 하려면 처음에는 어떤 행동에서 다른 행동으로 옮겨갈 때 하는 것이 좋습니다. 가령 좌선이 끝나고 경행을 하려고 할 때 움직이지 않던 몸을 움직여야 하는 상황이 생깁니다. 이때 앉아서 손을 바닥에 짚으려는 의도와 천천히 일어나서 걸으려는 의도를 알아차리면 됩니다.

처음에는 몸을 움직이면서 의도를 알아차리는 것보다 움직이지 않고 정지된 상태에서 의도를 알아차리는 것이 좋습니다. 그래야 하려는 마음의 의도를 쉽게 실천할 수 있습니다. 이렇게 알아차려서 집중력이 생기면 자연스럽게 움직이는 동작에서도 모든 의도를 알 수 있게 됩니다. 사실 모든 행동은 의도와 움직임이 전부입니다. 그래서 행위를 마음의 형성력이라고 하는 것입니다. 행위자체는 스스로 할 힘이 없습니다. 모두 의도가 있어 행위를 하는 결과가 있습니다.

걸을 때도 처음에 발을 들어서 앞으로 나아가려는 의도를 알아차리고, 발을 움직이거나 서 있다가 방향을 바꾸기 위해 돌리고 할 때도 의도를 알아차리면 좋습니다. 이외에도 말하기 전에 말을 하려는 의도를 알아차리고 하면 거칠게 하려던 말이 금방 부드러운 말로 바뀝니다. 그러므로 의도를 알아차리는 수행은 일상의 모든 경우에 다 적용됩니다.

무엇인가를 하려고 계획을 세우는 것이 모두 의도입니다. 의도를 여러 가지로 설명할 수 있습니다. 행위를 하는 것, 고무하는 것, 격려하는 것, 자극하는 것, 조정하는 것, 기억하여 행위를 하게 하는 것 등이 모두 의도입니다. 이런 것을 통틀어서 모두 의도라고 합니다. 하려는 마음을 알아차리는 것도 여러 가지의 마음을 알아차리는 것들과 함께 중요한 대상입니다.

의도는 마음에 의해서 일어나는 마음의 작용입니다. 그러므로 마음이 없으면 의도가 일어나지 않습니다. 이 의도가 바로 행(行)입니다. 행위를 업(業)이라고 하는데 의도가 있는 행위를 업이라고 말합니다. 이때의 의도란 분명하게 하려는 마음을 낸 것을 말합니다. 업은 반드시 그에 상응하는 과보가 따르는데 이때 의도가 없는 행은 업이라고 볼 수 없고 단지 행입니다. 그래서 하려는 의도가 없이 한 행은 업이 되지 않아 과보를 받지 않습니다.

예를 들어 살생했을 때의 과보는 다음 다섯 가지의 조건이 성숙되어야 과보가 생깁니다. 첫째, 살아 있는 생명이 있는 것. 둘째, 살아 있는 생명이 있다고 아는 것. 셋째, 살아 있는 생명을 죽이려고 의도하는 것. 넷째, 살아 있는 생명을 죽이려고 행위를 하는 것. 다섯째, 결과적으로 살아 있는 생명이 죽는 것. 이상의 다섯 가지 조건이 성숙되어야 살생의 과보를 받습니다. 여기서 의도의 유무에 따라 과보가 생기거나 생기지 않습니다. 우리가 일상의 일을 의도를 가지고 하면서도 의도가 있는지도 모르면서 하기 때문에 습관으로 살고 어리석게 사는 것입니다. 이런 어리석음에서 벗어나기 위해 하려는 마음을 알아차려야 합니다.

12연기에는 업이 두 가지가 있습니다. 바로 과거의 업과 현재의 업입니다. 과거에 형성된 의도를 행이라고 합니다. 이때의 행이 바로 의도이고 이것이 마음의 의지입니다. 그러므로 과거의 행은 의도가 있기 때문에 업입니다. 그리고 현재 새로운 의도를 내서 하는 행위를 업의 생성이라고 합니다. 과거의 의도는 행이고 현재의 의도는 업의 생성입니다. 하려는 마음을 알아차리면 현재 무엇인가를 하려는 의도를 내는 그 마음을 알아차리는 것입니다. 그러므로 업의 생성에 속합니다. 그래서 수행자는 현재 새로 생성하는 업의 의도를 알아차리는 것입니다.

수행자는 과거에 형성된 업을 알아차리지 않습니다. 과거는 이미 지나간 것이라서 바꿀 수 없습니다. 그러므로 현재 새로 생성하는 업이 알아차릴 대상입니다. 업의 생성이란 업의 힘을 말합니다. 그래서 이것이 업력입니다. 현재 의도를 일으켜 업을 만들면 이 힘이 미래의 태어남을 만들기 때문에 업의 생성이라고 합니다. 이때 유념해야 할 것은 내가 미래로 옮겨가는 것이 아닙니다. 바로 업의 힘이 옮겨가서 태어남이 생깁니다. 의도를 알아차리면 이런 인과관계를 알 수 있습니다. 이러한 과정에는 자아가 없습니다. 내가 다음 생에 태어나는 것이 아니고 단지 업의 생성으로 인해 축적된 그 힘이 옮겨가기 때문에 여기에 나라고 하는 자아는 존재할 수 없습니다. 과거는 이미 지나간 것이라서 실재가 아닙니다. 그래서 과거는 원인으로서의 의미 이상은 없습니다. 과거는 관념이며 실재하는 것이 아니라서 수행자에게는 반면교사로서의 의미밖에 없습니다. 수행자는 항상 현재 여기에서 실재하는 것을 대상으로 알아차려야 합니다. 그 시작이 바로 의도를 알아차리는 것입니다.

하려는 마음을 알아차리면 지금까지 모르고 진행되던 과정을 이제 분명하게 알고 하게 됩니다. 그래서 선한 마음이 되어 선한 의도를 내서 선한 행위를 합니다. 우리가 행동할 때 처음에는 생각으로 시작합니다. 그리고 다음에는 말을 합니다. 그런 뒤 마지막으로 행동을 합니다. 이것을 세 가지 업이라고 합니다. 시작은 생각으로부터 합니다. 그러나 의도를 알아차리면 생각에서부터 바른 의도가 생깁니다. 그래서 바른 말을 하고 바른 행동을 합니다. 이 결과로 선한 과보를 받아 고통 없이 행복하게 살 수 있습니다.

좌선을 할 때도 움직이지 않으면 몸이 아파서 고통을 느낍니다. 이때 싫어하는 마음이 일어납니다. 그리고 싫어합니다. 그런 뒤에 움직이려는 의도가 일어납니다. 그리고 몸을 움직입니다. 이때 아파서 싫어하는 것은 성냄이고 움직이는 것은 탐욕이고 탐욕과 성냄으로 하는지 모르고 하는 것이 어리석음입니다. 이처럼 작은 행동 하나에도 모두 탐욕, 성냄, 어리석음이란 의도가 숨어 있습니다. 자신의 작은 움직임 하나도 그 순간의 의도가 없으면 움직이지 못합니다. 그러나 마음을 알아차리지 못하기 때문에 어리석은 마음으로 습관적으로 움직이고 있는 것입니다. 이때의 마음은 미세해서 알아차리기 어렵기 때문에 이 순간의 탐욕, 성냄, 어리석음을 미세한 번뇌라고 합니다. 그러나 의도를 알아차리는 수행을 하면 이런 의도들이 모두 겉으로 드러납니다. 그래서 선하지 못한 마음이 자연스럽게 통제됩니다.

수행을 한다는 것은 모르고 있던 것을 겉으로 드러나게 하여 치유를 하는 과정입니다. 그러므로 수행을 하면서 일어나는 여러 가지 불편하고 괴로운 생각들은 모두 잠재의식 속에 있던 것들이 표층으로 나와서 치유의 기회가 온 것으로 알아야 합니다. 그러므로 어떤 괴로움도 두려워하지 말고 오히려 반전의 기회로 삼아야 합니다. 이것만이 가장 완전한 치유방법입니다. 괴로움을 피하면 영원히 괴로움의 노예로 살아야 합니다. 괴로움은 하찮고 비어 있는 것입니다. 이것을 피하기 때문에 하찮은 괴로움이 커진 것입니다. 그래서 괴로울 때는 괴로운 마음을 알아차리는 것이 가장 효과적인 대처방법입니다.

수행자가 경행을 할 때 처음에는 몸의 움직임만 알아차립니다. 차츰 수행의 발전이 있으면 모든 것이 의도에 의해서 움직인다는 사실을 알 수 있습니다. 이렇게 의도에 의해 몸의 움직임이 일어난다는 사실을 알게 되면 원인과 결과를 아는 지혜가 납니다. 이것이 연기의 지혜입니다. 이러한 원인과 결과의 지혜가 나면 모든 의문이 풀립니다. 모든 것은 자신의 의도에 의해 행해지고 그 결과를 받는다는 사실을 알게 됩니다. 그러면 자신이 한 행위에 대한 책임을 느낍니다. 그래서 선한 의도를 내서 선한 행위를 하게 됩니다.

하려는 마음을 알아차리면 자신의 행위가 절제됩니다. 무심히 할 때는 어리석음과 감각적 욕망으로 하게 되지만 의도를 알아차리면 청정한 마음으로 하게 되어 계율을 지키게 됩니다. 이렇게 해서 생긴 청정하고 고요한 마음으로 인해 지혜를 얻습니다. 그러면 수행이 더욱 발전하여 괴로움에서 벗어나는 길로 갑니다.

④ 아는 마음 알아차리기

아는 마음을 알아차리기 위해서는 '**지금 내 마음이 무엇을 하는가?**' 또는 '**지금 내 마음이 무슨 일을 하고 있는가?**' 하고 알아차려야 합니다. 아는 마음을 알아차리는 것은 일하고 있는 마음을 다시 알아차리는 수행입니다. 그러므로 나중에 생긴 마음이 먼저 있는 마음을 알아차립니다. 이렇게 알아차리기 위해 마음을 새로 내야 합니다. 마음을 새로 내는 방법이 바로 '지금 내 마음이 무엇을 하는가?' 하고 알아차리는 것입니다.

아는 마음을 알아차리는 수행은 마음을 알아차리는 수행의 최종 관문입니다. 그러므로 앞선 '있는 마음 알아차리기', '일어난 마음 알아차리기', '하려는 마음 알아차리기' 수행을 충분히 해서 네 번째인 '아는 마음 알아차리기' 수행까지 해야 합니다. 사실 이상의 마음을 알아차리는 네 가지 방법이 서로 다른 것이 아닙니다. 다만 접근방법이 다를 뿐입니다. 그러므로 마음을 알아차리는 것에 있어서는 모두 똑같습니다.

아는 마음을 알아차린다고 했을 때는 아는 마음 알아차린다는 용어에 걸려 복잡하게 생각하기 때문에 이해하기 어렵습니다. 그러나 앞선 세 가지 알아차리는 방법을 충분하게 숙지하면 아는 마음 알아차리기를 자연스럽게 할 수 있습니다. 그러나 만약 이 수행이 되지 않을 때는 억지로 하려고 해서는 안 됩니다. 마음에 대한 부분은 매우 미세한 것이라서 충분한 조건이 성숙되어야 할 수 있습니다. 처음에는 어렵게 생각되던 것도 실제로 하고 보면 별것이 아닙니다. 그러므로 되지 않는 것에 크게 연연해서는 안 됩니다. 그러면 마음이 꼬여서 점점 더 복잡하게 생각하여 알 수 없게 됩니다. 모르는 것은 그냥 그대로 두고 넘어가는 것이 수행입니다. 아직 조건이 성숙되지 않았는데도 반드시 알려고 하는 것은 또 다른 욕망입니다.

아는 마음을 알아차리는 수행을 함으로써 마음을 알아차리는 수행을 한층 더 발전시킬 수 있습니다. 아는 마음을 알아차리는 수행이 잘 안 될 때나 수행이 잘 될 때나 언제나 알아차려서 마음이 싫어하거나 좋아하지 않도록 균형을 잡아주어야 합니다. 아는 마음을 알아차리는 수행은 수행자가 마지막 지혜에 이르기 위해 반드시 필요합니다.

수행을 해서 몸이 소멸하면 호흡과 느낌이 사라집니다. 이때 아는 마음을 알아차리는 수행을 해야 마지막 단계의 지혜인 도과의 지혜를 성취할 수 있습니다. 이 도과의 지혜가 열반입니다. 그러므로 이 수행을 하지 않고서는 도과를 성취하기가 어렵습니다. 그러나 이 수행을 바르게 익히면 마지막에 별다른 장애 없이 도과를 성취할 수 있습니다. 최종 단계의 마음은 매우 미세하므로 반드시 마음을 알아차리는 수행을 해서 그 미세한 마음을 지켜볼 수 있어야 합니다. 이 세상에서 도과를 얻는 것보다 더 중요한 일은 없습니다. 그러므로 이 단계의 과정을 평소에 소홀히 해서는 안 됩니다.

수행을 해서 집중력이 생기면 먼저 몸의 느낌이 사라지고 호흡도 사라지는 단계가 옵니다. 그러면 남아 있는 것은 오직 마음밖에 없습니다. 이때의 마음이 아는 마음입니다. 수행은 반드시 알아차릴 대상이 있어야 하므로 이때 남아있는 마음이 알아차릴 대상입니다. 이때 나중에 생긴 마음이 먼저 있는 마음을 알아차리는 것이 아는 마음을 알아차리는 수행입니다.

아는 마음을 알아차리는 것에 대한 이해가 안 될 때는 호흡이 사라진 것을 아는 마음, 현재를 지켜보고 있는 마음, 고요함을 아는 마음으로 이해해야 합니다. 그렇지 않고 아는 마음에 대한 이해가 부족하면 마음이 방황합니다. 그러면 마음을 새로 내서 알아차리는 일을 할 수 없습니다.

아는 마음 알아차리기는 대상을 알아차리고 있는 마음을 새로 알아차리는 수행입니다. 아는 마음 알아차리기를 다른 말로 하면 '알아차리는 마음을 지켜보기'라고 하거나 더 줄여서 그냥 '앎'이라고 합니다. 이것을 영어로 말하면 노팅(noting)하는 것을 워칭(watching)한다고 합니다. 노팅은 앞에서 일하고 있는 마음이고, 워칭은 일하는 마음을 다시 알아차리는 행위입니다. 아는 마음 알아차리기에서 처음에 있는 '아는 마음'이란 마음이 대상을 알아차리는 1차 행위입니다. 그리고 다음에 있는 '알아차리기'란 대상을 알고 있는 그 마음을 대상으로 새로 알아차리는 2차적 행위입니다. 그래서 현재 일하고 있는 마음을 새로 알아차리는 수행입니다.

처음에 수행을 하는 수행자가 일하고 있는 마음을 알아차리기 위해서는 '지금 내 마음이 무엇을 하고 있는가?'라고 알아차리는 통로를 통해서 마음의 영역에 들어가면 무난하게 알아차릴 수 있습니다. 마음은 비물질이라서 보이지 않고 헤아리기 어렵기 때문에 처음에는 어떻게 할 줄 몰라서 실천하기 어렵습니다. 그러므로 처음에는 이러한 문장을 통해 실재 하는 마음에 접근하는 것이 필요합니다. 그래야 비로소 마음을 바르게 알 수 있습니다. 이것이 관념을 통해 실재에 접근하는 방법입니다.

좌선 중에 '지금 내 마음이 무엇을 하고 있는가?' 하고 알아차렸다면 이때 호흡을 알아차리고 있는 것을 알 수도 있고, 망상하는 것을 알 수도 있습니다. 또는 아무것도 하지 않고 멍청하게 있는 것을 알기도 알 수도 있습니다. 때로는 졸고 있거나 통증이나 가려움과 싸우고 있을 수도 있습니다. 이렇게 다양한 상황에 직면해 있을 때 마음을 새로 내서 이런 상태를 알아차리는 것이 바로 아는 마음을 알아차리기입니다. 이렇게 알아차린 후에 만약 수행을 하지 않고 멍청하게 있을 때는 즉시 대상을 알아차려야 합니다. 그러나 대상을 알아차리는 수행을 하고 있을 때는 계속해서 대상을 알아차려야 합니다. 만약 대상을 알아차리고 있을 때 다시 한 번 일하는 마음을 알아차리면 대상을 면밀하게 알아차릴 수 있는 이익이 있습니다. 그리고 이렇게 알아차리면 대상을 지속적으로 알아차릴 수 있습니다.

'지금 내 마음이 무엇을 하는가?' 하고 알아차리는 것은 좌선을 할 때만 알아차리는 것이 아닙니다. 경행을 할 때나 일상생활을 할 때나 모두 적용됩니다. 그래서 항상 일하는 마음을 새로 알아차리는 수행을 해야 합니다. 그러면 새로 지켜보는 마음이 일하는 마음을 확인하고 감시하는 기능을 하기 때문에 일하는 마음이 망상을 하거나 다른 일로 크게 벗어나지 않습니다. 만약 망상을 했다 하더라도 이내 알아차리는 마음으로 돌아올 수 있습니다. 마음은 워낙 빠르게 일어나고 사라지기 때문에 순간순간 많은 마음들이 일어나고 사라집니다. 이때 이런 마음에 빠지지 말고 단지 알아차리는 마음만 가지고 있으면 됩니다.

다시 요약하면 '아는 마음 알아차리기'를 하면 세 가지 현상을 알 수 있습니다.

첫째, 마음이 수행을 하고 있지 않은 상태를 아는 것입니다. 알아차리지 못하는 상태에서는 여러 가지 생각에 빠집니다. 그리고 아무 일도 하지 않고 멍청한 상태로 있을 수도 있습니다. 때로는 대상과 싸우고 있을 수도 있고, 수행이 하기 싫어서 짜증을 낼 수도 있습니다. 어떤 상황이거나 현재의 상황을 있는 그대로 파악하는 것입니다. 이때 망상을 하고 있다면 망상을 문제 삼지 말고 단지 '지금 내 마음이 망상하고 있네' 하고 알아차려야 합니다.

둘째, 마음이 대상을 겨냥하여 수행을 하고 있는 상태를 아는 것입니다. 호흡을 알아차리고 있거나 느낌을 알아차리고 있거나 어떤 대상을 알아차리고 있을 때 아는 마음을 알아차리면 대상이 명확해지고 더 견고하게 알아차릴 수 있습니다. 그리고 이런 대상을 지속해서 알아차릴 수 있습니다. 이때 대상이 매우 확실하고 분명하게 드러나 매우 깨끗한 상태에서 대상을 알아차릴 수 있습니다.

셋째, 몸의 느낌이 사라지고 호흡도 사라지고 오직 마음만 남아 있는 상태를 아는 것입니다. 이때는 남아 있는 마음이 알아차릴 대상입니다. 그래서 있는 마음을 새로 일어난 마음이 알아차려야 합니다. 이것이 이론상으로도 가능한 것은 마음은 매순간 새로 일어나기 때문입니다. 시간이 흐르듯이 마음도 함께 흐르기 때문에 언제든지 새로 일어난 마음이 있는 마음을 알아차릴 수 있습니다. 이 과정에서는 각별한 주의가 필요합니다. 그래서 불필요한 일로 마음이 혼란을 일으키지 않도록 해야 합니다.

이상의 세 가지 현상 중 어느 상태가 되었거나 일하는 마음을 다시 한 번 현재로 오게 하여 대상을 알아차리게 합니다. 그래서 수행을 지속하도록 이끌어 줍니다. 또 수행자는 이런 알아차림을 통해 차츰 마음의 성품을 알 수 있으며 궁극의 열반에 이를 수 있습니다. 수행을 하면 마음이 매순간 일어났다 사라진다는 것을 지혜로 알게 됩니다. 그러므로 매순간 새로운 마음이 일어나서 새로운 대상을 경험하는 것을 알 수 있습니다.

마음을 알아차리는 수행자들은 호흡이나 경행을 할 때 발의 움직임을 몸이 아닌 전면의 마음에서 알아차립니다. 이렇게 알아차리면 마음이 몸이 있는 곳에 가서 알아차리는 것보다도 알아차림을 지속하는 시간이 더 길어집니다. 또 이렇게 알아차리면서 망상이 들어와도 얼른 망상하는 마음을 알아차릴 수 있어 오랫동안 망상에 빠지지 않습니다. 왜냐하면 일하는 마음을 새로 일어난 마음이 지켜보고 있기 때문입니다. 그래서 망상을 하는 순간 빠르게 망상을 한다는 사실을 알아 다시 대상에 마음을 기울일 수 있습니다.

마음을 알아차리는 것을 전면에서 알아차린다고 말합니다. 이때의 전면을 앞에서라고 이해해도 좋습니다. 전면이라는 것은 편의상 사용하는 용어입니다. 전면에서 알아차린다고 해서 마음이 실제로 밖으로 나가지는 않습니다. 태어나서 죽을 때까지 마음이 밖으로 나갈 수 없고 항상 몸과 함께 있습니다. 다만 나중에 생긴 마음이 먼저 있는 마음을 알아차릴 때 약간의 시차가 생겨 입체적으로 느껴져서 전면이라는 용어를 사용합니다. 마음은 몸과 함께 있지만 몸의 어느 부위에 있지 않습니다. 그러므로 마음을 알아차릴 때는 몸이 아닌 전면에서 알아차리기 때문에 전면을 마음자리라고 부르기도 합니다.

전면의 마음자리에서 대상을 알아차리면 대상을 지속적으로 알아차릴 수 있는 장점이 있습니다. 그러나 계속해서 전면의 마음자리에서 알아차리다 보면 몸에서 알아차리는 것보다 느낌이 분명하지 않을 수 있습니다. 누구나 집중이 되면 알아차리는 힘보다 집중의 힘이 강해져서 마음이 점점 희미해지기 마련입니다. 이럴 때 대상이 분명하지 않으면 전면에서 다시 몸으로 와서 알아차려서 대상을 알아차리는 힘을 키워야 합니다. 그러면 집중의 힘과 알아차리는 힘이 균형을 맞추게 됩니다. 이렇게 하는 것을 노력이라고 합니다. 노력은 몸의 노력이 있고 마음의 노력이 있습니다. 이러한 노력이 알아차림과 집중의 균형을 맞추게 합니다. 그래서 마음을 알아차린다고 해서 항상 전면에만 두어야만 하는 것은 아닙니다. 아는 힘이 약하면 몸으로 와서 실재하는 대상을 알아차려서 집중력을 키운 뒤에 자연스럽게 다시 전면으로 옮겨가서 알아차리면 됩니다.

마음을 알아차리는 수행을 하다 보면 알아차림이 지속되는 장점이 있는 반면 알아차림이 점점 약해질 수 있는 단점도 있습니다. 그래서 알아차림의 힘은 약해지고 집중의 힘이 커져 졸음에 빠집니다. 대상의 느낌이 실제로 있는 곳에서 알아차리지 않고 마음자리에서 알아차리면 대상이 점점 희미해질 수 있는 것입니다. 바로 이러한 상황을 극복하기 위해 '아는 마음 알아차리기'를 하면 좋습니다. 이때 알아차리는 마음을 다시 한 번 지켜보면 집중의 힘이 커져서 졸음에 떨어지지 않고 알아차림의 균형을 맞출 수 있습니다. 그러므로 아는 마음 알아차리기를 하는 것은 마음을 알아차리는 수행을 보완해줍니다.

　마음은 끊임없이 일어나고 사라지면서 새로운 마음이 일어납니다. 그러므로 어느 것이나 하나도 같은 것이 없습니다. 그리고 어느 마음이나 내 마음이라고 할 것이 없습니다. 내 마음이 변하기 때문에 알아차리는 대상도 같은 것이 하나도 없습니다. 왜냐하면 마음이 받아들여서 아는 것이기 때문입니다. 마음이 매 순간 변하기 때문에 받아들이는 대상도 매순간 새로운 것일 수밖에 없습니다. 이것이 무상, 고, 무아입니다.

　수행자가 대상을 알아차리면 이 순간 마음을 새로 내는 것입니다. 하지만 마음을 알아차릴 때 마음을 새로 내야 한다는 사실에 걸려서는 안 됩니다. 마음을 새로 낸다는 것은 어느 순간 한 번이면 됩니다. 사실 마음을 새로 낸다는 것은 수행자를 이해시키기 위한 이론입니다. 실제 상황에서는 마음을 매순간마다 새로 내려는 노력을 할 수 없습니다. 어떤 대상이나 계속해서 알아차리면 계속해서 마음을 새로 내기 때문에 대상을 새로 알아차리는 것입니다. 그러나 마음이 워낙 빠르게 진행되기 때문에 이렇게 아는 것을 자세하게 알지 못합니다. 알아차리는 순간마다 새로, 새로, 새로, 라고 되뇌면서 알아차릴 수 없습니다. 그러므로 마음을 새로 낸다는 것은 이론적인 설명이기 때문에 지혜로 알아야 합니다. 수행을 하면서 지속적으로 알아차리면 나타나는 대상이 모두 새로운 것이라는 사실을 알게 됩니다. 이것이 무상의 지혜입니다. 그래서 '새로'라는 것은 지혜로 알아야 합니다. 다만 필요한 경우에만 마음을 새로 낼 필요가 있습니다.

　이것은 자동차 바퀴가 굴러가면서 지면에 닿는 것과 같습니다. 바퀴가 굴러갈 때 바닥에 닿는 점은 한 부분이며 이것들은 한 순간이지만 매번 새로운 것들입니다. 이때 바퀴가 닿는 지점만 알고 있으면 됩니다. 그러면 매순간 새로운 것을 알아차리는 것입니다. 이것이 몸과 마음을 알아차리는 것에도 그대로 적용됩니다. 그러므로 처음부터 모든 것이 새로운 것이라고 알아야 하는 것은 아닙니다.

마음을 알아차리는 수행은 일하는 그 마음을 알아차리기 때문에 항상 현재에 머물 수 있다는 장점도 있지만, 법의 성품을 알기 위해서도 꼭 필요한 과정입니다. 법을 알아차리는 수행을 하기 전에 마음을 알아차리는 수행을 하는 것은 필수적입니다. 법은 대상으로서의 법이 있고 진리로서의 법이 있습니다. 마음을 알아차리는 수행을 하면 무상, 무아의 진리의 법을 알 수 있는 기회가 더 가까워집니다.

아는 마음 알아차리기는 마음을 알아차리는 다른 수행에 비하여 더 광범위하게 사용될 수 있으며, 지혜를 얻는 마지막 단계에서는 반드시 실천해야 할 수행 방법입니다. 일부 수행자들이 몸의 느낌과 호흡이 사라진 상태에서 마땅한 지도를 받지 못해 수행을 계속하지 못하는 경우도 있습니다. 이때는 반드시 아는 마음을 알아차리는 수행을 해서 좋은 결과를 얻을 수 있어야 합니다. 그렇지 않으면 수행을 포기하거나, 자기가 최고라는 착각에 빠질 수 있습니다. 몸의 느낌과 호흡이 사라진 상태까지 가기도 어려운데 마음을 알아차리는 수행을 할 줄 몰라 좋은 결과를 얻을 수 없다면 안타까운 일입니다.

수행도 때가 있습니다. 수행에 대한 열정이 식으면 다시 점화하기 어려운 경우가 많습니다. 수행에 대한 열정이 식으면 선업이 다한 것으로 알아야 합니다. 선업의 과보가 다하면 다음에는 불선업의 과보가 들어옵니다. 이때 바르게 수행을 배웠으면 그렇지 않겠지만 바르게 지도를 받지 못했을 때는 수행에 대한 잘못된 편견이 생깁니다. 그래서 오히려 수행을 하지 않은 것만 못하게 되는 경우도 있습니다. 이것은 매우 애석한 일입니다.

전면에 마음을 고정하면 현재를 지켜보는 마음만 있습니다. 이때 지켜보는 마음이 특별한 감정이나 마음의 동요가 없는 한 현재 가장 분명한 대상이 전면에서 나타납니다. 그러므로 호흡이나 통증 등 강한 대상이 있을 때는 전면의 마음자리에 이 대상들이 나타납니다. 경행을 할 때도 마음을 전면에 두면 발의 모양을 발이 있는 곳이 아닌 전면에서 알아차릴 수 있습니다. 이 상태는 몸에 있는 대상을 알아차리는 것보다 집중력이 있는 때입니다. 그러므로 호흡이나 몸에서 일어나는 현상을 몸에서 알아차릴 수도 있고, 전면의 마음자리에서 알아차릴 수도 있습니다. 이때 호흡을 몸에서 알아차리면 신념처 수행을 하는 것입니다. 그러나 호흡을 전면에서 알아차리면 심념처 수행을 하는 것입니다. 그러므로 마음을 알아차리는 수행을 한다고 해서 반드시 마음만을 대상으로 하는 것은 아닙니다.

마음을 알아차리면 매순간 일어나고 사라지면서 나타나는 다양한 마음이 있다는 것을 알 수 있습니다. 특히 마음을 알아차리면 많은 종류의 불선심이 두드러지게 나타납니다. 그럴 때마다 혼란이 올 수 있습니다. 이때 이 마음은 나의 마음이 아닙니다. 단지 순간순간의 마음이 연속되므로 이 마음을 나의 마음이라고 생각해서는 안 됩니다. 불선심을 본 것은 알아차림이 있는 마음이라서 선한 마음입니다. 그러나 이 불선심이 나의 마음이라고 생각하고 알아차림을 놓치면 그 순간 불선심이 됩니다. 이때는 다시 불선심으로 인해 괴로워하는 마음을 알아차려야 합니다. 그러면 다시 선심으로 돌아옵니다.

마음의 종류가 아무리 많다고 해도 수행자는 상관할 것이 없습니다. 어떤 마음이 되었거나 언제나 현재에 있는 마음을 알아차리면 됩니다. 현재에는 항상 하나의 마음밖에 없으므로 마음의 종류가 아무리 많다고 해도 수행자가 괴로울 이유가 없습니다. 만약 여러 가지 마음으로 인해 괴로움을 겪는다면 이 마음을 나의 마음이라고 생각했기 때문입니다. 그러면 이때 '지금 이것이 누구의 마음인가?' 하고 알아차려야 합니다.

수행자가 항상 현재의 마음을 알아차리면 알아차리는 것에 마침표를 찍지 않습니다. 만약 알아차림에 마침표를 찍으면 알아차림을 놓친 것입니다. 그러면 생각에 빠진 것입니다. 현재는 항상 계속되고 있는데 알아차림을 놓치면 과거나 미래로 가서 생각에 빠집니다. 그래서 알아차림을 놓쳤을 때는 '지금 내 마음이 대상을 놓쳤네' 하고 놓친 그 마음을 다시 알아차리면 즉시 현재로 돌아오게 됩니다.

마음을 대상으로 알아차리면 궁극의 진리인 무상, 고, 무아의 법을 알기 쉽습니다. 아는 것이 마음이고 그 마음이 빠르게 일어나고 사라지는 것을 알아차릴 수 있어야 비로소 무상을 압니다. 이렇게 무상함으로 인해 오는 정신적 방황을 통해서 괴로움의 실재를 알 수 있습니다. 그리고 이 괴로움을 해결하기 위해 노력을 해도 해결되지 않는 것을 알아야 비로소 무아를 알 수 있습니다. 마음을 알아차리면 그것이 단지 대상이지 나의 마음이 아니라는 것을 아는 지혜가 나서 최종적으로 무아를 아는 지혜가 성숙합니다.

　마음은 항상 현재 일하고 있으며, 대상을 알고 있습니다. 그러므로 지금 이 순간을 아는 것이 마음을 알아차리는 것입니다. 만약 마음을 알아차리기 어려우면 가만히 현재를 지켜보십시오. 이때 아무것도 알려고 하지 말고 오직 현재에 마음을 고정하십시오. 얼마간 이렇게 지켜보다가 현재 무엇이 현재를 지켜보고 있는지 알아차려 보십시오. 그러면 현재를 지켜보고 있는 것이 마음이라고 알게 될 것입니다. 이때 현재를 지켜보는 마음을 알아차린 것입니다.

　마음을 알아차리는 수행은 노력과 알아차림과 집중의 힘이 있으면 자연스럽게 할 수 있습니다. 알아차리는 힘과 집중의 힘을 배양하는 것이 바로 노력입니다. 그러므로 노력이 앞에서 이끌어야 마음을 알아차릴 수 있습니다. 노력을 해서 알아차림을 지속하는 것이 집중입니다. 집중은 다른 것이 아니고 대상에 마음을 오래 머물게 하는 것입니다. 그러나 마음이 저 스스로 머물지 않습니다. 마음은 살아온 습관에 의해 잠시도 한곳에 머물지 않고 달아납니다. 이때 이러한 마음을 머물게 하는 것이 노력입니다. 그러므로 노력과 알아차림은 항상 하나로 결속되어서 항상 함께 일을 해야 합니다. 알아차림이란 말에 기억이라는 뜻이 포함되어 있는데, 이것은 알아차릴 대상을 기억하여 잊지 않는다는 것으로 이것이 바로 노력을 하는 것입니다.

　이러한 노력과 알아차림은 먼저 몸을 대상으로 해야 합니다. 만약 몸이 긴장하고 있다면 이 긴장을 통하여 마음을 알아차릴 수 있습니다. 몸은 마음에 의해서 이끌립니다. 그러므로 몸이 긴장하고 있다는 것은 바로 마음이 긴장하고 있는 것입니다. 그래서 몸을 알아차리는 힘을 키우면 자연스럽게 몸에 직접적인 영향을 주는 마음을 알 수 있습니다. 우리가 몸을 움직이려고 할 때는 움직이려고 하는 마음이 있어서 움직이는 것을 알아차려야 합니다. 그러므로 몸을 통하여 마음을 알아차릴 수도 있습니다. 그러므로 마음을 알아차린다고 해서 몸을 무시하면 안 됩니다. 몸과 마음은 언제나 함께 가야 합니다.

　몸과 마음의 관계에서 마음이 몸에 영향을 주기도 하고, 몸이 마음에 영향을 주기도 합니다. 그래서 몸을 알아차리면 마음을 알 수 있고, 마음을 알아차리면 몸의 상태를 알 수 있습니다. 이렇게 몸과 마음은 항상 함께 있으면서 밀접하게 연결되어 서로 반응합니다. 몸과 마음이 상호적인 관계에 있는 것을 알아차리면 지혜를 얻습니다.

이때 몸과 마음을 하나로 보아서는 안 됩니다. 몸과 마음이 하나라고 보는 것은 기존의 생각입니다. 몸과 마음을 분리해서 볼 수 있을 때 비로소 대상의 바른 성품을 알 수 있습니다. 몸은 몸의 고유한 영역이 있습니다. 마음은 마음의 고유한 영역이 있습니다. 몸은 몸의 역할이 있고, 마음은 마음의 역할이 있습니다. 그러므로 언제든지 물질적 영역에서 물질적 현상이 있는 것과 정신적 영역에서 정신적 현상이 있는 것을 알아야 합니다. 이들 두 가지를 서로 분리해서 볼 수 있을 때 비로소 바른 지혜가 납니다.

일하는 마음을 속박하지 말아야 합니다. 지나친 욕망은 마음을 속박하는 것입니다. 마음을 속박하면 마음이 싫어합니다. 일하는 마음이 싫어하면 일을 하지 않습니다. 그러므로 일의 적절함과 마땅함이 있어야 마음이 싫어하지 않습니다. 만약 마음이 싫어서 대상을 알아차리지 않고 달아나면 이때 달아난 마음을 알아차려야 합니다. 이것이 마음을 바르게 이끌고 마음에게 새로운 활력을 주는 가장 필요한 요소입니다.

세상의 모든 문제에 대한 해답은 밖에 있지 않습니다. 대상을 받아들이는 내 마음에 있습니다. 내 마음이 어리석으면 미혹에 빠져 답을 구하지 못하지만 내 마음에 지혜가 있으면 어떤 문제에 대해서도 명쾌한 답을 얻습니다. 지혜는 오직 수행을 통해서 얻을 수 있습니다. 특히 마음을 알아차리는 수행을 통해서 궁극의 진리를 발견하시기 바랍니다.

5. 법을 알아차리는 수행[法念處]

사념처(四念處) 수행은 네 가지 대상을 알아차리는 수행으로, 몸을 알아차리는 수행[身念處], 느낌을 알아차리는 수행[受念處], 마음을 알아차리는 수행[心念處], 법을 알아차리는 수행[法念處]입니다. 법을 알아차리는 수행은 사념처의 네 번째 수행으로 위빠사나 수행에서 얻는 지혜는 법념처에 속합니다. 이상 사념처 수행의 네 가지는 팔정도의 정념(正念)의 대상입니다. 팔정도의 정념(正念)은 사념처를 대상으로 하기 때문에 팔정도와 중도와 위빠사나 수행은 같은 항목으로 분류합니다.

법은 여섯 가지 덕목이 있습니다. 첫째, 붓다에 의해 잘 설해져 있습니다. 둘째, 지금 이곳에서 경험할 수 있습니다. 셋째, 시간을 지체하지 않습니다. 넷째, 와서 보라고 하고 있습니다. 다섯째, 열반으로 이끌어줍니다. 여섯째, 현명한 사람에 의해 직접 체험되는 것입니다. 이처럼 법이 가지고 있는 진실은 매우 광범위합니다.

법(法)을 빨리어로 담마(dhamma)라고 합니다. 빨리어에서 담마라는 말은 매우 다양하게 사용하는데 법, 진리, 이론, 정리(正理), 상태, 성질, 사물, 도(道) 등이 있습니다. 법(法)은 세간법과 출세간법이 있습니다. 그리고 진리라고 할 때는 관념적 진리[俗諦]와 궁극적 진리[眞諦]가 있습니다. 수행을 할 때는 법을 두 가지로 요약하는데 마음의 대상으로서의 법이 있고, 진리로서의 법이 있습니다.

마음의 대상으로서의 법은 사념처 수행입니다. 일반적으로 법이라고 할 때는 수행자가 알아차릴 대상을 말합니다. 수행자가 수행을 하기 위해서는 반드시 대상이 있어야 합니다. 이때 알아차릴 대상을 마음의 대상이라고 하는데 이것이 법입니다. 이것이 바로 사념처 수행의 네 가지 대상입니다.

진리로서의 법은 무상, 고, 무아입니다. 처음에 사념처를 대상으로 알아차리면 차츰 존재하는 것의 특성인 무상, 고, 무아를 아는 지혜를 얻습니다. 이 세 가지가 진리의 법입니다. 그래서 알아차릴 대상의 법이 나중에는 진리의 법으로 바뀝니다.

법을 관념적 진리와 궁극적 진리로 나눌 때 관념적 진리는 세속의 관점에서 본 진리입니다. 그리고 궁극적 진리는 출세간의 관점에서 본 진리입니다. 이것을 세간의 법과 출세간의 법이라고 합니다. 여기서 간과해서는 안 되는 것이 있습니다. 세속적인 것이지만 실재하는 것이라면 그것도 진리라는 사실입니다. 그래서 이것을 속제(俗諦)라고도 하고 또 세속적 진리라고 합니다. 그러므로 진리의 개념은 출세간의 궁극적 진리만 말하지 않고 세간의 관념적 진리까지 포함한 포괄적인 것입니다.

수행자가 알아차릴 대상이 좋은 것이건, 나쁜 것이건 실제로 있는 것이고 이것이 알아차릴 대상이 되면 진리라고 할 수 있습니다. 세간의 어리석음도 알아차릴 대상이며 세속의 법입니다. 똑같이 출세간의 지혜도 알아차릴 대상이라서 출세간의 법입니다. 이것이 위빠사나 수행자가 가져야 할 바른 인식입니다. 옳고 그름에 상관없이 모든 것을 알아차릴 대상으로 삼는 이런 인식으로부터 출발하지 않으면 결코 궁극적 진리에 도달할 수 없습니다. 그러므로 세간이나 출세간이나 모두 알아차릴 대상이라는 것이 법의 기본정신입니다. 이처럼 어떤 것에 대해서나 선입관을 갖지 않고 수행을 시작하는 것이 위빠사나 수행의 기본자세입니다. 이러한 사실은 아무리 강조해도 부족합니다. 우리가 알고 있는 기존의 관념의 벽을 뛰어넘기 위해서는 반드시 이런 알아차림이 필요합니다.

예를 들어 우리가 크다고 했을 때도 크다는 것은 관념입니다. 크다는 기준은 온전하게 자신의 판단에 의한 것입니다. 무엇에 비해 크다는 것인가요? 기준이 있다면 그것은 자신이 설정한 기준일 뿐입니다. 작다는 것도 마찬가지입니다. 무엇에 비해 작다는 것입니까? 그래서 크다는 것이나 작다는 것은 관념일 뿐이고 다만 알아차릴 대상입니다. 이처럼 대상을 자신의 선입관으로 보지 않은 것이 대상을 있는 그대로 보는 것입니다. 이렇게 있는 그대로 볼 때만이 비로소 대상이 가지고 있는 성품을 볼 수 있습니다. 그 성품이 무상, 고, 무아입니다. 그렇지 않고 선입관을 가지고 보면 결코 대상이 가지고 있는 진실을 알지 못합니다. 사회통념과 진실은 항상 다른 것입니다. 이처럼 대상이 가지고 있는 진실을 알기 위해서는 무엇이 되었거나 있는 그대로의 실재를 알아차려야 합니다.

다시 요약하면 수행자에게 법이라고 할 때는 먼저 알아차릴 대상으로서의 법을 말합니다. 이것이 사념처로 몸, 느낌, 마음, 법입니다. 이렇게 네 가지 대상을 알아차려 지혜가 성숙되면 자연스럽게 무상, 고, 무아를 알게 됩니다. 이때 진리로서의 법을 알 수 있습니다.

신념처(身念處) 수행에서는 기본적으로 몸을 대상으로 알아차리고, 수념처(受念處) 수행에서는 느낌을 대상으로 알아차리고, 심념처(心念處) 수행에서는 마음을 대상으로 알아차리는 수행을 합니다. 그러나 법념처 수행에서는 신념처와 수념처와 심념처를 모두 포함합니다. 법념처는 이상 세 가지 수행을 모두 포함할 뿐 아니라 세 가지 수행을 하면서 나타나는 다양한 장애와 지혜를 모두 알아차리는 수행입니다. 그러므로 수행의 완성은 법념처로 이루어집니다.

사실 위빠사나 수행자가 알아차릴 대상은 몸과 마음입니다. 그런데 여기에 느낌이 포함됨으로써 수행이 구체화된 것입니다. 그리고 이들 세 가지 모두 알아차릴 대상이기 때문에 자연스럽게 법념처가 포함되어 완벽한 수행체계가 이루어진 것입니다. 이처럼 사념처 수행이 이루어질 때만이 정신과 물질이 가지고 있는 성품을 통찰하여 해탈의 자유를 얻을 수 있습니다. 하지만 이러한 법이 있다고 해서 법이 모든 사람들의 것은 아닙니다. 다만 이 법을 선택하는 사람들에게만 법이 될 뿐입니다. 법이 있어도 대상으로 알아차리지 않으면 법이 아닙니다. 이것이 수행을 하는 자와 하지 않는 자의 법의 차이입니다.

마음은 대상이 없으면 일어나지 않기 때문에 대상을 가진다는 것이 수행의 기본적인 조건입니다. 그런 의미에서 대상이 갖는 의미가 중요합니다. 만약 알아차릴 대상이 없다면 수행이라고 말할 수 없습니다. 그래서 법이 없는 수행은 없습니다. 또 수행을 할 때는 왜 네 가지 대상을 알아차려야 하는지 이해해야 합니다. 그래야 수행자가 과연 무엇을 알아차리고, 어떻게 알아차릴 것인가를 알 수 있습니다.

일반적으로 수행을 말할 때 '무엇이' 중요하다는 것만 강조합니다. 그래서 관념에 머무는 수가 많습니다. 위빠사나 수행은 대상을 '어떻게' 알아차릴 것인가를 구체적으로 제시하고 있습니다. 그래서 관념에 머물지 않고 실재를 알아차리도록 합니다. 법념처는 무엇이라는 대상과 함께 어떻게 알아차릴 것인가에 대해서도 구체적으로 제시하고 있습니다. 사실 관념의 입장에서는 실재를 알 수 없기 때문에 구체적 실천방법을 제시할 수 없는 한계가 있습니다. 알면 말할 수 있지만 모르기 때문에 그냥 관념에 그치고 마는 것입니다.

법은 알아차릴 대상입니다. 그래서 수행의 대상은 불선심이나 불선행만을 대상으로 하는 것이 아닙니다. 그렇다고 선심이나 선행만을 대상으로 하지도 않습니다. 몸과 마음을 가지고 수행을 할 때는 몸과 마음에 나타나는 모든 것이 대상입니다. 그래서 특정한 것만을 대상으로 하지 않는 것이 위빠사나 수행의 특징입니다. 이것이 법념처가 제시하고 있는 진실입니다.

위빠사나 수행의 대상은 선악이 없고 좋고 나쁜 것이 없습니다. 그것들은 모두 알아차릴 대상입니다. 그러므로 수행을 할 때 몸과 마음을 가지고 살면서 나타나는 모든 것들을 모두 대상으로 삼아서 알아차려야 합니다. 만약 이 대상들 중에서 어떤 것은 되고, 어떤 것은 안 된다고 한다면 이것은 실재를 알아차리는 수행이 아닙니다.

몸과 마음을 가지고 살면서 나타나는 모든 것이 수행의 대상이어야 비로소 사실에 입각한 것이라고 할 수 있습니다. 사실에 입각한 것이어야 그것들의 진실을 알 수 있습니다. 수행은 이렇게 알아차릴 대상에 대해 차별이 없어야 합니다. 그래야 좋은 것에 빠져 욕망을 일으키지 않고 싫은 것에 빠져 화를 내지 않습니다. 이렇게 해서 어리석음에 빠지지 않고 지혜로 나아가야 합니다.

위빠사나 수행에서만 대상을 있는 그대로 볼 수 있습니다. 위빠사나가 아닌 사마타 수행에서는 대상을 있는 그대로 볼 수 없습니다. 왜냐하면 관념을 대상으로 수행하기 때문입니다. 그리고 어떤 목적을 가지고 수행하기 때문입니다. 이렇게 대상에 차별을 두지 않고 수행해야 통찰지혜를 얻을 수 있습니다. 사마타 수행을 할 때는 강력한 집중을 필요로 하기 때문에 대상을 있는 그대로 보지 않아도 됩니다. 그러나 통찰지혜를 얻기 위한 위빠사나 수행에서는 대상을 있는 그대로 보아야 합니다.

위빠사나 수행은 대상을 있는 그대로 알아차리기 위해 하는 수행입니다. 이것이 중도적 관점에서 시작하는 자세입니다. 그래서 대상이 가지고 있는 성품이 무엇인지를 알아 근본적인 방법으로 대처하는 지혜가 납니다. 수행자들이 처음부터 이런 시각을 가지고 수행하기는 어렵습니다. 윤회하는 생명은 불선업의 과보를 받아 사는 것이기 때문에 누구나 이 세계를 벗어난 정신세계는 알지 못합니다. 그래서 사념처 수행의 가르침을 통해 지혜를 얻기 위해서는 반드시 자신의 내면을 통찰해야 합니다.

법의 정의를 확대해석해서 무조건 법이 아닌 것이 없다고 하는 것은 잘못된 견해입니다. 특히 우주법계에 법이 아닌 것이 없다는 표현은 위빠사나 수행의 영역을 벗어난 것이라서 대상의 법이 아닙니다. 이런 견해는 초월적 존재의 힘을 부각시키기 위한 것일 수 있습니다. 세간에 있는 것이건 출세간에 있는 것이건 알아차릴 대상이 되어야 법입니다. 그렇지 않고 알아차릴 대상이 아니면 법이 아닙니다. 탐욕, 성냄, 어리석음은 그것 자체가 불선심입니다. 그러나 불선심이 알아차릴 대상이 되면 세속의 법이 됩니다. 이것이 법에 대한 정의입니다.

일부 서양학자들 사이에서 통용되는 법에 대한 표기 약속이 있습니다. 법을 표기할 때 소문자와 대문자로 다르게 표기합니다. 대상의 법이라고 할 때는 첫 글자를 소문자로 써서 담마(dhamma)라고 합니다. 그리고 진리의 법이라고 할 때는 첫 글자를 대문자로 써서 담마(Dhamma)라고 합니다.

법을 알아차리는 수행의 대상은 모두 다섯 가지입니다.
첫째, 다섯 가지 장애[五蓋]를 알아차립니다.
둘째, 다섯 가지 집착의 무더기[五取蘊]를 알아차립니다.
셋째, 여섯 가지 안팎의 감각장소[十二處]를 알아차립니다.
넷째, 일곱 가지 깨달음의 요소[七覺支]를 알아차립니다.
다섯째, 네 가지 성스러운 진리[四聖諦]를 알아차립니다.

이상의 법념처 수행의 지혜로 위빠사나 수행의 깨달음이 완성됩니다.

1) 다섯 가지 장애[五蓋]를 알아차림

(1) 다섯 가지 장애에 대한 개요

다섯 가지 장애는 감각적 욕망, 악의, 나태와 혼침, 들뜸과 후회, 회의적 의심
입니다. 다섯 가지 장애를 오개(五蓋)라고 합니다. 오개는 청정을 덮어버리는 다
섯 가지의 덮개라는 뜻입니다. 이상의 다섯 가지가 마음의 청정을 더럽힙니다.
하지만 이 다섯 가지 장애는 법(法)입니다.

법은 없애야 할 대상이 아니고 오직 알아차려야 할 대상입니다. 장애를 완전
하게 극복하기 위한 단 하나의 방법은 장애를 극복하려고 하지 않고 있는 그대
로 알아차려서 지혜를 얻는 것입니다. 장애의 힘은 크기 때문에 없애려고 해도
결코 없어지지 않습니다. 장애는 오랜 세월 동안 쌓여온 축적된 성향이라서 쉽
게 소멸되지 않습니다. 그래서 알아차리는 힘을 키워서 장애가 스스로 소멸되도
록 해야 합니다. 이 알아차리는 힘이 바로 지혜입니다.

장애가 없기를 바라는 것은 욕망입니다. 장애를 없애려 하는 것은 성냄입니
다. 욕망과 성냄을 계속하는 것이 어리석음입니다. 장애가 없기를 바라거나 장
애를 없애려 해도 장애는 사라지지 않습니다. 이렇게 했을 때 오히려 장애가 더
커집니다. 장애는 오직 있는 그대로 알아차려서 지혜를 얻을 때 소멸합니다. 수
행은 장애를 없애기 위해 하는 것이 아니고 장애가 가지고 있는 성품을 알기 위
해 하는 것입니다. 그래서 대상을 있는 그대로 알아차리는 위빠사나 수행이 아
니고서는 장애의 성품을 알기 어렵습니다.

장애는 투쟁의 대상이 아니고 단지 알아차릴 대상입니다. 장애를 있는 그대
로 알아차리는 순간 장애를 받아들이는 관용이 생깁니다. 이런 관용이 대상에
대한 자애를 일으키고 더 나아가서 지혜를 얻게 합니다. 그러므로 수행 초기에
마주치는 장애는 매우 중요한 갈림에 서게 합니다. 모든 수행자들이 이 장애의
벽을 넘지 못해 수행을 포기합니다. 하지만 선업의 공덕이 있는 끈기 있는 수행
자는 이 벽을 뛰어넘어 지혜를 얻습니다.

장애는 과거의 원인으로 인해 생긴 과보입니다. 장애를 있는 그대로 알아차

리면 과거에 만들어 놓은 원인을 지금 있는 그대로 받아들여서 소멸시키는 것입니다. 이 과정에서 새로운 지혜가 계발됩니다. 괴로움 속에서 지혜가 성숙되듯이 장애 속에서 수행이 발전합니다. 그래서 수행자에게는 장애가 스승입니다. 불행이 없다면 행복이 무엇인지를 모르듯이 장애는 현상이 가지고 있는 진실을 보기 위해서 반드시 경험해야 할 대상입니다.

장애는 와서 보라고 나타난 법입니다. 장애를 있는 그대로 알아차리면 장애 속에 함몰되지 않고 오히려 장애가 가지고 있는 진실을 발견할 수 있습니다. 그러므로 장애는 없애야 할 대상이 아니고 단지 알아차릴 대상입니다. 와서 보라고 나타난 대상을 보지 않고 싫어하거나 없애려고 하면 법을 볼 수 있는 기회가 사라집니다.

법을 알아차리는 수행은 다섯 가지 장애로부터 시작합니다. 일반적으로 법이라고 하면 진리를 연상하기 쉬운데 법념처의 첫 번째 대상이 다섯 가지 장애입니다. 장애는 자신의 내면에 있는 선하지 못한 마음과 선하지 못한 과보심으로 인해 나타나는 현상이며 잠재적 성향입니다.

수행을 시작하면 제일 먼저 다섯 가지 장애가 발목을 잡아 수행을 방해합니다. 그래서 수행자의 마음이 집중하기 어려워 지혜를 얻을 수 없고 수행의 발전을 가로막습니다. 그러므로 수행은 누구나 똑같이 제일 먼저 장애와 맞닥뜨리도록 되어 있습니다. 다섯 가지 장애를 극복하지 못하면 한 발도 앞으로 나아갈 수 없습니다. 일반적으로 수행이 어려운 것은 새로운 습관을 길들이는 것이라서 어렵기도 하지만, 또 처음부터 다섯 가지 장애와 만나기 때문에 어렵습니다. 장애가 우리의 마음을 덮어버리면 습관과 어리석음의 지배를 받기 마련입니다.

수행을 시작할 때의 마음가짐은 수행을 잘하려고 하지 말고 수행을 할 때 나타나는 현상을 알아차리는 것이라고 이해해야 합니다. 중요한 사실은 이렇게 나타나는 장애가 다른 곳에서 온 것이 아니고 자신의 마음가짐과 습관에서 온 것이라는 사실입니다. 그러므로 이때의 장애는 자신이 가지고 있는 내면의 모습이라고 알아야 합니다. 우리의 정신적 향상을 가로막는 장애는 한두 가지가 아니고 헤아릴 수 없이 많습니다. 자신의 성향에 따라 여러 가지 장애가 있을 수 있으며, 상대적 조건에 따라 나타나는 장애도 모두 다를 것입니다. 하지만 수행을 하려고 하면 나타나는 장애는 대표적으로 다섯 가지를 꼽습니다. 소소한 장애는 이 다섯 가지 장애 속에서 다른 형태로 나타납니다.

　누구나 이러한 장애 속에서 살아왔다면 우리들이 가지고 있는 고정관념은 장애 속에서 성숙된 것들입니다. 그러므로 우리가 가지고 있는 견해는 이러한 불선심과 불선행의 정보를 바탕으로 두고 형성된 것들입니다. 이렇게 해서 생긴 고정관념의 가치관으로 사물을 평가한다면 왜곡될 소지가 많습니다. 그래서 자신이 알고 있는 것에 대한 지나친 확신은 금물입니다. 자신의 잘못된 견해로 인한 피해는 온전하게 자신에게 돌아옵니다. 그러므로 법이 아무리 좋은 것이라 해도 대상을 바르게 받아들일 수 있는 토양이 조성되어 있지 않기 때문에 반드시 수행을 해야 합니다. 그리고 바른 수행을 하려면 반드시 스승의 지도를 받아야 합니다. 혼자서는 장애를 극복하기 어렵기 때문입니다. 이처럼 대상을 있는 그대로 보라는 뜻은 자신의 선입관으로 보지 말고 대상이 가지고 있는 진실을 보라는 것입니다.

　법은 알아차릴 대상이고, 그 대상은 실재하는 것으로 어떤 것이나 진실한 것입니다. 그러므로 대상을 고정관념으로 판단하지 말고 있는 그대로 알아차리는 것이 바르게 법념처를 수행하는 것입니다. 위빠사나 수행은 고요함을 목표로 하지 않고 지혜를 목표로 하기 때문에 장애에 대응하는 자세가 취약할 수 있습니다. 그래서 적절한 가르침이 없으면 지속하기 어렵습니다.

　수행의 시작은 다섯 가지 장애를 알아차리는 것으로부터 출발합니다. 선하다는 것은 보시와 지계와 수행을 하는 것입니다. 그러나 선한 행위를 하고자 해도 할 수가 없습니다. 이들 행위를 하려고 하면 반드시 갖가지 장애가 나타나기 때문입니다. 그러므로 수행을 할 때 아름다운 환상을 가져서는 안 됩니다. 수행은 과거의 정신적 습관으로부터의 탈출이기 때문에 수행을 시작하면 즉시 고통이 기다리고 있습니다. 그래서 인내가 깨달음에 이르게 한다고 말합니다.

　청정이란 여섯 가지 감각기관이 여섯 가지 감각대상과 부딪칠 때 어떤 번뇌도 스며들지 못하도록 있는 그대로의 대상을 보는 것을 말합니다. 그러나 다섯 가지 장애가 이것을 막아서 청정하지 못하도록 합니다. 그래서 다섯 가지 장애는 수행자를 세속의 번뇌에 붙들어 매는 족쇄와 같은 것입니다.

있는 그대로 알아차린다는 것은 궁극의 목표고, 수행은 있는 그대로 알아차리는 것에 얼마나 접근하느냐 하는 것입니다. 그래서 다섯 가지 장애를 극복하기 위해 다양한 방법을 사용해야 합니다. 특히 다섯 가지 장애 중에서 어떤 장애가 자신에게 더 두드러지게 나타나는지 알아서 그것에 알맞은 대처가 필요합니다. 이것을 명상 주제라고 합니다. 명상 주제가 분명해지면 이것을 대상으로 지속적으로 알아차려야 합니다. 만약 이렇게 알아차려서 개선되지 않는다 해도 이것을 대상으로 삼고 있는 것만으로도 상당한 효과가 생깁니다. 그러므로 장애는 이렇게 단계적으로 극복해야 합니다.

　다섯 가지 장애는 저 스스로를 자양분으로 삼아 더 커집니다. 그러므로 이것들이 나타나면 나타난 것을 있는 그대로 알아차려야 합니다. 없애려고 하면 없애려고 하는 만큼 장애가 더 커집니다. 감각적 욕망은 감각적 욕망을 자양분으로 삼아 더 커집니다. 악의는 악의를 자양분으로 삼아 더 커집니다. 나태와 혼침은 나태와 혼침을 자양분으로 삼아 더 커집니다. 들뜸과 후회는 들뜸과 후회를 자양분으로 삼아 더 커집니다. 회의적 의심은 회의적 의심을 자양분으로 삼아 더 커집니다. 그러므로 이것들이 일어난 순간에 일어난 것을 있는 그대로 알아차려야 합니다. 이것만이 바른 수행 방법입니다.

　누구도 다섯 가지 장애를 뛰어넘지 않고서는 정신적인 향상을 도모하기 어렵습니다. 이 장애를 극복하지 못하면 선정의 단계에 이를 수 없으며, 위빠사나 수행의 청정과 지혜가 나지 못해 결코 도과를 성취하지 못합니다. 그뿐만 아니라 선정만이 아니고 선정에 들기 이전의 수준인 정신적 고양을 얻기도 어렵습니다. 그래서 이 장애는 선하게 살고 싶은 모든 사람들이 반드시 건너야 할 고통의 바다입니다. 이 괴로움의 바다를 건너기 위해서는 배가 있어야 하는데 이것이 팔정도입니다. 그리고 사마타 수행과 위빠사나 수행을 해야 합니다. 사마타 수행으로 장애를 잠재운 뒤에 위빠사나 수행의 통찰지혜로 이 장애를 제거해야 합니다.

　사실 사마타 수행은 다섯 가지 장애를 극복하기 위해 생겼습니다. 사마타 수행은 강력하게 대상과 하나가 되어 근본집중을 하는 수행인데 바로 다섯 가지 장애를 극복하기 위한 것입니다. 그래서 사마타 수행으로 다섯 가지 장애를 극복하고 위빠사나 수행을 하는 것이 일반적인 수행의 수순입니다. 하지만 순수 위빠사나 수행을 하는 수행자는 처음부터 위빠사나 수행으로 시작하기 때문에 장애에 대처하는 힘이 약할 수 있습니다. 그래서 이때 적절한 지도를 받아야 합니다.

장애는 좌선을 할 때만 나타나는 현상만을 말하지 않습니다. 물론 좌선을 할 때 움직이지 않아서 생기는 현상이나 고요함으로 인해 나타나는 현상들이 두드러지지만 수행은 좌선을 할 때만 하는 것이 아닙니다. 그러므로 다섯 가지 장애는 수행자의 모든 생활 속에서 드러납니다. 눈을 뜨고 잠자리에서 일어나면서부터 장애가 시작되며 잠자리에 들 때까지 장애가 계속됩니다. 심지어 잠을 자면서도 꿈으로 인해 괴로움을 겪습니다. 그러므로 살고 있는 동안에는 반드시 이런 장애 속에서 사는 것이라고 알아야 하겠습니다.

장애는 특별한 시간에만 오는 것이 아니고 원래 우리에게 내재해 있는 요소입니다. 수행을 해서 장애에서 벗어나려고 하기 때문에 내재해 있는 장애가 드러나는 것입니다. 지금까지 살아온 습관대로 살면 장애가 나타나지 않습니다. 이제 수행자는 살아온 습관의 거친 물살을 거슬러 올라가야 합니다. 습관의 물살에 떠밀려 가면 윤회를 합니다. 윤회에서 벗어나려면 기존의 통념을 거슬러 올라가야 하기 때문에 수행자는 장애를 헤쳐 나가려는 의지와 인내가 필요합니다. 수행자가 앞으로 나아가는 길은 장애의 늪지대이고, 뚫고 나가는 힘은 오직 알아차림 하나입니다. 다섯 가지 장애가 제거되었을 때 스스로 빚에서 헤어난 사람, 병이 쾌유한 사람, 감옥의 굴레에서 풀려난 사람, 자유인, 안전한 곳에 다다른 사람이라고 말합니다. 오직 장애를 있는 그대로 알아차릴 때만이 장애를 극복하고 고요함을 얻어 통찰지혜를 계발할 수 있습니다.

(2) 다섯 가지 장애를 알아차림

『대념처경』에 있는 다섯 가지 장애에 대한 내용은 다음과 같습니다.

"비구들이여, 어떻게 비구가 법(法, dhamma)에서 법을 알아차리는 수행을 하면서 지내는가? 비구들이여, 여기 비구는 다섯 가지 장애[五蓋]의 법에서 법을 알아차리는 수행을 하면서 지낸다. 비구들이여, 어떻게 비구가 다섯 가지 장애의 법에서 법을 알아차리는 수행을 하면서 지내는가?

비구들이여, 여기 비구는 감각적 욕망이 있을 때 내게 감각적 욕망이 있다고 안다. 감각적 욕망이 없을 때 내게 감각적 욕망이 없다고 안다. 비구는 전에 없던 감각적 욕망이 어떻게 일어나는지를 안다. 일어난 감각적 욕망이 어떻게 사라지는지를 안다. 사라진 감각적 욕망이 어떻게 하면 앞으로 다시 일어나지 않는지를 안다.

비구는 악의가 있을 때 내게 악의가 있다고 안다. 악의가 없을 때 내게 악의가 없다고 안다. 비구는 전에 없던 악의가 어떻게 일어나는지를 안다. 일어난 악의가 어떻게 사라지는지를 안다. 사라진 악의가 어떻게 하면 앞으로 다시 일어나지 않는지를 안다.

비구는 나태와 혼침이 있을 때 내게 나태와 혼침이 있다고 안다. 나태와 혼침이 없을 때 내게 나태와 혼침이 없다고 안다. 비구는 전에 없던 나태와 혼침이 어떻게 일어나는지를 안다. 일어난 나태와 혼침이 어떻게 사라지는지를 안다. 사라진 나태와 혼침이 어떻게 하면 앞으로 다시 일어나지 않는지를 안다.

비구는 들뜸과 후회가 있을 때 내게 들뜸과 후회가 있다고 안다. 들뜸과 후회가 없을 때 내게 들뜸과 후회가 없다고 안다. 비구는 전에 없던 들뜸과 후회가 어떻게 일어나는지를 안다. 일어난 들뜸과 후회가 어떻게 사라지는지를 안다. 사라진 들뜸과 후회가 어떻게 하면 앞으로 다시 일어나지 않는지를 안다.

비구는 회의적 의심이 있을 때 내게 회의적 의심이 있다고 안다. 회의적 의심이 없을 때 내게 회의적 의심이 없다고 안다. 비구는 전에 없던 회의적 의심이 어떻게 일어나는지를 안다. 일어난 회의적 의심이 어떻게 사라지는지를 안다. 사라진 회의적 의심이 어떻게 하면 앞으로 다시 일어나지 않는지를 안다.

이와 같이 그는 법에서 법을 안으로 알아차리는 수행을 하면서 지낸다. 혹은 법에서 법을 밖으로 알아차리는 수행을 하면서 지낸다. 혹은 법에서 법을 안팎으로 알아차리는 수행을 하면서 지낸다.

비구는 법이 일어나는 현상을 알아차리는 수행을 하면서 지낸다. 혹은 법이 사라지는 현상을 알아차리는 수행을 하면서 지낸다. 혹은 법이 일어나고 사라지는 현상을 알아차리는 수행을 하면서 지낸다.

비구는 단지 법이 있다는 알아차림을 확립할 때까지 법의 현상들에 대한 분명한 앎과 알아차림을 확립하고, 유지한다. 비구는 갈애와 잘못된 견해에 의지하지 않고 지낸다. 그는 세상에서 아무것도 집착하지 않는다.

비구들이여, 이와 같이 비구는 법에서 법을 알아차리는 수행을 하면서 지낸다."

① 감각적 욕망

다섯 가지 장애의 첫 번째는 감각적 욕망입니다. 이 감각적 욕망이 탐욕입니다. 여섯 가지 감각기관이 감각대상과 부딪쳐서 일어나기 때문에 이것을 감각적 욕망이라고 합니다. 그래서 감각기관이 형상[色], 소리[聲], 냄새[香], 맛[味], 접촉[觸], 생각[法]이라는 감각대상과 접촉할 때 다양한 형태의 욕망이 일어납니다. 산다는 것은 여섯 가지 감각기관을 가지고 사는 것이라서 이것을 벗어난 다른 감각적 욕망은 없습니다.

"감각적 욕망이 있을 때 내게 감각적 욕망이 있다고 안다. 감각적 욕망이 없을 때 내게 감각적 욕망이 없다고 안다"고 했을 때 감각적 욕망이 있을 때는 있는 것을 있는 그대로 알아차려야 합니다. 감각적 욕망이 없을 때는 없는 것을 있는 그대로 알아차려야 합니다. 이때 감각적 욕망이 없기를 바라거나 없애려고 해서도 안 됩니다. 단지 있는 것을 있는 그대로 알아차리는 것이 위빠사나 수행입니다. 비단 감각적 욕망뿐이 아닙니다. 다른 장애가 일어났을 때 일어난 모든 것을 있는 그대로 알아차려야 합니다.

다섯 가지 장애는 와서 보라고 나타난 대상입니다. 그래서 이것은 모두 법입니다. '감각적 욕망이 있을 때 욕망이 있는 것을 안다. 없을 때는 없는 것을 안다'라는 말은 단순하게 이것 때문에 다른 것을 바라거나 없애려고 하지 않고 있는 그대로 알아차리라는 말입니다. 감각적 욕망은 정신적 장애의 첫 번째 현상입니다. 감각적 욕망은 갈애, 애착, 갈망, 동경, 탐욕 등의 뜻을 가지고 있습니다. 이러한 욕망은 감각기관이 감각대상과 접촉할 때마다 일어납니다.

감각적 욕망이 일어났으면 있는 그대로 알아차려야 합니다. 왜냐하면 있는 그대로 알아차리는 순간 이미 있는 것은 소멸하기 때문에 이것이 가장 훌륭한 정공법입니다. 애써 다른 방법을 끌어들일 이유가 없습니다. 이것이 위빠사나 수행의 가장 중요한 특징이며, 대상을 제거하는 가장 훌륭한 방법입니다.

감각적 욕망이 일어났을 때 일어난 것을 알아차리면 그것을 알아차리는 새로운 마음이 일어나서 감각적 욕망은 그 순간에 사라집니다. 그러므로 수행자는 있는 그대로 알아차리는 것 외에 달리 할 것이 없습니다. 감각적 욕망이 있는 것에 개입해서 어떻게 해결하려고 한다면 이것은 또 다른 욕망을 일으키는 것입니다.

'감각적 욕망이 없을 때 내게 감각적 욕망이 없다고 안다'고 했을 때 감각적 욕망이 있는 것만 알아차리지 않습니다. 감각적 욕망이 없을 때도 똑같이 감각적 욕망이 없는 것을 알아차려야 합니다. 감각적 욕망이 없다는 것은 두 가지 뜻이 있습니다. 첫째는 감각적 욕망이 일어났다가 사라진 것입니다. 둘째는 감각적 욕망이 아예 일어나지 않았기 때문에 없는 것입니다. 이렇게 감각적 욕망이 없는 것을 알아차려야 사라진 뒤에 다시 일어나지 않고, 아예 일어나지 않았다고 해도 새로 일어나지 않습니다.

여기서 첫째는 감각적 욕망이 있지 않은 것을 말합니다. 이것은 감각적 욕망이 일어났다가 사라진 것입니다. 둘째는 감각적 욕망이 아예 일어나지 않았기 때문에 없는 것입니다. 이렇게 없는 것을 알아차려야 사라진 뒤에 다시 일어나지 않고 아예 일어나지 않았다고 해도 새로 일어나지 않도록 합니다.

감각적 욕망이 없을 때도 없는 것을 알아차리면 그만큼 감각적 욕망이 다시 들어올 위험이 없어집니다. 감각적 욕망이 없는 것을 알아차리는 새로운 마음이 일어났기 때문입니다. 그래서 감각적 욕망이 없는 것을 없는 그대로 알아차리는 것이 가장 합리적인 대처방법입니다. 수행자는 항상 대상이 나타나면 대상에 개입하지 말고 있는 그대로 알아차려야 합니다.

과연 왜 이렇게 해야 하는 것일까요? 이렇게 하는 것이 최상의 이익을 얻기 때문입니다. 대상을 있는 그대로 알아차리면 그 순간에 있는 대상은 사라집니다. 그러니 애써서 이것을 없앨 다른 방법을 선택할 필요가 없습니다. 그러면 없애려고 하는 새로운 욕망과 성냄이 일어나지 않아도 자연스럽게 해결됩니다. 그래서 이것이 있는 그대로 알아차리는 것의 이익입니다. 감각적 욕망이 없는 것을 알아차리면 원래 감각적 욕망이 없는 것을 알아차렸거나, 아니면 욕망이 일어났다가 사라진 것을 알아차린 것입니다. 원래 감각적 욕망이 없는 것을 알아차렸다고 해도 이 감각적 욕망이 완전하게 소멸한 것은 아닙니다. 그래서 조건이 성숙되면 일어날 여지를 가지고 있습니다.

"전에 없던 감각적 욕망이 어떻게 일어나는지를 안다. 일어난 감각적 욕망이 어떻게 사라지는지를 안다. 사라진 감각적 욕망이 어떻게 하면 앞으로 다시 일어나지 않는지를 안다"고 했을 때 수행자는 없던 감각적 욕망이 어떻게 일어나는지 알아야 합니다. 그리고 일어난 감각적 욕망이 어떻게 사라지는지 알아야 합니다. 사라진 감각적 욕망이 어떻게 하면 앞으로 다시 일어나지 않는지도 알아야 합니다.

생각은 두 가지가 있습니다. 현명하지 않은 생각과 현명한 생각입니다. 현명하지 않은 생각은 해로운 생각이고, 현명한 생각은 이로운 생각입니다. 현명하지 못한 생각은 영원하지 않은 것을 영원한 것으로 알고, 불만족을 만족으로 알고, 자아가 없는데 자아가 있는 것으로 알고, 아름답지 못한 것을 아름다운 것으로 압니다. 그러므로 감각적 욕망이 일어나는 것은 현명하지 못한 생각을 해서 해로운 것을 일으킨 것입니다. 감각적 욕망이 사라지는 것은 현명한 생각을 해서 이로운 것을 선택한 것입니다. 현명한 생각은 영원하지 않은 것을 영원하지 않은 것으로 알고, 불만족을 불만족으로 알고, 자아가 없는 것을 자아가 없다고 알고, 아름답지 못한 것을 아름답지 못하다고 아는 것입니다. 그러므로 감각적 욕망이 사라지는 것은 현명한 생각을 해서 이로운 것을 일으킨 것입니다.

사라진 감각적 욕망이 다시 일어나지 않게 하기 위해서는 두 가지 방법이 있습니다. 하나는 대상을 있는 그대로 알아차리는 것입니다. 감각적 욕망이 있으면 있는 것을 알아차리고, 없으면 없는 것을 알아차립니다. 알아차림이라는 문지기가 지키고 있는 한 잠재적 성향의 감각적 욕망도 나타나지 못합니다. 만약 나타났다면 다시 나타난 것을 알아차리면 됩니다. 그래서 항상 알아차리기만 하면 감각적 욕망이 나타나지 못합니다. 이렇게 알아차리면 지혜가 나서 차츰 감각적 욕망이 일어나지 않습니다.

다른 하나는 감각적 욕망의 더러움을 알아차리는 것입니다. 감각적 욕망은 더럽고 혐오스러운 것이며 괴로움뿐이라고 알아차립니다. 이렇게 감각적 욕망을 알아차리는 것을 부정관이라고 합니다. 이렇게 수행을 하면 감각적 욕망의 더러움에 대한 개념이 생겨 선정을 얻게 되고 번뇌를 억누를 수 있습니다. 범부는 감각적 욕망의 즐거움으로 삽니다. 그러나 성자들은 감각적 욕망의 괴로움을 압니다. 그래서 감각적 욕망이 일어났을 때 알아차려서 다시 맨 느낌으로 돌아옵니다. 그러나 아라한은 처음부터 감각적 욕망이 일어나지 않습니다. 그래서 다시 태어날 원인이 사라져 윤회가 끝납니다.

감각적 욕망을 즐기는 재미도 있지만 이 욕망을 제어하는 재미는 훨씬 더 큰 것입니다. 이처럼 인간은 감각적 욕망을 어떻게 하느냐에 따라 스스로 행복과 불행을 결정합니다. 이것은 온전히 누구의 힘에 의해 선택되는 것이 아니라 온전히 자기 자신이 선택해서 스스로 얻는 것입니다.

감각적 욕망은 여섯 가지 감각기관을 통해 일어나는 느낌이 갈애를 일으키는 것인데, 이 중 보는 것과 함께 먹는 것에서도 감각적 욕망이 많이 일어납니다. 그러므로 수행자는 먹을 때 알아차리고 먹어야 합니다. 먹을 때 알아차리고 먹으면 탐욕으로 먹지 않고 계율로 먹는 것입니다. 수행자가 음식을 먹을 때는 먼저 지금 무슨 마음으로 먹는가를 알아차려야 합니다. 그리고 음식을 먹을 때 즐기거나 자만하거나 몸을 윤택하게 만들거나 몸을 가꾸기 위해 먹어서는 안 됩니다. 오로지 이 몸을 유지하고 지탱하기 위해 먹어야 합니다. 그리고 모든 괴로움으로부터 벗어날 수 있는 수행을 하기 위해 음식을 먹어야 합니다. 그럼으로써 과거의 모든 고통으로부터 벗어날 뿐만 아니라 새로운 고통이 일어나지 않습니다.

감각적 욕망을 제거하기 위해서는 다음 여섯 가지 방법이 있습니다. 하나, 부정관을 배울 것, 둘, 부정관을 전념할 것, 셋, 여섯 가지 감각기관을 알아차려서 잘 간수할 것, 넷, 식사를 절제할 것, 다섯, 훌륭한 도반을 사귈 것, 여섯, 감각적 욕망을 제거할 수 있는 적절한 대화를 할 것 등입니다.

감각적 욕망에 대한 다음과 같은 비유가 있습니다.

"여기 통 속에 빨강, 노랑, 파랑, 적황색의 물감이 섞인 물이 있다면 정상적인 시력을 가진 사람이 그곳을 들여다본다 해도 거기에 비친 자신의 얼굴을 제대로 알아볼 수 없을 것이다. 마찬가지로 어떤 사람의 마음이 감각적 욕망에 사로잡히고, 감각적 욕망에 짓눌려 있을 때는 이미 일어난 욕망으로부터 벗어나는 길을 제대로 볼 수 없을 것이다. 그러면 그는 자신의 행복이나 남의 행복이나 자신이나 남의 행복을 올바로 이해하거나 보지 못할 것이다. 또한 이미 오래전부터 마음에 새겨두었던 가르침도 상기하지 못하는데 하물며 새겨두지 않은 가르침을 상기할 수는 없다."

또 다른 비유도 있습니다.

"어떤 사람이 빚을 얻어다가 탕진해버렸다고 하자. 이제 그는 채권자들이 빚을 갚으라고 거친 말로 다그치며 괴롭히고 때린다고 해도 대들지도 못하고 모두 감수해야 할 것이다. 이렇게 참을 수밖에 없도록 만드는 것은 곧 그 빚 때문인 것이다.

마찬가지로 어떤 사람이 누군가를 향한 감각적 욕망으로 가득 차 있다면 그 사람은 욕망의 대상에 대해 애착이 가득한 나머지 그 대상에 집착하게 된다. 이렇게 되면 그 상대로부터 호된 소리를 듣고, 괴로움을 당하고, 매를 맞는다고 해도 이를 모두 견디는 수밖에 없다. 이처럼 감각적 욕망은 마치 빚을 지고 있는 것이나 같은 것이다.

어떤 사람이 빚을 내어 장사를 해서 번창하게 되었다. 그는 이 빚이 고민의 원인이라고 생각하여 이자와 함께 빚을 갚고, 빚 문서도 찢어버렸다. 그 뒤로부터 대금업자에게 심부름꾼을 보내거나 편지를 보내는 일도 없다. 이제 그들을 만난다고 해도 인사를 하려고 자리에서 일어나거나 일어나지 않거나 자기 마음대로 할 수 있다. 왜 그런가? 그는 더 이상 그들에게 매이거나 의지하지 않기 때문이다.

마찬가지로 한 수행자가 감각적 욕망이 장애의 원인이라고 생각하여 감각적 욕망을 포기할 수 있는 여섯 가지 방법을 닦아 감각적 욕망의 장애를 제거한다. 그러면 마치 빚을 청산한 사람이 예전의 채권자를 만나도 더 이상 두렵거나 걱정하지 않는 것처럼 감각적 욕망을 버린 사람 또한 욕망의 대상에 더 이상 집착하거나 구속당하지도 않는다. 설령 천상의 미녀를 보고도 열정에 시달리지 않을 것이다. 이런 까닭에 세존께서는 감각적 욕망을 버리는 것을 빚을 청산한 것이라고 비유한 것이다."

② 악의

다섯 가지 장애의 두 번째는 악의(惡意)입니다. 악의는 악한 의도입니다. 그러므로 선하지 못한 생각을 악의라고 합니다. 악의는 다양한 형태로 나타나는데 성냄, 분노, 미움, 두려움, 무서움, 걱정, 긴장, 후회, 인색 등이 있습니다. 그러므로 악의가 있을 때는 악의가 있는 것을 알아차려야 합니다. 그렇지 않으면 악한 생각이 행동으로 옮겨져 불선행을 일으킵니다. 이러한 악의는 현명하지 못한 생각에서 오는 해로운 것들입니다.

누구나 선심과 불선심을 함께 가지고 있습니다. 이 마음은 과보심에 의해 조정받기도 합니다. 그래서 습관적으로 악한 마음을 가질 수 있습니다. 이때 이러한 마음을 알아차리지 못하면 악한 마음에 가속도가 붙습니다. 그래서 자신도 제어할 수 없습니다.

"악의가 있을 때 내게 악의가 있다고 안다. 악의가 없을 때 내게 악의가 없다고 안다"고 했을 때 악의가 일어날 때는 악의가 일어난 것을 알아차려야 합니다. 그런 뒤에 악의를 가진 마음을 알아차려야 합니다. 다시 악한 의도가 사라진 것을 알아차려야 합니다. 악한 의도가 사라진 것을 아는 것이 악의가 없는 것을 아는 것입니다. 그렇지 않으면 악의는 항상 기회를 노리고 있다가 습관적으로 다시 나타날 것입니다.

"전에 없던 악의가 어떻게 일어나는지를 안다. 일어난 악의가 어떻게 사라지는지를 안다. 사라진 악의가 어떻게 하면 앞으로 다시 일어나지 않는지를 안다"고 했을 때 수행자는 전에 없던 악의가 어떻게 일어나는지 알아야 합니다. 그리고 일어난 악의가 어떻게 사라지는지 알아야 합니다. 사라진 악의가 어떻게 하면 앞으로 다시 일어나지 않는지도 알아야 합니다.

수행자가 악한 의도를 알아차리면 악한 의도는 현명하지 못한 생각을 하기 때문에 일어난 것이라고 알 수 있습니다. 그리고 악의를 가진 마음을 알아차리면 그 마음이 나의 마음이 아니고 그 순간 일어나서 그 순간 사라지는 마음이라고 알 수 있습니다. 왜냐하면 악의를 가진 마음이 사라지고, 악의가 사라진 것을 아는 마음이 일어났기 때문입니다. 이렇게 알아차려서 악의를 분리해서 지켜볼 수 있어야 합니다.

악의가 사라지는 것은 알아차림이 있기 때문입니다. 그리고 알아차림에 의해 자애로운 마음이 일어나면 자연스럽게 악의가 사라집니다. 악한 의도가 있을 때는 자애가 없으며, 자애가 있을 때는 악한 의도가 생길 수 없습니다. 그러므로 악의를 알아차려서 이것이 나의 마음이 아니고 단지 이 순간의 마음이라고 알아야 합니다. 그렇지 않고 이것이 나의 마음이라고 알면 이 결과로 자신을 학대하거나 더 나쁜 쪽으로 가게 될 것입니다. 그러므로 악의가 일어났을 때는 '악의가 일어났네'라고 알아차리고, 악의가 일어난 그 마음을 알아차리는 것이 좋습니다.

악의를 제거하기 위해서는 다음 여섯 가지 방법이 있습니다. 자애관을 배울 것, 자애관에 전념할 것, 자기 자신이 바로 자기 행위의 주인이며, 상속자임을 알아차릴 것, 이것에 관해 자주 반성할 것, 훌륭한 도반을 사귈 것, 악의를 제거할 수 있는 적절한 대화를 할 것 등입니다.

악의에 대한 다음과 같은 비유가 있습니다.

"여기 불 땐 솥에 물이 펄펄 끓고 있다면, 정상적인 시력을 가진 사람이 그 속을 들여다보더라도 거기에 비친 자기 얼굴을 제대로 알아볼 수 없을 것이다. 마찬가지로 어떤 이의 마음이 악의에 차 짓눌려 있을 때 그는 이미 일어난 악의에서 벗어날 길을 제대로 볼 수 없을 것이다. 그러면 그는 자신의 행복이나 남의 행복이나 자신이나 남의 행복을 올바로 이해하고 보지 못할 것이다. 또한 이미 오래전부터 마음에 새겨두었던 가르침도 상기하지 못하는데, 하물며 새겨두지 않은 가르침을 상기할 수는 없다."

또 다른 비유도 있습니다.

"만약 어떤 사람이 쓸개에 이상이 생겨서 앓고 있다면, 설령 꿀이나 설탕을 입에 넣어도 이 담즙 병 때문에 토해내며 쓰다고 불평을 하며, 맛을 알 수 없을 것이다. 마찬가지로 화를 잘 내는 기질을 가진 사람은 스승이 좋은 뜻으로 가볍게 타일러도 귀찮게 여기며 불평을 하며, 그분의 충고를 받아들이지 않고 승가에서 나가거나 이리저리 떠돌아다닐 것이다. 마치 담즙 병을 앓는 사람이 꿀이나 설탕 맛을 알 수 없는 것처럼 화를 내는 병에 걸린 사람은 부처님이 베푸시는 선정의 행복을 맛볼 수 없을 것이다. 이렇게 악의는 병을 앓는 것과 같다. 마치 담즙 병에 시달리다가 약을 써서 낫게 된 사람이 꿀과 설탕 맛을 되찾듯이, 수행자는 악의가 많은 해악의 씨앗이라고 생각하여 그것을 떨쳐버리는 방법을 닦아 악의라는 장애를 제거한다. 병이 나은 사람이 제대로 꿀과 설탕 맛을 볼 수 있는 것과 같이 이 수행자 또한 경외심으로 계율을 받아 계율의 진가를 인식하여 이를 준수한다. 이런 까닭에 세존께서는 악의를 버리는 것을 건강을 회복하는 것으로 비유하신 것이다."

③ 나태와 혼침

다섯 가지 장애의 세 번째는 나태와 혼침입니다. 나태와 혼침은 게으름과 졸림입니다. 수행을 하면 나른함, 권태로움, 무기력함, 선하품, 식곤증, 까라짐 등이 일어납니다. 수행자에게 게으름은 언제든지 일어날 수 있습니다. 이런 게으름으로 의욕이 없어지면 대상에 흥미를 느끼지 못해 졸음에 빠집니다. 그래서 노력을 기울일 수 없습니다. 수행은 노력 없이는 안 됩니다. 노력이 알아차림을 이끌고 알아차림의 지속이 집중을 가져오게 합니다.

"나태와 혼침이 있을 때 내게 나태와 혼침이 있다고 안다. 나태와 혼침이 없을 때 내게 나태와 혼침이 없다고 안다"고 했을 때 나태와 혼침이 일어날 때는 이것이 일어난 것을 있는 그대로 알아차려야 합니다. 졸음이 올 때는 희미해지는 마음과 무거운 몸을 대상으로 알아차리는 것이 좋습니다. 그러지 않고 졸음과 싸우면 더 빨리 졸음에 빠지게 됩니다. 그러므로 졸음에 빠지지도 말고 졸음과 싸우지도 말고 단지 졸릴 때 나타나는 현상을 대상으로 알아차려야 합니다.

나태와 혼침이 있을 때 있는 그대로 알아차려서 이것들이 사라졌을 때는 나태와 혼침이 사라진 것을 알아차려야 합니다. 나른함과 졸음에서 벗어나면 반드시 이것을 극복했다는 기쁨이 생기기 마련입니다. 그러면 혼침으로부터 벗어난 것을 기뻐하는 마음을 알아차려야 합니다. 수행에서 가장 문제가 되는 것이 좋아하는 것입니다. 만약 수행자가 좋아하면 그 순간 알아차림을 놓치게 됩니다. 그러면 갑자기 졸음에 떨어지고 맙니다. 이때는 알아차림이 없기 때문에 언제 졸았는지도 모르게 잠에 떨어집니다. 수행자들이 좌선을 할 때 움직이지 않으면 당연히 무기력해지고 졸음이 오기 마련입니다. 이때 법이 나타난 것입니다. 이 법은 와서 보라고 나타난 것이므로 있는 그대로 지켜보아야 합니다. 수면욕은 본능이기 때문에 누구나 알아차리려고 하기보다 오히려 잠을 청할 수도 있습니다. 그러면 모든 상황이 종료됩니다. 그러므로 졸음도 와서 보라고 찾아온 손님이므로 졸음이 오는 것을 희미하나마 그대로 지켜보아야 합니다.

"전에 없던 나태와 혼침이 어떻게 일어나는지를 안다. 일어난 나태와 혼침이 어떻게 사라지는지를 안다. 사라진 나태와 혼침이 어떻게 하면 앞으로 다시 일어나지 않는지를 안다"고 했을 때 전에 없던 나태와 혼침이 어떻게 일어나는지 알아차려야 합니다. 일어난 나태와 혼침이 어떻게 사라지는지 알아차려야 합니다. 사라진 나태와 혼침이 어떻게 하면 앞으로 다시 일어나지 않는지 알아차려야 합니다. 수행자가 나태함과 졸음에 떨어지는 것은 권태로움과 무기력함과 졸음에 대한 현명하지 못한 생각을 가지고 있기 때문입니다. 왜냐하면 수행자가 스스로 이러한 상태를 방치하기 때문입니다. 하지만 현명한 생각은 스스로 노력을 하게 하여 나태함과 졸음에서 벗어나게 합니다. 이러한 노력은 마음의 노력과 몸의 노력이 함께 이루어져야 합니다. 졸릴 때 희미한 마음을 알아차리는 것이 마음의 노력이며, 나른하고 무거운 몸을 알아차리는 것이 몸의 노력입니다. 이때는 몸의 미세한 변화를 주목하는 것이 좋습니다.

나태함과 졸음이 오는 이유는 많습니다. 호흡을 알아차릴 때 매번 같은 호흡이 아니고 항상 새로운 호흡인데 같은 호흡이 반복된다고 생각하면 싫증이 나고 재미를 느끼지 못합니다. 그래서 호흡의 변화를 주목해야 합니다. 호흡의 강약과 장단과 바람의 압력 등이 매순간 다르다는 것을 알아야 합니다. 그리고 집중이 되면 노력과 알아차림이 약해져서 졸음에 떨어질 수 있으므로 집중이 되는 만큼 노력과 알아차림을 더 강화해야 합니다.

수행자가 대상을 알아차릴 때 대상에 재미를 느껴야 합니다. 재미를 느끼기 위해서는 대상이 단순하게 반복되는 것이 아니고 매번 새롭게 일어난다는 사실을 알아야 합니다. 그렇지 않고 단순한 동작이 거듭된다고 볼 때는 마음이 싫증을 내서 달아나 버리거나 혼침에 빠지기 마련입니다.

나태와 혼침을 극복하는 여섯 가지 방법은 다음과 같습니다. 과식이 혼침의 원인이므로 음식을 적절하게 섭취할 것, 수행 중에 자세를 바꿀 것, 빛을 볼 것, 즉 너무 어두운 곳에 있지 말고 밖으로 나갈 것, 훌륭한 도반을 사귈 것, 악의를 제거할 수 있는 적절한 대화를 할 것, 나태와 혼침을 제어할 수 있는 적절한 대화 등을 할 것입니다.

나태와 혼침에 대해 다음과 같은 비유가 있습니다.

"여기 통 속에 물이 있어 이끼와 풀로 덮여 있다면 정상적인 시력을 가진 사람이라도 거기에 비친 자신의 얼굴을 제대로 알아볼 수 없을 것이다. 마찬가지로 어떤 사람의 마음이 나태와 혼침에 사로잡혀 짓눌려 있을 때 그는 이미 일어난 나태와 혼침으로부터 벗어날 길을 제대로 볼 수 없을 것이다. 그러면 그는 자신의 행복이나 남의 행복이나 자신이나 남의 행복을 올바로 이해하고 보지 못할 것이다. 또한 이미 오래전부터 마음에 새겨두었던 가르침도 상기하지 못하는데, 하물며 새겨두지 않은 가르침을 상기할 수는 없다."

또 다른 비유도 있습니다.

"어떤 사람은 축제가 있는 날 감옥에 갇혀 있었기 때문에 축제를 하는 행사의 시작도 중간도 끝도 볼 수 없었다. 만약 그 사람이 다음 날 감옥에서 풀려나왔을 때 사람들이 '어제 축제는 참 즐거웠지' 하며 노래며 춤에 관해 이야기해도 대꾸할 수 없을 것이다. 왜 그런가? 그는 축제를 즐기지 못했기 때문이다. 마찬가지로 설령 아무리 감동적인 설법이 진행되고 있다 하더라도 어떤 수행자가 나태와 혼침에 빠져 있다면 그는 법문의 시작도 중간도 끝도 모르게 될 것이다. 법문이 끝난 뒤에 '그런 법문을 들었으니 얼마나 기쁜 일인가, 법문의 주제도 홍

미로운 것이었지만 비유들은 또 얼마나 좋은가'라고 찬탄하는 말을 들어도 그는 아무 말도 할 수 없다. 왜 그런가? 그는 나태와 혼침에 빠져 그 법문을 듣지 못했기 때문이다.

이렇게 나태와 혼침은 감옥에 갇히는 것에 견줄 수 있다. 지나간 축제기간 동안 감옥에 갇혔던 사람이 있다. 그는 감옥에서 풀려나 다음 축제에 참가한 뒤에 '예전에는 부주의했던 탓에 감옥에 갇혀 축제를 즐기지 못했지만 이제 정신 바짝 차려야지' 하고 다짐한다. 이렇게 어떤 해로운 생각이 마음속에 들어올 수 없도록 자신의 행위에 신중을 기한다. 그는 이렇게 축제를 즐기고 나서 '아! 얼마나 멋진 축제인가'라고 말한다.

마찬가지로 어느 수행자가 나태와 혼침이 큰 해를 끼치는 것임을 알고 그것에 대적할 여섯 가지 사항을 닦아서 나태와 혼침이라는 장애를 제거한다. 마치 감옥에서 풀려난 사람이 7일 동안의 축제기간을 즐기는 것처럼 이렇게 나태와 혼침을 떨쳐버린 수행자는 진리의 축제를 시작과 중간과 끝의 극치를 즐길 수 있다. 그래서 마침내는 아라한과를 성취한다. 이런 이유로 세존께서는 나태와 혼침을 떨쳐버리는 것을 감옥에서 풀려나는 것으로 비유할 수 있다고 말씀하신 것이다."

나태와 혼침은 무기력한 것이고, 또 다른 측면으로 보면 어리석음에 속합니다. 게으름에 빠져 있으면 아무것도 발전할 수 없습니다. 게으름은 노력의 반대입니다. 그리고 어리석음은 지혜의 반대입니다. 그러므로 수행자는 나태와 혼침으로부터 벗어나기 위해 대상을 있는 그대로 알아차려려 합니다. 그리고 대상의 변화를 주목해야 합니다.

④ 들뜸과 후회

다섯 가지 장애의 네 번째는 들뜸과 후회입니다. 들뜸은 마음이 하나의 대상에 머물지 못하는 것을 말합니다. 후회는 나쁘거나 옳지 않은 것을 한 것과 좋은 것을 하지 않은 것에 대한 죄책감을 말합니다. 후회는 과거에 한 일들에 대한 회한입니다.

노력이 지나쳐도 들떠서 마음이 대상에 머물지 못합니다. 그래서 적절한 노력을 해야 합니다. 의욕이 지나쳐서 탐욕으로 하면 들떠서 불안정한 상태가 됩니다. 마음이 안정되지 못해서 들떠 있기 때문에 자연스럽게 후회까지 합니다. 후회를 하는 것은 마음의 동요가 해로운 것인지를 몰라서 하는 현명하지 못한 생각입니다. 그래서 들뜨지 않으면 후회도 하지 않습니다.

"들뜸과 후회가 있을 때 내게 들뜸과 후회가 있다고 안다. 들뜸과 후회가 없을 때 내게 들뜸과 후회가 없다고 안다"고 했을 때 들뜸과 후회는 모두 불선심으로 인해 생기는 불선행입니다. 그러므로 들떠 있을 때는 들떠 있는 것을 알아차려야 합니다. 그리고 후회할 때는 후회하는 것을 알아차려야 합니다. 들뜸이 사라지고 고요하고 안정된 상태가 되면 들뜸이 사라진 것을 알아차려야 합니다. 후회하다가 후회하지 않을 때는 후회하지 않는 것을 알아차려야 합니다. 들뜸이 없는 것을 알아차리거나 후회하지 않는 것을 알아차리는 것은 이것들이 완전한 소멸이 아니기 때문에 다시 일어날 여지를 막는 것입니다.

"전에 없던 들뜸과 후회가 어떻게 일어나는지를 안다. 일어난 들뜸과 후회가 어떻게 사라지는지를 안다. 사라진 들뜸과 후회가 어떻게 하면 앞으로 다시 일어나지 않는지를 안다"고 했을 때 수행자는 전에 없던 들뜸과 후회가 어떻게 일어나는지 알아차려야 합니다. 일어난 들뜸과 후회가 어떻게 사라지는지 알아차려야 합니다. 사라진 들뜸과 후회가 어떻게 하면 앞으로 다시 일어나지 않는지 알아차려야 합니다.

들뜸은 믿음이 없고 탐욕이 많기 때문에 일어나며 노력이 지나쳐도 일어납니다. 바른 알아차림을 하지 못하고, 지혜가 없기 때문에 들뜸과 후회가 일어나므로 사물을 통찰하는 바른 견해를 가져야 합니다. 들뜸은 아라한이 되어야 완전하게 소멸됩니다. 수다원, 사다함, 아나함의 단계에서는 아직도 들뜸이 있습니다. 그러나 도과의 단계가 높을수록 들뜸이 약해집니다. 후회는 아나함이 되면 소멸하지만 들뜸은 아라한이 될 때 소멸합니다.

들뜸과 후회를 극복하는 여섯 가지 방법은 다음과 같습니다. 첫째, 붓다의 가르침을 배울 것, 둘째, 교리에 대해 탐구하여 허용되는 것과 되지 않은 것을 알 것, 셋째, 계율을 지킬 것, 넷째, 연륜과 경험이 있는 분을 가까이할 것, 다섯째, 훌륭한 도반을 사귈 것, 여섯째, 들뜸과 후회를 제거할 수 있는 적절한 대화를 할 것 등입니다.

들뜸과 후회에 대한 다음과 같은 비유가 있습니다.

"여기 통 속에 물이 있는데 바람이 불어서 흔들리고 출렁거려서 파문이 일어난다면 정상적인 시력을 가진 사람이라도 거기에 비친 자기의 얼굴을 제대로 알아차릴 수 없을 것이다. 마찬가지로 어떤 사람의 마음이 들뜸과 후회를 해서 짓눌려 있을 때는 그는 이미 들뜸과 후회에서 벗어나는 길을 제대로 볼 수 없을 것이다. 그러면 그는 자신의 행복이나 남의 행복이나 자신이나 남의 행복을 올바로 이해하고 보지 못할 것이다. 또한 이미 오래전부터 마음에 새겨두었던 가르침도 상기하지 못하는데, 하물며 새겨두지 않은 가르침은 상기할 수 없다."

또 다른 비유도 있습니다.

"축제에 끼고 싶었던 하인에게 주인이 말했다. '이러이러한 곳으로 빨리 가거라. 거기에 급한 일이 있다. 만약 가지 않으면 손발이나 귀, 코를 자를 것이다.' 이 말을 듣고 하인은 주인이 시킨 대로 서둘러 가야 되고, 축제의 일부도 즐길 수 없게 될 것이다. 이는 그가 다른 사람에게 매여 있기 때문이다. 이것은 『율장』을 숙지하지 못하면서 외진 곳에서 지내고자 깊은 숲 속에 들어간 수행자와도 같다. 가령 어떤 문제가 생겼을 때, 이를테면 허용된 고기가 무엇인가 사소한 문제에 부딪쳐도 자기가 먹은 고기는 허용되지 않은 것이라는 생각이 들 때 그는 자신의 행위를 정화하기 위해서 벽지생활을 중단하고 『율장』에 밝은 비구에게 찾아가야 할 것이다. 따라서 그는 외진 곳의 행복도 즐길 수 없게 될 것이다. 이는 그가 들뜸과 후회에 덮여 있기 때문이다. 이렇게 들뜸과 후회는 마치 종살이와 같은 것이다.

한 종이 있는데 친구의 도움으로 주인에게 돈을 치르고 자유인이 되어 이제 자기가 하고 싶은 대로 할 수 있게 된다. 마찬가지로 들뜸과 후회로 인해 일어나는 엄청난 장애를 인식할 수 있는 수행자는 거기에 대처할 여섯 가지 사항을 닦아 들뜸과 후회를 떨쳐버린다. 그것을 버리고 난 수행자는 이제 진정한 의미의 자유인으로 자기가 바라는 대로 할 수 있게 된다. 자유를 얻은 사람이 자기가 하고 싶은 대로 하는 것을 그 누구도 막을 수 없는 것처럼 이제 들뜸과 후회도 이 수행자가 행복한 출리의 길을 걷는 것을 더 이상 막지 못한다. 이런 까닭에 세존께서는 들뜸과 후회를 버리는 것이 종살이에서 자유를 얻는 것과 같다고 밝히신 것이다."

⑤ 회의적 의심

다섯 가지 장애의 다섯 번째는 회의적 의심입니다. 회의적 의심은 대상에 대하여 의혹을 갖는 것입니다. 회의적 의심을 당혹이라는 뜻으로도 설명하며 또는 이해가 불확실한 것을 말합니다. 그러므로 어떤 결정을 내릴 수 없어 곤혹스러운 상태를 회의적 의심이라고 합니다. 그래서 의심은 결단력이 부족한 것입니다. 지혜의 능력이 없으면 결단력이 부족하여 의심을 합니다. 그래서 의심은 혼란한 상태로 인해 고민하는 것입니다.

일반적으로 회의적 의심은 진리에 대한 의심입니다. 그리고 자기가 하는 수행 방법에 대한 믿음이 없어서 불신을 하는 상태를 말합니다. 붓다는 수행을 할 때 맹목적 믿음을 강요하지 않으셨습니다. 그래서 먼저 대상을 탐구해 보라고 하셨습니다. 이때의 대상은 자기 자신의 몸과 마음입니다. 그래서 얻은 결론을 가지고 확신에 찬 믿음을 가질 것을 말씀하셨습니다.

"**회의적 의심이 있을 때 내게 회의적 의심이 있다고 안다. 회의적 의심이 없을 때 내게 회의적 의심이 없다고 안다**"고 했을 때 수행자가 회의적 의심을 할 때는 지금 내가 회의적 의심을 하고 있는 것을 알아차려야 합니다. 누구나 의심을 하기 마련입니다. 그러나 의심을 생각으로 풀려 하지 말고 대상을 있는 그대로 알아차리는 것으로 해결해야 합니다. 생각으로는 완전한 답을 얻을 수 없습니다. 그래서 이때는 의심하고 있는 것 자체가 알아차릴 대상입니다. 이렇게 알아차리는 힘을 키우면 지혜가 나서 자연스럽게 의심이 해소됩니다. 의심이 날 때 답을 모른다고 해서 그 자리에 멈추고 답을 얻으려고 해서는 안 됩니다. 답은 지혜이기 때문에 알아차린 결과로 나타나는 것입니다. 회의적 의심이 없을 때는 내게 회의적 의심이 없다고 알아차려야 합니다.

자신의 몸과 마음을 알아차리는 위빠사나 수행은 먼저 몸과 마음을 분리해서 알아차립니다. 이렇게 알아차린 결과로 원인과 결과라는 지혜가 생깁니다. 그러면 비로소 의심에서 벗어날 수 있습니다. 모든 것이 원인과 결과로 인해 일어나고 사라지는 것이라고 아는 지혜가 나면 검은 구름이 벗겨지고 밝은 곳에서 사물의 이치를 확실하게 알게 됩니다. 그러면 의심에서 해방되는 청정에 이릅니다.

"전에 없던 회의적 의심이 어떻게 일어나는지를 안다. 일어난 회의적 의심이 어떻게 사라지는지를 안다. 사라진 회의적 의심이 어떻게 하면 앞으로 다시 일어나지 않는지를 안다"고 했을 때 수행자는 전에 없던 회의적 의심이 어떻게 일어나는지를 알아차려야 합니다. 그리고 일어난 회의적 의심이 어떻게 사라지는지를 알아차려야 합니다. 사라진 회의적 의심이 어떻게 하면 앞으로 다시 일어나지 않는지를 알아차려야 합니다.

의심이 일어나는 원인은 정신과 물질을 구별하는 지혜가 없기 때문입니다. 우리가 태어나면서부터 배운 것이 자신의 정체성을 확립하는 것이었습니다. 그래서 자아를 강화하는 교육을 받았습니다. 그리고 어떤 절대적인 존재에게 막연하게 기대하면서 살았습니다. 이런 상태에서는 사물의 이치를 통찰할 수 없습니다. 그래서 어리석음이 의심을 일으킵니다. 이러한 어리석음이 사라져 지혜가 나야 비로소 의심이 해소됩니다. 하지만 아직 완전한 지혜가 아니기 때문에 지속적으로 수행하지 않으면 새로운 의심에 직면하게 될 것입니다.

어떻게 해야 할지 몰라서 결정하는 능력이 없을 때는 수행을 해서 지혜를 얻어야 합니다. 수행자가 알아차릴 대상을 겨냥한 뒤 대상을 지속적으로 알아차리면 차츰 단계적인 지혜를 얻습니다. 그래서 수다원의 도과를 성취하면 회의적 의심이 제거됩니다. 수다원의 도과를 성취하는 열반을 체험해야 비로소 사물의 자연스러운 이치를 알 수 있습니다.

회의적 의심을 극복하는 여섯 가지 방법은 다음과 같습니다. 첫째, 붓다의 가르침을 배울 것, 둘째, 교리에 대해 탐구하여 허용되는 것과 되지 않는 것을 알 것, 셋째, 계율을 지킬 것, 넷째, 불법승 삼보에 대한 확고한 신념을 가질 것, 다섯째, 훌륭한 도반을 사귈 것, 여섯째, 회의적 의심을 제거할 수 있는 적절한 대화를 할 것 등입니다.

회의적 의심에 대해 다음과 같은 비유가 있습니다.
"여기 한 통의 흙탕물을 휘저어 어두운 곳에 두었다면 정상적인 시력을 가진 사람이라도 거기에 비친 자기의 얼굴을 제대로 알아볼 수 없을 것이다. 마찬가지로 어떤 사람의 마음이 의심에 쌓여 짓눌려 있을 때 그는 이미 일어난 의심으로부터 벗어나는 길을 제대로 볼 수 없을 것이다. 그러면 그는 자신의 행복이나 남의 행복이나 자신이나 남의 행복을 올바로 이해하고 보지 못할 것이다. 또한 이미 오래전부터 마음에 새겨두었던 가르침도 상기하지 못하는데, 하물며 새겨두지 않은 가르침을 상기할 수는 없다."

또 다른 비유도 있습니다.
"어떤 사람이 사막을 가고 있다. 여행자들이 강도들에게 약탈을 당하고 살해를 당하기도 하는 것을 아는 그는 나뭇가지나 새 소리에도 '강도가 왔구나!' 하고 불안과 두려움에 떨 것이다. 몇 발자국 걷고는 다시 두려움에 걸음을 멈추는 식으로 여행을 계속하거나 도중에 되돌아갈지도 모른다. 걷는 일보다 멈추는 일이 더 많은 고생 끝에 겨우 안전한 곳에 도달하거나 아예 도달하지 못할 수도 있다.
이것은 마치 여덟 가지의 의심 중에 어떤 것에 대해 의심이 생긴 사람의 경우와도 같다. 부처님이 깨달음을 얻은 분인지 아닌지 의심을 하기에 그는 사실을 확신할 수 없는 일로 믿고 받아들이지 못한다. 그는 확신할 수 없기 때문에 성스러운 도를 이룰 수 없다. '거기에 강도들이 있을까, 없을까' 하고 반신반의를 하는 여행자처럼 의혹에 찬 수행자의 마음속에는 잇달아 동요와 주저가 일어나고 결단력도 부족해지며 근심만 생길 뿐이다. 그래서 그는 안전한 성지에 도달할 수 없도록 자기 내면에다 스스로 장애물을 설치하고 있는 것이다.
이렇게 회의적 의심은 마치 사막을 여행하는 것과 같다. 여기 한 건장한 사람이 있어 짐 보따리를 챙겨들고 무장을 잘한 채 무리를 지어서 사막을 간다.

멀리서 강도들이 이런 무리를 본다면 제풀에 달아날 것이다. 그러면 무사히 사막을 건너서 안전한 곳에 이르고 그는 무사히 도착한 것을 기뻐하게 된다.

마찬가지로 수행자는 회의적 의심이 큰 해악의 원인임을 알아 거기에 대한 해독제로 여섯 가지 사항을 닦아 의심을 떨쳐버린다. 마치 무장을 하고 동료들과 어울린 건장한 사내가 강도들을 땅바닥의 풀처럼 대하듯이 대수롭지 않게 생각하고 사막을 빠져나와 안전한 곳에 다다른 것처럼, '악행의 사막'을 건넌 수행자는 마침내 가장 안전한 경지, 불사의 영역, 열반에 이르게 된다. 이러한 이유로 세존께서는 회의적 의심을 떨쳐버리는 것을 안전한 곳에 도달하는 것으로 비유한 것이다."

회의적 의심을 제거하기 위해서는 먼저 대상을 알아차릴 때 정신과 물질을 구별하는 지혜가 나야 합니다. 그 뒤에 12연기의 원인과 결과를 아는 지혜가 나면 모든 사물의 이치가 반드시 원인이 있어서 생긴 결과라는 사실을 알아 모든 의문에서 풀려납니다. 이렇게 의문이 풀릴 때 비로소 대상의 성품을 바로 보는 무상, 고, 무아의 지혜가 날 수 있습니다.

2) 다섯 가지 집착의 무더기[五取蘊]

(1) 오온에 대한 개요

법을 알아차리는 수행의 두 번째는 다섯 가지 집착의 무더기입니다. 다섯 가지 장애가 일어나는 것은 다름 아닌 오온(五蘊)을 가지고 있기 때문에 생기는 현상입니다. 오온을 집착하기 때문에 다섯 가지 장애가 생깁니다. 그러므로 법념처의 첫 번째인 다섯 가지 장애를 제거하기 위해서 두 번째인 다섯 가지 집착의 무더기에 대해 분명하게 알아야 합니다.

인간이 가지고 있는 것은 오직 정신과 물질입니다. 이 정신과 물질 중에서 마음을 자세하게 분류한 것이 오온입니다. 이처럼 자신을 구성하고 있는 오온을 모르고서는 자신에게 생긴 문제를 해결할 수 없습니다. 오온을 가지고 생긴 문제는 오온이 무엇인가를 알아야 비로소 적절하게 대처할 수 있습니다. 그렇지 않으면 잘못된 견해로 인해 결코 자신의 문제를 해결할 수 없습니다.

오온이 무엇인지를 안다는 것은 어떻게 하면 오온에 적절하게 대처할 수 있는가를 아는 것입니다. 자신을 구성하고 있는 오온의 실재를 아는 것보다 더 중요한 것은 없습니다. 오온이 무엇인지를 모르기 때문에 오온을 집착하여 오취온(五取蘊)이 됩니다. 그러므로 오온도 알아차릴 대상이라서 법이고 똑같이 오취온도 알아차릴 대상이라서 법입니다.

오온을 나의 몸과 마음이라고 생각하는 잘못된 견해 때문에 오온을 집착하게 됩니다. 오온을 집착하면 느낌에서 갈애를 일으켜 집착하게 되고 다시 업을 생성하여 윤회를 계속합니다. 그러나 나의 오온이 내가 아니고 내가 소유하는 것이 아니라고 알면 느낌에서 갈애를 일으키지 않아 느낌과 괴로움이 소멸하는 깨달음에 이릅니다.

위빠사나 수행은 오온을 대상으로 알아차리는 수행입니다. 그래서 오온을 모르고서는 오취온이 계속되므로 수행이 한 발도 앞으로 나아갈 수 없습니다. 그러므로 수행의 시작은 오온에 대한 알아차림이고, 수행의 끝이 오온의 소멸입니다. 오온이 소멸할 때 자아도 소멸하여 집착이 끊어집니다.

오온은 인간의 정신과 물질을 구성하고 있는 다섯 가지 무더기인데 색온, 수온, 상온, 행온, 식온입니다. 바로 이 오온을 집착하여 오취온인 색취온, 수취온, 상취온, 행취온, 식취온이 됩니다. 중생의 모든 괴로움은 오온을 있는 그대로 보지 않고 집착을 해서 오취온을 만든 것에 기인합니다. 이것이 가장 큰 어리석음입니다.

오온의 특성에 대해 몇 가지로 나누어서 살펴보겠습니다.

첫째, 마음과 마음의 작용을 분류하기 위해 오온이라고 합니다. 정신과 물질을 오온이라고 할 때는 마음과 마음의 작용을 밝히고자 분류한 것입니다. 정신과 물질을 다섯 가지로 나누는데 색온은 물질이고 수온, 상온, 행온은 마음의 작용이고, 식온은 마음입니다. 그러므로 오온이라고 할 때는 정신을 마음과 마음의 작용을 나누어서 설명하고 있습니다.

그냥 정신과 물질로 나누지 않고 마음의 작용인 수온, 상온, 행온을 포함시켜서 오온이라고 한 의미는 매우 큽니다. 마음은 마음의 작용과 함께 있으면서 마음의 역할이 있고, 마음의 작용의 역할이 있어서 우리가 사는 것입니다. 주석서에서는 오온의 식은 왕에 비유하고 수, 상, 행은 신하에 비유합니다. 마음의 작용인 수, 상, 행이 하는 일을 식이 아는 기능을 하므로 신하와 왕에 비유합니다.

둘째, 오온은 다섯 가지 무더기들입니다. 정신과 물질을 오온이라고 밝힌 것은 다섯 가지가 모두 무더기로 구성되어 있는 것을 밝히기 위한 것입니다. 다섯 가지 요소들이 각각의 무더기로 구성되었다는 것은 정신과 물질에 자아가 있는 것이 아니고 무아라는 것을 밝히고자 하는 뜻이 있습니다.

오온(五蘊)의 온(蘊)은 무더기를 뜻합니다. 그래서 무더기, 모음, 무리, 쌓임이라는 존재의 요소를 말합니다. 오온은 단독으로 일어나지 못하고 반드시 여러 가지 요소들이 결합하여 무리지어 나타납니다. 이러한 분석적 사실에 입각해 본다면 이것들은 조건에 의해 결합되어 조건에 의해 소멸하는 것일 뿐이지 이것을 일으키는 어떤 주체가 있어 일으키거나 소멸시키는 것이 아닙니다.

우리는 내가 있다고 생각하거나 자신의 몸과 마음을 내 것이라고 생각합니다. 마음은 변하지 않고 항상 하며 그래서 영혼이라고 생각합니다. 그리고 몸을 자신의 소유로 생각합니다. 몸과 마음을 통찰지혜로 살펴보면 자아가 있는 것이 아니고 매순간 조건에 의해 일어나고 사라지는 연속적 현상밖에 없습니다. 그래서 몸과 마음은 여러 가지의 조건으로 결합된 것일 뿐이지 여기에 자아가 있어 소유하는 것이 아닙니다. 이것을 밝히기 위해 정확하게 분석한 것이 무더기들의 결합입니다.

몸이라고 하는 것도 여러 가지 부속물들의 결합으로 구성된 물질에 불과합니다. 이것을 만든 어떤 주체가 있는 것이 아니고, 이것을 소유하는 어떤 주체가 있는 것이 아닌 단지 조건에 의한 결합물입니다. 그러므로 편의상 몸이라고 할 뿐이지 이것이 나의 몸이 아닙니다.

예를 들어 자동차가 수많은 부품들로 결합되어서 자동차이지 처음부터 자동차로 태어난 것이 아닙니다. 몸도 이와 같다면 단지 몸이라고 명칭을 붙인 물질에 불과한 것이지 나의 몸은 아닌 것입니다. 몸과 함께 마음도 똑같은 요소로 구성되어 있습니다. 이 몸과 마음을 나의 몸과 마음이라고 생각하기 때문에 이 몸과 마음을 집착하여 괴로움이 생깁니다. 그래서 오온을 있는 그대로 알아차려야 합니다. 그렇지 않고 나의 몸과 마음이라고 생각하면 반드시 집착해서 업을 생성하기 때문에 나쁜 과보를 받아야 하며, 다시 태어나는 괴로움을 겪습니다.

오온은 조건에 의해서 만들어진 것입니다. 조건에 의해서 만들어진 것은 조건에 의해서 소멸합니다. 이것이 원인과 결과라는 조건의 특성입니다. 이 세상에 변하지 않는 것이 없기 때문에 항상 하는 그런 자아는 없습니다. 단지 일어났다가 사라지는 정신과 물질만 있습니다. 이것을 오온이라는 무더기의 결합으로 이해할 수 있습니다.

오온의 색온은 물질로서 이 형상은 일어났다 사라지는 한 조각의 거품입니다. 수온은 느낌으로 하나의 물방울처럼 순간에 일어나서 순간에 사라집니다. 상온은 관념으로 한 편의 아지랑이처럼 어른거리면서 일어났다 사라집니다. 행온은 의지작용으로 파초나무와 같이 구체적 실체가 없습니다. 식온은 아는 마음으로 마치 요술의 환상과 같이 갖가지로 나타납니다. 이렇듯 오온은 실체가 아니고 끊임없이 일어났다 사라지는 연속적 현상의 무더기에 불과합니다.

셋째, 오온은 함께 일어나서 함께 사라집니다. 오온은 마음과 마음의 작용을 드러내기 위해 분류한 것이고, 이들 요소들은 모두 무더기로 모여서 구성된 것입니다. 이렇게 모여진 색, 수, 상, 행, 식의 다섯 가지가 함께 일어나서 함께 소멸하는 특성을 가지고 있습니다. 오온의 구성요소들은 무엇이 먼저이고, 무엇이 나중이 없습니다. 흔히 마음이 모든 것을 이끈다고 하는 생각으로 마음이 먼저이고 색, 수, 상, 행이 나중에 일어난다고 생각하기 쉬운데 그렇지 않습니다.

마음에 종자가 있어서 다음 마음에 과보를 전하기 때문에 마음이 먼저 일어나고 나머지는 뒤따르는 것이 아닙니다. 마음의 종자 안에 색, 수, 상, 행이 모두 포함되어 있으므로 오온은 항상 함께 일어나서 함께 소멸합니다. 다만 마음이 몸을 겨냥할 때 몸에 있는 현상이 두드러지게 나타나는 것입니다. 마음이 느낌을 겨냥할 때 느낌이 두드러지게 나타는 것일 뿐입니다. 다른 것들도 이와 마찬가지입니다. 그러므로 마음이 몸을 알아차릴 때도 색, 수, 상, 행, 식은 모두 작용하고 있습니다. 마음이 느낌을 알아차릴 때도 색, 수, 상, 행, 식이 모두 작용하고 있다는 것을 우리가 다시 한 번 알아야 하겠습니다. 그렇지 않으면 몸에 있는 것을 인식할 수 없습니다.

여기서 우리는 마음이란 한 순간에 하나밖에 알아차릴 수 없다는 사실을 이해해야 합니다. 가령 좌선 중에 몸에 통증이 나타나서 알아차리고 있는 중에 다른 망상이 떠올랐을 때는 통증은 있지만 의식할 수 없습니다. 왜냐하면 이 순간 마음이 통증이 아닌 다른 생각을 하고 있기 때문입니다. 그러나 망상이 사라지면 있던 통증이 다시 나타납니다. 그러므로 이때 오온이 모두 작용하고 있는 것입니다. 만약 망상과 통증이 함께 있는 것을 경험한다면 마음이 빠르게 망상과 통증을 오고 가면서 알고 있는 것입니다.

이런 원리를 이용하여 다섯 가지 장애가 나타났을 때 하나의 대상에 강력하게 마음을 집중하면 근본집중의 힘이 생겨서 장애를 억누를 수 있습니다. 이때의 마음은 오직 하나의 대상에 집중되어 있기 때문에 다른 번뇌가 들어올 틈이 없습니다. 이것이 선정수행입니다. 그러나 위빠사나 수행은 하나의 대상을 고집하지 않고, 마음을 억제하지 않고, 나타나는 모든 대상을 자연스럽게 알아차립니다.

오온은 함께 일어나서 함께 사라지기 때문에 이것을 구생법(俱生法)이라고 합니다. 그러므로 수행자가 몸과 마음에서 나타나는 다양한 현상에 대해 놀라서는 안 됩니다. 수행을 하면 차츰 고요해지고 집중력이 커져서 아는 힘이 생깁니다. 그러면 전에는 몰랐던 몸과 마음에 있는 현상을 새로 알아차리게 됩니다. 그러나 이것은 전에 없던 것이 나타난 것이 아니고 항상 있던 것을 새로 알아차리는 것뿐입니다.

위빠사나 수행자는 오온에서 일어나는 현상을 일어난 즉시 알아차려야 합니다. 만약 시간이 지나고 나서 알아차리면 실재하는 현재를 알아차리는 것이 아니라서 생각으로 아는 것입니다. 일어난 즉시 알아차리지 못하면 그 순간에 어떤 선입관을 가지고 대상을 봅니다. 또한 나타나는 대상을 빠르게 좋다거나 싫다는 반응을 해버립니다. 그래서 있는 그대로의 대상을 알아차릴 수 없습니다.

넷째, 오온을 『논장』에서는 근본법(根本法)으로 분류합니다. 근본법을 빨리어로는 빠라마타 담마(Paramattha Dhamma)라고 합니다. 이는 궁극적 진리, 최승의 법(最勝義法), 절대적 실재 등으로 부릅니다. 근본법은 네 가지가 있는데 마음, 마음의 작용, 물질, 열반입니다. 그러므로 오온과 열반을 합쳐서 근본법이라고 말합니다. 열반에 이르기 위해서는 오온을 있는 그대로 알아차리는 수행을 해야 합니다. 그래야 근본법이 완성됩니다. 근본법은 최고의 가치를 지닌 것으로 가장 진실한 실재입니다. 그래서 누구나 이 길을 통하여 해탈로 나아가야 합니다. 사실 정신세계에서는 모든 사물의 기본이 자신의 오온입니다. 그러므로 실재하는 오온을 알아차리는 것이 수행자의 기본임무입니다.

근본법은 위빠사나 수행의 대상이기 때문에 최고의 법입니다. 아무리 좋은 대상이 있더라도 그것을 알 수 있는 정신과 물질이라는 실재가 없으면 무가치한 것입니다. 최고의 진리라고 하면 우리가 모르는 특별한 것인 줄 알지만 사실 최고의 진리는 정신과 물질이며, 정신과 물질을 소멸시키는 열반이 최고의 진리입니다,

근본법의 처음 세 가지인 마음, 마음의 작용, 물질은 오온으로서 유위법(有爲法)입니다. 이 유위법은 알맞은 조건이 성숙되면 일어났다가 조건에 의해 사라지는 법으로서 원인과 결과가 있습니다. 네 번째는 열반입니다. 열반은 원인과 결과가 적용되지 않는 법으로서 무위법(無爲法)입니다. 그래서 원인과 결과가 적용되는 일어남과 사라짐이 없습니다. 그러므로 모든 번뇌가 소멸한 아라한의 마음은 원인과 결과가 끊어진 마음, 즉 단지 작용만 하는 마음입니다.

우리가 수행을 한다는 사실은 오온을 알아차려서 원인과 결과가 끊어진 마음을 갖는 것입니다. 이것이 괴로움이 끊어진 지고의 행복이기 때문입니다. 그러므로 수행자는 항상 자신의 오온을 알아차리는 것에 대한 중요성을 간과해서는 안 됩니다. 우리가 오온을 알아차린다는 것은 붓다의 가르침을 따르는 것이며 궁극의 진리를 얻기 위해 누구나 반드시 가야 하는 길입니다.

다섯째, 오온이 가지고 있는 법은 무상, 고, 무아입니다. 정신과 물질이 가지고 있는 가장 일반적 특성은 변한다는 것입니다. 이것이 바로 무상입니다. 그래서 오온은 항상 일어나서 사라지는 특성을 가지고 있습니다. 정신과 물질의 본성은 매순간 계속해서 변하는 것입니다. 이 세상에 진동하지 않는 것이 없듯이 자신의 몸과 마음은 항상 끊임없이 진동하면서 변하고 있습니다. 그래서 같

은 것이 하나도 없습니다. 만약 변하지 않는 것이 있다면 '변한다는 것'이 변하지 않습니다. 그러므로 절대 불변하는 그런 것은 이 세상 어디에도 없습니다. 그러므로 항상 하는 것은 없기 때문에 영원한 것이 없으며, 그래서 영혼이 없습니다. 단지 변하는 정신과 물질만 있습니다. 정신과 물질이 바뀐다는 것은 있던 것이 없어지고, 없던 것이 새로 생기는 것입니다. 아프지 않다가 아프고, 아프다가 아프지 않은 것도 변하는 것입니다. 몸이 뜨겁다가 차가워지고, 차갑다가 뜨거워집니다. 좋아하다가 싫어지고, 싫어하다가 좋아하는 것도 변하는 것입니다.

누구나 이러한 변화를 두려워하거나 항상 하지 않은 것에 불만족을 갖습니다. 없어서 괴롭고, 있으면 없어질까 봐 괴롭고, 더 얻지 못해서 괴롭습니다. 이것을 괴로움이라고 합니다. 이 괴로움을 불만족이라고 합니다. 누구나 느낌으로 사는데 이 느낌은 매순간 변하면서 항상 더 좋고, 더 많은 것을 원합니다. 누구나 생명으로 태어난 이상 무명과 갈애의 지배를 받고 살기 때문입니다. 그래서 오온을 가진 자체가 불만족인 것입니다.

몸과 마음은 있습니다. 그러나 이 몸과 마음은 조건에 의해 변하는 몸과 마음이므로 이것을 소유하거나 마음대로 할 수 있는 자아는 없습니다. 몸은 있습니다. 마음도 있습니다. 그러나 이것은 내 마음대로 할 수 있는 몸과 마음이 아닙니다. 그래서 몸과 마음이 나의 소유가 아니라서 무아라고 합니다. 만일 몸과 마음이 나고, 내가 몸과 마음을 소유할 수 있다면 적어도 자신의 몸과 마음에 관해서는 자기 마음대로 할 수 있어야 합니다. 그러나 실제로 몸과 마음을 자기마음대로 할 수 없습니다. 만약 몸과 마음이 자기 소유고, 자기마음대로 할 수 있다면 죽기 전에 호흡을 멈추지 않고 계속해서 숨을 쉴 수 있어야 합니다. 그러나 어떤 누구도 그렇게 할 수 없습니다. 이것이 바로 무아입니다.

여섯째, 오온이 무더기로 모여 있는 것을 하나씩 살펴보겠습니다. 오온은 색온이라고 하는 물질의 무더기, 수온이라고 하는 느낌의 무더기, 상온이라고 하는 인식의 무더기, 행온이라고 하는 마음의 형성의 무더기, 식온이라고 하는 아는 마음의 무더기들이 모여서 이루어진 것들입니다. 그리고 이 각각의 무더기가 다시 하나의 무더기로 모여서 오온을 이룹니다. 이들 다섯 가지 무더기는 정신

현상의 무더기와 물질 현상의 무더기입니다. 그리고 이들 무더기는 과거와 현재와 미래라는 시제를 함께 가지고 있습니다. 오온은 시간의 흐름 속에서 일어나고 사라집니다.

또한 내부에서 일어나는 현상과 외부에서 일어나는 현상을 함께 가지고 있습니다. 모든 것은 대상을 아는 감각기관과 대상을 알도록 하는 감각대상의 부딪침이라는 무더기들이 포함되어 있습니다. 이런 모든 것들은 원인과 결과에 의해서 일어나고 사라지는 것이라고 하며 조건 지어진 것이라고도 합니다. 이때 모든 것들이 이와 같은 과정에 의해 일어나고 사라지는 것들이지 오온을 주도하는 어떤 존재도 없습니다. 그래서 위빠사나 수행을 통해서 궁극에는 자아가 없다는 것을 알아야 합니다. 이렇게 자아가 없다고 알 때만이 오온을 집착하지 않습니다. 누구나 오온을 집착하는 이유가 이것이 나의 오온이라고 생각하기 때문입니다. 이것이 오온을 분석하는 가장 중요한 이유인 것입니다.

(2) 다섯 가지 집착의 무더기를 알아차림

『대념처경』에는 다섯 가지 집착의 무더기[五取蘊]를 알아차림이 다음과 같이 나와 있습니다.

"다시 비구들이여, 여기 비구는 다섯 가지 집착의 무더기라는 법에서 법을 알아차리는 수행을 하면서 지낸다. 비구들이여, 어떻게 비구가 다섯 가지 집착의 무더기라는 법에서 법을 알아차리는 수행을 하면서 지내는가?

비구들이여, 여기 비구는 이것이 물질적 형상[色]이다. 이것이 물질적 형상의 일어남이다. 이것이 물질적 형상의 사라짐이라고 안다.

이것이 느낌[受]이다. 이것이 느낌의 일어남이다. 이것이 느낌의 사라짐이라고 안다.

이것이 인식[想]이다. 이것이 인식의 일어남이다. 이것이 인식의 사라짐이라고 안다.

이것이 마음의 형성[行]이다. 이것이 마음의 형성의 일어남이다. 이것이 마음의 형성의 사라짐이라고 안다.

이것이 의식[識]이다. 이것이 의식의 일어남이다. 이것이 의식의 사라짐이라고 안다.

이와 같이 그는 법에서 법을 안으로 알아차리는 수행을 하면서 지낸다. 혹은 법에서 법을 밖으로 알아차리는 수행을 하면서 지낸다. 혹은 법에서 법을 안팎으로 알아차리는 수행을 하면서 지낸다.

그는 법이 일어나는 현상을 알아차리는 수행을 하면서 지낸다. 혹은 법이 사라지는 현상을 알아차리는 수행을 하면서 지낸다. 혹은 법이 일어나고 사라지는 현상을 알아차리는 수행을 하면서 지낸다.

그는 단지 법이 있다는 알아차림을 확립할 때까지 법의 현상들에 대한 분명한 앎과 알아차림을 확립하고, 유지한다. 그는 갈애와 잘못된 견해에 의지하지 않고 지낸다. 그는 세상에서 아무것도 집착하지 않는다. 비구들이여, 이와 같이 비구는 법에서 법을 알아차리는 수행을 하면서 지낸다.”

① 색온(色蘊)

오온의 첫 번째는 색온입니다. 색온은 물질의 무더기입니다. **“이것이 물질적 형상[色]이다. 이것이 물질적 형상의 일어남이다. 이것이 물질적 형상의 사라짐이라고 안다”**고 할 때 수행자는 물질이 일어날 때 이것이 물질적 형상의 일어남이라고 알아차려야 합니다. 그리고 물질적 형상이 사라질 때 이것이 물질적 형상의 사라짐이라고 알아차려야 합니다. 물질적 형상은 단지 일어나고 사라지는 법의 성품을 가지고 있습니다. 그래서 무상하기 때문에 집착할 것이 못됩니다.

물질적 형상을 물질(物質), 색(色), 몸, 신체(身體) 등 여러 가지로 부릅니다. 일반적으로는 정신과 물질이라고 할 때의 물질이라는 명칭을 사용합니다. 그러나 사념처 수행에서는 몸 또는 신체라고 합니다. 수행자는 몸에서 일어나는 모든 현상을 단지 물질적 형상이라고 알아차려야 합니다. 단지 물질적 형상이라고 알아차리는 것에는 이것들이 무더기로 구성되었다는 것이 포함됩니다.

위빠사나 수행의 최종 목표는 지혜입니다. 지혜만이 번뇌를 부술 수 있기 때문입니다. 그래서 처음에 알아차림이 필요하고, 다음에 알아차림을 지속해서 집중해야 합니다. 이러한 집중에 의해서만이 일어나고 사라지는 무상의 법을 알 수 있습니다. 이때 무상의 법을 알면 단순하게 무상의 법을 아는 것에 그치지 않습니다. 무상의 지혜가 나면 다음 단계인 괴로움이 있는 것을 아는 지혜가 성숙됩니다. 그런 뒤에 최종적으로 무아의 지혜가 납니다. 이러한 최종 목표에 이르기 위해서 시작부터 반드시 기본적인 조건이 성숙되어야 합니다. 예를 들어 몸에서 일어나는 호흡을 알아차릴 때 단지 물질적 현상으로 알아차려야 하며, 이러한 물질현상의 일어나고 사라지는 무상에 초점이 맞추어져야 합니다.

호흡을 알아차릴 때 호흡이 일어나고 사라지는 것에 집중을 해야지 '이 호흡은 왜 일어나고 사라지는가?'라는 식의 의문을 가지고 알아차려서는 안 됩니다. 몸에서 일어나는 호흡이나, 몸의 네 가지 자세에 대해서나, 네 가지 분명한 앎에 대해서나, 몸의 네 가지 요소인 지, 수, 화, 풍에 대해서 어떤 것이나 몸에서 일어나는 것은 단지 물질적 현상의 하나라고 알아야 합니다.

몸에서 일어나는 현상은 다만 물질적 영역에서 일어나는 알아차릴 대상 이상의 의미가 없다는 것을 분명하게 알아야 합니다. 그래야 몸이란 일어나고 사라지는 무상에 불과하다는 지혜가 성숙됩니다. 이렇게 몸이 가지고 있는 성품을 알 때만이 나의 몸이라는 생각으로 인한 집착에서 자유로울 수 있습니다.

수행을 하면 전에 모르던 많은 현상들이 나타나기 마련입니다. 그래서 어떤 현상이 나타날 때마다 놀람과 두려움과 의혹을 갖기 마련입니다. 이때 이런 마음이 일어나면 그 순간의 알아차림을 놓친 것입니다. 그리고 생각에 빠져서 집중력이 흐트러진 것입니다. 그러므로 어떤 현상이 나타나거나 단순하게 대상으로 알아차리는 것으로 끝내야 합니다. 만약 다양하게 나타난 현상으로 인해 놀라거나 근심걱정을 하게 되면 '지금 내 마음이 걱정을 하고 있네' 하고 알아차려서 이것 자체를 대상으로 삼아야 합니다. 그렇지 않고 무수하게 나타나는 현상을 하나하나 문제 삼으면 아직 갈 길이 먼 수행자가 갈 길을 바르게 가지 못합니다. 그래서 이렇게 나타나는 것들이 모두 장애인 것입니다. 그러나 수행자는 장애가 나타난 것을 장애라고 보지 말고 단지 대상으로 알아차리면 쉽게 목표로 하는 도과를 성취할 수 있습니다.

수행자는 나타난 대상을 단지 있는 그대로 알아차리는 것에서 벗어나서는 안 됩니다. 이렇게 단순하게 있는 그대로 알아차리는 순간 어떤 선입관이나 번뇌가 침투하지 않고 온전하게 대상과 아는 마음만 있게 됩니다. 이렇게 청정한 상태에서 고요함이 생깁니다. 이러한 고요함에 의해 비로소 대상을 지속적으로 알아차릴 수 있습니다. 이러한 집중의 상태에서 무상의 지혜가 납니다. 이러한 지혜가 나야 나의 몸이라는 생각에서 벗어날 수 있습니다. 이렇게 되어야 몸에 대한 집착이 일어나지 않습니다.

알아차림에서 일관되게 강조하는 것은 대상을 있는 그대로 알아차리라고 하는 것입니다. 만약 바라거나 없애려 하거나 어떤 선입관으로 대상을 보면 대상이 가지고 있는 본래의 성품을 알 수 없습니다. 이것은 마치 흙탕물에서는 자신의 얼굴을 비쳐볼 수 없는 것과 같습니다. 그래서 단순하게 오직 거기에 대상이 있어서 지켜보아야 합니다. 그럴 때만이 자신의 마음이 정화되고 있는 그대로의 대상을 알아차릴 수 있습니다.

물질은 아는 마음과 함께 일어나며 일어난 순간 사라집니다. 그래서 물질은 무상한 것입니다. 물질은 매순간 진동하면서 변하기 때문에 항상 같은 물질이 아닙니다. 물질이 일어난 순간 즉시 알아차리지 못하면 어떤 의미를 부여하여 실재를 왜곡합니다. 그러므로 물질이 일어나는 순간에 알아차려야 합니다. 일어났다가 사라지는 물질은 괴로움입니다. 물질은 그 순간의 감각기관일 뿐이므로 나의 물질이 아닙니다.

모든 생명의 신체는 여러 가지 부분들로 결합되어 있습니다. 몸은 관념으로서의 몸과 실재로서의 몸이 있습니다. 관념으로서의 몸은 몸을 구성하는 32가지 부분들이 있습니다. 머리카락, 몸의 털, 손톱과 발톱, 이빨, 살, 힘줄, 뼈 등 32가지로 나눕니다. 물론 이 32가지는 부정관을 하기 위한 내용이라서 완전하게 몸을 구성하고 있는 부분이라고 할 수는 없습니다. 하지만 이것은 몸을 구성하고 있는 중요한 부분들입니다.

실재로서의 몸은 지(地), 수(水), 화(火), 풍(風)이라는 네 가지 요소가 있습니다. 이것이 몸을 인식할 수 있는 실재입니다. 몸에는 단단함과 부드러움을 나타내는 땅의 요소[地大]가 있습니다. 그리고 물의 요소[水大]가 있습니다. 그리고 뜨거움과 차가움의 불의 요소[火大]가 있습니다. 그리고 진동하는 바람의 요소[風大]가 있습니다. 이들 요소들의 결합으로 몸을 인식할 수 있는 것입니다. 이상 네 가지의 요소 외에 여러 가지 파생된 물질이 스물네 가지가 있습니다. 이렇듯 몸을 구성하는 부분도 다양하며, 몸을 인식하는 요소도 다양합니다.

이들 몸의 요소는 항상 변하며, 이것들은 불만족이고, 여기에 자아는 없습니다. 그래서 나의 몸이 일어난 것이 아니고 단지 색온이 일어난 것입니다. 몸은 단지 부르기 위한 명칭이지 이것이 나의 몸은 아닙니다. 존재하고 있는 자신의 몸은 있습니다. 그래서 유신(有身)은 있으나 이 몸이 나의 몸이라고 하는 유신견(有身見)은 관념입니다. 그러므로 나의 몸이라는 뜻으로 자신의 소유를 의미하는 유신견은 잘못된 견해입니다. 이러한 잘못된 견해를 가지면 자아가 강해서 이기심이 생깁니다. 그리고 자신이 최고라는 우월감을 갖기 마련이라서 법의 성품을 보지 못하고 오온을 집착하게 됩니다. 무명(無明) 중에서 가장 나쁜 무명이 내 몸과 마음이라고 하는 유신견입니다. 살인을 해도 법을 알아차리면 도과를 성취하여 열반을 얻을 수 있습니다. 그러나 유신견을 가지면 내가 본다는 견해를 가지고 보기 때문에 법의 성품을 볼 수 없어 도과를 성취할 수 없습니다. 그러므로 자아가 있다고 하는 어떤 견해에 대해서도 동조해서는 안 됩니다. 이것이 깨달음을 얻을 수 없게 하는 유신견이기 때문입니다.

② 수온(受蘊)

오온의 두 번째는 수온입니다. 수온은 느낌의 무더기입니다. **"이것이 느낌[受]이다. 이것이 느낌의 일어남이다. 이것이 느낌의 사라짐이라고 안다"**고 할 때 수행자는 느낌이 일어날 때 이것이 느낌의 일어남이라고 알아차려야 합니다. 그리고 느낌이 사라질 때 이것이 느낌의 사라짐이라고 알아차려야 합니다. 느낌은 단지 일어나고 사라지는 법의 성품을 가지고 있습니다. 그래서 무상하기 때문에 집착할 것이 못됩니다.

여기서 말하는 느낌을 수(受) 또는 감각이라고 합니다. 수행자가 대상을 알아차릴 때는 모두 느낌으로 압니다. 그러나 느낌을 단지 느낌으로 알아차리면 대상을 법으로 알아차리는 것입니다. 느낌이 일어났을 때 일어난 느낌으로 인해 새로 반응한 느낌이 일어나면 대상을 있는 그대로 알아차린 것이 아닙니다. 느낌을 알아차릴 때는 단지 아는 느낌 이외의 느낌으로 변화시키지 말아야 합니다. 일반적으로 느낌은 즉시 더 좋아하는 느낌으로 진행되거나 더 싫어하는 느낌으로 진행되거나 느낌을 알아차리지 못하는 무지하고 덤덤한 느낌으로 머물기 마련입니다.

느낌은 언제나 갈애를 동반합니다. 그래서 감각적 욕망에 대한 갈애와 존재에 대한 갈애와 비존재에 대한 갈애를 일으킵니다. 이처럼 더 좋은 느낌을 원하고, 더 잘살기를 원하고, 더 좋은 곳에 태어나기를 원하고, 아니면 때로는 죽기를 원합니다. 이것이 모두 바라는 것입니다. 감각적 욕망은 물론이고 더 좋은 곳에 태어나고 싶은 것도 바람직한 것이 아닙니다. 윤회를 계속하기 바라는 것이기 때문입니다. 죽기 원하는 것도 죽는 것을 좋아서 바라는 갈애에 속합니다. 이것들이 모두 느낌을 느낌으로 알아차리지 못하고 새로 반응한 것입니다. 그러므로 위빠사나 수행자는 대상과 아는 마음이 접촉할 때 항상 알아차림을 일치시켜야 합니다. 조금이라도 뒤에 알아차리면 이미 느낌이 빠르게 반응하기 때문에 좋거나 싫은 느낌으로 진행됩니다. 우리가 일반적으로 맨 처음에 느끼는 느낌은 좋아하거나 싫어하는 느낌이 아닙니다. 이때 일어난 느낌을 알아차리지 못해 좋아하거나 싫어하는 느낌으로 진행된 것입니다.

느낌이 일어났을 때 즉시 느낌으로 알아차려야 합니다. 이것은 있는 그대로의 느낌을 알아차리는 것을 말합니다. 느낌을 느낌으로 알아차리지 못하면 즉시 반응합니다. 느낌을 느낌으로 알아차리지 못하면 이것이 나의 느낌이라고 압니다. 그래서 내가 느끼는 것이 아니고 감각기관이 느끼는 것인지를 알지 못합니다. 느낌을 느낌으로 알아차리지 못하면 느낌이 일어난 순간 사라지는 것을 알지 못합니다. 그래서 느낌이 항상 하거나 영원한 것으로 압니다. 느낌의 실제는 우리가 알고 있는 것과 다릅니다. 느낌은 항상 하지 않고 매순간 일어나고 사라집니다. 느낌은 즐겁지 않고 불만족스러운 것입니다. 느낌은 깨끗한 것이 아니고 더럽고 혐오스러운 것입니다. 느낌은 나의 느낌이 아니고 단지 조건에 의해 일어나는 느낌이며, 내가 느끼는 것이 아니고 감각기관이 느끼는 것입니다. 그래서 느낌은 무아입니다.

누구나 여섯 가지 감각기관을 가지고 여섯 가지 대상과 부딪칠 때 느낌이 일어납니다. 그래서 대상을 안다는 것은 대상을 느끼는 것입니다. 느낌은 마음의 작용이고, 아는 것은 마음입니다. 마음과 마음의 작용은 항상 함께 일어나기 때문에 아는 마음이 있을 때는 느낌도 함께 있습니다. 느낌의 종류는 매우 많습니다. 아는 마음이 다양한 만큼 느낌의 종류도 다양합니다.

느낌을 크게 나누면 맨 느낌, 육체적 느낌, 정신적 느낌으로 분류합니다. 맨 느낌은 여섯 가지 감각기관을 통해서 일어난 순수한 느낌입니다. 그리고 육체적인 느낌과 정신적인 느낌은 각각 즐거운 느낌, 괴로운 느낌, 덤덤한 느낌으로 나눕니다. 사실 백팔번뇌는 108가지의 느낌에 속합니다. 행복과 불행도 느낌이고, 슬픔과 비탄도 느낌입니다. 이 느낌의 본성은 일어나고 사라지는 것입니다. 그래서 무상합니다. 그리고 느낌은 변하기 때문에 괴로움입니다. 그리고 이 느낌은 자신의 의지와 상관없이 일어나서 사라지기 때문에 무아입니다. 느낌은 감각기관이 느끼는 것이지 내가 느끼는 것이 아닙니다. 그러므로 행복과 불행도 나의 행복과 불행이 아닙니다. 단지 일어나고 사라지는 순간적인 느낌입니다. 그래서 나의 느낌이 일어난 것이 아니고 단지 수온이 일어난 것입니다.

③ 상온(想蘊)

오온의 세 번째는 상온입니다. 상온은 인식의 무더기입니다. **"이것이 인식[想]이다. 이것이 인식의 일어남이다. 이것이 인식의 사라짐이라고 안다"**고 할 때 수행자는 인식이 일어날 때 이것이 인식의 일어남이라고 알아차려야 합니다. 그리고 인식이 사라질 때 이것이 인식의 사라짐이라고 알아차려야 합니다. 인식은 단지 일어나고 사라지는 법의 성품을 가지고 있습니다. 그래서 무상하기 때문에 집착할 것이 못됩니다.

인식은 지각, 표상작용, 기억, 명칭, 표시, 상상력입니다. 인식은 느낌[受]과 마음의 형성[行]과 함께 마음의 작용입니다. 이러한 인식은 물질적 형상[色]이나 느낌처럼 분명하게 나타나는 대상이 아닙니다. 그래서 인식은 미세한 대상이기 때문에 사실 알아차리기 어렵습니다.

일반적으로 인식은 대상이 나타날 때 감각기관의 문을 통해 들어오는 것들에게 어떤 의미를 부여하는 정신적 과정을 말합니다. 그러므로 대상을 아는 마음과는 다릅니다. 그래서 대상을 인식할 때는 인식한 사실을 알아차려야 합니다. 그동안 저장되어 있는 정보에 의해 어떤 선입관을 가지고 안다면 바로 이 사실을 알아차려야 합니다. 꾸며서 대상을 보거나 선입관을 가지고 대상을 보면 실재하는 현상을 알아차릴 수 없습니다.

인식은 아는 마음과 함께 일어나며 일어난 순간 사라집니다. 그래서 인식은 무상한 것입니다. 인식이 일어난 순간 즉시 알아차리지 못하면 어떤 의미를 부여하게 되어 실재를 왜곡합니다. 그러므로 인식을 하는 순간 알아차려야 합니다. 일어났다가 사라지는 인식은 괴로움입니다. 인식은 내가 인식하는 것이 아니고 순간의 마음이 인식합니다.

상온이라는 무더기는 여러 가지 기능을 가지고 있습니다. 우리가 대상을 볼 때 선입관을 가지고 보는 것도 상(想)의 작용입니다. 없는 것을 만들어 보는 것도 상(想)의 작용이고, 실재하는 것을 있는 그대로 보는 것도 상(想)의 작용입니다.

인간은 유정물이나 무정물을 보고 먼저 인식합니다. 대상의 색깔, 크기를 인식한 뒤에 그것을 기억합니다. 마음은 대상이 있으면 받아들이고, 그다음 상이 나서서 이와 같은 역할을 합니다. 그래서 인지하고, 기억하고, 표시를 해서 이것은 무엇이라고 분류를 합니다. 예를 들면 불은 뜨겁고 얼음은 차갑다고 분류를 합니다. 이때 무엇은 좋다거나 싫다고 인식하면 이것을 저장하여 기억한 뒤에 고정관념을 만듭니다. 이때 인식하는 것은 상(想)의 역할이며, 이것을 받아들여서 아는 것은 식(識)의 역할입니다. 그러므로 인식하는 것은 기억하여 판단하는 것이고, 의식하는 마음이 받아들여서 아는 것이라서 인식과 의식이 서로 다릅니다. 인식은 만들어서 보는 것으로 마음의 작용이고, 의식은 인식한 것을 받아들여서 아는 마음입니다.

인식은 무엇이라고 꼬리표를 붙여서 보관합니다. 이렇게 보관했다가 저장한 것을 꺼내서 보는 것이 기억입니다. 그러므로 상온은 기억의 저장탱크입니다. 고정관념이 많으면 잘못된 정보가 많은 것이고, 수행을 해서 지혜가 나면 실재하는 정보를 많이 가지고 있는 것입니다.

상온은 마음과 함께 일어나서 함께 사라집니다. 그러므로 상온은 무상한 것입니다. 이러한 상온은 끊임없이 변하므로 불만족이며 괴로움입니다. 잘못된 것을 기억해서 괴롭고 끊임없이 변해서 괴롭습니다. 이러한 상온은 자신의 의지와 상관없이 저 스스로의 힘으로 일어나고 사라집니다. 그래서 내가 기억하고 인식하는 것이 아니고 상온이 기억하고 상온이 인식하는 것입니다. 그러므로 무아입니다. 그래서 나의 인식이 일어난 것이 아니고 단지 상온이 일어난 것입니다.

④ 행온(行蘊)

　　오온의 네 번째는 행온입니다. 행온은 마음의 형성의 무더기입니다. **"이것이 마음의 형성[行]이다. 이것이 마음의 형성의 일어남이다. 이것이 마음의 형성의 사라짐이라고 안다"**고 할 때 수행자는 마음의 형성이 일어날 때 이것이 마음의 형성의 일어남이라고 알아차려야 합니다. 그리고 마음의 형성이 사라질 때 이것이 마음의 형성의 사라짐이라고 알아차려야 합니다. 마음의 형성은 단지 일어나고 사라지는 법의 성품을 가지고 있습니다. 그래서 무상하기 때문에 집착할 것이 못됩니다.

　　마음의 형성을 행(行)이라고 합니다. 또 다른 말로는 의도라고도 합니다. 의도가 있는 행이기 때문에 업(業)이라고 합니다. 오온의 행은 12연기에서 과거의 행이 있고, 현재의 행이 있습니다. 과거의 행은 업의 형성이고, 현재의 행은 업의 생성입니다. 현재는 과거의 행에 의해 생겼습니다. 그리고 미래는 현재의 행에 의해 생깁니다.

　　수행자는 오직 미래의 원인이 되는 현재의 행을 알아차려야 합니다. 수행자는 과거의 행을 알아차릴 것이 아니고 항상 현재의 행을 알아차려야 합니다. 그리고 현재 하고자 하는 의도를 알아차리는 것이 행을 알아차리는 것입니다. 그러므로 행을 알아차릴 때는 먼저 하고자 하는 의도를 알아차려야 합니다. 그리고 이러한 의도를 알아차린 뒤에 현재 하고 있는 행위 그 자체를 알아차려야 합니다.

　　마음의 형성은 아는 마음과 함께 일어나며, 일어난 순간 사라집니다. 그래서 행은 무상한 것입니다. 행이 일어난 순간 즉시 알아차리지 못하면 어떤 의미를 부여하게 되어 실재를 왜곡합니다. 그러므로 행이 일어나는 순간 알아차려야 합니다. 일어났다가 사라지는 행은 괴로움입니다. 행은 그 순간의 감각기관이 하는 것으로 나의 행이 아닙니다.

　　행온은 마음의 형성력입니다. 그래서 의도 또는 의지를 말합니다. 이처럼 의도에 의해 행위가 일어나는 것을 행이라고 합니다. 그러므로 행이라고 할 때 몸의 움직임을 지칭하는 것이 아니고 몸을 움직이게 하는 의도를 말합니다. 행은 몸에 관한 것이 아니고, 의도가 있어서 몸이 움직이기 때문에 마음의 작용에 속합니다. 마음의 작용은 52가지가 있는데 수, 상을 제외하고 행은 50가지가 됩니다. 이 50가지는 모두 고유한 특성을 가지고 있습니다. 그래서 50가지는 모든 것들과 함께 있는 기본적인 행과 선행과 불선행으로 분류합니다.

이때 의도가 있는 행을 업이라고 합니다. 그래서 선한 마음이 선업을 행하면 선과보가 생깁니다. 그리고 불선한 마음이 불선행을 하면 불선과보를 받습니다. 그래서 우리가 태어났다는 것은 과거의 업으로 인해 재생연결식이 생겨서 태어난 것입니다. 그러나 작용심으로 행위를 해서 태어날 업을 만들지 않으면 재생연결식이 생기지 않아 윤회가 끝납니다.

누구나 자신이 행위를 한 그대로 결과를 받는데 이것이 바로 업자성(業自性)의 법칙입니다. 수행자는 어떤 행위가 일어날 때 단순하게 겉모양의 행위만 알아차릴 것이 아니고 그 행위를 일으킨 마음을 알아차려야 합니다. 행위는 마음이 일으키므로 매순간 조건에 의해 일어나고 사라집니다. 그래서 무상입니다. 이러한 무상은 괴로움입니다. 그리고 행위를 일으키는 마음은 나의 의지대로 되지 않기 때문에 무아입니다. 그래서 나의 의도가 일어난 것이 아니고 단지 행온이 일어난 것입니다.

⑤ 식온(識蘊)

오온의 다섯 번째는 식온입니다. 식온은 의식의 무더기입니다. **"이것이 의식[識]이다. 이것이 의식의 일어남이다. 이것이 의식의 사라짐이라고 안다"**고 할 때 수행자는 의식이 일어날 때 이것이 의식의 일어남이라고 알아차려야 합니다. 그리고 의식이 사라질 때 이것이 의식의 사라짐이라고 알아차려야 합니다. 의식은 단지 일어나고 사라지는 법의 성품을 가지고 있습니다. 그래서 무상하기 때문에 집착할 것이 못됩니다.

의식을 식(識)이라고 합니다. 식은 대상을 아는 마음입니다. 마음은 마음과 마음의 작용으로 구별할 때의 마음인 심(心)이 있고, 감각기관의 마음인 의(意)가 있으며, 대상을 아는 마음인 식(識)이 있습니다. 이들 세 가지는 모두 같은 마음입니다. 다만 용도에 따라 다르게 사용합니다.

아는 마음은 여섯 가지 감각기관에 들어오는 대상을 모두 알아차립니다. 그러므로 여섯 가지의 아는 마음이 있습니다. 아는 마음은 몸과 마음의 작용인 수, 상, 행과 함께 일어나며 일어난 순간 사라집니다. 그래서 마음은 무상한 것입니다. 마음이 일어난 순간 즉시 알아차리지 못하면 탐욕, 성냄, 어리석음이 일어납니다. 그러므로 의식을 하는 순간 알아차려야 합니다. 일어났다가 사라지는 마음은 괴로움입니다. 아는 마음은 내가 아는 것이 아니고 단지 순간의 마음이 압니다. 그래서 무아입니다.

식(識)은 대상을 아는 마음입니다. 마음은 대상을 아는 것으로는 하나이지만 태어난 곳에 따라, 태어난 생명의 수준에 따라 매우 많습니다. 마음에 대한 분류는 많습니다. 마음을 분류할 때 89가지 또는 121가지로 분류하기도 합니다.

여기서 주의할 것이 있습니다. 이러한 마음의 분류는 조건에 따라 다양하게 일어나는 마음을 말하는 것이지 마음의 종류가 여러 가지 있는 것이 아니라는 전제가 필요합니다. 그래서 마음은 단지 대상을 아는 기능을 가지고 있다는 것에서 벗어나서는 안 됩니다. 이것이 식(識)의 기능입니다. 가령 121가지의 마음이 있다면 이러한 종류의 마음이 일어났을 때 마음은 단지 이것을 아는 역할을 합니다. 그러므로 조건에 따라 다양하게 일어나는 마음의 종류가 아무리 많다 해도 아는 마음은 하나입니다. 이상 오온에 대해서 살펴보았습니다.

위빠사나 수행자는 몸과 마음을 알아차릴 때 어느 특정한 대상을 선택해서 알아차릴 수도 있고, 때로는 나타나는 모든 현상을 자유롭게 알아차릴 수도 있습니다. 몸을 대상으로 알아차리거나 느낌을 대상으로 알아차리거나 인식을 대상으로 알아차리거나 마음의 형성을 알아차리거나 이것을 아는 마음을 알아차리거나 어떤 것이나 상관하지 않습니다.

수행을 시작할 때 처음에는 강한 대상을 알아차려서 차츰 집중력을 키워야 합니다. 그리고 알아차리는 힘이 생기면 미세한 대상을 알아차려도 좋습니다. 그래서 수행을 시작한 처음에는 강한 대상을 알아차린 뒤 집중이 되어서 차츰 대상이 미세해지면 미세한 대상을 알아차려야 합니다.

수행자가 오온을 알아차린다는 것은 오온의 궁극의 실재인 무상함을 아는 것입니다. 그러고 나서 괴로움으로 불리는 불만족을 아는 것입니다. 그리고 자아가 있는 것이 아니라는 무아를 아는 것입니다. 이렇게 무상, 고, 무아를 알아야 비로소 오온(五蘊)을 바르게 안다고 할 수 있습니다. 그래야 오온을 집착하는 오취온(五取蘊)이 생기지 않습니다.

오온은 단지 일어나고 사라지는 현상만 있습니다. 그래서 오온은 무상(無常)합니다. 이러한 오온은 괴로움 그 자체입니다. 오온은 내 마음대로 되지 않습니다. 그래서 오온은 무아(無我)입니다. 오온의 실재를 알아서 무아의 지혜가 나면 집착을 하지 않습니다. 이 자리에 지고의 행복이 있습니다.

3) 여섯 가지 안팎의 감각장소[十二處]를 알아차림

(1) 12처에 대한 개요

법을 알아차리는 수행의 세 번째는 '여섯 가지 안팎의 감각장소를 알아차림'입니다. 이는 열두 가지 장소를 뜻하는 말로 12처(十二處)라고도 합니다. 인간은 정신과 물질을 가지고 있습니다. 그리고 위빠사나 수행은 이 정신과 물질을 대상으로 알아차립니다. 이러한 정신과 물질을 세 가지로 나누는데 오온(五蘊), 12처(十二處), 18계(十八界)가 있습니다.

첫째는 오온(五蘊)은 정신과 물질의 다섯 가지 무더기들의 모임이라는 뜻입니다. 그리고 오온은 정신을 마음과 마음의 작용을 구별하게 위해서 사용합니다. 오온은 색온(色蘊), 수온(受蘊), 상온(想蘊), 행온(行蘊), 식온(識蘊)의 다섯 가지 무더기의 모임입니다. 다섯 가지 무더기라는 것은 오온의 하나하나가 여러 가지 요소로 결합되어 하나를 구성하고 다시 이들 다섯 가지가 모여서 오온을 이룹니다. 그러므로 오온은 거대한 복합체의 구성요소를 가지고 있습니다. 또 오온 중에서 색온은 물질의 무더기로 몸을 말합니다. 수온, 상온, 행온은 마음의 작용입니다. 마음의 작용은 마음과 함께 있으면서 느낌, 인식, 의도를 일으켜 마음이 알도록 합니다. 식온은 아는 마음으로 마음의 작용과 함께 있으면서 마음을 이끕니다. 그러므로 오온이라고 할 때는 이런 요소를 드러낼 때 사용하는 용어입니다.

둘째는 12처(十二處)는 여섯 가지 감각기관과 여섯 가지 감각 대상의 장소를 말합니다. 여섯 가지 감각기관은 안(眼), 이(耳), 비(鼻), 설(舌), 신(身), 의(意)입니다. 그리고 여섯 가지 감각대상은 색(色), 성(聲), 향(香), 미(味), 촉(觸), 법(法)입니다. 안에 있는 여섯 가지 감각기관을 육내처(六內處)라고 하며 밖에 있는 여섯 가지 감각대상을 육외처(六外處)라고 합니다. 여섯 가지 감각기관인 눈, 귀, 코, 혀, 몸, 마음은 반드시 여섯 가지 감각대상인 형상, 소리, 냄새, 맛, 접촉, 생각과 부딪칩니다. 이들 열두 가지를 각각의 장소라고 합니다.

셋째는 18계(十八界)는 여섯 가지 감각기관[六根]과 여섯 가지 감각대상[六境]과 여섯 가지 아는 마음[六識]을 모두 합쳐서 18계라고 합니다. 여섯 가지 아는 마음은 안식(眼識), 이식(耳識), 비식(鼻識), 설식(舌識), 신식(身識), 의식(意識)입니다. 열두 가지 감각장소에 다시 여섯 가지의 아는 마음을 포함하여 18계라고 하는 것은 하나의 실재하는 세계를 말합니다.

위빠사나 수행에서는 18계를 전부(全部), 일체, 모든 것이라고 합니다. 전부를 알았다거나, 일체를 알았다거나, 모든 것을 알았다고 할 때는 정신과 물질에 관한 18계를 알았다는 뜻입니다. 수행자는 자신의 몸과 마음을 대상으로 알아차리기 때문에 18계를 하나의 세계로 봅니다. 그러므로 수행자는 이러한 세계를 벗어나지 않습니다. 예를 들면 우주에 관한 것이나 증명할 수 없는 것은 위빠사나 수행의 대상이 아닙니다. 그래서 수행자는 오직 자신의 몸과 마음을 대상으로 알아차립니다.

이외에도 12연기의 오온이 있습니다. 12연기의 오온은 현재라는 측면에서 식(識), 정신과 물질[名色], 육입(六入), 접촉(接觸), 느낌[受] 다섯 가지입니다. 12연기에서의 오온은 식을 원인으로 정신과 물질이 일어나고, 정신과 물질을 원인으로 육입이 일어나고, 육입을 원인으로 접촉이 일어나고, 접촉을 원인으로 느낌이 일어나는 과정입니다. 그러므로 12연기의 오온은 정신과 물질이 어떻게 원인과 결과로 일어나는가를 밝히고 있습니다.

12연기에서 식(識)은 재생연결식(再生連結識)의 뜻을 포함하고 있습니다. 죽을 때의 마음을 원인으로 새로 태어날 때의 마음이라는 결과가 생깁니다. 이때의 마음을 재생연결식이라고 합니다. 재생연결식에 의해 태어나는 것을 재생(再生)이라고 합니다. 재생은 죽고 난 뒤에 과거의 마음은 사라지고 그 마음에 있는 과보심에 의해 새로 태어나는 마음입니다. 그래서 같은 마음이 옮겨와서 새로 태어난다는 환생(還生)과는 다릅니다. 재생연결식은 태어나는 순간 일생에 한 번 일어납니다. 그래서 재생연결식이 일어나서 즉시 사라진 뒤에 식으로 바뀝니다. 또 육입은 여섯 가지 감각기관이고 접촉은 여섯 가지 감각대상입니다. 그리고 느낌은 아는 마음과 함께 있습니다.

우리가 살고 있는 것은 열두 가지 장소의 접촉으로 여섯 가지 아는 마음이 일어나서 살고 있습니다. 이러한 분류는 인간이 살아가는 삶의 기본구조를 밝힌 것입니다. 그러므로 인간은 여섯 가지 감각기관이 여섯 가지 감각대상과 접촉해서 들어오는 정보를 통해 여섯 가지 아는 마음으로 삽니다. 행복도 이러한 경로를 통해 들어오며, 불행도 이러한 경로를 통해 들어옵니다. 깨달음도 이러한 경로를 통해 들어옵니다. 그렇지 않고 이것 외에 다른 통로는 없습니다. 위빠사나 수행자가 자신의 정신과 물질을 대상으로 알아차리는 이유가 여기 있습니다.

위빠사나 수행은 여섯 가지 감각기관이 여섯 가지 감각대상과 접촉할 때마다 알아차림을 확립하는 것입니다. 그러면 여섯 가지 아는 마음과 함께 느낌이 일어날 때 갈애로 진행되지 않아서 스스로 번뇌를 제거합니다.

여섯 가지 감각기관을 육입(六入) 또는 육문(六門)이라고도 합니다. 이는 감각대상이 감각기관에 와서 부딪치는 것을 말합니다. 수행자가 일차적으로 알아차려야 할 장소는 밖에 있는 감각대상이 아니고 여섯 가지 감각장소인 육입입니다. 카메라의 렌즈가 밖에 있는 피사체로 나가 사진을 찍어오는 것이 아니고 밖에 있는 피사체가 카메라 렌즈에 접촉해서 사진이 찍히는 것처럼 수행자는 일차적으로 자신의 감각기관에서 대상을 알아차려야 합니다.

여섯 가지 감각기관은 생존의 기본조건입니다. 눈이 없으면 형상을 볼 수 없으며, 형상을 보는 마음이 생길 수 없습니다. 눈이, 빛에 의해, 형상을 보고, 아는 마음이 일어나는데 이 네 가지를 원인과 결과라고 하며 조건이라고도 합니다. 이러한 조건들이 성숙하기 위해서는 모든 요소들이 저마다의 영역에서 각각의 역할을 해서 보고 아는 것이 가능합니다.

귀가 없으면 소리를 들을 수 없으며, 소리를 듣는 마음이 생길 수 없습니다, 귀가, 소리를, 막히지 않은 공간에 의해 듣고, 아는 마음이 일어나는데 이 네 가지를 조건이라고 합니다. 그리고 이것을 원인과 결과라고 합니다. 그러므로 소리는 조건이 듣게 하는 것이지 이것을 주도하는 자아가 있어서 듣는 것이 아닙니다. 그러므로 내가 소리를 듣는 것이 아니고 감각기관이 듣고 마음이 압니다.

코가 없으면 냄새를 맡을 수 없으며, 냄새를 맡는 마음이 생길 수 없습니다. 코가, 냄새를, 바람의 방향에 의해 맡고, 아는 마음이 일어나는데 이 네 가지를 조건이라고 합니다.

혀가 없으면 맛을 볼 수가 없으며, 맛을 아는 마음이 생길 수 없습니다. 혀가, 맛을, 침에 의해서 맛보고, 아는 마음이 일어나는데 이 네 가지를 조건이라고 합니다.

몸이, 대상과, 접촉해서, 아는 마음이 일어나는데 이 네 가지를 조건이라고 합니다.

마음이, 마음의 대상과, 접촉해서, 아는 마음이 일어나는데 이 네 가지를 조건이라고 합니다.

이처럼 여섯 가지 감각기관이 여섯 가지 감각대상과 접촉해서 여섯 가지 아는 마음이 일어나는데 이러한 조건이 없으면 사는 것이 성립되지 않습니다. 이 중 단 한 가지라도 결여되면 삶의 정상적인 기능을 할 수 없습니다. 그러므로 내가 사는 것이 아니고 단지 이러한 조건에 의해 사는 것입니다. 여기서 조건이란 모든 것이 원인과 결과로 진행되는 것을 말합니다. 그러므로 이러한 조건을 지배하는 어떤 초월적 존재는 없습니다.

이러한 과정에서 수행자가 할 일은 눈이, 빛에 의해, 형상을, 아는 마음이 생길 때마다 알아차려야 합니다. 일반적으로 눈이 빛에 의해 형상을 알 때 알아차림이 없는 상태에서 대상을 봅니다. 이때 알아차림이 없으면 느낌이 일어날 때 갈애가 일어납니다. 이 갈애가 열 가지 족쇄를 불러들입니다. 그러면 생명을 윤회의 수레바퀴에 붙들어 맵니다. 그래서 괴로움뿐인 끝없는 윤회를 합니다.

감각기관이 감각대상과 부딪쳐서 아는 마음이 일어날 때 알아차림이 없으면 다섯 가지 장애보다 더 구체적인 열 가지 족쇄가 윤회의 세계에 발목을 붙들어 맵니다. 열 가지 족쇄는 감각적 욕망, 악의, 아만, 사견, 의심, 계율과 의식에 대한 집착, 존재에 대한 욕망, 질투, 인색, 무명입니다. 이 열 가지 족쇄는 감각기관이 감각대상과 접촉할 때 일어납니다.

이상이 육내처가 육외처와 접촉할 때 알아차리지 못하면 일어나는 족쇄들입니다. 위빠사나 수행자가 대상을 알아차리는 것은 바로 이 족쇄의 사슬에 묶이지 않기 위해서입니다. 만약 알아차리지 못한다면 윤회의 수레바퀴에 밧줄로 묶이는 신세를 면하기 어렵습니다. 이것이 위빠사나 수행을 해야 하는 가장 절실한 이유입니다. 우리가 이 세상을 살면서 가장 중요하게 여겨야 할 것이 무엇이며, 왜 그것을 해야 하는지 다시 한 번 알아야 합니다.

12처가 갖는 의미는 우리가 살고 있는 것이 감각기관을 기반으로 하고 있다는 것입니다. 그러므로 감각기관을 기반으로 생긴 모든 문제들은 감각기관에서 해결되어야 합니다. 모든 것은 토대가 되는 감각기관이란 기반을 벗어나서는 해결될 수 없습니다. 눈이 대상을 볼 때 대상에서는 답이 없습니다. 오직 대상을 받아들여서 아는 자신의 마음이 어떤 상태를 유지하느냐에 따라 문제해결의 실마리가 잡힙니다. 수행의 세계에서는 현상계에서 답을 구하지 않습니다. 현상계를 보는 자신의 감각기관에서 답을 구합니다. 그래서 자신의 내면을 통찰하는 수행을 합니다. 그러므로 수행자는 항상 자신의 감각기관에 마음을 두고 알아차려야 합니다. 그리고 대상을 아는 마음을 알아차리면 언제나 본질에서 벗어나지 않고 일의 핵심에 접근하여 해결할 수 있습니다. 자신의 감각기관에 마음을 두고 알아차리는 것이 자신의 내면을 통찰하는 것입니다. 이러한 내면의 통찰에 의해서 존재하는 것의 특성을 알아 모든 번뇌에서 벗어날 수 있습니다.

여섯 가지 감각기관이 여섯 가지 감각대상과 부딪쳐서 여섯 가지 아는 마음이 일어나는 것은 일반적인 인식 과정입니다. 수행자는 여기에 새로운 형태의 과정을 만들어야 합니다. 이렇게 일반적으로 아는 것에 알아차림이란 원인을 만들어서 깨어서 아는 결과를 만들어야 합니다. 그러므로 수행자가 아는 것은 일반적으로 아는 것과는 다릅니다. 알아차림이란 새로운 원인이 있기 때문입니다.

이러한 과정에서만 통찰지혜가 성숙됩니다. 수행자는 반드시 이러한 통찰지혜가 계발되는 마지막까지 인내하면서 노력해야 합니다. 그래서 도과를 성취해야 비로소 노력한 결과가 분명하게 드러날 것입니다. 모든 수행자의 궁극의 목표는 도과를 성취하는 것입니다. 하지만 수행자가 처음부터 도과를 목표로 하지는 않습니다. 수행을 시작하는 수행자는 도과가 무엇인지 알 수 없으므로 그렇게 중요하지 않습니다. 도과는 바르게 수행을 한 결과로 오는 지혜의 산물입니다. 그러므로 수행자는 현재의 괴로움을 해결하기 위해 모든 현상을 있는 그대로 알아차려야 합니다. 그 결과로 자연스럽게 지고의 행복에 이르게 됩니다.

　수행자에게는 두 가지 선택만 있습니다. 감각기관을 기반으로 해서 들어오는 번뇌를 알아차려서 일어나지 못하도록 할 것인가, 아니면 감각기관을 기반으로 해서 번뇌가 들어와도 좋으니 과연 알아차림을 할 필요가 있겠는가, 하는 두 가지의 선택입니다. 하나는 아는 마음이고, 또 하나는 모르는 마음입니다. 아는 마음은 지혜고 모르는 마음은 무지입니다. 아는 마음은 행복을 만들고 모르는 마음은 괴로움을 만듭니다. 이것의 선택은 온전하게 자신의 마음이 합니다. 이처럼 눈으로 형상을 볼 때, 귀로 소리를 들을 때, 코로 냄새를 맡을 때, 혀로 맛을 볼 때, 몸으로 접촉할 때 모두 똑같은 방식으로 알아차려야 합니다. 이것을 벗어난 어떤 실재하는 진실은 없습니다. 이와 같이 수행자는 대상을 알아차릴 때 안으로 알아차리는 수행을 해야 하며 혹은 대상을 알아차릴 때 밖으로 알아차리는 수행을 해야 합니다. 혹은 대상을 알아차릴 때 안팎으로 알아차리는 수행을 해야 합니다.

　하루 중 수행자가 처한 상황은 다양합니다. 어떤 때는 조용히 혼자만 있을 때도 있을 것이고 어떤 때는 상대가 있기도 할 것입니다. 그리고 자신이 맡은 일을 해야 할 때도 있을 것입니다. 이때마다 알아차리는 방법을 달리해야 합니다. 그래서 알아차림을 감각기관에 두고 알아차릴 수도 있으며, 때로는 감각대상에 두고 알아차릴 수도 있습니다. 그리고 알아차림을 감각기관과 감각대상의 안팎에 두고 알아차릴 수도 있습니다.

　만약 수행자가 오직 자신의 감각기관에만 마음을 두겠다고 고집하면 남을 배려하는 마음이 없어집니다. 상대가 있을 때는 마음을 안팎에 두고 알아차려야 합니다. 상대가 말을 하는데 마음을 오직 자신의 감각기관에만 두고 있으면 상대의 말이 귀에 들어오지 않습니다. 그러면 상대를 무시하는 것입니다. 이것은 위빠사나 수행이 아닙니다.

위빠사나 수행은 중도적 관점에서 조화를 이룹니다. 그래서 나와 남을 모두 함께 배려하는 마음으로 수행을 해야 합니다. 수행자의 기본적인 알아차림은 항상 자신의 감각기관에 두되 여러 가지 상황에 따라 탄력적으로 대처하는 것이 바른 수행입니다. 어느 곳에 마음을 두거나 대상을 깨어서 알아차리는 마음만 있으면 훌륭한 수행을 합니다. 언제나 대상은 중요하지 않습니다. 대상을 알아차리는 마음만 있으면 됩니다.

위빠사나는 진리의 성품을 알기 위해 네 가지 대상을 알아차리는 수행입니다. 첫째, 몸을 알아차려서 부정(不淨)한 성품을 압니다. 둘째, 느낌을 알아차려서 괴로움의 성품을 압니다. 셋째, 마음을 알아차려서 무상의 성품을 압니다. 넷째, 마음의 대상인 법을 알아차려서 무아의 성품을 압니다. 이렇게 신(身), 수(受), 심(心), 법(法)이라는 네 가지 대상을 알아차려서 무상, 고, 무아의 세 가지 자각이 일어나면 갈애가 끊어져서 해탈의 자유를 얻습니다.

(2) 『대념처경』의 여섯 가지 안팎의 감각장소[十二處]를 알아차림

『대념처경』에 나오는 '여섯 가지 안팎의 감각장소[十二處]를 알아차림'은 다음과 같습니다.

"다시 비구들이여, 여기 비구는 여섯 가지 안팎의 감각장소라는 법에서 법을 알아차리는 수행을 하면서 지낸다. 비구들이여, 어떻게 비구가 여섯 가지 안팎의 감각장소라는 법에서 법을 알아차리는 수행을 하면서 지내는가?

비구들이여, 여기 비구는 눈[眼]을 알아차리고, 형상[色]을 알아차리고, 이 두 가지를 조건으로 일어난 족쇄를 알아차린다. 비구는 전에 없던 족쇄가 어떻게 일어나는지를 안다. 일어난 족쇄가 어떻게 사라지는지를 안다. 사라진 족쇄가

어떻게 하면 앞으로 다시 일어나지 않는지를 안다.

비구는 귀[耳]를 알아차리고, 소리[聲]를 알아차리고, 이 두 가지를 조건으로 일어난 족쇄를 알아차린다. 비구는 전에 없던 족쇄가 어떻게 일어나는지를 안다. 일어난 족쇄가 어떻게 사라지는지를 안다. 사라진 족쇄가 어떻게 하면 앞으로 다시 일어나지 않는지를 안다.

비구는 코[鼻]를 알아차리고, 냄새[香]를 알아차리고, 이 두 가지를 조건으로 일어난 족쇄를 알아차린다. 비구는 전에 없던 족쇄가 어떻게 일어나는지를 안다. 일어난 족쇄가 어떻게 사라지는지를 안다. 사라진 족쇄가 어떻게 하면 앞으로 다시 일어나지 않는지를 안다.

비구는 혀[舌]를 알아차리고, 맛[味]을 알아차리고, 이 두 가지를 조건으로 일어난 족쇄를 알아차린다. 비구는 전에 없던 족쇄가 어떻게 일어나는지를 안다. 일어난 족쇄가 어떻게 사라지는지를 안다. 사라진 족쇄가 어떻게 하면 앞으로 다시 일어나지 않는지를 안다.

비구는 몸[身]을 알아차리고, 접촉[觸]을 알아차리고, 이 두 가지를 조건으로 일어난 족쇄를 알아차린다. 비구는 전에 없던 족쇄가 어떻게 일어나는지를 안다. 일어난 족쇄가 어떻게 사라지는지를 안다. 사라진 족쇄가 어떻게 하면 앞으로 다시 일어나지 않는지를 안다.

비구는 마음[意]을 알아차리고, 마음의 대상[法]을 알아차리고, 이 두 가지를 조건으로 일어나는 족쇄를 알아차린다. 비구는 전에 없던 족쇄가 어떻게 일어나는지를 안다. 일어난 족쇄가 어떻게 사라지는지를 안다. 사라진 족쇄가 어떻게 하면 앞으로 다시 일어나지 않는지를 안다.

이와 같이 그는 법에서 법을 안으로 알아차리는 수행을 하면서 지낸다. 혹은 법에서 법을 밖으로 알아차리는 수행을 하면서 지낸다. 혹은 법에서 법을 안팎으로 알아차리는 수행을 하면서 지낸다.

비구는 법이 일어나는 현상을 알아차리는 수행을 하면서 지낸다. 혹은 법이 사라지는 현상을 알아차리는 수행을 하면서 지낸다. 혹은 법이 일어나고 사라지는 현상을 알아차리는 수행을 하면서 지낸다.

비구는 단지 법이 있다는 알아차림을 확립할 때까지 법의 현상들에 대한 분명한 앎과 알아차림을 확립하고, 유지한다. 비구는 갈애와 잘못된 견해에 의지하지 않고 지낸다. 그는 세상에서 아무것도 집착하지 않는다. 비구들이여, 이와 같이 비구는 법에서 법을 알아차리는 수행을 하면서 지낸다."

① 눈과 형상의 알아차림

"비구들이여, 여기 비구는 눈[眼]을 알아차리고, 형상[色]을 알아차리고, 이 두 가지를 조건으로 일어난 족쇄를 알아차린다. 비구는 전에 없던 족쇄가 어떻게 일어나는지를 안다. 일어난 족쇄가 어떻게 사라지는지를 안다. 사라진 족쇄가 어떻게 하면 앞으로 다시 일어나지 않는지를 안다."

수행자가 눈으로 대상을 볼 때는 눈이라는 감각기관과 형상이라는 감각대상이 부딪쳐서 보는 것이 성립됩니다. 모든 앎은 이처럼 안에 있는 감각기관과 밖에 있는 감각대상이 있어서 일어납니다. 이것은 정신적 영역과 물질적 영역이 서로의 역할을 하기 때문입니다. 이렇게 알아야 정신과 물질을 구별해서 아는 지혜가 납니다. 그리고 다음으로 원인과 결과를 아는 지혜가 성숙됩니다.

수행자는 항상 대상과 그것을 아는 마음이 각각의 영역에서 각자의 기능을 하는 것을 알아야 잘못된 견해에 빠지지 않습니다. 그렇지 않으면 대상을 볼 때 내가 본다는 생각을 가지고 봅니다. 그러면 대상의 성품인 법을 볼 수 없습니다. 이렇게 알아차려야 내 몸과 마음이라는 잘못된 견해에 사로잡혀 집착을 하지 않습니다.

여섯 가지 감각기관을 안에 있는 감각장소라고 하는데 인간이 생존하는데 없어서는 안 되는 가장 기본적인 요소이기 때문에 중요한 의미를 갖습니다. 사실 정신과 물질이라고 할 때 감각기관은 정신과 물질을 구성하는 가장 핵심적인 요소입니다. 우리가 사는데 필요한 모든 정보는 오직 여섯 가지 감각기관의 문을 통해 들어오는 것밖에 없습니다. 그러므로 감각기관은 삶 그 자체입니다.

"여기 비구는 눈[眼]을 알아차리고, 형상[色]을 알아차리고"라고 했을 때 눈을 알아차리는 것은 안을 알아차리는 것으로 감각기관을 알아차립니다. 그리고 형상을 알아차리는 것은 밖을 알아차리는 것으로 감각대상을 알아차립니다. 수행자는 상황에 따라 감각기관을 알아차릴 때가 있고 감각대상을 알아차릴 때가 있습니다.

눈이 형상을 볼 때는 밖에 있는 감각대상과 접촉합니다. 이때 형상은 대상으로써 법이라고 합니다. 수행을 할 때 알아차릴 대상은 정신적인 것과 물질적인 것과 열반입니다. 이것이 모두 법입니다. 그러므로 법은 상황에 따라 다양한 뜻을 가지고 있습니다.

여섯 가지 안에 있는 감각기관은 여섯 가지 밖에 있는 감각대상과 접촉합니다. 그러나 이것으로 그치지 않습니다. 밖에 있는 감각대상이 안에 있는 감각기관과 접촉합니다. 그래서 감각기관과 감각대상은 서로 되먹임 합니다. 눈에 의해 대상이 보이고 또 대상이 있어 눈을 토대로 일어난 안식이 대상을 압니다. 만약 눈이 없다면 보는 것이 성립될 수 없을 것입니다. 이때의 눈은 안식의 기반입니다. 그러므로 눈은 안식이 일어나는 장소입니다. 마찬가지로 눈으로 볼 수 있는 형상이 없으면 보는 것이 성립될 수 없으므로 형상은 안식이 일어날 수 있도록 하는 조건입니다. 이러한 상호적 관계가 열두 가지 감각장소인 12처입니다. 이상의 열두 가지 장소는 모두 알아차릴 대상이라서 법에 속합니다. 12처는 모두 여러 가지 조건하에 상호적으로 작용합니다.

눈으로 형상을 볼 때는 눈이라는 감각기관과 형상이라는 감각대상이 부딪쳐서 보는 것이라고 알아야 합니다. 이때 눈이라는 감각기관과 형상이라는 감각대상이 부딪친 것을 다시 아는 마음이 받아들여서 압니다. 이러한 일련의 과정에서 알아차림이 있으면 번뇌가 침투하지 못합니다. 그러면 보기 나쁜 형상이라고 화를 내거나, 보기 좋은 형상이라고 감각적 욕망에 빠지지 않습니다. 형상은 단지 형상일 뿐입니다. 형상은 있을 만해서 있는 것입니다. 있을 만해서 있는 형상을 자신의 입장에서 보고 당위성을 인정하지 못하면 그에 따른 고통이 일어납니다.

형상을 있는 그대로 알아차리지 못하면 어떤 형상은 기분이 좋고, 어떤 형상은 기분이 나쁘다고 생각합니다. 그래서 기분이 좋은 형상은 좋은 느낌이 일어나서 집착하고, 기분이 나쁜 형상은 싫은 느낌이 일어나 화를 냅니다. 이것은 형상하고 상관없이 온전히 자신이 만든 것입니다. 이때의 형상은 단지 원인을 제공했을 뿐이고 이러한 결과는 자신이 만든 것입니다.

만약 형상으로 인해 어떠한 느낌이 일어났다면 대상을 있는 그대로 알아차리지 못한 것입니다. 이때 일어난 좋은 느낌이나 싫은 느낌이 바로 족쇄입니다. 족쇄라는 것이 다른 것이 아니고 바로 반응한 느낌입니다. 이러한 느낌이 다양한 형태의 번뇌로 번집니다. 그러나 이것은 단지 느낌일 뿐입니다. 형상이라는 단순한 느낌에 여러 가지 형태로 반응했다면 이것은 자신의 유신견으로 인한 어리석음 때문입니다.

일반적으로 눈으로 대상을 볼 때 아는 마음이 일어나는 것은 이해할 수 있습니다. 이것이 원인과 결과입니다. 눈이라는 원인이 있어 대상을 보는 것은 결과입니다. 그리고 눈과 대상을 원인으로 아는 마음이라는 결과가 있습니다. 이때 이렇게 아는 것은 깨어서 대상을 있는 그대로 보는 각성된 상태가 아닙니다.

수행이란 눈이 대상을 보고 아는 마음이 일어날 때 알아차림이란 새로운 행위가 있는 것을 말합니다. 그러므로 그냥 아는 것과 알아차려서 아는 것과는 다릅니다. 그냥 아는 것은 집중력이 없고 습관적으로 아는 것이지만 알아차리는 것은 집중력이 있고 새로운 습관을 길들이는 행위입니다. 수행에서 알아차린다는 것은 대상을 받아들여서 알 때 깨어서 대상을 지켜보는 행위가 포함된 것입니다. 그래서 알아차림은 선한 행위이지 아는 마음이 아닙니다.

"이 두 가지를 조건으로 일어난 족쇄를 알아차린다"라고 했을 때 감각기관과 감각대상이 접촉하면 열 가지 족쇄가 일어납니다. 감각기관과 감각대상이 두 가지 조건입니다. 이 조건이 원인과 결과입니다. 이렇게 두 가지를 조건으로 해서 일어난 열 가지 족쇄는 인간을 다시 태어나게 하는 윤회의 수레바퀴에 붙들어 매는 역할을 합니다. 그래서 밧줄로 묶는 것과 같아서 결(結)이라고도 합니다.

열 가지 족쇄는 다음과 같습니다.

첫째는 감각적 욕망의 족쇄, 둘째는 악의의 족쇄, 셋째는 아만의 족쇄, 넷째는 사견의 족쇄, 다섯째는 의심의 족쇄, 여섯째는 계율과 금지조항에 대한 족쇄, 일곱째는 존재에 대한 욕망의 족쇄, 여덟째는 질투의 족쇄, 아홉째는 인색의 족쇄, 열째는 무명의 족쇄입니다.

이상이 『논장』에 있는 열 가지 족쇄입니다.

이상의 족쇄가 일어나면 있는 그대로 알아차려야 합니다. 그런 뒤 족쇄에 걸린 것을 아는 마음을 알아차립니다. 그리고 가슴으로 와서 족쇄에 걸린 마음으로 인해 일어난 느낌을 알아차립니다. 처음에는 거친 느낌을 차츰 중간 느낌을 나중에는 미세한 느낌이 될 때까지 알아차려야 합니다. 느낌이 고요해지면 그 자리에서 일어나고 꺼지는 호흡이나 맥박을 알아차립니다. 대상을 있는 그대로 알아차려서 열 가지 족쇄가 일어나지 않으면 일어나지 않은 상태에서 알아차림을 계속해야 합니다.

"전에 없던 족쇄가 어떻게 일어나는지를 안다"고 할 때 족쇄가 일어났으면 어떻게 일어나는지 알아차려야 합니다. 이때 왜 전에 없던 족쇄가 일어났는지를 아는 것이 바로 지혜입니다. 그러므로 족쇄가 일어났을 때 생각으로 족쇄가 일어난 것을 궁금하게 여겨서는 안 됩니다. 단지 족쇄가 일어난 것을 알아차려야 합니다. 그런 뒤에 조건이 성숙되면 지혜가 나서 족쇄가 일어난 원인을 알 수 있습니다. 수행자는 언제나 지금 일어난 대상을 즉시 알아차려야 합니다. 계속해서 대상을 알아차리면 결국에는 왜 이런 족쇄가 일어났는지를 지혜로 알 수 있습니다.

열 가지 족쇄가 어떻게 일어나는지 살펴보겠습니다.
첫째, 눈이 대상과 접촉했을 때 감각적 욕망의 달콤함을 즐기면 감각적 욕망의 족쇄가 일어납니다.
둘째, 원하지 않는 대상을 증오하고 화를 낼 때 악의의 족쇄가 일어납니다.
셋째, 자기밖에 모른다고 자만에 빠질 때 아만의 족쇄가 일어납니다.
넷째, 이 형상은 항상 하고 견고하다고 생각하여 사견의 족쇄가 일어납니다.
다섯째, 이 형상이 중생인가, 아니면 중생의 것인가라고 의심할 때 의심의 족쇄가 일어납니다.
여섯째, 의례와 형식에 대한 믿음이 강할 때 계율과 금지조항에 대한 족쇄가 일어납니다.
일곱째, 더 좋은 삶을 살고 싶고 더 좋은 세상에 태어나고 싶을 때 존재의 욕망에 대한 족쇄가 일어납니다.

여덟째, 이 형상을 다른 사람이 얻지 못하기를 바랄 때 질투의 족쇄가 일어납니다.

아홉째, 자신이 가진 것을 숨기고 남과 함께 나누기 싫어할 때 인색의 족쇄가 일어납니다.

열째, 지금까지 말한 모든 것과 함께 할 때 무명의 족쇄가 일어납니다.

모든 것의 근본원인은 무명과 갈애입니다. 어리석음과 바라는 마음이 있으면 알아차림을 확립할 수 없습니다. 그러므로 누구나 지혜가 없다면 필연적으로 열 가지 족쇄가 일어납니다. 그래서 족쇄가 일어났을 때 일어난 족쇄를 알아차려야 합니다.

"일어난 족쇄가 어떻게 사라지는지를 안다"고 할 때 수행자는 일어난 족쇄가 어떻게 사라지는지를 알아야 합니다. 수행자가 일어난 족쇄를 즉시 알아차리면 그 족쇄는 알아차림에 의해 스스로 사라집니다. 그렇지 않고 족쇄를 없애려고 하거나 이것을 없애기 위해 다른 것을 바란다면 족쇄가 더 커져서 완전히 소멸시킬 수 없습니다.

"사라진 족쇄가 어떻게 하면 앞으로 다시 일어나지 않는지를 안다"고 할 때 수행자는 사라진 족쇄가 어떻게 하면 앞으로 다시 일어나지 않는지를 알아야 합니다. 다시 족쇄가 일어나지 않도록 하기 위해서는 족쇄가 일어난 원인을 제거하면 됩니다. 그러기 위해서는 족쇄가 일어난 것을 알아차려야 하며, 알아차린 결과로 족쇄가 사라진 것을 다시 알아차려야 합니다. 족쇄가 어떻게 사라졌는지를 알아차리는 이러한 일련의 과정을 거치면 사라진 족쇄가 다시 일어나지 않습니다.

만약 이때 다시 이러한 번뇌가 나타난다면 처음부터 이러한 과정을 다시 되풀이해서 시작해야 합니다. 번뇌의 힘은 언제나 알아차리는 힘보다 큽니다. 번뇌는 오랫동안 생성되어 온 것이라서 제거하려 해도 제거되지 않습니다. 이 번뇌를 제거하는 유일한 방법은 알아차리는 것이고, 알아차림을 지속하는 것입니다. 이것밖에 다른 길이 없습니다. 만약 쉽게 결과를 얻으려고 하면 오히려 번뇌의 힘을 키우는 결과가 생깁니다. 하지만 이러한 악순환이 모든 사람들의 삶의 방법입니다. 그러나 이러한 방법으로는 결코 바람직한 결과를 얻을 수 없습니다.

사라진 족쇄가 확실하게 다시 일어나지 않게 하기 위해서는 지혜가 나서 도과를 성취해야 합니다. 이것은 생각이 아닌 위빠사나 수행의 실천을 통해 얻는 것입니다. 수다원의 도과를 성취하면 사견, 의심, 계율과 의식에 대한 집착, 질투, 인색이 소멸됩니다. 사다함의 도과를 성취하면 거친 감각적 욕망과 거친 악의가 소멸합니다. 아나함 도과를 성취하면 미세한 감각적 욕망과 미세한 악의가 소멸합니다. 마지막으로 아라한의 도과를 성취하면 이때까지 남아 있던 아만, 존재에 대한 욕망, 무명이 소멸하여 열 가지 족쇄가 모두 소멸합니다.

이상 열 가지 족쇄는 『논장』에 있는 내용입니다. 『대념처경』 주석서에서도 이러한 열 가지 족쇄를 밝히고 있습니다. 그러나 『경장』에서 말하는 족쇄는 같은 내용이지만 약간 다릅니다. 족쇄의 소멸은 번뇌를 소멸시키는 것으로 깨달음으로 가는 매우 중요한 요소입니다. 그러므로 족쇄에 대해 좀 더 자세하게 살펴보겠습니다.

『경장』에 있는 열 가지 족쇄는 오하분결(五下分結)과 오상분결(五上分結)입니다. 오하분결은 욕망의 세계[欲界]에 존재를 붙들어 매는 다섯 가지 족쇄로 다음과 같습니다.

첫째는 유신견(有身見)입니다. 유신견은 자신의 몸과 마음이 나의 소유라는 잘못된 견해입니다. 이것을 삿된 견해라고 하거나 사견(邪見)이라고 합니다.

둘째는 회의적 의심입니다. 회의적 의심은 믿음과 지혜가 없어 어떻게 할지 몰라 결정하지 못하는 마음입니다.

셋째는 계율이나 금지조항에 대한 집착입니다. 계금취견(戒禁取見)이라고도 하는데 어떤 의례와 형식을 통해서만 깨달음에 이를 수 있다는 견해입니다.

넷째는 감각적 욕망입니다. 감각적 욕망은 감각기관이 감각대상과 접촉할 때 일으키는 탐욕입니다.

다섯째는 악의입니다. 악의는 악한 의도로 성내는 마음입니다.

이상 오상분결은 미세한 물질의 세계인 천상의 색계(色界)와 몸이 없는 정신세계인 무색계(無色界)에 존재를 붙들어 매는 다섯 가지 족쇄로 다음과 같습니다.

여섯째는 색계에 대한 욕망입니다. 색계에 대한 욕망은 선정수행을 해서 얻은 고요함에 대한 집착으로 색계천상에 태어나기를 바라는 마음입니다.

일곱째는 무색계에 대한 욕망입니다. 무색계에 대한 욕망은 무색계 천상에 태어나기를 바라는 마음입니다.

여덟째는 아만입니다. 아만은 자만심으로 오직 나만이 이것을 할 수 있다는 생각을 갖는 오만입니다.

아홉째는 들뜸입니다. 들뜸은 불안정한 상태에서 항상 흔들리는 마음을 갖는 것입니다.

열째는 어리석음입니다. 어리석음은 무지로 모르는 마음입니다. 어리석음은 불선심을 이끄는 마음으로 언제나 다른 족쇄와 함께 있습니다.

이상 열 가지 족쇄는 통찰지혜 수행을 해서 도과를 성취하면 단계적으로 소멸됩니다. 수다원의 도과를 성취하면 유신견, 회의적 의심, 계율이나 금지조항에 대한 집착이 소멸됩니다. 다음에 사다함의 도과를 성취하면 유신견, 회의적 의심, 계율이나 금지조항에 대한 집착이 소멸되고 감각적 욕망과 악의가 약화됩니다. 다음에 사다함이 되면 유신견, 회의적 의심, 계율이나 금지조항에 대한 집착, 감각적 욕망, 악의가 완전하게 소멸합니다. 그러므로 아나함의 도과를 성취해야 비로소 욕계에 존재를 붙들어 매는 족쇄를 완전하게 소멸시켜 색계천상의 정거천에서 태어나 다음에 아라한이 되어 윤회를 끝냅니다.

마지막으로 아라한의 도과를 성취하면 열 가지 족쇄를 모두 끊어서 다시 태어나는 윤회를 하지 않습니다. 이처럼 장애는 정신적 상태에 따라 소멸되므로 수행자는 결과를 바라지 말고 오직 알아차리는 일에 전념해야 합니다. 특히 색계, 무색계 천상에 태어나기를 바라지 않으며, 아만심이나 들뜸이 모두 소멸되어야 비로소 아라한이 됩니다. 이상이 『경장』에서 밝히는 열 가지 족쇄입니다.

도과를 성취한다는 것은 열반을 의미합니다. 열반은 번뇌가 불타버린 최고 집중의 상태입니다. 그러나 수다원의 열반과 사다함의 열반과 아나함의 열반과 아라한의 열반은 종류가 다릅니다. 그래서 어떤 도과를 성취한 열반이냐에 따라 소멸되는 족쇄의 종류가 달라집니다. 이렇듯이 번뇌도 도과의 지혜에 따라 소멸되는 종류가 다릅니다. 인간이 살아가면서 번뇌가 없기를 바란다면 위빠사나 수행을 해서 도과를 성취해야 합니다. 이 길이 아닌 곳에서는 괴로움을 피할 방법이 없습니다. 지금까지 몰라서 이 길을 가지 못했다면 이제 알았으니 이 길로 가야 합니다.

법은 다른 곳에 있지 않습니다. 법은 지금 여기 있는 자신의 몸과 마음에 있습니다. 그러므로 이 순간의 몸과 마음을 알아차리는 것이 도과를 얻는 출발입니다. 우리가 무엇이 진리인지 알았다 해도 진리를 실천하지 않으면 진리를 바르게 알 수 없습니다. 그러므로 위빠사나 수행을 해서 통찰지혜가 나야 진리가 무엇인지 바르게 압니다.

예외적으로 도과를 성취하지 않아도 12연기법을 철저하게 숙지한다면 의심에서 해방되는 지혜를 얻습니다. 그러면 지옥, 축생, 아귀, 아수라의 사악도에 태어나지 않을 수 있습니다. 수다원의 도과를 성취해야 사악도에서 태어나지 않지만 12연기법을 숙지했다면 사악도에 태어나지 않을 가능성이 많습니다. 왜냐하면 불선행을 하면 불선과보를 받는다는 원인과 결과를 알기 때문에 12연기를 공부한 사람은 사악도에 떨어질 악행을 범하지 않을 가능성이 많기 때문입니다.

이제 수행자는 번뇌가 여섯 가지 감각기관의 문을 통해서 들어온다는 것을 알았습니다. 모든 것은 원인이 있어 생긴 결과고, 모든 원인은 감각기관이 있기 때문에 일어납니다. 이러한 감각기관을 감각영역, 감각장소, 감각기반, 감각토대 등으로 부릅니다. 무엇이나 어떤 기반을 토대로 일어납니다. 그래서 기반에 대한 알아차림을 확립해야 합니다. 그래서 알아차림은 여섯 가지 감각기관을 지키는 문지기입니다. 만약 문지기가 없으면 번뇌가 자신의 몸과 마음을 제집 드나들듯이 들락거릴 것입니다. 그래서 번뇌와 함께 동거하지 않을 수 없습니다.

도둑이 들어와 주인 행세를 하지 않도록 하기 위해서는 여섯 가지 감각기관에서 알아차려야 합니다. 수행자가 얼마나 문지기 역할을 충실히 했는가 하는 것으로 수행의 기준을 삼을 수 있습니다. 그리고 이것이 바로 지혜를 계발하는 기준입니다. 그러므로 수행자는 번뇌가 들어오면 들어온 것을 알아차리고, 번뇌가 사라졌으면 사라진 것을 알아차리고, 번뇌가 들어오지 않았으면 들어오지 않은 것을 알아차려야 합니다. 이런 단순한 알아차림을 해야 끈질긴 번뇌와의 다툼에서 이길 수 있습니다.

여섯 가지 감각기관에서 알아차릴 때 두 가지 방법이 있습니다.

첫 번째는 아는 마음을 자신의 여섯 감각기관에 두고 알아차리는 방법입니다. 두 번째는 아는 마음을 현재 대상을 지켜보는 마음에 두고 알아차리는 방법입니다.

여기서 두 번째 방법이 아는 마음을 알아차리는 심념처(心念處) 수행입니다.

눈으로, 형상을, 빛에 의해 보고, 아는 마음이 생기는 과정은 네 가지 조건의 결합입니다. 여기서 하나라도 빠지면 보는 것이 성립되지 않습니다. 이때 내가 있어 보는 것이 아닙니다. 조건에 의해 보는 것이 성립됩니다. 그리고 내가 있어 아는 것이 아닙니다. 감각기관이 있어 아는 것입니다. 그러므로 여기에 자아는 없습니다. 보고 아는 순간 감각관이나 감각대상이나 아는 마음이나 즉시 일어나서 사라집니다. 그러므로 무상합니다. 이렇게 무상한 것이 괴로움입니다. 이러한 괴로움을 해결할 수 있는 자아가 없어 무아입니다.

눈이라는 감각기관을 기반으로 형상이라는 감각대상과 접촉할 때 열 가지 족쇄가 일어나기도 하고, 열 가지 족쇄를 알아차리면 도과를 성취할 수 있습니다. 그러므로 족쇄가 어떻게 일어났는지 알면 족쇄가 사라지게 하는 방법도 알 수 있습니다. 그리하여 도과를 성취하면 사라진 족쇄가 다시 일어나지 않습니다. 이것이 해탈의 자유입니다. 여섯 가지 감각기관 중 하나인 눈이 대상과 접촉해서 아는 과정처럼 나머지 감각기관이 감각대상과 접촉해서 아는 과정도 모두 똑같습니다.

② 귀와 소리의 알아차림

"비구는 귀[耳]를 알아차리고, 소리[聲]를 알아차리고, 이 두 가지를 조건으로 일어난 족쇄를 알아차린다. 비구는 전에 없던 족쇄가 어떻게 일어나는지를 안다. 일어난 족쇄가 어떻게 사라지는지를 안다. 사라진 족쇄가 어떻게 하면 앞으로

다시 일어나지 않는지를 안다"고 할 때 수행자가 소리를 들을 때는 귀라는 감각기관과 소리라는 감각대상이 부딪쳐서 소리가 나는 것이라고 알아야 합니다. 이때 귀라는 감각기관과 소리라는 감각대상이 부딪친 것을 다시 아는 마음이 받아들여서 압니다. 이러한 일련의 과정에서 알아차림이 있으면 번뇌가 침투하지 못합니다. 그러면 시끄러운 소리라고 화를 내거나 달콤한 소리라고 감각적 욕망에 빠지지 않습니다. 소리는 단지 소리일 뿐입니다. 소리는 일어날 만해서 일어난 것입니다. 일어날 만해서 일어난 소리를 자신의 입장에서 들으면 일어날 만한 당위성을 용납하지 못하는 것입니다. 그렇다면 그에 따른 고통이 일어나기 마련입니다.

소리를 있는 그대로 알아차리지 못하면 어떤 소리는 기분이 좋고, 어떤 소리는 기분이 나쁘다고 생각할 수 있습니다. 그래서 기분이 좋은 소리는 좋은 느낌이 일어나서 집착하고, 기분이 나쁜 소리는 싫은 느낌이 일어나 화를 냅니다. 이것은 소리하고 상관없이 온전히 자신의 감정이 만듭니다. 이때의 소리는 단지 원인을 제공했을 뿐이고 이러한 결과는 자신이 만든 것입니다.

만약 소리로 인해 어떠한 느낌이 일어났다면 대상을 있는 그대로 알아차리지 못한 것입니다. 이때 일어난 좋은 느낌이나 싫은 느낌이 바로 족쇄입니다. 족쇄라는 것이 다른 것이 아니고 바로 반응한 느낌입니다. 이러한 느낌이 다양한 형태의 번뇌로 번집니다. 그러나 이것은 단지 느낌일 뿐입니다. 소리라는 단순한 느낌에 여러 가지 형태로 반응했다면 이것은 자신의 유신견으로 인한 어리석음 때문입니다.

귀라는 감각기관과 소리라는 감각대상이라는 두 가지 조건은 원인과 결과입니다. 귀라는 원인이 있어서 소리라는 결과가 있습니다. 다시 귀와 소리라는 원인이 있어서 이것을 아는 마음이란 결과가 있습니다. 이것은 단순하게 소리를 듣고 아는 과정에 관한 것입니다. 수행자는 여기서 새로운 원인과 결과를 알아야 합니다. 귀와 소리와 아는 마음이라는 원인이 있어서 이것을 깨어서 아는 알아차림이란 결과가 수행입니다.

귀로, 소리를, 장애물 없이, 듣고 아는 마음이 생기는 과정은 네 가지 조건의 결합입니다. 여기서 하나라도 빠지면 듣는 것이 성립되지 않습니다. 이때 내가 있어 듣는 것이 아닙니다. 조건에 의해 듣는 것이 성립됩니다. 그리고 내가 있어 듣는 것이 아닙니다. 감각기관이 있어 듣고 압니다. 그러므로 여기에 자아는 없습니다. 듣고 아는 순간 감각기관이나 감각대상이나 아는 마음이나 일어나서 사라집니다. 그러므로 무상합니다. 이렇게 무상한 것이 괴로움입니다. 이러한 괴로움을 해결할 수 있는 자아가 없어 무아입니다.

귀라는 감각기관을 기반으로 소리라는 감각대상과 접촉할 때 열 가지 족쇄가 일어나기도 하고, 열 가지 족쇄를 알아차리면 도과를 성취할 수 있습니다. 그러므로 족쇄가 어떻게 일어났는지 알면 족쇄가 사라지게 하는 방법도 알 수 있습니다. 그리하여 도과를 성취하면 사라진 족쇄가 다시 일어나지 않습니다. 이것이 해탈의 자유입니다.

③ 코와 냄새의 알아차림

"비구는 코[鼻]를 알아차리고, 냄새[香]를 알아차리고, 이 두 가지를 조건으로 일어난 족쇄를 알아차린다. 비구는 전에 없던 족쇄가 어떻게 일어나는지를 안다. 일어난 족쇄가 어떻게 사라지는지를 안다. 사라진 족쇄가 어떻게 하면 앞으로 다시 일어나지 않는지를 안다"고 할 때 수행자가 냄새를 맡을 때는 코라는 감각기관과 냄새라는 감각대상이 부딪쳐서 냄새가 나는 것이라고 알아야 합니다. 이때 코라는 감각기관과 냄새라는 감각대상이 부딪친 것을 다시 아는 마음이 받아들여서 압니다. 이러한 일련의 과정에서 알아차림이 있으면 번뇌가 침투하지 못합니다. 그러면 싫은 냄새라고 화를 내거나 좋은 냄새라고 감각적 욕망에 빠지지 않습니다. 냄새는 단지 냄새일 뿐입니다. 냄새는 일어날 만해서 일어납니다. 일어날 만해서 일어난 냄새를 자신의 입장에서 맡으면 일어날 만한 당위성을 용납하지 못하는 것입니다. 그러면 그에 따른 고통이 일어나기 마련입니다.

냄새를 있는 그대로 알아차리지 못하면 어떤 냄새는 기분이 좋고, 어떤 냄새는 기분이 나쁘다고 생각할 수 있습니다. 그래서 기분이 좋은 냄새는 좋은 느낌이 일어나서 집착하고, 기분이 나쁜 냄새는 싫은 느낌이 일어나 화를 냅니다. 이것은 냄새하고 상관없이 온전히 자신이 만듭니다. 이때의 냄새는 단지 원인을 제공했을 뿐이고 이러한 결과는 자신이 만듭니다.

만약 냄새로 인해 어떠한 느낌이 일어났다면 대상을 있는 그대로 알아차리지 못한 것입니다. 이때 일어난 좋은 느낌이나 싫은 느낌이 바로 족쇄입니다. 족쇄라는 것이 다른 것이 아니고 바로 반응한 느낌입니다. 이러한 느낌이 다양한 형태의 번뇌로 번집니다. 그러나 이것은 단지 느낌일 뿐입니다. 냄새라는 단순한 느낌에 여러 가지 형태로 반응했다면 이것은 자신의 유신견으로 인한 어리석음 때문입니다.

코라는 감각기관과 냄새라는 감각대상이라는 두 가지 조건은 원인과 결과입니다. 코라는 원인이 있어서 냄새라는 결과가 있습니다. 다시 코와 냄새라는 원인이 있어서 이것을 아는 마음이란 결과가 있습니다. 이것은 단순하게 냄새를 맡고 아는 과정에 관한 것입니다. 수행자는 여기서 새로운 원인과 결과를 알아야 합니다. 코와 냄새와 아는 마음이라는 원인이 있어서 이것을 깨어서 아는 알아차림이란 결과가 수행입니다.

코로, 냄새를, 바람의 방향에 의해 맡고, 아는 마음이 생기는 과정은 네 가지 조건의 결합입니다. 여기서 하나라도 빠지면 냄새를 맡는 것이 성립되지 않습니다. 이때 내가 있어 냄새를 맡는 것이 아닙니다. 조건에 의해 냄새를 맡는 것이 성립됩니다. 다만 감각기관이 있어 냄새를 맡고 아는 것입니다.

그러므로 여기에 자아는 없습니다. 냄새를 맡고 아는 순간 감각기관이나 감각대상이나 아는 마음이나 모두 일어나서 사라집니다. 그러므로 무상합니다. 이렇게 무상한 것이 괴로움입니다. 이러한 괴로움을 해결할 수 있는 자아가 없어 무아입니다.

코라는 감각기관을 기반으로 냄새라는 감각대상과 접촉할 때 열 가지 족쇄가 일어나기도 하고, 열 가지 족쇄를 알아차리면 도과를 성취할 수 있습니다. 그러므로 족쇄가 어떻게 일어났는지 알면 족쇄가 사라지게 하는 방법도 알 수 있습니다. 그리하여 도과를 성취하면 사라진 족쇄가 다시 일어나지 않습니다. 이것이 해탈의 자유입니다.

④ 혀와 맛의 알아차림

"비구는 혀[舌]를 알아차리고, 맛[味]을 알아차리고, 이 두 가지를 조건으로 일어난 족쇄를 알아차린다. 비구는 전에 없던 족쇄가 어떻게 일어나는지를 안다. 일어난 족쇄가 어떻게 사라지는지를 안다. 사라진 족쇄가 어떻게 하면 앞으로 다시 일어나지 않는지를 안다"고 할 때 수행자가 맛을 알 때는 혀라는 감각기관과 맛이라는 감각대상이 부딪쳐서 맛을 아는 것이라고 알아야 합니다. 이때 혀라는 감각기관과 맛이라는 감각대상이 부딪친 것을 다시 아는 마음이 받아들여서 압니다. 이러한 일련의 과정에서 알아차림이 있으면 번뇌가 침투하지 못합니다. 그러면 맛이 없다고 화를 내거나 맛이 좋다고 감각적 욕망에 빠지지 않습니다. 맛은 단지 맛일 뿐입니다. 맛은 음식이 가지고 있는 고유한 특성입니다. 맛은 있을 만해서 있는 것입니다. 있을 만해서 있는 맛을 자신의 입장에서 맛보면 있을 만한 당위성을 용납하지 못하는 것입니다. 그러면 그에 따른 고통이 일어나기 마련입니다.

음식을 먹을 때 있는 그대로의 맛을 알아차리면 재료 맛으로 먹고 맛을 알아차리지 못하면 자기 주관적인 맛으로 먹습니다. 주관적인 맛으로 먹으면 맛이 있을 때는 감각적 욕망을 일으키고 맛이 없을 때는 성냄을 일으킵니다. 이것이 어리석음으로 먹는 것이라서 계율을 지키지 않고 먹는 것입니다. 먹을 때 욕망이 가장 많이 일어나기 때문에 수행자는 먹을 때 특별하게 알아차려야 합니다. 그래서 먹을 때는 먼저 무슨 마음으로 먹는지 알아차리고 나서 음식이 가진 고유한 맛을 있는 그대로 알아차리고 먹어야 합니다.

맛을 있는 그대로 알아차리지 못하면 어떤 맛은 좋아서 집착하고, 어떤 맛은 나빠서 싫어합니다. 이렇게 반응하면 자신에게 유익하지 않습니다. 그래서 좋은 맛에는 좋은 느낌이 일어나고, 싫은 맛에는 싫은 느낌이 일어납니다. 이것은 맛하고 상관없이 온전히 자신이 만듭니다. 이때의 맛은 단지 원인을 제공했을 뿐이지 결과는 자신이 만듭니다.

만약 맛으로 인해 어떠한 느낌이 일어났다면 대상을 있는 그대로 알아차리지 못한 것입니다. 이때 일어난 좋은 느낌이나 싫은 느낌이 바로 족쇄입니다. 족쇄라는 것이 다른 것이 아니고 바로 반응한 느낌입니다. 이러한 느낌이 다양한 형태의 번뇌로 번집니다. 그러나 이것은 단지 느낌일 뿐입니다. 맛이라는 단순한 느낌에 여러 가지 형태로 반응했다면 이것은 자신의 유신견으로 인한 어리석음 때문입니다.

혀라는 감각기관과 맛이라는 감각대상의 두 가지 조건은 원인과 결과입니다. 혀라는 원인이 있어 맛이라는 결과가 있습니다. 다시 혀와 맛이라는 원인이 있어 이것을 아는 마음이란 결과가 있습니다. 이것은 단순하게 맛을 느껴 아는 과정에 관한 것입니다. 수행자는 여기서 새로운 원인과 결과를 알아야 합니다. 혀와 맛과 아는 마음이라는 원인이 있어 이것을 깨어서 아는 알아차림이란 결과가 수행입니다.

혀로, 맛을, 타액인 침에 의해서 맛보고, 아는 마음이 생기는 과정은 네 가지 조건의 결합입니다. 여기서 하나라도 빠지면 맛을 아는 것이 성립되지 않습니다. 이때 내가 있어 맛보는 것이 아닙니다. 조건에 의해 맛보는 것입니다. 다만 감각기관이 있어 맛보고 아는 것입니다. 그러므로 여기에 자아는 없습니다. 맛보고 아는 순간 감각기관이나 감각대상이나 아는 마음이나 일어나서 사라집니다. 그러므로 무상합니다. 이렇게 무상한 것이 괴로움입니다. 이러한 괴로움을 해결할 수 있는 자아가 없어 무아입니다.

혀라는 감각기관을 기반으로 맛이라는 감각대상과 접촉할 때 열 가지 족쇄가 일어나기도 하고, 열 가지 족쇄를 알아차리면 도과를 성취할 수 있습니다. 그러므로 족쇄가 어떻게 일어났는지 알면 족쇄가 사라지게 하는 방법도 알 수 있습니다. 그리하여 도과를 성취하면 사라진 족쇄가 다시 일어나지 않습니다. 이것이 해탈의 자유입니다.

⑤ 몸과 접촉의 알아차림

"비구는 몸[身]을 알아차리고, 접촉[觸]을 알아차리고, 이 두 가지를 조건으로 일어난 족쇄를 알아차린다. 비구는 전에 없던 족쇄가 어떻게 일어나는지를 안다. 일어난 족쇄가 어떻게 사라지는지를 안다. 사라진 족쇄가 어떻게 하면 앞으로 다시 일어나지 않는지를 안다"고 할 때 수행자가 몸으로 대상을 접촉할 때는 몸이라는 감각기관과 접촉하는 감각대상이 부딪쳐서 접촉한 것이라고 알아야 합니다. 이때 몸이라는 감각기관과 접촉하는 감각대상이 부딪친 것을 다시 아는 마음이 받아들여서 압니다. 이러한 일련의 과정에서 알아차림이 있으면 번뇌가 침투하지 못합니다. 그러면 싫은 접촉이라고 화를 내거나 좋은 접촉이라고 감각적 욕망에 빠지지 않습니다. 접촉은 단지 접촉일 뿐입니다. 접촉은 일어날 만해서 일어납니다. 일어날 만해서 일어난 접촉을 자신의 입장에서만 보면 일어날 만한 당위성을 용납하지 못하는 것입니다. 그렇다면 그에 따른 고통이 일어나기 마련입니다.

접촉을 있는 그대로 알아차리지 못하면 어떤 접촉은 기분이 좋고, 어떤 접촉은 기분이 나쁘다고 생각할 수 있습니다. 그래서 기분이 좋은 접촉은 좋은 느낌이 일어나서 집착하고, 기분이 나쁜 접촉은 싫은 느낌이 일어나 화를 냅니다. 이것은 접촉하고 상관없이 온전히 자신이 만듭니다. 이때의 접촉은 단지 원인을 제공했을 뿐이고 이러한 결과는 자신이 만듭니다.

만약 접촉으로 인해 어떠한 느낌이 일어났다면 대상을 있는 그대로 알아차리지 못한 것입니다. 이때 일어난 좋은 느낌이나 싫은 느낌이 바로 족쇄입니다. 족쇄라는 것이 다른 것이 아니고 바로 반응한 느낌입니다. 이러한 느낌이 다양한 형태의 번뇌로 번집니다. 그러나 이것은 단지 느낌일 뿐입니다. 접촉이라는 단순한 느낌에 여러 가지 형태로 반응했다면 이것은 자신의 유신견으로 인한 어리석음 때문입니다.

몸이라는 감각기관과 접촉하는 감각대상의 두 가지 조건은 원인과 결과입니다. 몸이라는 원인이 있어서 접촉하는 결과가 있습니다. 다시 몸과 접촉이라는 원인이 있어서 이것을 아는 마음이란 결과가 있습니다. 이것은 단순하게 접촉을 해서 아는 과정에 관한 것입니다. 수행자는 여기서 새로운 원인과 결과를 알아야 합니다. 몸과 접촉과 아는 마음이라는 원인이 있어서 이것을 깨어서 아는 알아차림이란 결과가 수행입니다.

몸과, 대상과, 접촉에 의해, 아는 마음이 생기는 과정은 네 가지 조건의 결합입니다. 여기서 하나라도 빠지면 접촉해서 아는 것이 성립되지 않습니다. 이때 내가 있어 접촉한 것이 아닙니다. 조건에 의해 접촉하는 것이 성립됩니다. 다만 감각기관이 있어 접촉하고 아는 것입니다. 그러므로 여기에 자아는 없습니다. 접촉하고 아는 순간 감각기관이나 감각대상이나 아는 마음이나 일어나서 사라집니다. 그러므로 무상합니다. 이렇게 무상한 것이 괴로움입니다. 이러한 괴로움을 해결할 수 있는 자아가 없어 무아입니다.

몸이라는 감각기관을 기반으로 접촉할 감각대상과 접촉할 때 열 가지 족쇄가 일어나기도 하고, 열 가지 족쇄를 알아차리면 도과를 성취할 수 있습니다. 그러므로 족쇄가 어떻게 일어났는지 알면 족쇄가 사라지게 하는 방법도 알 수 있습니다. 그리하여 도과를 성취하면 사라진 족쇄가 다시 일어나지 않습니다. 이것이 해탈의 자유입니다.

⑥ 마음과 마음의 대상에 대한 알아차림

"**비구는 마음[意]을 알아차리고, 마음의 대상[法]을 알아차리고, 이 두 가지를 조건으로 일어나는 족쇄를 알아차린다. 비구는 전에 없던 족쇄가 어떻게 일어나는지를 안다. 일어난 족쇄가 어떻게 사라지는지를 안다. 사라진 족쇄가 어떻게 하면 앞으로 다시 일어나지 않는지를 안다**"고 할 때 수행자가 생각을 할 때는 의근이라는 감각기관과 의근의 대상이라는 법이 부딪쳐서 아는 것이라고 알아야 합니다. 이때 의근이라는 감각기관과 의근의 대상이라는 법이 부딪친 것을 다시 아는 마음이 받아들여서 압니다. 이러한 일련의 과정에서 알아차림이 있으면 번뇌가 침투하지 못합니다. 그러면 싫은 마음으로 화를 내거나 좋은 마음으로 감각적 욕망에 빠지지 않습니다. 법은 단지 마음의 대상일 뿐입니다. 아는 마음은 일어날 만해서 일어납니다. 일어날 만해서 일어난 마음을 자신의 입장에서 생각하면 일어날 만한 당위성을 용납하지 못하는 것입니다. 그렇다면 그에 따른 고통이 일어나기 마련입니다.

의근은 여섯 가지 감각기관인 안, 이, 비, 설, 신, 의 중에서 의(意)에 속합니다. 의는 마음에 속하는 감각기관입니다. 이 의(意)가 어떤 생각을 할 때 이 생각이 의(意)가 부딪치는 대상입니다. 이때의 생각이 법(法)입니다. 마음은 몸을 알아차릴 수도 있고 마음을 대상으로 알아차릴 수도 있습니다.

마음의 대상을 있는 그대로 알아차리지 못하면 어떤 생각일 때는 기분이 좋고, 어떤 생각은 기분이 나쁘다고 생각할 수 있습니다. 그래서 기분이 좋은 생각은 좋은 느낌이 일어나서 집착하고, 기분이 나쁜 생각은 싫은 느낌이 일어나 화를 넘습니다. 이것은 생각하고 상관없이 온전히 자신이 만듭니다. 이때의 생각은 단지 원인을 제공했을 뿐이고 이러한 결과는 자신이 만듭니다.

만약 생각으로 인해 어떠한 느낌이 일어났다면 대상을 있는 그대로 알아차리지 못한 것입니다. 이때 일어난 좋은 생각이나 싫은 생각이 바로 족쇄입니다. 족쇄라는 것이 다른 것이 아니고 바로 반응한 마음입니다. 이러한 마음이 다양한 형태의 번뇌로 번집니다. 그러나 이런 마음은 단지 한 순간의 생각일 뿐입니다. 단지 생각일 뿐인 단순한 생각에 여러 가지 형태로 반응했다면 이것은 자신의 유신견으로 인한 어리석음 때문입니다.

의(意)라는 감각기관과 생각이라는 감각대상의 두 가지 조건은 원인과 결과입니다. 의(意)라는 원인이 있어서 생각이라는 결과가 있습니다. 다시 의와 생각이라는 원인이 있어서 이것을 아는 마음이란 결과가 있습니다. 이것은 단순하게 생각하는 것을 아는 과정에 관한 것입니다. 수행자는 여기서 새로운 원인과 결과를 알아야 합니다. 의와 생각과 아는 마음이라는 원인이 있어서 이것을 깨어서 아는 알아차림이란 결과가 수행입니다.

의(意)와 생각과 접촉에 의해서 아는 마음이 생기는 과정은 네 가지 조건의 결합입니다. 여기서 하나라도 빠지면 아는 마음이 성립되지 않습니다. 이때 내가 있어 아는 것이 아닙니다. 조건에 의해 아는 것이 성립됩니다. 다만 의(意)라는 감각기관이 있어 생각하는 것을 아는 것입니다. 그러므로 여기에 자아는 없습니다. 아는 순간 감각기관이나 감각대상이나 아는 마음이나 모두 일어나서 사라집니다. 그러므로 무상합니다. 이렇게 무상한 것이 괴로움입니다. 이러한 괴로움을 해결할 수 있는 자아가 없어 무아입니다.

의(意)라는 감각기관을 기반으로 생각이라는 감각대상과 접촉할 때 열 가지 족쇄가 일어나기도 하고, 열 가지 족쇄를 알아차리면 도과를 성취할 수 있습니다. 그러므로 족쇄가 어떻게 일어났는지 알면 족쇄가 사라지게 하는 방법도 알 수 있습니다. 그리하여 도과를 성취하면 사라진 족쇄가 다시 일어나지 않습니다. 이것이 해탈의 자유입니다.

4) 일곱 가지 깨달음의 요소[七覺支]를 알아차림

(1) 일곱 가지 깨달음의 요소에 대한 개요

법을 알아차리는 수행의 네 번째는 '일곱 가지 깨달음의 요소[七覺支]를 알아차림'입니다. 법을 알아차리는 수행[法念處]의 첫 번째는 다섯 가지 장애를 알아차리는 수행이고, 다음 단계로 오온과 12처를 알아차립니다. 이러한 과정을 충실히 닦으면 다음 단계로 일곱 가지 깨달음의 요소가 성숙됩니다. 법은 대상의 법으로 시작해서 진리의 법으로 가기 때문에 법념처에서 지혜가 계발되어 깨달음에 이르게 됩니다.

일곱 가지 깨달음의 요소는 첫째, 알아차림의 깨달음의 요소입니다. 둘째, 법에 대한 고찰의 깨달음의 요소입니다. 셋째, 정진에 대한 깨달음의 요소입니다. 넷째, 희열의 깨달음의 요소입니다. 다섯째, 평안의 깨달음의 요소입니다. 여섯째, 마음집중의 깨달음의 요소입니다. 일곱째, 평등의 깨달음의 요소입니다.

일곱 가지 깨달음의 요소는 위빠사나 수행의 대상인 정신과 물질에 대한 철저한 이해를 바탕으로 차츰 계발됩니다. 이것을 칠각지(七覺支)라고 합니다. 위빠사나 수행을 시작하면 낮은 단계의 지혜가 생기기 시작합니다. 수행을 계속하여 일곱 가지 깨달음의 요소가 모두 계발되기 시작하면 드디어 도과를 성취하는 데 필요한 높은 단계의 지혜가 나타난 것입니다.

위빠사나 수행자가 도과를 성취하는 과정은 반드시 정해진 길을 갑니다. 이 길이 아닌 다른 길로 가서는 깨달음을 얻는 열반을 성취할 수 없습니다. 인간의 마음은 누구나 같기 때문에 깨달음으로 가는 과정도 예외가 없습니다. 물론 깨달음으로 가는 과정을 여러 가지 측면에서 조명하여 서술하고 있지만 지혜가 계발되는 과정은 모두 동일합니다.

수행자가 도과를 성취하기 위해서는 반드시 일곱 가지 깨달음의 요소를 알아차려야 합니다. 이러한 과정을 거치는 동안 일곱 가지 청정이 수반됩니다. 이 외에도 깨달음에 이르기 위해 지혜가 계발되는 과정을 열 가지로 나누기도 합니다. 그러나 붓다고사가 쓴 주석서인 『청정도론』에서는 지혜가 계발되는 과정을 열여섯 단계로 나누었습니다. 붓다고사가 제시한 깨달음의 16단계 과정은 여러 가지 단계의 과정을 축약한 것입니다.

이외에도 깨달음을 얻는 과정에서 위빠사나 수행에 따른 열 가지 번뇌를 알아차리는 과정이 있습니다. 그리고 열 가지 족쇄를 소멸하는 과정이 있습니다. 이상의 과정은 모두 하나의 열반을 향해서 갈 때 나타나는 다양한 형태의 과정들입니다. 가는 길은 하나지만 나타나는 장애나 지혜에 따라 분류한 것들입니다.

여기서 주목해야 할 것은 궁극의 깨달음에 이르는 도과를 성취하는 과정이 낱낱이 밝혀져 있다는 사실입니다. 그러므로 수행자가 무엇인지도 모르고 막연하게 가는 길이 아니고 이미 정해진 길을 앞서간 스승들의 가르침대로 따라 갑니다. 위빠사나 수행자가 수행을 하면 매 단계마다 나타나는 현상이 있기 때문에 스승은 이것을 기준으로 가르침을 폅니다. 그리고 수행자에 따라 발전의 속도가 약간씩 다르긴 하지만 반드시 누구나 이러한 과정을 거쳐야 합니다. 그래서 깨달음으로 가는 이 길은 이미 정해진 길입니다.

깨달음에 이르기 위해서는 누구나 이러한 지혜의 단계적 과정을 반드시 거쳐야 합니다. 하지만 수행자의 근기에 따라 어느 단계에서는 오래 머물고 어느 단계에서는 신속하게 지혜가 계발될 수 있습니다. 또 수다원의 도과에서 사다함으로 가는 과정이나 아나함으로 가는 과정이나 아라한으로 가는 과정도 자신의 노력과 자신이 지은 선업의 양에 따라 늦거나 빠른 차이가 있습니다.

붓다가 처음으로 찾아내신 12연기는 이미 있는 법을 찾아내신 것이지 붓다가 만든 것이 아닙니다. 붓다는 우리와 똑같은 인간일 뿐만 아니라 똑같은 것을 경험하고 똑같이 무수한 윤회를 거쳤습니다. 다만 다른 것이 있다면 붓다가 되고자 서원을 세우고 오랜 세월 동안 보살로서 바라밀 공덕을 쌓은 과보로 스스로 깨달음을 얻어 붓다가 되었습니다. 그래서 스스로 깨달음을 얻고, 위없는 깨달음을 얻었다는 것이 다른 수행자와 다릅니다. 붓다(Buddha)는 깨달은 자, 고집멸도 사성제를 아는 자라는 뜻입니다. 그러므로 어떤 한 인물을 지칭하는 단어가 아닙니다.

깨달음으로 가는 지혜의 단계는 붓다가 만든 것이 아닙니다. 앞서가신 역대의 모든 붓다와 벽지불과 아라한과 수많은 성인들이 가신 길을 고따마 붓다도 똑같이 갔습니다. 그리고 수다원, 사다함, 아나함, 아라한의 도과와 성인의 단계도 붓다가 만든 것이 아닙니다. 원래 있는 이 길을 단지 스스로 찾아내서 가신 것입니다.

일곱 가지 깨달음의 요소 중에서 첫 번째인 알아차림의 깨달음의 요소와 두 번째인 법에 대한 고찰의 깨달음의 요소와 세 번째인 정진의 깨달음의 요소는 지혜의 계발이라고 하기보다는 수행을 시작할 때 필요한 기본적인 바탕이 되는 깨달음의 요소들입니다. 이상 세 가지의 깨달음의 요소가 성숙되면 본격적으로 지혜의 계발단계에 이르는데 이것이 네 번째인 희열의 깨달음의 요소부터 시작하여 다섯 번째 평안, 여섯 번째 집중, 일곱 번째 평등의 깨달음의 요소입니다. 이처럼 깨달음의 길을 가기 위해서는 반드시 이런 깨달음의 요소를 계발해야 하는 것을 우리는 주목해야 합니다.

이상의 일곱 가지 깨달음의 요소는 깨달음으로 가는 예비단계의 과정이지 이것 자체가 깨달음은 아닙니다. 그러므로 단계적 과정의 지혜가 성숙되어 마지막으로 무상, 고, 무아를 알아서 번뇌가 끊어진 상태에서 열반에 이릅니다. 이때의 열반이 도와 과를 성취한 성자의 깨달음입니다.

깨달음으로 가는 과정은 세 단계의 도(道)로 나눕니다.

첫 번째 기본도입니다. 기본도는 수행의 바탕이 되는 기본적 요소인데 이것이 12연기의 도입니다. 수행의 모든 기본요건은 기본도인 12연기에서 확립됩니다. 12연기에서 오온이라는 수행의 대상이 확립되었습니다. 이러한 오온이 원인과 결과로 일어나고 사라지는 지혜가 확립되면 의심에서 벗어날 수 있습니다. 기본도는 수행의 토대입니다.

두 번째는 예비단계의 도입니다. 예비단계의 도는 12연기를 바탕으로 한 기본도에서 정신세계의 지혜를 구축하는 과정입니다. 그러므로 예비단계의 도는 기본도의 토대 위에 쌓아올리는 정신적 구축물입니다. 이 예비단계의 과정이 위빠사나 수행입니다. 바로 위빠사나 수행 과정은 일곱 가지 깨달음의 요소가 계발되는 과정입니다. 위빠사나 수행은 12연기를 바탕으로 한 오온에서 대상을 본질을 아는 지혜를 성숙시키는 과정입니다. 그러므로 예비단계의 도에 속하는 일곱 가지 깨달음의 요소는 깨달음 자체는 아닙니다.

세 번째는 성스러운 도입니다. 예비단계의 도인 위빠사나 수행을 해서 지혜가 계발되면 마지막에 도의 지혜와 과의 지혜를 성취합니다. 이것이 성자의 길인 열반입니다. 성자의 길은 수다원, 사다함, 아나함, 아라한의 도과를 거칩니다. 그래서 아라한의 도과로 최종적인 깨달음에 이릅니다.

열반이란 탐욕, 성냄, 어리석음의 번뇌가 완전하게 불타버린 정신적 상태를 뜻합니다. 이러한 정신적 상태에 이르기 위해서는 존재하는 것의 특성인 무상, 고, 무아를 알아서 집착을 여의어야 합니다. 그러면 괴로움뿐인 윤회가 끝납니다. 그래서 열반을 지고의 행복이라고 합니다. 이것이 모든 속박에서 벗어난 해탈의 자유입니다.

붓다는 있어도 붓다가 된 자는 없습니다. 아라한은 있어도 아라한이 된 자는 없습니다. 깨달음은 있어도 깨달음을 얻는 자는 없습니다. 깨달음이란 무아의 지혜가 나서 열반에 이르기 때문에 이것을 소유하는 자아가 없습니다. 그래서 도과는 있어도 도과를 얻은 자는 없으므로 내가 깨달음을 얻었다고 말하지 않습니다. 다만 최고의 정신적 지혜가 있을 뿐입니다. 이것이 깨달음에 관한 정신세계의 불문율입니다.

(2) 『대념처경』의 일곱 가지 깨달음의 요소를 알아차림

『대념처경』에 있는 '일곱 가지 깨달음의 요소[七覺支]를 알아차림'은 다음과 같습니다.

"다시 비구들이여, 비구는 일곱 가지 깨달음의 요소라는 법에서 법을 알아차리는 수행을 하면서 지낸다. 비구들이여, 어떻게 비구가 일곱 가지 깨달음의 요소라는 법에서 법을 알아차리는 수행을 하면서 지내는가?

첫째, 비구들이여, 여기 비구는 알아차림의 깨달음의 요소[念覺支]가 있을 때 내게 알아차림의 깨달음의 요소가 있다고 안다. 알아차림의 깨달음의 요소가 없을 때 내게 알아차림의 깨달음의 요소가 없다고 안다. 비구는 전에 없던 알아차

림의 깨달음의 요소가 일어나면 그것을 안다. 일어난 알아차림의 깨달음의 요소가 수행을 통해서 완성되면 그것을 안다.

둘째, 비구는 법에 대한 고찰의 깨달음의 요소[擇法覺支]가 있을 때 내게 법에 대한 고찰의 깨달음의 요소가 있다고 안다. 법에 대한 고찰의 깨달음의 요소가 없을 때는 내게 법에 대한 고찰의 깨달음의 요소가 없다고 안다. 비구는 전에 없던 법에 대한 고찰의 깨달음의 요소가 일어나면 그것을 안다. 일어난 법에 대한 고찰의 깨달음의 요소가 수행을 통해서 완성되면 그것을 안다.

셋째, 비구는 정진의 깨달음의 요소[精進覺支]가 있을 때 내게 정진의 깨달음의 요소가 있다고 안다. 정진의 깨달음의 요소가 없을 때 내게 정진의 깨달음의 요소가 없다고 안다. 비구는 전에 없던 정진의 깨달음의 요소가 일어나면 그것을 안다. 일어난 정진의 깨달음의 요소가 수행을 통해서 완성되면 그것을 안다.

넷째, 비구는 희열의 깨달음의 요소[喜覺支]가 있을 때 내게 희열의 깨달음의 요소가 있다고 안다. 희열의 깨달음의 요소가 없을 때 내게 희열의 깨달음의 요소가 없다고 안다. 비구는 전에 없던 희열의 깨달음의 요소가 일어나면 그것을 안다. 일어난 희열의 깨달음의 요소가 수행을 통해서 완성되면 그것을 안다.

다섯째, 비구는 평안함의 깨달음의 요소[輕安覺支]가 있을 때 내게 평안함의 깨달음의 요소가 있다고 안다. 평안함의 깨달음의 요소가 없을 때는 내게 평안함의 깨달음의 요소가 없다고 안다. 비구는 전에 없던 평안함의 깨달음의 요소가 일어나면 그것을 안다. 일어난 평안함의 깨달음의 요소가 수행을 통해서 완성되면 그것을 안다.

여섯째, 비구는 마음집중의 깨달음의 요소[定覺支]가 있을 때 내게 마음집중의 깨달음의 요소가 있다고 안다. 마음집중의 깨달음의 요소가 없을 때 내게 마음집중의 깨달음의 요소가 없다고 안다. 비구는 전에 없던 마음집중의 깨달음의 요소가 일어나면 그것을 안다. 일어난 마음집중의 깨달음의 요소가 수행을 통해서 완성되면 그것을 안다.

일곱째, 비구는 평등의 깨달음의 요소[捨覺支]가 있을 때 내게 평등의 깨달음의 요소가 있다고 안다. 평등의 깨달음의 요소가 없을 때 내게 평등의 깨달음의 요소가 없다고 안다. 비구는 전에 없던 평등의 깨달음의 요소가 일어나면 그것을 안다. 일어난 평등의 깨달음의 요소가 수행을 통해서 완성되면 그것을 안다.

이와 같이 그는 법에서 법을 안으로 알아차리는 수행을 하면서 지낸다. 혹은 법에서 법을 밖으로 알아차리는 수행을 하면서 지낸다. 혹은 법에서 법을 안팎으로 알아차리는 수행을 하면서 지낸다.

그는 법이 일어나는 현상을 알아차리는 수행을 하면서 지낸다. 혹은 법이 사라지는 현상을 알아차리는 수행을 하면서 지낸다. 혹은 법이 일어나고 사라지는 현상을 알아차리는 수행을 하면서 지낸다.

그는 단지 법이 있다는 알아차림을 확립할 때까지 법의 현상들에 대한 분명한 앎과 알아차림을 확립하고, 유지한다. 그는 갈애와 잘못된 견해에 의지하지 않고 지낸다. 그는 세상에서 아무것도 집착하지 않는다. 비구들이여, 이와 같이 비구는 법에서 법을 알아차리는 수행을 하면서 지낸다."

이상이 『대념처경』에 있는 일곱 가지 깨달음의 요소에 관한 내용입니다. 다음은 일곱 가지 깨달음의 요소[七覺支]를 알아차림에 대한 가르침을 하나씩 살펴보겠습니다.

① 알아차림의 깨달음의 요소

"첫째, 비구들이여, 여기 비구는 알아차림의 깨달음의 요소[念覺支]가 있을 때 내게 알아차림의 깨달음의 요소가 있다고 안다. 알아차림의 깨달음의 요소가 없을 때 내게 알아차림의 깨달음의 요소가 없다고 안다. 비구는 전에 없던 알아차림의 깨달음의 요소가 일어나면 그것을 안다. 일어난 알아차림의 깨달음의 요소가 수행을 통해서 완성되면 그것을 안다."

첫 번째 깨달음의 요소는 알아차림의 깨달음[念覺支]의 요소입니다. 알아차림을 빨리어로는 사띠(sati)라고 합니다. 알아차림의 뜻은 크게 두 가지가 있는데 하나는 기억이고, 다른 하나는 알아차림입니다. 기억이라는 말은 현전(現前)하는 것입니다. 현전이란 눈앞에 있는 현재를 말합니다. 그래서 현재 여기에 있는 것을 잊지 않고 기억해서 알아차린다는 뜻입니다. 이것은 현재 알아차릴 것을 잊지 않고 항상 알아차려야 하는 것과 그 알아차림을 잊지 않고 지속해서 알아차리는 것을 말합니다. 그러므로 수행에서 말하는 알아차림은 단순히 알아차림 하나로 그치지 않고, 반드시 알아차린 뒤에 알아차림을 지속하는 것까지를 포함하고 있습니다.

누구나 현재 여기에 있는 몸과 마음이란 대상을 알아차리지 못하고 삽니다. 그래서 지나간 과거에 매달려 후회하거나 그리워합니다. 또 오지 않은 미래를 생각하면서 불안해하거나 꿈을 가지고 삽니다. 이것들은 모두 생각에 빠진 것으로 실재하는 진실이 아니고 관념입니다. 생각은 생각에 그칠 뿐이며 결코 생각으로는 통찰지혜를 얻을 수 없습니다. 위빠사나 수행에서의 알아차림은 단지 대상을 겨냥하여 아는 것에 그치지 않고 반드시 대상에 마음을 머물게 하여 지속적으로 알아차리는 것을 포함합니다. 이럴 때만이 고요함에 의해 통찰지혜가 계발되기 때문입니다.

알아차림은 위빠사나 수행에서 가장 중요한 기본요소 중의 하나입니다. 알아차림은 마음이 깨어 있는 상태라서 계율을 지키는 행위입니다. 대상을 잊지 않음으로 인해 혼란한 상태가 아니고 항상 각성된 상태라서 청정한 마음가짐입니다. 알아차림은 선한 마음의 작용으로 선한 행위에 속합니다. 그래서 여섯 가지 감각기관이 여섯 가지 감각대상과 부딪칠 때 알아차림이 있으면 상대의 행동, 말, 좋음, 싫음, 자신의 판단, 생각 등에 얽매이지 않고 대상을 있는 그대로 받아들여서 압니다. 그래서 마음이 대상과 접촉할 때 깨어 있는 상태에서 대상을 있는 그대로 아는 것입니다. 누구나 대상과 마주할 때 깨어 있는 상태로 마주하지 못하기 때문에 모든 번뇌가 일어납니다. 그러나 알아차림이 있을 때는 어떠한 번뇌도 침투하지 못합니다.

알아차림의 특성은 흔들리지 않고, 대상의 표면에서 겉돌지 않고, 대상에 깊이 들어가서 대상을 철저하게 아는 것입니다. 그것의 기능이 기억하는 것입니다. 그래서 수행자가 부주의함에 빠지지 않도록 수행자를 보호하는 것으로 나타납니다. 이러한 알아차림은 신, 수, 심, 법이라는 사념처 수행을 확립하는 것이 가까운 원인입니다. 그래서 알아차릴 대상은 몸, 느낌, 마음, 법이라는 사념처입니다.

수행의 시작은 먼저 알아차림을 가지고 출발하는 것입니다. 그러나 알아차림은 반드시 대상이 있어야 하는데 이때의 대상이 사념처입니다. 누구나 지금까지 자신의 몸과 마음을 대상으로 삼아 본 적이 별로 없습니다. 그래서 처음에는 자신의 몸과 마음을 대상으로 삼는 것이 생소합니다. 그러므로 수행자는 알아차릴 대상이 자신의 몸과 마음이라는 사실을 다시 한 번 분명하게 인식해야 합니다. 일반적으로 위빠사나 수행이 어렵다고 말하거나 수행이 잘 안 된다고 하는 경우는 자신의 몸과 마음을 알아차리지 못했기 때문에 오는 결과입니다.

"여기 비구는 알아차림의 깨달음의 요소[念覺支]가 있을 때 내게 알아차림의 깨달음의 요소가 있다고 안다. 알아차림의 깨달음의 요소가 없을 때 내게 알아차림의 깨달음의 요소가 없다고 안다. 비구는 전에 없던 알아차림의 깨달음의 요소가 일어나면 그것을 안다"고 할 때 수행자가 대상을 알아차리고 있을 때는 지금 자신에게 알아차림의 깨달음의 요소가 있는 것을 알아차려야 합니다. 처음에는 대상을 알아차려야 하며, 알아차린 뒤에도 현재의 대상을 지속적으로 알아차려야 합니다. 수행자의 역할은 대상을 알아차리는 것입니다. 그리고 알아차림을 지속하는 것입니다.

수행자가 대상을 알아차리지 못할 때는 알아차림의 깨달음의 요소가 없는 것을 알아차려야 합니다. 그래서 항상 알아차림의 깨달음의 요소가 생기도록 잊지 않고 노력해야 합니다. 알아차리지 못하는 것은 마음을 대상에 겨냥하지 못한 것입니다. 그러면 대상을 깨어서 지켜보는 것이 아닙니다. 깨어서 보지 못한다면 수행이라고 할 수 없습니다. 수행을 한다는 것은 바로 알아차림이 있느냐 없느냐 하는 것으로 구별할 수 있습니다. 이렇게 알아차리지 못하다가 다시 알아차렸을 때는 다시 알아차림이 일어난 것을 알아야 합니다.

잠시 두 손바닥을 마주 대보십시오 이때 손이 닿은 것을 아는 것이 알아차리는 것입니다. 그러나 단지 손을 아는 것은 관념으로 아는 것입니다. 이것은 위빠사나 수행이 아닙니다. 이때 손이 닿은 느낌을 아는 것이 위빠사나 수행입니다. 같은 알아차림이라도 모양으로의 손을 알 때는 관념으로 아는 것이며, 손이 아닌 손에 있는 느낌을 아는 것이 바로 실재를 아는 것입니다.

잠시 두 손이 닿은 느낌을 느껴 보십시오 따뜻한 느낌이 있을 것입니다. 아니면 건조하거나 축축한 느낌도 있을 것입니다. 또는 단단함이나 부드러움이 있을 수도 있습니다. 그리고 진동을 느낄 수도 있고, 무거움을 느낄 수도 있습니다. 이것이 모두 느낌입니다. 이때 알아차림이 있는 것이고 이것이 위빠사나 수행을 하는 것입니다.

알아차림에는 두는 알아차림이 있고, 있는 알아차림이 있습니다. 처음 수행을 시작할 때는 열심히 대상을 알아차려야 합니다. 이것이 두는 알아차림입니다. 이렇게 알아차리면 차츰 지혜가 나서 알아차림과 지혜가 함께 있게 됩니다. 이 상태에서는 있는 알아차림이 생겨 알아차리는 힘이 커집니다. 이것이 바로 있는 알아차림입니다. 그래서 이때는 알아차리고 있는 것을 다시 알아차릴 수도 있습니다.

수행자는 다섯 가지 근기인 믿음, 노력, 알아차림, 집중, 지혜가 있어야 합니다. 이때 믿음, 노력, 알아차림, 집중, 지혜는 적절해야 하며 균형이 있어야 합니다. 그러나 다섯 가지 중에 알아차림 하나는 아무리 많아도 부족합니다. 그래서 알아차림은 많을수록 좋습니다. 이 말은 아무리 노력해도 원하는 만큼 알아차리기 어렵다는 것입니다. 일반적으로 알아차리지 못하다 노력해서 알아차리려 해도 알아차리기 어렵고 또 알아차림을 지속하기 어렵습니다. 그래서 알아차리는 것을 기억해야 하며 알아차리기 시작한 뒤 알아차림을 지속하기 위해서는 알아차리고 있는 사실을 다시 알아차리는 것이 필요합니다.

이처럼 알아차림은 항상 부족하기 마련이라 알아차림과 함께 분명한 앎을 해야 합니다. 알아차림이 하나의 바퀴라면 다른 하나의 바퀴는 분명한 앎입니다. 알아차림이란 겨냥과 분명한 앎이라는 이해가 함께 결합되어야 비로소 더 확실한 알아차림을 할 수 있습니다.

알아차림에는 알아차리지 못했을 때 알아차리는 것과 알아차림을 지속하기 위해 알아차리고 있는 것을 다시 알아차리는 것이 있습니다. 그러므로 알아차리고 있을 때는 알아차리고 있는 것을 알고, 알아차리지 못했을 때는 알아차리지 못한 것을 알고 즉시 알아차려야 합니다. 이때도 주의해야 합니다. 단지 알아차리지 못한 것을 아는 것으로 그쳐서는 안 됩니다. 일반적으로 알아차리지 못한 것을 알고도 다시 알아차림을 지속하지 못하기 때문입니다. 그래서 알아차리지 못한 것을 알고 새로 알아차림을 지속하기 위해서는 가슴에 있는 호흡이나 가슴의 느낌을 알아차리는 것이 효과적입니다.

알아차림은 그냥 이루어지는 것이 아닙니다. 먼저 믿음이 있어야 합니다. 믿음이 있어서 생긴 현명한 성찰이 있어야 알아차릴 수 있습니다. 알아차림이 없는 상태는 믿음이 없기 때문에 현명한 성찰이 없어서 알아차리지 못하는 것입니다. 알아차리기 위해서는 이러한 믿음과 함께 노력이 따라야 합니다. 노력이 없으면 알아차릴 수도 없고 알아차렸다고 해도 이 알아차림을 지속할 수 없습니다.

'일곱 가지 깨달음의 요소'라는 것은 깨달음을 얻기 위해 반드시 필요한 것들을 말합니다. 그 첫 번째 깨달음의 요소가 바로 알아차림입니다. 그러므로 알아차림 자체가 깨달음이 아니고, 알아차림이란 행위가 있어서 깨달음의 길을 가는 것이 시작되는 것입니다.

알아차림에 의해 일어나는 깨달음의 요소는 항상 하다고 알았던 것을 항상 하지 않다고 아는 것입니다. 즐거움이라고 알았던 것을 괴로움이라고 아는 것입니다. 자아가 있다고 알던 것을 무아라고 아는 것입니다. 그래서 알아차림에 의해 지혜가 성숙되었을 때는 다시 지혜가 성숙된 것을 알아차려야 합니다. 그래야 더 높은 지혜를 향해서 갑니다.

수행에서 만족이나 안주는 없습니다. 오직 대상과 아는 마음만 있습니다. 그러므로 어떤 지혜가 나도 그것도 하나의 과정일 뿐입니다. 이와 같이 **'일어난 알아차림의 깨달음의 요소가 수행을 통해서 완성되면 그것을 안다'**는 것은 도과를 성취했을 때도 알아차려야 하는 것을 말합니다. 지혜가 나도 알아차릴 대상이며, 도과를 성취해도 알아차릴 대상입니다. 수다원에서부터 아라한의 도과를 성취해도 이것이 모두 알아차릴 대상입니다. 그래서 수행은 알아차림으로 시작해서 알아차림으로 끝납니다. 이 이상은 없습니다. 이때 끝은 끝이 아니고 알아차림을 계속하는 것을 말합니다.

수행자가 알아차림의 깨달음의 요소를 확립하기 위해서는 알아차림과 함께 분명한 앎을 해야 합니다. 그리고 들뜨고 혼란스러운 마음을 가진 사람을 피하고, 알아차리는 수행을 하는 사람과 사귀어야 합니다. 무엇보다도 중요한 것은 알아차리기 위해 노력하는 것입니다. 알아차림은 저절로 생기는 것이 아닙니다.

잊지 않고 노력해야 알아차릴 수 있으며, 계속해서 노력해야 알아차림이 지속됩니다.

지금까지 말씀드린 알아차림의 깨달음의 요소에 대해 알아차린 것과 똑같은 방법으로 나머지 여섯 가지의 깨달음의 요소도 알아차려야 합니다. 일곱 가지 깨달음의 요소는 모두 최고의 지혜로 가는 과정의 지혜이므로 알아차리는 방법이 동일합니다. 그리고 이러한 과정의 지혜가 모두 알아차릴 대상입니다. 마지막 일곱 번째 단계의 깨달음의 요소인 평등의 깨달음의 요소가 이루어져야 비로소 그 다음 단계인 도과를 성취할 수 있습니다.

② 법의 고찰의 깨달음의 요소

"둘째, 비구는 법의 고찰의 깨달음의 요소[擇法覺支]가 있을 때 내게 법의 고찰의 깨달음의 요소가 있다고 안다. 법의 고찰의 깨달음의 요소가 없을 때는 내게 법의 고찰의 깨달음의 요소가 없다고 안다. 비구는 전에 없던 법의 고찰의 깨달음의 요소가 일어나면 그것을 안다. 일어난 법의 고찰의 깨달음의 요소가 수행을 통해서 완성되면 그것을 안다."

두 번째 깨달음의 요소는 법의 고찰의 깨달음[擇法覺支]의 요소입니다. 법은 알아차릴 대상입니다. 그리고 고찰은 대상을 조사하고 탐구하는 것입니다. 이 말은 먼저 대상을 알아차리고 난 뒤 대상이 가지고 있는 성품까지 알아차리는 것을 말합니다. 대상의 성품은 무상, 고, 무아입니다. 이러한 성품을 알기 위해서는 반드시 대상에 대한 조사와 탐구가 필요합니다.

수행자는 맹목적인 믿음을 갖지 말고 먼저 자신의 몸과 마음을 탐구해서 법을 통찰하면 그때 확신에 찬 믿음을 가져야 합니다. 이때 몸과 마음에 대한 탐구가 바로 법의 고찰입니다. 이것은 의심을 가지고 몸과 마음을 탐구하는 것이 아닙니다. 아무런 선입관 없이 단지 있는 그대로 알아차려서 대상이 가지고 있는 실재하는 성품을 아는 것입니다. 이때 무엇인가를 찾으려고 알아차리는 것이 아니고 단지 대상이 있어서 알아차려야 합니다.

법의 고찰이라고 할 때의 법은 대상입니다. 이 대상이 정신과 물질입니다.

여기서 정신과 물질을 고찰한다는 것은 이것은 정신이고, 이것은 물질이라고 구별해서 아는 것을 말합니다. 정신과 물질이 하나가 아니고 정신적 영역과 물질적 영역이 있어 서로의 영역에서 각각의 역할을 아는 것입니다. 이렇게 정신과 물질을 고찰하면 이것들이 일어나고 사라지는 것을 알 수 있습니다.

수행자는 먼저 호흡이 일어나고 사라지는 것을 알아차리고, 다음 단계로 호흡을 알아차리는 마음도 일어나고 사라지는 것을 알아야 합니다. 그래서 물질도 일어나서 사라지는 것이면 바로 정신도 일어나서 사라지는 것을 알 수 있습니다. 이것은 집중에 의해 지혜가 계발되면 자연스럽게 알 수 있습니다. 이렇게 대상의 실재하는 성품인 일어나고 사라지는 법을 고찰할 때는 관념이 아닌 실재를 알아차려야 합니다. 몸을 알아차릴 때는 모양으로서의 몸이 아닌, 몸이 가지고 있는 실재인 지, 수, 화, 풍을 알아차려야 합니다. 이것은 느낌으로 드러납니다. 이렇게 대상을 느낌으로 알아차리면 '나'라거나 '너'라고 하는 개념이 일어나지 않습니다. 그래서 예쁘다거나 밉다고 하는 개념으로 보지 않습니다. 이렇게 관념이 아닌 실재를 알아차리는 것이 대상의 고유한 특성을 알아차리는 것입니다. 바로 이렇게 알아차릴 때만이 대상이 가지고 있는 궁극의 실재를 알게 됩니다. 그러면 법을 바르게 고찰한 것입니다. 법의 고찰은 팔정도의 바른 견해[正見]와 같습니다. 법의 고찰은 정신과 물질을 있는 그대로 보아서 무상, 고, 무아를 아는 것입니다.

법의 고찰은 유익한 것이나 해로운 것을 모두 아는 것입니다. 그리고 나무랄 것이 없는 것과 나무라야 할 것을 아는 것입니다. 닦아야 할 것과 닦지 않아야 할 것, 고상한 것과 천박한 것, 옳은 것과 옳지 않은 것을 모두 아는 것입니다. 이렇게 할 일과 하지 않아야 할 일을 숙고하는 것입니다. 이것은 아직 일어나지 않은 법의 고찰을 일으키고 이미 일어난 법의 고찰을 더 커지게 합니다. 그래서 법의 고찰은 깨달음으로 가는 수행자에게 자양분이 됩니다.

우리는 어디서 와서 왜 여기에 사는지 모릅니다. 그리고 이렇게 살다가 어디로 가는지도 모릅니다. 그리고 이 생으로 끝인지 다음 생이 있는지도 모릅니다. 저마다 여러 가지 말들을 하지만 그것들을 모두 믿을 수도 없고 그렇다고 믿지 않을 수도 없는 채로 살아왔습니다. 우리는 아무것도 모르기 때문입니다. 그래서 두려움에 떨어야 하며 무엇인가에 구원을 받으려고 하면서 살았습니다. 이것이 과거부터 내려온 인류의 역사이고 앞으로도 이 범주에서 벗어나기가 쉽지 않을 것입니다. 그러나 우리가 이러한 무지에서 벗어나려면 지금 여기에 있는 몸과 마음을 대상으로 알아차려야 합니다. 몸과 마음으로부터 시작된 모든 문제의 답은 오직 몸과 마음에 있습니다. 이것이 법에 대한 고찰입니다. 그러므로 깨달음으로 가기 위해서는 먼저 알아차림의 깨달음의 요소를 가지고 정신과 물질을 대상으로 알아차리는 깨달음의 요소를 계발해야 합니다.

정신과 물질이라는 대상을 고찰하면 몸과 마음이 무엇인지 압니다. 몸은 대상을 인식하지 않기 때문에 단지 몸입니다. 마음은 대상을 향해서 기울어지기 때문에 단지 마음입니다. 이렇게 분명하게 몸과 마음의 영역을 알아차리면 존재하는 것에 대한 모든 의문이 풀리고 지혜가 나서 두려움이 사라집니다. 이렇게 해서 알게 되는 것이 원인과 결과이며 무상, 고, 무아입니다.

지혜는 말하는 것으로는 진정한 뜻을 알 수 없습니다. 오직 몸과 마음을 알아차린 결과로 오는 통찰지혜로 꿰뚫어야 대상을 바르게 알 수 있습니다. 만약 이런 지혜가 나면 어둠에서 붉을 밝히는 등불처럼 대상의 성품을 명료하게 알 수 있습니다. 그래서 흔들리지 않고 혼란스럽지 않습니다. 이것이 대상을 탐구해서 본 결과로 생긴 지혜입니다. 이러한 지혜로 인해 확신에 찬 믿음을 갖습니다. 혼란스럽지 않으면 들뜸과 의심에서 해방된 것입니다. 그러면 비로소 갈 길이 분명하게 보여서 무엇을 어떻게 해야 할지 알게 됩니다. 그러므로 법에 대한 고찰은 어둠에서 한 줄기 빛을 만나는 것으로, 방향을 알려주는 등대와 같은 것입니다.

"비구는 법의 고찰의 깨달음의 요소[擇法覺支]가 있을 때 내게 법의 고찰의 깨달음의 요소가 있다고 안다. 법의 고찰의 깨달음의 요소가 없을 때는 내게 법의 고찰의 깨달음의 요소가 없다고 안다"고 할 때 수행자는 법의 고찰의 깨달음의 요소가 있으면 법의 고찰의 깨달음의 요소가 있다고 알아차려야 합니다. 만약 법의 깨달음의 요소가 없을 때는 법의 깨달음의 요소가 없다고 알아차려야 합니다. 그래서 항상 법의 깨달음의 요소가 생기도록 잊지 않고 노력해야 합니다.

법의 깨달음의 요소가 확립될 수 있도록 하기 위해서는 다음과 같은 일곱 가지 방법이 있습니다. 첫째, 붓다의 가르침, 오온(五蘊), 12처(十二處), 사대(四大), 사성제(四聖諦)에 대해 질문해야 합니다. 둘째, 알아차림을 통하여 몸과 마음을 정화해야 합니다. 셋째, 오근(五根)의 기능이 균형을 이루도록 해야 합니다. 넷째, 어리석은 사람을 피해야 합니다. 다섯째, 현명한 사람과 사귀어야 합니다. 여섯째, 붓다의 가르침을 공부해야 합니다. 일곱째, 항상 대상에 마음을 기울여서 고찰을 해야 합니다.

③ 정진의 깨달음의 요소

"셋째, 비구는 정진의 깨달음의 요소[精進覺支]가 있을 때 내게 정진의 깨달음의 요소가 있다고 안다. 정진의 깨달음의 요소가 없을 때 내게 정진의 깨달음의 요소가 없다고 안다. 비구는 전에 없던 정진의 깨달음의 요소가 일어나면 그것을 안다. 일어난 정진의 깨달음의 요소가 수행을 통해서 완성되면 그것을 안다."

세 번째 깨달음의 요소는 정진의 깨달음의 요소[精進覺支]입니다. 정진(精進)을 노력이라고 하는데 이것은 마음을 기울여서 애를 쓰는 것입니다. 수행은 노력을 하는 것입니다. 수행을 하는 것은 대상에 마음을 기울이는 것인데 노력이 없으면 마음이 대상에 머물지 않고 달아납니다. 그래서 알아차림을 놓칩니다.

수행을 시작하는 것도 노력이 있어야 하며, 수행을 지속하는 것도 노력이 있어야 합니다. 수행에서 노력과 알아차림과 집중은 아주 중요한 세 가지 기능입니다. 이 세 가지 기능이 조화를 이루게 하는 중심적 역할이 바로 노력입니다. 알아차림도 노력이 있어야 하며, 집중도 노력이 있어야 합니다. 집중이란 알아차림을 지속하는 것인데 이때 노력해야 알아차림이 지속됩니다. 마음은 그냥 저절로 머물지 않습니다. 반드시 머물도록 노력할 때만이 하나의 대상을 지속적으로 알아차릴 수 있습니다. 그러므로 노력이 없으면 아무것도 성립되지 않습니다. 하지만 노력도 적절해야 합니다. 지나치게 노력하면 들떠서 오히려 대상에 마음을 기울일 수 없어 바르게 알아차리기 어렵습니다. 또 노력이 부족하면 게으름에 빠져 아무것도 이룰 수 없습니다. 그래서 노력이 지나치면 산만해지고, 노력이 부족하면 나태해지고 졸음에 빠지므로 항상 적절한 노력이 필요합니다. 수행을 이끄는 과정에서 노력은 곳곳에서 등장합니다. 노력은 오근(五根)에서도 나타나며 오력(五力)에서도 나타납니다. 또 팔정도의 정정진(正精進)이 바른 노력입니다. 그리고 일곱 가지 깨달음의 요소에서도 노력이 있어야 합니다.

이러한 노력은 마음의 노력과 몸의 노력이 있습니다. 노력은 마음이 열심히 하고자 하는 의도를 내는 것이라서 정신적인 것입니다. 그러나 이러한 정신적 노력만으로는 수행을 완성할 수 없습니다. 정신적인 노력에 육체적인 노력이 함께 따라주어야 합니다. 정신적인 노력만 있으면 생각으로 그치고 맙니다. 그래서 육체적인 실천이 따라야 합니다. 그러므로 위빠사나 수행에서 정진력을 키우기 위해서는 경행을 해야 합니다. 경행은 정진력을 키우고, 좌선은 집중력을 키웁니다. 그래서 위빠사나 수행에서 노력한다고 하는 것은 경행을 하는 것입니다. 이렇게 정신적 노력과 육체적인 노력이 병행될 때 몸과 마음이 건강해지고 정신적으로 튼튼해집니다. 이러한 튼튼함이 법에 대한 고찰을 받쳐줍니다. 그래서 수행자들이 좌절하거나 수행에서 멀어지지 않도록 합니다. 그러므로 바른 노력이 깨달음으로 가는 가장 중요한 힘인 것입니다.

모든 생명은 시작을 알 수 없는 시기부터 셀 수 없이 많은 윤회를 거듭합니다. 그래서 각각 지은 업대로 태어나고 죽습니다. 이렇게 윤회하는 동안 스스로 노력해서 정신을 고양시킬 수 있는 기회는 인간에게만 주어집니다. 사악도와 욕계 천상과 색계, 무색계에서는 노력을 할 수 없습니다. 이곳에서는 정해진 업의 길을 가야 합니다. 그러므로 노력은 인간에게만 주어진 특권입니다. 그래서 지금이 노력을 하기에 가장 적절한 시기입니다. 인간은 선한 노력을 해서 더 향상된 삶을 살고 고통뿐인 윤회에서 벗어날 수 있습니다. 아니면 선하지 못한 노력을 해서 더 고통뿐인 삶을 살아가기도 합니다. 어떤 노력을 하겠습니까?

"비구는 정진의 깨달음의 요소[精進覺支]가 있을 때 내게 정진의 깨달음의 요소가 있다고 안다. 정진의 깨달음의 요소가 없을 때 내게 정진의 깨달음의 요소가 없다고 안다"고 할 때 수행자는 정진의 깨달음의 요소가 있을 때는 정진의 깨달음의 요소가 있다고 알아차려야 합니다. 만약 정진의 깨달음의 요소가 없을 때는 정진의 깨달음의 요소가 없다고 알아차려야 합니다. 그래서 항상 정진의 깨달음의 요소가 생기도록 잊지 않고 노력해야 합니다.

정진의 깨달음의 요소가 확립될 수 있도록 하기 위해서는 다음과 같은 열한 가지 방법들이 있습니다.

첫째, 악처(惡處)에 태어나 비참하게 생활하는 것을 생각합니다.

둘째, 노력해서 얻는 이익을 알아야 합니다.

셋째, 붓다로부터 벽지불과 모든 아라한과 성자들이 가신 길을 생각해야 합니다.

넷째, 수행을 할 수 있도록 후원해 준 것에 감사해야 합니다.

다섯째, 붓다로부터 전해져 내려온 정법의 위대함에 대해 생각해야 합니다.

여섯째, 붓다의 가르침을 전해 주는 스승에 대해 감사한 마음을 가져야 합니다.

일곱째, 자신이 비구이거나 수행자이거나 수행을 할 수 있도록 된 신분을 소홀히 하지 않아야 합니다.

여덟째, 붓다의 제자들이나 훌륭한 동료 수행자들의 가르침을 생각해야 합니다.

아홉째, 게으른 사람을 멀리해야 합니다.

열째, 부지런한 사람과 선을 행하려고 하는 사람과 사귀어야 합니다.

열한째, 열심히 노력하는 일에 모든 마음을 기울여야 합니다.

④ 희열의 깨달음의 요소

"넷째, 그는 희열의 깨달음의 요소[喜覺支]가 있을 때 내게 희열의 깨달음의 요소가 있다고 안다. 희열의 깨달음의 요소가 없을 때 내게 희열의 깨달음의 요소가 없다고 안다. 비구는 전에 없던 희열의 깨달음의 요소가 일어나면 그것을 안다. 일어난 희열의 깨달음의 요소가 수행을 통해서 완성되면 그것을 안다."

네 번째 깨달음의 요소는 희열의 깨달음의 요소[喜覺支]입니다. 희열(喜悅)은 기쁨, 열정, 환희 등으로 불립니다. 희열은 수행자가 원하는 대상을 얻은 것에 대한 만족으로 나타나는 현상입니다. 위빠사나 수행을 시작하고 일정기간이 지나서 알아차림의 깨달음의 요소와 법의 고찰에 대한 깨달음의 요소와 정진의 깨달음의 요소가 계발되면 다음 단계인 희열의 깨달음의 요소가 일어납니다. 이때 만족하는 마음으로 인해 몸에 여러 가지 형태의 느낌이 일어나는데, 이 현상을 희열이라고 합니다. 이것을 빨리어로는 삐띠(piti)라고 합니다. 이러한 희열은 행복과는 다릅니다.

희열은 위빠사나 수행을 시작한 뒤에 적절한 집중력이 생기면 나타나는 현상이지만 행복은 즐거운 느낌에 속합니다. 주석서에서는 여행자가 사막에서 오아시스를 발견한 것은 희열에 속하고, 오아시스에서 발견한 물로 갈증을 해소하는 것이 행복이라고 설명합니다. 그래서 처음에는 희열을 얻게 된 뒤에 위빠사나 수행의 알아차림을 계속하면 나중에 행복한 느낌을 얻게 됩니다.

수행자가 수행을 계속하면 자신도 모르는 여러 가지 현상들이 나타나기 마련인데 희열도 그중의 하나입니다. 그러므로 수행 중에 어떤 현상이 나타나더라도 놀라지 말고 그냥 있는 그대로의 대상을 알아차려야 합니다. 만약 이런 현상으로 인해 놀라거나 이런 현상이 나타나기를 바란다면 다음 단계의 깨달음의 요소가 계발되지 못합니다. 그래서 수행이 답보상태에 빠지거나 퇴보합니다.

희열은 수행자의 의지와 상관없이 저 스스로 일어납니다. 그리고 빠르게 일어난 순간 사라지고 다시 일어납니다. 그래서 몸에 희열이 나타나는 현상을 자신이 제어할 수 없습니다. 그러므로 처음에는 단지 나타나는 현상을 지켜볼 수밖에 없습니다. 가령 고개가 한쪽으로 획획 돌아간다든가, 잠자리에서 발이 위로 들썩하고 들리는 현상도 있습니다. 그리고 작은 바늘로 온몸을 찌르는 것 같은 느낌도 있으며, 전기에 감전된 것과 같은 찌릿함과 전율이 일어나기도 합니다. 그러나 일정 기간 이런 현상이 나타나는 것을 있는 그대로 알아차리면 다음 단계의 지혜로 발전하기 때문에 다시 나타나지 않습니다. 그러나 수행을 하면서 더 높은 단계의 지혜에 있다가 낮은 단계의 지혜로 떨어질 때는 이런 희열이 다시 나타나기도 합니다. 이때도 희열이 나타났으면 다시 있는 그대로 알아차려야 합니다. 수행 경험이 많은 수행자는 집중수행을 할 때 일정한 시간이 지나면 희열이 나타나는 과정을 압니다. 그리고 이러한 희열로 인해 현재 자신이 어느 상태에서 수행을 하는지, 자신의 수행이 어느 단계인지 알 수 있습니다. 그러므로 희열은 또 다른 의미에서 수행자의 수행상태를 측정할 수 있는 하나의 기준이기도 합니다.

이미 희열의 과정을 거쳤음에도 뒤에 다시 희열이 나타나면 수행이 뒷걸음질을 친 것입니다. 그러나 이것은 잘못된 것이 아닙니다. 오히려 수행이란 항상 높은 수준의 정신적 상태에 있지 않다는 것을 알 수 있는 기회입니다. 왜냐하면 마음은 나의 마음이 아니고 조건에 의해서 일어나고 사라지는 마음이기 때문에 상황에 따라 지혜도 더 높은 지혜에 있다가 낮은 단계의 지혜로 떨어질 수 있습니다.

수행자가 희열이 나타나는 현상을 열반으로 오해하는 경우도 있습니다. 위빠사나 수행의 지혜의 과정에서 유사열반이라는 것이 다섯 가지가 있습니다. 희열도 그중의 하나입니다. 이것은 매우 위험한 생각입니다. 수행자가 수행을 할 때 절대로 열반을 생각하면 수행을 할 수 없습니다. 깨달음의 정신세계에서는 열반을 입에 올리는 것을 금기로 삼습니다. 정신세계에서 열반은 결코 자격증이 아닙니다. 그러므로 열반을 성취한 진실한 수행자는 이런 것을 절대 입에 올리지 않습니다. 그래서 도과를 성취한 수행자가 열반을 자신의 입에 올릴 때는 천박한 번뇌를 입에 올리는 것이라서 금기시 합니다.

수행자가 처음에는 열반이 무엇인지 알 수 없으며, 설령 열반을 체험했다고 해도 자신이 확신할 수 없습니다. 그러므로 열반은 오직 열반을 경험한 스승에 의해 지도받아야 합니다. 아무리 열반에 대해 말한다 해도 직접 경험한 수행자가 아니면 열반의 실재를 알 수 없습니다. 이것이 열반의 특성입니다. 왜냐하면 어떤 수행자도 열반의 순간을 의식할 수 없기 때문입니다. 그러므로 열반은 단계적 지혜의 발전과정에 의해 판단될 수 있습니다.

희열로 인해 몸과 마음에서 생기는 현상은 다섯 가지가 있습니다.

첫째, 약한 희열이 있습니다. 처음에는 몸에서 닭살이 돋는 느낌이 일어납니다. 그리고 몸의 털이 일어서기도 합니다. 때로는 소름이 끼치거나 머리카락이 쭈뼛쭈뼛 섭니다. 이런 때는 놀라거나 두려워하지 말고 나타난 현상을 그대로 알아차려야 합니다. 희열로 인해 나타나는 여러 가지 느낌은 수행의 과정에서 생기는 하나의 현상에 불과합니다.

둘째, 순간적인 희열이 있습니다. 마치 전기에 감전된 것처럼 몸에서 찌릿찌

릿한 느낌이 일어납니다. 번갯불이 번쩍하는 것처럼 빠르게 일어나서 사라집니다. 이런 현상이 나타날 때는 기분이 좋고 시원하게 느껴집니다. 그러나 이런 느낌을 즐겨서는 안 됩니다.

셋째, 파도와 같은 희열이 있습니다. 파도를 타는 것같이 공간을 둥둥 떠다니는 느낌이 일어납니다. 이와 같은 느낌이 몸에서 나타날 때는 계속해서 파도가 밀려오듯이 나타납니다. 이것도 알아차릴 대상입니다.

넷째, 들어 올리는 희열이 있습니다. 몸이 공중에 뜨는 것 같은 느낌이 일어납니다. 실제로 몸이 공중으로 부상하거나 순간적으로 장소를 이동할 수도 있습니다. 이렇게 움직일 때는 자세의 흔들림 없이 공중으로 뜨거나 몸이 순식간에 자신이 원하는 장소로 옮겨집니다.

다섯째, 퍼지는 희열이 있습니다. 온몸에 느낌이 스며들면서 퍼집니다. 솜에 기름이 스며들듯이 전신에 느낌이 퍼지면서 충만한 마음이 일어납니다.

"비구는 희열의 깨달음의 요소[喜覺支]**가 있을 때 내게 희열의 깨달음의 요소가 있다고 안다. 희열의 깨달음의 요소가 없을 때 내게 희열의 깨달음의 요소가 없다고 안다"**고 할 때 수행자는 희열의 깨달음의 요소가 있을 때는 희열의 깨달음의 요소가 있다고 알아차려야 합니다. 만약 희열의 깨달음의 요소가 없을 때는 희열의 깨달음의 요소가 없다고 알아차려야 합니다. 그래서 항상 희열의 깨달음의 요소가 생기도록 잊지 않고 노력해야 합니다.

희열의 깨달음의 요소가 확립될 수 있도록 하기 위해서는 다음과 같은 열한 가지 방법들이 있습니다.

첫째, 붓다의 공덕을 생각합니다. 둘째, 법의 공덕을 생각합니다. 셋째, 승가의 공덕을 생각합니다. 넷째, 자신의 계행을 생각합니다. 다섯째, 자신의 너그러움을 생각합니다. 여섯째, 천인들을 생각합니다. 일곱째, 고요함을 생각합니다. 여덟째, 거친 사람을 멀리합니다. 아홉째, 믿음을 가진 인자한 사람을 사귑니다. 열째, 신심을 일으키는 경전을 생각합니다. 열한째, 희열에 마음을 기울입니다.

⑤ 평안의 깨달음의 요소

"다섯째, 비구는 평안함의 깨달음의 요소[經安覺支]가 있을 때 내게 평안함의 깨달음의 요소가 있다고 안다. 평안함의 깨달음의 요소가 없을 때는 내게 평안함의 깨달음의 요소가 없다고 안다. 비구는 전에 없던 평안함의 깨달음의 요소가 일어나면 그것을 안다. 일어난 평안함의 깨달음의 요소가 수행을 통해서 완성되면 그것을 안다."

다섯 번째 깨달음의 요소는 평안의 깨달음의 요소[經安覺支]입니다. 희열의 깨달음의 요소가 나타났을 때 계속해서 알아차리는 수행을 하면 다음 단계인 평안함의 깨달음의 요소가 나타납니다. 이 상태는 집중력이 생겨 몸과 마음이 고요해지고 안정된 상태입니다. 이때는 피로하지 않고 매우 편안합니다. 그리고 특별하게 노력하지 않아도 괴로운 느낌이 일어나지 않습니다. 고요하고 편안함으로 인해 몸과 마음이 아무런 동요도 없이 잔잔한 호수의 물처럼 평화롭습니다. 일반적으로 이 상태를 열반으로 잘못 생각할 수도 있습니다.

평안의 깨달음의 요소도 수행 과정의 하나입니다. 평안함을 즐기는 마음이 일어나면 게으름에 빠질 위험이 있습니다. 이 상태에 이르면 평안함을 즐기려고 합니다. 그러면 수행이 퇴보합니다. 수행자는 아직 가야 할 길이 많이 남아 있습니다. 그러므로 평안함에 머물러서는 안 됩니다. 평안함의 특성은 고요함으로 인해 마음과 마음의 작용에서 불안함을 가라앉게 하는, 즉 불안함을 없애는 기능을 합니다. 평안함은 수행자들에게 침착함으로 나타납니다.

"비구는 평안함의 깨달음의 요소[經安覺支]가 있을 때 내게 평안함의 깨달음의 요소가 있다고 안다. 평안함의 깨달음의 요소가 없을 때는 내게 평안함의 깨달음의 요소가 없다고 안다"고 할 때 수행자는 평안함이 나타났을 때는 평안함의 깨달음의 요소가 있다고 알아차려야 합니다. 평안함이 없을 때는 평안함의 깨달음의 요소가 없다고 알아차려야 합니다. 그래서 항상 평안함의 깨달음의 요소가 일어나도록 노력해야 합니다.

평안함의 깨달음의 요소가 확립될 수 있도록 하기 위해서는 다음과 같은 일곱 가지 방법들이 있습니다.

첫째, 건강에 좋은 음식을 섭취해야 합니다. 둘째, 안락한 기후를 선택해야 합니다. 셋째, 편안한 자세를 취하는 것이 좋습니다. 넷째, 자신이 업의 주인임을 알아야 합니다. 다섯째, 거친 사람을 피해야 합니다. 여섯째, 침착한 사람과 사귑니다. 일곱째, 평안함에 마음을 기울입니다.

⑥ 마음집중의 깨달음의 요소

"여섯째, 비구는 마음집중의 깨달음의 요소[定覺支]가 있을 때 내게 마음집중의 깨달음의 요소가 있다고 안다. 마음집중의 깨달음의 요소가 없을 때 내게 마음집중의 깨달음의 요소가 없다고 안다. 비구는 전에 없던 마음집중의 깨달음의 요소가 일어나면 그것을 안다. 일어난 마음집중의 깨달음의 요소가 수행을 통해서 완성되면 그것을 안다."

여섯 번째 깨달음의 요소는 마음집중의 깨달음의 요소[定覺支]입니다. 집중은 고요한 마음의 집중을 의미합니다. 집중을 삼매(三昧) 또는 정(定)이라고 합니다. 마음이 대상을 떠나지 않고 머물러 있으면 고요함이 생기는데 이 상태가 집중입니다. 이처럼 집중은 알아차림이 지속될 때의 현상으로 마음이 대상과 밀착되어 있을 때 나타납니다.

마음이 대상에 머물도록 하기 위해서는 노력이 필요합니다. 그리고 대상에 흥미를 잃지 않아야 합니다. 그러기 위해서는 매순간 대상의 변화를 볼 수 있어야 합니다. 알아차리는 대상이 항상 같은 것이라고 생각하면 흥미를 잃지만 대상을 지켜보는 느낌이 같은 것이 아니고 매순간 다르다는 것을 알면 재미를 느껴 대상에 집중할 수 있습니다.

집중의 특성은 방황하지 않고 심란하지 않습니다. 그리고 평화와 평온으로 나타납니다. 이러한 집중은 행복한 느낌을 원인으로 일어납니다. 그래서 수행을 하면서 행복을 체험하게 되면 자연스럽게 집중이 따르게 됩니다.

팔정도를 계정혜라고 하는데, 계(戒)는 계율을 뜻하지만 알아차림이 있는 행위입니다. 이렇게 알아차림을 통해서 청정하게 계를 지키면 다음 단계로 정(定)

의 상태가 옵니다. 이 정이 집중입니다. 바로 이 정의 상태로 인해 혜(慧)가 계발됩니다. 그러므로 수행의 알아차림으로 계율을 지키게 되며, 이러한 알아차림의 지속으로 집중이 되고 이러한 집중에 의해 지혜가 계발됩니다. 그래서 집중 없이는 지혜가 계발되지 않습니다.

사마타 수행은 정의 상태에서 머뭅니다. 그러나 위빠사나 수행은 정에 머물지 않고 찰나집중을 해서 지혜를 계발합니다. 집중은 수행의 성공을 결정하는 매우 중요한 요소입니다. 그러므로 수행자가 수행을 시작할 때 일차적 목표는 알아차림을 확립하는 것입니다. 다음으로 알아차림을 지속하여 집중하는 것입니다. 이러한 과정에 의해 마지막에 지혜가 계발됩니다.

사실 수행자들을 위한 팔만사천법문이 모두 알아차림과 집중을 위한 방편입니다. 수행자들을 위한 모든 가르침은 바로 알아차림으로 집중하기 위한 것입니다. 수행자들의 근기가 저마다 다르기 때문에 수행자의 근기에 맞춰 다양하게 설법하여 알아차림과 집중을 유도한 것이 바로 팔만사천법문입니다.

위빠사나 수행을 할 때는 사마타 수행과 달리 지나치게 집중하려고 해서는 안 됩니다. 자연스럽게 알아차림을 지속시켜서 집중력을 키워야 합니다. 그렇지 않고 집중하기 위해서 지나치게 노력하면 사마타 수행이 되어 버립니다. 그래서 위빠사나 수행을 할 때는 바라는 것 없이 알아차려야 하고, 없애려고 하지 않고 알아차려야 합니다. 이런 상태에서만이 법을 보는 집중이 생깁니다.

집중에는 세 가지가 있습니다. 근접집중과 근본집중과 찰나집중입니다. 근접집중과 근본집중은 사마타 수행의 집중입니다. 그리고 찰나집중은 위빠사나 수행의 집중입니다. 사마타 수행과 위빠사나 수행의 차이는 알아차리는 대상과 집중의 차이로 구별합니다.

사마타 수행은 고유한 특성이 없는 관념을 대상으로 합니다. 그래서 처음에는 대상에 가까이 가는 근접집중을 한 뒤에 대상과 하나가 되는 근본집중을 해서 고요함을 얻습니다. 이것이 색계 선정과 무색계 선정입니다. 사마타 수행은 지혜가 계발되지 않기 때문에 윤회에서 벗어날 수 없습니다. 그러므로 사마타 수행을 할 경우에는 스승의 가르침에 따라 적당한 시기에 위빠사나 수행으로 전환해서 지혜를 계발해야 비로소 도과를 성취할 수 있습니다.

찰나집중은 고유한 특성이 있는 실재를 대상으로 알아차릴 때 생기는 위빠사나 수행의 집중입니다. 위빠사나 수행은 몸과 마음에 있는 느낌을 알아차리는 수행입니다. 느낌은 모두 고유한 특성이 있으며, 실재하는 현상입니다. 느낌은 항상 변하기 때문에 대상과 하나가 될 수 없습니다. 또 느낌을 보는 마음도 항상 변합니다. 여기서 찰나집중이 되어 대상의 성품인 무상, 고, 무아를 알 수 있는 것입니다. 찰나집중은 대상과 하나가 되지 않고 대상을 객관적으로 알아차리기 때문에 일어나고 사라지는 대상의 성품을 볼 수 있습니다.

붓다도 처음 출가를 해서 무색계 3선과 4선을 얻었지만 그것을 버리고 다시 6년 동안이나 수행을 한 뒤에 스스로 찰나집중을 통해 위빠사나 수행을 하고 깨달음을 얻었습니다. 붓다가 자신의 몸과 마음에 있는 느낌을 통찰하시고 찰나집중을 통해 법의 성품을 보시기 전까지는 이 세상에는 무엇인가를 바라고 대상과 하나가 되는 근본집중밖에 없었습니다. 그러나 붓다가 죽음에 이르러 자신의 몸과 마음을 알아차린 뒤 느낌을 발견하셨습니다. 바로 이 느낌을 통해 최고의 지혜인 무상, 고, 무아를 알아 해탈에 이르렀습니다. 이것이 위빠사나 수행의 찰나집중입니다.

수행을 해서 집중력이 생기면 마음이 고요해지고 일어나고 사라지는 것을 아는 지혜가 생깁니다. 그런 뒤에 사라짐만 있는 것을 아는 과정이 있습니다. 이때 몸이 사라졌다고 해서 사라진 것이 아닙니다. 몸은 있지만 집중에 의해 감각이 사라진 것입니다. 몸이 사라졌다고 해서 두려움을 가져서는 안 됩니다. 이때의 몸을 나의 몸이라고 생각해서도 안 됩니다. 그러면 즉시 유신견이 생겨 지혜가 떨어집니다. 그러므로 단지 일어나고 사라지는 과정에서 일어나고 사라지는 대상이 사라진 것이라고 알아야 합니다.

사실 이때 몸이 사라짐으로 인해 유신견이 사라진 것입니다. 그러면 나의 몸이라는 집착이 없어집니다. 그러므로 수행자는 사라진 몸을 찾으려 해서는 안 됩니다. 위빠사나 수행자는 이미 소멸한 것을 다시 찾아서는 안 됩니다. 왜냐하면 이미 소멸했다면 그만큼의 지혜가 향상된 것이기 때문입니다. 만약 소멸한 것을 찾는다면 다시 원래로 되돌아갑니다.

위빠사나 수행에서 중요한 것 중의 하나가 사라진 것을 찾지 않는 것입니다. 왜냐하면 위빠사나 수행이 번뇌를 소멸하는 수행이기 때문입니다. 사라졌다는 것은 번뇌의 대상이 사라졌다는 것입니다. 열반이란 탐욕, 성냄, 어리석음이 사라진 것인데 일차적으로는 몸의 소멸로 나타납니다. 그런 뒤에 마음까지 소멸하는 것이 열반이므로 어떤 소멸이 있거나 두려워하지 말고 그냥 나타난 상태를 그대로 지켜보아야 합니다.

"비구는 마음집중의 깨달음의 요소[定覺支]가 있을 때 내게 마음집중의 깨달음의 요소가 있다고 안다. 마음집중의 깨달음의 요소가 없을 때 내게 마음집중의 깨달음의 요소가 없다고 안다"고 할 때 수행자는 마음집중이 되었을 때는 마음집중의 깨달음의 요소가 있다고 알아차려야 합니다. 마음집중이 되지 않았을 때는 마음집중의 깨달음의 요소가 없다고 알아차려야 합니다. 그래서 항상 마음집중의 깨달음의 요소가 일어나도록 노력해야 합니다.

마음집중의 깨달음의 요소가 확립될 수 있도록 하기 위해서는 다음과 같은 열한 가지 방법들이 있습니다.

첫째, 알아차림으로 몸과 마음을 청정하게 해야 합니다. 둘째, 오근의 기능이 균형을 이루도록 합니다. 셋째, 사마타 수행을 할 때는 표상에 익숙하도록 합니다. 넷째, 마음을 분발하기 위해서 법에 대한 고찰, 정진, 희열의 깨달음의 요소를 일으켜야 합니다. 다섯째, 노력이 지나쳐 마음이 들떠 있을 때 알아차림으로 마음을 가라앉게 해야 합니다. 여섯째, 낙심할 때 붓다의 공덕을 숙고하여 마음을 기쁘게 해야 합니다. 일곱째, 집중이란 말을 모는 마부처럼, 항상 평등심을 가지고 마음을 억제하거나 기쁘게 해서는 안 됩니다. 여덟째, 산만하고 집중력이 약한 사람을 피해야 합니다. 아홉째, 집중력이 있는 사람과 친하게 사귀어야 합니다. 열째, 항상 집중을 위해 마음을 기울여야 합니다. 열한째, 선정에 들기를 숙고해야 합니다.

집중은 모든 수행자가 일차적으로 지향해야 할 대상입니다. 그래서 수행의 모든 방편은 집중을 위한 것입니다. 그렇다고 해서 이러한 집중을 위해 지나치게 집중하려고 하면 오히려 집중이 되지 않고 들뜨게 됩니다. 그래서 집중은 항상 균형을 이루어야 합니다.

⑦ 평등의 깨달음의 요소

"일곱째, 비구는 평등의 깨달음의 요소[捨覺支]가 있을 때 내게 평등의 깨달음의 요소가 있다고 안다. 평등의 깨달음의 요소가 없을 때 내게 평등의 깨달음의 요소가 없다고 안다. 비구는 전에 없던 평등의 깨달음의 요소가 일어나면 그것을 안다. 일어난 평등의 깨달음의 요소가 수행을 통해서 완성되면 그것을 안다."

일곱 번째 깨달음의 요소는 평등의 깨달음의 요소[捨覺支]입니다. 수행자가 정신과 물질을 지속적으로 알아차리면 존재하는 것들의 특성이 모두 일어나고 사라지는 것이라고 압니다. 원래 이것이 법의 성품이라고 알면 일어나고 사라지는 것이 자연스러운 현상이라고 알기 때문에 좋아하거나 싫어하는 마음이 일어나지 않습니다. 이렇게 되었을 때 마음이 평온해지고, 평등심의 깨달음의 요소가 계발됩니다.

평등을 평정, 중립 또는 사(捨)라고 합니다. 빨리어로는 우뻭카(upekkhā)라고 합니다. 평정이라는 뜻으로 쓰이는 우뻭카는 빨리어 경전에서 열 가지 종류로 사용됩니다. 그중에 아홉 가지는 모두 평등이라는 뜻으로 쓰이나 한 가지는 무관심이라는 뜻이 있습니다. 이것을 다른 말로는 덤덤한 느낌으로 해석하기도 합니다. 이때의 덤덤한 느낌은 알아차림이 없는 무관심한 느낌을 말하는 것으로 무지라는 의미가 있습니다. 그러므로 평정이라고 할 때의 우뻭카와 덤덤한 느낌이라고 할 때의 우뻭카는 서로 다릅니다. 우리가 일상을 살면서 애써 관심이 없는 척하는 경우가 있습니다. 이때는 관심이 없다기보다 관심을 갖지 않으려고 하는 마음이 있습니다. 그래서 아예 무관심하거나 무관심한 척할 수 있습니다. 이것은 선한 마음으로 볼 수 없습니다. 그러나 이때 덤덤한 느낌이 있을 때도 덤덤한 느낌을 알아차리면 평등심의 중립적인 느낌이 됩니다. 그러므로 덤덤한 느낌은 알아차림이 없는 느낌입니다.

평등으로 사용되는 열 가지는 다음과 같습니다. 아라한의 육문(六門)에 나타나는 평등함, 높고 고상하게 지내서 양쪽으로 치우치지 않는 평등함, 깨달음의 요소에 의한 평등함, 노력에 치우치지 않는 평등함, 행(行)에 대한 평등함, 덤덤한 느낌, 일어나고 사라짐에 대한 평등함, 중도의 평등함, 선정에 치우치지 않는 평등함, 알아차림이 청정한 평등함 등이 있습니다.

평등의 특징은 마음과 마음의 작용을 균형 있게 합니다. 마음이 중립적인 상태에서 흔들림 없이 균형을 유지하기 때문에 더불어 마음의 작용인 수, 상, 행도 중립적인 상태가 됩니다. 또 마음의 작용이 중립적인 상태가 되면 자연스럽게 마음도 평정을 얻습니다. 그렇게 되면 몸도 가볍고 편안한 상태가 됩니다. 그래서 오온이 평등한 상태가 됩니다.

이처럼 평등의 깨달음의 요소가 확립되면 부족함이나 지나침을 조절하는 작용을 합니다. 그래서 마음과 마음의 작용이 너무 느슨하지도 않고 그렇다고 너무 팽팽하지도 않고 중립적인 상태로 균형을 이루게 됩니다. 이러한 상태를 현악기의 줄에 비유합니다. 현악기의 줄이 너무 느슨하면 소리가 나지 않으며 너무 조여도 줄이 끊어지기 때문에 알맞은 조율이 필요합니다.

"비구는 평등의 깨달음의 요소[捨覺支]가 있을 때 내게 평등의 깨달음의 요소가 있다고 안다. 평등의 깨달음의 요소가 없을 때 내게 평등의 깨달음의 요소가 없다고 안다"고 할 때 수행자는 평등의 상태가 되었을 때는 평등의 깨달음의 요소가 있다고 알아차려야 합니다. 평등의 상태가 되지 않았을 때는 평등의 깨달음의 요소가 없다고 알아차려야 합니다. 그래서 항상 평등의 깨달음의 요소가 일어나도록 노력해야 합니다.

평등의 깨달음의 요소가 확립될 수 있도록 하기 위해서는 다음과 같은 방법들이 있습니다. 살아 있는 모든 생명들에 대하여 평등심을 가져야 합니다. 생명이나 사람에 대해서 갈애를 일으켜 지나치게 좋아하면 평등심을 가질 수 없습니다. 그뿐만 아니라 살아 있는 모든 생명들에 대해서 미움을 가져서도 안 됩니다. 좋아하거나 싫어하면 평등심을 가질 수 없습니다. 그러기 위해서는 모든 생명은 자신의 행위로 인한 결과를 받는다고 알아야 합니다. 그래서 지나치게 무엇을 애잔히 여기거나 지나치게 미워해서는 안 됩니다. 모든 생명들이 저마다 자기가 스스로 선택한 업에 의해 살고 있기 때문에 이런 업자성정견(業自性正見)을 가져야 평등심이 생깁니다.

평등심을 갖기 위해서는 다음과 같이 생각해야 합니다. '나는 과거에 쌓은 업 때문에 여기에 태어났으며, 나 자신의 업 때문에 여기를 떠날 것이다. 그러면 이 갈애를 일으키는 존재는 누구인가?' 이렇게 알아차리면 평등심을 갖기 쉽습니다.

사실 모든 생명은 그 순간의 몸과 마음이 자기가 지은 업에 의해 일어나고 사라지는 것입니다. 이때 행위와 행위에 따른 과보만 있지 나라고 하는 실체는 없습니다. 그렇다고 한다면 자신에 대해서나 다른 생명에 대해서도 평등심을 유지할 수 있습니다. 재산이나 물질에 대하여 갈애가 일어났을 때는 이 재산은 내가 소유하는 것이 아니고 잠시 사용하는 것이라는 알아차림이 필요합니다. 누가 가진 것이든 재산이나 물질은 영원한 것이 아닙니다. 이것들도 때가 되면 나의 의지와 상관없이 사라집니다. 그리고 죽을 때 가지고 갈 수도 없습니다. 그러므로 '이 재산은 때가 되면 언젠가는 사라질 것이다'라고 알아야 합니다. '이 물건은 언젠가 부서질 것이고 사라질 것이다'라고 알아차려야 합니다.

다른 생명들에 대하여 평등심을 갖지 않는 이기적인 사람은 피해야 합니다. 이기적인 사람과 함께 있으면 그 파장으로 인해 평등심을 갖기 어렵습니다. 그러므로 그런 사람은 만나지 않는 것이 좋습니다. 이기적인 사람은 이기적인 것을 포기하려 하지 않습니다. 또한 지혜가 있는 사람은 진리를 포기하려 하지 않습니다. 그렇다면 서로 만나지 않는 것이 상책입니다. 특히 자식들이나 가까운 관계의 사람들에 대해서 바르지 못한 갈애를 갖는 것은 위험합니다. 자식은 나의 소유가 아닙니다. 이러한 편애가 오히려 자식의 앞날을 어둡게 합니다.

다른 사람에 대해서 이기적인 사람뿐만 아니라 물건에 대해서 이기적인 사람도 피해야 합니다. 사람의 마음은 알 수 없지만 물건이나 재산에 관한 것에서는 마음이 드러납니다. 그러므로 자기 물건에 대해서 인색한 사람은 마음이 인색한 사람이므로 피해야 합니다. 이런 사람과 가까이 하면 평등심을 갖기가 어렵습니다.

모든 일에 대하여 평등심을 갖도록 마음을 기울여야 합니다. 평등심은 저절로 되는 것이 아닙니다. 알아차림과 법의 고찰과 희열과 평안과 마음집중의 과정을 거쳐서 평등의 깨달음의 요소에 이르지만 이 단계도 내가 얻은 것이 아닙니다. 다만 이 상태의 마음을 가졌을 뿐입니다. 그러므로 이 상태가 계속되는 것이 아닙니다. 수행을 계속하면 다음 단계의 도과를 성취할 수도 있고, 수행의 지혜가 바닥으로 떨어질 수도 있습니다. 그러므로 항상 현재의 상태를 있는 그대로 알아차려야 합니다.

이상 깨달음의 일곱 가지 요소는 단지 깨달음으로 가는 과정의 단계적 지혜이지 이것 자체가 깨달음은 아닙니다. 이러한 일곱 가지 깨달음의 요소가 있을 때는 있는 것을 알아차려야 합니다. 깨달음의 요소가 없을 때는 없는 것을 알아차려야 마지막 지혜의 과정에 이릅니다. 그래서 평등의 지혜 뒤에 적응의 지혜와 성숙의 지혜를 거쳐 도의 지혜와 과의 지혜에 이릅니다. 그리고 열반에서 깨어나서 회광반조의 지혜를 얻습니다. 이렇게 해서 이른 것이 바로 수다원의 도과입니다.

수다원의 도과에서 계속해서 수행을 하다가 다시 사다함의 도과를 성취하기 위해서 똑같은 수행을 새로 시작해야 합니다. 이렇게 해서 마지막에는 아라한의 도과에 이릅니다. 이상 일곱 가지 깨달음의 요소를 모두 갖추게 되면 누구나 아라한의 도과를 성취할 수 있습니다. 그래서 괴로움뿐인 윤회에서 벗어나 지고의 행복을 얻을 수 있습니다.

여기에 어떤 특정한 사람이나 특정한 종교가 필요하지 않습니다. 왜냐하면 이 법은 붓다가 찾아냈지만 붓다만 할 수 있는 법이 아니기 때문입니다. 붓다는 이 법을 찾아내어 몸소 체험한 뒤에 우리들에게 이 길로 오라고 하셨습니다. 그러므로 몸과 마음을 알아차리는 수행은 붓다 이전부터 자연현상계가 가지고 있는 가장 수승한 법으로 전해져 온 것입니다.

이 법을 아무리 말해도 자신이 선택하지 않으면 아무 쓸모가 없습니다. 그래서 가장 위대한 법이 있어도 이것을 필요로 하는 사람에게 법이지 그렇지 않으면 일고의 가치도 없는 것입니다. 이것이 법의 진실입니다. 붓다가 이 법을 가르쳐주셨지만 이 법은 얻는 사람의 것입니다. 그래서 수행자 스스로의 노력만이 법을 알게 할 것입니다.

이와 같이 수행자는 안으로는 자기 자신의 일곱 가지 깨달음의 구성요소를 알아차려서 이것들을 이루도록 해야 합니다. 그리고 밖으로는 다른 사람의 일곱 가지 깨달음의 구성요소를 알아차려서 이것들을 이루도록 해야 합니다.

위빠사나 수행이 완전하기 위해서는 자신의 문제만으로는 완성될 수 없습니다. 항상 나와 남이 함께 있어야 합니다. 만약 나만 안다면 그것은 완전한 것이 아닙니다. 보다 완벽한 지혜를 얻기 위해서는 항상 자신의 문제와 함께 상대의 문제도 배려해야 합니다. 그래서 먼저 자신의 문제가 해결되면 자연스럽게 상대의 문제도 받아들여서 수용하는 지혜가 나야 비로소 열반에 이를 수 있습니다. 반쪽으로는 결코 열반에 이를 수 없습니다. 나와 남이 모두 해결되었을 때 완전한 열반에 이를 수 있는 것입니다.

다른 사람과의 문제가 해결되지 않았다면 결코 자신의 문제도 완전하게 해결된 것이 아닙니다. 『대념처경』의 매 장마다 안과 밖과 안팎을 알아차릴 것이 강조되었습니다. 일곱 가지 깨달음의 구성요소를 알아차린다는 것은 이들 깨달음의 요소들과 함께하면서 지내는 것을 말합니다. 이렇게 할 때만이 아라한의 길로 나아갈 수 있습니다.

지금까지 일곱 가지 깨달음의 요소를 공부했습니다. 이 일곱 가지 깨달음의 요소를 단계적으로 체험하여 마지막에 평등심의 깨달음의 요소에 이른 뒤 더 지혜를 발전시켜서 도과를 얻는 열반을 성취해야 합니다. 흔들림 없는 노력으로 일곱 가지 깨달음의 요소를 알아차려서 모든 수행자들이 마지막 단계인 성스러운 도과를 성취해야 합니다.

(3) 일곱 가지 깨달음의 요인 경(Bojjhaṅga sutta)

몸에 병이 났을 때는 다음과 같은 깨달음의 요인 경을 독송하고 병에서 치유되는 효과를 얻습니다. 다음은 일곱 가지 깨달음의 요인 경입니다.

"이와 같이 나는 들었습니다. 한때 세존께서는 라자가하에서 대나무 숲의 다람쥐 보호구역에 머무셨습니다.

그 무렵 마하까사빠 존자가 삡팔리 동굴에 머물고 있었는데 중병에 걸려 아픔과 고통에 시달리고 있었습니다. 그때 세존께서는 해질 무렵에 선정에서 깨어나셔서 마하까사빠 존자에게 다가가셔서 마련된 자리에 앉으셨습니다. 자리에 앉으셔서 세존께서는 마하까사빠 존자에게 이렇게 말씀하셨습니다.

'까사빠여, 어떻게 견딜 만한가? 그대는 고통을 참아내고 있는가? 고통이 줄어드는가? 고통이 심해지는가? 병에 차도가 있고 나아지는 것을 알겠는가?'

'세존이시여, 저는 견디기가 힘듭니다. 편안하지 않습니다. 고통은 더 심해지기만 하고 좀처럼 물러가지 않습니다. 저의 병이 점점 더 심해지고 물러가지 않는 것을 알고 있습니다.'

'까사빠여, 나는 일곱 가지 깨달음의 요인[七覺支]를 바르게 설했다. 이것을 많이 닦고 실천하면 최상의 깨달음과 바른 깨달음과 열반으로 인도한다. 무엇이 일곱인가?

까사빠여, 나는 알아차림의 깨달음의 요인[念覺支]를 바르게 설했다. 이것을 많이 닦고 실천하면 최상의 지혜와 바른 깨달음과 열반으로 인도한다.

까사빠여, 나는 법을 고찰하는 깨달음의 요인[擇法覺支]를 바르게 설했다. 이것을 많이 닦고 실천하면 최상의 지혜와 바른 깨달음과 열반으로 인도한다.

까사빠여, 나는 정진의 깨달음의 요인[精進覺支]를 바르게 설했다. 이것을 많이 닦고 실천하면 최상의 지혜와 바른 깨달음과 열반으로 인도한다.

까사빠여, 나는 희열의 깨달음의 요인[喜覺支]를 바르게 설했다. 이것을 많이 닦고 실천하면 최상의 지혜와 바른 깨달음과 열반으로 인도한다.

까사빠여, 나는 평안함의 깨달음의 요인[輕安覺支]를 바르게 설했다. 이것을 많이 닦고 실천하면 최상의 지혜와 바른 깨달음과 열반으로 인도한다.

까사빠여, 나는 마음집중의 깨달음의 요인[定覺支]를 바르게 설했다. 이것을 많이 닦고 실천하면 최상의 지혜와 바른 깨달음과 열반으로 인도한다.

까사빠여, 나는 평등의 깨달음의 요인[捨覺支]를 바르게 설했다. 이것을 많이 닦고 실천하면 최상의 지혜와 바른 깨달음과 열반으로 인도한다.

까사빠여, 나는 일곱 가지 깨달음의 요인을 바르게 설했다. 이것을 많이 닦고 실천하면 최상의 지혜와 바른 깨달음과 열반으로 인도한다.'

세존께서 이렇게 말씀하시자 마하까사빠 존자의 마음은 기쁨으로 가득하여 세존의 설법을 확신했습니다.

'세존이시여 참으로 그러합니다. 그것들은 확실히 깨달음의 요인이 되는 것입니다. 선서(善逝)시여, 참으로 그러합니다. 이것이 깨달음의 요인입니다.'

그러고 나서 마하까사빠 존자는 그 병을 털고 일어났습니다. 이렇게 하여 마하까사빠 존자는 완쾌되었습니다.

무엇이 일곱 가지 깨달음의 요인인가? 알아차림과 법에 대한 고찰, 정진과 기쁨, 평안과 마음집중, 그리고 평등의 깨달음의 요인입니다.

이런 일곱 가지 깨달음의 요인은 깨달음을 얻은 성인께서 설하셨고, 계발하셨고, 부단히 실천하신 것으로, 최상의 지혜와 바른 깨달음과 열반으로 인도합니다. 이와 같은 진리를 말함으로써 그대는 언제나 안전할 것입니다.

어느 한때에 부처님께서는 목갈라나 존자와 까사빠 존자가 질병으로 고통받는 것을 보시고 일곱 가지 깨달음의 요인을 설하셨습니다.

그들은 설법을 듣고 기쁨에 차서 질병이 곧바로 깨끗이 사라졌습니다. 이와 같은 진실을 말함으로써 그대는 언제나 안전할 것입니다.

어느 한때에 법왕이신 부처님께서 질병을 앓으시게 되었을 때 쭌다 장로에게 일곱 가지 깨달음의 요인 경을 자비롭게 암송하라 요청하셨습니다.

그리하여 깨달음의 요인 경을 기쁘게 들으시고 질병이 곧바로 깨끗이 사라졌습니다. 이와 같은 진실을 말함으로써 그대는 언제나 안전할 것입니다.

이와 같이 깨달음의 요인 경을 듣고 완전히 질병에서 벗어나신 세 분은 높은 경지에 이르신 위대한 성인들, 도(道)로써 번뇌를 다스린 분들, 법의 성품을 보아 법을 성취하신 분들, 이와 같은 진실을 말함으로써 그대는 언제나 안전할 것입니다.”

(4) 깨달음에 이르는 과정

① 칠청정과 16단계의 지혜

모든 수행자들은 반드시 일곱 가지 청정과 16단계의 지혜의 과정을 거쳐 점진적으로 지혜가 향상됩니다. 이러한 지혜의 과정은 수행자의 근기에 따라 빠르거나 느리게 경험합니다. 그러나 수행자가 수행을 하기 전에 이러한 청정과 지혜의 단계를 알아야만 하는 것은 아닙니다. 왜냐하면 수행 중 이런 지혜의 과정을 바라게 되면 다음 단계의 지혜가 성숙되지 않습니다. 그러므로 이러한 청정과 지혜의 과정을 아는 것이 오히려 수행자에게 독이 될 수도 있습니다. 그러므로 스승들은 이런 지혜의 과정을 밝히지 않고 수행을 지도합니다.

1. 지계의 청정
2. 마음의 청정
   (1) 정신과 물질을 구별하는 지혜
3. 견해의 청정
   (2) 원인과 결과를 아는 지혜
4. 의심에서 벗어나는 청정
   (3) 현상을 바르게 아는 지혜
   (4) 생멸의 지혜
5. 바른 길을 아는 청정
6. 수행 과정의 지혜와 통찰에 대한 청정
   (5) 소멸의 지혜
   (6) 두려움에 대한 지혜
   (7) 고난의 지혜
   (8) 혐오감의 지혜
   (9) 해탈을 원하는 지혜
   (10) 다시 살펴보는 지혜
   (11) 현상에 대한 평등의 지혜
   (12) 적응의 지혜
   (13) 성숙의 지혜
   (14) 도의 지혜
   (15) 과의 지혜
7. 지혜통찰의 청정
   (16) 회광반조의 지혜

② 일곱 가지 깨달음의 요소[七覺支]

1. 알아차림의 깨달음의 요소
2. 법의 고찰의 깨달음의 요소
3. 정진의 깨달음의 요소
4. 희열의 깨달음의 요소
5. 평안함의 깨달음의 요소
6. 마음집중의 깨달음의 요소
7. 평등의 깨달음의 요소

③ 열 가지 번뇌

수행 중에 나타나는 열 가지 과정을 모두 번뇌로 알아차려야 다음 단계의 지혜가 생겨 마지막에 도과를 성취할 수 있습니다.

1. 광명(光明)—마음속에서 강한 빛을 경험한다.
2. 지(知)—예리한 이해력이 생겨 경전이나 교리의 깊은 의미를 꿰뚫어 이해한다.
3. 희열(喜悅)—몸의 전율을 느끼는 희열이 생긴다.
4. 평온(平穩)—몸과 마음이 안정되고 편안해진다.
5. 행복(幸福)—마음에서 강렬한 즐거움을 느낀다.
6. 확신(確信)—강한 믿음과 신심이 생긴다.
7. 노력(努力)—더욱더 수행에 전념하여 정진한다.
8. 현기(現起)—흔들림 없이 알아차림이 뚜렷하게 항상 자리 잡고 있다.
9. 평등(平等)—일어나고 사라지는 모든 현상들에 대해 마음이 평등한 상태가 된다.
10. 욕구(欲求)—이러한 모든 현상들에 대해 미세한 집착의 욕망이 일어난다.

④ 열 가지 족쇄 1

다음은 『경장』에 있는 열 가지 족쇄입니다. 열 가지 족쇄에서 단계적으로 풀려날 때마다 수다원, 사다함, 아나함, 아라한의 단계적인 도과를 성취합니다.

오하분결(五下分結)—욕망의 세계[欲界]에 존재를 붙들어 매는 족쇄 5가지
    1. 유신견
    2. 회의적 의심
    3. 계율이나 금지조항에 대한 집착
    4. 감각적 욕망
    5. 악의

오상분결(五上分結)—미세한 물질의 세계[色界]와 정신세계[無色界]에 존재를 붙들어 매는 족쇄 5가지
    6. 색계에 대한 욕망
    7. 무색계에 대한 욕망
    8. 아만
    9. 들뜸
    10. 어리석음

이상 열 가지 족쇄에서 벗어나 도과를 성취하여 수다원이 되면 유신견, 회의적 의심, 계율이나 금지조항에 대한 집착이 소멸합니다. 사다함이 되면 유신견, 회의적 의심, 계율이나 금지조항에 대한 집착이 더 확실하게 소멸하고 감각적 욕망, 악의가 약화됩니다. 아나함이 되면 유신견, 회의적 의심, 계율이나 금지조항에 대한 집착, 감각적 욕망, 악의가 완전하게 소멸합니다. 아라한이 되면 나머지 10가지 족쇄가 모두 완전하게 소멸합니다.

⑤ 열 가지 족쇄 2

다음은 『논장』에 있는 열 가지 족쇄입니다.

   1. 감각적 욕망

   2. 악의

   3. 아만

   4. 사견

   5. 의심

   6. 계율과 금지 조항

   7. 존재에 대한 욕망

   8. 질투

   9. 인색

   10. 무명

이상의 열 가지 족쇄에서 수다원의 도과를 성취하면 사견, 의심, 계율과 의식에 대한 집착, 질투, 인색이 소멸합니다. 사다함의 도과를 성취하면 거친 감각적 욕망과 거친 악의가 소멸합니다. 아나함 도과를 성취하면 미세한 감각적 욕망과 미세한 악의가 소멸합니다. 마지막으로 아라한의 도과를 성취하면 이때까지 남아 있던 아만, 존재에 대한 욕망, 무명이 소멸하여 열 가지 족쇄가 모두 소멸합니다.

⑥ 깨달음에 이르는 세 단계의 도(道)

   1. 기본도—12연기의 원인과 결과를 바탕으로 한 도

   2. 예비단계의 도—위빠사나 수행의 지혜를 얻는 단계의 도

   3. 성스러운 도—도와 과를 성취하여 열반에 이른 수다원, 사다함, 아나함, 아라한의 도

5) 네 가지 성스러운 진리[四聖諦]

(1) 사성제에 대한 개요

법을 알아차리는 수행의 다섯 번째는 '네 가지 성스러운 진리[四聖諦]를 알아차림'입니다. 네 가지 성스러운 진리를 사성제(四聖諦)라고 합니다. 사성제는 다음과 같습니다. "이것이 괴로움이다. 이것이 괴로움의 일어남이다. 이것이 괴로움의 소멸이다. 이것이 괴로움의 소멸에 이르는 길이다." 이상의 네 가지를 고집멸도(苦集滅道)라고 합니다. 이것을 요약하면 사성제는 괴로움[苦]의 원인[集]을 소멸[滅]시키는 방법[道]입니다. 이때의 소멸이 열반이고 소멸에 이르는 길이 팔정도입니다.

사성제(四聖諦)라고 하는 이유는 다음과 같습니다.

첫째, 성자들만이 알 수 있는 진리라는 뜻으로 사성제라고 합니다. 그래서 사성제를 성스러운 진리 또는 고귀한 진리라고 합니다. 여기서 성인이란 수다원, 사다함, 아나함, 아라한의 도과를 성취한 사람을 말합니다. 성자들이란 위빠사나 수행을 해서 칠청정과 열여섯 단계의 지혜의 과정을 거쳐서 열반에 이른 수행자를 일컫습니다. 우리가 괴로움이 있다고 알아도 완전한 지혜로 안 것이 아니고 사유로 알아서 괴로움에 적절하게 대처하지 못합니다. 그러나 지혜가 나서 도과를 성취하면 비로소 괴로움의 진리를 바르게 알 수 있습니다.

둘째, 성스러운 분에 의해 발견되었다는 뜻으로 사성제라고 합니다. 여기서 성스러운 분이란 붓다를 말합니다. 붓다는 누구도 모르는 진리를 스스로 발견하고 법을 폈습니다. 그러나 사성제는 붓다가 만든 것이 아니고 원래 이 세상에 있는 것입니다. 하지만 누구도 이 진리를 발견하지 못하고 오직 붓다만이 이 진리를 발견하여 인류에게 드러내 보입니다. 그리고 누구나 자신이 경험한 이 길로 오라고 했습니다. 사성제라는 진리는 깨달음으로 가는 단 하나의 길입니다. 붓다는 이 진리를 스스로 발견하여 성자가 되었습니다. 그리고 이 법은 붓다의 정법이 계승되는 시기까지 존속되다가 다시 사라집니다. 그러다 새로운 붓다가 출현하면 같은 법을 다시 찾아내어 성자가 됩니다. 그러므로 사성제라는 법은 겁을 통하여 출현하는 가장 고귀한 진리입니다.

셋째, 사성제를 통찰한 수행자가 성스러운 사람이 되기 때문에 사성제라고 합니다. 위빠사나 수행의 통찰지혜로 사성제를 꿰뚫어보면 번뇌로부터 완전하게 자유로운 성자가 됩니다. 이것을 해탈이라고 합니다. 그러므로 이 진리를 통찰한 사람은 성자라는 고귀한 정신세계에 이릅니다.

넷째, 사성제라는 진리가 그것 자체로 가장 성스러운 것이라서 사성제라고 합니다. 여기서 성스럽다는 것은 이것이 믿을 수 없는 것이 아니고 믿을 수 있는 실재하는 진실이라는 뜻이 담겨져 있습니다. 그러므로 사성제는 오온의 실재를 알아차려서 성스러운 진리를 깨닫는 것입니다. 그리고 이것은 믿을 수 있는 것입니다.

이상이 모두 사성제라고 불리는 뜻입니다.

괴로움이 있다는 것이 성스러운 진리라는 것은 이것이 실재하는 것이기 때문입니다. 실재하는 것은 가장 진실한 것입니다. 그것이 선이거나 불선이거나 실재하는 것이라면 그것은 어떤 원인으로 인해 생긴 결과이기 때문에 하나의 진실입니다. 여기서 실재라는 것은 선과 불선의 문제를 뛰어넘는 본질적인 의미를 갖습니다. 좋은 것만 실재고 나쁜 것은 실재가 아닌 것이 아닙니다. 그래서 괴로움이 있다는 것이 진리입니다.

붓다가 깨달음을 얻은 후에 다섯 수행자들에게 처음으로 설법을 행했을 때 이것이 괴로움의 진리라고 말씀하시고, 이런 말을 전에 들어보았느냐고 묻습니다. 그러자 다섯 수행자들은 괴로움이 있다는 말을 처음 듣는다고 답변했습니다. 그러자 붓다는 괴로움이 있다는 진리는 나에 의해 처음 설해지는 것이라고 했습니다.

사성제는 괴로움뿐인 염세를 말하지 않습니다. 그러므로 괴로움이 있다는 것은 비관적인 것만은 아닙니다. 괴로움이 있는 현실을 있는 그대로 직시해서 괴로움에서 탈출하는 출구까지 제시하고 있습니다. 괴로움이 있다는 것을 인정하면 그 순간부터 괴로움은 힘을 잃습니다. 괴롭지 않으려고 해서 괴로운 것이지 원래 괴로운 것이라면 견딜 만한 것입니다. 그래야 괴롭지 않은 것이 무엇인지 아는 지혜를 성숙시킬 수 있습니다. 그러므로 괴로움이 있다는 것을 받아들이는 것은 괴로움을 해결할 수 있는 조건을 성숙시키는 것입니다. 그러므로 괴로움이라고 해서 염세만을 말하는 것이 결코 아닙니다.

괴로움은 모든 생명이 가지고 있는 실재하는 진실입니다. 이것을 자각하는 것이 괴로움으로부터 탈출하는 것입니다. 그래서 사성제는 괴로움만 있는 것이 아니고 괴로움에서 벗어나는 해탈을 함께 가지고 있습니다. 그러므로 사성제는 괴로움과 괴로움의 원인과 괴로움의 소멸과 괴로움의 소멸에 이르는 길을 완벽하게 제시하고 있습니다.

네 가지 성스러운 진리인 사성제는 다음과 같습니다.

첫째, 괴로움의 성스러운 진리를 고성제(苦聖諦)라고 합니다. 고성제의 특성은 괴로움이 있다는 것입니다. 이 괴로움은 생명이 있는 한 피할 수 없는 진실입니다. 괴로움은 화를 내게 하고 사람을 비참하게 만듭니다. 괴로움을 빨리어로 둑카(dukkha)라고 합니다. 이는 하찮은 것이라는 뜻의 두(du)와 비어 있다는 뜻의 카(kha)의 합성어입니다. 그래서 뜻으로 보면 하찮고 실체가 없는 것이라는 말입니다. 그러나 우리는 이렇게 별 볼일 없는 것을 대단하게 키워서 큰 것으로 생각하고 고통을 겪습니다. 괴로움을 고(苦)라고 하지만 이것이 정확한 뜻은 아니고 불만족입니다. 만족할 수 없기 때문에 괴로움이라고 말합니다. 그리고 하찮고 실체가 없는 것이라는 뜻입니다. 사실 우리의 괴로움이란 욕망과 어리석음과 유신견으로 인해 크게 생각하는 것이지 그것 자체는 하찮은 것입니다.

둘째, 괴로움의 일어남이란 성스러운 진리는 갈애입니다. 이것을 집성제(集聖諦)라고 합니다. 갈애는 욕망입니다. 이 욕망을 집착해서 업을 생성합니다. 이러한 과보로 괴로움이 생기며 다시 태어나는 윤회를 합니다. 탐욕은 항상 멈추지 않고 일어나는 특성을 가지고 있습니다. 그래서 갈애는 어리석음과 함께 연기를 회전시키는 근본원인입니다. 괴로움의 원인은 다른 것들과 결합하여 일어납니다. 갈애와 집착과 업의 생성이 서로 결합하여 괴로움의 원인을 일으킵니다. 이것들은 과거의 어리석음으로 인해 현재까지 상속되었습니다. 그리고 현재 새로 업을 생성해서 미래의 태어남을 만듭니다.

셋째, 괴로움의 소멸의 진리를 멸성제(滅聖諦)라고 합니다. 멸성제는 괴로움이 소멸하는 열반을 뜻하는 말로 평화와 평온함을 뜻합니다. 이때의 평온함이란 탐욕, 성냄, 어리석음이라는 번뇌가 불탄 것을 말합니다. 그래서 멸성제인 열반은 윤회계에서 벗어나는 유일한 출구입니다. 이 출구에 이르는 길은 느낌에서 갈애를 일으키지 않는 것입니다. 위빠사나 수행을 해서 몸과 마음의 느낌이 소멸하면 번뇌가 불타서 열반에 이르게 됩니다. 괴로움의 소멸의 진리는 탐욕, 성냄, 어리석음으로부터 벗어났기 때문에 감옥에서 해방된 것입니다. 그래서 윤회로부터 해방됩니다. 열반은 깨달음을 얻은 성자에 의해 발견되었습니다. 누구나 이 열반을 통해 업이 소멸합니다. 그래서 열반은 최고의 깨달음을 얻은 결과입니다.

넷째, 괴로움의 소멸에 이르는 길을 도성제(道聖諦)라고 합니다. 괴로움의 소멸에 이르는 길은 팔정도입니다. 여덟 가지 바른 방법으로 계율을 지키고 고요함을 얻어 지혜를 계발하는 것이 열반에 이르는 길입니다. 이것을 실천하는 팔정도를 중도라고 하며, 위빠사나 수행이라고도 합니다.

어느 날 붓다께서는 꼬삼비에 있는 심사빠 숲에 머물면서 수행자들과 대화를 나누었습니다. 그리고 붓다께서는 심사빠 나무 잎사귀를 손 위에 조금 올려놓고 수행자들에게 말씀하셨습니다.

"비구들이여, 이것을 어떻게 생각하는가? 내가 손에 들고 있는 이 심사빠 잎사귀들과 이 심사빠 숲 전체에 있는 저 잎사귀들 가운데서 어느 것이 더 많은가?"

"세존이시여, 세존께서 손에 조금 들고 있는 그 심사빠 잎사귀들은 아주 적습니다. 이 심사빠 숲 전체에 있는 잎사귀들이 훨씬 더 많습니다."

"비구들이여, 그와 같이 내가 최상의 지혜로 안 것들 가운데 내가 가르치지 않은 것이 훨씬 더 많다. 내가 가르친 것은 아주 적다. 비구들이여, 그러면 나는 왜 가르치지 않았는가? 비구들이여, 그것들은 이익을 주지 못하고, 그것들은 청정으로 가는 행위의 시작에도 미치지 못하고, 싫어함으로 인도하지도 못하고, 탐욕이 빛이 바래도록 인도하지 못하고, 소멸로 인도하지도 못하고, 고요함으로 인도하지 못하고, 최상의 지혜로 인도하지 못하고, 바른 깨달음으로 인도하지도 못하고, 열반으로 인도하지도 못하기 때문이다. 그래서 나는 그것들을 가르치지 않았다.

비구들이여, 그러면 나는 무엇을 가르쳤는가? 비구들이여, 나는 이것은 괴로움이라고 가르쳤다. 나는 이것은 괴로움의 일어남이라고 가르쳤다. 나는 이것이 괴로움의 소멸이라고 가르쳤다. 나는 이것이 괴로움의 소멸로 인도하는 길이라고 가르쳤다.

비구들이여, 그러면 왜 나는 이것을 가르쳤는가? 비구들이여, 이것은 참으로 이익을 주고, 이것은 청정한 행위로 가는 시작이고, 싫어함으로 인도하고, 탐욕의 빛이 바래도록 인도하고, 소멸로 인도하고, 고요함으로 인도하고, 최상이 지혜로 인도하고, 바른 깨달음으로 인도하고, 열반으로 인도하기 때문이다. 그래서 나는 이것을 가르쳤다.

비구들이여, 그러므로 그대들은 '이것이 괴로움이다'라고 알아차리면서 수행을 해야 한다. '이것이 괴로움의 일어남이다'라고 알아차리면서 수행을 해야 한다. '이것이 괴로움의 소멸이다'라고 알아차리면서 수행을 해야 한다. '이것이 괴로움의 소멸로 인도하는 길이다'라고 알아차리면서 수행을 해야 한다."

이상의 대화에서 밝혀진 것은 수행자가 깨달음으로 가는 가장 확고한 길에 대한 것입니다. 여기서 인간이 완전한 행복을 얻기 위해 무엇이 필요한가를 명확하게 밝히고 있습니다. 인간은 자신의 몸과 마음을 알아차리는 사념처 수행을 할 때만이 완전한 자유를 얻을 수 있습니다. 수행자가 가야할 길은 오직 자신의 몸과 마음을 귀의처로 삼고 다른 것을 귀의처로 삼지 말아야 합니다. 그리고 사념처 수행법을 귀의처로 삼고 다른 것을 귀의처로 삼지 말아야 합니다.

또 여기서 괴로움을 해결하는 가장 구체적인 방법이 제시되었습니다. 괴로움을 해결하는 방법은 세 가지입니다. 첫째, 괴로움이 있다는 것을 아는 것입니다. 둘째, 괴로움을 알아차리는 것입니다. 셋째, 괴로움을 소멸시키는 것입니다.

첫째, 괴로움에 대한 해결은 괴로움이 있다는 것을 아는 것으로부터 출발해야 합니다. 괴로움을 해결하기 위해서는 먼저 괴로움이 있는 것을 알아차릴 필요가 있습니다. 누구에게나 괴로움이 있지만 괴로움이 있는 것을 인정하지 않습니다. 수행자는 괴로움이 있는 사실을 대상으로 알아차려야 합니다. 괴로움이 알아차릴 대상이 되면 괴로움이 객관화 되어서 하나의 현상에 불과해집니다. '이것이 괴로움이다'라고 알아차릴 때 괴로움은 알아차릴 대상으로 법입니다. 이것이 괴로움이 있다는 진리로 고성제입니다.

둘째, 괴로움을 하나의 실재하는 현상으로 인정하고 난 다음에는 괴로움을 있는 그대로 알아차려야 합니다. 그러므로 괴로움을 없애려고 싸우지 않아야 하며 괴로움을 해결하기 위해 다른 것을 도모하지 않아야 합니다. 또 괴로움 때문에 좌절하지도 말아야 합니다. 괴로움을 없애려고 하거나 괴로움이 아닌 다른 대상을 찾는 것은 또 다른 괴로움을 가져오는 결과밖에 없습니다. 이런 방법으로는 영원히 괴로움에서 벗어나지 못합니다. 살아 있는 동안에는 누구에게나 괴로움이 있으며 이러한 괴로움을 누구도 해결해 주지 못합니다. 오직 자신의 지혜로써만이 해결될 수 있습니다. 괴로움을 있는 그대로 알아차리는 것이 팔정도이며 위빠사나 수행입니다. 이렇게 알아차리면 괴로움의 원인이 집착이라는 사실을 알 수 있습니다. 이것이 괴로움의 일어남이라는 진리로 집성제이며, 이렇게 알아차리는 것이 괴로움의 소멸에 이르는 길이라는 진리로 도성제입니다.

셋째, 괴로움을 있는 그대로 알아차리면 무상, 고, 무아의 통찰지혜가 나서 유신견이 사라지고 모든 집착으로부터 자유로워져 열반에 이릅니다. 수행자가 무상, 고, 무아의 지혜 상태에 따라 수다원, 사다함, 아나함의 도과를 성취하고 마지막에 아라한의 도과를 성취하면 지고의 행복인 열반에 이릅니다. 이렇게 해서 모든 괴로움이 종식됩니다.

진리는 있는 그대로의 상태입니다. 있는 그대로의 상태는 누구에게나 똑같이 적용되어야 하며 보편타당해서 어떤 논쟁의 여지도 없어야 합니다. 이때 괴로움이 있다는 것은 있는 그대로의 진리입니다. 괴로움의 일어남은 집착이라는 사실도 있는 그대로의 진리입니다. 괴로움이 있다는 진리와 괴로움의 원인이 집착이라는 사실은 세속의 진리입니다. 이러한 사실을 바탕으로 수행을 해서 통찰지혜를 얻으면 세속의 괴로움으로부터 벗어나 출세간으로 갈 수 있습니다.

다시 괴로움의 소멸은 있는 그대로의 진리입니다. 괴로움의 소멸에 이르는 길인 팔정도도 있는 그대로의 진리입니다. 괴로움의 소멸에 이르는 길인 팔정도 위빠사나 수행을 해서 괴로움의 소멸인 열반에 이르면 괴로움뿐인 윤회가 끝납니다. 괴로움의 소멸과 괴로움의 소멸에 이르는 길은 출세간의 진리입니다. 이렇게 해서 세간의 진리가 출세간의 진리로 완성되는 것이 사성제입니다.

이상이 괴로움을 소멸하는 세 가지의 방법입니다. 처음에는 괴로움이 있다는 선언입니다. 다음에는 괴로움을 알아차리는 수행입니다. 마지막으로 수행을 해서 생긴 통찰지혜로 열반을 실현하는 결과를 얻는 것입니다. 역대의 모든 수행자들은 전통적으로 세 가지 방법을 통하여 깨달음을 얻습니다. 이 세 가지를 빨리어로 빠리야띠(pariyatti), 빠띠빠띠(paṭipatti), 빠띠웨다(paṭivedha)라고 합니다.

빠리야띠는 스승의 가르침을 듣거나 읽어서 아는 것입니다. 그러므로 괴로움이 있다는 진리를 듣고 받아들여야 합니다. 빠띠빠띠는 가르침을 듣고 그대로 따라서 실천하는 행위를 해야 합니다. 이것이 위빠사나 수행입니다. 빠띠웨다는 이러한 원인으로 도과를 성취하는 것입니다. 누구나 이상의 세 가지 과정을 거쳐서 괴로움에서 벗어나 해탈의 자유를 얻습니다.

사성제는 괴로움이 일어나는 진리와 괴로움이 소멸하는 두 그룹의 진리로 나눌 수 있습니다. 괴로움이 일어나는 진리는 세간의 진리로 고성제와 집성제입니다. 이 두 가지는 세속의 진리라서 윤회가 계속되는 진리입니다. 그러므로 붓다가 새롭게 발견한 진리가 없을 때는 이 세상에는 이 진리밖에 없습니다. 다음으로 괴로움이 소멸하는 진리는 멸성제와 도성제입니다. 이 두 가지는 출세간의 진리라서 윤회가 끝나는 진리입니다. 이 두 가지 진리를 붓다가 찾아내어 비로소 인류가 괴로움의 질곡에서 벗어날 수 있게 되었습니다.

출세간의 진리인 멸성제는 열반이고 도성제는 팔정도입니다. 그러므로 수행자는 먼저 괴로움이 일어나는 진리인 고성제와 집성제를 알아차려야 합니다. 그리고 멸성제와 도성제를 실천하여 끝없는 괴로움에서 벗어나야 합니다. 하지만 세간에 살면서 출세간을 모르면 고성제와 집성제만 있고 멸성제와 도성제를 알 수 없습니다. 사성제는 세간과 출세간을 아우르는 완성된 진리입니다. 이 길은 누구에게나 열려 있지만 오직 원하는 사람만 갈 수 있습니다.

(2) 사성제와 팔정도

네 가지 성스러운 진리는 완성된 진리입니다. 사성제는 괴로움이 있다는 것과 괴로움의 일어남, 그리고 괴로움의 소멸과 괴로움의 소멸에 이르는 실천적 방법이 제시된 완벽한 진리입니다.

사성제 중에서 괴로움이 있다는 고성제와 괴로움의 일어남이라는 집성제는 윤회하는 세계의 질서이기 때문에 세속의 진리입니다. 괴로움이 소멸되는 멸성제와 괴로움의 소멸에 이르는 길인 도성제는 윤회가 끊어지는 세계의 질서이기 때문에 출세간의 진리입니다. 사성제는 세간의 진리와 출세간의 진리를 모두 포함한 진리라서 완전합니다. 그러므로 사성제는 큰 뜻으로 본 가르침입니다. 하지만 이러한 사성제를 완성하기 위해서는 괴로움의 소멸에 이르게 하는 길인 도성제의 팔정도(八正道)가 가장 중요한 역할을 합니다.

사성제는 알아차릴 대상이면서 진리이기 때문에 법(法)에 속합니다. 그리고 팔정도는 사성제를 완성하는 실천적 방법이기 때문에 포괄적 의미에서 율(律)에 속합니다. 사실 사성제는 율의 기능인 팔정도가 있어서 법으로써의 사성제가 완성된 것입니다. 그러므로 사성제를 가르침의 큰 뜻에서 보면 법 하나입니다. 그러나 실천적 방법이 이끄는 측면에서 보면 법과 율 두 가지로 나눌 수 있습니다. 이처럼 사성제는 법(法)과 율(律)이 합쳐진 하나의 법(法, Dhamma)입니다.

여기서 사성제를 법과 율로 나누는 것은 팔정도의 중요한 역할을 강조하기 위한 것입니다. 이 두 가지는 서로 떨어질 수 없는 관계이지만 가장 우선해야 하는 것이 팔정도입니다. 팔정도가 없으면 괴로움이 있다는 진리와 괴로움의 일어남이라는 진리를 알 수 없기 때문에 괴로움의 소멸이 어렵습니다. 특히 팔정도의 지혜에 속하는 정견(正見)은 고집멸도 사성제는 명확히 아는 것입니다. 그래서 팔정도는 사성제 안에 있으면서 사성제를 앞에서 이끄는 중요한 역할을 합니다.

팔정도는 인간이 어떻게 살아가야 할 것인가를 밝히는 계정혜로 구성된 바른 길입니다. 이 길은 감각적 욕망과 극단적 고행이 아닌 중도의 길입니다. 이러한 중도를 실천하는 방법이 바로 위빠사나 수행입니다. 위빠사나 수행은 대상을 있는 그대로 보는 수행인데 이것이 바로 중도입니다. 그래서 도성제, 팔정도, 계정혜, 중도, 위빠사나 수행은 모두 같은 뜻을 가지고 있습니다.

위빠사나 수행은 있는 그대로 보는 알아차림으로 완성됩니다. 그래서 위빠사나 수행을 상징적으로 말할 때 알아차리는 수행이라고 합니다. 도성제가 사성제를 이끄는 것이라면 도성제인 위빠사나 수행의 알아차림이 모든 것을 이끄는 것이 됩니다. 그래서 팔만사천법문을 하나로 줄이면 알아차림이라고 합니다.

팔정도는 여덟 가지 바른 길입니다. 이때 '바른'이라고 사용하는 여덟 가지의 정(正)을 빨리어로 삼마(samma)라고 합니다. 삼마는 적절하게, 정확하게, 철저하게라는 뜻입니다. 이것이 중도의 관점에서 보는 것이며 위빠사나 수행의 알아차림입니다. 그러므로 팔정도는 위빠사나 수행의 알아차림이 있는 여덟 가지 항목입니다.

위빠사나 수행의 도의 항목은 다섯 가지입니다. 정견, 정사유, 정정진, 정념, 정정입니다. 이것이 계정혜 중에서 혜와 정에 속하는 도지(道支)입니다. 그러나 위빠사나의 도지 중에는 정념(正念)이라는 알아차림이 포함되어 있기 때문에 계율에 속하는 정어, 정업, 정명이 자연스럽게 팔정도 안에 포함됩니다. 그래서 정념으로 인해 계가 포함되어서 위빠사나 수행을 팔정도라고 합니다.

모든 괴로움에서 벗어나려면 반드시 자신을 섬으로 하고 자신을 귀의처로 하며 남을 귀의처로 삼지 말아야 합니다. 그리고 법을 섬으로 하고 법을 귀의처로 하며 다른 것을 귀의처로 삼지 말아야 합니다. 이때의 섬이 자신의 몸과 마음이며 몸과 마음을 알아차리는 법이 팔정도 위빠사나 수행입니다.

팔정도 위빠사나 수행은 고난의 바다를 건너 피안으로 가는 배입니다. 이 배의 노를 저어가는 사람은 자신입니다. 팔정도라는 배를 타지 않으면 결코 거센 풍랑을 헤쳐 나갈 수 없습니다. 그리고 직접 자신의 몸과 마음으로 노를 저어가야 고통이 없는 피안으로 갈 수 있습니다. 자신의 몸과 마음을 알아차리는 위빠사나 수행이 아니면 결코 피안으로 건너갈 수 없습니다.

(3) 네 가지 성스러운 진리[四聖諦]를 알아차림

① 괴로움의 성스러운 진리[苦聖諦]

"다시 비구들이여, 비구는 네 가지 성스러운 진리라는 법에서 법을 알아차리는 수행을 하면서 지낸다. 비구들이여, 어떻게 비구가 네 가지 성스러운 진리라는 법에서 법을 알아차리는 수행을 하면서 지내는가?

비구들이여, 여기 비구는 이것은 괴로움이라고 있는 그대로 안다. 이것은 괴로움의 일어남이라고 있는 그대로 안다. 이것은 괴로움의 소멸이라고 있는 그대로 안다. 이것은 괴로움의 소멸에 이르는 길이라고 있는 그대로 안다.

비구들이여, 괴로움의 성스러운 진리란 무엇인가? 태어남은 괴로움이다. 늙음은 괴로움이다. 죽음은 괴로움이다. 슬픔, 비탄, 육체적 고통, 정신적 고통, 절망은 괴로움이다. 싫어하는 것과 만나는 것은 괴로움이다. 좋아하는 것과 헤어지는 것은 괴로움이다. 원하는 것을 얻지 못하는 것은 괴로움이다. 요약하면 다섯 가지 집착의 무더기가 괴로움이다.

비구들이여, 그러면 태어남은 무엇인가? 이런저런 생명의 무리 가운데서, 이런저런 생명들의 태어남, 출생, 도래함, 생김, 그것들의 수태, 그것들이 존재로 들어옴, 다섯 가지 무더기의 나타남, 감각장소의 획득, 이것을 일러 태어남이라고 한다.

비구들이여, 그러면 어떤 것이 늙음인가? 이런저런 생명의 무리 가운데서, 이런저런 생명들의 늙음, 노쇠함, 부서진 이빨, 희어진 머리카락, 주름진 피부, 활력의 감소, 감각기능의 쇠약, 이것을 일러 늙음이라고 한다.

비구들이여, 그러면 어떤 것이 죽음인가? 이런저런 생명의 무리 가운데서, 이런저런 생명의 종말, 제거됨, 부서짐, 사라짐, 사망, 죽음, 서거, 오온의 해체, 몸을 버림, 생명기능의 파괴, 이것을 일러 죽음이라고 한다.

비구들이여, 그러면 어떤 것이 슬픔인가? 이런저런 손실로 괴롭고, 이런저런 고통스런 일로 상처받은 사람의 슬픔, 슬퍼하는 것, 마음의 슬픈 상태, 내면의 근심, 내면의 깊은 슬픔, 이것을 일러 슬픔이라고 한다.

비구들이여, 그러면 비탄이란 무엇인가? 이런저런 손실로 괴롭고, 이런저런 고통스런 느낌으로 상처를 받은 사람의 울부짖음, 한탄, 비탄, 울부짖고 비탄하는 상태, 이것을 일러 비탄이라고 한다.

비구들이여, 육체적 고통이란 무엇인가? 몸의 아픔과 몸의 불편함, 몸의 접촉으로 일어나는 고통스럽고 불쾌한 느낌, 이것을 일러 육체적 고통이라고 한다.

비구들이여, 정신적 고통이란 무엇인가? 마음의 아픔과 마음의 불쾌함, 마음의 접촉으로 일어나는 고통스럽고 불쾌한 느낌, 이것을 일러 정신적 고통이라고 한다.

비구들이여, 절망이란 무엇인가? 이런저런 손실로 괴롭고, 이런저런 불행으로 상처받은 사람의 실망, 절망, 절망의 상태, 심한 절망의 상태, 이것을 일러 절망이라고 한다.

비구들이여, 싫어하는 것과 만나는 괴로움이란 무엇인가? 여기서 만나면 바람직하지 않고, 싫고, 불쾌한 대상이 있다. 또 나의 손실, 손상, 불안을 원하고, 굴레에서 해방되지 않기를 원하는 사람이 있다. 그런 대상들과 그런 사람들과 함께 있는 것, 그들과 함께 오는 것, 그들과 사귀는 것, 그들과 함께 섞이는 것, 이것을 일러 싫어하는 것들과 만나는 괴로움이라고 한다.

비구들이여, 좋아하는 것과 헤어지는 괴로움이란 무엇인가? 여기에 만나면 바람직하고, 기분이 좋고, 유쾌한 대상이 있다. 또 나의 행복, 이익, 안락을 원하고, 굴레에서 해방되기를 원하는 사람, 어머니, 아버지, 형제들, 자매들, 친구들, 동료들, 친척들, 혈족들이 있다. 그런 대상들과 그런 사람들과 함께 있지 못하고, 그들과 함께 오지 못하고, 그들과 사귀지 못하고, 그들과 함께 섞여 있지 못하는 것, 이것을 일러 좋아하는 것과 헤어지는 괴로움이라고 한다.

비구들이여, 원하는 것을 얻지 못하는 괴로움이란 무엇인가? 태어나기 마련인 중생에게 이런 소원이 일어난다. 아! 우리가 태어남을 겪지 않게 되었으면, 하고 바란다. 아! 우리에게 태어남이 일어나지 않았으면, 하고 바란다. 그러나 이것은 원한다고 해서 얻어지지 않는다. 이것이 원하는 것을 얻지 못하는 괴로움이다.

늙기 마련인 중생에게 이런 소원이 일어난다. 아! 우리가 늙음을 겪지 않게 되었으면, 하고 바란다. 아! 우리에게 늙음이 일어나지 않았으면, 하고 바란다. 그러나 이것은 원한다고 해서 얻어지지 않는다. 이것이 원하는 것을 얻지 못하는 괴로움이다. 병들기 마련인 중생에게 이런 소원이 일어난다. 아! 우리가 병을 겪지 않게 되었으면, 하고 바란다. 아! 우리에게 병이 일어나지 않았으면, 하고 바란다. 그러나 이것은 원한다고 해서 얻어지지 않는다. 이것이 원하는 것을 얻지 못하는 괴로움이다.

죽기 마련인 중생에게 이런 소원이 일어난다. 아! 우리가 죽음을 겪지 않게 되었으면, 하고 바란다. 아! 우리에게 죽음이 일어나지 않았으면, 하고 바란다. 그러나 이것은 원한다고 해서 얻어지지 않는다. 이것이 원하는 것을 얻지 못하는 괴로움이다. 슬픔, 비탄, 육체적 고통, 정신적 고통, 절망을 겪기 마련인 중생에게 이런 소원이 일어난다. 아! 우리에게 슬픔, 비탄, 육체적 고통, 정신적 고통,

절망을 겪지 않게 되었으면, 하고 바란다. 아! 우리에게 슬픔, 비탄, 육체적 고통, 정신적 고통, 절망이 일어나지 않았으면, 하고 바란다. 그러나 이것은 원한다고 해서 얻어지지 않는다. 이것이 원하는 것을 얻지 못하는 괴로움이다.

비구들이여, 요약하자면, 다섯 가지 집착의 무더기의 괴로움이란 무엇인가? 그것은 물질에 대한 집착의 무더기[色取蘊], 느낌에 대한 집착의 무더기[受取蘊], 인식에 대한 집착의 무더기[想取蘊], 마음의 형성에 대한 집착의 무더기[行取蘊], 의식에 대한 집착의 무더기[識取蘊], 이것을 요약하면 다섯 가지 집착의 무더기[五取蘊]의 괴로움이라고 한다.

비구들이여, 이것을 괴로움의 성스러운 진리[苦聖諦]라고 한다."

이상이 사성제 중에서 고성제에 관한 내용입니다.

"비구들이여, 여기 비구는 이것은 괴로움이라고 있는 그대로 안다. 이것은 괴로움의 일어남이라고 있는 그대로 안다. 이것은 괴로움의 소멸이라고 있는 그대로 안다. 이것은 괴로움의 소멸에 이르는 길이라고 있는 그대로 안다"고 할 때 수행자는 괴로움이 있을 때는 괴로움이 있다고 있는 그대로 알아차려야 합니다. 그리고 괴로움이 일어났을 때는 괴로움이 일어났다고 있는 그대로 알아차려야 합니다. 그리고 괴로움이 소멸되었을 때는 소멸된 것을 있는 그대로 알아차려야 합니다. 그리고 괴로움의 소멸에 이르는 길인 위빠사나 수행을 할 때는 이것이 위빠사나 수행이라고 있는 그대로 알아차려야 합니다.

수행자는 시작부터 끝까지 대상에 개입하지 않고 나타나는 모든 대상을 있는 그대로 알아차려야 합니다. 이렇게 나타난 대상을 분리해서 있는 그대로 알아차리는 것이 위빠사나 수행입니다. 이것만이 괴로움이 있다는 진리를 깨닫게 합니다. 우리가 탐욕, 성냄, 어리석음을 가지고 사는 한 괴로움은 있기 마련입니다. 이처럼 있기 마련인 것을 다른 방법으로 해결하려고 해서는 안 됩니다. 단지 이것이 있는 것을 알아차리는 순간 이 번뇌는 사라집니다. 그리고 이렇게 알아차리는 것이 가장 합리적인 대처방법입니다.

모든 것은 작용에 대한 반작용이 있습니다. 그래서 어떤 행위가 되었거나 완벽한 결과를 얻기 어렵습니다. 문제를 해결했다고 해도 일정부분 후유증은 있기 마련입니다. 그러나 위빠사나 수행의 있는 그대로 알아차리는 방법이기 때문에 반작용이 없습니다. 어떤 바람도 없이 단지 있는 그대로의 대상을 알아차려서 통찰지혜를 얻기 때문에 번뇌를 말려버립니다. 바라고 없애려는 방법은 번뇌를 억누르기 때문에 조건이 성숙되면 번뇌가 더 강하게 나타납니다. 이것이 연기가 회전하는 윤회의 악순환입니다.

"비구들이여, 괴로움의 성스러운 진리란 무엇인가? 태어남은 괴로움이다. 늙음은 괴로움이다. 죽음은 괴로움이다. 슬픔, 비탄, 육체적 고통, 정신적 고통, 절망은 괴로움이다. 싫어하는 것과 만나는 것은 괴로움이다. 좋아하는 것과 헤어지는 것은 괴로움이다. 원하는 것을 얻지 못하는 것은 괴로움이다. 요약하면 다섯 가지 집착의 무더기가 괴로움이다"라고 할 때 괴로움의 원인은 다음과 같습니다. 태어남, 늙음, 죽음, 슬픔, 비탄, 육체적 고통, 정신적 고통, 절망, 싫어하는 것과 만나는 것, 좋아하는 것과 헤어지는 것, 원하는 것을 얻지 못하는 것, 다섯 가지 집착의 무더기[五取蘊]입니다. 그러므로 우리가 몸과 마음을 가지고 있는 한 괴로움의 굴레에서 벗어나기 어렵습니다.

태어남은 온갖 시련의 시작입니다. 그래서 태어남은 괴로움의 바탕이 됩니다. 태어남은 윤회의 여정이 새로 시작되는 출발입니다. 그래서 온갖 생존경쟁에 시달리면서 살아야 합니다. 때로는 즐거움도 있지만 이 즐거움이 괴로움이 되어서 돌아옵니다. 그러므로 태어남은 괴로움의 시작입니다. 괴로움을 즐거움으로 알고 있는 것이 무명입니다. 무명은 쓴 것을 달콤한 것으로 알게 하여 사람들을 미혹하게 합니다.

늙음도 괴로움입니다. 늙음은 성장을 정점으로 쇠퇴해가는 과정입니다. 누구도 이 세월을 멈출 수는 없습니다. 매순간 늙어가고 있다는 것은 결코 유쾌한 일이 아닙니다. 그러므로 늙음은 괴로움의 바탕입니다.

죽음은 괴로움입니다. 누구도 죽음으로부터 자유롭지 못합니다. 죽음은 늙음보다 더욱 두려운 것입니다. 살아 있는 모든 생명은 태어났으면 죽어야 하지만 누구도 죽음을 즐겁게 받아들이기 어렵습니다. 그래서 죽음보다 더한 두려움과 고통은 없습니다. 그러므로 죽음은 괴로움의 바탕입니다. 이처럼 태어나면 늙어야 하고 죽어야 하는데 누구도 이것을 동의하기가 어렵습니다. 그래서 사는 것이 괴로움입니다.

슬픔, 비탄, 육체적 고통, 정신적 고통, 절망은 우리에게 일상의 일입니다. 생존의 실재를 자각하면 이토록 괴로움뿐입니다. 누가 슬픔으로부터 자유로울 수 있으며, 육체적 정신적 고통으로부터 자유로울 수 있습니까? 괴로워서 울부짖는다고 해서 해결될 수 있는 문제도 아닙니다. 그래서 그냥 이러한 괴로움에 당할 수밖에 없는 삶을 살아야 합니다.

우리는 살면서 좋은 것만 만날 수는 없습니다. 싫어하는 것과 마주치지 않을 수 없습니다. 그뿐만 아니라 자기 의지대로 산다고 해도 이 세상은 온통 자신과 다른 것들로 포위되어 있기 때문에 자신에게 선택권이 그리 많지 않습니다. 또한 항상 좋아하는 것과 이별하면서 살아야 합니다. 내가 좋아한다고 해서 그것을 영원히 소유할 수 없습니다. 그래서 만남도 고통이고 헤어짐도 고통입니다. 그리고 자신이 원하는 것을 모두 얻을 수 없는 것은 너무나 자명한 일임에도 이로 인해 괴로움을 겪어야 합니다. 이러한 모든 것들이 오온을 통해 이루어지기 때문에 오온 자체가 괴로움의 온상입니다. 그럼에도 불구하고 오온을 집착합니다. 그래서 괴로움이 영속됩니다. 오온은 조건에 의해 생긴 것이라서 시작과 끝이 있습니다. 오온은 영원히 계속되는 것이 아니라서 괴로움입니다. 바로 이러한 괴로움을 있는 그대로 알아차리는 것이 위빠사나 수행입니다. 누구나 이러한 수행을 통해서만이 지혜를 얻어 괴로움을 극복할 수 있습니다.

"비구들이여, 그러면 태어남은 무엇인가? 이런저런 생명의 무리 가운데서, 이런저런 생명들의 태어남, 출생, 도래함, 생김, 그것들의 수태, 그것들이 존재로 들어옴, 다섯 가지 무더기의 나타남, 감각장소의 획득, 이것을 일러 태어남이라고 한다"라고 할 때 이런저런 태어남이란 모든 생명들이 인간이나 천상이나 기타의 세계에서 태어나는 것을 말합니다. 존재의 세계는 모두 31개로 분류하는데 크게 나누면 사악도, 인간, 욕계, 색계, 무색계의 태어남이 있습니다. 다섯 가지 무더기의 나타남이란 다시 태어나는 순간에 오온이 생겨나는 것을 말합니다. 감각장소의 획득은 오온이 생겨나는 순간에 감각기반이 생기는 것입니다. 이런 모든 과정을 태어남이라고 합니다.

"비구들이여, 그러면 어떤 것이 늙음인가? 이런저런 생명의 무리가운데서,

이런저런 생명들의 늙음, 노쇠함, 부서진 이빨, 희어진 머리카락, 주름진 피부, 활력의 감소, 감각기능의 쇠약, 이것을 일러 늙음이라고 한다"라고 할 때 늙는 것은 볼 수 없습니다. 다만 이빨이 빠지거나, 머리가 희어지거나, 얼굴에 주름이 생기거나, 기운이 떨어지거나, 감각기능이 쇠퇴할 때 늙음을 알 수 있습니다. 그래서 이러한 결과를 통해 본 현상을 늙음이라고 합니다.

붓다는 괴로움만 있는 것을 말씀하지 않았습니다. 괴로움의 원인이 갈애인 것을 밝히고, 괴로움의 소멸은 가능한 것이고, 이 괴로움을 소멸하기 위해 팔정도 위빠사나의 길로 갈 것을 밝혔습니다. 괴로움은 와서 보라고 나타난 현상이지 이것이 우리를 괴롭히기 위해 나타난 현상이 아닙니다. 그러나 와서 보라고 나타난 현상에 오히려 괴로움을 가중시키는 것이 모든 생명들의 삶입니다. 하지만 수행자는 와서 보라고 나타난 대상을 있는 그대로 보고 그 괴로움의 굴레에서 벗어납니다. 이것이 수행을 하는 것과 하지 않는 것의 차이입니다.

모든 괴로움은 세 가지 종류로 나눕니다.

첫째는 일상적 괴로움입니다. 이 괴로움을 심신의 괴로움이라고도 하는데 고고성(苦苦性)이라고 합니다. 빨리어로는 둑카 둑카(dukkha dukkha)라고 합니다. 일상적인 괴로움은 보편적으로 인정되는 모든 괴로움을 말합니다. 정신적 육체적인 괴로움과, 생로병사, 슬픔, 비탄, 절망, 싫어하는 것과 만나는 괴로움, 좋아하는 것과 헤어지는 괴로움, 원하는 것을 얻지 못하는 괴로움이 모두 일상적인 괴로움입니다.

둘째는 변화로 인한 괴로움입니다. 이 괴로움을 괴고성(壞苦性)이라고 합니다. 빨리어로 위빠리나마 둑카(vipariṇāma dukkha)라고 합니다. 이 괴로움은 살면서 생기는 정신적 육체적 느낌을 말합니다. 즐거운 느낌도 일어나면 사리지고 없어져 슬픔과 고통을 일으킵니다. 이것들이 변화로 인한 괴로움입니다.

셋째는 형성된 것으로 인한 괴로움입니다. 이 괴로움을 행고성(行苦性)이라고 합니다. 빨리어로는 상카라 둑카(saṅkhāra dukkha)라고 합니다. 이 괴로움은 조건에 의해서 생긴 정신과 물질 자체가 괴로움이라는 뜻입니다. 그러므로 오온을 가지고 있는 것 자체가 형성된 것으로 인한 괴로움입니다. 형성된 것으로 인한 괴로움은 앞선 두 가지 괴로움과 달리 본질적인 괴로움에 속합니다. 정신과 물질은 다섯 가지의 무더기로 모여서 이루어진 오온으로 이루어진 것으로 여기에는 개아나 자아가 없으며 이것들의 형성과정과 존재가 모두 괴로움에 속하는 것들입니다.

② 괴로움의 일어남의 성스러운 진리[集聖諦]

"다시 비구들이여, 괴로움의 일어남의 성스러운 진리란 무엇인가? 그것은 새롭게 태어남을 일으키는 갈애이다. 쾌락과 탐욕을 동반하고, 항상 새로운 기쁨을 지금 여기저기서 찾으니, 이른바 감각적 욕망에 대한 갈애[慾愛], 존재에 대한 갈애[有愛] 그리고 비존재에 대한 갈애[無有愛]다.

다시 비구들이여, 이런 갈애는 어디서 일어나서 어디서 자리 잡는가? 세상에서 즐겁고 기분 좋은 것이 있으면, 여기서 이 갈애가 일어나서 여기서 자리 잡는다. 그러면 세상에서 어떤 것이 즐겁고 기분 좋은 것인가?

눈은 세상에서 즐겁고 기분 좋은 것이다. 여기서 이 갈애가 일어나서 여기서 자리 잡는다. 귀는 세상에서 즐겁고 기분 좋은 것이다. 여기서 이 갈애가 일어나서 여기서 자리 잡는다. 코는 세상에서 즐겁고 기분 좋은 것이다. 여기서 이 갈애가 일어나서 여기서 자리 잡는다. 혀는 세상에서 즐겁고 기분 좋은 것이다. 여기서 이 갈애가 일어나서 여기서 자리 잡는다. 몸은 세상에서 즐겁고 기분 좋은 것이다. 여기서 이 갈애가 일어나서 여기서 자리 잡는다. 마음은 세상에서 즐겁고 기분 좋은 것이다. 여기서 이 갈애가 일어나서 여기서 자리 잡는다.

보이는 형상은 세상에서 즐겁고 기분 좋은 것이다. 여기서 이 갈애가 일어나서 여기서 자리 잡는다. 소리는 세상에서 즐겁고 기분 좋은 것이다. 여기서 이 갈애가 일어나서 여기서 자리 잡는다. 냄새는 세상에서 즐겁고 기분 좋은 것이다. 여기서 이 갈애가 일어나서 여기서 자리 잡는다. 맛은 세상에서 즐겁고 기분 좋은 것이다. 여기서 이 갈애가 일어나서 여기서 자리 잡는다. 감촉은 세상에서 즐겁고 기분 좋은 것이다. 여기서 이 갈애가 일어나서 여기서 자리 잡는다. 법은 세상에서 즐겁고 기분 좋은 것이다. 여기서 이 갈애가 일어나서 여기서 자리 잡는다.

안식은 세상에서 즐겁고 기분 좋은 것이다. 여기서 이 갈애가 일어나서 여기서 자리 잡는다. 이식은 세상에서 즐겁고 기분 좋은 것이다. 여기서 이 갈애가 일어나서 여기서 자리 잡는다. 비식은 세상에서 즐겁고 기분 좋은 것이다. 여기서 이 갈애가 일어나서 여기서 자리 잡는다. 설식은 세상에서 즐겁고 기분 좋은 것이다. 여기서 이 갈애가 일어나서 여기서 자리 잡는다. 신식은 세상에서 즐겁고 기분 좋은 것이다. 여기서 이 갈애가 일어나서 여기서 자리 잡는다. 의식은 세상에서 즐겁고 기분 좋은 것이다. 여기서 이 갈애가 일어나서 여기서 자리 잡는다.

눈의 감각접촉은 세상에서 즐겁고 기분 좋은 것이다. 여기서 이 갈애가 일어나서 여기서 자리 잡는다. 귀의 감각접촉은 세상에서 즐겁고 기분 좋은 것이다. 여기서 이 갈애가 일어나서 여기서 자리 잡는다. 코의 감각접촉은 세상에서 즐겁고 기분 좋은 것이다. 여기서 이 갈애가 일어나서 여기서 자리 잡는다. 혀의 감각접촉은 세상에서 즐겁고 기분 좋은 것이다. 여기서 이 갈애가 일어나서 여기서 자리 잡는다. 몸의 감각접촉은 세상에서 즐겁고 기분 좋은 것이다. 여기서 이 갈애가 일어나서 여기서 자리 잡는다. 마음의 감각접촉은 세상에서 즐겁고 기분 좋은 것이다. 여기서 이 갈애가 일어나서 여기서 자리 잡는다.

눈의 감각접촉에서 생긴 느낌은 세상에서 즐겁고 기분 좋은 것이다. 여기서 이 갈애가 일어나서 여기서 자리 잡는다. 귀의 감각접촉에서 생긴 느낌은 세상에서 즐겁고 기분 좋은 것이다. 여기서 이 갈애가 일어나서 여기서 자리 잡는다. 코의 감각접촉에서 생긴 느낌은 세상에서 즐겁고 기분 좋은 것이다. 여기서 이 갈애가 일어나서 여기서 자리 잡는다. 혀의 감각접촉에서 생긴 느낌은 세상에서 즐겁고 기분 좋은 것이다. 여기서 이 갈애가 일어나서 여기서 자리 잡는다. 몸의 감각접촉에서 생긴 느낌은 세상에서 즐겁고 기분 좋은 것이다. 여기서 이 갈애가 일어나서 여기서 자리 잡는다. 마음의 감각접촉에서 생긴 느낌은 세상에서 즐겁고 기분 좋은 것이다. 여기서 이 갈애가 일어나서 여기서 자리 잡는다.

보이는 형상의 인식은 세상에서 즐겁고 기분 좋은 것이다. 여기서 이 갈애가 일어나서 여기서 자리 잡는다. 소리의 인식은 세상에서 즐겁고 기분 좋은 것이다. 여기서 이 갈애가 일어나서 여기서 자리 잡는다. 냄새의 인식은 세상에서 즐겁고 기분 좋은 것이다. 여기서 이 갈애가 일어나서 여기서 자리 잡는다.

접촉의 인식은 세상에서 즐겁고 기분 좋은 것이다. 여기서 이 갈애가 일어나서 여기서 자리 잡는다. 법의 인식은 세상에서 즐겁고 기분 좋은 것이다. 여기서 이 갈애가 일어나서 여기서 자리 잡는다.

보이는 형상에 관한 의지작용은 세상에서 즐겁고 기분 좋은 것이다. 여기서 이 갈애가 일어나서 여기서 자리 잡는다. 소리에 관한 의지작용은 세상에서 즐겁고 기분 좋은 것이다. 여기서 이 갈애가 일어나서 여기서 자리 잡는다. 냄새에 관한 의지작용은 세상에서 즐겁고 기분 좋은 것이다. 여기서 이 갈애가 일어나서 여기서 자리 잡는다. 맛에 관한 의지작용은 세상에서 즐겁고 기분 좋은 것이다. 여기서 이 갈애가 일어나서 여기서 자리 잡는다. 접촉에 관한 의지작용은 세상에서 즐겁고 기분 좋은 것이다. 여기서 이 갈애가 일어나서 여기서 자리 잡는다. 법에 관한 의지작용은 세상에서 즐겁고 기분 좋은 것이다. 여기서 이 갈애가 일어나서 여기서 자리 잡는다.

보이는 형상에 대한 갈애는 세상에서 즐겁고 기분 좋은 것이다. 여기서 이 갈애가 일어나서 여기서 자리 잡는다. 소리에 대한 갈애는 세상에서 즐겁고 기분 좋은 것이다. 여기서 이 갈애가 일어나서 여기서 자리 잡는다. 냄새에 대한 갈애는 세상에서 즐겁고 기분 좋은 것이다. 여기서 이 갈애가 일어나서 여기서 자리 잡는다. 맛에 대한 갈애는 세상에서 즐겁고 기분 좋은 것이다. 여기서 이 갈애가 일어나서 여기서 자리 잡는다. 접촉에 대한 갈애는 세상에서 즐겁고 기분 좋은 것이다. 여기서 이 갈애가 일어나서 여기서 자리 잡는다. 법에 대한 갈애는 세상에서 즐겁고 기분 좋은 것이다. 여기서 이 갈애가 일어나서 여기서 자리 잡는다.

보이는 형상에 대한 일으킨 생각은 세상에서 즐겁고 기분 좋은 것이다. 여기서 이 갈애가 일어나서 여기서 자리 잡는다. 소리에 대한 일으킨 생각은 세상에서 즐겁고 기분 좋은 것이다. 여기서 이 갈애가 일어나서 여기서 자리 잡는다. 냄새에 대한 일으킨 생각은 세상에서 즐겁고 기분 좋은 것이다. 여기서 이 갈애가 일어나서 여기서 자리 잡는다. 맛에 대한 일으킨 생각은 세상에서 즐겁고 기분 좋은 것이다. 여기서 이 갈애가 일어나서 여기서 자리 잡는다. 접촉에 대한 일으킨 생각은 세상에서 즐겁고 기분 좋은 것이다. 여기서 이 갈애가 일어나서 여기서 자리 잡는다. 법에 대한 일으킨 생각은 세상에서 즐겁고 기분 좋은 것이다. 여기서 이 갈애가 일어나서 여기서 자리 잡는다.

보이는 형상에 대한 지속적 고찰은 세상에서 즐겁고 기분 좋은 것이다. 여기서 이 갈애가 일어나서 여기서 자리 잡는다. 소리에 대한 지속적 고찰은 세상에서 즐겁고 기분 좋은 것이다. 여기서 이 갈애가 일어나서 여기서 자리 잡는다. 냄새에 대한 지속적 고찰은 세상에서 즐겁고 기분 좋은 것이다. 여기서 이 갈애가 일어나서 여기서 자리 잡는다. 맛에 대한 지속적 고찰은 세상에서 즐겁고 기분 좋은 것이다. 여기서 이 갈애가 일어나서 여기서 자리 잡는다. 접촉에 대한 지속적 고찰은 세상에서 즐겁고 기분 좋은 것이다. 여기서 이 갈애가 일어나서 여기서 자리 잡는다. 법에 대한 지속적 고찰은 세상에서 즐겁고 기분 좋은 것이다. 여기서 이 갈애가 일어나서 여기서 자리 잡는다.

비구들이여, 이를 일러 괴로움의 일어남의 성스러운 진리[集聖諦]라고 한다."
이상이 사성제 중에서 집성제에 대한 내용입니다.

"다시 비구들이여, 괴로움의 일어남의 성스러운 진리란 무엇인가? 그것은 새롭게 태어남을 일으키는 갈애이다. 쾌락과 탐욕을 동반하고, 항상 새로운 기쁨을 지금 여기저기서 찾으니, 이른바 감각적 욕망에 대한 갈애[慾愛], 존재에 대한 갈애[有愛] 그리고 비존재에 대한 갈애[無有愛]다"라고 할 때 여기서 모든 괴로움의 원인이 갈애(渴愛)로부터 시작된 것을 알 수 있습니다. 갈애는 범부가 몹시 목말라하는 욕망을 말합니다. 지금까지 우리는 어떤 초월적 존재에 의해 태어났다는 생각을 가질 수도 있고, 어떻게 태어났는지 알 수 없는 경우도 있을 것입니다. 하지만 여기서 태어남의 원인은 갈애고, 갈애로 인해 괴로움이 일어난다는 사실을 분명하게 밝히고 있습니다. 우리가 수행을 하는 이유는 생각으로만 이러한 견해가 사실인지 확인하는 것입니다. 이것이 사실이라면 이 길을 따라가서 괴로움을 끊도록 노력해야 하겠습니다.

갈애는 탐욕과 쾌락을 동반해서 일어납니다. 그래서 갈애를 탐욕, 욕망, 쾌락이라고 볼 수 있습니다. 이러한 갈애가 우리가 하고자 하는 일의 원인이 됩니다. 무슨 일이나 이 갈애로 인한 추진력으로 행해집니다. 무엇을 하고 싶어 하거나 하기 싫어하거나 모두 갈애를 원인으로 일어납니다. 우리가 다시 태어나는 것도 갈애를 가졌기 때문입니다. 그러므로 이 갈애가 소멸하면 태어남도 없습니다. 이것이 윤회의 끝입니다. '항상 새로운 기쁨을 지금 여기저기서 찾으니'라는 말은 새로 태어나는 생명은 어디에서 어떻게 태어나든 반드시 새로운 기쁨을 원한다는 뜻입니다.

괴로움의 원인은 다른 곳에 있지 않습니다. 오직 자신이 한 행위에 따른 과보가 괴로움의 원인입니다. 여기에 어떤 타인이 개입될 여지가 없습니다. 물론 업(業)을 행할 때 타인과의 관계가 있지만 이것은 전적으로 자신의 선택으로 하는 것입니다. 그러므로 이러한 괴로움의 원인은 과거로부터 내려온 것도 있지만 현재에도 스스로 선택해서 일으키는 것도 있습니다. 과거로부터 내려온 것은 업의 형성으로 인해 과보를 받는 것입니다. 현재 일으키는 것은 업의 생성으로 인해 새로 받는 것입니다. 수행은 과거로부터 내려온 형성된 것은 그냥 그대로 두고 새로운 생성하는 것입니다.

괴로움을 일으키는 원인은 느낌으로부터 시작된 갈애입니다. 느낌은 반드시 더 좋은 느낌을 원하여 갈애를 일으킵니다. 이러한 갈애가 집착을 하여 고통뿐인 태어남을 가져옵니다. 갈애는 온갖 종류의 바라는 마음입니다. 갈애는 그냥 갈애로 있지 않고 집착을 해서 행위를 하게 하기 때문에 업을 만듭니다. 그래서 괴로움이 끊어지지 않게 하는 연료와 같습니다.

갈애는 느낌에서 일어나는데 느낌은 여섯 가지 감각기관에서 일어납니다. 그러므로 위빠사나 수행을 해서 자신의 몸과 마음을 알아차리지 못하면 느낌에서 갈애로 넘어가기 마련입니다. 어쩌면 인류의 역사는 더 좋은 갈애를, 더 많이, 더 빨리 얻기 위해 노력하고 있는 것인지도 모릅니다.

감각기관을 통해서 들어오는 갈애만 있는 것이 아닙니다. 더 잘살고 싶고, 괴로워서 죽고 싶은 갈애도 있습니다. 갈애는 좋은 뜻으로는 희망이지만 우리의 갈애는 희망으로 멈추지 않기 때문에 항상 문제를 야기합니다. 갈애는 탐욕을 동반하기 때문에 멈추지 않는 욕망의 기차와도 같습니다. 그래서 끝없고 위험한 질주를 계속합니다. 그러므로 인간은 이러한 욕망의 기차에 실려서 몸을 맡기고 사는 것입니다. 과연 누가 자기 스스로의 삶을 선택해서 살고 있다고 말할 수 있습니까? 그저 습관적으로 과거의 업에 의해 떠밀려가면서 살고 있는 것입니다.

갈애는 세 가지가 있는데 감각적 욕망에 대한 갈애[慾愛], 존재에 대한 갈애[有愛], 비존재에 대한 갈애[無有愛]입니다. 감각적 욕망의 갈애는 감각적 쾌락을 추구하는 것입니다. 감각적 욕망에 대한 갈애는 유신견(有身見)이라는 잘못된 견해를 만듭니다. 존재에 대한 갈애는 항상(恒常)하고 영원한 것이라는 상견(常見)으로 잘못된 견해입니다. 비존재에 대한 갈애는 이 생으로 끝이라고 하는 허무주의와 단견(斷見)에 속하는 잘못된 견해입니다.

첫째는 감각적 욕망에 대한 갈애입니다. 이 갈애는 여섯 가지 감각기관이 여섯 가지 감각대상과 접촉할 때 일어나는 갈애입니다. 이 갈애는 감각기관을 통해서 들어오기 때문에 일상적인 욕망에 속합니다. 느낌을 원인으로 생긴 갈애는 집착을 일으킵니다. 그래서 새로운 업을 생성하여 미래의 원인이 되는 결과를 만듭니다. 우리가 살면서 일으키는 일상적인 갈애는 모두 감각적 욕망에 대한 갈애입니다. 이 욕망이 우리를 살게 하는 기본적인 요소입니다.

둘째는 존재에 대한 갈애입니다. 존재에 대한 갈애는 네 가지가 있습니다. 첫 번째는 천상의 욕계에 태어나고 싶은 갈애가 있습니다. 욕계에 태어나고 싶은 갈애는 인간으로 태어나거나 욕계 천상의 천인으로 태어나고 싶은 갈애입니다. 두 번째는 영원히 살고 싶은 갈애입니다. 하나의 생명이 다음 생명으로 이어지면서 죽지 않고 영생을 하겠다는 것이 존재에 대한 갈애입니다. 세 번째는 색계와 무색계에 태어나고 싶은 갈애입니다. 네 번째는 수행자가 사마타 수행을 해서 선정의 상태에 이르게 되면 선정을 집착하는 갈애가 생깁니다.

셋째는 비존재에 대한 갈애입니다. 비존재에 대한 갈애는 허무주의의 견해입니다. 그래서 이번 생만 있다고 믿거나, 이번 생이 끝나면 아무것도 없이 사라진다고 믿습니다. 비존재에 대한 갈애는 인과응보를 인정하지 않습니다.

이러한 세 가지 갈애는 자신의 의지와 상관없이 다시 태어나는 결과를 가져옵니다. 감각적 욕망으로 인해 즐거운 것을 바라는 마음이 다시 태어나게 하는 힘을 제공합니다. 존재에 대한 갈애로 인해 더 고귀한 생명으로 태어나기를 바라는 마음이 다시 태어나게 하는 힘을 제공합니다. 비존재에 대한 갈애로 인해 태어나지 않기를 바라는 마음이 다시 태어나게 하는 힘을 제공합니다. 그러므로 어떤 형태라도 갈애가 있는 한 다시 태어나는 괴로움을 겪어야 합니다.

인간이 사는 것은 거대한 바다를 향해 흘러가는 강물과 같습니다. 그러나 갈애가 있을 때는 흘러가는 물이 고요하지 않고 물결이 사나워 거친 파도가 일어납니다. 수행을 한다는 것은 이러한 거친 물살을 거슬러 올라가는 것입니다. 그래서 스승의 가르침과 각고의 노력과 인내가 필요합니다. 갈애의 거친 물살을 거슬러 가려면 갈애에 필적할 만한 선업의 과보와 노력이 필요합니다.

이와 같은 갈애가 아닌 것은 무엇일까요? 감각적 욕망에 대한 갈애로부터 자유로워야 하고, 존재에 대한 갈애로부터 자유로워야 하고, 비존재에 대한 갈애로부터 자유로워야 합니다. 이렇게 되려면 무엇도 바라지 않고 그냥 알아차려야 합니다. 그리고 무슨 일이나 단지 필요해서 해야 합니다. 그러면 바라는 것이 없기 때문에 업을 생성하지 않아 괴로울 일이 없습니다. 이것이 깨달음으로 가는 지름길입니다. 여기에는 있는 그대로 알아차리는 행위가 따라야 합니다. 어리석은 마음으로 보면 이것이 손해인 것 같아도 지혜로 보면 가장 큰 이익입니다.

수행자는 남과 비교해서는 안 됩니다. 나만 바라지 않는다면 나만 손해가 난다고 생각해서는 안 됩니다. 이때 이러한 나는 없습니다. 그냥 순간순간의 몸과 마음만 있을 뿐입니다. 이것을 소유하는 자아는 없습니다. 그러니 단지 필요한 일이라서 해야 합니다. 일하고 먹고 생활하는 것이 단지 필요한 일이라서 하면 최고의 지혜가 나서 모든 번뇌를 불태울 수 있습니다.

"눈은 세상에서 즐겁고 기분 좋은 것이다. 여기서 이 갈애가 일어나서 여기서 자리 잡는다"라고 할 때 눈이 형상과 마주칠 때 눈이라는 감각기관에서 마음으로 알아차리면 형상을 통해서 들어오는 갈애가 일어나지 않습니다. 그러면 괴로움의 원인이 제거됩니다. 귀로 소리를 들을 때 귀라는 감각기관에서 마음으로 알아차리면 소리를 통해 들어오는 갈애가 일어나지 않습니다. 마찬가지로 코가 냄새를 맡을 때 코라는 감각기관에서 마음으로 알아차리면 냄새를 통해 들어오는 갈애가 일어나지 않습니다. 맛을 느끼는 것과 신체의 접촉도 이와 마찬가지입니다. 이처럼 감각기관에서 대상을 알아차리는 것이 바로 위빠사나 수행입니다.

감각기관을 통해 일어나는 갈애는 즐거운 것이기 때문에 일어납니다. 그리고 일어난 곳에서 자리 잡습니다. 일어남은 새로 생기는 것이고, 자리 잡는 것은 일어난 것이 다시 되풀이되어서 일어나는 것을 말합니다. 그러므로 일어난 것은 수면 아래로 잠재해 있다가 필요할 때 다시 나타납니다. 그러므로 일어난 갈애는 한 번으로 그치지 않습니다.

갈애는 일어나는 단계가 있고, 잠복하는 단계가 있고, 때가 되면 다시 나타나는 단계가 있습니다. 그래서 현재는 갈애에 이끌려서 사는 것입니다. 그러므로 누구나 현재 욕심을 부리지 않지만 조건이 성숙되면 욕심을 부리고 조건이 성숙되면 화를 냅니다. 그래서 갈애가 있을 때도 알아차려야 하고, 갈애가 없을 때도 똑같이 알아차려야 합니다. 그래야 잠복한 갈애가 다시 일어나지 않습니다.

갈애는 일어난 곳에서 다시 저장됩니다. 그러므로 우리들의 모든 감각기관은 모두 갈애를 일으키는 곳이고, 그 감각기관에 모든 갈애가 저장됩니다. 그래서 때가 되면 성숙해서 다시 일어납니다. 이러한 갈애를 알아차려서 단지 느낌으로 머물 때 위빠사나 수행자는 도과를 성취할 수 있습니다.

인간은 과거에는 모르기 때문에 무명에 이끌려 업을 행해서 현재의 삶을 살고 있습니다. 그리고 현재는 갈애에 이끌려 살고 있기 때문에 탐욕의 늪에서 헤어나지 못하고 윤회를 하면서 삽니다. 그래서 무명은 우두머리이고, 갈애는 동반자입니다. 이 무명과 갈애는 모든 괴로움의 근본원인입니다. 누구나 몰라서 괴로움뿐인 갈애를 일으킵니다. 그러므로 현재의 느낌을 알아차려서 갈애가 일어나지 않으면 자연스럽게 무명이 함께 소멸합니다. 무명과 갈애는 한 몸으로 연결되어 있기 때문입니다.

갈애는 사소한 것을 바라는 마음으로부터 시작합니다. 그러나 이 사소한 것을 바라는 마음이 더 큰 것, 더 많은 것을 원하기 때문에 반드시 집착을 일으킵니다. 이때의 집착은 떨어지지 않는 특성을 가지고 있습니다. 더 강력하게 대상에 침투합니다. 그래서 반드시 행위를 일으키도록 합니다. 이 행위가 바로 업의 생성입니다. 이때 업의 생성은 의도가 있는 행위라서 과보가 생깁니다. 업의 생성으로 인해 행한 대로 미래에 다시 그 과보를 그대로 받습니다. 우리가 업이라고 할 때는 과거의 형성된 업이 있고, 현재 생성하는 업이 있습니다. 과거의 형성된 업으로 우리는 오온을 받았습니다. 그러나 지금은 새로 생성하는 업으로 미래에 태어남이라는 결과와 지금 이후에 과보를 받습니다.

업의 생성은 업의 힘입니다. 행위는 일어난 순간 사라집니다. 그러나 행위를 한 힘은 과보로 남겨져서 다음에 상속됩니다. 그래서 우리는 업의 굴레를 벗어날 수 없습니다. 이러한 업의 굴레가 다시 번뇌의 굴레를 일으키고, 번뇌의 굴레가 다시 괴로움을 일으킵니다. 이런 연속적인 과정 속에서 우리는 한 치도 벗어날 수 없는 운명을 살아야 합니다.

집착은 사소한 것으로부터 시작합니다. 이것을 사소한 것이라고 생각해서는 결코 안 됩니다. 어떤 경우나 작은 것에서부터 더 큰 것으로 발전한다는 것을 알고 항상 대상이 나타날 때마다 알아차려야 합니다.

이 갈애라는 바이러스는 여섯 가지 감각기관의 문을 통해서 들어오고, 여섯 가지 감각대상에 묻어서 들어옵니다. 그러므로 우리는 여섯 가지 감각기관의 문을 지켜야 하고, 여섯 가지 감각대상에 대해 알아차려야 하고, 또 그것을 받아들이는 여섯 가지 아는 마음을 면밀하게 알아차려야 합니다. 그래서 감각기관과 감각대상과 그것을 아는 여섯 가지 마음을 다 알아차릴 때 비로소 갈애로부터 자유로울 수 있습니다. 이 갈애로부터 자유로울 때 우리는 도과를 성취하여 지고의 행복을 얻을 것입니다.

③ 괴로움의 소멸의 성스러운 진리[滅聖諦]

"다시 비구들이여, 그러면 무엇이 괴로움의 소멸의 성스러운 진리인가? 그것은 갈애가 남김없이 소멸함, 버림, 놓아버림, 벗어남, 집착 없음이다. 비구들이여, 이를 일러 괴로움의 소멸의 성스러운 진리라고 한다.

다시 비구들이여, 그럼 이 갈애는 어디서 없어지고 어디서 소멸하는가? 세상에서 즐겁고 기분 좋은 것이 있으면 여기서 이 갈애가 없어지고 여기서 소멸한다.

그러면 세상에서 어떤 것이 즐겁고 기분 좋은 것인가? 눈은 세상에서 즐겁고 기분 좋은 것이다. 여기서 이 갈애가 없어지고 여기서 소멸한다. 귀는 세상에서 즐겁고 기분 좋은 것이다. 여기서 이 갈애가 없어지고 여기서 소멸한다. 코는 세상에서 즐겁고 기분 좋은 것이다. 여기서 이 갈애가 없어지고 여기서 소멸한다. 혀는 세상에서 즐겁고 기분 좋은 것이다. 여기서 이 갈애가 없어지고 여기서 소멸한다. 몸은 세상에서 즐겁고 기분 좋은 것이다. 여기서 이 갈애가 없어지고 여기서 소멸한다. 마음은 세상에서 즐겁고 기분 좋은 것이다. 여기서 이 갈애가 없어지고 여기서 소멸한다.

보이는 형상은 세상에서 즐겁고 기분 좋은 것이다. 여기서 이 갈애가 없어지고 여기서 소멸한다. 소리는 세상에서 즐겁고 기분 좋은 것이다. 여기서 이 갈애가 없어지고 여기서 소멸한다. 냄새는 세상에서 즐겁고 기분 좋은 것이다. 여기서 이 갈애가 없어지고 여기서 소멸한다. 맛은 세상에서 즐겁고 기분 좋은 것이다. 여기서 이 갈애가 없어지고 여기서 소멸한다. 감촉은 세상에서 즐겁고 기분 좋은 것이다. 여기서 이 갈애가 없어지고 여기서 소멸한다. 법은 세상에서 즐겁고 기분 좋은 것이다. 여기서 이 갈애가 없어지고 여기서 소멸한다.

안식은 세상에서 즐겁고 기분 좋은 것이다. 여기서 이 갈애가 없어지고 여기서 소멸한다. 이식은 세상에서 즐겁고 기분 좋은 것이다. 여기서 이 갈애가 없어지고 여기서 소멸한다. 비식은 세상에서 즐겁고 기분 좋은 것이다. 여기서 이 갈애가 없어지고 여기서 소멸한다. 설식은 세상에서 즐겁고 기분 좋은 것이다. 여기서 이 갈애가 없어지고 여기서 소멸한다. 신식은 세상에서 즐겁고 기분 좋은 것이다. 여기서 이 갈애가 없어지고 여기서 소멸한다. 의식은 세상에서 즐겁고 기분 좋은 것이다. 여기서 이 갈애가 없어지고 여기서 소멸한다.

눈의 감각접촉은 세상에서 즐겁고 기분 좋은 것이다. 여기서 이 갈애가 없어지고 여기서 소멸한다. 귀의 감각접촉은 세상에서 즐겁고 기분 좋은 것이다. 여기서 이 갈애가 없어지고 여기서 소멸한다. 코의 감각접촉은 세상에서 즐겁고 기분 좋은 것이다. 여기서 이 갈애가 없어지고 여기서 소멸한다. 혀의 감각접촉은 세상에서 즐겁고 기분 좋은 것이다. 여기서 이 갈애가 없어지고 여기서 소멸한다. 몸의 감각접촉은 세상에서 즐겁고 기분 좋은 것이다. 여기서 이 갈애가 없어지고 여기서 소멸한다. 마음의 감각접촉은 세상에서 즐겁고 기분 좋은 것이다. 여기서 이 갈애가 없어지고 여기서 소멸한다.

눈의 감각접촉에서 생긴 느낌은 세상에서 즐겁고 기분 좋은 것이다. 여기서 이 갈애가 없어지고 여기서 소멸한다. 귀의 감각접촉에서 생긴 느낌은 세상에서 즐겁고 기분 좋은 것이다. 여기서 이 갈애가 없어지고, 여기서 소멸한다. 코의 감각접촉에서 생긴 느낌은 세상에서 즐겁고 기분 좋은 것이다. 여기서 이 갈애가 없어지고 여기서 소멸한다. 혀의 감각접촉에서 생긴 느낌은 세상에서 즐겁고 기분 좋은 것이다. 여기서 이 갈애가 없어지고 여기서 소멸한다. 몸의 감각접촉에서 생긴 느낌은 세상에서 즐겁고 기분 좋은 것이다. 여기서 이 갈애가 없어지고 여기서 소멸한다. 마음의 감각접촉에서 생긴 느낌은 세상에서 즐겁고 기분 좋은 것이다. 여기서 이 갈애가 없어지고 여기서 소멸한다.

눈의 인식은 세상에서 즐겁고 기분 좋은 것이다. 여기서 이 갈애가 없어지고 여기서 소멸한다. 귀의 인식은 세상에서 즐겁고 기분 좋은 것이다. 여기서 이 갈애가 없어지고 여기서 소멸한다. 코의 인식은 세상에서 즐겁고 기분 좋은 것이다. 여기서 이 갈애가 없어지고 여기서 소멸한다. 혀의 인식은 세상에서 즐겁고 기분 좋은 것이다. 여기서 이 갈애가 없어지고 여기서 소멸한다. 몸의 인식은 세상에서 즐겁고 기분 좋은 것이다. 여기서 이 갈애가 없어지고 여기서 소멸한다. 마음의 인식은 세상에서 즐겁고 기분 좋은 것이다. 여기서 이 갈애가 없어지고 여기서 소멸한다.

보이는 형상에 관한 의지작용은 세상에서 즐겁고 기분 좋은 것이다. 여기서 이 갈애가 없어지고 여기서 소멸한다. 소리에 관한 의지작용은 세상에서 즐겁고 기분 좋은 것이다. 여기서 이 갈애가 없어지고 여기서 소멸한다. 냄새에 관한 의지작용은 세상에서 즐겁고 기분 좋은 것이다. 여기서 이 갈애가 없어지고 여기서 소멸한다. 맛에 관한 의지작용은 세상에서 즐겁고 기분 좋은 것이다. 여기서 이 갈애가 없어지고 여기서 소멸한다. 접촉에 관한 의지작용은 세상에서 즐겁고 기분 좋은 것이다. 여기서 이 갈애가 없어지고 여기서 소멸한다. 법에 관한 의지작용은 세상에서 즐겁고 기분 좋은 것이다. 여기서 이 갈애가 없어지고 여기서 소멸한다.

보이는 형상에 대한 갈애는 세상에서 즐겁고 기분 좋은 것이다. 여기서 이 갈애가 없어지고 여기서 소멸한다. 소리에 대한 갈애는 세상에서 즐겁고 기분 좋은 것이다. 여기서 이 갈애가 없어지고 여기서 소멸한다. 냄새에 대한 갈애는 세상에서 즐겁고 기분 좋은 것이다. 여기서 이 갈애가 없어지고 여기서 소멸한다. 맛에 대한 갈애는 세상에서 즐겁고 기분 좋은 것이다. 여기서 이 갈애가 없어지고 여기서 소멸한다. 접촉에 대한 갈애는 세상에서 즐겁고 기분 좋은 것이다. 여기서 이 갈애가 없어지고 여기서 소멸한다. 법에 대한 갈애는 세상에서 즐겁고 기분 좋은 것이다. 여기서 이 갈애가 없어지고 여기서 소멸한다.

보이는 형상에 대한 일으킨 생각은 세상에서 즐겁고 기분 좋은 것이다. 여기서 이 갈애가 없어지고 여기서 소멸한다. 소리에 대한 일으킨 생각은 세상에서 즐겁고 기분 좋은 것이다. 여기서 이 갈애가 없어지고 여기서 소멸한다. 냄새에 대한 일으킨 생각은 세상에서 즐겁고 기분 좋은 것이다. 여기서 이 갈애가 없어지고 여기서 소멸한다. 맛에 대한 일으킨 생각은 세상에서 즐겁고 기분 좋은 것이다. 여기서 이 갈애가 없어지고 여기서 소멸한다. 접촉에 대한 일으킨 생각은 세상에서 즐겁고 기분 좋은 것이다. 여기서 이 갈애가 없어지고 여기서 소멸한다. 법에 대한 일으킨 생각은 세상에서 즐겁고 기분 좋은 것이다. 여기서 이 갈애가 없어지고 여기서 소멸한다.

보이는 형상에 대한 지속적 고찰은 세상에서 즐겁고 기분 좋은 것이다. 여기서 이 갈애가 없어지고 여기서 소멸한다. 소리에 대한 지속적 고찰은 세상에서 즐겁고 기분 좋은 것이다. 여기서 이 갈애가 없어지고 여기서 소멸한다. 냄새에 대한 지속적 고찰은 세상에서 즐겁고 기분 좋은 것이다. 여기서 이 갈애가 없어지고 여기서 소멸한다. 맛에 대한 지속적 고찰은 세상에서 즐겁고 기분 좋은 것이다. 여기서 이 갈애가 없어지고 여기서 소멸한다. 접촉에 대한 지속적 고찰은 세상에서 즐겁고 기분 좋은 것이다. 여기서 이 갈애가 없어지고 여기서 소멸한다. 법에 대한 지속적 고찰은 세상에서 즐겁고 기분 좋은 것이다. 여기서 이 갈애가 없어지고 여기서 소멸한다.

비구들이여, 이를 일러 괴로움의 소멸의 성스러운 진리[滅聖諦]라고 한다."
이상이 사성제 중에서 멸성제에 대한 내용입니다.

"다시 비구들이여, 그러면 무엇이 괴로움의 소멸의 성스러운 진리인가? 그 것은 갈애가 남김없이 소멸함, 버림, 놓아버림, 벗어남, 집착 없음이다. 비구들이 여, 이를 일러 괴로움의 소멸의 성스러운 진리라고 한다"라고 할 때 괴로움의 소멸의 성스러운 진리는 갈애가 남김없이 소멸한 상태에서 옵니다. 이 상태가 열반입니다. 갈애가 완전하게 소멸한 상태는 탐욕, 성냄, 어리석음의 번뇌가 완전하게 불탄 것을 말합니다. 이와 같이 번뇌가 불타기 위해서는 존재하는 것의 특성인 무상, 고, 무아를 아는 통찰지혜가 나야 합니다.

먼저 열반에 대한 이해가 필요합니다. 열반은 세속의 정신이 아닌 초세속적인 정신 상태입니다. 그래서 열반을 성취한 지혜가 나지 않으면 결코 열반을 이해할 수 없습니다. 오직 도의 지혜가 나서 직접 과의 지혜를 경험한 수행자만이 열반에 대해 이해할 수 있습니다. 그러므로 열반에 대한 말은 다분히 추론적일 수밖에 없습니다. 열반에 이르면 누구나 현재의 마음을 의식할 수 없습니다. 이때의 마음은 오직 열반을 대상으로 합니다. 그래서 수행자가 오직 열반에 들기 전과 들고 나서의 상태를 알 수 있을 뿐입니다. 그러므로 직접 열반을 체험하기 전에는 완전하게 이해하기 어려운 점을 감안해야 합니다. 정신세계에 대한 것은 언어로 표현하기 어려운 부분이 있는데 그중에 열반은 일반적인 상식을 벗어난 세계이기 때문에 이해하기 어렵습니다.

고성제와 집성제는 괴로움이 일어나는 진리이고, 멸성제와 도성제는 괴로움이 소멸하는 진리입니다. 그래서 고성제와 집성제는 세속의 진리이고, 멸성제와 도성제는 출세간의 진리입니다. 무엇이나 조건에 의해 일어난 것은 조건에 의해 사라집니다. 그러므로 괴로움도 일어날 조건이 소멸하면 일어나지 않습니다. 사라진다는 것은 일어나지 않아서 사라진다는 것을 말합니다. 마찬가지로 죽지 않는다는 것도 태어나지 않기 때문에 죽지 않는다는 뜻입니다. 멸성제는 갈애가 소멸하여 얻는 열반을 의미합니다. 고성제와 집성제의 소멸이 멸성제인데, 이것은 갈애가 소멸한 것입니다. 갈애는 바라는 마음으로 욕망입니다. 세 가지 갈애인 감각적 욕망에 대한 갈애, 존재에 대한 갈애, 비존재에 대한 갈애가 완전하게 소멸되어야 비로소 갈애가 소멸되었다고 말할 수 있습니다.

이렇게 여러 가지 방법으로 갈애가 소멸되지만 오직 지혜로서만이 갈애를 소멸시킬 수 있습니다. 그렇지 않고 다른 물리적 방법으로는 결코 갈애를 소멸시킬 수 없습니다. 갈애를 지혜로 소멸시킬 수 있지만 유신견(有身見)을 가진 사람은 제외됩니다. 유신견을 가지면 자아가 있다고 생각하여 무아의 지혜가 나지 않습니다. 그러므로 깨달음의 세계에서는 가장 큰 무지를 유신견으로 봅니다. 그래서 완두콩알 만한 유신견이 있어도 결코 열반에 이를 수 없다고 말합니다.

수행자는 무상, 고, 무아의 지혜가 나서 가장 순수한 정신적 상태가 유지될 때 열반에 이릅니다. 바로 이 상태에서 갈애가 소멸됩니다. 수행자가 이러한 진리를 깨달을 때 도(道)의 의식이 일어납니다. 갈애는 바로 이러한 도의 의식에 의해 제거됩니다. 이때 도의 의식이란 지혜가 있는 의식을 말합니다.

갈애의 소멸은 과거의 갈애와 미래의 갈애와 현재의 갈애를 모두 소멸시킨 것입니다. 이때 도의 의식이 인위적으로 과거의 갈애를 뿌리 뽑는 것이 아닙니다. 도의 의식이 있는 순간에는 어떤 번뇌도 침투하지 못하기 때문에 갈애가 붙을 자리가 없어서 뿌리 뽑히는 것입니다. 미래의 갈애도 마찬가지입니다. 도의 의식이 있는 순간에는 번뇌가 침투하지 못해서 갈애를 뿌리 뽑는 것입니다. 현재의 갈애도 마찬가지입니다. 도의 의식이 있는 순간에는 번뇌가 침투하지 못해서 갈애가 뿌리 뽑히는 것입니다.

이렇게 도의 의식으로 갈애를 뿌리 뽑기 위해서는 도의 의식이 지속되어야 합니다. 도의 의식이 지속되어서 이것이 새로운 습관이 될 때라야 갈애가 완전하게 뿌리 뽑힙니다. 그렇지 않고 적당히 알아차리다 말면 있던 욕망이 수그러들지 않아서 완전하게 뿌리 뽑히지 않습니다. 그래서 위빠사나 수행은 대상을 지속적으로 알아차려야 합니다.

마음은 한 순간에 하나밖에 없습니다. 한 순간에 성스러운 마음을 가지면 성스러움을 얻어서 이익이 있고, 이 순간에 번뇌가 침투하지 않아서 이익이 있습니다. 그러므로 도의 의식이 번뇌를 뿌리 뽑는 것이 아닙니다. 지혜가 수반된 도의 의식이 있는 순간에는 하나의 마음밖에 없기 때문에 갈애가 소멸한 것입니다. 그래서 위빠사나 수행이 바라거나 없애려고 하지 않는 수행이라고 말하는 것입니다. 오직 대상과 아는 마음만 있을 때 최고의 지혜인 무상, 고, 무아를 아는 도의 의식이 생기면 번뇌가 자랄 수 있는 토양이 없어집니다. 이러한 토양이 없어지는 것은 욕계, 색계, 무색계라는 곳에서 오온이라는 생명이 살 수 있는 기본적인 조건이 소멸하는 것입니다. 생명이 살 수 있는 토양이 있다는 것은 아직 완전한 지혜가 나지 않아서 갈애가 남아 있다는 것입니다. 우리가 완벽하게 대상을 알아차리고 알아차림을 지속할 때만이 갈애가 붙지 않습니다.

일반적으로 대상과 아는 마음만 있다가 대상을 알아차리지 못하면 다시 번뇌가 일어납니다. 이때는 아직 번뇌가 자랄 수 있는 토양이 있기 때문입니다. 그래서 이런 경우에는 번뇌가 완전하게 소멸한 것이 아니고 순간적으로 소멸한 것입니다. 이렇게 번뇌가 자랄 수 있는 토양이 남아 있다는 것은 아직 잠재의식에 갈애가 남아 있는 것을 말합니다. 아직도 왜 이런 갈애가 남아 있는가 하면 무상, 고, 무아의 지혜를 완전하게 통찰하지 못했기 때문입니다.

누구나 번뇌가 완전하게 소멸하기 전까지는 잠재적인 번뇌를 가지고 있습니다. 지금 선한 마음을 가지고 있지만 다른 조건이 생기면 금방 선하지 못한 마음으로 바뀝니다. 다시 지금 선하지 못한 마음을 가졌지만 다른 조건이 생기면 금방 선한 마음으로 바뀝니다. 그러므로 지금 욕심을 부리고 화를 내지 않지만 욕심을 부리고 화를 낼만한 조건이 성숙되면 금방 욕심을 부리고 화를 냅니다. 이것이 원인과 결과의 지배를 받는 것입니다. 이때 갈애가 완전하게 소멸되지 않았기 때문입니다. 이 상태에서는 다시 태어나는 토양을 가지고 있습니다. 그래서 윤회를 합니다.

무상, 고, 무아의 지혜가 완전해지면 모든 것이 무상하고, 불만족이고, 나라고 할 것이 없고, 나의 소유라고 할 것이 없다는 깨달음이 일어납니다. 그러면 이 순간에 모든 집착에서 벗어납니다. 이때 원인과 결과가 사라지고 단지 작용만 하는 마음을 갖습니다. 이 상태에서만 다시 태어나는 토양이 소멸됩니다. 그래서 윤회를 하지 않습니다.

통찰지혜로 갈애가 완전하게 소멸하면 집착이 끊어지는 이때의 마음이 도의 의식입니다. 이런 결과로 자연스럽게 열반에 이르게 됩니다. 그러므로 열반은 지혜의 결과이지 열반 그 자체가 지혜는 아닙니다. 열반을 지고의 행복이라고 하는 것은 열반을 얻기 전에 이미 완전한 갈애의 소멸로 평화와 자유를 얻었기 때문입니다. 그리고 열반에서 깨어나서 역시 똑같은 평화와 자유를 얻기 때문에 열반을 지고의 행복이라고 합니다.

열반의 상태에서는 의식이 있지만 의식을 자각하지 못하기 때문에 행복을 자각하지 못합니다. 자각하지 못하지만 이 순간에 모든 번뇌가 불타버려서 열반을 지고의 행복이라고 합니다. 열반은 출세간의 진리를 성취하는 것입니다. 그래서 세간의 이해로는 그 완전한 뜻을 알기 어렵습니다. 단지 모든 갈애가 완전하게 불타버린 것이라는 것으로 이해해야 합니다. 그러므로 열반은 갈애가 소멸된 끝에 있는 정신적 상태입니다.

열반에 대해 마하시 사야도께서는 이렇게 말했습니다.
"물질은 먼지에 오염될 수 있습니다. 마음과 마음의 작용들과 같은 정신적인 특성은 탐욕, 증오 등과 관련되어 오염될 수 있습니다. 선한 정신적 상태들조차도 탐욕, 증오 등이 나타날 때 오염될 수 있습니다. 그러나 열반은 매우 순수하기 때문에 어떤 오염도 접촉하지 않습니다. 이것을 주석서에서는 '열반은 모든 점에서 빛난다'라는 의미로 설명한 것입니다.

어떤 사람은 주석서의 설명에 의존하여 열반은 매우 밝은 빛이라고 합니다. 그러나 빛은 물질입니다. 열반 그 자체가 물질이 아니므로 그들의 말은 붓다의 가르침에 어긋납니다. 생겨나지 않음 또는 소멸만이 모든 점에서 빛이 납니다. 그것은 조건 지어진 것들의 오염으로부터 완전히 자유롭기 때문입니다. 이러한 해석이 적합한 것입니다."

빨리어 경전인 『디가니까야(Dīgha Nikāya)』에서 열반에 대해 다음과 같이 설명합니다.

"열반은 육안으로 볼 수 없고 그것은 일어남, 사라짐, 정지됨에 제한이 없으며, 모든 점에서 빛난다. 여기에 땅의 요소도, 물의 요소도, 불의 요소도, 바람의 요소도 발을 붙이지 못한다. 여기에 긴 것도, 짧은 것도, 작은 것도, 거대한 것도, 아름다움도, 추함도 발을 붙이지 못한다. 여기에 마음과 물질이 완전하게 사라진다. 의식의 소멸과 함께 정신과 물질의 모든 것이 소멸한다."

위빠사나 수행자가 청정과 지혜의 과정을 마치면 수다원의 도과를 성취합니다. 이때의 도과가 바로 열반입니다. 그리고 다시 사다함의 도과와 아나함의 도과와 아라한의 도과를 얻습니다. 도(道)는 지향하는 것이고, 과(果)는 열매입니다. 그래서 도는 열반을 지향하는 것이고, 과는 열반을 완성하여 열반에서 나오는 상태입니다.

열반은 유여의열반(有餘依涅槃)과 무여의열반(無餘依涅槃)이 있습니다. 유여의 열반은 열반에 들고도 오온이 남아 있는 상태입니다. 그래서 살아 있으면서 열반의 상태를 계속 경험합니다. 처음에 열반을 체험하면 수다원이 되는데 수다원에서 더 높은 도과를 얻기 위해서는 수다원의 상태에서 계속해서 열반을 체험합니다.

이때 오온은 있지만 탐욕, 성냄, 어리석음이 소멸된 상태로 열반을 체험합니다. 이런 상태에서 다시 사다함의 도과를 얻기 위해서 위빠사나 수행을 시작하여 열반에 이르면 이때는 사다함의 도과를 성취합니다. 이렇게 해서 아나함과 아라한의 도과를 성취하고, 오온을 가진 채로 계속해서 열반을 체험하는 것이 유여의열반입니다. 이러한 열반을 빨리어로 사 우빠디세나 닙바나(sa upadisena nibbāna)라고 합니다. 이 열반은 번뇌가 모두 불타버렸다고 해서 낄레사 빠리닙바나(kilesa parinibbāna)라고도 합니다.

무여의열반은 오온이 완전하게 소멸한 상태를 말합니다. 그러므로 죽음을 맞이한 열반을 의미합니다. 붓다나 아라한이 죽으면 모든 번뇌가 불타버려서 다시 태어날 갈애가 소멸하여 재생을 하지 않습니다. 이 정신세계의 죽음을 무여의열반이라고 합니다. 이러한 열반을 빨리어로 아누빠디세사 닙바나(anupadisesa nibbāna)라고 합니다. 이 열반은 정신과 물질의 무더기인 오온이 모두 불타버렸다고 해서 칸다 빠리닙바나(khandha parinibbāna)라고도 합니다. 모든 번뇌가 불타서 다시 태어남이 없는 이 열반을 반열반(般涅槃)이라고 합니다.

열반은 있어도 열반에 들어가는 자는 없습니다. 열반의 상태는 몸과 마음을 대상으로 알아차리다가 몸과 마음이란 대상이 사라진 상태이기 때문에 인식할 수 없는 상황입니다. 이때 의식은 있어도 의식이 오온을 대상으로 하지 않고 열반을 대상으로 하기 때문에 의식이 있는 것을 자각하지 못합니다. 다만 열반에 들기 전의 상태와 열반에 들고 나서의 상태를 인식할 수 있습니다. 그러나 열반의 상태에서는 원인과 결과도 끊어지고, 조건이 소멸되고, 인식이 끊어진 상태입니다. 그래서 열반은 있어도 열반에 들어가는 자가 없다고 말합니다.

열반은 있어도 열반을 얻은 자는 없습니다. 아라한은 있어도 아라한은 얻은 자는 없습니다. 수다원, 사다함, 아나함, 아라한은 자아가 없는 무아를 자각하여 통찰지혜가 난 상태이기 때문에 열반을 소유하는 자가 없습니다. 이러한 성자의 단계는 깨달음이란 정신적 상태이지 이것을 소유하는 자는 없습니다. 도과를 성취하는 것은 의식이 고양된 정신적 상태이지 이것을 자격증처럼 소지하는 자가 있는 것이 아닙니다.

그렇다고 열반이 무(無)의 상태는 아닙니다. 열반은 실재하는 정신적 현상이지만 자각하기 못하기 때문에 단지 지혜의 수준에 머물러 있는 상태입니다. 그러므로 내가 수다원이라거나 내가 아라한이라고 말한다면 그는 수다원이나 아라한의 자격이 없습니다. 도과 자체가 무아를 알아야 이를 수 있기 때문에 이런 점에서 내가 누구라고 말한다면 그것은 바른 지혜를 얻은 것이 아닙니다. 만약 그런 수행자가 있다면 그는 열반을 체험한 것이 아니고 유사열반을 체험했을 가능성이 있습니다.

"다시 비구들이여, 그럼 이 갈애는 어디서 없어지고 어디서 소멸하는가? 세상에서 즐겁고 기분 좋은 것이 있으면 여기서 이 갈애가 없어지고 여기서 소멸한다. 그러면 세상에서 어떤 것이 즐겁고 기분 좋은 것인가?"라고 할 때 갈애가 어떻게 소멸하는지 구체적으로 밝혀졌습니다. 갈애가 일어났으면 일어난 곳에서 소멸할 수 있습니다. 경전에서는 갈애가 소멸하는 곳을 열 가지로 나누어서 상세하게 설명하셨습니다.

여섯 가지 감각기관에서 갈애가 소멸합니다. 여섯 가지 감각대상에서 갈애가 소멸합니다. 여섯 가지 아는 마음에서 갈애가 소멸합니다. 여섯 가지 감각기관과 감각대상이 접촉할 때 갈애가 소멸합니다. 여섯 가지 감각기관과 감각대상이 접촉해서 느낌이 일어날 때 갈애가 소멸합니다. 여섯 가지 감각기관의 인식에서 갈애가 소멸합니다. 여섯 가지 감각기관의 의지작용에서 갈애가 소멸합니다. 여섯 가지 감각대상에 대한 갈애에서 갈애가 소멸합니다. 여섯 가지 감각대상에 대한 일으킨 생각에서 갈애가 소멸합니다. 여섯 가지 감각대상에 대한 지속적 고찰에서 갈애가 소멸합니다.

이렇게 여섯 가지 감각기관을 토대로 다양한 경로를 통해 갈애가 소멸합니다. 이러한 경로를 모두 합치면 60곳이 됩니다. 그러므로 여섯 가지 감각기관에 대상과 부딪쳐서 생기는 모든 상황에서 모두 갈애가 소멸될 수 있습니다. 그러므로 수행자는 어느 때나 일어난 곳에서 일어난 시간에 알아차려서 갈애를 소멸시킬 수 있습니다. 이를 일러 괴로움의 성스러운 진리의 소멸이라고 말합니다.

감각기관에 부딪치는 것은 무엇이나 즐겁고 기분 좋은 것이면 반드시 갈애가 일어납니다. 이것은 특별한 시간과 특별한 장소에서만 일어나는 것이 아니고 생활 그 자체가 모두 갈애를 일으키는 요소들입니다. 어느 때, 어느 곳에서나 대상을 있는 그대로 알아차리면 즐겁고 기분 좋은 느낌이 소멸합니다. 그러면 그 순간 갈애가 사라집니다. 이때 무상, 고, 무아를 아는 지혜가 성숙하면 갈애가 완전하게 소멸합니다. 그러나 아직 무상, 고, 무아의 지혜가 성숙되지 않았다면 성숙되지 않은 만큼 갈애가 소멸합니다. 그래서 다른 조건이 성숙되면 잠시 사라져 있던 갈애가 다시 나옵니다. 그러므로 궁극적으로 지향해야 할 것은 무상, 고, 무아의 지혜를 얼마나 통찰하느냐 하는 것에 있습니다. 존재하는 것들의 속성인 이 세 가지 지혜가 완전히 통찰되면 그 순간 갈애가 완전히 소멸하여 다시 태어날 토양도 함께 소멸합니다.

갈애가 사라지면 느낌이 사라집니다. 느낌이 사라진 자리에 열반이 있습니다. 열반은 괴로움뿐인 태어남을 종식시키기 때문에 해탈의 자유이며, 해방이고, 평화입니다. 이것을 일러 지고의 행복이라고 합니다. 이제 모든 수행자들이 열심히 정진하여 부디 도과를 성취하기 바랍니다.

우리는 고성제와 집성제만 있다면 괴로움뿐인 세상에서 살아야 하지만 도성제인 위빠사나 수행을 통해 멸성제인 열반을 향해 갈 수 있는 길이 열렸습니다. 수다원의 열반을 체험하면 일곱 생 이내에 윤회가 끊어지는 아라한이 됩니다. 사다함의 열반을 체험하면 한 번 더 인간으로 나서 윤회가 끊어지는 아라한이 됩니다. 아나함의 열반을 체험하면 천상의 정거천에 태어나서 그곳에서 수행을 하여 아라한이 됩니다. 아라한의 열반을 체험하면 이번 생에 모든 번뇌가 불타서 윤회가 끝납니다. 이 길은 막연한 길이 아니고 구체적으로 밝혀진 길입니다. 앞서간 많은 성자들이 가신 길이므로 가장 확실한 최상의 길입니다.

④ 괴로움의 소멸에 이르는 길의 성스러운 진리[道聖諦]

"다시 비구들이여, 그러면 무엇이 괴로움의 소멸에 이르는 길의 성스러운 진리인가? 그것은 바로 여덟 가지 성스러운 도(道)이니, 즉 정견(正見), 정사유(正思惟), 정어(正語), 정업(正業), 정명(正命), 정정진(正精進), 정념(正念), 정정(正定)이다.

비구들이여, 그러면 무엇이 정견인가? 괴로움에 대한 지혜, 괴로움의 일어남에 대한 지혜, 괴로움의 소멸에 대한 지혜, 괴로움의 소멸에 이르는 길에 대한 지혜, 비구들이여, 이것을 정견이라고 한다.

비구들이여, 그러면 무엇이 정사유인가? 출리(出離)에 대한 사유, 악의 없음에 대한 사유, 해코지 않음에 대한 사유, 비구들이여, 이것을 정사유라고 한다.

비구들이여, 그러면 무엇이 정어인가? 거짓말을 삼가고, 이간질을 삼가고, 욕설을 삼가고, 쓸데없는 말을 삼가는 것이다. 비구들이여, 이것을 정어라고 한다.

비구들이여, 그러면 무엇이 정업인가? 살생을 삼가고, 주지 않는 것을 갖는 것을 삼가고, 삿된 음행을 삼가는 것이다. 비구들이여, 이것을 정업이라고 한다.

비구들이여, 그러면 무엇이 정명인가? 성스러운 제자는 그릇된 생계를 버리고, 바른 생계로 살아간다. 비구들이여, 이것을 정명이라고 한다.

비구들이여, 그러면 무엇이 정정진인가? 비구들이여, 여기 비구는 아직 일어나지 않은 사악하고 해로운 법들이 일어나지 못하도록 의지를 일으키고, 정진하고, 힘을 내고, 마음을 다잡고 노력한다. 이미 일어난 사악하고 해로운 법들을 제거하기 위하여 의지를 일으키고, 정진하고, 힘을 내고, 마음을 다잡고 노력한다. 아직 일어나지 않은 유익한 법들이 일어나도록 의지를 일으키고, 정진하고, 힘을 내고, 마음을 다잡고 노력한다. 이미 일어난 유익한 법들을 지속시키고, 사라지지 않게 하고, 증장시키고, 충만하게 하고, 계발하기 위해서 의지를 일으키고, 정진하고, 힘을 내고, 마음을 다잡고 노력한다. 비구들이여, 이것을 정정진이라고 한다.

비구들이여, 그러면 무엇이 정념인가? 여기 비구는 몸에서 몸을 알아차리는 수행을 하면서 지낸다. 열심히, 분명한 앎을 하고, 알아차려서, 세상에 대한 욕망과 싫어하는 마음을 제어하면서 지낸다. 느낌에서 느낌을 알아차리는 수행을 하면서 지낸다. 열심히, 분명한 앎을 하고, 알아차려서, 세상에 대한 욕망과 싫어하는 마음을 제어하면서 지낸다. 마음에서 마음을 알아차리는 수행을 하면서 지낸다. 열심히, 분명한 앎을 하고, 알아차려서, 세상에 대한 욕망과 싫어하는 마음을 제어하면서 지낸다. 법에서 법을 알아차리는 수행을 하면서 지낸다. 열심히, 분명한 앎을 하고, 알아차려서, 세상에 대한 욕망과 싫어하는 마음을 제어하면서 지낸다.

비구들이여, 그러면 무엇이 정정인가? 비구들이여, 여기 비구는 감각적 욕망을 완전히 떨쳐버리고, 해로운 법들을 떨쳐버린 뒤, 일으킨 생각, 지속적 고찰이 있고, 떨쳐버림으로써 생긴 희열과 행복이 있는 첫 번째 선정을 얻는다. 다시 일으킨 생각과 지속적 고찰을 가라앉히고, 내적으로 확신이 있으며, 마음이 단일한 상태로 지낸다. 일으킨 생각과 지속적인 고찰이 더 이상 없으며, 마음집중에서 생긴 희열과 행복이 있는 두 번째 선정을 얻는다. 다시 일으킨 생각과 지속적 고찰뿐만 아니라, 희열까지 사라져 평온하게 머물며, 알아차림과 분명한 앎으로 몸과 마음에서 행복을 경험하며 지낸다. 성자들이 평온하게 알아차리며, 행복하게 머문다고 묘사하는 세 번째 선정을 얻는다. 다시 행복도 버리고, 괴로움도 버리고, 아울러 그전에 이미 기쁨과 슬픔도 없었기 때문에 괴롭지도 즐겁지도 않으며, 평온으로 인해 알아차림이 청정한 네 번째 선정을 얻는다.

비구들이여, 이를 일러 괴로움의 소멸에 이르는 길의 성스러운 진리라고 한다.

이와 같이 비구는 법에서 법을 안으로 알아차리는 수행을 하면서 지낸다. 혹은 법에서 법을 밖으로 알아차리는 수행을 하면서 지낸다. 혹은 법에서 법을 안팎으로 알아차리는 수행을 하면서 지낸다.

그는 법이 일어나는 현상을 알아차리는 수행을 하면서 지낸다. 혹은 법이 사라지는 현상을 알아차리는 수행을 하면서 지낸다. 혹은 법이 일어나고 사라지는 현상을 알아차리는 수행을 하면서 지낸다.

비구는 단지 법이 있다는 알아차림을 확립할 때까지 몸의 현상들에 대한 분명한 앎과 알아차림을 확립하고 유지한다. 그는 갈애와 잘못된 견해에 의지하지 않고 지낸다. 그는 세상에서 아무것도 집착하지 않는다. 비구들이여, 이와 같이 비구는 법에서 법을 알아차리는 수행을 하면서 지낸다. 비구들이여, 이를 일러 도 닦음의 성스러운 진리[道聖諦]라고 한다."

이상이 사성제 중에서 도성제에 대한 내용입니다.

"다시 비구들이여, 그러면 무엇이 괴로움의 소멸에 이르는 길의 성스러운 진리인가? 그것은 바로 여덟 가지 성스러운 도(道)이니, 즉 정견(正見), 정사유(正思惟), 정어(正語), 정업(正業), 정명(正命), 정정진(正精進), 정념(正念), 정정(正定)이다"라고 할 때 여덟 가지 요소가 팔정도(八正道)입니다. 팔정도는 괴로움의 소멸에 이르는 길의 성스러운 진리로서 도성제(道聖諦)입니다. 여덟 가지 성스러운 길은 두 가지 극단을 배제한 균형이 갖추어진 길입니다. 수행자는 자신의 지성을 나약하게 하는 극단적 고행과 자신의 도덕적 품성을 퇴보시키는 감각적 욕망을 추구하지 않도록 해야 합니다. 그래서 팔정도는 모든 인간이 어떻게 살아가야 하는가를 보여주는 가장 모범적인 중도의 바른 길입니다.

도성제(道聖諦)인 팔정도는 인간이 어떻게 살아가야 할 것인가를 구체적으로 밝히는 여덟 가지 길입니다. 이것을 실천할 때만이 모든 괴로움에서 벗어나 해탈의 자유를 얻을 수 있습니다. 이 길은 수행자라면 누구나 가야할 바른 길입니다. 이 길은 자신의 몸과 마음을 청정하게 하여 지혜를 계발합니다. 그러므로 종교의 신앙형태가 아닙니다. 기도나 예배와 같은 종교의식과 상관없이 오직 자신의 내면을 성찰하는 길입니다.

종교에서는 기도나 일정한 의식이 있습니다. 이러한 의식은 아직 팔정도를 수행할 수 없는 상태에서 종교적 정서와 자기 욕구를 충족시키기 위한 것입니다. 그러므로 종교에서 행해지는 의식은 깨달음을 얻는 팔정도와는 무관합니다. 다만 이러한 의식을 통해 믿음을 갖고 궁극의 진리에 접근하는 과정으로 이해하면 됩니다. 그러므로 우리는 팔정도에 입각해서 살아가야 합니다. 특히 수행을 할 때 극단적 고행을 하거나 감각적 쾌락을 추구해서는 안 됩니다. 어떤 행태든지 바라는 마음을 가지고 극단적 고행을 한다면 본인의 품성을 손상시킬 뿐만 아니라 남까지도 괴롭힙니다. 우리는 수행자의 입장으로 돌아가서 어떤 일이 있더라도 결코 극단적 고행을 해서는 안 됩니다. 더불어 감각적 쾌락을 추구해서도 안 됩니다.

팔정도의 여덟 가지 바른 길은 하나하나가 단계적인 지혜로 이루어지는 과정이 아닙니다. 팔정도는 여덟 가닥의 실을 모아서 하나의 줄로 엮는 것과 같은 기능을 합니다. 그래서 여덟 가닥을 한 묶음으로 만든 것과 같습니다. 이렇게 해서 팔정도는 계(戒)와 정(定)과 혜(慧)가 항상 함께 작용합니다.

팔정도의 순서는 계정혜이기 때문에 계에 속하는 정어, 정업, 정명부터 시작되어야 한다고 볼 수 있습니다. 그러나 팔정도 중에서 가장 으뜸이 되는 것이 정견입니다. 수행자의 궁극의 목표가 지혜이기 때문입니다. 그래서 수행의 이상을 삼기 위해 바른 지혜를 제일 앞에 배열했습니다. 이는 수행자에게 어느 정도의 정견이 갖추어져야 세 가지 계의 요소와 세 가지 집중의 요소를 계발할 수 있기 때문입니다. 그래서 팔정도는 바른 견해로 시작하고, 바른 견해로 계속하고, 바른 견해로 끝을 맺어야 합니다. 정견이 나머지 일곱 가지 요소를 이끌어야 하기 때문에 팔정도는 정견으로부터 시작합니다.

가. 정견

"비구들이여, 그러면 무엇이 정견인가? 괴로움에 대한 지혜, 괴로움의 일어남에 대한 지혜, 괴로움의 소멸에 대한 지혜, 괴로움의 소멸에 이르는 길에 대한 지혜, 비구들이여, 이것을 정견이라고 한다"라고 할 때 정견(正見)은 바른 견해로 고집멸도(苦集滅道) 사성제를 명확히 아는 것을 말합니다. 바른 견해는 최고의 수승한 지혜입니다. 이 지혜는 자신의 몸과 마음을 있는 그대로 지켜보고, 괴로움이 있다는 것과, 괴로움의 원인은 집착이라는 것과, 괴로움이 소멸한다는 것과, 괴로움의 소멸에 이르는 길이 팔정도라는 것을 아는 지혜입니다.

정견은 사성제를 통찰하는 것 외에도 행위를 한 자가 행위에 대한 과보를 받는다는 것을 아는 것입니다. 살아 있는 모든 존재는 자기가 지은 업의 주인입니다. 그리고 자기가 지은 업의 상속자입니다. 그래서 모든 과보는 자기 업으로부터 나옵니다. 누구나 자기 업에 매여 있으며 자신이 지은 업이 자기를 지탱합니다. 선업이나 악업이거나 행위를 한 자가 상속을 받습니다.

바른 견해는 존재하는 것들의 특성인 무상, 고, 무아를 아는 것입니다. 이것을 존재하는 것들의 보편적 특성이라고 하고, 일반적 특성이라고도 합니다. 이러한 바른 견해를 가질 때라야 비로소 갈애가 소멸될 수 있습니다.

마음이 모든 것을 이끕니다. 누구나 바른 견해를 가지면 바른 행동을 합니다. 그러나 바르지 못한 견해를 가지면 바르지 못한 행동을 합니다. 자신이 하는 모든 행동은 어떤 견해인가에 따라 어떤 마음인가가 결정됩니다. 그리고 그 마음에 따라 행위를 하고 행위에 따라 과보를 받습니다. 그래서 바른 행동을 할 때 바른 견해만큼 더 도움이 되는 것이 없습니다. 또 바르지 못한 행동을 할 때 바르지 못한 견해만큼 더 책임이 큰 것도 없습니다. 그러므로 인간의 행복을 증진시키는 것에 바른 견해만큼 더 강력한 것이 없습니다. 또 인간이 가진 모든 괴로움에 바르지 못한 견해만큼 더 책임이 큰 것도 없습니다.

이처럼 견해는 행위의 질을 결정하는 조건이 됩니다. 그러므로 선행과 불선행은 하나의 견해로부터 시작됩니다. 그래서 팔정도를 앞에서 이끄는 것이 지혜의 요소인 바른 견해입니다. 하나의 견해가 있으면 반드시 반대가 되는 견해가 있습니다. 바른 견해를 가지면 바른 견해를 가져서 이익이 있고 바르지 못한 견해가 생기지 않아서 이익이 있습니다. 바른 견해 하나에 두 가지 이익이 있습니다. 바르지 못한 견해를 가지면 바르지 못한 견해를 가져서 불이익이 있고 바른 견해가 생기지 못해서 불이익이 있습니다. 그래서 바르지 못한 견해 하나에 두 가지 불이익이 있습니다.

바른 견해를 갖도록 하려면 수행을 해야 합니다. 수행을 할 때는 다섯 가지 마음의 기능이 조건을 성숙시켜야 합니다. 다섯 가지 마음의 기능을 오근(五根)

이라고 하는데 믿음, 노력, 알아차림, 집중, 지혜입니다.

수행을 하려면 처음에 듣거나 읽어서라도 바른 견해를 갖춘 믿음이 있어야 합니다. 이러한 믿음이 있을 때 비로소 노력을 하게 됩니다. 대상을 알아차리려는 노력과 알아차림을 지속하려는 노력이 없으면 수행이 진행되기 어렵습니다. 이러한 노력에 의해 알아차림이 생깁니다. 알아차림은 다섯 가지 마음의 기능 중에서 가장 중심적 요소입니다. 그래서 알아차림에 의해 수행이 성립됩니다. 이러한 알아차림에 의해 집중이 이루어집니다. 집중은 알아차림이 지속될 때 마음이 고요해져 나타나는 현상입니다. 이러한 집중에 의해 지혜가 계발됩니다. 지혜가 나야 비로소 사물의 이치를 꿰뚫어보는 바른 견해가 생깁니다.

이렇게 생긴 지혜는 다시 앞에서 믿음과 함께 수행을 이끕니다. 만약 믿음이 없는 지혜라면 그 지혜는 일과적인 것이 됩니다. 확신에 찬 믿음과 지혜가 함께 있을 때 견고한 바른 견해가 됩니다. 믿음과 지혜는 상호 보완하는 역할을 합니다. 믿음이 지나치면 맹목적 신앙에 빠지기 때문에 지혜가 균형을 잡아주어야 합니다. 지혜가 지나치면 간교해지기 때문에 믿음이 균형을 잡아주어야 합니다. 이렇게 해서 생긴 오근(五根)이 균형을 이루면 오력(五力)이 되어 바른 견해를 가지고 수행을 하여 도과를 성취할 수 있습니다.

이상의 바른 견해는 두 가지 측면으로 요약됩니다. 세간의 바른 견해와 출세간의 바른 견해입니다. 세간적인 바른 견해를 가지면 세간의 삶이 행복하지만 출세간의 깨달음이 없어 윤회의 세계에 머물러 괴로움을 겪어야 합니다. 출세간의 바른 견해를 가지면 세간의 삶이 행복하고 출세간의 깨달음을 얻어 윤회가 끝나 괴로움이 소멸됩니다.

첫째는 세간의 바른 견해입니다. 세간의 바른 견해는 업에 대한 바른 이해로부터 출발합니다. 모든 행위는 행위를 한 자가 그 과보를 받는다는 사실입니다. 업(業)이란 의도가 있는 행위를 말합니다. 이러한 의도가 있어서 신구의(身口意) 삼업(三業)이 생깁니다. 몸으로 짓는 업, 말로 짓는 업, 생각으로 짓는 세 가지 업을 삼업이라고 합니다.

의도는 몸과 말과 생각이라는 세 가지 문을 통해서 나타납니다. 이러한 업은 선업이 있고 불선업이 있습니다. 선업이면 선한 과보를 받아 좋은 곳에 태어나고 행복하게 삽니다. 불선업은 불선과보를 받아 나쁜 곳에 태어나고 불행하게 삽니다. 이처럼 좋은 일이건 나쁜 일이건 분명하게 의도를 가지고 한 일이면 마땅히 그에 따른 결과를 받는 것이 당연한 일입니다. 이것이 세속의 바른 견해인 업자성정견(業自性正見)입니다.

선업은 도덕적으로 칭찬받을 수 있는 일입니다. 그리고 정신을 계발하는 데 도움이 되는 일입니다. 또 자신이나 남에게 즐거움과 이로움을 줄 수 있는 일입니다. 불선업은 도덕적으로 비난받을 수 있는 일입니다. 그리고 정신을 계발하는 데 도움이 되지 않고 방해가 되는 일입니다. 또 자신이나 남에게 고통과 해로움을 줄 수 있는 일입니다.

선업과 불선업의 종류는 매우 많습니다. 그중 대표적인 것을 모으면 각각 열 가지입니다. 몸으로 짓는 불선업은 세 가지로 살생, 도둑질, 삿된 음행입니다. 말로 짓는 불선업은 네 가지로 거짓말, 이간질, 욕설, 쓸데없는 말입니다. 생각으로 짓는 불선업은 세 가지로 탐심, 진심, 치심입니다. 이상 열 가지와 반대되는 것이 선업입니다.

수행자가 이처럼 업과 그에 따른 바른 견해를 가지면 지옥, 축생, 아귀, 아수라의 사악도에 태어나지 않고 인간으로 태어나거나 욕계 천상에 태어나는 과보를 받습니다. 그러나 아직 윤회를 벗어나는 출세간의 바른 견해가 없기 때문에 존재의 세계에 머물러 윤회를 계속해야 합니다. 그러므로 세간의 바른 견해는 완성된 것이 아니고 출세간을 향해 가는 기초가 되는 과정입니다. 이러한 기본 토대가 이루어질 때 출세간의 바른 견해를 향상시킬 수 있습니다.

둘째는 출세간의 바른 견해입니다. 출세간의 바른 견해는 네 가지 성스러운 진리인 사성제를 바르게 이해하고 실천하는 것입니다. 사성제 중에서 고성제와 집성제를 이해하고 도성제인 팔정도를 실천하여 멸성제인 열반에 이르는 것이 출세간의 바른 견해입니다. 특히 사성제 중에서 도성제인 팔정도의 중도를 실천해야 바른 견해가 완성됩니다.

사성제를 통찰하는 바른 견해는 팔정도인 위빠사나 수행을 시작하면 바로 이루어지는 것이 아닙니다. 위빠사나 수행을 시작하고 단계적 과정의 지혜를 얻어서 마지막에 무상, 고, 무아를 통찰해서 열반에 이르러야 비로소 사성제의 지혜를 통찰합니다. 그러므로 기본도인 연기법의 원인과 결과를 바탕으로 예비단계의 도인 위빠사나 수행을 해서 성스러운 도인 열반에 이르러야 비로소 출세간의 바른 견해가 완성됩니다.

바르지 못한 견해는 열 가지가 있습니다.
첫째, 관용을 베풀어도 공덕이 없다는 견해
둘째, 인색하지 않은 마음으로 하는 보시가 공덕이 없다는 견해
셋째, 남에게 자선을 베푸는 것이 공덕이 없다는 견해
넷째, 선하거나 악한 행위를 해도 과보가 없다는 견해
다섯째, 이 세계에 대한 믿음이 없는 견해
여섯째, 다른 세계에 대한 믿음이 없는 견해

이 견해는 자신이 살고 있는 이 세계가 과거의 원인으로 인해 태어난 것을 부정하거나 현생의 원인으로 미래생의 결과가 있다는 것을 부정하는 견해입니다.

일곱째, 어머니가 없다는 견해
여덟째, 아버지가 없다는 견해
아홉째, 죽고 다시 태어나는 존재는 아무것도 없다는 견해
열째, 세간과 출세간을 깨달아서 바르게 사는 성자가 없다는 견해

나. 정사유

"비구들이여, 그러면 무엇이 정사유인가? 출리(出離)에 대한 사유, 악의 없음에 대한 사유, 해코지 않음에 대한 사유, 비구들이여, 이것을 정사유라고 한다"라고 할 때 정사유(正思惟)는 바른 의도입니다. 이때의 사유는 생각, 목적, 계획이라는 뜻으로도 쓰입니다. 여기서 사유, 의도, 생각이라고 할 때는 바른 정신적인 활동을 하는 능동적인 측면에서 사용하는 용어입니다. 그러므로 일반적으로 번뇌가 많은 상태에서 일어나는 사유나 생각과는 다릅니다.

정견과 정사유는 팔정도의 지혜의 항목에 속합니다. 이 둘은 따로 떨어질 수 없는 밀접한 관계입니다. 바른 견해가 바른 사유를 일으키고 바른 사유가 바른

견해를 일으킵니다. 바른 사유인 숙고를 통해 존재의 성품을 꿰뚫는 바른 견해가 생깁니다. 이러한 탐구를 통해서 바른 견해를 확인하면 두 가지가 동시에 새로운 가치관을 형성하게 됩니다. 그래서 더 나은 목표를 향해 새롭게 마음을 내는 것이 바른 사유입니다. 그래서 정사유는 바른 견해를 갖기 위해 마음을 바르게 기울이는 행위입니다.

정사유는 세 가지인데, 출리(出離)에 대한 사유, 악의 없음에 대한 사유, 해코지 않음에 대한 사유입니다.

첫째, 출리에 대한 사유입니다. 출리에 대한 사유는 욕망으로부터 벗어난 사유입니다. 세간의 감각적 즐거움을 포기하고, 집착과 이기심을 포기하고, 대신 남을 위한 이타심을 갖는 것입니다. 욕망에서 벗어남이란 살인, 도둑질, 간음 등과 같은 비도덕적인 행위를 하지 않는 것을 말합니다. 그렇다고 모든 욕망이 바르지 못한 사유에 해당되는 것은 아닙니다. 생존에 필요한 기본적인 사유는 여기서 말하는 욕망에 해당되지 않습니다.

이 세상은 욕망의 길을 좇아갑니다. 그래서 자신의 감각적 욕망을 충족시키기 위해 밖에 있는 대상에 대해 끊임없이 탐욕을 부립니다. 그러나 이 결과는 괴로움뿐이며 다시 태어나는 윤회만 남깁니다. 하지만 출세간은 이런 감각적 욕망에서 벗어난 길을 갑니다. 그리하여 자신의 감각적 욕망을 충족시키기 위해 밖에 있는 것에 탐욕을 부리지 않습니다. 오직 자신의 몸과 마음을 통찰해서 내면의 지혜를 얻고 그에 따른 행복을 얻습니다. 이 결과로 괴로움을 여의고 다시 태어나지 않는 해탈의 기쁨을 누립니다.

무조건 욕망을 버리려고 하면 욕망은 더욱 거세집니다. 그러나 그 욕망을 대상으로 있는 그대로 알아차리는 위빠사나 수행을 하면 욕망이 소멸됩니다. 그렇지 않고 욕망과 맞서 싸워서는 결코 욕망을 이겨내기 어렵습니다. 욕망을 버리려는 것이 새로운 욕망의 불을 지피는 연료가 되어 더욱 욕망을 부추깁니다. 오직 욕망을 있는 그대로 알아차리는 수행을 할 때만이 출리에 대한 사유를 하는 것입니다.

둘째, 악의 없음에 대한 사유입니다. 악의 없음에 대한 사유는 성냄이 없는 사유입니다. 미움, 악의, 혐오를 갖지 않고, 이것과 반대가 되는 자애, 선의, 상냥함을 갖는 것입니다. 그래서 악의 없음은 선한 사유를 갖는 것입니다. 악의를 없애기 위해 두 가지 바르지 못한 사유를 해서는 안 됩니다. 악의에 대항해서 악의로 대해서는 안 됩니다. 이럴 경우에 자신의 내면에 더 강한 분노를 부추깁니다. 그래서 자신은 물론이나 남에게도 괴로움을 줍니다. 또 악의를 없애기 위해서 악의를 억압해서도 안 됩니다. 악의를 억압하면 악의가 속으로 숨어서 더 큰 문제를 발생하는 결과를 가져옵니다. 그래서 자폐증과 우울증과 자기비하를 하게 되거나 폭력적인 성향으로 분출될 수도 있습니다.

악의를 없애기 위해 두 가지 바른 사유를 해야 합니다. 악의에 맞서 대항하지 말고 자애를 보이는 것입니다. 자애는 남을 이롭게 하는 마음이며 모든 존재들이 안락하고 평화롭고 행복하기를 바라는 마음입니다. 이렇게 자신이나 남을 사랑하는 마음을 가질 때 악의가 없는 사유를 합니다. 이것이 사마타 수행입니다. 또 악의를 없애기 위해서는 악의가 있을 때 있는 그대로 알아차려야 합니다. 악의를 있는 그대로 알아차릴 때만이 악의가 소멸합니다. 이렇게 알아차리는 것이 악의를 없애려는 욕망이 없는 위빠사나 수행입니다.

셋째, 해코지 않음에 대한 사유입니다. 해코지 않음에 대한 사유는 해치지 않으려는 사유입니다. 잔인하지 않고 무자비하지 않으며, 해를 끼치지 않고 동정심을 갖는 것입니다. 그래서 해치지 않으려함은 선한 사유를 갖는 것입니다. 해치려는 사유는 잔인하고 공격적이고 난폭한 사유이지만 해치지 않으려는 사유는 연민의 마음을 갖는 것입니다. 이러한 연민의 마음은 동정심으로 자애를 보완해줍니다. 그래서 자애와 연민의 마음을 합쳐 자비(慈悲)라고 합니다.

해코지 하지 않음에 대한 사유를 하려면 욕망을 버리는 사유를 해야 합니다. 선한 의도를 가지려는 사유를 해야 합니다. 해롭지 않게 하려는 사유를 해야 합니다. 그러면 욕망과 악의와 해악을 끼치려는 선하지 못한 사유가 일어나지 않고 억제됩니다.

이상 세 가지가 정사유에 속합니다.

욕망을 버리는 사유를 계발하기 위해서는 세속적인 즐거움은 반드시 괴로움과 직결되어 있다는 것을 숙고해야 합니다. 선한 사유를 계발하기 위해서는 모든 존재가 항상 행복하기를 바라고 있다는 것을 숙고해야 합니다. 해롭지 않게 하려는 사유를 계발하기 위해서는 모든 존재가 항상 괴로움으로부터 자유로워지기를 바라고 있다는 것을 숙고해야 합니다.

선하지 못한 사유는 마음속에 박혀있는 썩은 나무못과 같습니다. 선한 사유는 썩은 나무못을 빼내고 튼튼한 새로운 못을 박는 것과 같습니다. 선하지 못한 사유를 있는 그대로 알아차려서 선한 사유를 갖는 것은 썩은 나무못을 빼내고 튼튼한 새로운 못을 박는 망치의 역할을 합니다. 새 못을 박는 수행을 할 때만이 썩은 나무못을 제거할 수 있습니다.

누구나 항상 두 가지 선택의 기로에 서게 됩니다. 하나는 선하지 못한 사유로 감각적 욕망을 충족시키기 위한 것과, 악한 의도가 일어나 화를 내려고 하는 것과, 상대를 해치려고 하는 선택입니다. 다른 하나는 선한 사유로 감각적 욕망을 내려놓는 것과, 선한 의도를 갖는 것과, 상대를 해치지 않으려는 선택입니다. 이때 선하지 못한 사유를 가지고 행동하면 자신은 물론이고 남에게도 해로움을 줍니다. 그래서 바른 견해를 갖지 못하게 되며 이런 결과로 열반에 이를 수 없습니다. 그러므로 이때 바른 사유를 가져 바른 견해가 생기도록 하여 해탈의 자유를 얻도록 해야 합니다. 또 선한 사유를 가지고 행동하면 자신은 물론이고 남에게도 이로움을 줍니다. 그래서 바른 견해를 갖게 되며 이런 결과로 열반에 이를 수 있습니다. 그러므로 이때 바른 사유를 가져 더욱 바른 견해가 증장되도록 하여 더 높은 해탈의 자유를 얻도록 해야 합니다.

바른 견해와 함께 있는 바른 사유는 직접적으로 바른 말과 바른 행동과 바른 직업을 갖도록 합니다. 모든 행위는 앞에서 이끄는 의도에 의해 일어나기 때문입니다. 이때 바른 사유가 있으면 바른 말을 하고 바른 행동을 하고 바른 직업을 갖습니다. 그러나 바르지 못한 사유를 하면 바른 말을 하지 않고 바른 행동을 하지 않고 바른 직업을 갖지 않습니다. 그래서 바른 사유는 지혜로운 숙고에 속하고 바르지 못한 사유는 지혜롭지 못한 어리석은 숙고에 속합니다.

선한 의도는 선한 행위를 하게하고 선한 과보가 그림자처럼 따라다닙니다. 그래서 선한 과보의 조건이 성숙되면 선한 결과가 생깁니다. 또 선하지 못한 의도는 선하지 못한 행위를 하게 하고 선하지 못한 과보가 그림자처럼 따라다닙니다. 그래서 선하지 못한 과보의 조건이 성숙되면 선하지 못한 결과가 생깁니다. 이처럼 어떤 사유를 가지고 있느냐에 따라 그 결과가 다릅니다.

주석서 『청정도론』에서는 정사유를 "열반을 향해 마음을 기울이는 것"이라고 말합니다. 바르게 수행을 하면 대상과 아는 마음만 있는데 이때 마음을 대상에 기울이는 것이 정사유입니다. 이것을 1선정에서는 일으킨 생각이라고도 합니다. 정사유로 대상에 마음을 기울이면 대상이 가지고 있는 성품을 알 수 있어서 지혜가 납니다. 그러므로 대상에 마음을 기울인다는 것은 수행을 시작하는 것이고, 이러한 과정에 의해 지혜가 성숙합니다. 우리가 수행을 할 때 대상에 마음을 기울이는 그 자체가 하나의 지혜에 속합니다. 이상의 정견과 정사유는 지혜에 속하는 팔정도입니다.

다. 정어

"비구들이여, 그러면 무엇이 정어인가? 거짓말을 삼가고, 이간질을 삼가고, 욕설을 삼가고, 쓸데없는 말을 삼가는 것이다. 비구들이여, 이것을 정어라고 한다"라고 할 때 정어(正語)는 바른 말입니다. 정어는 네 가지를 삼가는 것입니다. 거짓말, 이간질, 욕설, 쓸데없는 말을 삼가 합니다. 이기적인 사람은 자신의 목적을 위해 거짓말을 하고 남을 비방합니다. 그리고 이간질을 해서 사람들을 갈라서게 합니다. 거친 말로 욕설을 퍼붓기도 합니다. 때로는 쓸모없는 말로 유익하지 않고 해로운 말을 합니다. 이런 말을 삼가는 것이 정어입니다.

생각하는 것에 비해 말하는 것은 과보가 큽니다. 그리고 말하는 것에 비해 행동하는 것이 과보가 큽니다. 그러나 과보의 크고 작음이 중요한 것이 아닙니다. 생각을 하면 말하게 되고 말하게 되면 행동하기 때문에 생각과 말과 행동은 하나의 연장선상에서 진행하는 과정으로 보아야 합니다. 그래서 어느 것 하나도 소홀히 해서는 안 됩니다.

과거나 현재나 말의 중요성은 매우 큽니다. 말 한마디로 인해 목숨을 끊을 수 있으며 인생을 구원받을 수도 있습니다. 말 한마디로 가까운 사람이 될 수 있으며 원수가 될 수도 있습니다. 말 한마디로 싸움을 일으킬 수 있으며 평화를 가져올 수도 있습니다. 이렇듯 현대사회에서는 말의 중요성이 어느 때 보다도 더 강조되고 있습니다. 살아 있는 생명 중에서 인간은 자신을 표현할 언어를 가지고 있기 때문에 더 지혜로울 수 있고 더 어리석을 수도 있습니다. 또 더 선할 수 있고 더 악할 수도 있습니다. 이것이 모두 말이나 글이 가진 힘입니다.

바른 말을 하기 위해서는 항상 말을 하기 전에 '지금 무슨 마음으로 말을 하는가?' 하고 알아차려야 합니다. 말은 의도에 의해 하는 것이므로 말을 하려고 하는 의도를 알아차리면 거짓말, 이간질, 욕설, 쓸데없는 말을 삼갈 수 있습니다. 만약 말하기 전에 말하려는 의도를 알아차리지 못하면 습관적으로 말을 하기 때문에 불선업을 지을 수 있습니다.

남이 말을 하면 들어야 합니다. 남이 물으면 대답해야 합니다. 남이 좋은 말을 하면 받아들여야 합니다. 남이 하는 말을 듣지 않으려고 하면 남이 내 말도 듣지 않습니다. 남이 묻지 않는데도 먼저 말을 하려는 것은 남을 설득하려는 것으로 상대에게 반감을 살 수 있습니다. 남을 설득하려고 할 때는 욕망을 가지고 말하거나 화를 내면서 말하면 결코 설득할 수 없습니다. 남을 설득하기 위해 말할 때는 이런 경우도 있고 저런 경우도 있는 것을 제시하여 상대가 스스로 선택하도록 해야 합니다. 남이 좋은 말을 하면 거부하지 말고 있는 그대로 받아들여서 교훈으로 삼아야 합니다. 남이 좋은 말을 할 때 받아들이지 않는다면 이것은 어리석은 마음을 가지고 있기 때문입니다.

첫째, 거짓말을 삼가는 것입니다. 거짓말을 삼가는 것은 단지 거짓말을 하지 않는 것에 그치지 않습니다. 질문을 받았을 때 모르는 것이면 모른다고 말해야 합니다. 또 아는 것을 물을 경우에는 안다고 말해야 합니다. 본 것을 물을 때는 보았다고 말해야 합니다. 이렇게 자신을 위해서나 남을 위해서도 있는 그대로 말을 하는 것이 거짓말을 하지 않는 것입니다.

말하는 것은 계율에 속합니다. 계율은 막아서 보호하는 것입니다. 그래서 번뇌를 빼는 역할을 합니다. 계율을 지키지 않으면 자신이 보호될 수 없습니다. 그리고 마음이 평온하지 못하고 온갖 번뇌로 들끓습니다. 계율은 자신만 보호하는 것이 아니고 상대도 똑같이 보호합니다. 계율은 도덕적인 기초를 마련하므로 무엇이나 걸림이 없습니다. 그중에 말로 인한 과보는 먼저 자기 자신이 받습니다. 그래서 선한 말에는 선한 과보를 받고 선하지 못한 말에는 선하지 못한 과보를 받습니다.

하지만 팔정도에서 계율은 윤리적이고 도덕적인 측면만 강조한 것이 아닙니다. 팔정도에서의 계율은 윤리적인 것을 포함하여 정신의 함양을 위해 필요한 덕목입니다. 다시 말하면 팔정도의 궁극의 목표는 사성제를 완성하여 모든 번뇌에서 자유로워지는 열반을 성취하기 위한 것입니다. 그래서 팔정도는 계율을 지켜 마음의 고요함을 얻어 통찰지혜가 생기도록 합니다. 이런 점에서 윤리적인 측면의 계율을 정신적인 측면의 계율인 알아차림으로 대신합니다. 그러므로 팔정도에서 말하는 계율은 알아차림이 있는 것을 말합니다. 그래서 정어라고 할 때는 알아차림이 있는 말이라는 뜻으로 해석할 수 있습니다. 알아차림은 선한 행위이기 때문에 그것 자체가 계율을 지키는 행위에 속합니다.

계율을 지키는 것은 소극적인 행위에 속하는 것이 있고 적극적인 행위에 속하는 것이 있습니다. 거짓말을 하지 않는 것은 소극적인 행위에 속합니다. 진실을 말하는 것은 적극적인 행위에 속합니다. 그러므로 단지 거짓말을 하지 않는 것으로 그치지 말고 적극적으로 진실을 말할 수 있어야 합니다. 그래야 팔정도에서 필요로 하는 지혜가 계발됩니다.

계율을 어기거나 어기지 않은 것에 대한 판단기준은 남을 속이려는 의도를 가지고 말했느냐 아니면 그렇게 확신을 해서 말했느냐에 따라 다릅니다. 남을 속이려는 의도를 가지고 말했을 때는 거짓말이 되어 계율을 어기는 것입니다. 그러나 확신을 가지고 말했을 때는 사실과 다르더라도 거짓말이 아니기 때문에 계율을 어기는 것이 아닙니다.

거짓말은 남을 속이려는 의도로 하는 것이지만 거짓말을 할 때 탐욕으로 할 수 있고, 성냄으로 할 수 있으며, 어리석음으로 할 수 있습니다. 이렇게 어떤 의도로 거짓말을 하는가에 따라 결과가 다르게 나타납니다. 탐욕으로 하는 거짓말은 자신이나 가까운 사람의 물질적인 이익이나 지위를 얻기 위해 하는 거짓말입니다. 성냄으로 하는 거짓말은 남을 해치거나 심각한 손상을 주기 위해 하는 거짓말입니다. 어리석음으로 하는 거짓말은 합리적이지 못한 거짓말이나 충동적으로 하는 거짓말이나 재미있게 하기 위해 과장하는 거짓말이나 농담으로 하는 거짓말입니다. 어리석음으로 거짓말을 하는 경우에는 탐욕이나 성냄으로 하는 거짓말보다 덜 해로운 것이라서 그에 따른 과보도 상대적으로 적습니다.

거짓말을 해서 안 되는 이유는 여러 가지가 있습니다. 수행자가 진실하지 못하면 결코 정신적인 함양을 꾀할 수 없습니다. 또 거짓말은 인간관계의 신뢰를 무너뜨리게 되므로 서로 불신하게 됩니다. 상호불신을 하는 사회에서는 고요함과 평화가 없습니다. 거짓말을 습관적으로 하면 거짓말이 진실이 되고 진실이 거짓말이 됩니다. 이때는 바른 법을 볼 수 없습니다. 그래서 결코 깨달음에 이를 수 없습니다.

악업인 거짓말이 성립되는 조건은 네 가지입니다. 첫째, 사실이 아닌 것. 둘째, 속이려는 의도를 갖는 것. 셋째, 거짓말을 하는 것. 넷째, 상대가 실제로 속는 것입니다. 이러한 거짓말로 인해 받는 필연적인 과보는 자신이 모욕적인 말을 듣고, 중상모략을 받고, 남에게 불신을 받습니다. 그리고 입에서 악취를 풍기는 과보를 받습니다. 이처럼 업의 과보란 반드시 자기가 한대로 받습니다.

붓다께서 사미계를 받고 얼마 되지 않은 아들 라훌라에게 물이 조금 담긴 대야를 가리키며 다음과 같이 물으셨습니다.

"라훌라야, 이 대야에 물이 조금 남아 있는 것이 보이느냐?"

"네, 보입니다"라고 라훌라가 대답했습니다.

"라훌라야, 고의로 거짓말을 하는 것을 두려워하지 않으면 사문의 지위도 이와 같이 보잘것없는 것이 된다."

이어서 붓다께서는 그 물을 바닥에 쏟아버리고 대야를 놓으며 말씀하셨습니다.

"라훌라야. 물이 버려진 것이 보이느냐? 고의로 거짓말을 하는 자는 자신이 쌓은 정신적 성취를 이처럼 쏟아 내버리고 있는 것이다."

붓다가 다시 물으셨습니다.

"라훌라야, 너는 이 대야가 이제 비어 있는 것이 보이느냐? 거짓말을 하면서 부끄러워할 줄 모르는 자의 정신적 성취도 이와 똑같이 비어 있다."

붓다께서는 다시 그 대야를 뒤집어놓으시고 말씀하셨습니다.

"라훌라야, 이 대야가 뒤집혀 있는 것이 보이느냐? 이와 똑같이 고의로 거짓말을 하는 자는 자신의 정신적 성취를 뒤집어놓기 때문에 향상을 할 수 없게 된다. 그러므로 농담으로 거짓말을 하거나 고의로 거짓말을 해서는 안 된다."

둘째, 이간질을 삼가는 것입니다. 이간질이란 나쁜 의도를 가지고 남을 나쁘게 말하여 서로간의 분열을 조장하는 행위입니다. 그래서 개인 간이나 집단 간에 서로 적대적으로 만들거나 다툼이 일어나도록 합니다. 이런 말을 하는 배경에는 자신의 탐욕과 성냄과 어리석음이 있기 때문입니다. 특히 이간질은 남의 성공을 시기하는 마음이 있을 때 심하게 나타납니다. 이런 상태에서는 남의 덕스러운 행동도 미움의 대상이 됩니다.

이간질은 남이 잘 되는 것을 시샘해서 심술궂은 마음으로 남을 해치는 말입니다. 여기에는 남에게 상처를 입히려는 잔인한 의도가 있습니다. 또 상대에게 환심을 사려는 비열한 욕망이 있을 뿐만 아니라 서로가 분열하여 다투는 모습을 즐기는 비뚤어진 마음까지 있습니다.

이간질은 도덕적이지 못해 계율을 어기는 행위입니다. 이런 행위로 인해 자신의 마음은 더욱 사악해져서 항상 불안하고 괴롭게 살아야 합니다. 어리석으면 이간질을 하면서 생긴 즐거움을 낙으로 삼아서 살게 되어 더욱 괴로움을 겪습니다. 이렇게 살면 이것이 잘못인지 알 수도 없을뿐더러 안다고 해도 스스로 제어할 수 없게 됩니다.

이간질은 충동적으로 하거나 계획적으로 하거나 모두 과보를 받습니다. 충동적으로 하는 것은 습관적인 것으로 어리석음 때문입니다. 계획적으로 하는 것은 탐욕과 성냄으로 하는 것입니다. 충동적으로 하는 이간질의 과보가 계획적으로 하는 이간질의 과보보다 가볍지만 꼭 그런 것만은 아닙니다. 왜냐하면 충동적으로 하는 것은 습관이기 때문에 개선하기가 더욱 어렵습니다.

나와 생각이 같지 않다고 비난하는 것은 자신의 탐욕과 성냄과 어리석음을 드러내는 것이며 남에게 이간질을 하는 행위입니다. 나의 사상과 다르고, 나의 종교와 다르고, 나의 문화와 다르고, 나와 인종이 다르고, 나와 지역이 다르고, 나와 소속이 다르다고 비난하는 것은 자신의 탐욕과 성냄과 어리석음을 드러내는 것이며 남에게 이간질을 하는 행위입니다. 나와 다르다고 해도 그들은 함께 살아가야할 동반자입니다. 경쟁적 위치에 있다고 해서 원수처럼 알고 비난을 하거나 이간질을 하면 먼저 자신이 몰락합니다. 자신의 불선심은 자신에게 불선과보를 가져와 계속해서 불선행을 하게 합니다. 그 결과로 괴롭게 살아야 하며 나쁜 세계에 태어납니다.

남에게 이간질을 하면 반드시 자신이 과보를 받습니다. 남을 비방하는 이간질을 하는 악업의 조건이 성숙되려면 네 가지 조건이 필요합니다. 사람들이 서로 나누어지는 것, 사람들을 분리시키려는 의도를 갖거나 남에게 인정을 받으려는 욕망이 있는 것, 그렇게 되도록 노력하는 것. 이간질을 하는 말을 하는 것입니다. 이렇게 이간질로 인해 받는 필연적인 과보는 아무런 이유도 없이 소중한 우정이 깨지는 것입니다.

이간질의 반대가 되는 말은 서로 화목하게 지내도록 하는 말입니다. 남의 허물을 덮어주고 오히려 남의 장점을 드러내어 칭송해야 합니다. 이런 마음은 자애와 연민의 마음이 있을 때 가능합니다. 이런 말을 하면 남에게서 사랑과 신뢰를 받습니다. 그러면 현재에도 좋은 벗을 만나며 다음 생에도 좋은 벗을 만나 행복하게 살 수 있습니다.

셋째, 욕설을 삼가는 것입니다. 욕설은 화가 나서 하는 말로 듣는 사람에게 고통을 줍니다. 자신의 감정을 주체하지 못해서 욕하면 제일 먼저 욕하는 사람이 괴롭습니다. 그리고 누구도 욕하는 사람을 좋아하지 않아서 스스로 고립을 자초합니다. 그리고 욕설을 한 과보로 자신의 마음이 더 거칠어지며 계속해서 더 심한 욕설을 해야 직성이 풀리는 악순환을 거듭하게 됩니다.

일반적으로 욕설의 세 가지 유형이 있습니다. 첫째, 독설을 내뱉는 것, 독설은 화가 나서 거칠게 잔소리를 늘어놓는 말이나, 심하게 욕을 하거나, 상대를 질책하는 말입니다. 둘째는 상대의 자존심을 건드리는 말입니다. 상대의 품위를 깎아내리려고 하는 악의적 말은 상대를 해치는 말입니다. 셋째는 빈정대는 말입니다. 겉으로는 칭찬하는 것처럼 말하면서 내용은 빈정거리고 조소하는 말로 남을 괴롭히는 말입니다.

어떤 욕설이 되었거나 거칠게 말한 것을 알아차리지 못하면 습관이 되어 계속 더 거칠게 말하게 됨으로써 결국 자신의 마음이 거칠어집니다. 이런 마음으로는 평온을 유지할 수 없기 때문에 항상 화를 내면서 살게 됩니다. 이것은 괴로운 일입니다.

욕설의 원인은 대상에 대한 혐오입니다. 일반적으로 욕설은 충동적으로 하기 때문에 남을 비난하는 것보다 과보가 적습니다. 그러나 욕설은 욕을 하는 사람이나 듣는 사람에게 바람직하지 않은 결과를 가져옵니다. 욕을 할 때 욕을 하는 사람의 마음도 거칠어지지만 욕을 듣는 사람의 마음도 거칠어져서 똑같이 욕을 하기 때문에 남에게도 피해를 줍니다. 그래서 욕설은 나와 남을 위해 반드시 자제해야 합니다.

욕설에 대응하는 이상적인 방법은 먼저 욕을 하려는 그 마음을 알아차리는 것입니다. "지금 무슨 마음으로 욕을 하려고 하는가?" 하고 알아차리면 욕설이 즉시 제어됩니다. 그리고 자신의 감정을 조절해야 합니다. 또 남이 하는 행위를 볼 때도 그냥 그 사람의 행위라고 알아차려야 합니다. 그리고 남이 나를 비난할 때도 단지 상대의 말로 알아차려야 합니다. 남의 행위에 자신도 똑같이 반응하면 남이나 자신이나 똑같습니다. 남의 행동이나 말을 단지 남의 행동이나 말로 분리해서 알아차리지 않으면 자기감정에 치우쳐 욕설을 하게 됩니다.

남의 행동이나 말은 알아차려야 할 대상일 뿐입니다. 설령 남이 나를 비난한다고 해도 단지 그 사람의 생각으로 여기고 알아차려야 합니다. 비난은 비난하는 사람의 것이지 나의 것이 아닙니다. 그리고 남이 몰라서 하는 소리면 연민의 정으로 대해야 합니다. 남이 모르고 하는 말까지 모두 대응할 필요는 없습니다. 이런 마음에는 남의 견해를 존중하는 선한 마음이 있습니다. 남이 하는 말에 나도 앙갚음을 하겠다는 것은 선하지 못한 마음입니다. 이런 마음은 그냥 한 번의 마음으로 그치지 않고 마음에 있는 종자에 의해 계속 다음 마음으로 상속됩니다.

남에게 욕설을 하면 반드시 자신이 과보를 받습니다. 남에게 욕설을 하는 악업의 조건이 성숙되려면 세 가지 조건이 필요합니다. 첫째, 욕을 듣는 사람이 있는 것. 둘째, 성난 생각이 있는 것. 셋째, 실제로 욕을 하는 것입니다. 이렇게 욕설을 한 것으로 인해 받는 필연적인 과보는 다른 사람들이 나를 싫어하고 자신은 아름답지 않은 목소리를 갖는 것입니다.

욕설을 하려고 할 때 자신의 마음을 알아차려서 욕설을 하지 않으면 스스로 평화를 얻고 화를 자초하지 않습니다. 다시 말하면 이것은 성내는 마음을 자애로운 마음으로 바꾸는 것이므로 스스로 고요함과 평온을 경험합니다. 이와 같이 미움과 증오에서 벗어난 마음은 스스로를 해방시키고 사물의 이치를 아는 지혜를 얻게 합니다.

넷째, 쓸데없는 말을 삼가는 것입니다. 쓸데없는 말은 아무런 이익도 없는 무의미한 말입니다. 별 가치도 없는 말을 늘어놓는 것은 자신이나 남에게 번뇌를 일으킵니다. 남에게 불필요한 말을 하여 듣게 하는 것은 남의 소중한 시간을 빼앗는 것입니다. 그리고 남의 청정한 마음을 훔치는 것이고 나쁘게 물들이는 것입니다. 남의 것을 훔치는 것이 물건만 있는 것이 아닙니다. 남의 시간과 마음도 똑같이 훔치는 행위입니다.

불필요한 말을 많이 하면 정작 중요한 말을 할 때 가치가 떨어집니다. 불필요한 말을 하는 마음은 무엇이 필요한 것인지 모르는 정리되지 않은 마음입니다. 이런 마음은 이것저것 잡다한 것에 관심이 많은 산만한 마음이라서 어리석은 마음입니다. 그래서 이런 마음으로는 정작 자신이 하고자 하는 일을 성취할 수 없습니다. 이와 같이 자신이 해야 할 말이 무엇인지를 모르는 마음은 무엇을 하면서 살아야 할지 모르는 방황하는 마음입니다. 그러므로 말을 할 때는 말하는 그 마음을 알아차려서 쓸데없는 말을 삼가야 합니다. 수행자들이 쓸데없는 말을 하지 않을 때 마음이 절제되어 계율을 지키고 청정한 마음을 유지할 수 있습니다. 이러한 청정한 상태에서 고요함이 생기고 대상의 성품을 보는 지혜가 성숙됩니다. 이렇게 할 때만이 정신이 고양되어 사성제의 진리를 알 수 있습니다.

수행자의 경우에는 법과 율에 관한 말이 아니면 불필요한 말이 됩니다. 법문을 듣거나 수행에 대한 질문을 하는 것은 반드시 필요한 말입니다. 그러나 남의 수행에 대해 지나친 관심을 보여서 시기하는 말을 하거나, 스승의 말을 배척하는 표현은 모두 쓸데없는 말입니다.

일반적으로 가족이나 친지끼리 말을 할 때는 따뜻한 마음으로 관심을 가지고 아끼고 염려하는 말을 해야 합니다. 그러나 감각적 욕망을 추구하는 마음으로 먹는 것, 입는 것, 즐기는 것 등을 말해서는 안 됩니다. 현대인들은 너무나 많은 정보에 속수무책으로 노출되어서 불필요한 생각을 하도록 강요받습니다. 그래서 자신의 의지는 차츰 없어지고 광고에 세뇌되어서 삽니다. 그러면 쓸데없는 말을 많이 하게 됩니다.

어떤 면에서 문명의 발달은 내면의 정신세계를 더욱 황폐화시키고, 삶의 본질이 무엇인지 알기 어렵게 합니다. 그래서 세월이 흐를수록 도과를 성취하는 수행자들이 줄어듭니다. 결국 이러한 과정을 거쳐서 정법이 사라지는 시대가 옵니다. 사성제의 정법이 사라지면 깨달음에 대한 암흑기가 옵니다. 그러면 괴로움을 여의고 윤회를 끝내는 출구를 잃어버립니다. 이것이 무명의 시대며 정신적 암흑의 시대입니다.

쓸데없는 말을 하는 것은 분명한 앎으로 살펴볼 때 모두 부적절한 행위입니다. 쓸데없는 말은 이익이 없습니다. 그리고 때와 장소를 가리지 않습니다. 또수행자가 마음을 두어야할 영역 밖에 있는 말입니다. 그리고 어리석은 마음으로하는 말입니다. 이처럼 네 가지의 분명한 앎의 지혜로 살펴보면 잡담 수준의 쓸데없는 말은 해로운 것입니다.

남에게 쓸데없는 말을 하면 반드시 자신이 과보를 받습니다. 남에게 쓸데없는 말을 하는 악업의 조건이 성숙되려면 두 가지 조건이 필요합니다. 첫째, 쓸데없는 말을 하려는 의도가 있는 것. 둘째, 실제로 쓸데없는 말을 하는 것입니다. 이렇게 쓸데없는 말을 한 것으로 인해 받는 필연적인 과보는 심신의 장애가 생기며 신용이 추락하여 하는 일이 성사되기 어렵습니다.

라. 정업

"비구들이여, 그러면 무엇이 정업인가? 살생을 삼가고, 주지 않는 것을 갖지않고, 삿된 음행을 삼가는 것이다. 비구들이여, 이것을 정업이라고 한다"라고 할때 정업(正業)은 바른 행위입니다. 정업은 몸으로 짓는 세 가지 업을 삼가는 것으로 살생, 도둑질, 삿된 음행을 삼가는 것입니다. 그러므로 정업은 계율을 지키는행위입니다. 이상의 행위는 탐욕과 성냄과 어리석음이 있기 때문에 일어납니다. 그래서 불선업이며 모든 괴로움의 원인이 됩니다.

업(業)은 의도를 가지고 한 행위입니다. 의도가 없이 하는 행위는 업이 아니고 단순한 행위에 불과합니다. 업은 의도를 가지고 한 행위이기 때문에 행위를한 만큼의 과보가 뒤따릅니다. 자신이 잔인하게 살생을 했다면 현재에도 살생한과보를 받아서 지옥의 마음으로 괴롭게 살고 죽어서는 지옥에 태어납니다. 자신이 인색한 행위를 했다면 현재에도 인색한 과보를 받아서 아귀의 마음으로 괴롭게 살고 죽어서는 아귀로 태어납니다. 자신이 어리석어 탐욕스런 행위를 했다면현재도 탐욕스런 과보를 받아서 어리석은 마음으로 그 과보를 받아 어리석게 살고 죽어서는 축생으로 태어납니다.

선한 행동을 하면 현재도 선한 마음으로 행복하게 살고 죽어서는 행복한 세계에 태어납니다. 만약 수행을 해서 모든 갈애를 여의고 집착을 하지 않는다면 현재도 성자의 마음으로 살고 죽어서는 다시 태어나지 않아 윤회가 끝납니다. 이 모든 것들이 업의 과보를 받아서 생기는 일입니다.

다른 생명을 해치면 자신도 그 과보를 받아서 병에 걸리거나 수명이 짧거나 사랑하는 사람과 헤어집니다. 도둑질은 주지 않는 물건을 갖지 않는 것입니다. 단순하게 남의 물건을 훔치는 것뿐만 아니라 주지 않는 물건을 취하는 것도 도둑질입니다. 그리고 주어야 할 것을 주지 않는 것도 도둑질에 속합니다. 삿된 음행은 자신의 감각적 욕망을 위해 다른 사람의 계율과 행복을 빼앗는 행위입니다. 이처럼 불선한 행위는 반드시 그 과보를 받아 괴로움을 겪습니다.

첫째, 살생을 삼가는 것입니다. 다른 생명을 해치지 않는 것은 단순하게 살생을 하는 차원을 벗어난 더 높은 숭고한 차원입니다. 살생을 하지 말라는 것은 사람에게만 해당되지 않습니다. 마음을 가진 모든 생명을 죽여서는 안 되는 것을 포함하고 있습니다. 이러한 생명을 유정물(有情物)이라고 하거나 중생(衆生)이라고 합니다. 그러므로 사람뿐만 아니라 동물이나 곤충까지 포함해서 죽이지 않아야 합니다. 식물은 생명의 파장만 있지 마음이 없으므로 살생하는 업의 대상이 되지 않습니다.

살생은 살아 있는 생명을 죽이려는 의도를 가지고 죽이는 행위입니다. 모든 생명은 살기 위해 태어났으므로 살아갈 권리가 있습니다. 그래서 죽기를 싫어할 뿐만 아니라 죽음에 대한 공포가 있습니다. 결국에는 죽어야 하지만 누구나 사는 동안에는 죽지 않으려고 합니다. 이런 마음이 있는 생명을 죽이는 것은 가장 파괴적인 행위에 속합니다. 남의 살 권리와 행복을 빼앗아 가면 반드시 그만큼의 고통과 징벌을 받게 됩니다. 하지만 고의적으로 생명을 죽일 의도가 없는 살생은 과보가 없습니다.

살생은 도덕적 비중에 따라 모두 다르게 과보를 받는데 세 가지 조건이 있습니다.

첫째는 살생의 대상에 따라 과보가 다르게 나타납니다. 동물을 죽이는 것보다 사람을 죽이는 것이 살생의 과보를 더 크게 받습니다. 사람도 무지한 사람을 죽이는 것보다 정신적으로 함양된 사람을 죽이는 것이 과보가 더 큽니다. 선하지 못한 사람을 죽이는 것보다 선한 사람을 죽이는 것이 과보가 더 큽니다. 그래서 성자를 죽이는 것과 그렇지 않은 사람을 죽이는 것의 과보가 차이가 있습니다. 특히 은혜를 입은 부모님을 죽이는 것이나 스승을 죽이는 것은 더 큰 과보를 받습니다. 동물도 지능이 발달되지 않았거나 몸이 작은 동물을 죽이는 것보다 지능이 있고 몸이 큰 동물을 죽이는 것이 과보가 더 큽니다.

둘째는 살생의 동기에 따라 과보가 다르게 나타납니다. 살생하는 동기는 탐욕으로 인한 것이나, 성냄으로 인한 것이나, 어리석음으로 인한 것입니다. 이중에 성냄으로 인해서 죽이는 것이 과보가 가장 큽니다. 다음이 탐욕으로 인해 죽이는 과보고, 어리석음으로 인해 죽이는 과보가 가장 약하게 영향을 받습니다.

셋째는 살생을 하려는 노력에 따라 과보가 다르게 나타납니다. 살생을 얼마나 계획적으로 했느냐에 따라, 살생을 하기 위해 얼마나 노력을 했느냐에 따라 과보가 다릅니다. 주도면밀한 계획에 따라 열심히 노력해서 살생을 했다면 당연히 그만큼의 큰 과보가 따릅니다. 이와 같이 살생을 하면 반드시 자신이 과보를 받습니다.

살생의 업이 성숙되려면 다섯 가지 조건이 필요합니다. 첫째는 살아 있는 존재가 있는 것. 둘째는 살아 있는 존재가 있다고 아는 것. 셋째는 살생을 하려는 의도를 갖는 것. 넷째는 살생을 시도하는 것. 다섯째는 살아 있는 생명이 결과적으로 죽은 것입니다. 이렇게 살생을 한 것으로 인해 받는 필연적인 과보는 수명이 짧고, 질병이 많으며 사랑하는 사람과 일찍 헤어져야 하기 때문에 항상 슬프고 두려움이 많습니다. 이 모든 과보가 상대가 경험한 것을 그대로 자신이 되돌려 받는 것입니다.

살생을 하지 않으려면 다른 존재에 대한 자비심을 키워야 합니다. 태어난 존재나 태어나지 않은 존재나 무한한 자비심을 가지고 생명에 대한 존엄성을 가져야 합니다. 이런 마음을 갖는 순간 자신이 평화롭고 두려움이 없어 행복을 누릴수 있습니다. 이러한 마음이 팔정도의 정사유에 해당됩니다. 선한 쪽에 마음을 기울이는 일처럼 더 중요한 일은 없습니다. 이것이 자신의 행복과 남의 행복을 함께 가져오기 때문입니다.

둘째, 주지 않는 것을 갖지 않는 것입니다. 도둑질은 남의 물건을 훔치는 행위입니다. 사실 도둑질의 정확한 뜻은 주지 않는 것을 갖지 않는 것입니다. 그러므로 남의 물건을 훔치는 행위나 누가 주인인지 알 수 없는 물건을 집어가서는 안 됩니다. 예를 들어 길거리에 떨어진 돈이 있다고 해도 그 돈을 주워서는 안 됩니다. 누구의 소유인지 알 수는 없지만 분명한 것은 가져도 좋다는 승낙을 받은 바가 없기 때문에 도둑질입니다. 또 남에게 주어야 할 것을 주지 않는 것도 도둑질에 해당됩니다. 하지만 소유자가 없는 돌이나 나무나 다른 것들을 갖는 것은 비록 누가 주지 않았다고 해도 계율에 어긋나는 행위는 아닙니다.

주지 않는 것을 갖지 않는 행위는 여러 가지입니다. 첫째는 절도입니다. 남의 집에 침입하여 물건을 훔치는 것이나 소매치기로 남의 물건을 훔치는 것입니다. 둘째는 강도입니다. 남의 물건을 협박하거나 폭력을 써서 강제로 빼앗는 것입니다. 셋째는 날치기입니다. 남의 물건을 저항할 틈도 없이 갑자기 낚아채는 것입니다. 넷째는 사취입니다. 남의 소유를 자기 것이라고 속이는 것입니다. 다섯째는 속임수입니다. 물건 값의 계산을 엉터리로 하여 거래를 하는 것입니다.

이상의 도둑질도 그 비중에 따라 업의 과보가 다릅니다. 첫째는 훔친 물건의 가치에 따라서 과보가 다릅니다. 훔친 물건이 매우 가치 있는 것일 때는 그만큼 비도덕적일 뿐만 아니라 더 나쁜 과보를 받습니다. 아울러 사소한 것일 때는 그만큼 과보가 적습니다. 둘째는 피해자의 자질에 따라 과보가 다릅니다. 피해를 입을 사람이 선한 사람일 경우에는 선하지 못한 사람의 경우보다 더 나쁜 과보를 받습니다. 셋째는 훔친 사람의 심리상태에 따라 과보가 다릅니다. 남의 물건을 훔칠 때 탐욕으로 훔칠 수도 있고 미움으로 훔칠 수도 있습니다. 탐욕으로 훔칠 때는 단순하게 자신의 욕심을 충족시키기 위해서 하는 것으로 미워서 훔치는 것보다 과보가 적습니다. 그러나 미워서 할 경우에는 상대를 해치려는 의도가 있기 때문에 탐욕으로 훔치는 것보다 더 나쁜 과보를 받습니다.

남이 주지 않는 것을 갖게 되면 반드시 자신이 과보를 받습니다. 도둑질이라는 악업의 조건이 성숙되려면 다섯 가지 조건이 필요합니다. 첫째는 다른 사람의 재산이 있는 것. 둘째는 다른 사람의 재산이라고 아는 것. 셋째는 훔치려고 의도는 갖는 것. 넷째는 훔치려고 노력하는 것. 다섯째는 실제로 훔치는 것입니다. 이렇게 주지 않는 것을 갖게 됨으로 인해 받는 필연적인 과보는 자신이 빈곤하게 사는 것입니다. 그리고 비참하게 살고 좌절을 하게 되며 노예처럼 종속된 직업을 갖게 됩니다.

남이 주지 않은 것을 갖지 않으려면 정직해야 합니다. 그리고 다른 사람의 소유권을 존중하고 욕심을 부리지 않아야 합니다. 자신의 정당한 노력 없이 얻으려는 것은 가장 나쁘고 어리석은 행위입니다. 바르게 살기위해서는 비양심적인 방법으로 부를 축적하지 않아야 합니다. 노력 없이 얻으려는 탐욕스런 마음이 남의 물건을 훔치게 합니다. 이런 마음을 갖지 않도록 하기 위해서는 자기가 가진 것을 남에게 베풀면서 거기서 기쁨을 느껴야 합니다.

셋째, 삿된 음행을 삼가는 것입니다. 배우자가 아닌 다른 사람과 성행위를 하는 것이 삿된 음행입니다. 삿된 음행을 삼가는 것은 계율을 지키는 행위입니다. 삿된 음행을 삼가는 계율을 지키는 것은 가정을 보호하고 부부간에 신뢰를 쌓아 행복한 가정을 만듭니다. 그리고 성적욕망으로 인해 정신적 향상이 방해받지 않도록 하는 뜻이 있습니다. 또 다른 사람에게 고통을 주지 않도록 하기 위한 것입니다.

삿된 음행을 삼가는 행위는 잘못된 성관계뿐만 아니라 이러한 단계에 이르는 유사한 행위도 삼가는 것을 말합니다. 그러므로 성희롱과 같은 언어적 폭력과 신체접촉이 모두 포함됩니다. 자신의 성적 욕망을 충족시키기 위해 남의 가정을 파괴하거나 다른 사람의 인생에 씻을 수 없는 상처를 주는 것은 매우 부도덕한 일입니다. 자신이 남에 대해 삿된 음행을 하는 것은 용서되고 남이 자신의 가족에게 삿된 음행을 하는 것을 용납할 수 없다면 잘못된 일이 아닐 수 없습니다.

팔정도에서 남자가 삿된 음행을 하지 않도록 규정하는 세 가지가 있습니다. 첫째는 다른 남자와 결혼한 여자와 성관계를 가져서는 안 됩니다. 또 결혼은 하지 않았지만 한 남자의 보호를 받으면서 함께 사는 경우나 약혼을 한 여인과도 성관계를 가져서는 안 됩니다. 그러나 결혼을 한 후에 이혼을 하고 혼자 사는 여자와의 성관계는 포함되지 않습니다. 둘째는 부모나 친척으로부터 보호받고 있는 소녀나 여인과 성관계를 가져서는 안 됩니다. 셋째는 사회적 관습에 의해 금지된 여자와 성관계를 가져서는 안 됩니다. 근친이나 종교단체의 출가수행자가 여기에 포함됩니다.

여자가 삿된 음행을 하지 않도록 규정하는 두 가지가 있습니다. 첫째는 결혼을 한 여자가 남편이 아닌 다른 남자와 성관계를 가져서는 안 됩니다. 이혼을 한 후 혼자 사는 여자는 다른 남자와 결혼을 할 수 있습니다. 둘째는 사회적 관습에 의해 금지된 남자와 성관계를 가져서는 안 됩니다. 근친이나 종교단체의 출가수행자가 여기에 포함됩니다.

샷된 음행을 삼가는 것은 가정의 행복을 지키는 것이며 비도덕적인 행위로 다른 사람에게 고통을 주지 않는 것입니다. 이러한 계율을 지키는 행위가 자신의 행복은 물론 다른 사람의 행복까지 가져옵니다. 하지만 서로 사랑하는 사람끼리의 일로 남에게 피해를 주지 않는 성관계는 계율에 저촉되지 않습니다. 샷된 음행을 하면 반드시 자신이 과보를 받습니다. 샷된 음행을 하는 악업의 조건이 성숙되려면 네 가지 조건이 필요합니다. 첫째, 즐기려는 생각을 하는 것. 둘째, 그에 따른 행위를 하는 것. 셋째는 만족하기 위한 수단을 펴는 것. 넷째는 실제로 만족하는 것입니다. 이렇게 샷된 음행을 한 과보는 많은 적이 생기고, 원하지 않는 배우자를 만나고, 여자로 태어나거나 거세가 된 남자로 태어납니다.

샷된 음행을 하지 않으려면 생각과 말과 행동이 청정해야 합니다. 성적욕망은 본능이라서 제어하기 어려울 수 있습니다. 이럴 때는 대상에 마음을 보내지 말고 대상을 보는 마음을 알아차린 뒤 가슴으로 와서 두근거리는 느낌을 지켜보아야 합니다. 성적욕망을 억누르면 더 강해질 수 있으므로 이런 마음을 알아차리고 가슴으로 와서 느낌을 알아차리면 진정이 될 수 있습니다. 감각적 욕망은 짧은 순간의 일이지만 그 책임은 평생 지고 다녀야 하며, 죽은 뒤에도 따라다닙니다. 이처럼 순간의 욕망이 가져오는 폐해를 알아야 합니다. 이상이 하지 말아야 할 바르지 못한 행위입니다.

이런 행위를 하지 않기 위해서 다음과 같은 선한 행위를 해야 합니다. 선한 행위는 욕계의 선한 행위와 색계의 선한 행위와 무색계의 선한 행위와 출세간의 선한 행위가 있습니다.

욕계의 선한 행위는 열 가지가 있습니다. 보시, 지계, 선정, 공경, 봉사, 공덕을 남에게 돌리는 것, 다른 사람의 선한 행위를 칭찬하고 기뻐하는 것, 법을 듣는 것, 법을 말해 주는 것, 올바른 견해를 갖는 것입니다.

색계의 선한 행위는 색계의 네 가지 선정을 닦는 수행을 하는 것입니다.

무색계의 선한 행위는 무색계의 네 가지 선정을 닦는 수행을 하는 것입니다.

출세간의 선한 행위는 팔정도 위빠사나 수행을 하는 것입니다.

마. 정명

"비구들이여, 그러면 무엇이 정명인가? 성스러운 제자는 그릇된 생계를 버리고, 바른 생계로 살아간다. 비구들이여, 이것을 정명이라고 한다"라고 할 때 정명(正命)은 바른 직업으로 생계를 유지하는 것입니다. 바른 직업은 무기거래, 생명체 거래, 도살업, 독약 거래, 술이나 마약 거래를 하지 않는 것입니다. 그리고 부정직하게 획득하는 것, 사기, 배신, 점술, 속임수, 고리대금업은 바르지 못한 생계수단입니다. 이외에도 출가수행자들이 계율을 어기는 위선적 행위도 잘못된 생활에 속합니다. 특히 생명체 거래는 도살을 위해 동물을 사육하는 것이나 노예매매나 매춘을 위해 사람을 사고파는 행위도 포함됩니다.

바른 직업은 바른 생계수단을 갖는 것을 말합니다. 바르지 못한 직업을 가진 사람이 바른 정신을 갖기는 어렵습니다. 직업적인 생각이 말을 하게하고 말이 행동을 하게하기 때문에 바른 직업을 갖는 것은 수행자로서 중요한 일이 아닐 수 없습니다. 바른 생계수단은 출세간을 지향하는 중요한 토대입니다.

세간에서는 불가피하게 바르지 못한 생계 수단을 가질 수도 있습니다. 이처럼 생활을 위해 불가피하다고 하더라도 직업으로 인해 받아야 하는 과보는 피할 수 없습니다. 그래서 그만큼의 괴로움이 따르기 마련입니다. 그리고 이런 직업으로 인해 출세간으로 가는 길이 멀어집니다. 그러므로 출세간을 지향하기 위해서는 반드시 바른 생계수단이 필요합니다.

행복하게 살기 위해 부를 축적할 필요가 있습니다. 하지만 부를 축적하기 위한 방법이 바르지 못할 때는 오히려 그렇게 얻은 부로 인해 불행해질 수 있습니다. 그래서 부를 축적하는 과정은 반드시 합법적이고 도덕적이고 평화적인 기준에서 이루어져야 합니다. 그렇지 않고 불법적이거나 강제나 폭력이나 속임수로 얻어서는 안 됩니다. 어떤 상황에서도 다른 사람들에게 괴로움을 주는 행위로 부를 얻어서는 안 됩니다. 부당하게 얻은 재물은 오래 소유하지 못합니다. 그뿐만 아니라 잘못된 방법으로 얻은 부는 고스란히 자신에게 고통으로 돌아오기 마련입니다. 그러므로 부의 기준을 많고 적음에 둘 것이 아니라 바르고 바르지 못함에 두어야 합니다.

바른 생계수단은 단지 직업에 국한하지 않습니다.

첫째는 행위에 관해 올바른 것이어야 합니다. 행위에 관하여 올바른 것은 직업인으로서 바르지 못한 행위를 해서는 안 되는 것을 말합니다. 근무시간에 열심히 일을 하지 않고 다른 일을 하거나 게으름을 피워서는 안 됩니다. 또 근무시간을 속여 보고해서도 안 됩니다. 자기 이익을 위해 회사에 손해를 끼쳐서도 안 되며 회사의 물건을 훔쳐서도 안 됩니다. 오직 자기가 맡은 일을 부지런하고 양심적으로 할 때 직업인의 올바른 행위라고 할 수 있습니다.

둘째는 사람과 관련하여 올바른 것이어야 합니다. 사람과 관련하여 올바른 행위를 하는 것은 직업인으로 인간관계가 바르지 못한 행위를 해서는 안 되는 것을 말합니다. 경영자나 직원과의 관계에 있어서나 직장 동료와의 관계에 있어서나 고객과의 관계에 있어서 마땅한 존경과 인간적인 배려가 있어야 합니다. 경영자는 직원에게 역량에 맞는 일을 하도록 해야 합니다. 또 적절한 보수를 지급하고 엄격한 승진을 하도록 해야 합니다. 직장동료끼리는 경쟁적 관계보다 협동하는 관계가 되어야 합니다. 고객들에게도 최선을 다해 봉사하는 자세를 가져야 합니다.

셋째는 대상물과 관련하여 올바른 것이어야 합니다. 대상 물건과 관련하여 올바른 행위를 하는 것은 직업인으로서 거래하는 물건에 대해 바르지 못한 행위를 해서는 안 되는 것을 말합니다. 사업상 고객과 거래하는 물건은 정직하게 제공해야 합니다. 허위로 광고로 상대를 속여서는 안 됩니다. 상품에 표시된 양이나 질에 관한 것이나 유통기간을 속여서도 안 됩니다. 이상의 세 가지 조건이 바르게 충족되어야 바른 생계수단을 갖는 것입니다.

이상 세 가지인 정어, 정업, 정명은 계율에 속하는 팔정도입니다. 이때의 계율은 세 가지의 절제를 의미합니다. 절제란 삼가는 것입니다.

절제는 세 가지가 있습니다.

첫째는 때때로 절제하는 것입니다. 때때로 하는 절제는 특별하게 계율을 지키지는 않았지만 어떤 상황에 부딪치면 자신의 처지나 경험을 살려 자신이 이런 일을 해서는 안 되겠다고 판단하고 절제하는 것입니다. 이것이 때때로 절제하는 것입니다.

둘째는 계율에 의해 절제하는 것입니다. 계율에 의해 절제하는 것은 비구나 비구니는 수계를 받을 때 계율을 지키고자 서원을 세웠기 때문에 절제하는 것입니다. 재가수행자는 오계를 받았을 때 계를 받은 것을 생각하고 절제를 합니다. 사원에서 수행을 할 때는 8계를 받고 하기 때문에 절제합니다. 이렇게 절제하는 것을 계율에 의한 절제라고 합니다.

셋째는 완전한 소멸에 의해 절제하는 것입니다. 완전한 소멸에 의한 절제는 도과를 성취한 성자가 모든 번뇌를 여의었기 때문에 계율을 어기지 않습니다. 번뇌가 완전하게 소멸했기 때문에 스스로 절제하는 것을 완전한 소멸에 의한 절제라고 합니다.

바. 정정진

"비구들이여, 그러면 무엇이 정정진인가? 비구들이여, 여기 비구는 아직 일어나지 않은 사악하고 해로운 법들이 일어나지 못하도록 의지를 일으키고, 정진하고, 힘을 내고, 마음을 다잡고 노력한다. 이미 일어난 사악하고 해로운 법들을 제거하기 위하여 의지를 일으키고, 정진하고, 힘을 내고, 마음을 다잡고 노력한다. 아직 일어나지 않은 유익한 법들이 일어나도록 의지를 일으키고, 정진하고, 힘을 내고, 마음을 다잡고 노력한다. 이미 일어난 유익한 법들을 지속시키고, 사라지지 않게 하고, 증장시키고, 충만하게 하고, 계발하기 위해서 의지를 일으키고, 정진하고, 힘을 내고, 마음을 다잡고 노력한다. 비구들이여, 이것을 정정진이라고 한다"라고 할 때 정정진(正精進)은 바른 노력입니다.

깨달음을 돕는 37가지 법 중에서 사정근(四正勤)이 바른 노력입니다. 사정근은 아직 생겨나지 않은 선하지 못한 법이 생겨나지 않도록 노력하고, 이미 생겨난 선하지 못한 법을 없애려고 노력하고, 아직 생겨나지 않은 선한 법은 생겨나도록 노력하고, 이미 생겨난 선한 법은 더욱 생겨나도록 노력하는 것을 말합니다.

팔정도에서 중요하지 않은 것이 하나도 없지만 그중에서 바른 노력은 매우 중요한 역할을 합니다. 위빠사나 수행을 해서 지혜를 얻고 도과를 성취하는 것은 어떤 특정한 대상에게 의지해서 얻는 것이 아닙니다. 오직 자기 스스로의 노력으로 지고의 행복을 얻기 때문에 처음부터 끝까지 노력이 필요합니다. 그러므로 노력이 없으면 수행의 발전을 기대하기 어렵고 도과를 성취하기도 어렵습니다.

앞에 있는 세 가지 항목인 정어, 정업, 정명의 계율이 지켜지면 몸과 마음이 청정한 상태가 되어 다음 단계인 집중의 기반이 됩니다. 다시 집중은 정정진, 정념, 정정의 세 가지 항목으로 이루어집니다. 이 세 가지 집중의 요소가 없이는 결코 다음 단계의 지혜를 얻을 수 없습니다. 그래서 수행은 먼저 계율이 청정해지면 다음에 집중이 되고 이러한 집중에 의해 지혜가 나는 과정을 거칩니다. 그래서 팔정도를 계정혜 삼학(三學)이라고 합니다.

집중은 그냥 되는 것이 아니고 노력에 의해 됩니다. 처음에 대상을 겨냥하는 노력과 다음에 대상을 알아차리는 노력을 해야 합니다. 그리고 알아차림을 지속하는 노력을 해야 합니다. 이러한 세 가지 노력이 지속될 때 비로소 집중이 됩니다. 다시 말하면 먼저 대상을 알아차려서 마음이 고요해지고 다음에 알아차림을 지속해서 집중의 상태가 이루어집니다. 이러한 상태에서 통찰지혜가 생깁니다.

노력은 바르지 못한 노력과 바른 노력이 있습니다. 선하지 못한 사람은 바르지 않은 노력을 하고 선한 사람은 바른 노력을 합니다. 바르지 못한 노력은 악한 의도를 가지고 감각적 욕망을 충족시키는 데 혼신의 힘을 기울입니다. 그러다가 노력이 약해지면 스스로 연료를 공급하여 악한 의도의 불길이 끊어지지 않게 합니다. 바른 노력은 선한 의도를 가지고 지혜를 충족시키는 데 혼신의 힘을 기울입니다. 이 경우도 노력이 약해지면 스스로 연료를 공급하여 선한 의도의 불길이 끊어지지 않게 합니다. 바르지 못한 노력은 윤회를 하게하고 바른 노력은 깨달음을 얻어 윤회가 끝나게 합니다.

팔정도는 서로 유기적인 관계로 작용하는데 바른 노력이야말로 바른 말과 바른 행위와 바른 직업을 갖도록 합니다. 그리고 바른 알아차림과 바른 집중을 이루게 하여 바른 견해와 바른 사유를 갖도록 합니다. 이러한 노력에 의해 모든 괴로움으로부터 벗어나는 해탈의 자유를 얻을 수 있습니다. 그러므로 바른 노력은 해탈의 자유를 얻는데 매우 중요한 역할을 합니다.

바른 노력을 해야 하는 이유는 오직 모든 괴로움을 여의는 해탈의 길로 가기 위한 것입니다. 바른 노력을 하지 않으면 게으름에 빠져 어리석게 살거나 바르지 않은 노력을 하기 때문입니다. 그래서 바른 노력은 바른 노력을 하는 이익으로 그치지 않고 게으름에 빠져 어리석게 살지 않고 바르지 않은 노력을 하지 않아서 더 큰 이익이 있습니다.

세간을 사는 모든 사람들은 어리석음과 욕망으로 마음이 오염되어 있습니다. 이러한 마음은 오직 바른 노력에 의해서만이 청정하고 지혜가 있는 성스러운 마음으로 바뀔 수 있습니다. 자신의 마음을 오염시키는 것도 자신의 노력이고 자신의 마음을 청정하게 하는 것도 자신의 노력입니다. 이러한 노력은 결코 남의 힘으로 되는 것이 아닙니다. 오직 스스로의 노력으로 되는 것입니다. 인간이 세상을 사는 궁극의 목표는 바른 노력을 해서 모든 괴로움에서 벗어나는 것입니다. 누구나 노력을 하면 반드시 이러한 목표에 도달할 것입니다.

깨달음으로 가는 네 가지 바른 노력인 사정근(四正勤)에 대해 살펴보겠습니다. 법은 선하지 못한 법과 선한 법 두 가지가 있습니다. 그러나 선하지 못한 법과 선한 법을 다루는 노력이 다시 두 가지로 나뉩니다. 선하지 못한 법은 아직 드러나지 않은 불선한 법과 이미 드러난 불선한 법이 있습니다. 대부분의 선하지 못한 법은 잠재의식에 저장된 많은 생각과 감정과 이것으로 인해 일어나는 의도들입니다. 선한 법도 아직 드러나지 않은 선한 법과 이미 드러난 선한 법이 있습니다. 선한 법은 번뇌로 인해 오염되지 않은 마음에서 일어나는 의도들입니다.

수행자는 선하지 못한 법 중에서 아직 일어나지 않은 선하지 못한 법은 일어나지 않도록 노력해야 합니다. 이미 일어난 선하지 못한 법은 소멸하도록 노력해야 합니다. 다시 아직 일어나지 않은 선한 법은 일어나도록 노력해야 합니다. 이미 일어난 선한 법은 더욱 커지도록 노력해야 합니다. 이렇게 네 가지 노력을 할 때만이 바른 노력이 완성됩니다.

네 가지 노력에 대한 것은 다음과 같습니다.

첫째는 아직 생겨나지 않은 선하지 못한 법이 생겨나지 않도록 하는 노력입니다. 수행자는 아직 일어나지 않은 선하지 못한 법이 일어나지 않도록 해야 합니다. 수행자는 몸과 마음을 정확하게 겨냥하여 알아차리는 노력을 해야 하며 다시 알아차림을 지속하는 노력을 해야 합니다. 이러한 알아차림과 함께 분명한 앎을 해서 아직 일어나지 않은 선하지 못한 법이 일어나지 않도록 해야 합니다.

이러한 노력이 사마타 수행과 위빠사나 수행을 하는 것입니다.

분명한 앎은 네 가지입니다. 목적에 대한 앎으로 이익이 있는지 여부를 아는 것과, 적합성에 대한 앎으로 시기와 상황이 맞는지 여부를 아는 것과, 수행의 대상에 대한 앎으로 올바른 대상을 선택하는지 여부를 아는 것과, 실재에 대한 앎으로 어리석음이 있는지 여부를 아는 것입니다. 이렇게 알아차림과 분명한 앎을 할 때 선하지 못한 법이 일어나지 않습니다.

수행자에게 선하지 못한 법은 다섯 가지 장애입니다. 다섯 가지 장애는 수행의 발전을 저해하는 요소로 수행자의 내면이 항상 자리 잡고 있으면서 나타날 때를 기다리고 있습니다. 그래서 다섯 가지 덮개라는 뜻으로 오개(五蓋)라고 합니다. 다섯 가지 장애는 감각적 욕망, 악의, 나태와 혼침, 들뜸과 회한, 회의적 의심입니다. 다섯 가지 장애 중에 감각적 욕망과 악의가 가장 대표적인 장애입니다. 감각적 욕망은 탐심이며 악의는 성냄입니다. 이 두 가지를 가지고 있기 때문에 나머지 세 가지가 자연스럽게 일어납니다.

이러한 장애가 일어나지 않도록 하는 것이 억제하는 노력입니다. 이러한 장애가 생기면 마음이 분산되고 알아차림을 지속할 수 없어 집중의 고요함을 얻을 수 없습니다. 그래서 감각기관이 감각대상과 접촉할 때 주의 깊게 알아차리는 노력을 해야 합니다. 이것을 감관을 통제하는 노력이라고 합니다.

둘째는 이미 생겨난 선하지 못한 법을 없애려는 노력입니다. 다섯 가지 장애가 일어나지 않도록 노력해도 알아차림은 늘 부족하기 마련이라서 항상 장애가 일어납니다. 다섯 가지 장애는 세세생생 쌓아놓은 것이라서 알아차렸다고 해서 단순하게 사라지지 않습니다. 이러한 장애가 다시 일어났을 때 알아차림을 멈추어서는 안 됩니다. 이럴수록 더욱 알아차림을 강화하여 번뇌를 끊어버리는 노력을 계속해야 합니다. 이미 일어난 감각적 욕망, 악의, 나태와 혼침, 들뜸과 회한, 회의적 의심을 다시 알아차려야 합니다. 이러한 대상은 와서 보라고 나타난 법이므로 있는 그대로 알아차려서 사라지게 하고 계속 알아차려서 다시 일어나지 않도록 해야 합니다.

감각적 욕망이 일어났을 때는 감각적 욕망이 일어난 것을 알아차려야 합니다. 그래도 감각적 욕망이 사라지지 않으면 무상의 법을 알아차리는 수행을 하면 효과적입니다. 모든 것들은 변한다는 무상의 법을 보면 순간의 감각적 욕망을 떨쳐버릴 수 있습니다. 그리고 몸의 더러움을 알아차리는 수행을 하여 몸에 대한 염오(厭惡)를 일으켜야 합니다.

악의는 성냄으로 자신이나 상대에게 해를 끼치는 마음입니다. 악의가 일어났을 때는 악의가 일어난 것을 알아차려야 합니다. 그래도 악의가 사라지지 않으면 자애관을 하면 좋습니다. 분노는 분노로써 치유될 수 없습니다. 오직 사랑으로써만이 성냄이 치유될 수 없습니다.

나태와 혼침은 게으름과 무기력함입니다. 이런 장애들이 나타나면 이것을 있는 그대로 알아차려야 합니다. 그러나 이러한 장애가 사라지지 않으면 밝은 빛을 떠올려도 좋습니다. 그리고 자리에서 일어나 경행을 해서 활력을 찾아야 합니다. 또 죽음에 대해 깊이 생각하여 지금 해야 할 일이 무엇인지 알아야 합니다.

들뜸과 회한은 안정되지 않은 마음으로 자책하는 것입니다. 들뜸과 회한이 있으면 들뜸과 회한을 있는 그대로 알아차려야 합니다. 그래도 들뜸과 회한이 사라지지 않으면 그 마음을 가라앉힐 수 있는 대상에 마음을 기울여야 합니다. 그중 가장 탁월한 대상이 느낌이나 호흡을 알아차리는 것입니다. 들떠서 안정되지 않거나 후회할 때는 들뜨거나 후회하는 마음을 알아차린 뒤 가슴의 느낌을 알아차리거나 호흡을 알아차리는 것이 좋습니다.

회의적 의심은 믿음이 없어 가르침을 부정적으로 생각하거나 신뢰하지 못하는 것입니다. 의심을 할 때는 의심하는 것을 있는 그대로 알아차려야 합니다. 의심하는 이상 대상을 알아차리기 어렵습니다. 그래도 의심이 사라지지 않으면 의심하는 마음을 알아차리고 가슴에서 일어나는 느낌과 호흡을 알아차려야 합니다. 의심은 고요한 마음이 되어 지혜가 날 때 사라지므로 의심을 해결하려고 하지 말고 의심하는 마음을 알아차려야 합니다. 몸과 마음을 알아차려서 원인과 결과를 아는 지혜가 나면 의심은 자연스럽게 사라집니다.

셋째는 아직 생겨나지 않은 선한 법은 생겨나도록 하는 노력입니다. 아직 일어나지 않은 선한 법이 생겨나도록 노력하고, 이미 일어난 선한 법은 더욱 증장되도록 노력하는 것이 수행입니다. 수행을 하면 자신의 내면에 잠재해 있는 선한 법이 계발됩니다. 그래서 수행은 마음을 계발하는 행위라고 합니다. 이렇게 마음을 계발하려는 행위가 노력입니다. 여기서 선한 법은 칠각지입니다.

마음을 계발하는 행위는 사마타 수행과 위빠사나 수행이 모두 포함됩니다. 그러나 마음을 계발하는 구체적 과정은 깨달음의 일곱 가지 요인으로 실천할 수 있습니다. 깨달음의 일곱 가지 요인을 칠각지(七覺支)라고도 합니다. 일곱 가지 깨달음의 요소는 알아차림의 깨달음의 요소, 법에 대한 고찰의 깨달음의 요소, 정진의 깨달음의 요소, 희열의 깨달음의 요소, 평안의 깨달음의 요소, 마음집중의 깨달음의 요소, 평등의 깨달음의 요소입니다.

칠각지는 수행자가 수행을 시작할 때 필요한 기본요소에 수행을 하면서 나타나는 단계적 과정의 지혜입니다. 수행을 시작할 때 필요한 기본요소는 알아차림, 법에 대한 고찰, 정진입니다. 나머지 네 가지는 수행을 하면서 단계적으로 일어나는 깨달음의 요소입니다. 이러한 칠각지를 실천하는 수행이 팔정도 위빠사나 수행입니다. 칠각지는 깨달음이 아니고 깨달음으로 가기 위해 마음을 계발하는 과정에서 얻는 지혜입니다. 마지막에 평등의 깨달음의 요소에 이르면 무상, 고, 무아의 법을 통찰하여 도과를 성취하게 됩니다.

넷째는 이미 생겨난 선한 법은 더욱 생겨나도록 하는 노력입니다. 수행자는 이미 일어난 선한 법을 유지하기 위해 노력해야 합니다. 이미 일어난 법이 사라져 버리지 않도록 하기 위해 지속적인 알아차림이 필요합니다. 그래서 마지막에 도과를 성취할 수 있도록 해야 합니다. 일곱 가지 깨달음의 요소가 계발되었다고 해서 아직 도과를 성취한 것은 아닙니다. 일곱 가지 깨달음의 요소를 바탕으로 더 높은 지혜를 얻도록 노력해야 합니다. 이것이 선한 법을 유지하려는 노력입니다.

이렇게 해서 열반에 이르면 수다원의 도과를 성취합니다. 그러나 수다원의 도과는 네 가지 성인 중 첫 번째 단계입니다. 그래서 다음 단계인 사다함, 아나함, 아라한의 도과를 성취하기 위해 계속해서 노력해야 합니다. 수다원의 도과를 성취했다고 해서 자연스럽게 다음 단계의 도과가 오는 것이 아닙니다. 누구나 아라한의 도과를 얻을 때까지 노력을 멈추지 않아야 완전한 해탈에 이를 수 있습니다.

이상 네 가지 노력은 선하지 못한 법을 억제하는 노력과, 끊어버리는 두 가지 노력입니다. 선한 법은 계발하려는 노력과 유지하려는 두 가지 노력이 함께 있어야 합니다. 이처럼 억제하고, 끊고, 계발하고, 유지하려는 네 가지 노력이 있을 때 비로소 바른 노력이라고 할 수 있습니다.

노력은 선한 노력과 선하지 못한 노력이 있습니다. 사랑과 연민과 함께 기뻐함과 평등한 마음을 갖는 것이 모두 선한 노력입니다. 사념처 수행을 하는 노력은 지혜를 얻는 행위라서 가장 값진 노력입니다. 그러나 탐욕, 성냄, 어리석음을 위해서 하는 일은 선하지 못한 노력입니다. 이렇게 선하지 못한 노력은 팔정도의 정정진이 아닙니다. 오직 선한 일을 하는 것이 바른 노력입니다.

사. 정념
"비구들이여, 그러면 무엇이 정념인가? 여기 비구는 몸에서 몸을 알아차리는 수행을 하면서 지낸다. 열심히, 분명한 앎을 하고, 알아차려서, 세상에 대한 욕망과 싫어하는 마음을 제어하면서 지낸다. 느낌에서 느낌을 알아차리는 수행을 하면서 지낸다. 열심히, 분명한 앎을 하고, 알아차려서, 세상에 대한 욕망과 싫어하는 마음을 제어하면서 지낸다. 마음에서 마음을 알아차리는 수행을 하면서 지낸다. 열심히, 분명한 앎을 하고, 알아차려서, 세상에 대한 욕망과 싫어하는 마음을 제어하면서 지낸다. 법에서 법을 알아차리는 수행을 하면서 지낸다. 열심히, 분명한 앎을 하고, 알아차려서, 세상에 대한 욕망과 싫어하는 마음을 제어하면서 지낸다"라고 할 때 정념(正念)은 바른 알아차림입니다.

바른 알아차림은 몸, 느낌, 마음, 법이라는 네 가지 대상을 알아차리는 것입니다. 네 가지 대상이 신수심법(身受心法)이며 이것을 알아차리는 것을 사념처(四念處)라고 합니다. 수행자는 몸에서 몸을 알아차리고, 느낌에서 느낌을 알아차리고, 마음에서 마음을 알아차리고, 법에서 법을 알아차립니다.

몸에서 몸을 알아차리는 것은 몸을 알아차릴 때 오직 몸만을 알아차리는 것을 말합니다. 느낌에서 느낌을 알아차리는 것은 느낌을 알아차릴 때 오직 느낌만 알아차리는 것을 말합니다. 마음에서 마음을 알아차리는 것은 마음을 알아차릴 때 오직 마음만 알아차리는 것을 말합니다. 법에서 법을 알아차리는 것은 법을 알아차릴 때 오직 법만을 알아차리는 것을 말합니다. 네 가지 대상을 알아차리는 방법을 이렇게 표현한 것은 마음을 하나로 모아서 오직 대상에 머물게 하려는 의도를 가지고 있습니다. 이렇게 알아차릴 때만이 집중이 되어 대상을 통찰 할 수 있습니다.

팔정도는 바른 견해가 이끌지만 바른 견해가 생기도록 하는 것이 알아차림입니다. 그러므로 알아차림은 팔정도를 실천하는 가장 중요한 덕목입니다. 다른 모든 요소들은 넘치거나 부족하지 않게 균형을 이루어야 하지만 오직 알아차림 하나만큼은 많을수록 좋습니다. 그만큼 알아차리기가 어렵고 지속하기는 더 어렵기 때문입니다.

수행은 대상을 알아차리는 것입니다. 이때의 대상이 법입니다. 법은 여섯 가지 덕목을 가집니다. 법은 잘 설해져 있고, 지금 이곳에서 경험할 수 있으며, 시간을 지체하지 않고, 와서 보라고 하며, 열반으로 이끌어주고, 현명한 사람에 의해 직접 체험되는 것입니다. 이것이 모두 바른 알아차림에 의해 체험될 수 있는 요소입니다.

일반적으로 대상을 알 때의 마음과 수행을 할 때의 알아차림은 다릅니다. 일반적으로 아는 것은 단지 아는 마음에 불과하여 자연스럽게 일어납니다. 하지만 알아차림은 대상에 마음을 기울여서 주의 깊게 알아차리는 것을 말합니다. 그러므로 각성이 된 상태로 아는 것입니다. 이처럼 깨어서 대상을 알도록 하는 행위가 알아차림입니다. 알아차림은 마음이 아니고 마음의 작용인 행위에 속합니다.

바른 알아차림을 하기 위해서는 반드시 알아차릴 대상이 있어야 합니다. 그리고 마음이 항상 지금 여기서 현재 일어나고 있는 일을 알아차릴 대상으로 합니다. 알아차림은 대상을 알아차리는 것 외에 어떤 생각도 일어나지 않은 상태입니다. 그래서 오직 대상과 아는 마음과 알아차림이란 세 가지만 있습니다. 이처럼 세 가지 요소만 있을 때 비로소 마음이 고요해지고 청정해집니다.

우리가 안다고 할 때는 어떤 선입관을 가지고 개념화해서 압니다. 이것을 빨리어로 빠빤짜(papañca)라고 하며 희론(戲論)이라고 합니다. 그러나 알아차림은 대상을 있는 그대로 깨어서 지켜보는 행위로 꾸며서 보는 희론과는 반대입니다. 이렇게 바르게 알아차릴 때만이 대상이 가지고 있는 궁극의 실재를 보아 진실을 알 수 있습니다.

알아차림은 무엇을 도모하기 위해 하는 행위가 아닙니다. 단지 거기 대상이 있어서 있는 그대로 지켜보는 행위입니다. 그래서 매우 단순한 행위입니다. 그동안 우리는 접촉하는 대상마다 어떤 의미를 부여하면서 살아왔습니다. 그래서 알아차림에 대해 바르게 이해하지 못합니다. 알아차림은 무엇인가를 하는 것이 아닌 아무것도 하지 않고 있는 그대로 지켜보는 행위입니다. 그래서 알아차림이란 생각하지 않고, 판단하지 않고, 계획하지 않고, 상상하지 않고, 조작하지 않고, 바라지 않고, 없애려고 하지 않고, 좋아하지 않고, 미워하지 않고 단지 지켜보기만 하는 행위입니다. 이렇게 될 때 개념이 아닌 대상의 실재를 보아 법의 성품을 통찰할 수 있습니다.

알아차림은 마음을 대상에 머물게 하여 다른 번뇌가 들어오지 않도록 합니다. 그래서 문을 지키는 문지기와 같습니다. 알아차림은 항상 대상과 함께 있기 때문에 물 위에 떠 있는 공과 같습니다. 이처럼 대상과 함께 깨어 있고 문을 지켜주는 문지기가 있으면 마음은 청정해져서 무상, 고, 무아라는 궁극의 실재를 아는 지혜가 납니다. 그러므로 알아차림이 있으면 대상에 휩쓸려 떠내려가면서 과거나 미래의 일로 표류하지 않습니다. 이런저런 생각으로 표류하지 않고 오직 대상과 함께 있기 때문에 바른 집중이 생겨 지혜가 납니다. 이때 대상의 심층에 접근하지 못하고 표층에 머물러 고요함을 얻는 것이 사마타 수행입니다. 그러나 대상의 실재를 알아 지혜를 얻는 것이 위빠사나 수행입니다.

알아차림은 마음이 깨어 있는 상태이기 때문에 그 자체가 선한 행위입니다. 그래서 몸과 마음을 알아차리는 것을 선한 행위이며 수행이라고 합니다. 그러나 선하지 못한 일을 계획하거나 잘못된 행위를 할 때는 아무리 마음을 집중해도 알아차림이 아니라서 그것을 선한 행위나 수행이라고 말할 수 없습니다.

아. 정정

"비구들이여, 그러면 무엇이 정정인가? 비구들이여, 여기 비구는 감각적 욕망을 완전히 떨쳐버리고, 해로운 법들을 떨쳐버린 뒤, 일으킨 생각, 지속적 고찰이 있고, 떨쳐버림으로써 생긴 희열과 행복이 있는 첫 번째 선정을 얻는다. 다시 일으킨 생각과 지속적 고찰을 가라앉히고, 내적으로 확신이 있으며, 마음이 단일한 상태로 지낸다. 일으킨 생각과 지속적인 고찰이 더 이상 없으며, 마음집중에서 생긴 희열과 행복이 있는 두 번째 선정을 얻는다. 다시 일으킨 생각과 지속적 고찰뿐만 아니라, 희열까지 사라져 평온하게 머물며, 알아차림과 분명한 앎으로 몸과 마음에서 행복을 경험하며 지낸다. 성자들이 평온하게 알아차리며, 행복하게 머문다고 묘사하는 세 번째 선정을 얻는다. 다시 행복도 버리고, 괴로움도 버리고, 아울러 그전에 이미 기쁨과 슬픔도 없었기 때문에 괴롭지도 즐겁지도 않으며, 평온으로 인해 알아차림이 청정한 네 번째 선정을 얻는다"라고 할 때 정정(正定)은 바른 집중입니다. 집중은 마음이 하나의 대상을 겨냥하여 머무는 고요한 정신적 상태를 말합니다.

집중을 빨리어로 사마디(samadhi)라고 합니다. 사마디는 명상, 집중, 정신통일, 정(定), 삼매(三昧) 등의 뜻으로 쓰입니다. 수행자가 수행을 시작하면 먼저 알아차림에 의해 계율이 청정해지는 단계에 이릅니다. 이것이 계청정(戒淸淨)입니다. 이러한 계청정의 단계를 거치면 다음 단계로 마음이 청정해지는 과정을 거칩니다. 이것이 심청정(心淸淨)입니다. 이때의 심청정이 집중이 이루어진 상태입니다. 이러한 심청정의 단계를 거쳐 드디어 통찰지혜를 얻는 단계에 이릅니다. 이것이 견청정(見淸淨)입니다. 이러한 세 가지 과정을 계정혜(戒定慧) 삼학(三學)이라고 합니다. 이런 조건이 성숙되었을 때 마지막으로 열반에 이르게 됩니다.

집중이란 유익한 마음을 하나로 모으는 것입니다. 이때 마음인 오온의 식(識)과 마음의 작용인 오온의 수(受), 상(想), 행(行)을 하나의 대상에 고르게 모아서 머물게 해야 합니다. 그리하여 마음과 마음의 작용이 어떠한 흐트러짐 없이 산란하지 않은 상태로 대상에 머무는 것을 집중이라고 합니다. 이때 집중의 특징은 산란하지 않음입니다. 그리고 집중의 역할은 산란함을 제거하는 것입니다. 이러한 집중의 나타남은 동요하지 않는 것입니다. 이러한 집중의 가까운 원인은 행복입니다. 그러므로 마음이 고요해져서 행복할 때 집중이 됩니다.

마음은 매순간 빠르게 일어나고 사라지기 때문에 하나의 대상에 머물지 않습니다. 인간은 여섯 가지 감각기관이 여섯 가지 감각대상과 접촉할 때 여섯 가지 아는 마음이 일어납니다. 이때 아는 마음은 조건에 따라 다양한 정보를 받아들입니다. 그래서 누구나 마음이 잠시도 고요할 틈이 없습니다. 그렇기 때문에 인간은 들뜸 속에서 의심을 하며 살 수밖에 없습니다. 이러한 현실이 구조적으로 대상을 있는 그대로 보지 못하게 하여 장애를 일으킵니다. 그래서 이러한 번뇌를 극복하기 위해 마음을 대상에 머물게 하여 고요함을 얻도록 하는 것입니다.

집중이란 대상을 알아차리고 그 알아차림을 지속하는 것을 말합니다. 그러기 위해서는 대상에 마음을 머물게 하는 노력이 필요합니다. 그래서 노력과 알아차림과 집중이 함께 가야 바른 집중이 유지될 수 있습니다. 마음을 하나의 대상에 머물게 하는 집중을 한다고 해서 모두 바른 집중이라고 볼 수는 없습니다. 감각적 욕망을 가지고 하나의 대상을 탐색하는 집중을 할 때나, 살생을 하려고 대상에 주의를 기울이거나, 남의 물건을 훔치기 위해 숨을 죽이고 집중하는 것은 바른 집중이 아닙니다. 바른 집중은 선한 목적으로 대상을 겨냥할 때 이루어집니다. 이것이 팔정도의 집중입니다. 팔정도의 바른 집중은 저절로 이루어지지 않습니다. 바른 노력과 바른 알아차림이 함께 할 때만이 바른 집중이 이루어집니다. 이러한 집중에 의해서만이 지혜가 나 사물의 이치를 알 수 있습니다.

수행을 하는 것은 다섯 가지 기능이 작용하는 것을 말합니다. 다섯 가지는 믿음, 노력, 알아차림, 집중, 지혜입니다. 이러한 기능을 오근이라고 합니다. 이때 믿음이 앞에서 이끌고, 노력과 알아차림과 집중이 서로 조화를 이루면 지혜가 납니다. 그러므로 수행을 한다는 사실은 바로 노력과 알아차림과 집중의 기능을 강화하는 것입니다. 이러한 세 가지 요소가 어떻게 조화를 이루느냐에 따라 수행의 결과가 다릅니다. 이처럼 수행이 노력, 알아차림, 집중을 하는 것이라면 이것들이 모두 정(定)에 속하는 것이므로 집중의 필요성이 새삼 강조되지 않을 수 없습니다.

집중은 흐트러진 마음을 하나로 모아서 방황하지 않고 청정하게 합니다. 이러한 집중의 기능으로 몸과 마음이 평온하고 경쾌해지며 부드러움이 생깁니다. 그래서 하는 일에 대해 능숙하고 바르게 대처할 수 있습니다. 이런 상태에서 지혜가 납니다. 그러므로 집중은 수행의 일차적 목표며 이 결과로 지혜를 얻기 때문에 매우 중요한 요소가 아닐 수 없습니다.

팔정도의 여덟 가지 요소는 어느 것이나 하나도 없어서는 안 되는 기본적인 구성요소입니다. 이러한 여덟 가지 구성요소는 여덟 조각의 벽돌이 되어 팔정도라는 성을 만듭니다. 집중도 그중의 하나라서 빼놓을 수 없는 것이지만 특히 지혜를 얻게 하는 원인을 제공하는 매우 소중한 토대가 아닐 수 없습니다. 이상의 기능을 하나로 모은 것이 팔정도입니다.

집중이 되지 않은 마음은 산만한 마음으로 분열현상을 일으키는 상태입니다. 그러므로 수행을 해서 집중력을 키우지 않는 한 누구나 정신적 분열의 장애를 가지고 산다고 해도 과언이 아닙니다. 다만 완전한 정신분열이 아닐 뿐이지 부분적으로는 누구나 이러한 분열현상을 경험하면서 살고 있습니다. 그래서 바른 집중이 없어 바른 판단을 하지 못해 하는 일마다 괴로움을 자초합니다. 이런 결과로 집중이 되지 않은 마음은 항상 어리석기 마련이고 집중이 된 마음은 언제나 지혜가 있기 마련입니다.

집중이 되지 않은 마음은 물고기를 잡아서 땅에 놓았을 때 팔딱거리며 뛰는 것에 비유합니다. 이런 상태에서는 자신의 모습을 발견할 수 없을 뿐만 아니라 대상을 바르게 인식하는 기능을 기대하기도 어렵습니다. 그러므로 자신이 하고 있는 일에 대해 바른 견해를 갖기가 어려울 뿐만 아니라 무슨 일을 해도 생산적인 결과를 기대하기 어렵습니다.

집중이 되지 않으면 현안을 바르게 보지 못합니다. 그래서 전체로 보지 못하고 자기 습관대로 인식합니다. 지엽적인 조각에 매달려 큰 뜻을 잃어버리면 잘못된 결과를 얻습니다. 이 결과가 윤회입니다. 하지만 집중이 되면 현안을 바르게 봅니다. 전체로 보면 무엇이 이익인지 손실인지를 압니다. 그리하여 언제나 큰 뜻에 따라 생각하고 행동합니다. 이 결과가 깨달음이고 윤회의 끝입니다.

바른 집중을 크게 두 가지로 나눌 수 있습니다. 두 가지는 사마타 수행의 집중과 위빠사나 수행의 집중입니다. 사마타 수행의 집중은 근접집중과 근본집중입니다. 위빠사나 수행의 집중은 찰나집중입니다. 사마타 수행과 위빠사나 수행의 차이는 다른 것에서도 구별할 수 있지만 우선 대상을 어떻게 집중하느냐에 따라 구별합니다. 집중에 따라 대상을 대하는 자세가 다르고 결과가 다르기 때문에 집중으로 수행 방법을 구별할 수 있습니다.

사마타 수행을 할 때는 색계 사선정과 무색계 사선정 수행을 단계적으로 합니다. 선정의 집중은 먼저 근접집중을 해서 근본집중을 합니다. 위빠사나 수행을 할 때는 몸과 마음을 대상으로 찰나집중을 합니다. 그래서 무상, 고, 무아를 통찰하여 도과를 성취합니다.

첫째는 사마타 수행의 근접집중과 근본집중입니다. 사마타 수행의 집중은 대상과 하나가 되는 집중을 합니다. 사마타 수행의 집중은 근접집중과 근본집중이 있습니다. 이러한 집중은 수행을 시작하면 나타나는 다섯 가지 장애를 억누르는 효과를 얻기 위한 것입니다. 사마타 수행의 집중은 먼저 근접집중으로 시작합니다. 근접집중은 돌을 던지면 닿을 만큼 근본집중에 가까이 간 집중으로 아직 완전한 집중에 이르지 못한 상태입니다. 그래서 초기집중입니다. 이러한 상태에서 지속적인 수행을 하면 다음에 근본집중에 이르러 대상과 마음이 완전하게 하나가 되는 상태가 됩니다. 사마타 수행은 대상을 표상으로 알아차리는 선정수행(禪定修行)입니다.

사마타 수행의 근접집중을 빨리어로 우빠짜라 사마디(upacāra samādhi)라고 합니다. 근접집중을 근행(近行)에 대한 집중, 초기삼매, 근행정(近行定)이라고도 합니다. 다음으로 근본집중을 빨리어로 압빠나 사마디(appanā samādhi)라고 합니다. 근본집중을 근본삼매, 깊은 삼매, 안지정(安止定), 근본정(根本定)이라고도 합니다. 사마타 수행의 집중은 고요함에 머물기 때문에 출세간의 집중이 아니라 세간의 집중입니다. 여기에는 색계선정과 무색계 선정이 있습니다.

색계 선정은 네 가지로 나눕니다. 1선정은 일으킨 생각과 지속적 고찰, 기쁨, 행복, 심일경성을 얻은 것입니다. 즉 1선정은 대상을 겨냥하고 지속하는 선정입니다. 2선정은 기쁨, 행복, 심일경성을 얻은 것입니다. 3선정은 행복, 심일경성을 얻은 것입니다. 4선정은 평온과 심일경성을 얻은 것입니다. 여기서 심일경성은 대상과 완전하게 하나가 된 집중입니다.

무색계 선정도 네 가지가 있는데, 무색계 1선정은 공무변처, 2선정은 식무변처, 3선정은 무소유처, 4선정은 비상비비상처입니다. 무색계 4선정이 윤회하는 생명이 얻을 수 있는 가장 높은 단계의 집중입니다.

팔정도의 바른 집중에서는 네 가지 색계 선정에 대한 것만 밝히고 있습니다. 이 네 가지는 모두 사마타 수행의 집중에 관한 것입니다. 하지만 이 네 가지 선정수행은 그것 자체로도 완성될 수 있고, 다음 단계인 위빠사나 수행의 토대가 될 수도 있습니다. 수행자가 선정수행으로 만족한다면 색계천상이나 무색계 천상에 태어날 것입니다. 그러나 사마타 수행을 토대로 위빠사나 수행을 하면 깨달음을 얻어 다시 태어나는 윤회가 끝날 것입니다. 이것은 오직 자신의 선택입니다. 그러나 수행의 궁극의 목표는 깨달음이기 때문에 선정의 고요함에 머물러서는 안 됩니다. 여기에서 선정수행만 밝히고 지혜수행을 밝히지 않은 것은 기본적인 집중에 관한 항목이기 때문입니다.

사마타 수행은 40가지가 있는데 수행자의 근기에 따라 적절한 대상을 선택할 수 있습니다.

• 10가지 까시나(kasiṇa)─열 가지는 땅, 물, 불, 공기, 푸른색, 노란색, 빨간색, 흰색, 빛, 공간입니다. 이상 열 가지를 대상으로 완벽하게 하나가 되어서 집중을 합니다. 까시나(kasiṇa)라는 뜻은 편만(遍滿)하다, 완전하다는 뜻의 선정수행 용어입니다. 편만하다는 뜻은 대상과 하나가 되어서 꽉 찬 상태로 빈틈이 없이 집중하는 정신 상태를 말합니다.

• 10가지 부정관(不淨觀)─열 가지 부정관은 시체에 관한 것으로 부풀은 것, 변색된 것, 곪은 것, 해부된 것, 갉아 먹어서 조각 난 것, 조각으로 늘어진 것, 살덩이가 여기 저기 흩어진 것, 피가 흐름, 벌레와 구더기, 해골입니다.

• 10가지 알아차림[十隨念]─열 가지 알아차림은 붓다, 교리, 승가, 계율, 보시, 천인, 평화, 죽음, 몸의 32가지에 대한 부정관, 호흡에 대한 알아차림입니다.

• 4가지 무량한 마음[四無量心]─네 가지 무량한 마음[慈悲喜捨]은 자애로운 마음, 연민의 마음, 같이 기뻐하는 마음, 평등한 마음입니다.

• 1가지 인식[一想]─한 가지 인식은 음식에 대해 혐오스럽게 생각하는 것입니다.

• 1가지 분석[一析]─한 가지 분석은 지(地), 수(水), 화(火), 풍(風)의 사대의 요

소에 대하여 각각의 특별한 특성을 분석하는 것입니다.

• 무색계 사선정—무색계 사선정은 무한한 공간의 세계, 무한한 의식의 세계, 무(無)의 세계, 지각도 지각이 아닌 것도 없는 세계입니다.

둘째는 위빠사나 수행의 찰나집중입니다. 사마타 수행의 근접집중과 근본집중이 이루어지면 다음 단계로 통찰지[慧] 수행을 합니다. 이때의 통찰지를 혜온(慧蘊)이라고 하는데 여러 가지 지혜의 무더기를 말합니다. 지혜는 한 가지 뿐이 아니고 여러 가지 단계적 과정이 있기 때문에 혜온(慧蘊)이라고 합니다. 이러한 통찰지 수행을 닦기 위해 필요한 집중이 찰나집중입니다. 이러한 찰나집중을 하는 수행이 위빠사나입니다. 그러므로 위빠사나 수행의 또 다른 이름을 통찰지라고 하며 몸과 마음을 대상으로 알아차린다고 해서 내관적 지혜수행이라고도 합니다. 위빠사나 수행의 찰나집중은 집중이면서 지혜를 일으키는 토대가 됩니다.

찰나집중에 의해 계발되는 위빠사나 수행의 지혜는 칠청정과 16단계의 지혜로 나뉩니다. 수행자가 지속적인 알아차림을 하면 단계적 과정의 지혜가 성숙되어 마지막에 도의 지혜와 과의 지혜를 얻어 열반을 성취합니다. 그리고 열반에서 벗어나 회광반조의 지혜로 마무리합니다.

위빠사나 수행의 찰나집중을 빨리어로 카니까 사마디(khaṇika samādhi)라고 합니다. 찰나집중이라는 말 외에도 찰나삼매, 순간삼매, 찰나정(剎那定)이라고도 합니다. 빨리어 카니까(khaṇika)의 뜻은 찰나적인, 순간적인이란 뜻입니다. 그래서 찰나삼매는 매순간을 새롭게 알아차린다는 의미를 가지고 있습니다. 매순간을 새롭게 알아차리기 위해서는 대상과 하나가 되지 않고 대상을 분리해서 알아차려야 합니다. 그리고 대상의 실재하는 느낌을 대상으로 알아차릴 때 가능합니다. 대상이 변하는 것을 볼 때 대상을 보는 마음도 함께 변하기 때문에 순간순간 새롭게 느껴집니다. 이것이 위빠사나 수행의 찰나집중입니다.

위빠사나 수행은 믿음, 노력, 알아차림, 집중, 지혜라는 다섯 가지 기능이 적절하게 조화를 이루도록 하는 수행입니다. 이러한 다섯 가지 기능이 적절하게 조화를 이루면 다섯 가지가 힘이 되어 수행을 이끕니다. 그래서 오근(五根)의 조화가 오력(五力)을 만들어 수행을 발전시킵니다. 이러한 다섯 가지 힘이 생기면 마음이 청정해집니다. 이렇게 청정한 마음의 상태에서 여러 가지 대상을 모두 알아차릴 수 있는 집중이 찰나집중입니다.

또 위빠사나 수행의 도지(道支)도 찰나집중의 요인이 됩니다. 위빠사나 수행의 도(道)의 항목인 위빠사나 도지(道支)는 다섯 가지가 있습니다. 정견, 정사유, 정정진, 정념, 정정입니다. 수행의 기본적인 조건은 정정진과 정념과 정정이지만 위빠사나 수행은 지혜수행이기 때문에 정견과 정사유가 포함되어 다섯 가지를 위빠사나 수행의 도지라고 합니다. 이상 다섯 가지의 요소가 적절하게 균형을 이루면 마음이 청정해져서 통찰지가 생깁니다. 이런 상태가 유지되면 여러 가지의 장애들이 나타나지 않고 대상과 아는 마음만 있는 청정한 상태의 집중이 일어납니다. 이것이 위빠사나 수행의 찰나집중입니다. 이때 순간순간을 알아차리는 찰나집중을 하여 통찰지혜를 얻습니다.

찰나집중은 정신과 물질을 구별해서 알아차리는 수행을 할 때 생깁니다. 위빠사나라는 말은 대상을 분리해서 통찰한다는 의미입니다. 그래서 위빠사나 수행을 할 때 몸과 마음이 하나가 되어 알아차리지 않고 서로 분리해서 알아차리기 때문에 자연스럽게 찰나집중이 됩니다. 몸과 마음을 분리해서 알아차리면 몸의 영역이 있고 마음의 영역이 있어 서로의 역할이 다르기 때문에 법을 볼 수 있습니다. 이렇게 영역을 분리해서 알아차릴 때만이 대상이 가지고 있는 무상, 고, 무아의 지혜가 계발됩니다. 이러한 지혜는 반드시 찰나집중에 의해서만 이루어집니다.

예를 들면 수행을 할 때 대상을 알아차리고 있는 또 다른 마음이 있는 것을 발견할 수 있습니다. 이때 대상을 분리해서 알아차리는 찰나집중이 되었기 때문에 이런 현상이 생깁니다. 이것을 잘못 이해하면 보고 있는 것을 아는 다른 마음이 있는 것으로 착각할 수 있습니다. 그러나 그렇지 않습니다. 마음은 찰나 간에 변하기 때문에 나중에 생긴 마음이 먼저 있는 마음을 빠르게 보고 있는 것입니다. 이때의 마음은 대상을 아는 마음으로는 같은 마음이지만 시차를 두고 일어나고 사라지기 때문에 같은 마음이 아닙니다. 이렇게 되었을 때 대상과 아는 마음이 완전하게 분리된 것이고 이 상태가 찰나집중입니다. 그리고 이것이 위빠사나 수행의 바른 알아차림입니다. 이러한 집중에 의해 비로소 무상의 법이 보입니다. 그래서 위빠사나 수행을 할 때 무상을 모르면 위빠사나 수행이 아니라고 말하는 이유가 여기에 있습니다.

찰나집중을 이해하기 위해서는 통찰지에 대한 이해가 필요합니다. 통찰지의 특징은 대상이 가지고 있는 고유한 특성을 통찰하는 것입니다. 고유한 특성은 대상을 관념으로 보지 않고 실재를 보는 것이므로 사마타 수행이 아닌 위빠사나 수행을 말합니다. 통찰지의 역할은 대상이 가지고 있는 고유한 특성을 알지 못하게 덮어버리는 어리석음을 소멸시키는 것입니다. 대상의 특성을 보지 못하게 하는 어리석음이 소멸되어야 비로소 대상을 바르게 보는 지혜가 납니다. 그래서 통찰지는 미혹하지 않음으로 나타납니다. 이러한 통찰지의 가까운 원인이 집중입니다. 집중을 잘 닦은 수행자는 대상을 있는 그대로 봅니다. 이때의 집중이 있는 그대로 보는 찰나집중입니다. 이처럼 찰나집중과 통찰지와 위빠사나는 하나의 범주 안에서 이해되어야 합니다.

집중을 뜻하는 사마디(samādhi)는 사마타(samatha)에서 파생된 말입니다. 집중이라는 의미의 사마디(samādhi)는 평온, 멈춤을 의미하는 사마타(samatha)에서 나온 말이기 때문에 집중이라고 할 때는 기본적으로 사마타 수행의 근접집중과 근본집중을 예로 듭니다. 하지만 붓다께서 깨달음을 얻기 전에 먼저 12연기의 진리를 발견하시고 오온을 대상으로 수행을 할 때 몸과 마음에 있는 느낌을 발견하셨습니다. 그리고 이 느낌을 대상으로 알아차릴 때 느낌이 변하기 때문에 대상과 하나가 될 수 없었습니다. 그래서 변하는 대상을 지켜보았을 때 대상과 아는 마음이 분리되었습니다. 이것이 찰나집중의 발견이고 위빠사나 수행의 발견입니다. 그러므로 찰나집중은 기존의 사마디의 개념에서 벗어난 새로운 영역의 집중을 의미합니다. 바로 이러한 새로운 발견으로 인류사에 가장 빛나는 깨달음이 완성되었습니다. 그래서 근접집중과 근본집중밖에 없었던 기존의 집중에서 깨달음에 이르는 새로운 찰나집중이 출현한 것입니다. 그러므로 찰나집중은 기존의 집중과는 다른 새로운 형태의 집중입니다.

이러한 사실을 잘못 이해하면 찰나집중은『대념처경』에 없는 말이고 주석서에서나 있는 말이라고 오해할 수 있습니다. 그러나 이런 견해는 잘못된 것입니다.『대념처경』 자체가 일부의 사마타 수행을 제외하고는 모두 위빠사나 수행의 통찰지를 다룹니다. 이때 통찰지는 찰나집중에 의한 지혜입니다.

『대념처경』에서는 21개의 수행 주제마다 "안을 알아차리고 밖을 알아차리고 안팎을 알아차리라"는 내용이 있으며 또 "일어남을 알아차리고 사라짐을 알아차리고 일어남과 사라짐을 알아차리라"는 동일한 내용이 있습니다. 이것이 모두 찰나집중을 의미하는 내용입니다. 이렇게 알아차릴 때 하나의 대상에 고정하지 않고 여기저기서 나타나는 다양한 대상을 찰나마다 자유롭게 알아차려서 찰나집중이 이루어집니다. 또 일어나고 사라지는 무상의 법을 보는 것은 바로 찰나집중에 의해 일어납니다.

수행을 크게 나누면 사마타 수행과 위빠사나 수행이 있습니다. 사마타 수행은 대상과 하나가 되어서 평온을 얻는 수행입니다. 위빠사나 수행은 대상과 하나가 되지 않고 대상을 분리해서 알아차려서 지혜를 얻는 수행입니다. 이 두 가지 수행을 합쳐서 지관(止觀)이라고 합니다. 지(止)는 멈춤이라는 뜻의 사마타 수행을 말하고 관(觀)은 통찰한다는 뜻의 위빠사나 수행을 말합니다. 이때의 사마타 수행이 근접집중과 근본집중이고 위빠사나 수행이 찰나집중입니다. 그러므로 위빠사나 수행의 찰나집중은 사마타 수행의 근본집중과 비교했을 때 더 명확한 뜻을 알 수 있습니다. 이처럼 집중의 차이로 수행이 구별됩니다.

깨달음을 얻어 궁극의 해탈에 이르는 길은 수행자의 근기에 따라 네 가지가 있습니다.

첫째는 사마타 수행을 한 뒤에 위빠사나 수행으로 열반에 이르는 길입니다. 둘째는 위빠사나 수행을 한 뒤에 사마타 수행으로 열반에 이르는 길입니다. 셋째는 사마타 수행과 위빠사나 수행을 병행해서 열반에 이르는 길입니다. 넷째는 위빠사나 수행으로 열반에 이르는 길입니다.

여기서 네 번째는 사마타 수행을 하지 않고 처음부터 위빠사나 수행으로 시작해서 열반에 이르는 수행입니다. 이 수행을 빨리어로 숫다 위빠사나(suddha vipassanā)라고 하는데 우리말로는 순수 위빠사나라고 합니다. 이 수행을 순관(純觀)이라고도 합니다. 순수 위빠사나 수행을 『청정도론』이란 주석서에서는 숙카 위빠사나(sukkha vipassanā)라고도 하는데 이 말은 건관(乾觀)이라는 뜻입니다. 건관은 마른 위빠사나라는 말인데 정확한 뜻은 선정수행을 하지 않고 순수 위빠사나로 시작하는 것을 말합니다. 이 말은 사마타 수행의 정서적인 수행의 단계를 거치지 않고 처음부터 통찰지로 대상을 꿰뚫어보는 직관을 하는 수행이라는 뜻입니다.

이러한 네 가지 수행 방법의 선택은 수행자 자신이 선택하기 어렵습니다. 처음부터 자신의 근기를 스스로 알 수 없기 때문입니다. 그래서 스승의 가르침에 따라 해야 합니다. 이상이 사성제 중에서 도성제에 속하는 팔정도입니다.

(4) 사성제 요약

팔정도가 제시하는 바른 길은 모두 열반을 얻는 데 필요한 기본적인 원리들입니다. 이러한 원리는 인간의 생각과 말과 행동을 자제시켜 새로운 세계에 대해 눈을 뜨게 합니다. 이것이 깨달음입니다. 팔정도는 열반의 세계인 피안으로 건너가는 뗏목이므로 이것 자체가 목적은 아닙니다. 뗏목은 바다를 건너기 위한 도구일 뿐입니다. 수행자는 이러한 자세로 수행을 실천할 때만이 완전한 자유를 얻을 수 있습니다. 그러므로 완전한 수행을 하기 위해서는 취해야 할 것과 버려야 할 것을 차별하지 말아야 합니다. 해탈이란 무엇도 집착하지 않는 것입니다. 그래서 해탈을 하려는 마음도 버려야 비로소 완전한 해탈에 이릅니다.

팔정도의 여덟 가지 길은 괴로움을 소멸시키는 유일한 길입니다. 이 길을 가는 수행이 위빠사나입니다. 팔정도 중에서 다섯 가지인 정견, 정사유, 정정진, 정념, 정정은 활동적인 요소들입니다. 그래서 이 다섯 가지를 위빠사나의 도의 항목이라고 합니다. 이는 위빠사나 수행을 할 때 이상의 다섯 가지가 활발하게 드러나기 때문입니다.

처음에 정사유의 지혜가 없으면 수행을 시작하지도 않을 뿐만 아니라 수행을 시작했다고 해도 믿음을 가지고 대상에 향하게 할 수 없습니다. 또 처음에 바른 노력이 없어도 마음을 대상에 기울일 수 없습니다. 바른 알아차림이 없으면 마음이 대상을 겨냥할 수 없습니다. 바른 집중이 없으면 마음이 대상에 머물수 없습니다. 바른 견해가 있어서 대상이 가지고 있는 성품을 꿰뚫어보는 통찰지혜가 납니다. 그래서 위빠사나 수행의 다섯 가지 도지가 없으면 사물을 있는 그대로 볼 수 없습니다.

만약 수행자가 수행이 잘 안 될 때는 이상의 다섯 가지 요소가 균형 있게 작용하지 않은 것입니다. 수행이 바르게 향상될 때는 바로 이 다섯 가지 요소가 균형 있게 작용해서 이루어진 것입니다. 그래서 이상 다섯 가지를 활동적인 요소들이라고 합니다.

네 가지 성스러운 진리는 네 가지의 기능을 가지고 있습니다. 첫째는 괴로움이 있는 성스러운 진리는 괴로움이 있는 것을 이해하고 받아들이는 기능을 합니다. 둘째는 괴로움의 일어남의 성스러운 진리는 괴로움의 원인을 끊어버리는 기능을 합니다. 셋째는 괴로움의 소멸의 성스러운 진리는 괴로움을 끊고 열반에 이르게 하는 기능을 합니다. 넷째는 괴로움의 소멸에 이르는 길의 성스러운 진리는 팔정도를 계발하고 실천하도록 하여 사성제를 완성하는 기능을 합니다. 이렇게 사성제가 완성되어 도과의 지혜가 나면 네 가지 기능들이 한 순간 동시에 작용을 합니다.

사성제를 완성하기 위해 수행자는 사성제의 법에서 법을 안으로 알아차리는 수행을 하면서 지내야 합니다. 혹은 법에서 법을 밖으로 알아차리는 수행을 하면서 지내야 합니다. 혹은 법에서 법을 안팎으로 알아차리는 수행을 하면서 지내야 합니다.

수행자가 사성제의 법을 안으로 알아차리는 것은 다음과 같습니다. 세 번째인 괴로움의 소멸의 진리와 네 번째인 괴로움의 소멸에 이르는 길의 진리를 깨닫기를 기대하면서 첫 번째인 괴로움이 있다는 진리와 두 번째인 괴로움의 일어남이라는 진리를 자각할 때 사성제를 안으로 알아차리는 것입니다. 이러한 모든 것을 안에 있는 감각기관에서 알아차릴 때 안으로 알아차리는 것입니다.

수행자가 사성제를 밖으로 알아차리는 것은 다음과 같습니다. 수행자가 이처럼 내적인 알아차림이 확립되면 자연스럽게 밖에 있는 외적 알아차림이 확립됩니다. 안에 있는 감각기관에서 알아차림이 확립되면 자연스럽게 밖에 있는 감각대상에 대한 알아차림도 확립이 됩니다. 눈으로 볼 때 보이는 대상에 대한 알아차림이 확립됩니다. 소리를 들을 때 소리를 내는 것에 대한 알아차림이 확립됩니다. 이렇게 감각대상에서 일어나는 것에 대한 알아차림을 확립할 때 밖으로 알아차리는 것입니다. 수행자가 이렇게 안과 밖에서 알아차림을 확립할 때 비로소 안팎의 알아차림을 확립했다고 할 수 있습니다.

수행자가 네 가지 성스러운 진리를 모두 알아차려야 하겠지만 사실 첫 번째인 괴로움이 있다는 진리와 두 번째인 괴로움의 일어남이라는 진리 외에 세 번째 괴로움의 소멸에 이르는 진리와 네 번째 괴로움의 소멸에 이르는 길에 대한 진리는 알아차릴 수 없습니다. 첫 번째와 두 번째 진리는 세속의 진리라서 범부가 알 수 있지만 세 번째와 네 번째 진리는 출세간의 진리라서 범부가 알 수 없습니다. 주석서에서 말하기를 수행자가 할 수 있는 일이란 세 번째의 진리와 네 번째의 진리가 유익하는 것을 깨닫고 이렇게 되기를 희망하는 것으로 사성제가 성취된다고 합니다.

수행자는 사성제의 법이 일어나는 현상을 알아차리는 수행을 하면서 지내야 합니다. 혹은 법이 사라지는 현상을 알아차리는 수행을 하면서 지내야 합니다. 혹은 법이 일어나고 사라지는 현상을 알아차리는 수행을 하면서 지내야 합니다.

사성제의 법 중에서 첫 번째인 괴로움이 있다는 진리와, 두 번째인 괴로움의 일어남의 진리는 일어나는 현상입니다. 세 번째인 괴로움의 소멸의 진리와, 네 번째인 괴로움의 소멸에 이르는 길에 대한 진리는 사라지는 현상입니다. 이렇게 일어나는 현상과 사라지는 현상을 모두 알아차리는 것이 일어나고 사라지는 현상을 아는 수행을 하는 것입니다. 그러므로 수행자는 괴로움이 있을 때는 단지 괴로움이 있다고 있는 그대로 알아차려야 합니다. 괴로움의 원인인 집착을 할 때도 단지 괴로움의 일어남이라고 있는 그대로 알아차려야 합니다. 괴로움의 소멸에 대한 염원이 있을 때 단지 괴로움의 사라짐이라고 알아차려야 합니다. 여기서 괴로움의 소멸인 열반은 알아차릴 수 없기 때문에 소멸에 대한 염원을 알아차리는 것입니다. 괴로움의 소멸에 이르는 팔정도에 대해서도 괴로움의 사라짐이라고 알아차려야 합니다. 이렇게 네 가지 성스러운 진리를 이해하고 실천하는 수행자는 어리석음과 갈애로부터 자유로워져 지고의 행복을 얻습니다.

위빠사나 수행은 팔정도이면서 중도입니다. 그래서 수행 중에 나타난 어떤 대상과도 싸우지 않습니다. 그러므로 수행 중에 나타난 장애를 극복하기 위해 어떤 극단적인 방법을 사용해서는 안 됩니다. 오직 나타난 것을 단지 대상으로 알아차려야 합니다. 대상과 싸우면 억누른 만큼의 반발력이 생겨 오히려 역효과가 일어나 끈질긴 악업의 인연을 끊을 수 없습니다. 대상을 좋게 만들려는 마음과 대상을 억눌러서 없애려는 마음에는 탐욕과 성냄이 있습니다. 탐욕과 성냄으로 문제를 해결하려고 하는 것이 바로 어리석음입니다. 그러나 이러한 어리석음을 알아차려서 있는 그대로 보는 것이 지혜입니다. 이것이 중도를 실천하는 것입니다.

좋은 대상을 바라거나 싫은 대상을 없애려고 하면 감각적 쾌락에 빠지거나 극단적 고행을 할 수 있습니다. 이 두 가지 극단적인 방법으로는 결코 대상의 성품을 바르게 볼 수 없으므로 감각적 욕망과 극단적 고행으로는 결코 깨달음에 이를 수 없습니다. 그러므로 모든 대상을 있는 그대로 알아차려야 합니다.

이와 같이 두 가지 극단을 모두 피하는 것이 중도를 실천하는 것입니다. 감각적 쾌락은 정신을 나약하게 하여 스스로의 의지를 꺾어버리고 나태함에 빠지게 합니다. 극단적 고행은 정신을 황폐화시키고 공격적으로 만듭니다. 이 두 가지는 대상을 있는 그대로 받아들이는 중도가 아닙니다.

무엇이나 많으면 넘치고 부족하면 합당한 조건이 성숙되지 않습니다. 좋은 것이라고 무조건 다 좋은 것이 아닙니다. 좋은 것이 많다고 해서 모두 좋은 것이 아닙니다. 무엇이나 적절해야 완전하고 화가 미치지 않습니다. 모든 것들이 알맞게 조화를 이룰 때만이 이상적인 결과를 얻을 수 있습니다.

수행을 할 때 믿음이 많으면 맹목적 신앙에 빠지므로 믿음도 적절해야 합니다. 노력이 많으면 들떠서 산란하므로 노력도 적절해야 합니다. 집중이 많으면 잠에 빠지므로 집중도 적절해야 합니다. 지혜가 많으면 간교해지므로 지혜도 적절해야 합니다. 오직 알아차림 하나만 많을수록 좋습니다. 밀가루에 물을 넣어서 반죽을 할 때 물을 적당히 넣고 비벼야 반죽이 됩니다. 물이 적으면 반죽이 안 되고, 물이 넘쳐도 반죽이 안 됩니다. 조화를 이루기 위해서는 부족해도 안 되고, 넘쳐서도 안 됩니다. 부족하면 힘이 없는 것이며, 넘치면 힘이 지나친 것입니다. 현악기가 좋은 소리를 내는 것도 줄을 알맞게 조율했기 때문입니다. 줄이 느슨해도 소리가 나지 않고, 줄이 팽팽하면 끊어져 버립니다. 매사에 적절한 힘을 가하는 것이 중도입니다. 이러한 중도는 오직 위빠사나 수행의 알아차림에 의해서 이루어집니다.

　모든 수행자들이 팔정도 위빠사나 수행으로 괴로움에서 벗어나시기 바랍니다.

제8장

●

깨달음의 보증

1. 깨달음의 보증

"다시 비구들이여, 누구든지 이들 네 가지 알아차림을 확립[四念處]하는 수행을 7년 동안, 이와 같은 방법으로 닦으면 두 가지 결과 중 하나를 기대할 수 있다. 지금 여기서 최고의 지혜를 기대할 수 있고, 혹은 아직도 미세한 집착이 남아 있다면 다시 돌아오지 않는 경지[不還果]의 지혜를 기대할 수 있다.

비구들이여, 7년까지는 아니더라도 누구든지 이들 네 가지 알아차림을 확립하는 수행을 6년, 5년, 4년, 3년, 2년, 1년 동안 이와 같은 방법으로 닦으면 두 가지 결과 중 하나를 기대할 수 있다. 지금 여기서 최고의 지혜를 기대할 수 있고, 혹은 아직도 미세한 집착이 남아 있다면 다시 돌아오지 않는 경지의 지혜를 기대할 수 있다.

비구들이여, 1년까지는 아니더라도 누구든지 이들 네 가지 알아차림을 확립하는 수행을 7개월, 6개월, 5개월, 4개월, 3개월, 2개월, 1개월, 보름 동안 이와 같은 방법으로 닦으면 두 가지 결과 중 하나를 기대할 수 있다. 지금 여기서 최고의 지혜를 기대할 수 있고, 혹은 아직도 미세한 집착이 남아 있다면 다시 돌아오지 않는 경지의 지혜를 기대할 수 있다.

비구들이여, 보름까지는 아니더라도 누구든지 이들 네 가지 알아차림을 확립하는 수행을 7일 동안 이와 같은 방법으로 닦으면 두 가지 결과 중 하나를 기대할 수 있다. 지금 여기서 최고의 지혜를 기대할 수 있고, 혹은 아직도 미세한 집착이 남아 있다면 다시 돌아오지 않는 경지의 지혜를 기대할 수 있다.

이러한 연유로 다음과 같이 말한 것이다.

'비구들이여, 이 도(道)는 유일한 길이다. 중생을 정화하고, 슬픔과 비탄을 극복하게 하고, 육체적 고통과 정신적 고통을 사라지게 하고, 올바른 길에 도달하게

하고, 열반을 실현하기 위한 길이다. 그것은 바로 네 가지 알아차림의 확립이다.'

세존께서 이와 같이 말씀하시자, 비구들은 마음이 흡족하여 세존의 말씀을 크게 기뻐했다."

이상이 『대념처경』의 깨달음의 보증입니다.

지금까지 몸을 알아차리는 수행, 느낌을 알아차리는 수행, 마음을 알아차리는 수행, 법을 알아차리는 수행에 대하여 살펴보았습니다. 이 네 가지 수행을 '사념처(四念處)'라고 합니다. 그래서 이 수행 방법을 '네 가지 알아차림을 확립하는 경'이라고 하며 또는 '『대념처경』'이라고도 합니다.

『대념처경』에서 염처별로 다루었던 수행을 종합해 보면 모두 21가지 방법이 제시되었습니다. 지금까지 사념처 수행에서 밝힌 총 21가지의 염처별 수행을 간추려 보겠습니다.

몸을 알아차리는 수행인 신념처(身念處)는 14가지로 분류했습니다. 첫째, 들숨과 날숨의 알아차림[出入息念]. 둘째, 네 가지 자세[行住坐臥]를 알아차림. 셋째, 분명한 앎[正知]. 넷째, 몸을 싫어하는 마음을 일으킴[厭逆作意]. 다섯째, 네 가지 요소[四大]를 알아차림. 여섯째, 묘지에서의 아홉 가지 알아차림입니다. 이상 앞선 다섯 가지에 묘지에서의 아홉 가지 알아차림을 합쳐서 14가지의 알아차림으로 분류합니다.

느낌을 알아차리는 수행인 수념처(受念處)는 한 가지로 분류했지만 기본적으로는 세 가지 느낌으로 나눕니다. 즐거운 느낌, 괴로운 느낌, 즐겁지도 괴롭지도 않은 느낌입니다. 그러나 더 자세하게 나누면 모두 아홉 가지 느낌입니다. 즐거운 느낌, 괴로운 느낌, 즐겁지도 괴롭지도 않은 느낌, 세간의 즐거운 느낌, 세간의 괴로운 느낌, 세간의 즐겁지도 괴롭지도 않은 느낌, 출세간의 즐거운 느낌, 출세간의 괴로운 느낌, 출세간의 즐겁지도 괴롭지도 않은 느낌이 있습니다. 이 외에도 느낌은 나누기에 따라 다양하게 분류합니다.

마음을 알아차리는 수행인 심념처(心念處)도 한 가지로 분류했지만 기본적으로 열여섯 가지 마음으로 나눕니다. 탐욕이 있는 마음, 탐욕이 없는 마음, 성냄이 있는 마음, 성냄이 없는 마음, 어리석은 마음, 어리석음이 없는 마음, 위축된 마음, 산만한 마음, 커진 마음, 커지지 않은 마음, 향상된 마음, 향상되지 않은 마음,

집중된 마음, 집중되지 않은 마음, 자유로워진 마음, 자유로워지지 않은 마음입니다.

법을 알아차리는 수행인 법념처(法念處)는 다섯 가지로 분류했습니다. 첫째, 다섯 가지 장애[五蓋]를 알아차림. 둘째, 다섯 가지 집착의 무더기[五取蘊]를 알아차림. 셋째, 여섯 가지 안팎의 감각장소[十二處]를 알아차림. 넷째, 일곱 가지 깨달음의 요소[七覺支]를 알아차림. 다섯째, 네 가지 성스러운 진리[四聖諦]를 알아차림입니다. 법념처는 항목별로 다섯 가지이지만 더 세분화하면 매우 많습니다. 이상이 몸과 마음에서 알아차릴 21가지 수행 주제입니다.

이상 21가지 수행 방법 중에 들숨과 날숨의 알아차림과, 몸을 싫어하는 마음을 일으킴과, 묘지에서의 아홉 가지 알아차림, 이상 세 가지 수행은 근접삼매와 근본삼매에 이르게 하는 선정수행으로 사마타 수행 방법입니다. 그리고 나머지 수행은 모두 찰나삼매로 통찰지를 얻는 위빠사나 수행입니다. 하지만 들숨과 날숨도 호흡의 느낌을 알아차리면 위빠사나 수행이 됩니다. 그래서 현재 실제로 행해지는 사념처 수행은 모두 위빠사나 수행에 관한 것입니다. 이외에 사마타 수행 40가지는 『대념처경』이 아닌 주석서에 상세하게 기록되었습니다.

이상 총 21가지 수행 방법을 전부 다 실천해야 하는 것은 아닙니다. 이러한 방법 중에서 반드시 해야 하는 수행이 있고 그렇지 않고 선택적으로 할 수 있는 수행이 있습니다. 수행자들이 근기에 따라 주제별로 선택할 수도 있습니다. 또 사마타 수행이나 위빠사나 수행을 하는 것에 따라 선택하는 방법이 있습니다.

『대념처경』에 이처럼 많은 수행 방법을 제시한 것은 오직 수행자에게 이로움을 주기 위한 것입니다. 그러므로 기본적인 수행 방법 외에 다른 방법을 선택하고자 한다면 반드시 스승의 도움을 받아서 수행을 해야 합니다. 때로는 자신이 선택해서 수행을 할 수도 있지만 수행은 반드시 스승의 가르침을 받아서 하는 것이 유익합니다. 그렇지 않으면 아직 가보지 않은 길이라서 바른 길로 가기 어렵습니다.

사념처는 사실 몸(身)과 마음(心)에 대한 알아차림의 확립입니다. 그러나 몸과 마음을 느낌으로 알아차리기 때문에 느낌(受)이 포함되었습니다. 또 몸, 느낌,

마음이 모두 알아차릴 대상이기 때문에 이것이 법(法)입니다. 그래서 신, 수, 신, 법이 되어 사념처가 되었습니다. 사념처는 몸과 마음에 느낌과 법이 포함되어 가장 완벽한 수행체계를 이루게 되었습니다. 이러한 사념처는 위빠사나 수행의 필수조건입니다. 이상의 네 가지 대상을 조화롭게 알아차릴 때만이 수행의 완벽한 조건을 이루어 깨달음을 얻을 수 있습니다.

네 가지 알아차림을 확립하는 사념처 수행은 붓다께서 직접 체험하여 최고의 깨달음을 얻은 수행입니다. 붓다는 이 수행으로 깨달음을 얻은 뒤에 모두 이 길로 오라고 직접 문을 열어주셨습니다. 여기에 어떤 인종이나 종교나 사상에 따른 차별이 없습니다. 원하는 사람이면 누구나 이 길로 와서 깨달음을 얻을 수 있습니다. 사념처 수행은 오직 인간이 가진 괴로움을 해결하는 것이 전부입니다. 그 외에 어떤 신통한 힘을 키워 다른 사람보다 우월적 지위를 획득하려는 수행이 아닙니다. 그러므로 종교적 행위가 아니고 지극히 인간적 행위입니다.

사념처 수행은 인류사에 가장 소중한 가르침입니다. 2500년 전에 밝혀진 이 수행 방법은 모든 괴로움을 해결하는 가장 완벽한 가르침입니다. 붓다께서 이 방법을 찾아내시어 깨달음을 얻은 뒤에 살펴보니 언제부터인지 알 수 없는 까마득하게 먼 옛날에 시작된 인류사에서 모두 25분의 붓다가 계신 것을 알았습니다. 그리고 모든 붓다가 처음에 12연기를 발견하고 다음에 위빠사나 수행으로 깨달음을 얻었다는 사실을 알았습니다. 그래서 이 수행은 인류에게 시공을 뛰어넘는 완전한 수행 방법입니다. 바로 이러한 사실을 더욱 주지하기 위해 붓다께서 사념처 수행에 대한 깨달음의 보증을 하셨습니다. 이러한 보증은 인간의 어리석음을 깨쳐주고 더욱 굳건한 믿음을 갖도록 하기 위해 보이신 자애입니다.

이 수행 방법은 특별한 것이 아니고 몸과 마음에서 일어나는 현상을 있는 그대로 알아차리는 수행입니다. 수행이 특별한 것이면 특별한 사람만 할 수 있는 것이라서 보편적 진리라고 할 수 없습니다. 진리라면 누구나 쉽게 할 수 있는 것이어야 합니다. 그러나 이 수행 방법은 다른 면에서 정말 특별한 것입니다. 누구나 할 수 있지만 누구도 해보지 않은 방법이기 때문입니다. 대상을 있는 그대로 본다는 것은 모르는 자에게는 가장 어려운 수행입니다. 그러나 아는 자에게는 일상적인 방법입니다. 오직 이것이 깨달은 자와 깨닫지 않은 자의 차이입니다. 깨달음은 특별한 것이 아니지만 전에 해보지 않은 것이라서 특별한 의미를 가지고 있습니다.

인간은 인간의 마음을 가지고 있기 때문에 과거나 현재나 미래나 인간의 마음은 같습니다. 그래서 이런 인간의 마음을 해결하는 방법이 세월에 따라 다를 수 없습니다. 또 이렇게 소중한 법이 있다고 해서 이 법이 모든 사람들의 것은 아닙니다. 법은 오직 원하는 자의 것이기 때문입니다. 그래서 선업의 공덕이 없으면 이 법을 만나기도 어렵고 만났다고 해도 지속하기가 어렵습니다. 그래서 인류사에 매우 적은 수의 사람이 이 길을 갑니다.

또 이 법이 존속하는 기간도 매우 짧습니다. 모든 것은 무상하기 때문에 언젠가 이 법이 사라집니다. 그리고 겁의 세월을 뛰어넘어 새로운 붓다가 출현할 때 이 법이 다시 나타납니다. 붓다가 없는 시기에는 12연기를 탈출하는 위빠사나 수행이 없기 때문에 정신세계에서는 암흑기입니다. 그러므로 인류사에서 짧은 순간에만 이 법이 있고, 매우 한정된 사람만 이 법을 발견하고, 매우 한정된 사람만 이 법을 배울 수 있는 스승을 만나고, 매우 한정된 사람만 이 법을 실천하고, 그중에서도 매우 한정된 사람만 도과를 성취합니다. 지금은 위빠사나 수행을 배울 수 있는 시기이기 때문에 정법이 살아 있는 시대입니다.

이 길을 가기 위해서는 먼저 선업을 쌓아야 합니다. 선업이 없으면 이 수행을 만나기 어렵고 또 만났다고 해도 지속하기가 어렵습니다. 이 길이 험난한 것은 인간이 그만큼 어리석음 속에서 산다는 것을 반증하는 것입니다. 이 길은 어느 특정종교의 독단적 교리가 아니고 오직 괴로움에서 벗어나고자 선행을 실천하는 사람들의 길입니다. 이렇게 선한 행위를 한 결과로 도과를 성취하는 것은 매우 합리적인 일입니다.

만약 이 길을 가다가 중단하면 선업의 과보가 다한 것입니다. 그리고 불선업의 과보가 들어왔기 때문입니다. 그래서 많은 사람들이 불선업의 과보로 수행을 포기합니다. 이때 바닥난 선업의 과보를 기대할 것이 아니고 스스로 새로운 선업을 만들어야 합니다. 그것이 수행을 포기하지 않는 것입니다. 어려움을 뚫고 수행을 계속하면 새로운 선업이 쌓입니다. 이것은 모든 생명 중에서 인간만이 가지고 있는 유일한 특권입니다. 인간은 모든 생명 중에서 가장 선한 마음을 가질 수도 있고 가장 악한 마음을 가질 수도 있습니다. 그래서 선업의 과보가 부족하면 언제나 스스로 만들어서 가질 수 있습니다.

이 길을 가기 위해서는 확신에 찬 믿음이 필요합니다. 어차피 가야할 길이라면 지금 바로 가야하고 늦추지 말아야 합니다. 늦추면 영원히 갈 수 없는 상황을 맞이할 수 있습니다. 미래에 어떤 인연이 닥쳐올지 누구도 알 수 없습니다. 내일의 일은 누구도 모릅니다. 그래서 기회가 주어졌을 때 반드시 이 길을 가야 합니다. 이 세상에 이것보다 더 절실한 일이 없기 때문입니다.

붓다가 출현하시기 이전에도 다양한 수행 방법이 있었지만 모두 사마타 수행의 범주에 머물러 마음을 고요하게 하는 것으로 그쳤습니다. 이런 상태에서는 나고 죽는 윤회를 계속해야 합니다. 그러나 붓다가 출현하여 위빠사나 수행을 찾아냄으로써 비로소 해탈의 문이 열렸습니다. 그래서 붓다를 칭할 때 스스로 깨달음을 얻은 자 또는 위없는 깨달음을 얻은 자로 불립니다. 붓다는 초월적 존재가 아닌 한 인간으로서 깨달음을 얻은 자라는 존칭입니다. 그래서 누구나 깨달음을 얻어 아라한이 되면 붓다의 반열에 이를 수 있습니다.

수행은 경험하지 않은 정신세계를 계발하는 것이라서 처음에 무엇이 옳은 것인지 알지 못합니다. 그래서 거의가 잘못된 길로 가기 마련입니다. 가보지 않은 새로운 길을 가려면 자신이 가진 축적된 성향을 버려야 하는데 누구도 자신의 축적된 성향을 버리려 하지 않습니다. 또 버리고 싶어도 버리는 방법을 모릅니다. 그래서 살아온 습관대로 수행을 하면 영원히 바른 길로 갈 수 없습니다. 이처럼 위빠사나 수행은 새로운 습관을 길들이는 과정입니다.

사념처 수행을 할 때 수행자의 성향에 따라 그에 맞는 염처수행을 집중적으로 할 수 있습니다. 수행자의 근기가 감성적이고 무딘 사람이면 몸을 알아차리는 수행이 효과적입니다. 감성적이고 영민한 사람은 느낌을 알아차리는 수행이 효과적입니다. 이성적인 사람 중에서 무딘 사람은 마음을 알아차리는 수행이 효과적입니다. 특히 유신견이 강한 사람은 마음의 일어남과 사라짐을 알아차리는 수행을 해야 바람직한 결과를 얻을 수 있습니다. 이성적인 사람 중에서 영민한 사람은 법을 알아차리는 수행을 하면 효과가 있습니다.

수행자가 하나의 염처(念處)만 가지고 수행을 할 수는 없습니다. 그러므로 다른 염처와 함께 수행을 하되 좀 더 자신에게 맞는 방법을 택해 수행을 하는 것이 좋습니다. 몸이 아닌 느낌이나 마음이나 법을 알아차리는 수행을 할 때는 더욱 이 수행을 경험한 지도자의 가르침을 받아야 합니다.

열반은 신, 수, 심, 법 네 개의 문 중 어느 하나의 문으로 들어가도 다다를 수 있습니다. 몸을 주 대상으로 삼아 열반에 이를 수 있고, 차례로 느낌, 마음, 법을 주 대상으로 삼아 열반에 이를 수도 있습니다. 이 세상에 많은 가르침과 수행이 있지만 우리는 어느 것이 진실인지 판단하기 어렵습니다. 모든 수행은 나름대로 가치가 있는 것들이지만 해탈로 가는 길은 오직 이 길 하나밖에 없습니다. 그러나 이 길이 있다고 해도 처음에는 확신을 가질 수 없습니다. 그래서 붓다께서 자신이 직접 체험한 방법에 대하여 보증을 하셨습니다. 이것은 붓다의 한량없는 자애와 지혜로부터 비롯된 보증입니다.

여기서 최대 7년이라고 말씀하신 것은 아라한의 도과를 말합니다. 아라한은 탐욕, 성냄, 어리석음이 불타버린 것이 붓다와 똑같습니다. 다만 위없는 깨달음을 얻지 못하여 스승에게 배워야 깨달을 수 있습니다. 붓다께서는 되기 어려운 붓다가 되려고 하지 말고, 자신과 동등한 아라한이 될 것을 권유하셨습니다. 이것은 매우 현실적인 지혜입니다. 왜냐하면 알 수 없는 세월 동안 붓다는 오직 25분밖에 계시지 않았기 때문입니다.

경전에 보면 매우 짧은 순간에 도과를 성취한 사람들이 많습니다. 그러나 이런 수행자는 이미 오래전부터 준비된 사람들입니다. 붓다와 동시대에 태어나 붓다의 가르침을 직접 받을 수 있는 기회는 그렇게 흔한 것이 아닙니다. 그러므로 붓다의 정법이 있는 시기에 열심히 노력하여 스스로 준비해야 합니다. 그러면 어느 때 합당한 조건이 성숙되어 도과를 얻을 수 있습니다. 지금 출발하지 않으면 영원히 출발하지 못할 수도 있습니다. 언젠가 가야 할 길이라면 지금 즉시 떠나야 합니다.

인연이란 참으로 알 수 없는 것입니다. 2500년 전에 출현한 이 수행이 이제야 우리의 곁에 나타난 것만 해도 그렇습니다. 또 지금도 2500년 만에 이 수행이 소개되었다고 해서 누구나 하는 것도 아닙니다. 붓다가 깨달음을 얻은 수행이라고 해서 모든 사람들이 관심을 갖는 것도 아닙니다. 이것이 모두 인연을 말하는 것입니다. 붓다의 시대에 붓다를 만났다고 해서 모두 붓다의 제자가 되는 것은 아닙니다. 이것은 지금 붓다가 깨달음을 얻은 수행이 우리 곁에 있어도 하지 않는 것과 마찬가지입니다. 그래서 인간은 시대를 가리지 않고 오직 자신의 길을 갈 뿐입니다.

위빠사나 수행은 결과를 기대하지 말고 해야 합니다. 결과는 조건에 따라 오는 것입니다. 그러므로 현재 열심히 노력해서 새로운 원인을 만드는 것으로 그쳐야 합니다. 그렇지 않고 결과를 기대하면 도과를 성취하는 시기가 늦어집니다. 수행은 거북이와 토끼의 경주와 같습니다. 그러므로 자기가 수행할 때 절대 남의 수행과 비교해서는 안 됩니다. 수행자는 오직 자기 자신의 길을 가야 합니다. 누구나 혼자 태어나서 혼자 살다가 혼자 죽습니다.

세월이 흐르면 흐를수록 감각적 쾌락을 추구하는 것이 많아집니다. 그렇다면 도과를 얻을 수 있는 기회가 그만큼 줄어듭니다. 이렇게 줄어들다가 언젠가는 정법이 소멸하는 시대가 올 것입니다. 그러면 오랫동안 암흑에서 살면서 다시 붓다가 출현할 때만을 기다려야 합니다. 그러므로 우리는 기회가 왔을 때 선택해야 합니다. 우리는 고성제와 집성제에서 이제 멸성제와 도성제가 있다는 것을 알았습니다. 그래서 고통에서부터 벗어나는 길을 알았습니다. 만약 우리에게 정법이 없었다면 출구가 없는 암흑 속에서 영원히 헤매야 합니다. 그러므로 누구나 가르침이 있는 이 시대에 이 가르침을 소중하게 여겨서 실천해야 합니다.

다시 『대념처경』의 깨달음의 보증으로 돌아가 보겠습니다.

"다시 비구들이여, 누구든지 이들 네 가지 알아차림을 확립[四念處]하는 수행을 7년 동안, 이와 같은 방법으로 닦으면 두 가지 결과 중 하나를 기대할 수 있다. 지금 여기서 최고의 지혜를 기대할 수 있고, 혹은 아직도 미세한 집착이 남아 있다면 다시 돌아오지 않는 경지[不還果]의 지혜를 기대할 수 있다"고 하신 이 말씀은 깨달음의 보증입니다. 세상의 모든 수행이 다 깨달음을 얻는 것은 아닙니다. 오직 사념처 위빠사나 수행을 했을 때만이 깨달음을 얻습니다. 왜냐하면 사념처 위빠사나 수행이 통찰지혜 수행이기 때문입니다. 지혜가 나야 어리석음이 사라지고 사물의 이치를 깨달아 모든 욕망에서 벗어나 집착이 끊어집니다. 이것이 깨달음입니다.

사념처 위빠사나 수행을 7년 동안 하면 최고의 지혜인 아라한의 도과를 성취하거나 아나함의 도과를 성취할 수 있습니다. 아라한은 미세한 집착이 모두 사라질 때 깨달음을 얻어 윤회가 끝나는 열반에 이릅니다. 미세한 집착은 탐욕, 성냄, 어리석음과 함께 유신견 등 열 가지 족쇄가 모두 사라지는 것을 말합니다. 그리고 미세한 집착이 아직 남아 있으면 아라한의 이전 단계인 아나함의 도과를 성취할 수 있다고 보증했습니다. 아나함이 되면 인간으로 태어나지 않고 색계 사선정의 천상인 정거천에 태어나 그곳에서 아라한이 되어 윤회가 끝납니다.

7년 동안 수행을 하면 반드시 아라한과 아나함의 도과를 성취하는 것만은 아닙니다. 그 아래인 수다원과 사다함의 도과를 성취할 수도 있습니다. 여기서는 다만 상징적으로 아라한과 아나함을 말했을 뿐입니다. 도과는 조건이 성숙되면 어느 때나 성취할 수 있습니다. 더구나 수다원과 사다함의 도과를 거치지 않으면 아나함과 아라한의 도과에 이를 수 없습니다. 어떤 수행자가 수행을 해서 한 번에 아라한이 되었을 때도 사실은 수다원, 사다함, 아나함의 도과를 거쳐 아라한이 됩니다. 그러므로 7년 동안 수행을 하면 모든 과정을 거쳐 최고의 도과를 성취할 수 있다는 보장입니다.

여기서 7년이라는 햇수는 상징적인 말입니다. 바르게 수행을 하지 않으면 70년이 되어도 아라한의 도과를 성취할 수 없습니다. 또 반드시 7년이 되어야 아라한의 도과를 성취하는 것도 아닙니다. 7일만 바르게 해도 아라한의 도과를 성취할 수 있습니다. 그러므로 7년이란 햇수는 붓다께서 설정하신 상징적인 숫자로 보아야 합니다. 깨달음은 원한다고 다 되는 것은 아닙니다. 깨달음을 얻을 만한 조건을 성숙시켜야 깨달음이란 결과가 주어집니다.

예전에 『경장』, 『율장』, 『논장』에 매우 박식한 큰 스승이 계셨습니다. 그분은 경전에 박식했을 뿐만 아니라 아라한이 된 많은 제자를 두고 있었습니다. 어느 날 아라한이 된 제자가 자기를 가르쳐 준 스승이 아직도 아라한의 도과를 성취하지 못한 것을 알고 스승에게 도움을 드리기 위해 찾아갔습니다.

스승은 제자를 보고 무엇 때문에 왔는가 물었습니다. 그러자 제자는 스승에게 법문을 듣기 위해서 왔다고 대답했습니다. 그러자 스승은 "나는 지금 바빠서 시간이 없네"라고 하면서 만남을 거절했습니다.

그러자 제자는 스승에게 "스승님께서 마을로 탁발을 나가실 때 여쭈어 보겠습니다" 하고 말했습니다.

그래도 스승은 시간이 없다고 거듭 제자와의 만남을 거절했습니다.

그러자 제자는 스승님께 말했습니다.

"스승님, 하루에 두세 번도 앉아서 수행을 할 시간이 없으십니까? 그렇게 시간이 없다면 죽을 시간도 없겠습니다. 스승님은 항상 바쁘셔서 의자의 등받이와 같습니다. 다른 사람들은 스승님께 의지하지만 스승님은 자기 자신에게도 의지할 수 없으시군요. 저는 더 이상 스승님께 바랄 것이 없습니다."

제자는 이렇게 말하고 실망을 한 채로 떠났습니다.

여기에 자극을 받은 스승은 이 일을 계기로 수행을 하기로 굳게 결심했습니다. 그리고 이삼 일이면 아라한이 될 수 있을 것이라는 생각을 가지고 혼자 숲으로 들어가 정진을 했습니다.

그러나 그는 한철의 안거가 지나도록 아무것도 성취하지 못했습니다. 그리고 도과를 성취하지 못한 것에 대하여 슬픔을 느끼고 울었습니다. 이렇게 안거가 끝날 때마다 아무것도 성취하지 못해 울기 시작한 것이 무려 29년이 되었습니다. 그리고 30년이 되었을 때도 아무런 도과도 성취하지 못해 슬퍼서 크게 소리 내어 울었습니다.

이때 어떤 천인이 사람의 모습을 하고 자신과 똑같이 울면서 다가왔습니다. 그러자 큰 스승님은 "지금 누가 울고 계십니까?" 하고 물었습니다. 그러자 천인은 "저는 천인입니다"라고 대답했습니다. 이에 큰 스승님은 "왜 울고 계십니까?" 하고 질문을 했습니다. 그러자 천인이 대답하기를 "저는 큰 스승님이 우시는 것을 보고 울기만 하면 깨달음을 얻을지 모르겠다고 생각하고 따라서 우는 것입니다"라고 대답했습니다.

이 말을 듣고 큰 스승님은 깊이 깨달은 바가 있었습니다. 그리고 자신에게 말했습니다.

"지금 천인조차 나에게 조롱을 하고 있구나. 내가 도과를 얻지 못했다고 슬퍼서 우는 것은 적절한 일이 아니다."

이렇게 생각하고 자신의 몸과 마음을 있는 그대로 알아차리는 수행을 했습니다. 그리하여 큰 스승님은 마침내 아라한의 도과를 성취했습니다. 이처럼 아무리 지식이 많다고 해도 그것만으로는 도과를 성취할 수 없습니다. 오직 바른 마음가짐으로 바른 수행 방법에 의해서만이 도과를 얻을 수 있습니다.

"비구들이여, 7년까지는 아니더라도 누구든지 이들 네 가지 알아차림을 확립하는 수행을 6년, 5년, 4년, 3년, 2년, 1년 동안 이와 같은 방법으로 닦으면 두 가지 결과 중 하나를 기대할 수 있다. 지금 여기서 최고의 지혜를 기대할 수 있고, 혹은 아직도 미세한 집착이 남아 있다면 다시 돌아오지 않는 경지의 지혜를 기대할 수 있다"고 할 때 깨달음을 이루기까지의 기간이 7년에서 1년까지로 좁혀졌습니다. 그러므로 깨달음은 시간과 장소에 상관없이 적절한 정신적 조건만 성숙되면 언제든지 가능합니다. 깨달음의 적절한 조건이란 얼마나 바르게 위빠사나 수행을 했는가 하는 것입니다.

위빠사나 수행자가 깨달음을 얻으려면 자신의 육문으로 들어오는 모든 현상을 알아차려야 합니다. 육문이란 여섯 가지 감각기관인 안, 이, 비, 설, 신, 의를 말합니다. 이 육문을 통해 일어나는 모든 현상을 알아차리는 것을 '뽀틸라 선례' 라고도 합니다.

붓다가 계시는 시절에 뽀틸라(Pothila) 대장로(大長老)라는 아주 박식한 수도원장이 있었는데 경전을 가르치는 저명한 스승이었습니다. 그는 당시 18무리의 500여 명의 비구들에게 삼장을 가르쳤으며 제자들로부터 존경받고 있었습니다. 하루는 뽀틸라 대장로가 붓다가 계신 승원으로 가서 경배를 올렸습니다. 그러자 붓다께서는 그에게 말씀했습니다.

"어서 오너라, 머리가 텅 빈 뽀틸라여. 절을 하거라, 머리가 텅 빈 뽀틸라여. 앉아라, 머리가 텅 빈 뽀틸라여."

그리고 뽀틸라 대장로가 갈 때 다시 다음과 같이 말했습니다.

"가거라, 머리가 텅 빈 뽀틸라여."

이때 뽀틸라 대장로는 학식이 높고 법을 잘 설할 수 있어 대단한 자만심을 가지고 있었습니다. 그는 학식만 가졌을 뿐 수행을 하지 않아 이론에 그친 관념적인 지식만을 가지고 있었습니다. 그래서 붓다께서는 이런 뽀틸라에게 '머리가 텅 빈 뽀틸라'라고 말씀하여 수행의 길로 인도했습니다.

붓다의 말씀에 뽀틸라 대장로는 깊이 반성했습니다. 여러 사원에서 경전을 가르치고 있는데, 왜 '머리가 텅 빈 뽀틸라'라고 했을까? 그러자 자신이 경전을 가르치기만 했지 수행은 하지 않았다는 것을 깨달았습니다. 그래서 즉시 가르치는 것을 중단하고 수행을 할 수 있는 사원을 찾아 떠났습니다.

뽀틸라 대장로는 수도원장뿐만 아니라 수도원의 모든 승려들과 어린 사미승까지 30여 명의 아라한이 있는 수도원으로 갔습니다. 뽀틸라 대장로는 우선 가장 나이가 많은 스님에게 가서 수행을 지도해 달라고 요청을 했습니다. 가장 연장자인 큰스님께서 박식한 뽀틸라 대장로를 보자마자 말했습니다.

"뽀틸라 스님이시여, 그대는 대단히 유명하고 여러 곳에 제자도 많은 박식한 분이십니다. 내가 감히 어떻게 그대를 제자로 가르칠 수 있겠습니까?"라고 정중하게 거절했습니다.

그렇게 말한 것은 수행에 장애가 될 수도 있는 뽀틸라 스님의 대학자라는 자만심 때문이었습니다. 자신이 유명하고 박식한 수도원장이란 생각을 제거해 주기 위한 것이었습니다. 이렇게 거절당한 뽀틸라 대장로는 차례로 두 번째, 세 번째 나이 많은 스님들에게 요청했습니다. 그러나 그들도 계속해서 뽀틸라 스님이 박식하기 때문에 제자로 받아들일 수 없다고 대답했습니다. 그런 식으로 사원의 모든 나이 많은 스님들에게 거절당하고 나서 마지막으로 아주 어리지만 아라한을 성취한 일곱 살의 나이 어린 사미에게 갔습니다.

뽀틸라 대장로는 어린 사미에게 존경의 예를 표한 다음 수행법을 가르쳐 달라고 요청하고 자신을 사미의 명상 제자로 받아줄 것을 간청했습니다. 어린 사미도 처음에는 같은 이유로 거절했습니다. 그러나 뽀틸라 대장로는 간절하게 간청했고 그의 가르침을 엄격하게 따르겠다고 약속했습니다. 어린 사미는 뽀틸라 대장로가 한 말을 시험해 보려고 그에게 연못으로 들어가라고 말했습니다. 뽀틸라 대장로는 즉시 공손하게 명령에 복종해서 연못 가운데로 들어갔습니다. 뽀틸라 대장로가 연못으로 들어가면서 그의 가사가 물에 젖기 시작했지만 그는 계속해서 깊이 들어갔습니다. 이때 어린 사미는 박식한 수도원장이 개선될 여지가 있는 것을 보고 수도원장을 연못 밖으로 불러내어 제자로 삼기로 했습니다.

사미 스님은 제일 먼저 뽀틸라 대장로에게 인간의 육문으로 들어오는 모든 현상을 알아차리는 것이 얼마나 중요한지 확신시키기 위하여 이렇게 물었습니다.

"여섯 개의 구멍이 있는 언덕에 개미집이 있습니다. 그 속으로 도마뱀이 들어갔습니다. 이때 도마뱀을 잡으려면 어떻게 하면 되겠습니까?"

뽀틸라 대장로는 다섯 개 구멍은 막고 단 하나의 구멍만 남겨놓겠습니다. 그리고 그 열린 하나의 구멍으로 도마뱀이 나올 때 까지 기다렸다가 나오면 잡겠다고 대답했습니다.

그러자 사미 스님은 눈, 코, 귀, 혀와 몸이라는 다섯 가지 육체적인 문으로 들어오는 모든 현상을 마음이 알아차려야 한다고 설명했습니다. 이 방법으로 마음을 청정하게 계발함으로써 수행자의 최종 목표인 도과(道果)의 지혜를 얻을 수 있다고 말했습니다.

어린 사미스님의 가르침을 받아들인 뽀틸라 대장로는 육문 중에서 마음이라는 단 하나의 문만 열어놓고, 눈, 귀, 코, 혀와 몸의 감각기관으로 들어오는 모든 현상을 알아차렸습니다. 이와 같은 올바른 위빠사나 수행으로 얼마 되지 않아 뽀틸라 장로는 아라한의 도과를 성취했습니다. 그리하여 여섯 가지 감각기관으로 들어오는 모든 현상을 알아차리는 것을 '뽀틸라 선례'라고도 합니다.

그러므로 누구나 뽀틸라 대장로의 경우처럼 바른 방법으로 여섯 가지 감각기관의 문에서 있는 그대로 알아차리면 도과(道果)를 성취할 수 있습니다. 뽀탈라의 선례에서 볼 수 있듯이 깨달음은 지식으로 아는 것이 아닙니다. 아무리 교학이 뛰어나다 해도 수행을 해서 생긴 지혜로 자신의 괴로움을 해결할 수 있어야 합니다.

"비구들이여, 1년까지는 아니더라도 누구든지 이들 네 가지 알아차림을 확립하는 수행을 7개월, 6개월, 5개월, 4개월, 3개월, 2개월, 1개월, 보름 동안 이와 같은 방법으로 닦으면 두 가지 결과 중 하나를 기대할 수 있다. 지금 여기서 최고의 지혜를 기대할 수 있고, 혹은 아직도 미세한 집착이 남아 있다면 다시 돌아오지 않는 경지의 지혜를 기대할 수 있다"고 할 때 깨달음을 이루기까지의 기간이 7개월에서 1개월까지로 좁혀졌습니다. 역시 깨달음에는 정해진 기간이 없습니다. 모두 인연에 따라 법을 만나서 열심히 정진을 한 끝에 도과를 성취하는 결과가 옵니다. 그러므로 선업의 인연이 없으면 법을 만날 수 없습니다. 만약 선업의 인연이 없다면 새로운 선업을 쌓기 위해 더 열심히 수행을 해야 합니다. 수행을 하는 것보다 더 큰 선업은 없습니다.

붓다께서 12연기의 오묘한 진리를 발견하신 뒤에 몸과 마음을 통찰하는 위빠사나 수행으로 깨달음을 얻었습니다. 그리고 생각했습니다.

"나는 어렵게 이 진리를 깨달았다. 지금 이것을 선언할 필요는 없다. 이 진리는 탐욕과 성냄에 의해 지배되는 자에게는 쉽게 이해될 수 없다. 욕망에 지배되는 자는 어둠에 가려 진리를 볼 수 없다. 이것은 흐름을 거슬러 간다. 그리고 깊고 심오하고 미묘해서 이해하기 어렵다."

이렇게 생각한 뒤에 법을 펴지 않기로 했습니다.

이때 범천인 사함빠띠가 세존께서 깨달음을 얻은 것을 알고 세존께 법을 청합니다. 하지만 세존은 두 번이나 거절했습니다. 하지만 세 번째 간청을 거절하지 못했습니다. 그리고 법을 펴면 알아듣는 사람이 있을 것이라고 확신한 뒤에 법을 펴기로 결심했습니다.

법을 펴기로 한 뒤에 제일 먼저 누구에게 법을 펴는 것이 좋을까를 생각했습니다. 그러자 제일 처음에 자신에게 무색계 3선정을 가르쳐 준 스승 알라라 깔라마가 떠올랐습니다. 그러나 알라라 깔라마는 7일 전에 세상을 떠난 것을 알았습니다. 그래서 다시 자신에게 무색계 4선정의 비상비비상처 수행을 알려준 웃다까 라마뿟따가 떠올랐습니다. 그러나 웃다까 라마뿟따가 어젯밤에 죽은 것을 알았습니다. 이분들은 모두 높은 선정의 세계를 경험했기 때문에 붓다의 가르침을 받아들일 충분한 조건이 성숙되었음에도 7일과 1일 차이로 기회를 놓친 것입니다. 이것이 과보에 따른 인연입니다. 이분들이 언제 이 법을 만날지는 알 수 없는 일입니다.

그런 뒤에 다시 6년 동안 함께 고행했던 다섯 수행자들을 생각했습니다. 이 다섯 수행자들은 고따마 싯달타가 고행을 풀자 고따마를 떠났던 동료수행자들입니다. 그래서 전법을 펴기 위해 이들을 향해 길을 떠났습니다. 길을 가다가 붓다는 나체 수행자인 우빠까를 만났습니다. 붓다를 본 우빠까는 그냥 지나치지 않고 이렇게 물었습니다.

"벗이여, 그대의 감각기관이 맑고 차분하군요. 그대의 피부 색깔은 청정하고 빛납니다. 그대는 어느 분에게로 출가하셨습니까? 당신의 스승은 누구십니까? 당신은 어느 분의 가르침을 따르고 있는지요?"

붓다께서는 이렇게 대답하셨습니다.

"나는 모든 것을 극복했고, 모든 것을 알았으며, 모든 집착을 끊었습니다. 갈애를 끊음으로써 모든 것을 버리고 자유를 얻었습니다. 스스로 지혜를 얻었으니 누구를 스승이라고 해야 할까요? 나는 스승이 없고, 나와 같은 사람이 없습니다. 사람과 천인들 세상에서 나와 대등한 사람은 아무도 없습니다."

우빠까는 그렇다면 과연 아라한과를 얻었느냐고 물었습니다. 그러자 붓다께서는 다음과 같이 말씀하셨습니다.

"나는 실로 세상의 아라한이며, 위없는 스승이며, 위없는 깨달음을 얻은 유일한 붓다며 모든 번뇌를 여의고 열반의 행복을 얻었습니다."

다시 우빠까는 물었습니다.

"지금 당신은 무슨 목적으로 어디를 갑니까?"

"나는 법륜을 굴리러 까시 성으로 갑니다. 눈먼 이 세상에서 나는 죽음이 없는 북을 울릴 것입니다."

"그대가 자처하는 바대로 라고 한다면 그대는 과연 무한한 정복자라고 할 수 있겠습니까?"

"나와 같이 번뇌의 소멸을 이룬 자들. 이들이야말로 진정한 정복자입니다. 나는 일체의 삿된 법을 정복했습니다. 우빠까시여, 그래서 나는 정복자입니다."

이 말을 들은 우빠까는 "벗이여, 그럴지도 모르지요"라고 퉁명스럽게 말하고 자기가 가던 길을 향해 떠났습니다.

이와 같이 붓다의 최초의 전법은 실패로 끝났습니다. 가장 위대한 가르침이 있어도 받아들일 준비가 되지 않은 사람에게는 한낱 스쳐 지나가는 말에 불과합니다. 우빠까는 나체 수행자로 잘못된 견해를 가지고 있었기 때문에 바른 법을 받아들이지 못했습니다. 그러므로 자신의 견해가 어떤가에 따라 깨달음으로 가는 길을 선택할 수도 있고 하지 않을 수도 있습니다. 우빠까는 그 뒤 결혼을 하고 세속적인 생활에 싫증을 느끼고 나서 붓다의 가르침을 받아들여 아라한이 되었습니다.

우빠까와 헤어진 붓다는 다시 다섯 수행자들을 찾아갔습니다. 이때 멀리서 자기들을 향해 걸어오는 붓다를 본 뒤에 이들은 서로가 약속을 했습니다.

"벗들이여, 제멋대로 정진을 포기하고 호화로운 생활로 되돌아간 사문 고따마가 이쪽으로 오고 있다. 우리들은 그에게 경배하지도 말고, 가서 인사를 하거나 발우와 가사를 받아주지도 말자. 하지만 고따마는 고귀한 가문의 태생이므로 원한다면 앉을 수 있도록 자리를 마련해 주자."

이렇게 약속한 그들은 고따마 붓다가 가까이 오자 붓다의 빛나는 광채로 인해 자신들의 약속을 잊어버렸습니다. 그리고 발우와 가사를 받았으며 자리를 마련하고 발을 씻을 물을 가져와 발을 씻어드렸습니다. 그리고 붓다를 향해 "나의 벗이여!"라고 불렀습니다.

그러자 붓다는 이렇게 말했습니다.

"비구들이여, 나를 고따마라는 이름이나 벗이라고 부르지 마시오 여래는 최상의 존경을 받을 만한 분이고, 다른 붓다들처럼 정등각자입니다. 귀를 기울이시오 비구들이여, 나는 죽음이 없는[不死] 상태를 얻었습니다. 내가 그대들에게 법을 알려주고 가르쳐주겠소 내가 가르쳐 준 대로 따라 행하면 머지않아 출세간의 위없는 깨달음을 얻어 아라한이 될 것입니다. 이 열반을 지금 이 생에서 실현하고 증득할 것이오"

이 말을 들은 다섯 수행자들은 여전히 회의적인 마음으로 붓다가 한 말을 의심을 했습니다.

"벗 고따마여, 예전의 그 품행과 실천과 그런 엄격한 고행으로도 그대는 인간의 조건을 넘어선 성자가 갖추어야 할 뛰어난 지혜와 통찰지를 얻을 수 없었습니다. 그대는 지금 용맹정진을 포기하고 세속적인 성취와 편안함을 추구하고 있습니다. 그런 그대가 어떻게 그렇게 뛰어나고 높은 지혜를 얻을 수 있단 말입니까?"

이에 붓다는 다음과 같이 대답했습니다.

"비구들이여, 여래는 과거의 여래들과 마찬가지로 세속적인 성취를 위해 수행하지 않으며, 용맹정진을 포기하지도 않았소 번뇌를 없애는 참된 도를 포기하지도 않았으며, 호화로운 생활로 되돌아가지 않았다오"

이렇게 답변했지만 다섯 수행자들은 이 말을 받아들이지 않았습니다. 그래서 붓다는 똑같이 세 번이나 여래가 되었음을 선언했습니다. 그리고 붓다는 다음과 같이 말했습니다.

"비구들이여, 이것을 잘 생각해 보시오 그대들과 나는 서로 모르는 사이가 아니오 우리들은 6년 동안이나 함께 살아왔고, 내가 극단적인 고행을 하고 있을 때 곁에서 나를 시중들어 주었소. 그대들은 예전의 내가 이렇게 말하는 것을 본 적이 있소?"

그러자 다섯 수행자들은 필시 붓다가 위없는 깨달음을 얻은 것으로 믿기 시작하여 "아닙니다. 우리들은 전에 이렇게 말하는 것을 들어본 적이 없습니다" 하고 수긍했습니다.

이렇게 자신의 말을 받아들일 준비가 되자 붓다께서는 최초의 가르침을 폈습니다.

"비구들이여, 출가자가 의지해서는 안 되는 두 가지 극단이 있습니다. 무엇이 두 가지인가요? 그것은 저열하고 통속적이고 범속하고 성스럽지 못하고 이익을 주지 못하는 감각적 욕망에 대한 탐닉에 몰두하는 것입니다. 또 하나는 괴롭고 성스럽지 못하고 이익을 주지 못하는 자기 학대에 몰두하는 것입니다.

비구들이여, 그러면 어떤 것을 여래가 완전하게 깨달았으며, 어떤 것이 눈을 만들고, 지혜를 만들며, 고요함과 높은 지혜와 바른 깨달음으로 인도하는 중도인가요? 그것은 바로 팔정도로 정견, 정사유, 정어. 정업. 정명, 정정진, 정념, 정정입니다.

비구들이여, 여래는 이 중도를 통하여 완전하게 깨달았으며 눈을 만들고 지혜를 만들며 고요함과 높은 지혜와 바른 깨달음과 열반을 얻었습니다.

비구들이여, 그러면 무엇이 괴로움의 성스러운 진리인가요? 태어남도 괴로움이요, 죽음도 괴로움입니다. 슬픔, 비탄, 육체적 고통, 정신적 고통, 절망도 괴로움입니다. 좋아하는 것과 만나는 것도 괴로움이요, 좋아하지 않는 것과 만나는 것도 괴로움입니다. 원하는 것을 얻지 못하는 것도 괴로움입니다. 요약하면 다섯 가지 집착의 무더기[五取蘊]가 괴로움입니다."

이렇게 고성제의 법문을 설하신 붓다는 다음에 집성제, 멸성제, 도성제를 차례로 설법하셨습니다. 이 법문이 붓다가 최초로 설한 『초전법륜경』입니다. 이 법문을 마치는 순간 다섯 수행자 중에서 가장 연장자인 꼰단냐가 수다원의 도과를 성취했습니다.

이때 세존께서는 "오! 참으로 꼰단냐가 완전하게 알았다. 참으로 꼰단냐가 완전하게 알았다"라고 말씀하시면서 기뻐했습니다. 이 순간에 붓다가 깨달음을 얻은 법을 꼰단냐가 처음으로 성취했습니다. 이와 같이 자신이 깨달음을 얻은 법을 꼰단냐도 성취한 것을 보고 법을 펴면 많은 수행자들이 도과를 성취할 수 있다는 확신을 가질 수 있었습니다. 이때 꼰단냐는 수다원의 도과를 얻었으며 계속 수행을 해서 아라한이 되었습니다. 이후에 다섯 비구들이 구족계를 받고 처음으로 승단이 형성되었습니다.

"비구들이여, 보름까지는 아니더라도 누구든지 이들 네 가지 알아차림을 확립하는 수행을 7일 동안 이와 같은 방법으로 닦으면 두 가지 결과 중 하나를 기대할 수 있다. 지금 여기서 최고의 지혜를 기대할 수 있고, 혹은 아직도 미세한 집착이 남아 있다면 다시 돌아오지 않는 경지의 지혜를 기대할 수 있다"고 할 때 7일 동안 바르게 수행을 하면 아라한의 도과를 성취하거나 아나함의 도과를 성취할 수 있다고 했습니다. 처음에 7년에서 다음에 1년으로 다시 1개월로 그리고 7일 동안 수행을 하면 도과를 성취한다고 했습니다. 이 역시도 도과를 성취할 수 있는 조건이 성숙됨에 따라 도과라는 결과를 얻습니다. 그러므로 7일이 아니더라도 더 빨리 도과를 성취할 수 있습니다.

경전에는 붓다의 법문을 들은 수행자들이 즉시 어떤 사람은 수다원이 되고 어떤 사람은 사다함, 아나함이 되고 어떤 사람은 아라한이 되는 경우가 많이 언급됩니다. 이런 경우에 간과해서는 안 되는 것이 있습니다. 법문을 들었다고 해서 누구나 도과를 성취하는 것이 아닙니다. 만약 어떤 수행자가 법문을 듣고 아라한이 되었다면 그 수행자는 아라한이 될 수 있는 충분한 조건이 성숙되어 있는 상태입니다. 경전에서는 개인의 수행 정도가 세세하게 파악되지 않지만 누구에게나 도과를 얻는 과정은 예외가 없습니다. 그러므로 선업이 없는 사람은 결코 도과를 성취할 수 없습니다. 그러나 불선업을 행했다고 해서 도과를 성취할 수 없는 것이 아닙니다. 도과를 얻는 순간의 마음이 도과를 얻기에 충분한 조건만 성숙된다면 누구나 도과를 얻을 수 있습니다.

도과를 성취한 또 다른 예가 있습니다. 붓다께서 전법을 펴신 지 20년 되는 해였습니다. 이때 붓다는 가장 흉악한 살인범인 앙굴리말라에게 법을 펴서 아라한이 되도록 했습니다. 원래 앙굴리말라의 이름은 아힝사까이며 해롭지 않은 사람이라는 뜻입니다. 그의 아버지는 꼬살라 왕의 종교집회관으로 그는 매우 좋은 가문에서 태어났습니다. 그는 좋은 교육기관에서 교육을 받았으며 훌륭한 스승의 제자 중에서 가장 총명한 학생이었습니다.

어느 날 그의 총명함을 시샘한 친구들이 스승에게 거짓말로 아힝사까를 모함했습니다. 이에 화를 낸 스승은 그가 스스로 파멸하도록 천명의 손가락을 잘라서 가져와야 한다고 말했습니다. 천진하고도 어리석은 아힝사까는 이때부터 많은 사람을 죽이는 살인자가 되었습니다. 그는 신출귀몰하는 재주로 많은 사람들에게 공포의 대상이 되었습니다.

그는 스승의 말씀에 따라 어쩔 수 없이 사람들을 죽여서 손가락을 모으기 시작했습니다. 그리고 손가락을 나무에 매달았습니다. 그런데 까마귀와 독수리가 와서 손가락을 쪼아 먹자 손가락을 모아서 목에다 걸었습니다. 이때 손가락을 모아서 목에 화환처럼 걸었습니다. 그래서 손가락 화환이라는 이름의 앙굴리말라라는 별명을 얻었습니다. 앙굴리말라는 999명을 죽이고 나머지 한 사람을 죽여서 천 명을 채울 때가 되었습니다.

이 나라 사람들은 앙굴리말라의 살인 행각을 왕에게 호소했습니다. 그러자 왕은 앙굴리말라에 대한 지명수배를 내리고 군인들을 동원하여 그를 체포하도록 했습니다. 이때 수배자의 어머니인 만따니는 아들을 구하기 위해 숲으로 찾아 나섰습니다. 붓다께서는 앙굴리말라가 어머니를 만나면 천명을 채우기 위해 어머니를 죽일 것을 아셨습니다. 그래서 직접 앙굴리말라를 찾아서 나타나셨습니다. 앙굴리말라가 어머니를 죽이기 위해 뒤에서 따라가고 있는데 중간에 붓다께서 끼어들었습니다. 앙굴리말라는 어머니 대신 붓다를 죽이기로 했습니다. 그리고 칼을 빼들고 붓다를 향해 달려갔습니다. 그러나 붓다는 신통한 힘으로 앙굴리 말라가 쫓아와도 가까이 올 수 없도록 보호막을 만들었습니다. 앙굴리말라가 혼신의 힘을 다하여 쫓아가도 미치지 못하자 소리를 질렀습니다.

"수행자여, 멈추어라, 수행자여, 멈추어라."

그러자 세존께서 대답하셨습니다.

"앙굴리말라여, 나는 멈추었다. 너도 멈추어라."

다시 앙굴리말라가 물었습니다.

"수행자여, 그대는 가면서 '나는 멈추었다'고 말하고 멈춘 나에게 '그대는 멈추어라'라고 말한다. 수행자여, 나는 그대에게 그 의미를 묻는다. 어찌하여 그대는 멈추었고 나는 멈추지 않았는가?"

다시 붓다께서 말씀하셨습니다.

"앙굴리말라여, 나는 언제나 일체의 살아 있는 존재에 폭력을 멈추고 있다. 그러나 그대는 살아 있는 생명에 자제함이 없다. 그러므로 나는 멈추었고 그대는 멈추지 않았다."

이 말을 들은 앙굴리말라는 순간적으로 생각했습니다.

"수행자들은 항상 진리를 말한다. 그는 자신은 이미 멈추었고 오히려 내가 멈추어야 한다고 말하고 있다. 과연 이것이 의미하는 뜻은 무엇일까?"

이런 생각을 한 뒤에 앙굴리말라는 자리에 서서 붓다를 향해 말했습니다.

"그대 걷고 있는 사문이시여, 그대는 내게 '나는 멈추었다고 말했소' 그리고 '나는 멈추었는데 앙굴리말라는 멈추지 않았다고 말했소' 그런데 당신이 한 말이 대체 무슨 뜻이오? 어찌해서 당신은 나는 멈추었는데 나를 보고 멈추지 않았다고 말하는 것이오?"

붓다께서 말씀하셨습니다.

"그렇다. 나는 멈추었다. 앙굴리말라여, 나는 영원히 멈추었다. 그러나 그대는 그대의 손가락이 아닌 다른 사람들의 손가락을 가지려 하고 있다. 그래서 나는 멈추었는데 그대는 여전히 가고 있다."

이 말을 들은 앙굴리말라는 불선업의 과보가 끝나고 새롭게 선업이 작용하여 선한 마음이 일어났습니다. 그리고 그가 붓다이며 자신을 돕기 위해 왔다고 생각했습니다. 그래서 칼을 버리고 붓다에게 귀의하겠다고 말했습니다.

붓다께서는 "어서오너라, 비구여!"라고 반겼습니다.

앙굴리말라가 비구가 되었다는 소식을 들은 마을 사람들은 그때부터 탁발을 하는 모든 비구들에게 공양을 올리지 않았습니다. 그래서 붓다와 다른 많은 비구들은 일주일동안 공양을 하지 못하고 굶어야 했습니다. 앙굴리말라는 비구가 되어 수행을 했지만 죽은 사람들의 고통스러운 비명 소리가 귀에 끊이지 않았습니다. 그리고 탁발을 나갈 때는 막대기로 두들겨 맞기도 하고 돌멩이를 맞아 피를 흘리기도 했습니다. 하지만 앙굴리말라는 자신이 한 행위에 대한 과보를 받는 것으로 생각하고 맞으면서 묵묵히 사원으로 돌아오곤 했습니다. 이런 앙굴리말라는 결국 아라한이 되었습니다.

가장 총명한 학생이 가장 흉악한 살인범이 되었다가 다시 최고로 선한 아라한이 되었습니다. 누구에게나 선한 과보와 선하지 못한 과보가 있어서 선한 일도 하고 선하지 못한 일도 합니다. 이때 내가 한 것이 아니고 그 순간의 마음이 행위를 한 것입니다. 그러나 나는 없지만 자신이 한 행위에 대한 과보는 받습니다. 그러므로 우리에게 어떤 일이 일어날지 알 수 없습니다. 누구나 항상 선한 마음으로 선한 행위를 해서 이 고통스러운 과보의 굴레에서 벗어나야 하겠습니다.

붓다께서 열반에 이르시기 전에 마지막으로 도과를 성취한 수행자가 있습니다. 고행자 수밧다는 붓다에 대한 존경심을 갖지는 않았지만 오늘 밤에 붓다가 세상을 떠난다는 소문을 들었습니다. 그리고 생각했습니다.

"나에게는 해결되지 않은 의문이 있다. 나는 사문 고따마를 믿는다. 사문 고따마는 진리를 가르쳐 줄 것이다. 그러니 찾아가서 나의 의문을 해결해야 하겠다."

그리고 고따마를 찾아가서 시자인 아난다에게 붓다를 뵈올 것을 청했습니다. 그러나 몇 시간 후면 붓다께서 열반하실 것이라고 생각한 아난다는 수밧다의 요청을 받아들이지 않았습니다. 하지만 수밧다도 물러서지 않고 세 번이나 만나 뵈올 것을 간청했습니다. 이때 붓다는 아난다와 수밧다가 주고받는 말을 들었습니다. 그리고 아난다에게 말했습니다.

"아난다여, 수밧다를 말리지 마라. 아난다여, 수밧다를 여래에게 데리고 오너라. 수밧다가 나에게 무엇을 묻든지 모두 진리를 알려고 하는 것이다. 그는 나를 괴롭히지 않는다. 그리고 내가 무엇을 말하든 그는 이해할 것이다."

수밧다는 붓다 옆에 공손하게 앉아서 다음과 같이 말했습니다.

"오, 고따마시여, 여기에 다음과 같은 고행자와 성직자들이 있습니다. 어떤 이들은 동료 수행자 중에서 지도자로 있고 또 어떤 이들은 종교의 종파지도자로 유명합니다. 어떤 이들은 대중들에게 훌륭한 사람으로 존경받고 있는 스승입니다."

그런 뒤 현재 지도자로 자처하는 여러 스승들을 열거한 뒤에 계속해서 말을 이어갔습니다.

"고따마시여, 이런 스승들이 과연 자신이 주장하는 진리를 완전하게 깨달았는지 알고 싶습니다. 아니면 그들 중에 몇몇 지도자만 깨닫고 다른 사람들은 깨닫지 못했는지에 대해 알고 싶습니다."

"오, 수밧다여, 그들 전부가 아니면 일부가 깨달았는지 아닌지 하는 것 때문에 당신 자신을 혼란에 빠트리지 마시오 내가 당신에게 진리를 가르쳐 줄 터이니 잘 귀담아듣고 마음에 새기기 바라오."

"예, 고따마시여, 말씀해 주시기 바랍니다."

"오, 수밧다여, 어떠한 법이든 여덟 가지 성스러운 도가 없으면 수다원 도과, 사다함 도과, 아나함 도과, 아라한 도과를 얻을 수 없다. 수밧다여, 여덟 가지 성스러운 도가 있으면 거기에 수다원 도과, 사다함 도과, 아나함 도과, 아라한 도과가 있다. 수밧다여, 이 법에는 여덟 가지 성스러운 길이 존재한다. 실로 여기에서 첫째 도과, 둘째 도과, 셋째 도과, 넷째 도과가 있다. 다른 교파에서는 이러한 도과가 없다. 수밧다여, 만약 제자들이 바르게 살아가면 이 세상에 아라한이 사라지는 일은 없을 것이다.

나는 나이 스물아홉 살에 선한 진리를 찾아 출가했다. 수밧다여, 나는 출가한 지 오십 년이 지났다. 계정혜를 혼자서 실천했고 바른 법을 설했다. 이 교단에는 내가 깨달음을 얻은 교리와 조금이라도 일치하는 고행자가 한 사람도 없다."

붓다는 이렇게 말씀했습니다.

이 말씀을 들은 수밧다는 다음과 같이 대답했습니다.

"훌륭하십니다. 오, 세존이시여 훌륭하십니다. 오, 세존이시여. 이것은 마치 넘겨졌던 자가 똑바로 일어서는 것과 같습니다. 감추어진 것이 드러나는 것과 같습니다. 길을 잃은 자에게 그 길을 가르쳐주는 것과 같습니다. 어둠 속에서 등불을 만난 것과 같아서 누구든지 눈이 있는 자는 볼 수 있는 것처럼 세존께서 여러 가지 방법으로 자세하게 교리를 가르쳐주셨습니다. 세존이시여, 나는 불법승 삼보에 귀의하겠습니다. 세존 앞에서 구족계를 받게 해주십시오"

수밧다는 이렇게 해서 붓다에게 마지막으로 계를 받은 수행자가 되었습니다. 계를 받은 수행자는 열심히 걷는 수행을 하여 짧은 시간 안에 아라한의 도과를 성취했습니다.

아직 붓다의 가르침을 모르는 수밧다는 죽음 직전에 있는 붓다를 만났습니다. 수밧다는 이 중요한 시기에 붓다의 가르침을 배우려 하기보다 현존하는 종교 지도자들이 과연 깨달음을 얻었는지 얻지 못했는지를 물었습니다. 이에 붓다는 이런 지엽적인 질문에 대답하지 않고 수밧다에게 가장 필요한 팔정도를 설법하셔서 깨달음을 얻도록 하셨습니다. 여기서 마지막으로 이 세상을 떠나는 붓다의 자애와 위대한 가르침을 엿볼 수 있습니다.

수밧다에게 가르침을 주신 붓다는 제자들에게 마지막 다음과 같은 유언을 남기고 반열반에 드셨습니다.

"모든 것들은 소멸하는 법이다. 열심히 노력해서 완성시켜라."

"비구들이여, 이 도(道)는 유일한 길이다. 중생을 정화하고, 슬픔과 비탄을 극복하고, 육체적 고통과 정신적 고통을 사라지게 하고, 올바른 길에 도달하게 하고, 열반을 실현하기 위한 길이다. 그것은 바로 네 가지 알아차림의 확립이다"라고 할 때의 법문은 『대념처경』의 마지막 구절입니다. 꾸루스 지방에 있는 수행자들을 위해 설법한 『대념처경』은 처음에 시작할 때도 이 구절로 시작했고 마지막으로 법문을 마칠 때도 이 구절로 끝을 냈습니다. 아무쪼록 많은 수행자들이 이 구절을 마음에 새겨 열심히 정진하여 도과를 성취하기를 기원합니다.

누구나 저마다의 문제를 안고 삽니다. 즐거우면 즐거운 대로 문제가 있고, 괴로우면 괴로운 대로 문제가 있습니다. 그러나 인간이 가진 문제는 모두 어리석음과 욕망으로 인한 것입니다. 그래서 무명과 갈애가 모든 것의 근본원인입니다. 그러므로 문제를 해결하는 방법은 누구나 똑같습니다. 오직 몸과 마음을 있는 그대로 알아차려서 어리석음과 갈애로부터 벗어나는 것이 유일한 출구입니다.

모든 수행자들이 이 길로 오셔서 지고의 행복을 얻으시기 바랍니다. 지금 우리는 태어나기 어려운 인간으로 태어나서, 만나기 어려운 위대한 스승의 가르침을 만났습니다. 이제 자신이 해야 할 사명은 앞서가신 스승의 길을 그대로 가는 것입니다. 여기에는 인종과 종교와 남녀와 노소의 구별이 없습니다. 이 길은 누군가를 믿어야만 갈 수 있는 그런 길도 아닙니다. 이 길은 선한 마음을 가지고 반드시 가고자 하는 신념만 있으면 누구나 갈 수 있는 길입니다. 설령 선하지 못한 마음을 가졌더라도 이 길로 오시면 선한 마음을 갖게 되어 괴로움을 여의고 행복을 얻습니다. 중요한 것은 미루지 말고 지금 출발하는 것입니다. 언젠가 가야 할 길이라면 반드시 떠나야 합니다. 떠나지 않으면 영원히 도달할 수 없습니다.

언제부터인지 알 수 없는 오랜 세월 전에 하나의 생명으로 태어나서 끝없는 윤회를 하면서 살았습니다. 이러한 과정에서 생명이 존재하는 모든 세계를 경험했습니다. 그중에 거의 모든 생명들이 지옥, 축생, 아귀, 아수라의 세계에서 삽니다. 어쩌다 인간으로 태어날 수 있는 기회는 참으로 어렵습니다. 누구나 욕계, 색계, 무색계를 경험하기도 하지만 그 기회도 흔치 않습니다. 이와 같은 여정은 어느 세계의 생명으로 살았건 괴로움입니다. 좋은 세계에 살아도 수명이 있고 다음 생에 어디에서 무엇으로 태어날지 알 수 없습니다. 그러므로 지금까지 무수하게 경험한 그 세계를 다시 경험한다는 것은 참으로 어리석은 일이 아닐 수 없습니다.

이제 부단한 노력으로 괴로움의 바다를 건너 피안에 이를 때가 되었습니다. 어디서 무엇이 되어 다시 만나기를 바라지 마십시오. 애증이 교차하는 만남은 어떤 것이 되었건 괴로움입니다. 이제 괴로움뿐인 질긴 인연을 끊을 때가 되었습니다. 그러니 언제 다시 만날지 모르는 이 기회를 놓치지 마시고 소중한 가르침과 함께 가기를 간절하게 소망합니다.

붓다의 마지막 유언을 다시 한 번 새겨보겠습니다.
"와야담마 상카라 아빠마데나 삼빠데타(vayadammā saṅkhāra, appamādena sampādetha)."
이 말씀은 다음과 같습니다.
"모든 것은 변하는 성질을 가지고 있다. 열심히 노력하여 완성시켜라."

묘원

사단법인 상좌불교 한국명상원 원장

(vipassana-@ hanmail.net)

사념처 명상의 세계

2015년 2월 10일 1판 1쇄 인쇄
2015년 2월 15일 1판 1쇄 발행

지은이 묘원
펴낸이 곽준

펴낸곳 (주)도서출판 행복한숲
출판등록 2004년 2월 10일 제16-3243호
주소 서울시 강남구 논현동 98-12 청호불교문화원 나동 3층 306호
전화 (02) 512-5255, 512-5258
팩스 (02) 512-5856
E-mail sukha5255@hanmail.net
http://cafe.daum.net/vipassanacenter

ISBN 978-89-93613-40-7 (04220)

값 30,000원